Arzneimittelgesetz

Arzneimittelgesetz

- Arzneimittelgesetz – AMG
- Heilmittelwerbegesetz – HWG
- Apothekengesetz – ApoG
- Apothekenbetriebsordnung – ApBetrO
- Arzneimittelhandelsverordnung – AM-HandelsV
- Arzneimittel- und Wirkstoffherstellerverordnung – AMWHV

Herausgegeben von
Dr. Hans Buchwald

8., aktualisierte Auflage 2014
Rechtsstand: 1. April 2014

Sonderdruck aus dem Loseblattwerk

Arzneimittelrecht

Sammlung von amtlichen Veröffentlichungen zum Arzneimittelgesetz und zum EU-Arzneimittelrecht

Bibliografische Information der Deutschen Nationalbibliothek
Die Deutsche Bibliothek verzeichnet diese Publikation in der Deutschen
Nationalbibliografie; detaillierte bibliografische Daten sind im Internet über
http://dnb.d-nb.de abrufbar.

Bundesanzeiger Verlag GmbH
Amsterdamer Straße 192
50735 Köln

Internet: www.bundesanzeiger-verlag.de
Weitere Informationen finden Sie auch in unserem Themenportal unter:
www.bundesanzeiger-verlag.de/pharma.html

Beratung und Bestellung:
Waldemar Buczek
Tel.: 0221/97668-333
Fax: 0221/97668-344

Alle Angaben in diesem Werk sind nach bestem Wissen und unter Anwendung aller gebotenen Sorgfalt erstellt worden. Trotzdem kann von Verlag und Autoren keine Haftung für etwaige inhaltliche Unrichtigkeiten übernommen werden.

ISBN (Print): 978-3-8462-0387-3
ISBN (E-Book): 978-3-8462-0388-0

© 2014 Bundesanzeiger Verlag GmbH, Köln

Alle Rechte vorbehalten. Das Werk einschließlich seiner Teile ist urheberrechtlich geschützt. Jede Verwertung außerhalb der Grenzen des Urheberrechtsgesetzes bedarf der vorherigen Zustimmung des Verlags. Dies gilt auch für die fotomechanische Vervielfältigung (Fotokopie/Mikrokopie) und die Einspeicherung und Verarbeitung in elektronischen Systemen. Hinsichtlich der in diesem Werk ggf. enthaltenen Texte von Normen weisen wir darauf hin, dass rechtsverbindlich allein die amtlich verkündeten Texte sind.
Herstellung: Günter Fabritius
Satz: Reemers Publishing Services GmbH, Krefeld
Druck und buchbinderische Verarbeitung: Appel & Klinger GmbH, Kronach
Printed in Germany

Inhalt

Seite

Gesetz über den Verkehr mit Arzneimitteln
(Arzneimittelgesetz – AMG)... 7

Gesetz über die Werbung auf dem Gebiete des Heilwesens
(Heilmittelwerbegesetz – HWG) 249

Gesetz über das Apothekenwesen
(Apothekengesetz – ApoG) 259

Verordnung über den Betrieb von Apotheken
(Apothekenbetriebsordnung – ApBetrO)...................... 279

Verordnung über den Großhandel und die Arzneimittelvermittlung
(Arzneimittelhandelsverordnung – AM-HandelsV)......... 321

Verordnung über die Anwendung der Guten Herstellungspraxis bei der Herstellung von Arzneimitteln und Wirkstoffen und über die Anwendung der Guten fachlichen Praxis bei der Herstellung von Produkten menschlicher Herkunft
(Arzneimittel- und Wirkstoffherstellerverordnung – AMWHV) 331

Gesetz über den Verkehr mit Arzneimitteln (Arzneimittelgesetz – AMG)

Die Fassung berücksichtigt:

1. die Fassung der Bekanntmachung des Gesetzes vom 12. Dezember 2005 (BGBl. I S. 3394),
2. den am 18. August 2006 in Kraft getretenen Artikel 12 des Gesetzes vom 14. August 2006 (BGBl. I S. 1869),
3. den am 28. Dezember 2006 in Kraft getretenen Artikel 5 des Gesetzes vom 21. Dezember 2006 (BGBl. I S. 3294),
4. den am 29. Dezember 2006 in Kraft getretenen Artikel 2 des Gesetzes vom 21. Dezember 2006 (BGBl. I S. 3367),
5. den teils am 1. April 2007 in Kraft getretenen, teils am 1. Januar 2009 in Kraft getretenen Artikel 30 des Gesetzes vom 26. März 2007 (BGBl. I S. 378),
6. den am 30. Juni 2007 in Kraft getretenen Artikel 2 des Gesetzes vom 14. Juni 2007 (BGBl. I S. 1066),
7. den am 1. August 2007 in Kraft getretenen Artikel 2 des Gesetzes vom 20. Juli 2007 (BGBl. I S. 1574),
8. den am 1. November 2007 in Kraft getretenen Artikel 2 des Gesetzes vom 24. Oktober 2007 (BGBl. I S. 2510),
9. den am 1. Januar 2008 in Kraft getretenen Artikel 9 des Gesetzes vom 23. November 2007 (BGBl. I S. 2631),
10. den am 21. Juli 2009 in Kraft getretenen Artikel 2 des Gesetzes vom 15. Juli 2009 (BGBl I S. 1801),
11. den am 23. Juli 2009 in Kraft getretenen Artikel 1 des Gesetzes vom 17. Juli 2009 (BGBl I S. 1990),
12. den am 3. Oktober 2009 in Kraft getretenen Artikel 1 der Verordnung vom 28. September 2009 (BGBl. I S. 3172),
13. den am 9. Dezember 2010 in Kraft getretenen Artikel 1 der Verordnung vom 29. November 2010 (BGBl. I S. 1752),
14. den am 1. Januar 2011 in Kraft getretenen Artikel 7 des Gesetzes vom 22. Dezember 2010 (BGBl. I S. 2262),
15. den am 31. Mai 2011 in Kraft getretenen Artikel 1 des Gesetzes vom 25. Mai 2011 (BGBl. I S. 946),
16. den am 26. Juli 2011 in Kraft getretenen Artikel 1 der Verordnung vom 19. Juli 2011 (BGBl. I S. 1398),
17. den am 1. Januar 2012 in Kraft getretenen Artikel 13 des Gesetzes vom 22. Dezember 2011 (BGBl. I S. 2983),

Arzneimittelgesetz (AMG)

18. den am 24. Juli 2012 in Kraft getretenen Artikel 1 der Verordnung vom 16. Juli 2012 (BGBl. I S. 1534),

19. den am 26. Oktober 2012 in Kraft getretenen Artikel 1 des Gesetzes vom 19. Oktober 2012 (BGBl. I S. 2192) (Auf Abweichungen hinsichtlich des Inkrafttretens von Änderungen wird textlich durch Fußnoten hingewiesen),

20. den zu einem späteren Zeitpunkt in Kraft tretenden Artikel 2 des Gesetzes vom 19. Oktober 2012 (BGBl. I S. 2192) (Auf Zeitpunkte des Inkrafttretens von Änderungen textlich durch Fußnoten hingewiesen),

21. den am 29. März 2013 in Kraft getretenen Artikel 4 des Gesetzes vom 21. März 2013 (BGBl. I S. 566),

22. den am 9. April 2013 in Kraft getretenen Artikel 1 der Verordnung vom 25. März 2013 (BGBl. I S. 627),

23. den am 1. August 2013 in Kraft getretenen Artikel 5 des Gesetzes vom 20. April 2013 (BGBl. I S. 868),

24. den am 29. Juni 2013 in Kraft getretenen Artikel 1 des Verordnung vom 24. Juni 2013 (BGBl. I S. 1687),

25. den am 19. Juli 2013 in Kraft getretenen Artikel 1 der Verordnung vom 12. Juli 2013 (BGBl. I. S. 2439),

26. den am 1. August 2013 in Kraft getretenen Artikel 2 des Gesetzes vom 15. Juli 2013 (BGBl. I S. 2420),

27. den am 1. September 2013 in Kraft getretenen Artikel 2 des Gesetzes vom 23. Juli 2013 (BGBl. I S. 2565),

28. den am 13. August 2013 bzw. am 28. Oktober 2013 in Kraft getretenen Artikel 1 des Gesetzes vom 7. August 2013 (BGBl. I S. 3108),

29. den am 15. August in Kraft getretenen Artikel 2 Absatz 24 des Gesetzes vom 7. August 2013 (BGBl. I S. 3154),

30. den am 14. August 2018 in Kraft tretenden Artikel 4 Absatz 11 des Gesetzes vom 7. August 2013 (BGBl. I S. 3154) (Auf die dann in Kraft tretenden Änderungen wird durch Fußnoten hingewiesen),

31. den am 1. April 2014 in Kraft getretenen Artikel 1 des Gesetzes vom 10. Oktober 2013 (BGBl. I S. 3813); berichtigt am 24. März 2014 (BGBl. I S. 272),

32. den am 1. April 2014 in Kraft getretenen Artikel 2a des Gesetzes vom 27. März 2014 (BGBl. I S. 261).

Arzneimittelgesetz (AMG)

Inhaltsübersicht

Seite

Erster Abschnitt
Zweck des Gesetzes und Begriffsbestimmungen, Anwendungsbereich

§ 1	Zweck des Gesetzes	17
§ 2	Arzneimittelbegriff	17
§ 3	Stoffbegriff	18
§ 4	Sonstige Begriffsbestimmungen	19
§ 4a	Ausnahmen vom Anwendungsbereich	24
§ 4b	Sondervorschriften für Arzneimittel für neuartige Therapien	25

Zweiter Abschnitt
Anforderungen an die Arzneimittel

§ 5	Verbot bedenklicher Arzneimittel	26
§ 6	Ermächtigung zum Schutz der Gesundheit	26
§ 6a	Verbot von Arzneimitteln zu Dopingzwecken im Sport, Hinweispflichten	27
§ 7	Radioaktive und mit ionisierenden Strahlen behandelte Arzneimittel	28
§ 8	Verbote zum Schutz vor Täuschung	28
§ 9	Der Verantwortliche für das Inverkehrbringen	29
§ 10	Kennzeichnung	29
§ 11	Packungsbeilage	35
§ 11a	Fachinformation	41
§ 12	Ermächtigung für die Kennzeichnung, die Packungsbeilage und die Packungsgrößen	44

Dritter Abschnitt
Herstellung von Arzneimitteln

§ 13	Herstellungserlaubnis	46
§ 14	Entscheidung über die Herstellungserlaubnis	48
§ 15	Sachkenntnis	50
§ 16	Begrenzung der Herstellungserlaubnis	52
§ 17	Fristen für die Erteilung	52
§ 18	Rücknahme, Widerruf, Ruhen	53
§ 19	Verantwortungsbereiche	53
§ 20	Anzeigepflichten	53
§ 20a	Geltung für Wirkstoffe und andere Stoffe	53
§ 20b	Erlaubnis für die Gewinnung von Gewebe und die Laboruntersuchungen	53
§ 20c	Erlaubnis für die Be- oder Verarbeitung, Konservierung, Prüfung, Lagerung oder das Inverkehrbringen von Gewebe oder Gewebezubereitungen	55

Arzneimittelgesetz (AMG)

		Seite
§ 20d	Ausnahme von der Erlaubnispflicht für Gewebe und Gewebezubereitungen	57

Vierter Abschnitt
Zulassung der Arzneimittel

§ 21	Zulassungspflicht	57
§ 21a	Genehmigung von Gewebezubereitungen	60
§ 22	Zulassungsunterlagen	63
§ 23	Besondere Unterlagen bei Arzneimitteln für Tiere	67
§ 24	Sachverständigengutachten	68
§ 24a	Verwendung von Unterlagen eines Vorantragstellers	69
§ 24b	Zulassung eines Generikums, Unterlagenschutz	69
§ 24c	Nachforderungen	71
§ 24d	Allgemeine Verwertungsbefugnis	72
§ 25	Entscheidung über die Zulassung	72
§ 25a	Vorprüfung	76
§ 25b	Verfahren der gegenseitigen Anerkennung und dezentralisiertes Verfahren	77
§ 25c	Maßnahmen der zuständigen Bundesoberbehörde zu Entscheidungen oder Beschlüssen der Europäischen Gemeinschaft oder der Europäischen Union	78
§ 26	Arzneimittelprüfrichtlinien	78
§ 27	Fristen für die Erteilung	79
§ 28	Auflagenbefugnis	79
§ 29	Anzeigepflicht, Neuzulassung	83
§ 30	Rücknahme, Widerruf, Ruhen	87
§ 31	Erlöschen, Verlängerung	88
§ 32	Staatliche Chargenprüfung	90
§ 33	Gebühren und Auslagen	91
§ 34	Information der Öffentlichkeit	93
§ 35	Ermächtigungen zur Zulassung und Freistellung	95
§ 36	Ermächtigung für Standardzulassungen	95
§ 37	Genehmigung der Europäischen Gemeinschaft oder der Europäischen Union für das Inverkehrbringen, Zulassungen von Arzneimitteln aus anderen Staaten	97

Fünfter Abschnitt
Registrierung von Arzneimitteln

§ 38	Registrierung homöopathischer Arzneimittel	97
§ 39	Entscheidung über die Registrierung homöopathischer Arzneimittel, Verfahrensvorschriften	98
§ 39a	Registrierung traditioneller pflanzlicher Arzneimittel	100
§ 39b	Registrierungsunterlagen für traditionelle pflanzliche Arzneimittel	100

Arzneimittelgesetz (AMG)

		Seite
§ 39c	Entscheidung über die Registrierung traditioneller pflanzlicher Arzneimittel	102
§ 39d	Sonstige Verfahrensvorschriften für traditionelle pflanzliche Arzneimittel	103

Sechster Abschnitt
Schutz des Menschen bei der klinischen Prüfung

§ 40	Allgemeine Voraussetzungen der klinischen Prüfung	104
§ 41	Besondere Voraussetzungen der klinischen Prüfung	109
§ 42	Verfahren bei der Ethik-Kommission, Genehmigungsverfahren bei der Bundesoberbehörde	110
§ 42a	Rücknahme, Widerruf und Ruhen der Genehmigung oder der zustimmenden Bewertung	114
§ 42b	Veröffentlichung der Ergebnisse klinischer Prüfungen	115

Siebter Abschnitt
Abgabe von Arzneimitteln

§ 43	Apothekenpflicht, Inverkehrbringen durch Tierärzte	116
§ 44	Ausnahme von der Apothekenpflicht	117
§ 45	Ermächtigung zu weiteren Ausnahmen von der Apothekenpflicht	118
§ 46	Ermächtigung zur Ausweitung der Apothekenpflicht	119
§ 47	Vertriebsweg	119
§ 47a	Sondervertriebsweg, Nachweispflichten	123
§ 47b	Sondervertriebsweg Diamorphin	123
§ 48	Verschreibungspflicht	123
§ 49	(weggefallen)	126
§ 50	Einzelhandel mit freiverkäuflichen Arzneimitteln	126
§ 51	Abgabe im Reisegewerbe	127
§ 52	Verbot der Selbstbedienung	128
§ 52a	Großhandel mit Arzneimitteln	128
§ 52b	Bereitstellung von Arzneimitteln	129
§ 52c	Arzneimittelvermittlung	130
§ 53	Anhörung von Sachverständigen	131

Achter Abschnitt
Sicherung und Kontrolle der Qualität

§ 54	Betriebsverordnungen	131
§ 55	Arzneibuch	132
§ 55a	Amtliche Sammlung von Untersuchungsverfahren	134

Neunter Abschnitt
Sondervorschriften für Arzneimittel, die bei Tieren angewendet werden

		Seite
§ 56	Fütterungsarzneimittel	134
§ 56a	Verschreibung, Abgabe und Anwendung von Arzneimitteln durch Tierärzte	136
§ 56b	Ausnahmen	140
§ 57	Erwerb und Besitz durch Tierhalter, Nachweise	140
§ 57a	Anwendung durch Tierhalter	141
§ 58	Anwendung bei Tieren, die der Gewinnung von Lebensmitteln dienen	142
§ 58a	Mitteilungen über Tierhaltungen	142
§ 58b	Mitteilungen über Arzneimittelverwendung	143
§ 58c	Ermittlung der Therapiehäufigkeit	145
§ 58d	Verringerung der Behandlung mit antibakteriell wirksamen Stoffen	146
§ 58e	Verordnungsermächtigungen	148
§ 58f	Verwendung der Daten	150
§ 58g	Evaluierung	150
§ 59	Klinische Prüfung und Rückstandsprüfung bei Tieren, die der Lebensmittelgewinnung dienen	150
§ 59a	Verkehr mit Stoffen und Zubereitungen aus Stoffen	151
§ 59b	Stoffe zur Durchführung von Rückstandskontrollen	152
§ 59c	Nachweispflichten für Stoffe, die als Tierarzneimittel verwendet werden können	152
§ 59d	Verabreichung pharmakologisch wirksamer Stoffe an Tiere, die der Lebensmittelgewinnung dienen	153
§ 60	Heimtiere	153
§ 61	Befugnisse tierärztlicher Bildungsstätten	153

Zehnter Abschnitt
Pharmakovigilanz

§ 62	Organisation des Pharmakovigilanz-Systems der zuständigen Bundesoberbehörde	154
§ 63	Stufenplan	156
§ 63a	Stufenplanbeauftragter	156
§ 63b	Allgemeine Pharmakovigilanz-Pflichten des Inhabers der Zulassung	157
§ 63c	Dokumentations- und Meldepflichten des Inhabers der Zulassung für Arzneimittel, die zur Anwendung bei Menschen bestimmt sind, für Verdachtsfälle von Nebenwirkungen	158
§ 63d	Regelmäßige aktualisierte Unbedenklichkeitsberichte	160
§ 63e	Europäisches Verfahren	162

Arzneimittelgesetz (AMG)

Seite

§ 63f	Allgemeine Voraussetzungen für nichtinterventionelle Unbedenklichkeitsprüfungen	162
§ 63g	Besondere Voraussetzungen für angeordnete nichtinterventionelle Unbedenklichkeitsprüfungen	163
§ 63h	Dokumentations- und Meldepflichten für Arzneimittel, die zur Anwendung bei Tieren bestimmt sind	164
§ 63i	Dokumentations- und Meldepflichten bei Blut- und Gewebezubereitungen und Gewebe	167
§ 63j	Ausnahmen	168

Elfter Abschnitt
Überwachung

§ 64	Durchführung der Überwachung	169
§ 65	Probenahme	172
§ 66	Duldungs- und Mitwirkungspflicht	173
§ 67	Allgemeine Anzeigepflicht	174
§ 67a	Datenbankgestütztes Informationssystem	176
§ 68	Mitteilungs- und Unterrichtungspflichten	178
§ 69	Maßnahmen der zuständigen Behörden	180
§ 69a	Überwachung von Stoffen, die als Tierarzneimittel verwendet werden können	182
§ 69b	Verwendung bestimmter Daten	182

Zwölfter Abschnitt
Sondervorschriften für Bundeswehr, Bundespolizei, Bereitschaftspolizei, Zivilschutz

§ 70	Anwendung und Vollzug des Gesetzes	183
§ 71	Ausnahmen	183

Dreizehnter Abschnitt
Einfuhr und Ausfuhr

§ 72	Einfuhrerlaubnis	184
§ 72a	Zertifikate	185
§ 72b	Einfuhrerlaubnis und Zertifikate für Gewebe und bestimmte Gewebezubereitungen	187
§ 73	Verbringungsverbot	188
§ 73a	Ausfuhr	193
§ 74	Mitwirkung von Zolldienststellen	193

Vierzehnter Abschnitt
Informationsbeauftragter, Pharmaberater

§ 74a	Informationsbeauftragter	194
§ 75	Sachkenntnis	195
§ 76	Pflichten	195

Arzneimittelgesetz (AMG)

Seite

Fünfzehnter Abschnitt
Bestimmung der zuständigen Bundesoberbehörden und sonstige Bestimmungen

§ 77	Zuständige Bundesoberbehörde	196
§ 77a	Unabhängigkeit und Transparenz	196
§ 78	Preise	197
§ 79	Ausnahmeermächtigungen für Krisenzeiten	198
§ 80	Ermächtigung für Verfahrens- und Härtefallregelungen	200
§ 81	Verhältnis zu anderen Gesetzen	200
§ 82	Allgemeine Verwaltungsvorschriften	201
§ 83	Angleichung an das Recht der Europäischen Union	201
§ 83a	Rechtsverordnungen in bestimmten Fällen	201
§ 83b	Verkündung von Rechtsverordnungen	201

Sechzehnter Abschnitt
Haftung für Arzneimittelschäden

§ 84	Gefährdungshaftung	202
§ 84a	Auskunftsanspruch	203
§ 85	Mitverschulden	203
§ 86	Umfang der Ersatzpflicht bei Tötung	203
§ 87	Umfang der Ersatzpflicht bei Körperverletzung	204
§ 88	Höchstbeträge	204
§ 89	Schadensersatz durch Geldrenten	204
§ 90	(weggefallen)	205
§ 91	Weitergehende Haftung	205
§ 92	Unabdingbarkeit	205
§ 93	Mehrere Ersatzpflichtige	205
§ 94	Deckungsvorsorge	205
§ 94a	Örtliche Zuständigkeit	206

Siebzehnter Abschnitt
Straf- und Bußgeldvorschriften

§ 95	Strafvorschriften	207
§ 96	Strafvorschriften	208
§ 97	Bußgeldvorschriften	211
§ 98	Einziehung	217
§ 98a	Erweiterter Verfall	217

Arzneimittelgesetz (AMG)

Seite

Achtzehnter Abschnitt
Überleitungs- und Übergangsvorschriften

Erster Unterabschnitt

§§ 99–124 Überleitungsvorschriften aus Anlass des Gesetzes zur Neuordnung des Arzneimittelrechts 217

Zweiter Unterabschnitt

§§ 125–126 Übergangsvorschriften aus Anlass des Ersten Gesetzes zur Änderung des Arzneimittelgesetzes 228

Dritter Unterabschnitt

§§ 127–131 Übergangsvorschriften aus Anlass des Zweiten Gesetzes zur Änderung des Arzneimittelgesetzes 229

Vierter Unterabschnitt

§ 132 Übergangsvorschriften aus Anlass des Fünften Gesetzes zur Änderung des Arzneimittelgesetzes 230

Fünfter Unterabschnitt

§ 133 Übergangsvorschrift aus Anlass des Siebten Gesetzes zur Änderung des Arzneimittelgesetzes 231

Sechster Unterabschnitt

§ 134 Übergangsvorschriften aus Anlass des Transfusionsgesetzes 231

Siebter Unterabschnitt

§ 135 Übergangsvorschriften aus Anlass des Achten Gesetzes zur Änderung des Arzneimittelgesetzes 232

Achter Unterabschnitt

§ 136 Übergangsvorschriften aus Anlass des Zehnten Gesetzes zur Änderung des Arzneimittelgesetzes 233

Neunter Unterabschnitt

§ 137 Übergangsvorschriften aus Anlass des Elften Gesetzes zur Änderung des Arzneimittelgesetzes 234

Zehnter Unterabschnitt

§ 138 Übergangsvorschriften aus Anlass des Zwölften Gesetzes zur Änderung des Arzneimittelgesetzes 234

Arzneimittelgesetz (AMG)

		Seite
	Elfter Unterabschnitt	
§ 139	Übergangsvorschriften aus Anlass des Ersten Gesetzes zur Änderung des Transfusionsgesetzes und arzneimittelrechtlicher Vorschriften	236
	Zwölfter Unterabschnitt	
§ 140	Übergangsvorschriften aus Anlass des Dreizehnten Gesetzes zur Änderung des Arzneimittelgesetzes	236
	Dreizehnter Unterabschnitt	
§ 141	Übergangsvorschriften aus Anlass des Vierzehnten Gesetzes zur Änderung des Arzneimittelgesetzes	236
	Vierzehnter Unterabschnitt	
§ 142	Übergangsvorschriften aus Anlass des Gewebegesetzes	239
	Fünfzehnter Unterabschnitt	
§ 143	Übergangsvorschriften aus Anlass des Gesetzes zur Verbesserung der Bekämpfung des Dopings im Sport	239
	Sechzehnter Unterabschnitt	
§ 144	Übergangsvorschriften aus Anlass des Gesetzes zur Änderung arzneimittelrechtlicher und anderer Vorschriften	240
	Siebzehnter Unterabschnitt	
§ 145	Übergangsvorschriften aus Anlass des Gesetzes zur Neuordnung des Arzneimittelmarktes	241
	Achtzehnter Unterabschnitt **Übergangsvorschrift**	
§ 146	Übergangsvorschriften aus Anlass des Zweiten Gesetzes zur Änderung arzneimittelrechtlicher und anderer Vorschriften	241
	Neunzehnter Unterabschnitt **Übergangsvorschrift**	
§ 147	Übergangsvorschrift aus Anlass des Dritten Gesetzes zur Änderung arzneimittelrechtlicher und anderer Vorschriften	243
Anhang		244

Arzneimittelgesetz (AMG)

Erster Abschnitt
Zweck des Gesetzes und Begriffsbestimmungen, Anwendungsbereich

§ 1
Zweck des Gesetzes

Es ist der Zweck dieses Gesetzes, im Interesse einer ordnungsgemäßen Arzneimittelversorgung von Mensch und Tier für die Sicherheit im Verkehr mit Arzneimitteln, insbesondere für die Qualität, Wirksamkeit und Unbedenklichkeit der Arzneimittel, nach Maßgabe der folgenden Vorschriften zu sorgen.

§ 2
Arzneimittelbegriff

(1) Arzneimittel sind Stoffe und Zubereitungen aus Stoffen

1. die zur Anwendung im oder am menschlichen oder tierischen Körper bestimmt sind und als Mittel mit Eigenschaften zur Heilung oder Linderung oder zur Verhütung menschlicher oder tierischer Krankheiten oder krankhafter Beschwerden bestimmt sind, oder
2. die im oder am menschlichen oder tierischen Körper angewendet oder einem Menschen oder einem Tier verabreicht werden können, um entweder
   a) die physiologischen Funktionen durch eine pharmakologische, immunologische oder metabolische Wirkung wiederherzustellen, zu korrigieren oder zu beeinflussen oder
   b) eine medizinische Diagnose zu erstellen.

(2) Als Arzneimittel gelten

1. Gegenstände, die ein Arzneimittel nach Absatz 1 enthalten oder auf die ein Arzneimittel nach Absatz 1 aufgebracht ist und die dazu bestimmt sind, dauernd oder vorübergehend mit dem menschlichen oder tierischen Körper in Berührung gebracht zu werden,
1a. tierärztliche Instrumente, soweit sie zur einmaligen Anwendung bestimmt sind und aus der Kennzeichnung hervorgeht, dass sie einem Verfahren zur Verminderung der Keimzahl unterzogen worden sind,
2. Gegenstände, die, ohne Gegenstände nach Nummer 1 oder 1a zu sein, dazu bestimmt sind, zu den in Absatz 1 bezeichneten Zwecken in den tierischen Körper dauernd oder vorübergehend eingebracht zu werden, ausgenommen tierärztliche Instrumente,
3. Verbandstoffe und chirurgische Nahtmaterialien, soweit sie zur Anwendung am oder im tierischen Körper bestimmt und nicht Gegenstände der Nummer 1, 1a oder 2 sind,

Arzneimittelgesetz (AMG)

4. Stoffe und Zubereitungen aus Stoffen, die, auch im Zusammenwirken mit anderen Stoffen oder Zubereitungen aus Stoffen, dazu bestimmt sind, ohne am oder im tierischen Körper angewendet zu werden, die Beschaffenheit, den Zustand oder die Funktion des tierischen Körpers erkennen zu lassen oder der Erkennung von Krankheitserregern bei Tieren zu dienen.

(3) Arzneimittel sind nicht

1. Lebensmittel im Sinne des § 2 Abs. 2 des Lebensmittel- und Futtermittelgesetzbuches, *iVm. Art 2 VO 178/2002/EG*
2. kosmetische Mittel im Sinne des § 2 Abs. 5 des Lebensmittel- und Futtermittelgesetzbuches, *am Bare Wirkung (z.B. Einwirkungstiefe auf die Haut)*
3. Tabakerzeugnisse im Sinne des § 3 des Vorläufigen Tabakgesetzes,
4. Stoffe oder Zubereitungen aus Stoffen, die ausschließlich dazu bestimmt sind, äußerlich am Tier zur Reinigung oder Pflege oder zur Beeinflussung des Aussehens oder des Körpergeruchs angewendet zu werden, soweit ihnen keine Stoffe oder Zubereitungen aus Stoffen zugesetzt sind, die vom Verkehr außerhalb der Apotheke ausgeschlossen sind,
5. Biozid-Produkte nach Artikel 3 Absatz 1 Buchstabe a der Verordnung (EU) Nr. 528/2012 des Europäischen Parlaments und des Rates vom 22. Mai 2012 über die Bereitstellung auf dem Markt und die Verwendung von Biozidprodukten (ABl. L 167 vom 27.6.2012, S. 1),
6. Futtermittel im Sinne des § 3 Nummer 12 bis 16 des Lebensmittel- und Futtermittelgesetzbuches,
7. Medizinprodukte und Zubehör für Medizinprodukte im Sinne des § 3 des Medizinproduktegesetzes, es sei denn, es handelt sich um Arzneimittel im Sinne des § 2 Absatz 1 Nummer 2 Buchstabe b,
8. Organe im Sinne des § 1a Nr. 1 des Transplantationsgesetzes, wenn sie zur Übertragung auf menschliche Empfänger bestimmt sind.

"Zweifelsfall-Regelung"

(3a) Arzneimittel sind auch Erzeugnisse, die Stoffe oder Zubereitungen aus Stoffen sind oder enthalten, die unter Berücksichtigung aller Eigenschaften des Erzeugnisses unter eine Begriffsbestimmung des Absatzes 1 fallen und zugleich unter die Begriffsbestimmung eines Erzeugnisses nach Absatz 3 fallen können.

(4) Solange ein Mittel nach diesem Gesetz als Arzneimittel zugelassen oder registriert oder durch Rechtsverordnung von der Zulassung oder Registrierung freigestellt ist, gilt es als Arzneimittel. Hat die zuständige Bundesoberbehörde die Zulassung oder Registrierung eines Mittels mit der Begründung abgelehnt, dass es sich um kein Arzneimittel handelt, so gilt es nicht als Arzneimittel.

Arzneimittel kraft Verwaltungsakt

§ 3
Stoffbegriff

Stoffe im Sinne dieses Gesetzes sind

1. chemische Elemente und chemische Verbindungen sowie deren natürlich vorkommende Gemische und Lösungen,

2. Pflanzen, Pflanzenteile, Pflanzenbestandteile, Algen, Pilze und Flechten in bearbeitetem oder unbearbeitetem Zustand,

3. Tierkörper, auch lebender Tiere, sowie Körperteile, -bestandteile und Stoffwechselprodukte von Mensch oder Tier in bearbeitetem oder unbearbeitetem Zustand,

4. Mikroorganismen einschließlich Viren sowie deren Bestandteile oder Stoffwechselprodukte.

§ 4
Sonstige Begriffsbestimmungen

(1) Fertigarzneimittel sind Arzneimittel, die im Voraus hergestellt und in einer zur Abgabe an den Verbraucher bestimmten Packung in den Verkehr gebracht werden, oder andere zur Abgabe an Verbraucher bestimmte Arzneimittel, bei deren Zubereitung in sonstiger Weise ein industrielles Verfahren zur Anwendung kommt oder die, ausgenommen in Apotheken, gewerblich hergestellt werden. Fertigarzneimittel sind nicht Zwischenprodukte, die für eine weitere Verarbeitung durch einen Hersteller bestimmt sind.

(2) Blutzubereitungen sind Arzneimittel, die aus Blut gewonnene Blut-, Plasma- oder Serumkonserven, Blutbestandteile oder Zubereitungen aus Blutbestandteilen sind oder als Wirkstoffe enthalten.

(3) Sera sind Arzneimittel im Sinne des § 2 Absatz 1, die Antikörper, Antikörperfragmente oder Fusionsproteine mit einem funktionellen Antikörperbestandteil als Wirkstoff enthalten und wegen dieses Wirkstoffs angewendet werden. Sera gelten nicht als Blutzubereitungen im Sinne des Absatzes 2 oder als Gewebezubereitungen im Sinne des Absatzes 30.

(4) Impfstoffe sind Arzneimittel im Sinne des § 2 Abs. 1, die Antigene oder rekombinante Nukleinsäuren enthalten und die dazu bestimmt sind, bei Mensch oder Tier zur Erzeugung von spezifischen Abwehr- und Schutzstoffen angewendet zu werden und, soweit sie rekombinante Nukleinsäuren enthalten, ausschließlich zur Vorbeugung oder Behandlung von Infektionskrankheiten bestimmt sind.

(5) Allergene sind Arzneimittel im Sinne des § 2 Abs. 1, die Antigene oder Haptene enthalten und dazu bestimmt sind, bei Mensch oder Tier zur Erkennung von spezifischen Abwehr- oder Schutzstoffen angewendet zu werden (Testallergene), oder Stoffe enthalten, die zur antigen-spezifischen Verminderung einer spezifischen immunologischen Überempfindlichkeit angewendet werden (Therapieallergene).

(6) Testsera sind Arzneimittel im Sinne des § 2 Abs. 2 Nr. 4, die aus Blut, Organen, Organteilen oder Organsekreten gesunder, kranker, krank gewesener oder immunisatorisch vorbehandelter Lebewesen gewonnen werden, spezifische Antikörper enthalten und die dazu bestimmt sind, wegen dieser Antikörper verwendet zu werden, sowie die dazu gehörenden Kontrollsera.

Arzneimittelgesetz (AMG)

(7) Testantigene sind Arzneimittel im Sinne des § 2 Abs. 2 Nr. 4, die Antigene oder Haptene enthalten und die dazu bestimmt sind, als solche verwendet zu werden.

(8) Radioaktive Arzneimittel sind Arzneimittel, die radioaktive Stoffe sind oder enthalten und ionisierende Strahlen spontan aussenden und die dazu bestimmt sind, wegen dieser Eigenschaften angewendet zu werden; als radioaktive Arzneimittel gelten auch für die Radiomarkierung anderer Stoffe vor der Verabreichung hergestellte Radionuklide (Vorstufen) sowie die zur Herstellung von radioaktiven Arzneimitteln bestimmten Systeme mit einem fixierten Mutterradionuklid, das ein Tochterradionuklid bildet (Generatoren).

(9) Arzneimittel für neuartige Therapien sind Gentherapeutika, somatische Zelltherapeutika oder biotechnologisch bearbeitete Gewebeprodukte nach Artikel 2 Absatz 1 Buchstabe a der Verordnung (EG) Nr. 1394/2007 des Europäischen Parlaments und des Rates vom 13. November 2007 über Arzneimittel für neuartige Therapien und zur Änderung der Richtlinie 2001/83/EG und der Verordnung (EG) Nr. 726/2004 (ABl. L 324 vom 10.12.2007, S. 121).

(10) Fütterungsarzneimittel sind Arzneimittel in verfütterungsfertiger Form, die aus Arzneimittel-Vormischungen und Mischfuttermitteln hergestellt werden und die dazu bestimmt sind, zur Anwendung bei Tieren in den Verkehr gebracht zu werden.

(11) Arzneimittel-Vormischungen sind Arzneimittel, die ausschließlich dazu bestimmt sind, zur Herstellung von Fütterungsarzneimitteln verwendet zu werden. Sie gelten als Fertigarzneimittel.

(12) Die Wartezeit ist die Zeit, die bei bestimmungsgemäßer Anwendung des Arzneimittels nach der letzten Anwendung des Arzneimittels bei einem Tier bis zur Gewinnung von Lebensmitteln, die von diesem Tier stammen, zum Schutz der öffentlichen Gesundheit einzuhalten ist und die sicherstellt, dass Rückstände in diesen Lebensmitteln die im Anhang der Verordnung (EU) Nr. 37/2010 der Kommission vom 22. Dezember 2009 über pharmakologisch wirksame Stoffe und ihre Einstufung hinsichtlich der Rückstandshöchstmengen in Lebensmitteln tierischen Ursprungs (ABl. L 15 vom 20.1.2010, S. 1) in der jeweils geltenden Fassung festgelegten zulässigen Höchstmengen für pharmakologisch wirksame Stoffe nicht überschreiten.

(13) Nebenwirkungen sind bei Arzneimitteln, die zur Anwendung bei Menschen bestimmt sind, schädliche und unbeabsichtigte Reaktionen auf das Arzneimittel. Nebenwirkungen sind bei Arzneimitteln, die zur Anwendung bei Tieren bestimmt sind, schädliche und unbeabsichtigte Reaktionen bei bestimmungsgemäßem Gebrauch. Schwerwiegende Nebenwirkungen sind Nebenwirkungen, die tödlich oder lebensbedrohend sind, eine stationäre Behandlung oder Verlängerung einer stationären Behandlung erforderlich machen, zu bleibender oder schwerwiegender Behinderung, Invalidität, kongenitalen Anomalien oder Geburtsfehlern führen. Für Arzneimittel, die zur Anwendung bei Tieren bestimmt sind, sind schwerwiegend auch Nebenwirkungen, die

ständig auftretende oder lang anhaltende Symptome hervorrufen. Unerwartete Nebenwirkungen sind Nebenwirkungen, deren Art, Ausmaß oder Ergebnis von der Fachinformation des Arzneimittels abweichen.

(14) Herstellen ist das Gewinnen, das Anfertigen, das Zubereiten, das Be- oder Verarbeiten, das Umfüllen einschließlich Abfüllen, das Abpacken, das Kennzeichnen und die Freigabe; nicht als Herstellen gilt das Mischen von Fertigarzneimitteln mit Futtermitteln durch den Tierhalter zur unmittelbaren Verabreichung an die von ihm gehaltenen Tiere.

(15) Qualität ist die Beschaffenheit eines Arzneimittels, die nach Identität, Gehalt, Reinheit, sonstigen chemischen, physikalischen, biologischen Eigenschaften oder durch das Herstellungsverfahren bestimmt wird.

(16) Eine Charge ist die jeweils aus derselben Ausgangsmenge in einem einheitlichen Herstellungsvorgang oder bei einem kontinuierlichen Herstellungsverfahren in einem bestimmten Zeitraum erzeugte Menge eines Arzneimittels.

(17) Inverkehrbringen ist das Vorrätighalten zum Verkauf oder zu sonstiger Abgabe, das Feilhalten, das Feilbieten und die Abgabe an andere.

(18) Der pharmazeutische Unternehmer ist bei zulassungs- oder registrierungspflichtigen Arzneimitteln der Inhaber der Zulassung oder Registrierung. Pharmazeutischer Unternehmer ist auch, wer Arzneimittel unter seinem Namen in den Verkehr bringt, außer in den Fällen des § 9 Abs. 1 Satz 2.

(19) Wirkstoffe sind Stoffe, die dazu bestimmt sind, bei der Herstellung von Arzneimitteln als arzneilich wirksame Bestandteile verwendet zu werden oder bei ihrer Verwendung in der Arzneimittelherstellung zu arzneilich wirksamen Bestandteilen der Arzneimittel zu werden.

(20) (weggefallen)

(21) Xenogene Arzneimittel sind zur Anwendung im oder am Menschen bestimmte Arzneimittel, die lebende tierische Gewebe oder Zellen sind oder enthalten.

(22) Großhandel mit Arzneimitteln ist jede berufs- oder gewerbsmäßige zum Zwecke des Handeltreibens ausgeübte Tätigkeit, die in der Beschaffung, der Lagerung, der Abgabe oder Ausfuhr von Arzneimitteln besteht, mit Ausnahme der Abgabe von Arzneimitteln an andere Verbraucher als Ärzte, Zahnärzte, Tierärzte oder Krankenhäuser.

(22a) Arzneimittelvermittlung ist jede berufs- oder gewerbsmäßig ausgeübte Tätigkeit von Personen, die, ohne Großhandel zu betreiben, selbstständig und im fremden Namen mit Arzneimitteln im Sinne des § 2 Absatz 1 oder Absatz 2 Nummer 1, die zur Anwendung bei Menschen bestimmt sind, handeln, ohne tatsächliche Verfügungsgewalt über diese Arzneimittel zu erlangen.

(23) Klinische Prüfung bei Menschen ist jede am Menschen durchgeführte Untersuchung, die dazu bestimmt ist, klinische oder pharmakologische Wirkungen von Arzneimitteln zu erforschen oder nachzuweisen oder Nebenwir-

Arzneimittelgesetz (AMG)

§ 25 II
Nr. 4 u. 5

kungen festzustellen oder die Resorption, die Verteilung, den Stoffwechsel oder die Ausscheidung zu untersuchen, mit dem Ziel, sich von der Unbedenklichkeit oder Wirksamkeit der Arzneimittel zu überzeugen. Satz 1 gilt nicht für eine Untersuchung, die eine nichtinterventionelle Prüfung ist. Nichtinterventionelle Prüfung ist eine Untersuchung, in deren Rahmen Erkenntnisse aus der Behandlung von Personen mit Arzneimitteln anhand epidemiologischer Methoden analysiert werden; dabei folgt die Behandlung einschließlich der Diagnose und Überwachung nicht einem vorab festgelegten Prüfplan, sondern ausschließlich der ärztlichen Praxis; soweit es sich um ein zulassungspflichtiges oder nach § 21a Absatz 1 genehmigungspflichtiges Arzneimittel handelt, erfolgt dies ferner gemäß den in der Zulassung oder der Genehmigung festgelegten Angaben für seine Anwendung.

(24) Sponsor ist eine natürliche oder juristische Person, die die Verantwortung für die Veranlassung, Organisation und Finanzierung einer klinischen Prüfung bei Menschen übernimmt.

(25) Prüfer ist in der Regel ein für die Durchführung der klinischen Prüfung bei Menschen in einer Prüfstelle verantwortlicher Arzt oder in begründeten Ausnahmefällen eine andere Person, deren Beruf auf Grund seiner wissenschaftlichen Anforderungen und der seine Ausübung voraussetzenden Erfahrungen in der Patientenbetreuung für die Durchführung von Forschungen am Menschen qualifiziert. Wird eine klinische Prüfung in einer Prüfstelle von einer Gruppe von Personen durchgeführt, so ist der Prüfer der für die Durchführung verantwortliche Leiter dieser Gruppe. Wird eine Prüfung in mehreren Prüfstellen durchgeführt, wird vom Sponsor ein Prüfer als Leiter der klinischen Prüfung benannt.

(26) Homöopathisches Arzneimittel ist ein Arzneimittel, das nach einem im Europäischen Arzneibuch oder, in Ermangelung dessen, nach einem in den offiziell gebräuchlichen Pharmakopöen der Mitgliedstaaten der Europäischen Union beschriebenen homöopathischen Zubereitungsverfahren hergestellt worden ist. Ein homöopathisches Arzneimittel kann auch mehrere Wirkstoffe enthalten.

(27) Ein mit der Anwendung des Arzneimittels verbundenes Risiko ist

a) jedes Risiko im Zusammenhang mit der Qualität, Sicherheit oder Wirksamkeit des Arzneimittels für die Gesundheit der Patienten oder die öffentliche Gesundheit, bei zur Anwendung bei Tieren bestimmten Arzneimitteln für die Gesundheit von Mensch oder Tier,

b) jedes Risiko unerwünschter Auswirkungen auf die Umwelt.

(28) Das Nutzen-Risiko-Verhältnis umfasst eine Bewertung der positiven therapeutischen Wirkungen des Arzneimittels im Verhältnis zu dem Risiko nach Absatz 27 Buchstabe a, bei zur Anwendung bei Tieren bestimmten Arzneimitteln auch nach Absatz 27 Buchstabe b.

Arzneimittelgesetz (AMG)

(29) Pflanzliche Arzneimittel sind Arzneimittel, die als Wirkstoff ausschließlich einen oder mehrere pflanzliche Stoffe oder eine oder mehrere pflanzliche Zubereitungen oder eine oder mehrere solcher pflanzlichen Stoffe in Kombination mit einer oder mehreren solcher pflanzlichen Zubereitungen enthalten.

(30) Gewebezubereitungen sind Arzneimittel, die Gewebe im Sinne von § 1a Nr. 4 des Transplantationsgesetzes sind oder aus solchen Geweben hergestellt worden sind. Menschliche Samen- und Eizellen (Keimzellen) sowie imprägnierte Eizellen und Embryonen sind weder Arzneimittel noch Gewebezubereitungen.

(31) Rekonstitution eines Fertigarzneimittels zur Anwendung beim Menschen ist die Überführung in seine anwendungsfähige Form unmittelbar vor seiner Anwendung gemäß den Angaben der Packungsbeilage oder im Rahmen der klinischen Prüfung nach Maßgabe des Prüfplans.

(32) Verbringen ist jede Beförderung in den, durch den oder aus dem Geltungsbereich des Gesetzes. Einfuhr ist die Überführung von unter das Arzneimittelgesetz fallenden Produkten aus Drittstaaten, die nicht Vertragsstaaten des Abkommens über den Europäischen Wirtschaftsraum sind, in den zollrechtlich freien Verkehr. Produkte gemäß Satz 2 gelten als eingeführt, wenn sie entgegen den Zollvorschriften in den Wirtschaftskreislauf überführt wurden. Ausfuhr ist jedes Verbringen in Drittstaaten, die nicht Vertragsstaaten des Abkommens über den Europäischen Wirtschaftsraum sind.

(33) Anthroposophisches Arzneimittel ist ein Arzneimittel, das nach der anthroposophischen Menschen- und Naturerkenntnis entwickelt wurde, nach einem im Europäischen Arzneibuch oder, in Ermangelung dessen, nach einem in den offiziell gebräuchlichen Pharmakopöen der Mitgliedstaaten der Europäischen Union beschriebenen homöopathischen Zubereitungsverfahren oder nach einem besonderen anthroposophischen Zubereitungsverfahren hergestellt worden ist und das bestimmt ist, entsprechend den Grundsätzen der anthroposophischen Menschen- und Naturerkenntnis angewendet zu werden.

(34) Eine Unbedenklichkeitsprüfung bei einem Arzneimittel, das zur Anwendung bei Menschen bestimmt ist, ist jede Prüfung zu einem zugelassenen Arzneimittel, die durchgeführt wird, um ein Sicherheitsrisiko zu ermitteln, zu beschreiben oder zu quantifizieren, das Sicherheitsprofil eines Arzneimittels zu bestätigen oder die Effizienz von Risikomanagement-Maßnahmen zu messen.

(35) Eine Unbedenklichkeitsprüfung bei einem Arzneimittel, das zur Anwendung bei Tieren bestimmt ist, ist eine pharmakoepidemiologische Studie oder klinische Prüfung entsprechend den Bedingungen der Zulassung mit dem Ziel, eine Gesundheitsgefahr im Zusammenhang mit einem zugelassenen Tierarzneimittel festzustellen und zu beschreiben.

Arzneimittelgesetz (AMG)

(36) Das Risikomanagement-System umfasst Tätigkeiten im Bereich der Pharmakoviglianz und Maßnahmen, durch die Risiken im Zusammenhang mit einem Arzneimittel ermittelt, beschrieben, vermieden oder minimiert werden sollen; dazu gehört auch die Bewertung der Wirksamkeit derartiger Tätigkeiten und Maßnahmen.

(37) Der Risikomanagement-Plan ist eine detaillierte Beschreibung des Risikomanagement-Systems.

(38) Das Pharmakovigilanz-System ist ein System, das der Inhaber der Zulassung und die zuständige Bundesoberbehörde anwenden, um insbesondere den im Zehnten Abschnitt aufgeführten Aufgaben und Pflichten nachzukommen, und das der Überwachung der Sicherheit zugelassener Arzneimittel und der Entdeckung sämtlicher Änderungen des Nutzen-Risiko-Verhältnisses dient.

(39) Die Pharmakovigilanz-Stammdokumentation ist eine detaillierte Beschreibung des Pharmakovigilanz-Systems, das der Inhaber der Zulassung auf eines oder mehrere zugelassene Arzneimittel anwendet.

(40) Ein gefälschtes Arzneimittel ist ein Arzneimittel mit falschen Angaben über

1. die Identität, einschließlich seiner Verpackung, seiner Kennzeichnung, seiner Bezeichnung oder seiner Zusammensetzung in Bezug auf einen oder mehrere seiner Bestandteile, einschließlich der Hilfsstoffe und des Gehalts dieser Bestandteile,

2. die Herkunft, einschließlich des Herstellers, das Herstellungsland, das Herkunftsland und den Inhaber der Genehmigung für das Inverkehrbringen oder den Inhaber der Zulassung oder

3. den in Aufzeichnungen und Dokumenten beschriebenen Vertriebsweg.

(41) Ein gefälschter Wirkstoff ist ein Wirkstoff, dessen Kennzeichnung auf dem Behältnis nicht den tatsächlichen Inhalt angibt oder dessen Begleitdokumentation nicht alle beteiligten Hersteller oder nicht den tatsächlichen Vertriebsweg widerspiegelt.

§ 4a
Ausnahmen vom Anwendungsbereich

Dieses Gesetz findet keine Anwendung auf

1. Arzneimittel, die unter Verwendung von Krankheitserregern oder auf biotechnischem Weg hergestellt werden und zur Verhütung, Erkennung oder Heilung von Tierseuchen bestimmt sind,

2. die Gewinnung und das Inverkehrbringen von Keimzellen zur künstlichen Befruchtung bei Tieren,

Arzneimittelgesetz (AMG)

3. Gewebe, die innerhalb eines Behandlungsvorgangs einer Person entnommen werden, um auf diese ohne Änderung ihrer stofflichen Beschaffenheit rückübertragen zu werden.

Satz 1 Nr. 1 gilt nicht für § 55.

§ 4b
Sondervorschriften für Arzneimittel für neuartige Therapien

(1) Für Arzneimittel für neuartige Therapien, die im Geltungsbereich dieses Gesetzes

1. als individuelle Zubereitung für einen einzelnen Patienten ärztlich verschrieben,
2. nach spezifischen Qualitätsnormen nicht routinemäßig hergestellt und
3. in einer spezialisierten Einrichtung der Krankenversorgung unter der fachlichen Verantwortung eines Arztes angewendet

werden, finden der Vierte Abschnitt, mit Ausnahme des § 33, und der Siebte Abschnitt dieses Gesetzes keine Anwendung. Die übrigen Vorschriften des Gesetzes sowie Artikel 14 Absatz 1 und Artikel 15 Absatz 1 bis 6 der Verordnung (EG) Nr. 1394/2007 gelten entsprechend mit der Maßgabe, dass die dort genannten Amtsaufgaben und Befugnisse entsprechend den ihnen nach diesem Gesetz übertragenen Aufgaben von der zuständigen Behörde oder der zuständigen Bundesoberbehörde wahrgenommen werden und an die Stelle des Inhabers der Zulassung im Sinne dieses Gesetzes oder des Inhabers der Genehmigung für das Inverkehrbringen im Sinne der Verordnung (EG) Nr. 1394/2007 der Inhaber der Genehmigung nach Absatz 3 Satz 1 tritt.

(2) Nicht routinemäßig hergestellt im Sinne von Absatz 1 Satz 1 Nummer 2 werden insbesondere Arzneimittel,

1. die in geringem Umfang hergestellt werden, und bei denen auf der Grundlage einer routinemäßigen Herstellung Abweichungen im Verfahren vorgenommen werden, die für einen einzelnen Patienten medizinisch begründet sind, oder
2. die noch nicht in ausreichender Anzahl hergestellt worden sind, so dass die notwendigen Erkenntnisse für ihre umfassende Beurteilung noch nicht vorliegen.

(3) Arzneimittel nach Absatz 1 Satz 1 dürfen nur an andere abgegeben werden, wenn sie durch die zuständige Bundesoberbehörde genehmigt worden sind. § 21a Absatz 2 bis 8 gilt entsprechend. Die Genehmigung kann befristet werden. Können die erforderlichen Angaben und Unterlagen nach § 21a Absatz 2 Nummer 6 nicht erbracht werden, kann der Antragsteller die Angaben und Unterlagen über die Wirkungsweise, die voraussichtliche Wirkung und mögliche Risiken beifügen. Der Inhaber der Genehmigung hat der zuständigen Bundesoberbehörde in bestimmten Zeitabständen, die die zuständige

Arzneimittelgesetz (AMG)

Bundesoberbehörde durch Anordnung festlegt, über den Umfang der Herstellung und über die Erkenntnisse für die umfassende Beurteilung des Arzneimittels zu berichten. Die Genehmigung ist zurückzunehmen, wenn nachträglich bekannt wird, dass eine der Voraussetzungen von Absatz 1 Satz 1 nicht vorgelegen hat; sie ist zu widerrufen, wenn eine der Voraussetzungen nicht mehr gegeben ist. § 22 Absatz 4 gilt entsprechend.

(4) Über Anfragen zur Genehmigungspflicht eines Arzneimittels für neuartige Therapien entscheidet die zuständige Behörde im Benehmen mit der zuständigen Bundesoberbehörde. § 21 Absatz 4 gilt entsprechend.

Zweiter Abschnitt
Anforderungen an die Arzneimittel

§ 5
Verbot bedenklicher Arzneimittel

(1) Es ist verboten, bedenkliche Arzneimittel in den Verkehr zu bringen oder bei einem anderen Menschen anzuwenden.

(2) Bedenklich sind Arzneimittel, bei denen nach dem jeweiligen Stand der wissenschaftlichen Erkenntnisse der begründete Verdacht besteht, dass sie bei bestimmungsgemäßem Gebrauch schädliche Wirkungen haben, die über ein nach den Erkenntnissen der medizinischen Wissenschaft vertretbares Maß hinausgehen.

§ 6
Ermächtigung zum Schutz der Gesundheit

(1) Das Bundesministerium für Gesundheit und Soziale Sicherung (Bundesministerium) wird ermächtigt, durch Rechtsverordnung mit Zustimmung des Bundesrates die Verwendung bestimmter Stoffe, Zubereitungen aus Stoffen oder Gegenstände bei der Herstellung von Arzneimitteln vorzuschreiben, zu beschränken oder zu verbieten und das Inverkehrbringen und die Anwendung von Arzneimitteln, die nicht nach diesen Vorschriften hergestellt sind, zu untersagen, soweit es zur Risikovorsorge oder zur Abwehr einer unmittelbaren oder mittelbaren Gefährdung der Gesundheit von Mensch oder Tier durch Arzneimittel geboten ist. Die Rechtsverordnung nach Satz 1 wird vom Bundesministerium für Ernährung, Landwirtschaft und Verbraucherschutz im Einvernehmen mit dem Bundesministerium erlassen, soweit es sich um Arzneimittel handelt, die zur Anwendung bei Tieren bestimmt sind.

(2) Die Rechtsverordnung nach Absatz 1 ergeht im Einvernehmen mit dem Bundesministerium für Umwelt, Naturschutz und Reaktorsicherheit, soweit es sich um radioaktive Arzneimittel und um Arzneimittel handelt, bei deren Herstellung ionisierende Strahlen verwendet werden.

Arzneimittelgesetz (AMG)

§ 6a → jetzt AntiDopG
Verbot von Arzneimitteln zu Dopingzwecken im Sport, Hinweispflichten

(1) Es ist verboten, Arzneimittel nach Absatz 2 Satz 1 zu Dopingzwecken im Sport in den Verkehr zu bringen, zu verschreiben oder bei anderen anzuwenden, sofern ein Doping bei Menschen erfolgt oder erfolgen soll.

(2) Absatz 1 findet nur Anwendung auf Arzneimittel, die Stoffe der in der jeweils geltenden Fassung des Anhangs des Übereinkommens gegen Doping (Gesetz vom 2. März 1994 zu dem Übereinkommen vom 16. November 1989 gegen Doping, BGBl. 1994 II S. 334) aufgeführten Gruppen von verbotenen Wirkstoffen oder Stoffe enthalten, die zur Verwendung bei den dort aufgeführten verbotenen Methoden bestimmt sind. In der Packungsbeilage und in der Fachinformation dieser Arzneimittel ist folgender Warnhinweis anzugeben: „Die Anwendung des Arzneimittels [Bezeichnung des Arzneimittels einsetzen] kann bei Dopingkontrollen zu positiven Ergebnissen führen." Kann aus dem Fehlgebrauch des Arzneimittels zu Dopingzwecken eine Gesundheitsgefährdung folgen, ist dies zusätzlich anzugeben. Satz 2 findet keine Anwendung auf Arzneimittel, die nach einer homöopathischen Verfahrenstechnik hergestellt worden sind.

(2a) Es ist verboten, Arzneimittel oder Wirkstoffe die im Anhang zu diesem Gesetz genannte Stoffe sind oder enthalten, in nicht geringer Menge zu Dopingzwecken im Sport zu erwerben oder zu besitzen, sofern das Doping bei Menschen erfolgen soll. Das Bundesministerium bestimmt im Einvernehmen mit dem Bundesministerium des Innern nach Anhörung von Sachverständigen durch Rechtsverordnung mit Zustimmung des Bundesrates die nicht geringe Menge der in Satz 1 genannten Stoffe. Das Bundesministerium wird ermächtigt, im Einvernehmen mit dem Bundesministerium des Innern nach Anhörung von Sachverständigen durch Rechtsverordnung mit Zustimmung des Bundesrates

1. weitere Stoffe in den Anhang dieses Gesetzes aufzunehmen, die zu Dopingzwecken im Sport geeignet sind und deren Anwendung bei nicht therapeutischer Bestimmung gefährlich ist, und
2. die nicht geringe Menge dieser Stoffe zu bestimmen.

Durch Rechtsverordnung nach Satz 3 können Stoffe aus dem Anhang dieses Gesetzes gestrichen werden, wenn die Voraussetzungen des Satzes 3 Nr. 1 nicht mehr vorliegen.

(3) Das Bundesministerium wird ermächtigt, im Einvernehmen mit dem Bundesministerium des Innern durch Rechtsverordnung mit Zustimmung des Bundesrates weitere Stoffe oder Zubereitungen aus Stoffen zu bestimmen, auf die Absatz 1 Anwendung findet, soweit dies geboten ist, um eine unmittelbare oder mittelbare Gefährdung der Gesundheit des Menschen durch Doping im Sport zu verhüten.

Arzneimittelgesetz (AMG)

§ 7
Radioaktive und mit ionisierenden Strahlen behandelte Arzneimittel

(1) Es ist verboten, radioaktive Arzneimittel oder Arzneimittel, bei deren Herstellung ionisierende Strahlen verwendet worden sind, in den Verkehr zu bringen, es sei denn, dass dies durch Rechtsverordnung nach Absatz 2 zugelassen ist.

(2) Das Bundesministerium wird ermächtigt, im Einvernehmen mit dem Bundesministerium für Umwelt, Naturschutz und Reaktorsicherheit durch Rechtsverordnung mit Zustimmung des Bundesrates das Inverkehrbringen radioaktiver Arzneimittel oder bei der Herstellung von Arzneimitteln die Verwendung ionisierender Strahlen zuzulassen, soweit dies nach dem jeweiligen Stand der wissenschaftlichen Erkenntnisse zu medizinischen Zwecken geboten und für die Gesundheit von Mensch oder Tier unbedenklich ist. In der Rechtsverordnung können für die Arzneimittel der Vertriebsweg bestimmt sowie Angaben über die Radioaktivität auf dem Behältnis, der äußeren Umhüllung und der Packungsbeilage vorgeschrieben werden. Die Rechtsverordnung wird vom Bundesministerium für Ernährung, Landwirtschaft und Verbraucherschutz im Einvernehmen mit dem Bundesministerium und dem Bundesministerium für Umwelt, Naturschutz und Reaktorsicherheit erlassen, soweit es sich um Arzneimittel handelt, die zur Anwendung bei Tieren bestimmt sind.

§ 3 HWG

§ 8
Verbote zum Schutz vor Täuschung

(1) Es ist verboten, Arzneimittel oder Wirkstoffe herzustellen oder in den Verkehr zu bringen, die

1. durch Abweichung von den anerkannten pharmazeutischen Regeln in ihrer Qualität nicht unerheblich gemindert sind oder

2. mit irreführender Bezeichnung, Angabe oder Aufmachung versehen sind. Eine Irreführung liegt insbesondere dann vor, wenn

    a) Arzneimitteln eine therapeutische Wirksamkeit oder Wirkungen oder Wirkstoffen eine Aktivität beigelegt werden, die sie nicht haben,

    b) fälschlich der Eindruck erweckt wird, dass ein Erfolg mit Sicherheit erwartet werden kann oder dass nach bestimmungsgemäßem oder längerem Gebrauch keine schädlichen Wirkungen eintreten,

    c) zur Täuschung über die Qualität geeignete Bezeichnungen, Angaben oder Aufmachungen verwendet werden, die für die Bewertung des Arzneimittels oder Wirkstoffs mitbestimmend sind.

(1a) (weggefallen)

(2) Es ist verboten, gefälschte Arzneimittel oder gefälschte Wirkstoffe herzustellen, in den Verkehr zu bringen oder sonst mit ihnen Handel zu treiben.

(3) Es ist verboten, Arzneimittel, deren Verfalldatum abgelaufen ist, in den Verkehr zu bringen.

Arzneimittelgesetz (AMG)

§ 9
Der Verantwortliche für das Inverkehrbringen

(1) Arzneimittel, die im Geltungsbereich dieses Gesetzes in den Verkehr gebracht werden, müssen den Namen oder die Firma und die Anschrift des pharmazeutischen Unternehmers tragen. Dies gilt nicht für Arzneimittel, die zur klinischen Prüfung bei Menschen bestimmt sind.

(2) Arzneimittel dürfen im Geltungsbereich dieses Gesetzes nur durch einen pharmazeutischen Unternehmer in den Verkehr gebracht werden, der seinen Sitz im Geltungsbereich dieses Gesetzes, in einem anderen Mitgliedstaat der Europäischen Union oder in einem anderen Vertragsstaat des Abkommens über den Europäischen Wirtschaftsraum hat. Bestellt der pharmazeutische Unternehmer einen örtlichen Vertreter, entbindet ihn dies nicht von seiner rechtlichen Verantwortung.

§ 10
Kennzeichnung*

(1) Fertigarzneimittel, die Arzneimittel im Sinne des § 2 Abs. 1 oder Abs. 2 Nr. 1 und nicht zur klinischen Prüfung bei Menschen bestimmt oder nach § 21 Abs. 2 Nr. 1a, 1b oder 6 von der Zulassungspflicht freigestellt sind, dürfen im Geltungsbereich dieses Gesetzes nur in den Verkehr gebracht werden, wenn auf den Behältnissen und, soweit verwendet, auf den äußeren Umhüllungen in gut lesbarer Schrift, allgemeinverständlich in deutscher Sprache und auf dauerhafte Weise und in Übereinstimmung mit den Angaben nach § 11a angegeben sind

1. der Name oder die Firma und die Anschrift des pharmazeutischen Unternehmers und, soweit vorhanden, der Name des von ihm benannten örtlichen Vertreters,

2. die Bezeichnung des Arzneimittels, gefolgt von der Angabe der Stärke und der Darreichungsform und, soweit zutreffend, dem Hinweis, dass es zur Anwendung für Säuglinge, Kinder oder Erwachsene bestimmt ist,

---

* Anmerkung des Herausgebers:
Am ersten Tag des vierten Jahres, der auf die Verkündung des delegierten Rechtsaktes der Europäischen Kommission nach Artikel 54a Absatz 2 der Richtlinie 2001/83/EG des Europäischen Parlaments und des Rates vom 6. November 2001 zur Schaffung eines Gemeinschaftskodexes für Humanarzneimittel (ABl. L 311 vom 28.11.2001, S. 67), die zuletzt durch die Richtlinie 2011/62/EU (ABl. L 174 vom 1.7.2011, S. 74) geändert worden ist, im Amtsblatt der Europäischen Union folgt, wird folgender Absatz 1c eingefügt (Artikel 1 Absatz 7 und Artikel 15 Absatz 2 des Gesetzes vom 19. Oktober 2012):
„(1c) Bei Arzneimitteln, die zur Anwendung bei Menschen bestimmt sind, sind auf den äußeren Umhüllungen Sicherheitsmerkmale sowie eine Vorrichtung zum Erkennen einer möglichen Manipulation der äußeren Umhüllung anzubringen, sofern dies durch Artikel 54a der Richtlinie 2001/83/EG des Europäischen Parlaments und des Rates vom 6. November 2001 zur Schaffung eines Gemeinschaftskodexes für Humanarzneimittel (ABl. L 311 vom 28.11.2001, S. 67), die zuletzt durch die Richtlinie 2011/62/EU (ABl. L 174 vom 1.7.2011, S. 74) geändert worden ist, vorgeschrieben oder auf Grund von Artikel 54a der Richtlinie 2001/83/EG festgelegt wird."

es sei denn, dass diese Angaben bereits in der Bezeichnung enthalten sind; enthält das Arzneimittel bis zu drei Wirkstoffe, muss der internationale Freiname (INN) aufgeführt werden oder, falls dieser nicht existiert, die gebräuchliche Bezeichnung; dies gilt nicht, wenn in der Bezeichnung die Wirkstoffbezeichnung nach Nummer 8 enthalten ist,

3. die Zulassungsnummer mit der Abkürzung „Zul.-Nr.",

4. die Chargenbezeichnung, soweit das Arzneimittel in Chargen in den Verkehr gebracht wird, mit der Abkürzung „Ch.-B.", soweit es nicht in Chargen in den Verkehr gebracht werden kann, das Herstellungsdatum,

5. die Darreichungsform,

6. der Inhalt nach Gewicht, Rauminhalt oder Stückzahl,

7. die Art der Anwendung,

8. die Wirkstoffe nach Art und Menge und sonstige Bestandteile nach der Art, soweit dies durch Auflage der zuständigen Bundesoberbehörde nach § 28 Abs. 2 Nr. 1 angeordnet oder durch Rechtsverordnung nach § 12 Abs. 1 Nr. 4, auch in Verbindung mit Abs. 2, oder nach § 36 Abs. 1 vorgeschrieben ist; bei Arzneimitteln zur parenteralen oder zur topischen Anwendung, einschließlich der Anwendung am Auge, alle Bestandteile nach der Art,

8a. bei gentechnologisch gewonnenen Arzneimitteln der Wirkstoff und die Bezeichnung des bei der Herstellung verwendeten gentechnisch veränderten Mikroorganismus oder die Zelllinie,

9. das Verfalldatum mit dem Hinweis „verwendbar bis",

10. bei Arzneimitteln, die nur auf ärztliche, zahnärztliche oder tierärztliche Verschreibung abgegeben werden dürfen, der Hinweis „Verschreibungspflichtig", bei sonstigen Arzneimitteln, die nur in Apotheken an Verbraucher abgegeben werden dürfen, der Hinweis „Apothekenpflichtig",

11. bei Mustern der Hinweis „Unverkäufliches Muster",

12. der Hinweis, dass Arzneimittel unzugänglich für Kinder aufbewahrt werden sollen, es sei denn, es handelt sich um Heilwässer,

13. soweit erforderlich besondere Vorsichtsmaßnahmen für die Beseitigung von nicht verwendeten Arzneimitteln oder sonstige besondere Vorsichtsmaßnahmen, um Gefahren für die Umwelt zu vermeiden,

14. Verwendungszweck bei nicht verschreibungspflichtigen Arzneimitteln.

Sofern die Angaben nach Satz 1 zusätzlich in einer anderen Sprache wiedergegeben werden, müssen in dieser Sprache die gleichen Angaben gemacht werden. Ferner ist Raum für die Angabe der verschriebenen Dosierung vorzusehen; dies gilt nicht für die in Absatz 8 Satz 3 genannten Behältnisse und Ampullen und für Arzneimittel, die dazu bestimmt sind, ausschließlich durch Angehörige der Heilberufe angewendet zu werden. Arzneimittel, die nach einer homöopathischen Verfahrenstechnik hergestellt werden und nach § 25 zugelassen sind, sind zusätzlich mit einem Hinweis auf die homöopathische Beschaffenheit zu kennzeichnen. Weitere Angaben, die nicht durch eine Verordnung der Europäischen Gemeinschaft oder der Europäischen Union vorgeschrieben oder bereits nach einer solchen Verordnung zulässig sind, sind zulässig, soweit sie mit der Anwendung des Arzneimittels im Zusammenhang stehen, für die gesundheitliche Aufklärung der Patienten wichtig sind und den Angaben nach § 11a nicht widersprechen.

(1a) (weggefallen)

(1b) Bei Arzneimitteln, die zur Anwendung bei Menschen bestimmt sind, ist die Bezeichnung des Arzneimittels auf den äußeren Umhüllungen auch in Blindenschrift anzugeben. Die in Absatz 1 Satz 1 Nr. 2 genannten sonstigen Angaben zur Darreichungsform und zu der Personengruppe, für die das Arzneimittel bestimmt ist, müssen nicht in Blindenschrift aufgeführt werden; dies gilt auch dann, wenn diese Angaben in der Bezeichnung enthalten sind. Satz 1 gilt nicht für Arzneimittel,

1. die dazu bestimmt sind, ausschließlich durch Angehörige der Heilberufe angewendet zu werden, oder

2. die in Behältnissen von nicht mehr als 20 Milliliter Rauminhalt oder einer Inhaltsmenge von nicht mehr als 20 Gramm in Verkehr gebracht werden.

(2) Es sind ferner Warnhinweise, für die Verbraucher bestimmte Aufbewahrungshinweise und für die Fachkreise bestimmte Lagerhinweise anzugeben, soweit dies nach dem jeweiligen Stand der wissenschaftlichen Erkenntnisse erforderlich oder durch Auflagen der zuständigen Bundesoberbehörde nach § 28 Abs. 2 Nr. 1 angeordnet oder durch Rechtsverordnung vorgeschrieben ist.

(3) Bei Sera ist auch die Art des Lebewesens, aus dem sie gewonnen sind, bei Virusimpfstoffen das Wirtssystem, das zur Virusvermehrung gedient hat, anzugeben.

(4) Bei Arzneimitteln, die in das Register für homöopathische Arzneimittel eingetragen sind, sind an Stelle der Angaben nach Absatz 1 Satz 1 Nr. 1 bis 14 und außer dem deutlich erkennbaren Hinweis „Homöopathisches Arzneimittel" die folgenden Angaben zu machen:

1. Ursubstanzen nach Art und Menge und der Verdünnungsgrad; dabei sind die Symbole aus den offiziell gebräuchlichen Pharmakopöen zu verwenden; die wissenschaftliche Bezeichnung der Ursubstanz kann durch einen Phantasienamen ergänzt werden,

2. Name und Anschrift des pharmazeutischen Unternehmers und, soweit vorhanden, seines örtlichen Vertreters,

3. Art der Anwendung,

4. Verfalldatum; Absatz 1 Satz 1 Nr. 9 und Absatz 7 finden Anwendung,

5. Darreichungsform,

Arzneimittelgesetz (AMG)

6. der Inhalt nach Gewicht, Rauminhalt oder Stückzahl,

7. Hinweis, dass Arzneimittel unzugänglich für Kinder aufbewahrt werden sollen, weitere besondere Vorsichtsmaßnahmen für die Aufbewahrung und Warnhinweise, einschließlich weiterer Angaben, soweit diese für eine sichere Anwendung erforderlich oder nach Absatz 2 vorgeschrieben sind,

8. Chargenbezeichnung,

9. Registrierungsnummer mit der Abkürzung „Reg.-Nr." und der Angabe „Registriertes homöopathisches Arzneimittel, daher ohne Angabe einer therapeutischen Indikation",

10. der Hinweis an den Anwender, bei während der Anwendung des Arzneimittels fortdauernden Krankheitssymptomen medizinischen Rat einzuholen,

11. bei Arzneimitteln, die nur in Apotheken an Verbraucher abgegeben werden dürfen, der Hinweis „Apothekenpflichtig",

12. bei Mustern der Hinweis „Unverkäufliches Muster".

Satz 1 gilt entsprechend für Arzneimittel, die nach § 38 Abs. 1 Satz 3 von der Registrierung freigestellt sind; Absatz 1b findet keine Anwendung.

(4a) Bei traditionellen pflanzlichen Arzneimitteln nach § 39a müssen zusätzlich zu den Angaben in Absatz 1 folgende Hinweise aufgenommen werden:

1. Das Arzneimittel ist ein traditionelles Arzneimittel, das ausschließlich auf Grund langjähriger Anwendung für das Anwendungsgebiet registriert ist, und

2. der Anwender sollte bei fortdauernden Krankheitssymptomen oder beim Auftreten anderer als der in der Packungsbeilage erwähnten Nebenwirkungen einen Arzt oder eine andere in einem Heilberuf tätige qualifizierte Person konsultieren.

An die Stelle der Angabe nach Absatz 1 Satz 1 Nr. 3 tritt die Registrierungsnummer mit der Abkürzung „Reg.-Nr.".

(5) Bei Arzneimitteln, die zur Anwendung bei Tieren bestimmt sind, gelten die Absätze 1 und 1a mit der Maßgabe, dass anstelle der Angaben nach Absatz 1 Satz 1 Nummer 1 bis 14 und Absatz 1a die folgenden Angaben zu machen sind:

1. Bezeichnung des Arzneimittels, gefolgt von der Angabe der Stärke, der Darreichungsform und der Tierart, es sei denn, dass diese Angaben bereits in der Bezeichnung enthalten sind; enthält das Arzneimittel nur einen Wirkstoff, muss die internationale Kurzbezeichnung der Weltgesundheitsorganisation angegeben werden oder, soweit eine solche nicht vorhanden ist, die gebräuchliche Bezeichnung, es sei denn, dass die Angabe des Wirkstoffs bereits in der Bezeichnung enthalten ist,

2. die Wirkstoffe nach Art und Menge und sonstige Bestandteile nach der Art, soweit dies durch Auflage der zuständigen Bundesoberbehörde nach

§ 28 Absatz 2 Nummer 1 angeordnet oder durch Rechtsverordnung nach § 12 Absatz 1 Nummer 4 auch in Verbindung mit Absatz 2 oder nach § 36 Absatz 1 vorgeschrieben ist,

3. die Chargenbezeichnung,
4. die Zulassungsnummer mit der Abkürzung „Zul.-Nr.",
5. der Name oder die Firma und die Anschrift des pharmazeutischen Unternehmers und, soweit vorhanden, der Name des von ihm benannten örtlichen Vertreters,
6. die Tierarten, bei denen das Arzneimittel angewendet werden soll,
7. die Art der Anwendung,
8. die Wartezeit, soweit es sich um Arzneimittel handelt, die zur Anwendung bei Tieren bestimmt sind, die der Gewinnung von Lebensmitteln dienen,
9. das Verfalldatum entsprechend Absatz 7,
10. soweit erforderlich, besondere Vorsichtsmaßnahmen für die Beseitigung von nicht verwendeten Arzneimitteln,
11. der Hinweis, dass Arzneimittel unzugänglich für Kinder aufbewahrt werden sollen, weitere besondere Vorsichtsmaßnahmen für die Aufbewahrung und Warnhinweise, einschließlich weiterer Angaben, soweit diese für eine sichere Anwendung erforderlich oder nach Absatz 2 vorgeschrieben sind,
12. der Hinweis „Für Tiere",
13. die Darreichungsform,
14. der Inhalt nach Gewicht, Rauminhalt oder Stückzahl,
15. bei Arzneimitteln, die nur auf tierärztliche Verschreibung abgegeben werden dürfen, der Hinweis „Verschreibungspflichtig", bei sonstigen Arzneimitteln, die nur in Apotheken an den Verbraucher abgegeben werden dürfen, der Hinweis „Apothekenpflichtig",
16. bei Mustern der Hinweis „Unverkäufliches Muster".

Arzneimittel zur Anwendung bei Tieren, die in das Register für homöopathische Arzneimittel eingetragen sind, sind mit dem deutlich erkennbaren Hinweis „Homöopathisches Arzneimittel" zu versehen; anstelle der Angaben nach Satz 1 Nummer 2 und 4 sind die Angaben nach Absatz 4 Satz 1 Nummer 1, 9 und 10 zu machen. Die Sätze 1 und 2 gelten entsprechend für Arzneimittel, die nach § 38 Absatz 1 Satz 3 oder nach § 60 Absatz 1 von der Registrierung freigestellt sind. Bei traditionellen pflanzlichen Arzneimitteln zur Anwendung bei Tieren ist anstelle der Angabe nach Satz 1 Nummer 4 die Registrierungsnummer mit der Abkürzung „Reg.-Nr." zu machen; ferner sind die Hinweise nach Absatz 4a Satz 1 Nummer 1 und entsprechend der Anwendung bei Tieren nach Nummer 2 anzugeben. Die Angaben nach Satz 1

Arzneimittelgesetz (AMG)

Nummer 13 und 14 brauchen, sofern eine äußere Umhüllung vorhanden ist, nur auf der äußeren Umhüllung zu stehen.

(6) Für die Bezeichnung der Bestandteile gilt Folgendes:

1. Zur Bezeichnung der Art sind die internationalen Kurzbezeichnungen der Weltgesundheitsorganisation oder, soweit solche nicht vorhanden sind, gebräuchliche wissenschaftliche Bezeichnungen zu verwenden; das Bundesinstitut für Arzneimittel und Medizinprodukte bestimmt im Einvernehmen mit dem Paul-Ehrlich-Institut und dem Bundesamt für Verbraucherschutz und Lebensmittelsicherheit die zu verwendenden Bezeichnungen und veröffentlicht diese in einer Datenbank nach § 67a;

2. Zur Bezeichnung der Menge sind Maßeinheiten zu verwenden; sind biologische Einheiten oder andere Angaben zur Wertigkeit wissenschaftlich gebräuchlich, so sind diese zu verwenden.

(7) Das Verfalldatum ist mit Monat und Jahr anzugeben.

(8) Durchdrückpackungen sind mit dem Namen oder der Firma des pharmazeutischen Unternehmers, der Bezeichnung des Arzneimittels, der Chargenbezeichnung und dem Verfalldatum zu versehen. Auf die Angabe von Namen und Firma eines Parallelimporteurs kann verzichtet werden. Bei Behältnissen von nicht mehr als 10 Milliliter Nennfüllmenge und bei Ampullen, die nur eine einzige Gebrauchseinheit enthalten, brauchen die Angaben nach den Absätzen 1, 2 bis 5 nur auf den äußeren Umhüllungen gemacht zu werden; jedoch müssen sich auf den Behältnissen und Ampullen mindestens die Angaben nach Absatz 1 Satz 1 Nummer 2 erster Halbsatz, 4, 6, 7, 9 sowie nach den Absätzen 3 und 5 Satz 1 Nummer 1, 3, 7, 9, 12, 14 befinden; es können geeignete Abkürzungen verwendet werden. Satz 3 findet auch auf andere kleine Behältnisse als die dort genannten Anwendung, sofern in Verfahren nach § 25b abweichende Anforderungen an kleine Behältnisse zugrunde gelegt werden.

(8a) Bei Frischplasmazubereitungen und Zubereitungen aus Blutzellen müssen mindestens die Angaben nach Absatz 1 Satz 1 Nummer 1, 2, ohne die Angabe der Stärke, Darreichungsform und der Personengruppe, Nummer 3, 4, 6, 7 und 9 gemacht sowie die Bezeichnung und das Volumen der Antikoagulans- und, soweit vorhanden, der Additivlösung, die Lagertemperatur, die Blutgruppe und bei allogenen Zubereitungen aus roten Blutkörperchen zusätzlich die Rhesusformel, bei Thrombozytenkonzentraten und autologen Zubereitungen aus roten Blutkörperchen zusätzlich der Rhesusfaktor angegeben werden. Bei autologen Blutzubereitungen muss zusätzlich die Angabe „Nur zur Eigenbluttransfusion" gemacht und bei autologen und gerichteten Blutzubereitungen zusätzlich ein Hinweis auf den Empfänger gegeben werden.

(8b) Bei Gewebezubereitungen müssen mindestens die Angaben nach Absatz 1 Satz 1 Nummer 1 und 2 ohne die Angabe der Stärke, der Darreichungsform und der Personengruppe, Nummer 3 oder die Genehmigungsnummer mit der Abkürzung „Gen.-Nr.", Nummer 4, 6 und 9 sowie die Angabe

„Biologische Gefahr" im Falle festgestellter Infektiosität gemacht werden. Bei autologen Gewebezubereitungen müssen zusätzlich die Angabe „Nur zur autologen Anwendung" gemacht und bei autologen und gerichteten Gewebezubereitungen zusätzlich ein Hinweis auf den Empfänger gegeben werden.

(9) Bei den Angaben nach den Absätzen 1 bis 5 dürfen im Verkehr mit Arzneimitteln übliche Abkürzungen verwendet werden. Die Firma nach Absatz 1 Nr. 1 darf abgekürzt werden, sofern das Unternehmen aus der Abkürzung allgemein erkennbar ist.

(10) Für Arzneimittel, die zur Anwendung bei Tieren und zur klinischen Prüfung oder zur Rückstandsprüfung bestimmt sind, finden Absatz 5 Satz 1 Nummer 1, 3, 5, 7, 8, 13 und 14 sowie die Absätze 8 und 9, soweit sie sich hierauf beziehen, Anwendung. Diese Arzneimittel sind soweit zutreffend mit dem Hinweis „Zur klinischen Prüfung bestimmt" oder „Zur Rückstandsprüfung bestimmt" zu versehen. Durchdrückpackungen sind mit der Bezeichnung, der Chargenbezeichnung und dem Hinweis nach Satz 2 zu versehen.

(11) Aus Fertigarzneimitteln entnommene Teilmengen, die zur Anwendung bei Menschen bestimmt sind, dürfen nur mit einer Kennzeichnung abgegeben werden, die mindestens den Anforderungen nach Absatz 8 Satz 1 entspricht. Absatz 1b findet keine Anwendung.

§ 11
Packungsbeilage

(1) Fertigarzneimittel, die Arzneimittel im Sinne des § 2 Abs. 1 oder Abs. 2 Nr. 1 sind und die nicht zur klinischen Prüfung oder Rückstandsprüfung bestimmt oder nach § 21 Abs. 2 Nr. 1a, 1b oder 6 von der Zulassungspflicht freigestellt sind, dürfen im Geltungsbereich dieses Gesetzes nur mit einer Packungsbeilage in den Verkehr gebracht werden, die die Überschrift „Gebrauchsinformation" trägt sowie folgende Angaben in der nachstehenden Reihenfolge allgemein verständlich in deutscher Sprache, in gut lesbarer Schrift und in Übereinstimmung mit den Angaben nach § 11a enthalten muss:

1. zur Identifizierung des Arzneimittels:

    a) die Bezeichnung des Arzneimittels, § 10 Abs. 1 Satz 1 Nr. 2 finden entsprechende Anwendung,

    b) die Stoff- oder Indikationsgruppe oder die Wirkungsweise;

2. die Anwendungsgebiete;

3. eine Aufzählung von Informationen, die vor der Einnahme des Arzneimittels bekannt sein müssen:

    a) Gegenanzeigen,

    b) entsprechende Vorsichtsmaßnahmen für die Anwendung,

Arzneimittelgesetz (AMG)

c) Wechselwirkungen mit anderen Arzneimitteln oder anderen Mitteln, soweit sie die Wirkung des Arzneimittels beeinflussen können,

d) Warnhinweise, insbesondere soweit dies durch Auflage der zuständigen Bundesoberbehörde nach § 28 Abs. 2 Nr. 2 angeordnet oder durch Rechtsverordnung nach § 12 Abs. 1 Nr. 3 vorgeschrieben ist;

4. die für eine ordnungsgemäße Anwendung erforderlichen Anleitungen über

a) Dosierung,

b) Art der Anwendung,

c) Häufigkeit der Verabreichung, erforderlichenfalls mit Angabe des genauen Zeitpunkts, zu dem das Arzneimittel verabreicht werden kann oder muss,

sowie, soweit erforderlich und je nach Art des Arzneimittels,

d) Dauer der Behandlung, falls diese festgelegt werden soll,

e) Hinweise für den Fall der Überdosierung, der unterlassenen Einnahme oder Hinweise auf die Gefahr von unerwünschten Folgen des Absetzens,

f) die ausdrückliche Empfehlung, bei Fragen zur Klärung der Anwendung den Arzt oder Apotheker zu befragen;

5. eine Beschreibung der Nebenwirkungen, die bei bestimmungsgemäßem Gebrauch des Arzneimittels eintreten können; bei Nebenwirkungen zu ergreifende Gegenmaßnahmen, soweit dies nach dem jeweiligen Stand der wissenschaftlichen Erkenntnis erforderlich ist; bei allen Arzneimitteln, die zur Anwendung bei Menschen bestimmt sind, ist zusätzlich ein Standardtext aufzunehmen, durch den die Patienten ausdrücklich aufgefordert werden, jeden Verdachtsfall einer Nebenwirkung ihren Ärzten, Apothekern, Angehörigen von Gesundheitsberufen oder unmittelbar der zuständigen Bundesoberbehörde zu melden, wobei die Meldung in jeder Form, insbesondere auch elektronisch, erfolgen kann.

6. einen Hinweis auf das auf der Verpackung angegebene Verfalldatum sowie

a) Warnung davor, das Arzneimittel nach Ablauf dieses Datums anzuwenden,

b) soweit erforderlich besondere Vorsichtsmaßnahmen für die Aufbewahrung und die Angabe der Haltbarkeit nach Öffnung des Behältnisses oder nach Herstellung der gebrauchsfertigen Zubereitung durch den Anwender,

c) soweit erforderlich Warnung vor bestimmten sichtbaren Anzeichen dafür, dass das Arzneimittel nicht mehr zu verwenden ist,

d) vollständige qualitative Zusammensetzung nach Wirkstoffen und sonstigen Bestandteilen sowie quantitative Zusammensetzung nach Wirkstoffen unter Verwendung gebräuchlicher Bezeichnungen für jede Darreichungsform des Arzneimittels, § 10 Abs. 6 findet Anwendung,

e) Darreichungsform und Inhalt nach Gewicht, Rauminhalt oder Stückzahl für jede Darreichungsform des Arzneimittels,

f) Name und Anschrift des pharmazeutischen Unternehmers und, soweit vorhanden, seines örtlichen Vertreters,

g) Name und Anschrift des Herstellers oder des Einführers, der das Fertigarzneimittel für das Inverkehrbringen freigegeben hat;

7. bei einem Arzneimittel, das unter anderen Bezeichnungen in anderen Mitgliedstaaten der Europäischen Union nach den Artikeln 28 bis 39 der Richtlinie 2001/83/EG für das Inverkehrbringen genehmigt ist, ein Verzeichnis der in den einzelnen Mitgliedstaaten genehmigten Bezeichnungen;

8. das Datum der letzten Überarbeitung der Packungsbeilage.

Für Arzneimittel, die zur Anwendung bei Menschen bestimmt sind und sich auf der Liste gemäß Artikel 23 der Verordnung (EG) Nr. 726/2004 des Europäischen Parlaments und des Rates vom 31. März 2004 zur Festlegung von Gemeinschaftsverfahren für die Genehmigung und Überwachung von Human- und Tierarzneimitteln und zur Errichtung einer Europäischen Arzneimittel-Agentur (ABl. L 136 vom 30.4.2004, S. 1), die zuletzt durch die Verordnung (EU) Nr. 1027/2012 (ABl. L 316 vom 14.11.2012, S. 38) geändert worden ist, befinden, muss ferner folgende Erklärung aufgenommen werden: „Dieses Arzneimittel unterliegt einer zusätzlichen Überwachung." Dieser Erklärung muss ein schwarzes Symbol vorangehen und ein geeigneter standardisierter erläuternder Text nach Artikel 23 Absatz 4 der Verordnung (EG) Nr. 726/2004 folgen. Erläuternde Angaben zu den in Satz 1 genannten Begriffen sind zulässig. Sofern die Angaben nach Satz 1 in der Packungsbeilage zusätzlich in einer anderen Sprache wiedergegeben werden, müssen in dieser Sprache die gleichen Angaben gemacht werden. Satz 1 gilt nicht für Arzneimittel, die nach § 21 Abs. 2 Nr. 1 einer Zulassung nicht bedürfen. Weitere Angaben, die nicht durch eine Verordnung der Europäischen Gemeinschaft oder der Europäischen Union vorgeschrieben oder bereits nach einer solchen Verordnung zulässig sind, sind zulässig, soweit sie mit der Anwendung des Arzneimittels im Zusammenhang stehen, für die gesundheitliche Aufklärung der Patienten wichtig sind und den Angaben nach § 11a nicht widersprechen. Bei den Angaben nach Satz 1 Nr. 3 Buchstabe a bis d ist, soweit dies nach dem jeweiligen Stand der wissenschaftlichen Erkenntnisse erforderlich ist, auf die besondere Situation bestimmter Personengruppen, wie Kinder, Schwangere oder stillende Frauen, ältere Menschen oder Personen mit spezifischen Erkrankungen einzugehen; ferner sind, soweit erforderlich, mögliche Auswirkungen der Anwendung auf die Fahrtüchtigkeit oder die Fähigkeit zur Bedienung bestimmter Maschinen anzugeben. Der Inhaber der Zulassung ist verpflichtet, die Packungsbeilage auf aktuellem wissenschaftlichen Kenntnisstand zu halten, zu dem auch die

Arzneimittelgesetz (AMG)

Schlussfolgerungen aus Bewertungen und die Empfehlungen gehören, die auf dem nach Artikel 26 der Verordnung (EG) Nr. 726/2004 eingerichteten europäischen Internetportal für Arzneimittel veröffentlicht werden.

(1a) Ein Muster der Packungsbeilage und geänderter Fassungen ist der zuständigen Bundesoberbehörde unverzüglich zu übersenden, soweit nicht das Arzneimittel von der Zulassung oder Registrierung freigestellt ist.

(1b) Die nach Absatz 1 Satz 1 Nummer 5 und Satz 3 erforderlichen Standardtexte werden von der zuständigen Bundesoberbehörde im Bundesanzeiger bekannt gemacht.

(2) Es sind ferner in der Packungsbeilage Hinweise auf Bestandteile, deren Kenntnis für eine wirksame und unbedenkliche Anwendung des Arzneimittels erforderlich ist, und für die Verbraucher bestimmte Aufbewahrungshinweise anzugeben, soweit dies nach dem jeweiligen Stand der wissenschaftlichen Erkenntnisse erforderlich oder durch Auflage der zuständigen Bundesoberbehörde nach § 28 Abs. 2 Nr. 2 angeordnet oder durch Rechtsverordnung vorgeschrieben ist.

(2a) Bei radioaktiven Arzneimitteln gilt Absatz 1 entsprechend mit der Maßgabe, dass die Vorsichtsmaßnahmen aufzuführen sind, die der Verwender und der Patient während der Zubereitung und Verabreichung des Arzneimittels zu ergreifen haben, sowie besondere Vorsichtsmaßnahmen für die Entsorgung des Transportbehälters und nicht verwendeter Arzneimittel.

(3) Bei Arzneimitteln, die in das Register für homöopathische Arzneimittel eingetragen sind, gilt Absatz 1 entsprechend mit der Maßgabe, dass die in § 10 Abs. 4 vorgeschriebenen Angaben, ausgenommen die Angabe der Chargenbezeichnung, des Verfalldatums und des bei Mustern vorgeschriebenen Hinweises, zu machen sind sowie der Name und die Anschrift des Herstellers anzugeben sind, der das Fertigarzneimittel für das Inverkehrbringen freigegeben hat, soweit es sich dabei nicht um den pharmazeutischen Unternehmer handelt. Satz 1 gilt entsprechend für Arzneimittel, die nach § 38 Abs. 1 Satz 3 von der Registrierung freigestellt sind.

(3a) Bei Sera gilt Absatz 1 entsprechend mit der Maßgabe, dass auch die Art des Lebewesens, aus dem sie gewonnen sind, bei Virusimpfstoffen das Wirtssystem, das zur Virusvermehrung gedient hat, und bei Arzneimitteln aus humanem Blutplasma zur Fraktionierung das Herkunftsland des Blutplasmas anzugeben ist.

(3b) Bei traditionellen pflanzlichen Arzneimitteln nach § 39a gilt Absatz 1 entsprechend mit der Maßgabe, dass bei den Angaben nach Absatz 1 Satz 1 Nr. 2 anzugeben ist, dass das Arzneimittel ein traditionelles Arzneimittel ist, das ausschließlich auf Grund langjähriger Anwendung für das Anwendungsgebiet registriert ist. Zusätzlich ist in die Packungsbeilage der Hinweis nach § 10 Abs. 4a Satz 1 Nr. 2 aufzunehmen.

(3c) Der Inhaber der Zulassung hat dafür zu sorgen, dass die Packungsbeilage auf Ersuchen von Patientenorganisationen bei Arzneimitteln, die zur Anwendung bei Menschen bestimmt sind, in Formaten verfügbar ist, die für blinde und sehbehinderte Personen geeignet sind.

(3d) Bei Heilwässern können unbeschadet der Verpflichtungen nach Absatz 2 die Angaben nach Absatz 1 Satz 1 Nr. 3 Buchstabe b, Nr. 4 Buchstabe e und f, Nr. 5, soweit der dort angegebene Hinweis vorgeschrieben ist, und Nr. 6 Buchstabe c entfallen. Ferner kann bei Heilwässern von der in Absatz 1 vorgeschriebenen Reihenfolge abgewichen werden.

(4) Bei Arzneimitteln, die zur Anwendung bei Tieren bestimmt sind, gilt Absatz 1 mit der Maßgabe, dass anstelle der Angaben nach Absatz 1 Satz 1 die folgenden Angaben nach Maßgabe von Absatz 1 Satz 2 und 3 in der nachstehenden Reihenfolge allgemein verständlich in deutscher Sprache, in gut lesbarer Schrift und in Übereinstimmung mit den Angaben nach § 11a gemacht werden müssen:

1. Name und Anschrift des pharmazeutischen Unternehmers, soweit vorhanden seines örtlichen Vertreters, und des Herstellers, der das Fertigarzneimittel für das Inverkehrbringen freigegeben hat;

2. Bezeichnung des Arzneimittels, gefolgt von der Angabe der Stärke und Darreichungsform; die gebräuchliche Bezeichnung des Wirkstoffes wird aufgeführt, wenn das Arzneimittel nur einen einzigen Wirkstoff enthält und sein Name ein Phantasiename ist; bei einem Arzneimittel, das unter anderen Bezeichnungen in anderen Mitgliedstaaten der Europäischen Union nach den Artikeln 31 bis 43 der Richtlinie 2001/82/EG des Europäischen Parlaments und des Rates zur Schaffung eines Gemeinschaftskodexes für Tierarzneimittel vom 6. November 2001 (ABl. EG Nr. L 311 S. 1), geändert durch die Richtlinie 2004/28/EG (ABl. EU Nr. L 136 S. 58), für das Inverkehrbringen genehmigt ist, ein Verzeichnis der in den einzelnen Mitgliedstaaten genehmigten Bezeichnungen;

3. Anwendungsgebiete;

4. Gegenanzeigen und Nebenwirkungen, soweit diese Angaben für die Anwendung notwendig sind; können hierzu keine Angaben gemacht werden, so ist der Hinweis „keine bekannt" zu verwenden; der Hinweis, dass der Anwender oder Tierhalter aufgefordert werden soll, dem Tierarzt oder Apotheker jede Nebenwirkung mitzuteilen, die in der Packungsbeilage nicht aufgeführt ist;

5. Tierarten, für die das Arzneimittel bestimmt ist, Dosierungsanleitung für jede Tierart, Art und Weise der Anwendung, soweit erforderlich Hinweise für die bestimmungsgemäße Anwendung;

6. Wartezeit, soweit es sich um Arzneimittel handelt, die zur Anwendung bei Tieren bestimmt sind, die der Gewinnung von Lebensmitteln dienen; ist die Einhaltung einer Wartezeit nicht erforderlich, so ist dies anzugeben;

Arzneimittelgesetz (AMG)

7. besondere Vorsichtsmaßnahmen für die Aufbewahrung;

8. besondere Warnhinweise, insbesondere soweit dies durch Auflage der zuständigen Bundesoberbehörde angeordnet oder durch Rechtsverordnung vorgeschrieben ist;

9. soweit dies nach dem jeweiligen Stand der wissenschaftlichen Erkenntnisse erforderlich ist, besondere Vorsichtsmaßnahmen für die Beseitigung von nicht verwendeten Arzneimitteln oder sonstige besondere Vorsichtsmaßnahmen, um Gefahren für die Umwelt zu vermeiden.

Das Datum der letzten Überarbeitung der Packungsbeilage ist anzugeben. Bei Arzneimittel-Vormischungen sind Hinweise für die sachgerechte Herstellung der Fütterungsarzneimittel und Angaben über die Dauer der Haltbarkeit der Fütterungsarzneimittel aufzunehmen. Weitere Angaben sind zulässig, soweit sie mit der Anwendung des Arzneimittels in Zusammenhang stehen, für den Anwender oder Tierhalter wichtig sind und den Angaben nach § 11a nicht widersprechen. Bei Arzneimitteln zur Anwendung bei Tieren, die in das Register für homöopathische Arzneimittel eingetragen sind, oder die nach § 38 Absatz 1 Satz 3 oder nach § 60 Absatz 1 von der Registrierung freigestellt sind, gelten die Sätze 1, 2 und 4 entsprechend mit der Maßgabe, dass die in § 10 Absatz 4 vorgeschriebenen Angaben mit Ausnahme der Angabe der Chargenbezeichnung, des Verfalldatums und des bei Mustern vorgeschriebenen Hinweises zu machen sind. Bei traditionellen pflanzlichen Arzneimitteln zur Anwendung bei Tieren ist zusätzlich zu den Hinweisen nach Absatz 3b Satz 1 ein der Anwendung bei Tieren entsprechender Hinweis nach § 10 Absatz 4a Satz 1 Nummer 2 anzugeben.

(5) Können die nach Absatz 1 Satz 1 Nr. 3 Buchstabe a und c sowie Nr. 5 vorgeschriebenen Angaben nicht gemacht werden, so ist der Hinweis „keine bekannt" zu verwenden. Werden auf der Packungsbeilage weitere Angaben gemacht, so müssen sie von den Angaben nach den Absätzen 1 bis 4 deutlich abgesetzt und abgegrenzt sein.

(6) Die Packungsbeilage kann entfallen, wenn die nach den Absätzen 1 bis 4 vorgeschriebenen Angaben auf dem Behältnis oder auf der äußeren Umhüllung stehen. Absatz 5 findet entsprechende Anwendung.

(7) Aus Fertigarzneimitteln entnommene Teilmengen, die zur Anwendung bei Menschen bestimmt sind, dürfen nur zusammen mit einer Ausfertigung der für das Fertigarzneimittel vorgeschriebenen Packungsbeilage abgegeben werden. Absatz 6 Satz 1 gilt entsprechend. Abweichend von Satz 1 müssen bei der im Rahmen einer Dauermedikation erfolgenden regelmäßigen Abgabe von aus Fertigarzneimitteln entnommenen Teilmengen in neuen, patientenindividuell zusammengestellten Blistern Ausfertigungen der für die jeweiligen Fertigarzneimittel vorgeschriebenen Packungsbeilagen erst dann erneut beigefügt werden, wenn sich diese gegenüber den zuletzt beigefügten geändert haben.

§ 11a
Fachinformation

(1) Der pharmazeutische Unternehmer ist verpflichtet, Ärzten, Zahnärzten, Tierärzten, Apothekern und, soweit es sich nicht um verschreibungspflichtige Arzneimittel handelt, anderen Personen, die die Heilkunde oder Zahnheilkunde berufsmäßig ausüben, für Fertigarzneimittel, die der Zulassungspflicht unterliegen oder von der Zulassung freigestellt sind, Arzneimittel im Sinne des § 2 Abs. 1 oder Abs. 2 Nr. 1 und für den Verkehr außerhalb der Apotheken nicht freigegeben sind, auf Anforderung eine Gebrauchsinformation für Fachkreise (Fachinformation) zur Verfügung zu stellen. Diese muss die Überschrift „Fachinformation" tragen und folgende Angaben in gut lesbarer Schrift in Übereinstimmung mit der im Rahmen der Zulassung genehmigten Zusammenfassung der Merkmale des Arzneimittels und in der nachstehenden Reihenfolge enthalten:

1. die Bezeichnung des Arzneimittels, gefolgt von der Stärke und der Darreichungsform;

2. qualitative und quantitative Zusammensetzung nach Wirkstoffen und den sonstigen Bestandteilen, deren Kenntnis für eine zweckgemäße Verabreichung des Mittels erforderlich ist, unter Angabe der gebräuchlichen oder chemischen Bezeichnung; § 10 Abs. 6 findet Anwendung;

3. Darreichungsform;

4. klinische Angaben:

    a) Anwendungsgebiete,

    b) Dosierung und Art der Anwendung bei Erwachsenen und, soweit das Arzneimittel zur Anwendung bei Kindern bestimmt ist, bei Kindern,

    c) Gegenanzeigen,

    d) besondere Warn- und Vorsichtshinweise für die Anwendung und bei immunologischen Arzneimitteln alle besonderen Vorsichtsmaßnahmen, die von Personen, die mit immunologischen Arzneimitteln in Berührung kommen, und von Personen, die diese Arzneimittel Patienten verabreichen, zu treffen sind, sowie von dem Patienten zu treffenden Vorsichtsmaßnahmen, soweit dies durch Auflagen der zuständigen Bundesoberbehörde nach § 28 Abs. 2 Nr. 1 Buchstabe a angeordnet oder durch Rechtsverordnung vorgeschrieben ist,

    e) Wechselwirkungen mit anderen Arzneimitteln oder anderen Mitteln, soweit sie die Wirkung des Arzneimittels beeinflussen können,

    f) Verwendung bei Schwangerschaft und Stillzeit,

    g) Auswirkungen auf die Fähigkeit zur Bedienung von Maschinen und zum Führen von Kraftfahrzeugen,

    h) Nebenwirkungen bei bestimmungsgemäßem Gebrauch,

    i) Überdosierung: Symptome, Notfallmaßnahmen, Gegenmittel;

Arzneimittelgesetz (AMG)

5. pharmakologische Eigenschaften:
   a) pharmakodynamische Eigenschaften,
   b) pharmakokinetische Eigenschaften,
   c) vorklinische Sicherheitsdaten;

6. pharmazeutische Angaben:
   a) Liste der sonstigen Bestandteile,
   b) Hauptinkompatibilitäten,
   c) Dauer der Haltbarkeit und, soweit erforderlich, die Haltbarkeit bei Herstellung einer gebrauchsfertigen Zubereitung des Arzneimittels oder bei erstmaliger Öffnung des Behältnisses,
   d) besondere Vorsichtsmaßnahmen für die Aufbewahrung,
   e) Art und Inhalt des Behältnisses,
   f) besondere Vorsichtsmaßnahmen für die Beseitigung von angebrochenen Arzneimitteln oder der davon stammenden Abfallmaterialien, um Gefahren für die Umwelt zu vermeiden;

7. Inhaber der Zulassung;

8. Zulassungsnummer;

9. Datum der Erteilung der Zulassung oder der Verlängerung der Zulassung;

10. Datum der Überarbeitung der Fachinformation.

Bei allen Arzneimitteln, die zur Anwendung bei Menschen bestimmt sind, ist ein Standardtext aufzunehmen, durch den die Angehörigen von Gesundheitsberufen ausdrücklich aufgefordert werden, jeden Verdachtsfall einer Nebenwirkung an die zuständige Bundesoberbehörde zu melden, wobei die Meldung in jeder Form, insbesondere auch elektronisch, erfolgen kann. Für Arzneimittel, die zur Anwendung bei Menschen bestimmt sind und sich auf der Liste gemäß Artikel 23 der Verordnung (EG) Nr. 726/2004 befinden, muss ferner folgende Erklärung aufgenommen werden: „Dieses Arzneimittel unterliegt einer zusätzlichen Überwachung." Dieser Erklärung muss ein schwarzes Symbol vorangehen und ein geeigneter standardisierter erläuternder Text nach Artikel 23 Absatz 4 der Verordnung (EG) Nr. 726/2004 folgen. Weitere Angaben, die nicht durch eine Verordnung der Europäischen Gemeinschaft oder der Europäischen Union vorgeschrieben oder bereits nach dieser Verordnung zulässig sind, sind zulässig, wenn sie mit der Anwendung des Arzneimittels im Zusammenhang stehen und den Angaben nach Satz 2 nicht widersprechen; sie müssen von den Angaben nach Satz 2 deutlich abgesetzt und abgegrenzt sein. Satz 1 gilt nicht für Arzneimittel, die nach § 21 Abs. 2 einer Zulassung nicht bedürfen oder nach einer homöopathischen Verfahrenstechnik hergestellt sind. Der Inhaber der Zulassung ist verpflichtet, die Fachinformation auf dem aktuellen wissenschaftlichen Kenntnisstand zu halten, zu dem auch die Schlussfolgerungen aus Bewertungen und die Empfehlungen gehören, die auf dem nach Artikel 26 der Verordnung (EG) Nr. 726/2004 eingerichteten europäischen Internetportal für Arzneimittel veröffentlicht werden. Die nach den Sätzen 3 und 5 erforderlichen Standardtexte werden von der zuständigen Bundesoberbehörde im Bundesanzeiger bekannt gemacht.

(1a) Bei Sera ist auch die Art des Lebewesens, aus dem sie gewonnen sind, bei Virusimpfstoffen das Wirtssystem, das zur Virusvermehrung gedient hat, und bei Arzneimitteln aus humanem Blutplasma zur Fraktionierung das Herkunftsland des Blutplasmas anzugeben.

(1b) Bei radioaktiven Arzneimitteln sind ferner die Einzelheiten der internen Strahlungsdosimetrie, zusätzliche detaillierte Anweisungen für die extemporane Zubereitung und die Qualitätskontrolle für diese Zubereitung sowie, soweit erforderlich, die Höchstlagerzeit anzugeben, während der eine Zwischenzubereitung wie ein Eluat oder das gebrauchsfertige Arzneimittel seinen Spezifikationen entspricht.

(1c) Bei Arzneimitteln, die zur Anwendung bei Tieren bestimmt sind, muss die Fachinformation unter der Nummer 4 „klinische Angaben" folgende Angaben enthalten:

a) Angabe jeder Zieltierart, bei der das Arzneimittel angewendet werden soll,

b) Angaben zur Anwendung mit besonderem Hinweis auf die Zieltierarten,

c) Gegenanzeigen,

d) besondere Warnhinweise bezüglich jeder Zieltierart,

e) besondere Warnhinweise für den Gebrauch, einschließlich der von der verabreichenden Person zu treffenden besonderen Sicherheitsvorkehrungen,

f) Nebenwirkungen (Häufigkeit und Schwere),

g) Verwendung bei Trächtigkeit, Eier- oder Milcherzeugung,

h) Wechselwirkungen mit anderen Arzneimitteln und andere Wechselwirkungen,

i) Dosierung und Art der Anwendung,

j) Überdosierung: Notfallmaßnahmen, Symptome, Gegenmittel, soweit erforderlich,

k) Wartezeit für sämtliche Lebensmittel, einschließlich jener, für die keine Wartezeit besteht.

Die Angaben nach Absatz 1 Satz 2 Nr. 5 Buchstabe c entfallen.

(1d) Bei Arzneimitteln, die nur auf ärztliche, zahnärztliche oder tierärztliche Verschreibung abgegeben werden dürfen, ist auch der Hinweis „Verschreibungspflichtig", bei Betäubungsmitteln der Hinweis „Betäubungsmittel", bei sonstigen Arzneimitteln, die nur in Apotheken an Verbraucher abgegeben werden dürfen, der Hinweis „Apothekenpflichtig" anzugeben; bei Arzneimitteln,

Arzneimittelgesetz (AMG)

die einen Stoff oder eine Zubereitung nach § 48 Absatz 1 Satz 1 Nummer 3 enthalten, ist eine entsprechende Angabe zu machen.

(1e) Für Zulassungen von Arzneimitteln nach § 24b können Angaben nach Absatz 1 entfallen, die sich auf Anwendungsgebiete, Dosierungen oder andere Gegenstände eines Patents beziehen, die zum Zeitpunkt des Inverkehrbringens noch unter das Patentrecht fallen.

(2) Der pharmazeutische Unternehmer ist verpflichtet, die Änderungen der Fachinformation, die für die Therapie relevant sind, den Fachkreisen in geeigneter Form zugänglich zu machen. Die zuständige Bundesoberbehörde kann, soweit erforderlich, durch Auflage bestimmen, in welcher Form die Änderungen allen oder bestimmten Fachkreisen zugänglich zu machen sind.

(3) Ein Muster der Fachinformation und geänderter Fassungen ist der zuständigen Bundesoberbehörde unverzüglich zu übersenden, soweit nicht das Arzneimittel von der Zulassung freigestellt ist.

(4) Die Verpflichtung nach Absatz 1 Satz 1 kann bei Arzneimitteln, die ausschließlich von Angehörigen der Heilberufe verabreicht werden, auch durch Aufnahme der Angaben nach Absatz 1 Satz 2 in der Packungsbeilage erfüllt werden. Die Packungsbeilage muss mit der Überschrift „Gebrauchsinformation und Fachinformation" versehen werden.

§ 12
Ermächtigung für die Kennzeichnung, die Packungsbeilage und die Packungsgrößen

(1) Das Bundesministerium wird ermächtigt, im Einvernehmen mit dem Bundesministerium für Wirtschaft und Technologie durch Rechtsverordnung mit Zustimmung des Bundesrates

1. die Vorschriften der §§ 10 bis 11a auf andere Arzneimittel und den Umfang der Fachinformation auf weitere Angaben auszudehnen,

2. vorzuschreiben, dass die in den §§ 10 und 11 genannten Angaben dem Verbraucher auf andere Weise übermittelt werden,

3. für bestimmte Arzneimittel oder Arzneimittelgruppen vorzuschreiben, dass Warnhinweise, Warnzeichen oder Erkennungszeichen auf

    a) den Behältnissen, den äußeren Umhüllungen, der Packungsbeilage oder

    b) der Fachinformation

    anzubringen sind,

4. vorzuschreiben, dass bestimmte Bestandteile nach der Art auf den Behältnissen und den äußeren Umhüllungen anzugeben sind oder auf sie in der Packungsbeilage hinzuweisen ist,

Arzneimittelgesetz (AMG)

soweit es geboten ist, um einen ordnungsgemäßen Umgang mit Arzneimitteln und deren sachgerechte Anwendung im Geltungsbereich dieses Gesetzes sicherzustellen und um eine unmittelbare oder mittelbare Gefährdung der Gesundheit von Mensch oder Tier zu verhüten, die infolge mangelnder Unterrichtung eintreten könnte.

(1a) Das Bundesministerium wird ferner ermächtigt, durch Rechtsverordnung mit Zustimmung des Bundesrates für Stoffe oder Zubereitungen aus Stoffen bei der Angabe auf Behältnissen und äußeren Umhüllungen oder in der Packungsbeilage oder in der Fachinformation zusammenfassende Bezeichnungen zuzulassen, soweit es sich nicht um wirksame Bestandteile handelt und eine unmittelbare oder mittelbare Gefährdung der Gesundheit von Mensch oder Tier infolge mangelnder Unterrichtung nicht zu befürchten ist.

(1b) Das Bundesministerium wird ferner ermächtigt, im Einvernehmen mit dem Bundesministerium für Wirtschaft und Technologie durch Rechtsverordnung mit Zustimmung des Bundesrates

1. die Kennzeichnung von Ausgangsstoffen, die für die Herstellung von Arzneimitteln bestimmt sind, und

2. die Kennzeichnung von Arzneimitteln, die zur klinischen Prüfung bestimmt sind,

zu regeln, soweit es geboten ist, um eine unmittelbare oder mittelbare Gefährdung der Gesundheit von Mensch oder Tier zu verhüten, die infolge mangelnder Kennzeichnung eintreten könnte.

(2) Soweit es sich um Arzneimittel handelt, die zur Anwendung bei Tieren bestimmt sind, tritt in den Fällen des Absatzes 1, 1a, 1b oder 3 an die Stelle des Bundesministeriums das Bundesministerium für Ernährung, Landwirtschaft und Verbraucherschutz, das die Rechtsverordnung jeweils im Einvernehmen mit dem Bundesministerium erlässt. Die Rechtsverordnung nach Absatz 1, 1a oder 1b ergeht im Einvernehmen mit dem Bundesministerium für Umwelt, Naturschutz und Reaktorsicherheit, soweit es sich um radioaktive Arzneimittel und um Arzneimittel handelt, bei deren Herstellung ionisierende Strahlen verwendet werden, oder in den Fällen des Absatzes 1 Nr. 3 Warnhinweise, Warnzeichen oder Erkennungszeichen im Hinblick auf Angaben nach § 10 Abs. 1 Satz 1 Nr. 13 oder Absatz 5 Satz 1 Nummer 10, § 11 Abs. 4 Satz 1 Nr. 9 oder § 11a Abs. 1 Satz 2 Nr. 6 Buchstabe f vorgeschrieben werden.

(3) Das Bundesministerium wird ferner ermächtigt, durch Rechtsverordnung ohne Zustimmung des Bundesrates zu bestimmen, dass Arzneimittel nur in bestimmten Packungsgrößen in den Verkehr gebracht werden dürfen und von den pharmazeutischen Unternehmern auf den Behältnissen oder, soweit verwendet, auf den äußeren Umhüllungen entsprechend zu kennzeichnen sind. Die Bestimmung dieser Packungsgrößen erfolgt für bestimmte Wirkstoffe und berücksichtigt die Anwendungsgebiete, die Anwendungsdauer und die Dar-

reichungsform. Bei der Bestimmung der Packungsgrößen ist grundsätzlich von einer Dreiteilung auszugehen:

1. Packungen für kurze Anwendungsdauer oder Verträglichkeitstests,
2. Packungen für mittlere Anwendungsdauer,
3. Packungen für längere Anwendungsdauer.

Dritter Abschnitt
Herstellung von Arzneimitteln

§ 13
Herstellungserlaubnis

(1) Wer

1. Arzneimittel im Sinne des § 2 Absatz 1 oder Absatz 2 Nummer 1,
2. Testsera oder Testantigene,
3. Wirkstoffe, die menschlicher, tierischer oder mikrobieller Herkunft sind oder die auf gentechnischem Wege hergestellt werden, oder
4. andere zur Arzneimittelherstellung bestimmte Stoffe menschlicher Herkunft

gewerbs- oder berufsmäßig herstellt, bedarf einer Erlaubnis der zuständigen Behörde. Das Gleiche gilt für juristische Personen, nicht rechtsfähige Vereine und Gesellschaften bürgerlichen Rechts, die Arzneimittel zum Zwecke der Abgabe an ihre Mitglieder herstellen. Satz 1 findet auf eine Prüfung, auf deren Grundlage die Freigabe des Arzneimittels für das Inverkehrbringen erklärt wird, entsprechende Anwendung. § 14 Absatz 4 bleibt unberührt.

(1a) Absatz 1 findet keine Anwendung auf

1. Gewebe im Sinne von § 1a Nummer 4 des Transplantationsgesetzes, für die es einer Erlaubnis nach § 20b oder § 20c bedarf,
2. die Gewinnung und die Laboruntersuchung von autologem Blut zur Herstellung von biotechnologisch bearbeiteten Gewebeprodukten, für die es einer Erlaubnis nach § 20b bedarf,
3. Gewebezubereitungen, für die es einer Erlaubnis nach § 20c bedarf,
4. die Rekonstitution, soweit es sich nicht um Arzneimittel handelt, die zur klinischen Prüfung bestimmt sind.

(2) Einer Erlaubnis nach Absatz 1 bedarf nicht

1. der Inhaber einer Apotheke für die Herstellung von Arzneimitteln im Rahmen des üblichen Apothekenbetriebs oder für die Rekonstitution oder das Abpacken einschließlich der Kennzeichnung von Arzneimitteln, die zur klinischen Prüfung bestimmt sind, sofern dies dem Prüfplan entspricht,

Arzneimittelgesetz (AMG)

2. der Träger eines Krankenhauses, soweit er nach dem Gesetz über das Apothekenwesen Arzneimittel abgeben darf oder für die Rekonstitution oder das Abpacken einschließlich der Kennzeichnung von Arzneimitteln, die zur klinischen Prüfung bestimmt sind, sofern dies dem Prüfplan entspricht,

3. der Tierarzt im Rahmen des Betriebes einer tierärztlichen Hausapotheke für

a) das Umfüllen, Abpacken oder Kennzeichnen von Arzneimitteln in unveränderter Form,

b) die Herstellung von Arzneimitteln, die ausschließlich für den Verkehr außerhalb der Apotheken freigegebene Stoffe oder Zubereitungen aus solchen Stoffen enthalten,

c) die Herstellung von homöopathischen Arzneimitteln, die, soweit sie zur Anwendung bei Tieren bestimmt sind, die der Gewinnung von Lebensmitteln dienen, ausschließlich Wirkstoffe enthalten, die im Anhang der Verordnung (EU) Nr. 37/2010 als Stoffe aufgeführt sind, für die eine Festlegung von Höchstmengen nicht erforderlich ist,

d) das Zubereiten von Arzneimitteln aus einem Fertigarzneimittel und arzneilich nicht wirksamen Bestandteilen,

e) das Mischen von Fertigarzneimitteln für die Immobilisation von Zoo-, Wild- und Gehegetieren,

soweit diese Tätigkeiten für die von ihm behandelten Tiere erfolgen,

4. der Großhändler für das Umfüllen, Abpacken oder Kennzeichnen von Arzneimitteln in unveränderter Form, soweit es sich nicht um zur Abgabe an den Verbraucher bestimmte Packungen handelt,

5. der Einzelhändler, der die Sachkenntnis nach § 50 besitzt, für das Umfüllen, Abpacken oder Kennzeichnen von Arzneimitteln zur Abgabe in unveränderter Form unmittelbar an den Verbraucher,

6. der Hersteller von Wirkstoffen, die für die Herstellung von Arzneimitteln bestimmt sind, die nach einer im Homöopathischen Teil des Arzneibuches beschriebenen Verfahrenstechnik hergestellt werden.

(2a) Die Ausnahmen nach Absatz 2 gelten nicht für die Herstellung von Blutzubereitungen, Gewebezubereitungen, Sera, Impfstoffen, Allergenen, Testsera, Testantigenen, Arzneimitteln für neuartige Therapien, xenogenen und radioaktiven Arzneimitteln. Satz 1 findet keine Anwendung auf die in Absatz 2 Nummer 1 oder Nummer 2 genannten Einrichtungen, soweit es sich um

1. das patientenindividuelle Umfüllen in unveränderter Form, das Abpacken oder Kennzeichnen von im Geltungsbereich dieses Gesetzes zugelassenen Sera nicht menschlichen oder tierischen Ursprungs oder

2. die Rekonstitution oder das Umfüllen, das Abpacken oder Kennzeichnen von Arzneimitteln, die zur klinischen Prüfung bestimmt sind, sofern dies dem Prüfplan entspricht, oder

Arzneimittelgesetz (AMG)

3. die Herstellung von Testallergenen

handelt. Tätigkeiten nach Satz 2 Nummer 1 und 3 sind der zuständigen Behörde anzuzeigen.

(2b) Einer Erlaubnis nach Absatz 1 bedarf ferner nicht eine Person, die Arzt ist oder sonst zur Ausübung der Heilkunde bei Menschen befugt ist, soweit die Arzneimittel unter ihrer unmittelbaren fachlichen Verantwortung zum Zwecke der persönlichen Anwendung bei einem bestimmten Patienten hergestellt werden. Satz 1 findet keine Anwendung auf

1. Arzneimittel für neuartige Therapien und xenogene Arzneimittel sowie

2. Arzneimittel, die zur klinischen Prüfung bestimmt sind, soweit es sich nicht nur um eine Rekonstitution handelt.

(2c) Absatz 2b Satz 1 gilt für Tierärzte im Rahmen des Betriebes einer tierärztlichen Hausapotheke für die Anwendung bei von ihnen behandelten Tieren entsprechend.

(3) Eine nach Absatz 1 für das Umfüllen von verflüssigten medizinischen Gasen in das Lieferbehältnis eines Tankfahrzeuges erteilte Erlaubnis umfasst auch das Umfüllen der verflüssigten medizinischen Gase in unveränderter Form aus dem Lieferbehältnis eines Tankfahrzeuges in Behältnisse, die bei einem Krankenhaus oder anderen Verbrauchern aufgestellt sind.

(4) Die Entscheidung über die Erteilung der Erlaubnis trifft die zuständige Behörde des Landes, in dem die Betriebsstätte liegt oder liegen soll. Bei Blutzubereitungen, Gewebezubereitungen, Sera, Impfstoffen, Allergenen, Arzneimitteln für neuartige Therapien, xenogenen Arzneimitteln, gentechnisch hergestellten Arzneimitteln sowie Wirkstoffen und anderen zur Arzneimittelherstellung bestimmten Stoffen, die menschlicher, tierischer oder mikrobieller Herkunft sind oder die auf gentechnischem Wege hergestellt werden, ergeht die Entscheidung über die Erlaubnis im Benehmen mit der zuständigen Bundesoberbehörde.

§ 14
Entscheidung über die Herstellungserlaubnis

(1) Die Erlaubnis darf nur versagt werden, wenn

1. nicht mindestens eine Person mit der nach § 15 erforderlichen Sachkenntnis (sachkundige Person nach § 14) vorhanden ist, die für die in § 19 genannte Tätigkeit verantwortlich ist,

2. (weggefallen)

3. die sachkundige Person nach Nummer 1 oder der Antragsteller die zur Ausübung ihrer Tätigkeit erforderliche Zuverlässigkeit nicht besitzen,

4. die sachkundige Person nach Nummer 1 die ihr obliegenden Verpflichtungen nicht ständig erfüllen kann,

Arzneimittelgesetz (AMG)

5. (weggefallen),

5a. in Betrieben, die Fütterungsarzneimittel aus Arzneimittel-Vormischungen herstellen, die Person, der die Beaufsichtigung des technischen Ablaufs der Herstellung übertragen ist, nicht ausreichende Kenntnisse und Erfahrungen auf dem Gebiete der Mischtechnik besitzt,

5b. der Arzt, in dessen Verantwortung eine Vorbehandlung der spendenden Person zur Separation von Blutstammzellen oder anderen Blutbestandteilen durchgeführt wird, nicht die erforderliche Sachkenntnis besitzt,

5c. entgegen § 4 Satz 1 Nr. 2 des Transfusionsgesetzes keine leitende ärztliche Person bestellt worden ist oder diese Person nicht die erforderliche Sachkunde nach dem Stand der medizinischen Wissenschaft besitzt oder entgegen § 4 Satz 1 Nr. 3 des Transfusionsgesetzes bei der Durchführung der Spendeentnahme von einem Menschen keine ärztliche Person vorhanden ist,

6. geeignete Räume und Einrichtungen für die beabsichtigte Herstellung, Prüfung und Lagerung der Arzneimittel nicht vorhanden sind oder

6a. der Hersteller nicht in der Lage ist zu gewährleisten, dass die Herstellung oder Prüfung der Arzneimittel nach dem Stand von Wissenschaft und Technik und bei der Gewinnung von Blut und Blutbestandteilen zusätzlich nach den Vorschriften des Zweiten Abschnitts des Transfusionsgesetzes vorgenommen wird.

(2) (weggefallen)

(2a) Die leitende ärztliche Person nach § 4 Satz 1 Nr. 2 des Transfusionsgesetzes kann zugleich die sachkundige Person nach Absatz 1 Nr. 1 sein.

(2b) (weggefallen)

(3) (weggefallen)

(4) Abweichend von Absatz 1 Nr. 6 kann teilweise außerhalb der Betriebsstätte des Arzneimittelherstellers

1. die Herstellung von Arzneimitteln zur klinischen Prüfung am Menschen in einer beauftragten Apotheke,

2. die Änderung des Verfalldatums von Arzneimitteln zur klinischen Prüfung am Menschen in einer Prüfstelle durch eine beauftragte Person des Herstellers, sofern diese Arzneimittel ausschließlich zur Anwendung in dieser Prüfstelle bestimmt sind,

3. die Prüfung der Arzneimittel in beauftragten Betrieben,

4. die Gewinnung oder Prüfung, einschließlich der Laboruntersuchungen der Spenderproben, von zur Arzneimittelherstellung bestimmten Stoffen menschlicher Herkunft, mit Ausnahme von Gewebe, in anderen Betrieben oder Einrichtungen,

Arzneimittelgesetz (AMG)

die keiner eigenen Erlaubnis bedürfen, durchgeführt werden, wenn bei diesen hierfür geeignete Räume und Einrichtungen vorhanden sind und gewährleistet ist, dass die Herstellung und Prüfung nach dem Stand von Wissenschaft und Technik erfolgt und die sachkundige Person nach Absatz 1 Nummer 1 ihre Verantwortung wahrnehmen kann.

(5) Bei Beanstandungen der vorgelegten Unterlagen ist dem Antragsteller Gelegenheit zu geben, Mängeln innerhalb einer angemessenen Frist abzuhelfen. Wird den Mängeln nicht abgeholfen, so ist die Erteilung der Erlaubnis zu versagen.

§ 15
Sachkenntnis

(1) Der Nachweis der erforderlichen Sachkenntnis als sachkundige Person nach § 14 wird erbracht durch

1. die Approbation als Apotheker oder
2. das Zeugnis über eine nach abgeschlossenem Hochschulstudium der Pharmazie, der Chemie, der Biologie, der Human- oder der Veterinärmedizin abgelegte Prüfung

sowie eine mindestens zweijährige praktische Tätigkeit auf dem Gebiet der qualitativen und quantitativen Analyse sowie sonstiger Qualitätsprüfungen von Arzneimitteln.

(2) In den Fällen des Absatzes 1 Nr. 2 muss der zuständigen Behörde nachgewiesen werden, dass das Hochschulstudium theoretischen und praktischen Unterricht in mindestens folgenden Grundfächern umfasst hat und hierin ausreichende Kenntnisse vorhanden sind:

Experimentelle Physik
Allgemeine und anorganische Chemie
Organische Chemie
Analytische Chemie
Pharmazeutische Chemie
Biochemie
Physiologie
Mikrobiologie
Pharmakologie
Pharmazeutische Technologie
Toxikologie
Pharmazeutische Biologie.

Der theoretische und praktische Unterricht und die ausreichenden Kenntnisse können an einer Hochschule auch nach abgeschlossenem Hochschulstudium im Sinne des Absatzes 1 Nr. 2 erworben und durch Prüfung nachgewiesen werden.

(3) Für die Herstellung und Prüfung von Blutzubereitungen, Sera menschlichen oder tierischen Ursprungs, Impfstoffen, Allergenen, Testsera und Testantigenen findet Absatz 2 keine Anwendung. An Stelle der praktischen Tätigkeit nach Absatz 1 muss eine mindestens dreijährige Tätigkeit auf dem Gebiet der medizinischen Serologie oder medizinischen Mikrobiologie nachgewiesen werden. Abweichend von Satz 2 müssen anstelle der praktischen Tätigkeit nach Absatz 1

1. für Blutzubereitungen aus Blutplasma zur Fraktionierung eine mindestens dreijährige Tätigkeit in der Herstellung oder Prüfung in plasmaverarbeitenden Betrieben mit Herstellungserlaubnis und zusätzlich eine mindestens sechsmonatige Erfahrung in der Transfusionsmedizin oder der medizinischen Mikrobiologie, Virologie, Hygiene oder Analytik,

2. für Blutzubereitungen aus Blutzellen, Zubereitungen aus Frischplasma sowie für Wirkstoffe und Blutbestandteile zur Herstellung von Blutzubereitungen eine mindestens zweijährige transfusionsmedizinische Erfahrung, die sich auf alle Bereiche der Herstellung und Prüfung erstreckt,

3. für autologe Blutzubereitungen eine mindestens sechsmonatige transfusionsmedizinische Erfahrung oder eine einjährige Tätigkeit in der Herstellung autologer Blutzubereitungen,

4. für Blutstammzellzubereitungen zusätzlich zu ausreichenden Kenntnissen mindestens zwei Jahre Erfahrungen in dieser Tätigkeit, insbesondere in der zugrunde liegenden Technik,

nachgewiesen werden. Zur Vorbehandlung von Personen zur Separation von Blutstammzellen oder anderen Blutbestandteilen muss die verantwortliche ärztliche Person ausreichende Kenntnisse und eine mindestens zweijährige Erfahrung in dieser Tätigkeit nachweisen. Für das Abpacken und Kennzeichnen verbleibt es bei den Voraussetzungen des Absatzes 1.

(3a) Für die Herstellung und Prüfung von Arzneimitteln für neuartige Therapien, xenogenen Arzneimitteln, Gewebezubereitungen, Arzneimitteln zur In-vivo-Diagnostik mittels Markergenen, radioaktiven Arzneimitteln und Wirkstoffen findet Absatz 2 keine Anwendung. Anstelle der praktischen Tätigkeit nach Absatz 1 muss

1. für Gentherapeutika und Arzneimittel zur In-vivo-Diagnostik mittels Markergenen eine mindestens zweijährige Tätigkeit auf einem medizinisch relevanten Gebiet, insbesondere der Gentechnik, der Mikrobiologie, der Zellbiologie, der Virologie oder der Molekularbiologie,

2. für somatische Zelltherapeutika und biotechnologisch bearbeitete Gewebeprodukte eine mindestens zweijährige Tätigkeit auf einem medizinisch relevanten Gebiet, insbesondere der Gentechnik, der Mikrobiologie, der Zellbiologie, der Virologie oder der Molekularbiologie,

3. für xenogene Arzneimittel eine mindestens dreijährige Tätigkeit auf einem medizinisch relevanten Gebiet, die eine mindestens zweijährige Tätigkeit auf insbesondere einem Gebiet der in Nummer 1 genannten Gebiete umfasst,

Arzneimittelgesetz (AMG)

4. für Gewebezubereitungen eine mindestens zweijährige Tätigkeit auf dem Gebiet der Herstellung und Prüfung solcher Arzneimittel in Betrieben und Einrichtungen, die einer Herstellungserlaubnis nach diesem Gesetz bedürfen oder eine Genehmigung nach dem Recht der Europäischen Union besitzen,

5. für radioaktive Arzneimittel eine mindestens dreijährige Tätigkeit auf dem Gebiet der Nuklearmedizin oder der radiopharmazeutischen Chemie und

6. für andere als die unter Absatz 3 Satz 3 Nummer 2 aufgeführten Wirkstoffe eine mindestens zweijährige Tätigkeit in der Herstellung oder Prüfung von Wirkstoffen

nachgewiesen werden.

(4) Die praktische Tätigkeit nach Absatz 1 muss in einem Betrieb abgeleistet werden, für den eine Erlaubnis zur Herstellung von Arzneimitteln durch einen Mitgliedstaat der Europäischen Union, einen anderen Vertragsstaat des Abkommens über den Europäischen Wirtschaftsraum oder durch einen Staat erteilt worden ist, mit dem eine gegenseitige Anerkennung von Zertifikaten nach § 72a Satz 1 Nr. 1 vereinbart ist.

(5) Die praktische Tätigkeit ist nicht erforderlich für das Herstellen von Fütterungsarzneimitteln aus Arzneimittel-Vormischungen; Absatz 2 findet keine Anwendung.

§ 16
Begrenzung der Herstellungserlaubnis

Die Erlaubnis wird dem Antragsteller für eine bestimmte Betriebsstätte und für bestimmte Arzneimittel und Darreichungsformen erteilt, in den Fällen des § 14 Abs. 4 auch für eine bestimmte Betriebsstätte des beauftragten oder des anderen Betriebes. Soweit die Erlaubnis die Prüfung von Arzneimitteln oder Wirkstoffen umfasst, ist die Art der Prüfung aufzuführen.

§ 17
Fristen für die Erteilung

(1) Die zuständige Behörde hat eine Entscheidung über den Antrag auf Erteilung der Erlaubnis innerhalb einer Frist von drei Monaten zu treffen.

(2) Beantragt ein Erlaubnisinhaber die Änderung der Erlaubnis in Bezug auf die herzustellenden Arzneimittel oder in Bezug auf die Räume und Einrichtungen im Sinne des § 14 Abs. 1 Nr. 6, so hat die Behörde die Entscheidung innerhalb einer Frist von einem Monat zu treffen. In Ausnahmefällen verlängert sich die Frist um weitere zwei Monate. Der Antragsteller ist hiervon vor Fristablauf unter Mitteilung der Gründe in Kenntnis zu setzen.

(3) Gibt die Behörde dem Antragsteller nach § 14 Abs. 5 Gelegenheit, Mängeln abzuhelfen, so werden die Fristen bis zur Behebung der Mängel oder bis

Arzneimittelgesetz (AMG)

zum Ablauf der nach § 14 Abs. 5 gesetzten Frist gehemmt. Die Hemmung beginnt mit dem Tage, an dem dem Antragsteller die Aufforderung zur Behebung der Mängel zugestellt wird.

§ 18
Rücknahme, Widerruf, Ruhen

(1) Die Erlaubnis ist zurückzunehmen, wenn nachträglich bekannt wird, dass einer der Versagungsgründe nach § 14 Abs. 1 bei der Erteilung vorgelegen hat. Ist einer der Versagungsgründe nachträglich eingetreten, so ist sie zu widerrufen; an Stelle des Widerrufs kann auch das Ruhen der Erlaubnis angeordnet werden. § 13 Abs. 4 findet entsprechende Anwendung.

(2) Die zuständige Behörde kann vorläufig anordnen, dass die Herstellung eines Arzneimittels eingestellt wird, wenn der Hersteller die für die Herstellung und Prüfung zu führenden Nachweise nicht vorlegt. Die vorläufige Anordnung kann auf eine Charge beschränkt werden.

§ 19
Verantwortungsbereiche

Die sachkundige Person nach § 14 ist dafür verantwortlich, dass jede Charge des Arzneimittels entsprechend den Vorschriften über den Verkehr mit Arzneimitteln hergestellt und geprüft wurde. Sie hat die Einhaltung dieser Vorschriften für jede Arzneimittelcharge in einem fortlaufenden Register oder einem vergleichbaren Dokument vor deren Inverkehrbringen zu bescheinigen.

§ 20
Anzeigepflichten

Der Inhaber der Erlaubnis hat jede Änderung einer der in § 14 Abs. 1 genannten Angaben unter Vorlage der Nachweise der zuständigen Behörde vorher anzuzeigen. Bei einem unvorhergesehenen Wechsel der sachkundigen Person nach § 14 hat die Anzeige unverzüglich zu erfolgen.

§ 20a
Geltung für Wirkstoffe und andere Stoffe

§ 13 Abs. 2 und 4 und die §§ 14 bis 20 gelten entsprechend für Wirkstoffe und für andere zur Arzneimittelherstellung bestimmte Stoffe menschlicher Herkunft, soweit ihre Herstellung oder Prüfung nach § 13 Abs. 1 einer Erlaubnis bedarf.

§ 20b
Erlaubnis für die Gewinnung von Gewebe und die Laboruntersuchungen

(1) Eine Einrichtung, die zur Verwendung bei Menschen bestimmte Gewebe im Sinne von § 1a Nr. 4 des Transplantationsgesetzes gewinnen (Entnahme-

Arzneimittelgesetz (AMG)

einrichtung) oder die für die Gewinnung erforderlichen Laboruntersuchungen durchführen will, bedarf einer Erlaubnis der zuständigen Behörde. Gewinnung im Sinne von Satz 1 ist die direkte oder extrakorporale Entnahme von Gewebe einschließlich aller Maßnahmen, die dazu bestimmt sind, das Gewebe in einem be- oder verarbeitungsfähigen Zustand zu erhalten, eindeutig zu identifizieren und zu transportieren. Die Erlaubnis darf nur versagt werden, wenn

1. eine angemessen ausgebildete Person mit der erforderlichen Berufserfahrung nicht vorhanden ist, die, soweit es sich um eine Entnahmeeinrichtung handelt, zugleich die ärztliche Person im Sinne von § 8d Abs. 1 Satz 1 des Transplantationsgesetzes sein kann,
2. weiteres mitwirkendes Personal nicht ausreichend qualifiziert ist,
3. angemessene Räume für die jeweilige Gewebegewinnung oder für die Laboruntersuchungen nicht vorhanden sind oder
4. nicht gewährleistet wird, dass die Gewebegewinnung oder die Laboruntersuchungen nach dem Stand der medizinischen Wissenschaft und Technik und nach den Vorschriften der Abschnitte 2, 3 und 3a des Transplantationsgesetzes vorgenommen werden.

Von einer Besichtigung im Sinne von § 64 Abs. 3 Satz 2 kann die zuständige Behörde vor Erteilung der Erlaubnis nach dieser Vorschrift absehen. Die Erlaubnis wird der Entnahmeeinrichtung von der zuständigen Behörde für eine bestimmte Betriebsstätte und für bestimmtes Gewebe und dem Labor für eine bestimmte Betriebsstätte und für bestimmte Tätigkeiten erteilt. Dabei kann die zuständige Behörde die zuständige Bundesoberbehörde beteiligen.

(1a) § 20c Absatz 4 Satz 1 und 2 und Absatz 5 gilt entsprechend.

(2) Einer eigenen Erlaubnis nach Absatz 1 bedarf nicht, wer diese Tätigkeiten unter vertraglicher Bindung mit einem Hersteller oder einem Be- oder Verarbeiter ausübt, der eine Erlaubnis nach § 13 oder § 20c für die Be- oder Verarbeitung von Gewebe oder Gewebezubereitungen besitzt. In diesem Fall hat der Hersteller oder der Be- oder Verarbeiter die Entnahmeeinrichtung oder das Labor der für diese jeweils örtlich zuständigen Behörde anzuzeigen und der Anzeige die Angaben und Unterlagen nach Absatz 1 Satz 3 beizufügen. Nach Ablauf von einem Monat nach der Anzeige nach Satz 2 hat der Hersteller oder der Be- oder Verarbeiter die Entnahmeeinrichtung oder das Labor der für ihn zuständigen Behörde anzuzeigen, es sei denn, dass die für die Entnahmeeinrichtung oder das Labor zuständige Behörde widersprochen hat. In Ausnahmefällen verlängert sich die Frist nach Satz 3 um weitere zwei Monate. Der Hersteller oder der Be- oder Verarbeiter ist hiervon vor Fristablauf unter Mitteilung der Gründe in Kenntnis zu setzen. Hat die zuständige Behörde widersprochen, sind die Fristen in Satz 3 und 4 gehemmt, bis der Grund für den Widerspruch behoben ist. Absatz 1 Satz 3 bis 6 gilt entsprechend mit der Maßgabe, dass die Erlaubnis nach Absatz 1 Satz 5 dem Hersteller oder dem Be- oder Verarbeiter erteilt wird.

Arzneimittelgesetz (AMG)

(3) Die Erlaubnis ist zurückzunehmen, wenn nachträglich bekannt wird, dass einer der Versagungsgründe nach Absatz 1 Satz 3 bei der Erteilung vorgelegen hat. Ist einer dieser Versagungsgründe nachträglich eingetreten, so ist die Erlaubnis zu widerrufen; an Stelle des Widerrufs kann auch das Ruhen der Erlaubnis angeordnet werden. Die zuständige Behörde kann die Gewinnung von Gewebe oder die Laboruntersuchungen vorläufig untersagen, wenn die Entnahmeeinrichtung, das Labor oder der Hersteller oder der Be- oder Verarbeiter die für die Gewebegewinnung oder die Laboruntersuchungen zu führenden Nachweise nicht vorlegt.

(4) Die Absätze 1 bis 3 gelten entsprechend für die Gewinnung und die Laboruntersuchung von autologem Blut für die Herstellung von biotechnologisch bearbeiteten Gewebeprodukten.

(5) Der Inhaber der Erlaubnis hat der zuständigen Behörde jede Änderung der in Absatz 1 Satz 3 genannten Voraussetzungen für die Erlaubnis unter Vorlage der Nachweise vorher anzuzeigen und er darf die Änderung erst vornehmen, wenn die zuständige Behörde eine schriftliche Erlaubnis erteilt hat. Bei einem unvorhergesehenen Wechsel der angemessen ausgebildeten Person nach § 20b hat die Anzeige unverzüglich zu erfolgen.

§ 20c
Erlaubnis für die Be- oder Verarbeitung, Konservierung, Prüfung, Lagerung oder das Inverkehrbringen von Gewebe oder Gewebezubereitungen

(1) Eine Einrichtung, die Gewebe oder Gewebezubereitungen, die nicht mit industriellen Verfahren be- oder verarbeitet werden und deren wesentliche Be- oder Verarbeitungsverfahren in der Europäischen Union hinreichend bekannt sind, be- oder verarbeiten, konservieren, prüfen, lagern oder in den Verkehr bringen will, bedarf abweichend von § 13 Abs. 1 einer Erlaubnis der zuständigen Behörde nach den folgenden Vorschriften. Dies gilt auch im Hinblick auf Gewebe oder Gewebezubereitungen, deren Be- oder Verarbeitungsverfahren neu, aber mit einem bekannten Verfahren vergleichbar sind. Die Entscheidung über die Erteilung der Erlaubnis trifft die zuständige Behörde des Landes, in dem die Betriebsstätte liegt oder liegen soll, im Benehmen mit der zuständigen Bundesoberbehörde.

(2) Die Erlaubnis darf nur versagt werden, wenn

1. eine Person mit der erforderlichen Sachkenntnis und Erfahrung nach Absatz 3 (verantwortliche Person nach § 20c) nicht vorhanden ist, die dafür verantwortlich ist, dass die Gewebezubereitungen und Gewebe im Einklang mit den geltenden Rechtsvorschriften be- oder verarbeitet, konserviert, geprüft, gelagert oder in den Verkehr gebracht werden,
2. weiteres mitwirkendes Personal nicht ausreichend qualifiziert ist,

Arzneimittelgesetz (AMG)

3. geeignete Räume und Einrichtungen für die beabsichtigten Tätigkeiten nicht vorhanden sind,

4. nicht gewährleistet ist, dass die Be- oder Verarbeitung einschließlich der Kennzeichnung, Konservierung und Lagerung sowie die Prüfung nach dem Stand von Wissenschaft und Technik vorgenommen werden, oder

5. ein Qualitätsmanagementsystem nach den Grundsätzen der Guten fachlichen Praxis nicht eingerichtet worden ist oder nicht auf dem neuesten Stand gehalten wird.

Abweichend von Satz 1 Nummer 3 kann außerhalb der Betriebsstätte die Prüfung der Gewebe und Gewebezubereitungen in beauftragten Betrieben, die keiner eigenen Erlaubnis bedürfen, durchgeführt werden, wenn bei diesen hierfür geeignete Räume und Einrichtungen vorhanden sind und gewährleistet ist, dass die Prüfung nach dem Stand von Wissenschaft und Technik erfolgt und die verantwortliche Person nach § 20c ihre Verantwortung wahrnehmen kann.

(3) Der Nachweis der erforderlichen Sachkenntnis der verantwortlichen Person nach § 20c wird erbracht durch das Zeugnis über eine nach abgeschlossenem Hochschulstudium der Humanmedizin, Biologie, Biochemie oder einem als gleichwertig anerkannten Studium abgelegte Prüfung sowie eine mindestens zweijährige praktische Tätigkeit auf dem Gebiet der Be- oder Verarbeitung von Geweben oder Gewebezubereitungen.

(4) Bei Beanstandungen der vorgelegten Unterlagen ist dem Antragsteller Gelegenheit zu geben, Mängeln innerhalb einer angemessenen Frist abzuhelfen. Wird den Mängeln nicht abgeholfen, so ist die Erteilung der Erlaubnis zu versagen. Die Erlaubnis wird für eine bestimmte Betriebsstätte und für bestimmte Gewebe oder Gewebezubereitungen erteilt.

(5) Die zuständige Behörde hat eine Entscheidung über den Antrag auf Erteilung der Erlaubnis innerhalb einer Frist von drei Monaten zu treffen. Beantragt ein Erlaubnisinhaber die Änderung der Erlaubnis, so hat die Behörde die Entscheidung innerhalb einer Frist von einem Monat zu treffen. In Ausnahmefällen verlängert sich die Frist um weitere zwei Monate. Der Antragsteller ist hiervon vor Fristablauf unter Mitteilung der Gründe in Kenntnis zu setzen. Gibt die Behörde dem Antragsteller nach Absatz 4 Satz 1 Gelegenheit, Mängeln abzuhelfen, so werden die Fristen bis zur Behebung der Mängel oder bis zum Ablauf der nach Absatz 4 Satz 1 gesetzten Frist gehemmt. Die Hemmung beginnt mit dem Tag, an dem dem Antragsteller die Aufforderung zur Behebung der Mängel zugestellt wird.

(6) Der Inhaber der Erlaubnis hat jede Änderung einer der in Absatz 2 genannten Angaben unter Vorlage der Nachweise der zuständigen Behörde vorher anzuzeigen und darf die Änderung erst vornehmen, wenn die zuständige Behörde eine schriftliche Erlaubnis erteilt hat. Bei einem unvorhergesehenen Wechsel der verantwortlichen Person nach § 20c hat die Anzeige unverzüglich zu erfolgen.

Arzneimittelgesetz (AMG)

(7) Die Erlaubnis ist zurückzunehmen, wenn nachträglich bekannt wird, dass einer der Versagungsgründe nach Absatz 2 bei der Erteilung vorgelegen hat. Ist einer dieser Versagungsgründe nachträglich eingetreten, so ist die Erlaubnis zu widerrufen; an Stelle des Widerrufs kann auch das Ruhen der Erlaubnis angeordnet werden. Absatz 1 Satz 3 gilt entsprechend. Die zuständige Behörde kann vorläufig anordnen, dass die Be- oder Verarbeitung von Gewebe oder Gewebezubereitungen eingestellt wird, wenn der Be- oder Verarbeiter die für die Be- oder Verarbeitung zu führenden Nachweise nicht vorlegt. Wird die Be- oder Verarbeitung von Geweben oder Gewebezubereitungen eingestellt, hat der Be- oder Verarbeiter dafür zu sorgen, dass noch gelagerte Gewebezubereitungen und Gewebe weiter qualitätsgesichert gelagert und auf andere Hersteller, Be- oder Verarbeiter oder Vertreiber mit einer Erlaubnis nach Absatz 1 oder § 13 Abs. 1 übertragen werden. Das gilt auch für die Daten und Angaben über die Be- oder Verarbeitung, die für die Rückverfolgung dieser Gewebezubereitungen und Gewebe benötigt werden.

§ 20d
Ausnahme von der Erlaubnispflicht für Gewebe und Gewebezubereitungen

Einer Erlaubnis nach § 20b Absatz 1 und § 20c Absatz 1 bedarf nicht eine Person, die Arzt ist oder sonst zur Ausübung der Heilkunde bei Menschen befugt ist und die dort genannten Tätigkeiten mit Ausnahme des Inverkehrbringens ausübt, um das Gewebe oder die Gewebezubereitung persönlich bei ihren Patienten anzuwenden. Dies gilt nicht für Arzneimittel, die zur klinischen Prüfung bestimmt sind.

Vierter Abschnitt
Zulassung der Arzneimittel

§ 21
Zulassungspflicht

(1) Fertigarzneimittel, die Arzneimittel im Sinne des § 2 Abs. 1 oder Abs. 2 Nr. 1 sind, dürfen im Geltungsbereich dieses Gesetzes nur in den Verkehr gebracht werden, wenn sie durch die zuständige Bundesoberbehörde zugelassen sind oder wenn für sie die Europäischen Gemeinschaft oder die Europäischen Union eine Genehmigung für das Inverkehrbringen gemäß Artikel 3 Abs. 1 oder 2 der Verordnung (EG) Nr. 726/2004 auch in Verbindung mit der Verordnung (EG) Nr. 1901/2006 des Europäischen Parlaments und des Rates vom 12. Dezember 2006 über Kinderarzneimittel und zur Änderung der Verordnung (EWG) Nr. 1768/92, der Richtlinien 2001/20/EG und 2001/83/EG sowie der Verordnung (EG) Nr. 726/2004 (ABl. L 378 vom 27.12.2006, S. 1) oder der Verordnung (EG) Nr. 1394/2007 erteilt hat. Das gilt auch für Arzneimittel, die keine Fertigarzneimittel und zur Anwendung bei Tieren bestimmt

Arzneimittelgesetz (AMG)

sind, sofern sie nicht an pharmazeutische Unternehmer abgegeben werden sollen, die eine Erlaubnis zur Herstellung von Arzneimitteln besitzen.

(2) Einer Zulassung bedarf es nicht für Arzneimittel, die

1. zur Anwendung bei Menschen bestimmt sind und auf Grund nachweislich häufiger ärztlicher oder zahnärztlicher Verschreibung in den wesentlichen Herstellungsschritten in einer Apotheke in einer Menge bis zu hundert abgabefertigen Packungen an einem Tag im Rahmen des üblichen Apothekenbetriebs hergestellt werden und zur Abgabe im Rahmen der bestehenden Apothekenbetriebserlaubnis bestimmt sind,

1a. Arzneimittel sind, bei deren Herstellung Stoffe menschlicher Herkunft eingesetzt werden und die entweder zur autologen oder gerichteten, für eine bestimmte Person vorgesehene Anwendung bestimmt sind oder auf Grund einer Rezeptur für einzelne Personen hergestellt werden, es sei denn, es handelt sich um Arzneimittel im Sinne von § 4 Absatz 4,

1b. andere als die in Nummer 1a genannten Arzneimittel sind und für Apotheken, denen für einen Patienten eine Verschreibung vorliegt, aus im Geltungsbereich dieses Gesetzes zugelassenen Arzneimitteln

    a) als Zytostatikazubereitung oder für die parenterale Ernährung sowie in anderen medizinisch begründeten besonderen Bedarfsfällen, sofern es für die ausreichende Versorgung des Patienten erforderlich ist und kein zugelassenes Arzneimittel zur Verfügung steht, hergestellt werden oder

    b) als Blister aus unveränderten Arzneimitteln hergestellt werden oder

    c) in unveränderter Form abgefüllt werden,

1c. zur Anwendung bei Menschen bestimmt sind, antivirale oder antibakterielle Wirksamkeit haben und zur Behandlung einer bedrohlichen übertragbaren Krankheit, deren Ausbreitung eine sofortige und das übliche Maß erheblich überschreitende Bereitstellung von spezifischen Arzneimitteln erforderlich macht, aus Wirkstoffen hergestellt werden, die von den Gesundheitsbehörden des Bundes oder der Länder oder von diesen benannten Stellen für diese Zwecke bevorratet wurden, soweit ihre Herstellung in einer Apotheke zur Abgabe im Rahmen der bestehenden Apothekenbetriebserlaubnis oder zur Abgabe an andere Apotheken erfolgt,

1d. Gewebezubereitungen sind, die der Pflicht zur Genehmigung nach den Vorschriften des § 21a Abs. 1 unterliegen,

1e. Heilwässer, Bademoore oder andere Peloide sind, die nicht im Voraus hergestellt und nicht in einer zur Abgabe an den Verbraucher bestimmten Packung in den Verkehr gebracht werden, oder die ausschließlich zur äußeren Anwendung oder zur Inhalation vor Ort bestimmt sind,

Arzneimittelgesetz (AMG)

1f. medizinische Gase sind und die für einzelne Personen aus im Geltungsbereich dieses Gesetzes zugelassenen Arzneimitteln durch Abfüllen und Kennzeichnen in Unternehmen, die nach § 50 zum Einzelhandel mit Arzneimitteln außerhalb von Apotheken befugt sind, hergestellt werden,

1g. als Therapieallergene für einzelne Patienten auf Grund einer Rezeptur hergestellt werden,

2. zur klinischen Prüfung bei Menschen bestimmt sind,

3. Fütterungsarzneimittel sind, die bestimmungsgemäß aus Arzneimittel-Vormischungen hergestellt sind, für die eine Zulassung nach § 25 erteilt ist,

4. für Einzeltiere oder Tiere eines bestimmten Bestandes in Apotheken oder in tierärztlichen Hausapotheken unter den Voraussetzungen des Absatzes 2a hergestellt werden,

5. zur klinischen Prüfung bei Tieren oder zur Rückstandsprüfung bestimmt sind oder

6. unter den in Artikel 83 der Verordnung (EG) Nr. 726/2004 genannten Voraussetzungen kostenlos für eine Anwendung bei Patienten zur Verfügung gestellt werden, die an einer zu einer schweren Behinderung führenden Erkrankung leiden oder deren Krankheit lebensbedrohend ist, und die mit einem zugelassenen Arzneimittel nicht zufrieden stellend behandelt werden können; dies gilt auch für die nicht den Kategorien des Artikels 3 Absatz 1 oder 2 der Verordnung (EG) Nr. 726/2004 zugehörigen Arzneimitteln; Verfahrensregelungen werden in einer Rechtsverordnung nach § 80 bestimmt.

(2a) Arzneimittel, die für den Verkehr außerhalb von Apotheken nicht freigegebene Stoffe und Zubereitungen aus Stoffen enthalten, dürfen nach Absatz 2 Nr. 4 nur hergestellt werden, wenn für die Behandlung ein zugelassenes Arzneimittel für die betreffende Tierart oder das betreffende Anwendungsgebiet nicht zur Verfügung steht, die notwendige arzneiliche Versorgung der Tiere sonst ernstlich gefährdet wäre und eine unmittelbare oder mittelbare Gefährdung der Gesundheit von Mensch und Tier nicht zu befürchten ist. Die Herstellung von Arzneimitteln gemäß Satz 1 ist nur in Apotheken zulässig. Satz 2 gilt nicht für das Zubereiten von Arzneimitteln aus einem Fertigarzneimittel und arzneilich nicht wirksamen Bestandteilen sowie für das Mischen von Fertigarzneimitteln zum Zwecke der Immobilisation von Zoo-, Wild- und Gehegetieren. Als Herstellen im Sinne des Satzes 1 gilt nicht das Umfüllen, Abpacken oder Kennzeichnen von Arzneimitteln in unveränderter Form, soweit

1. keine Fertigarzneimittel in für den Einzelfall geeigneten Packungsgrößen im Handel verfügbar sind oder

2. in sonstigen Fällen das Behältnis oder jede andere Form der Arzneimittelverpackung, die unmittelbar mit dem Arzneimittel in Berührung kommt, nicht beschädigt wird.

Arzneimittelgesetz (AMG)

Die Sätze 1 bis 4 gelten nicht für registrierte oder von der Registrierung freigestellte homöopathische Arzneimittel, die, soweit sie zur Anwendung bei Tieren bestimmt sind, die der Gewinnung von Lebensmitteln dienen, ausschließlich Wirkstoffe enthalten, die im Anhang der Verordnung (EU) Nr. 37/2010 als Stoffe aufgeführt sind, für die eine Festlegung von Höchstmengen nicht erforderlich ist.

(3) Die Zulassung ist vom pharmazeutischen Unternehmer zu beantragen. Für ein Fertigarzneimittel, das in Apotheken oder sonstigen Einzelhandelsbetrieben auf Grund einheitlicher Vorschriften hergestellt und unter einer einheitlichen Bezeichnung an Verbraucher abgegeben wird, ist die Zulassung vom Herausgeber der Herstellungsvorschrift zu beantragen. Wird ein Fertigarzneimittel für mehrere Apotheken oder sonstige Einzelhandelsbetriebe hergestellt und soll es unter deren Namen und unter einer einheitlichen Bezeichnung an Verbraucher abgegeben werden, so hat der Hersteller die Zulassung zu beantragen.

(4) Die zuständige Bundesoberbehörde entscheidet ferner, unabhängig von einem Zulassungsantrag nach Absatz 3 oder von einem Genehmigungsantrag nach § 21a Absatz 1 oder § 42 Absatz 2, auf Antrag einer zuständigen Landesbehörde über die Zulassungspflicht eines Arzneimittels, die Genehmigungspflicht einer Gewebezubereitung oder über die Genehmigungspflicht einer klinischen Prüfung. Dem Antrag hat die zuständige Landesbehörde eine begründete Stellungnahme zur Einstufung des Arzneimittels oder der klinischen Prüfung beizufügen.

§ 21a
Genehmigung von Gewebezubereitungen

(1) Gewebezubereitungen, die nicht mit industriellen Verfahren be- oder verarbeitet werden und deren wesentliche Be- oder Verarbeitungsverfahren in der Europäischen Union hinreichend bekannt und deren Wirkungen und Nebenwirkungen aus dem wissenschaftlichen Erkenntnismaterial ersichtlich sind, dürfen im Geltungsbereich dieses Gesetzes nur in den Verkehr gebracht werden, wenn sie abweichend von der Zulassungspflicht nach § 21 Abs. 1 von der zuständigen Bundesoberbehörde genehmigt worden sind. Dies gilt auch im Hinblick auf Gewebezubereitungen, deren Be- oder Verarbeitungsverfahren neu, aber mit einem bekannten Verfahren vergleichbar sind. Satz 1 gilt entsprechend für Blutstammzellzubereitungen, die zur autologen oder gerichteten, für eine bestimmte Person vorgesehenen Anwendung bestimmt sind. Die Genehmigung umfasst die Verfahren für die Gewinnung, Verarbeitung und Prüfung, die Spenderauswahl und die Dokumentation für jeden Verfahrensschritt sowie die quantitativen und qualitativen Kriterien für Gewebezubereitungen. Insbesondere sind die kritischen Verarbeitungsverfahren daraufhin zu bewerten, dass die Verfahren die Gewebe nicht klinisch unwirksam oder schädlich für die Patienten machen.

Arzneimittelgesetz (AMG)

(1a) Einer Genehmigung nach Absatz 1 bedarf es nicht für Gewebezubereitungen, die zur klinischen Prüfung bei Menschen bestimmt sind.

(2) Dem Antrag auf Genehmigung sind vom Antragsteller folgende Angaben und Unterlagen beizufügen:

1. der Name oder die Firma und die Anschrift des Verarbeiters,
2. die Bezeichnung der Gewebezubereitung,
3. die Anwendungsgebiete sowie die Art der Anwendung und bei Gewebezubereitungen, die nur begrenzte Zeit angewendet werden sollen, die Dauer der Anwendung,
4. Angaben über die Gewinnung und Laboruntersuchung der Gewebe sowie über die Be- oder Verarbeitung, Konservierung, Prüfung und Lagerung der Gewebezubereitung,
5. die Art der Haltbarmachung, die Dauer der Haltbarkeit und die Art der Aufbewahrung,
6. eine Beschreibung der Funktionalität und der Risiken der Gewebezubereitung,
7. Unterlagen über die Ergebnisse von mikrobiologischen, chemischen und physikalischen Prüfungen sowie die zur Ermittlung angewandten Methoden, soweit diese Unterlagen erforderlich sind, sowie
8. alle für die Bewertung des Arzneimittels zweckdienlichen Angaben und Unterlagen.

§ 22 Absatz 4 gilt entsprechend.

(3) Für die Angaben nach Absatz 2 Nr. 3 kann wissenschaftliches Erkenntnismaterial eingereicht werden, das auch in nach wissenschaftlichen Methoden aufbereitetem medizinischen Erfahrungsmaterial bestehen kann. Hierfür kommen Studien des Herstellers der Gewebezubereitung, Daten aus Veröffentlichungen oder nachträgliche Bewertungen der klinischen Ergebnisse der hergestellten Gewebezubereitungen in Betracht.

(4) Die zuständige Bundesoberbehörde hat eine Entscheidung über den Antrag auf Genehmigung innerhalb einer Frist von fünf Monaten zu treffen. Wird dem Antragsteller Gelegenheit gegeben, Mängeln abzuhelfen, so werden die Fristen bis zur Behebung der Mängel oder bis zum Ablauf der für die Behebung gesetzten Frist gehemmt. Die Hemmung beginnt mit dem Tag, an dem dem Antragsteller die Aufforderung zur Behebung der Mängel zugestellt wird.

(5) Die zuständige Bundesoberbehörde erteilt die Genehmigung schriftlich unter Zuteilung einer Genehmigungsnummer. Sie kann die Genehmigung mit Auflagen verbinden. § 28 und § 34 finden entsprechende Anwendung.

Arzneimittelgesetz (AMG)

(6) Die zuständige Bundesoberbehörde darf die Genehmigung nur versagen, wenn

1. die vorgelegten Unterlagen unvollständig sind,
2. die Gewebezubereitung nicht dem Stand der wissenschaftlichen Erkenntnisse entspricht oder
3. die Gewebezubereitung nicht die vorgesehene Funktion erfüllt oder das Nutzen-Risiko-Verhältnis ungünstig ist.

(7) Der Antragsteller oder nach der Genehmigung der Inhaber der Genehmigung hat der zuständigen Bundesoberbehörde unter Beifügung entsprechender Unterlagen unverzüglich Anzeige zu erstatten, wenn sich Änderungen in den Angaben und Unterlagen nach Absatz 2 und 3 ergeben. Im Falle einer Änderung in den Unterlagen nach Absatz 3 darf die Änderung erst vollzogen werden, wenn die zuständige Bundesoberbehörde zugestimmt hat.

(8) Die Genehmigung ist zurückzunehmen, wenn nachträglich bekannt wird, dass einer der Versagungsgründe nach Absatz 6 Nr. 2 und 3 vorgelegen hat. Sie ist zu widerrufen, wenn einer dieser Versagungsgründe nachträglich eingetreten ist. In beiden Fällen kann auch das Ruhen der Genehmigung befristet angeordnet werden. Vor einer Entscheidung nach den Sätzen 1 bis 3 ist der Inhaber der Genehmigung zu hören, es sei denn, dass Gefahr im Verzuge ist. Ist die Genehmigung zurückgenommen oder widerrufen oder ruht die Genehmigung, so darf die Gewebezubereitung nicht in den Verkehr gebracht und nicht in den Geltungsbereich dieses Gesetzes verbracht werden.

(9) Abweichend von Absatz 1 bedürfen Gewebezubereitungen, die in einem Mitgliedstaat der Europäischen Union oder in einem anderen Vertragsstaat des Abkommens über den Europäischen Wirtschaftsraum in den Verkehr gebracht werden dürfen, bei ihrem erstmaligen Verbringen zum Zweck ihrer Anwendung in den Geltungsbereich dieses Gesetzes einer Bescheinigung der zuständigen Bundesoberbehörde. Vor der Erteilung der Bescheinigung hat die zuständige Bundesoberbehörde zu prüfen, ob die Be- oder Verarbeitung der Gewebezubereitungen den Anforderungen an die Entnahme- und Verarbeitungsverfahren, einschließlich der Spenderauswahlverfahren und der Laboruntersuchungen, sowie die quantitativen und qualitativen Kriterien für die Gewebezubereitungen den Anforderungen dieses Gesetzes und seiner Verordnungen entsprechen. Die zuständige Bundesoberbehörde hat die Bescheinigung zu erteilen, wenn sich die Gleichwertigkeit der Anforderungen nach Satz 2 aus der Genehmigungsbescheinigung oder einer anderen Bescheinigung der zuständigen Behörde des Herkunftslandes ergibt und der Nachweis über die Genehmigung in dem Mitgliedstaat der Europäischen Union oder dem anderen Vertragsstaat des Abkommens über den Europäischen Wirtschaftsraum vorgelegt wird. Eine Änderung in den Anforderungen nach Satz 2 ist der zuständigen Bundesoberbehörde rechtzeitig vor einem weiteren Verbringen in den Geltungsbereich dieses Gesetzes anzuzeigen. Die Bescheinigung ist zurückzunehmen, wenn eine der Voraussetzungen nach

Satz 2 nicht vorgelegen hat; sie ist zu widerrufen, wenn eine der Voraussetzungen nach Satz 2 nachträglich weggefallen ist.

§ 22
Zulassungsunterlagen

(1) Dem Antrag auf Zulassung müssen vom Antragsteller folgende Angaben beigefügt werden:

1. der Name oder die Firma und die Anschrift des Antragstellers und des Herstellers,
2. die Bezeichnung des Arzneimittels,
3. die Bestandteile des Arzneimittels nach Art und Menge; § 10 Abs. 6 findet Anwendung,
4. die Darreichungsform,
5. die Wirkungen,
6. die Anwendungsgebiete,
7. die Gegenanzeigen,
8. die Nebenwirkungen,
9. die Wechselwirkungen mit anderen Mitteln,
10. die Dosierung,
11. zur Herstellungsweise des Arzneimittels,
12. die Art der Anwendung und bei Arzneimitteln, die nur begrenzte Zeit angewendet werden sollen, die Dauer der Anwendung,
13. die Packungsgrößen,
14. die Art der Haltbarmachung, die Dauer der Haltbarkeit, die Art der Aufbewahrung, die Ergebnisse von Haltbarkeitsversuchen,
15. die Methoden zur Kontrolle der Qualität (Kontrollmethoden).

(1a) Die Angaben nach Absatz 1 Nummer 1 bis 10 müssen in deutscher, die übrigen Angaben in deutscher oder englischer Sprache beigefügt werden; andere Angaben oder Unterlagen können im Zulassungsverfahren statt in deutscher auch in englischer Sprache gemacht oder vorgelegt werden, soweit es sich nicht um Angaben handelt, die für die Kennzeichnung, die Packungsbeilage oder die Fachinformation verwendet werden.

(2) Es sind ferner vorzulegen:

1. die Ergebnisse physikalischer, chemischer, biologischer oder mikrobiologischer Versuche und die zu ihrer Ermittlung angewandten Methoden (analytische Prüfung),
2. die Ergebnisse der pharmakologischen und toxikologischen Versuche,

Arzneimittelgesetz (AMG)

3. die Ergebnisse der klinischen Prüfungen oder sonstigen ärztlichen, zahnärztlichen oder tierärztlichen Erprobung,

4. eine Erklärung, dass außerhalb der Europäischen Union durchgeführte klinische Prüfungen unter ethischen Bedingungen durchgeführt wurden, die mit den ethischen Bedingungen der Richtlinie 2001/20/EG des Parlaments und des Rates vom 4. April 2001 zur Angleichung der Rechts- und Verwaltungsvorschriften der Mitgliedstaaten über die Anwendung der guten klinischen Praxis bei der Durchführung von klinischen Prüfungen mit Humanarzneimitteln (ABl. EG Nr. L 121 vom 1.5.2001, S. 34) gleichwertig sind,

5. bei Arzneimitteln, die zur Anwendung bei Menschen bestimmt sind, eine zusammenfassende Beschreibung des Pharmakovigilanz-Systems des Antragstellers, die Folgendes umfassen muss:

 a) den Nachweis, dass der Antragsteller über eine qualifizierte Person nach § 63a verfügt, und die Angabe der Mitgliedstaaten, in denen diese Person ansässig und tätig ist, sowie die Kontaktangaben zu dieser Person,

 b) die Angabe des Ortes, an dem die Pharmakovigilanz-Stammdokumentation für das betreffende Arzneimittel geführt wird, und

 c) eine vom Antragsteller unterzeichnete Erklärung, dass er über die notwendigen Mittel verfügt, um den im Zehnten Abschnitt aufgeführten Aufgaben und Pflichten nachzukommen,

5a. bei Arzneimitteln, die zur Anwendung bei Menschen bestimmt sind, den Risikomanagement-Plan mit einer Beschreibung des Risikomanagement-Systems, das der Antragsteller für das betreffende Arzneimittel einführen wird, verbunden mit einer Zusammenfassung,

6. bei Arzneimitteln, die zur Anwendung bei Tieren bestimmt sind, eine detaillierte Beschreibung des Pharmakovigilanz-Systems des Antragstellers, den Nachweis, dass der Antragsteller über eine qualifizierte Person nach § 63a verfügt und, soweit erforderlich, des Risikomanagement-Systems, das der Antragsteller einführen wird, sowie den Nachweis über die notwendige Infrastruktur zur Meldung aller Verdachtsfälle von Nebenwirkungen gemäß § 63h,

7. eine Kopie jeder Ausweisung des Arzneimittels als Arzneimittel für seltene Leiden gemäß der Verordnung (EG) Nr. 141/2000 des Europäischen Parlaments und des Rates vom 16. Dezember 1999 über Arzneimittel für seltene Leiden (ABl. EG Nr. L 18 S. 1),

8. bei Arzneimitteln, die zur Anwendung bei Menschen bestimmt sind, eine Bestätigung des Arzneimittelherstellers, dass er oder eine von ihm vertraglich beauftragte Person sich von der Einhaltung der Guten Herstellungspraxis bei der Wirkstoffherstellung durch eine Überprüfung vor Ort überzeugt hat; die Bestätigung muss auch das Datum des Audits beinhalten.

Arzneimittelgesetz (AMG)

Die Ergebnisse nach Satz 1 Nr. 1 bis 3 sind durch Unterlagen so zu belegen, dass aus diesen Art, Umfang und Zeitpunkt der Prüfungen hervorgehen. Dem Antrag sind alle für die Bewertung des Arzneimittels zweckdienlichen Angaben und Unterlagen, ob günstig oder ungünstig, beizufügen. Dies gilt auch für unvollständige oder abgebrochene toxikologische oder pharmakologische Versuche oder klinische Prüfungen zu dem Arzneimittel.

(3) An Stelle der Ergebnisse nach Absatz 2 Nr. 2 und 3 kann anderes wissenschaftliches Erkenntnismaterial vorgelegt werden, und zwar

1. bei einem Arzneimittel, dessen Wirkstoffe seit mindestens zehn Jahren in der Europäischen Union allgemein medizinisch oder tiermedizinisch verwendet wurden, deren Wirkungen und Nebenwirkungen bekannt und aus dem wissenschaftlichen Erkenntnismaterial ersichtlich sind,

2. bei einem Arzneimittel, das in seiner Zusammensetzung bereits einem Arzneimittel nach Nummer 1 vergleichbar ist,

3. bei einem Arzneimittel, das eine neue Kombination bekannter Bestandteile ist, für diese Bestandteile; es kann jedoch auch für die Kombination als solche anderes wissenschaftliches Erkenntnismaterial vorgelegt werden, wenn die Wirksamkeit und Unbedenklichkeit des Arzneimittels nach Zusammensetzung, Dosierung, Darreichungsform und Anwendungsgebieten auf Grund dieser Unterlagen bestimmbar sind.

Zu berücksichtigen sind ferner die medizinischen Erfahrungen der jeweiligen Therapierichtungen.

(3a) Enthält das Arzneimittel mehr als einen Wirkstoff, so ist zu begründen, dass jeder Wirkstoff einen Beitrag zur positiven Beurteilung des Arzneimittels leistet.

(3b) Bei radioaktiven Arzneimitteln, die Generatoren sind, sind ferner eine allgemeine Beschreibung des Systems mit einer detaillierten Beschreibung der Bestandteile des Systems, die die Zusammensetzung oder Qualität der Tochterradionuklidzubereitung beeinflussen können, und qualitative und quantitative Besonderheiten des Eluats oder Sublimats anzugeben.

(3c) Ferner sind Unterlagen vorzulegen, mit denen eine Bewertung möglicher Umweltrisiken vorgenommen wird, und für den Fall, dass die Aufbewahrung des Arzneimittels oder seine Anwendung oder die Beseitigung seiner Abfälle besondere Vorsichts- oder Sicherheitsmaßnahmen erfordert, um Gefahren für die Umwelt oder die Gesundheit von Menschen, Tieren oder Pflanzen zu vermeiden, dies ebenfalls angegeben wird. Angaben zur Verminderung dieser Gefahren sind beizufügen und zu begründen. Für Arzneimittel, die für die Anwendung bei Tieren bestimmt sind, sind auch die Ergebnisse der Prüfungen zur Bewertung möglicher Umweltrisiken vorzulegen; Absatz 2 Satz 2 bis 4 findet entsprechend Anwendung.

(4) Wird die Zulassung für ein im Geltungsbereich dieses Gesetzes hergestelltes Arzneimittel beantragt, so muss der Nachweis erbracht werden, dass der

Arzneimittelgesetz (AMG)

Hersteller berechtigt ist, das Arzneimittel herzustellen. Dies gilt nicht für einen Antrag nach § 21 Abs. 3 Satz 2.

(5) Wird die Zulassung für ein außerhalb des Geltungsbereiches dieses Gesetzes hergestelltes Arzneimittel beantragt, so ist der Nachweis zu erbringen, dass der Hersteller nach den gesetzlichen Bestimmungen des Herstellungslandes berechtigt ist, Arzneimittel herzustellen, und im Falle des Verbringens aus einem Land, das nicht Mitgliedstaat der Europäischen Union oder anderer Vertragsstaat des Abkommens über den Europäischen Wirtschaftsraum ist, dass der Einführer eine Erlaubnis besitzt, die zum Verbringen des Arzneimittels in den Geltungsbereich dieses Gesetzes berechtigt.

(6) Soweit eine Zulassung im Ausland erteilt worden ist, ist eine Kopie dieser Zulassung und, soweit es sich um Arzneimittel handelt, die zur Anwendung bei Menschen bestimmt sind, eine Kopie der Zusammenfassung der Unbedenklichkeitsdaten einschließlich der Daten aus den regelmäßigen aktualisierten Unbedenklichkeitsberichten, soweit verfügbar, und der Berichte über Verdachtsfälle von Nebenwirkungen beizufügen. Ist eine Zulassung ganz oder teilweise versagt worden, sind die Einzelheiten dieser Entscheidung unter Darlegung ihrer Gründe mitzuteilen. Wird ein Antrag auf Zulassung in einem Mitgliedstaat oder in mehreren Mitgliedstaaten der Europäischen Union geprüft, ist dies anzugeben. Kopien der von den zuständigen Behörden der Mitgliedstaaten genehmigten Zusammenfassungen der Produktmerkmale und der Packungsbeilagen oder, soweit diese Unterlagen noch nicht vorhanden sind, der vom Antragsteller in einem Verfahren nach Satz 3 vorgeschlagenen Fassungen dieser Unterlagen sind ebenfalls beizufügen. Ferner sind, sofern die Anerkennung der Zulassung eines anderen Mitgliedstaates beantragt wird, die in Artikel 28 der Richtlinie 2001/83/EG oder in Artikel 32 der Richtlinie 2001/82/EG vorgeschriebenen Erklärungen abzugeben sowie die sonstigen dort vorgeschriebenen Angaben zu machen. Satz 5 findet keine Anwendung auf Arzneimittel, die nach einer homöopathischen Verfahrenstechnik hergestellt worden sind.

(7) Dem Antrag ist der Wortlaut der für das Behältnis, die äußere Umhüllung und die Packungsbeilage vorgesehenen Angaben sowie der Entwurf einer Zusammenfassung der Produktmerkmale beizufügen, bei der es sich zugleich um die Fachinformation nach § 11a Absatz 1 Satz 2 handelt, soweit eine solche vorgeschrieben ist. Der zuständigen Bundesoberbehörde sind bei Arzneimitteln, die zur Anwendung bei Menschen bestimmt sind, außerdem die Ergebnisse von Bewertungen der Packungsbeilage vorzulegen, die in Zusammenarbeit mit Patienten-Zielgruppen durchgeführt wurden. Die zuständige Bundesoberbehörde kann verlangen, dass ihr ein oder mehrere Muster oder Verkaufsmodelle des Arzneimittels einschließlich der Packungsbeilagen sowie Ausgangsstoffe, Zwischenprodukte und Stoffe, die zur Herstellung oder Prüfung des Arzneimittels verwendet werden, in einer für die Untersuchung ausreichenden Menge und in einem für die Untersuchung geeigneten Zustand vorgelegt werden.

Arzneimittelgesetz (AMG)

§ 23
Besondere Unterlagen bei Arzneimitteln für Tiere

(1) Bei Arzneimitteln, die zur Anwendung bei Tieren bestimmt sind, die der Gewinnung von Lebensmitteln dienen, ist über § 22 hinaus

1. die Wartezeit anzugeben und mit Unterlagen über die Ergebnisse der Rückstandsprüfung, insbesondere über den Verbleib der pharmakologisch wirksamen Bestandteile und deren Umwandlungsprodukte im Tierkörper und über die Beeinflussung der Lebensmittel tierischer Herkunft, soweit diese für die Beurteilung von Wartezeiten unter Berücksichtigung festgesetzter Höchstmengen erforderlich sind, zu begründen und

2. bei einem Arzneimittel, dessen pharmakologisch wirksamer Bestandteil in Tabelle 1 des Anhangs der Verordnung (EU) Nr. 37/2010 nicht aufgeführt ist, eine Bescheinigung vorzulegen, durch die bestätigt wird, dass bei der Europäischen Arzneimittel-Agentur mindestens sechs Monate vor dem Zulassungsantrag ein Antrag nach Artikel 3 der Verordnung (EG) Nr. 470/2009 des Europäischen Parlaments und des Rates vom 6. Mai 2009 über die Schaffung eines Gemeinschaftsverfahrens für die Festsetzung von Höchstmengen für Rückstände pharmakologisch wirksamer Stoffe in Lebensmitteln tierischen Ursprungs, zur Aufhebung der Verordnung (EWG) Nr. 2377/90 des Rates und zur Änderung der Richtlinie 2001/82/EG des Europäischen Parlaments und des Rates und der Verordnung (EG) Nr. 726/2004 des Europäischen Parlaments und des Rates (ABl. L 152 vom 16.6.2009, S. 11) in der jeweils geltenden Fassung gestellt worden ist.

Satz 1 Nr. 2 gilt nicht, soweit § 25 Abs. 2 Satz 5 Anwendung findet.

(2) Bei Arzneimittel-Vormischungen ist das als Trägerstoff bestimmte Mischfuttermittel unter Bezeichnung des Futtermitteltyps anzugeben. Es ist außerdem zu begründen und durch Unterlagen zu belegen, dass sich die Arzneimittel-Vormischungen für die bestimmungsgemäße Herstellung der Fütterungsarzneimittel eignen, insbesondere dass sie unter Berücksichtigung der bei der Mischfuttermittelherstellung zur Anwendung kommenden Herstellungsverfahren eine homogene und stabile Verteilung der wirksamen Bestandteile in den Fütterungsarzneimitteln erlauben; ferner ist zu begründen und durch Unterlagen zu belegen, für welche Zeitdauer die Fütterungsarzneimittel haltbar sind. Darüber hinaus ist eine routinemäßig durchführbare Kontrollmethode, die zum qualitativen und quantitativen Nachweis der wirksamen Bestandteile in den Fütterungsarzneimitteln geeignet ist, zu beschreiben und durch Unterlagen über Prüfungsergebnisse zu belegen.

(3) Aus den Unterlagen über die Ergebnisse der Rückstandsprüfung und über das Rückstandsnachweisverfahren nach Absatz 1 sowie aus den Nachweisen über die Eignung der Arzneimittel-Vormischungen für die bestimmungsgemäße Herstellung der Fütterungsarzneimittel und den Prüfungsergebnissen über die Kontrollmethoden nach Absatz 2 müssen Art, Umfang und Zeitpunkt der Prüfungen hervorgehen. An Stelle der Unterlagen, Nachweise und Prü-

Arzneimittelgesetz (AMG)

fungsergebnisse nach Satz 1 kann anderes wissenschaftliches Erkenntnismaterial vorgelegt werden.

§ 24
Sachverständigengutachten

(1) Den nach § 22 Abs. 1 Nr. 15, Abs. 2 und 3 und § 23 erforderlichen Unterlagen sind Gutachten von Sachverständigen beizufügen, in denen die Kontrollmethoden, Prüfungsergebnisse und Rückstandsnachweisverfahren zusammengefasst und bewertet werden. Im Einzelnen muss aus den Gutachten insbesondere hervorgehen:

1. aus dem analytischen Gutachten, ob das Arzneimittel die nach den anerkannten pharmazeutischen Regeln angemessene Qualität aufweist, ob die vorgeschlagenen Kontrollmethoden dem jeweiligen Stand der wissenschaftlichen Erkenntnisse entsprechen und zur Beurteilung der Qualität geeignet sind,

2. aus dem pharmakologisch-toxikologischen Gutachten, welche toxischen Wirkungen und welche pharmakologischen Eigenschaften das Arzneimittel hat,

3. aus dem klinischen Gutachten, ob das Arzneimittel bei den angegebenen Anwendungsgebieten angemessen wirksam ist, ob es verträglich ist, ob die vorgesehene Dosierung zweckmäßig ist und welche Gegenanzeigen und Nebenwirkungen bestehen,

4. aus dem Gutachten über die Rückstandsprüfung, ob und wie lange nach der Anwendung des Arzneimittels Rückstände in den von den behandelten Tieren gewonnenen Lebensmitteln auftreten, wie diese Rückstände zu beurteilen sind und ob die vorgesehene Wartezeit ausreicht.

Aus dem Gutachten muss ferner hervorgehen, dass die nach Ablauf der angegebenen Wartezeit vorhandenen Rückstände nach Art und Menge die im Anhang der Verordnung (EU) Nr. 37/2010 festgesetzten Höchstmengen unterschreiten.

(2) Soweit wissenschaftliches Erkenntnismaterial nach § 22 Abs. 3 und § 23 Abs. 3 Satz 2 vorgelegt wird, muss aus den Gutachten hervorgehen, dass das wissenschaftliche Erkenntnismaterial in sinngemäßer Anwendung der Arzneimittelprüfrichtlinien erarbeitet wurde.

(3) Den Gutachten müssen Angaben über den Namen, die Ausbildung und die Berufstätigkeit der Sachverständigen sowie seine berufliche Beziehung zum Antragsteller beigefügt werden. Die Sachverständigen haben mit Unterschrift unter Angabe des Datums zu bestätigen, dass das Gutachten von ihnen erstellt worden ist.

Arzneimittelgesetz (AMG)

§ 24a
Verwendung von Unterlagen eines Vorantragstellers

Der Antragsteller kann auf Unterlagen nach § 22 Abs. 2, 3, 3c und § 23 Abs. 1 einschließlich der Sachverständigengutachten nach § 24 Abs. 1 Satz 2 eines früheren Antragstellers (Vorantragsteller) Bezug nehmen, sofern er die schriftliche Zustimmung des Vorantragstellers einschließlich dessen Bestätigung vorlegt, dass die Unterlagen, auf die Bezug genommen wird, die Anforderungen der Arzneimittelprüfrichtlinien nach § 26 erfüllen. Der Vorantragsteller hat sich auf eine Anfrage auf Zustimmung innerhalb einer Frist von drei Monaten zu äußern. Eine teilweise Bezugnahme ist nicht zulässig.

§ 24b
Zulassung eines Generikums, Unterlagenschutz

(1) Bei einem Generikum im Sinne des Absatzes 2 kann ohne Zustimmung des Vorantragstellers auf die Unterlagen nach § 22 Abs. 2 Satz 1 Nr. 2 und 3 und § 23 Abs. 1 einschließlich der Sachverständigengutachten nach § 24 Abs. 1 Satz 2 Nr. 2 bis 4 des Arzneimittels des Vorantragstellers (Referenzarzneimittel) Bezug genommen werden, sofern das Referenzarzneimittel seit mindestens acht Jahren zugelassen ist oder vor mindestens acht Jahren zugelassen wurde; dies gilt auch für eine Zulassung in einem anderen Mitgliedstaat der Europäischen Union. Ein Generikum, das gemäß dieser Bestimmung zugelassen wurde, darf frühestens nach Ablauf von zehn Jahren nach Erteilung der ersten Genehmigung für das Referenzarzneimittel in den Verkehr gebracht werden. Der in Satz 2 genannte Zeitraum wird auf höchstens elf Jahre verlängert, wenn der Inhaber der Zulassung innerhalb von acht Jahren seit der Zulassung die Erweiterung der Zulassung um eines oder mehrere neue Anwendungsgebiete erwirkt, die bei der wissenschaftlichen Bewertung vor ihrer Zulassung durch die zuständige Bundesoberbehörde als von bedeutendem klinischem Nutzen im Vergleich zu bestehenden Therapien beurteilt werden.

(2) Die Zulassung als Generikum nach Absatz 1 erfordert, dass das betreffende Arzneimittel die gleiche Zusammensetzung der Wirkstoffe nach Art und Menge und die gleiche Darreichungsform wie das Referenzarzneimittel aufweist und die Bioäquivalenz durch Bioverfügbarkeitsstudien nachgewiesen wurde. Die verschiedenen Salze, Ester, Ether, Isomere, Mischungen von Isomeren, Komplexe oder Derivate eines Wirkstoffs gelten als ein und derselbe Wirkstoff, es sei denn, ihre Eigenschaften unterscheiden sich erheblich hinsichtlich der Unbedenklichkeit oder der Wirksamkeit. In diesem Fall müssen vom Antragsteller ergänzende Unterlagen vorgelegt werden, die die Unbedenklichkeit oder Wirksamkeit der verschiedenen Salze, Ester, Ether, Isomere, Mischungen von Isomeren, Komplexe oder Derivate des Wirkstoffs belegen. Die verschiedenen oralen Darreichungsformen mit sofortiger Wirkstofffreigabe gelten als ein und dieselbe Darreichungsform. Der Antragsteller ist nicht verpflichtet, Bioverfügbarkeitsstudien vorzulegen, wenn er auf sons-

Arzneimittelgesetz (AMG)

tige Weise nachweist, dass das Generikum die nach dem Stand der Wissenschaft für die Bioäquivalenz relevanten Kriterien erfüllt. In den Fällen, in denen das Arzneimittel nicht die Anforderungen eines Generikums erfüllt oder in denen die Bioäquivalenz nicht durch Bioäquivalenzstudien nachgewiesen werden kann, oder bei einer Änderung des Wirkstoffes, des Anwendungsgebietes, der Stärke, der Darreichungsform oder des Verabreichungsweges gegenüber dem Referenzarzneimittel sind die Ergebnisse der geeigneten vorklinischen oder klinischen Versuche vorzulegen. Bei Arzneimitteln, die zur Anwendung bei Tieren bestimmt sind, sind die entsprechenden Unbedenklichkeitsuntersuchungen, bei Arzneimitteln, die zur Anwendung bei Tieren bestimmt sind, die der Lebensmittelgewinnung dienen, auch die Ergebnisse der entsprechenden Rückstandsversuche vorzulegen.

(3) Sofern das Referenzarzneimittel nicht von der zuständigen Bundesoberbehörde, sondern der zuständigen Behörde eines anderen Mitgliedstaates zugelassen wurde, hat der Antragsteller im Antragsformular den Mitgliedstaat anzugeben, in dem das Referenzarzneimittel genehmigt wurde oder ist. Die zuständige Bundesoberbehörde ersucht in diesem Fall die zuständige Behörde des anderen Mitgliedstaates, binnen eines Monats eine Bestätigung darüber zu übermitteln, dass das Referenzarzneimittel genehmigt ist oder wurde, sowie die vollständige Zusammensetzung des Referenzarzneimittels und andere Unterlagen, sofern diese für die Zulassung des Generikums erforderlich sind. Im Falle der Genehmigung des Referenzarzneimittels durch die Europäische Arzneimittel-Agentur ersucht die zuständige Bundesoberbehörde diese um die in Satz 2 genannten Angaben und Unterlagen.

(4) Sofern die zuständige Behörde eines anderen Mitgliedstaates, in dem ein Antrag eingereicht wird, die zuständige Bundesoberbehörde um Übermittlung der in Absatz 3 Satz 2 genannten Angaben oder Unterlagen ersucht, hat die zuständige Bundesoberbehörde diesem Ersuchen binnen eines Monats zu entsprechen, sofern mindestens acht Jahre nach Erteilung der ersten Genehmigung für das Referenzarzneimittel vergangen sind.

(5) Erfüllt ein biologisches Arzneimittel, das einem biologischen Referenzarzneimittel ähnlich ist, die für Generika geltenden Anforderungen nach Absatz 2 nicht, weil insbesondere die Ausgangsstoffe oder der Herstellungsprozess des biologischen Arzneimittels sich von dem des biologischen Referenzarzneimittels unterscheiden, so sind die Ergebnisse geeigneter vorklinischer oder klinischer Versuche hinsichtlich dieser Abweichungen vorzulegen. Die Art und Anzahl der vorzulegenden zusätzlichen Unterlagen müssen den nach dem Stand der Wissenschaft relevanten Kriterien entsprechen. Die Ergebnisse anderer Versuche aus den Zulassungsunterlagen des Referenzarzneimittels sind nicht vorzulegen.

(6) Zusätzlich zu den Bestimmungen des Absatzes 1 wird, wenn es sich um einen Antrag für ein neues Anwendungsgebiet eines bekannten Wirkstoffes handelt, der seit mindestens zehn Jahren in der Europäischen Union allgemein medizinisch verwendet wird, eine nicht kumulierbare Ausschließlichkeitsfrist

von einem Jahr für die Daten gewährt, die auf Grund bedeutender vorklinischer oder klinischer Studien im Zusammenhang mit dem neuen Anwendungsgebiet gewonnen wurden.

(7) Absatz 1 Satz 3 und Absatz 6 finden keine Anwendung auf Generika, die zur Anwendung bei Tieren bestimmt sind. Der in Absatz 1 Satz 2 genannte Zeitraum verlängert sich

1. bei Arzneimitteln, die zur Anwendung bei Fischen oder Bienen bestimmt sind, auf dreizehn Jahre,

2. bei Arzneimitteln, die zur Anwendung bei einer oder mehreren Tierarten, die der Gewinnung von Lebensmitteln dienen, bestimmt sind und die einen neuen Wirkstoff enthalten, der am 30. April 2004 noch nicht in der Gemeinschaft zugelassen war, bei jeder Erweiterung der Zulassung auf eine weitere Tierart, die der Gewinnung von Lebensmitteln dient, die innerhalb von fünf Jahren seit der Zulassung erteilt worden ist, um ein Jahr. Dieser Zeitraum darf jedoch bei einer Zulassung für vier oder mehr Tierarten, die der Gewinnung von Lebensmitteln dienen, insgesamt dreizehn Jahre nicht übersteigen.

Die Verlängerung des Zehnjahreszeitraums für ein Arzneimittel für eine Tierart, die der Lebensmittelgewinnung dient, auf elf, zwölf oder dreizehn Jahre erfolgt unter der Voraussetzung, dass der Inhaber der Zulassung ursprünglich auch die Festsetzung der Rückstandshöchstmengen für die von der Zulassung betroffenen Tierarten beantragt hat.

(8) Handelt es sich um die Erweiterung einer Zulassung für ein nach § 22 Abs. 3 zugelassenes Arzneimittel auf eine Zieltierart, die der Lebensmittelgewinnung dient, die unter Vorlage neuer Rückstandsversuche und neuer klinischer Versuche erwirkt worden ist, wird eine Ausschließlichkeitsfrist von drei Jahren nach der Erteilung der Zulassung für die Daten gewährt, für die die genannten Versuche durchgeführt wurden.

§ 24c
Nachforderungen

Müssen von mehreren Inhabern der Zulassung inhaltlich gleiche Unterlagen nachgefordert werden, so teilt die zuständige Bundesoberbehörde jedem Inhaber der Zulassung mit, welche Unterlagen für die weitere Beurteilung erforderlich sind, sowie Namen und Anschrift der übrigen beteiligten Inhaber der Zulassung. Die zuständige Bundesoberbehörde gibt den beteiligten Inhabern der Zulassung Gelegenheit, sich innerhalb einer von ihr zu bestimmenden Frist zu einigen, wer die Unterlagen vorlegt. Kommt eine Einigung nicht zustande, so entscheidet die zuständige Bundesoberbehörde und unterrichtet hiervon unverzüglich alle Beteiligten. Diese sind, sofern sie nicht auf die Zulassung ihres Arzneimittels verzichten, verpflichtet, sich jeweils mit einem der Zahl der beteiligten Inhaber der Zulassung entsprechenden Bruchteil an den Aufwendungen für die Erstellung der Unterlagen zu beteiligen; sie haften

Arzneimittelgesetz (AMG)

als Gesamtschuldner. Die Sätze 1 bis 4 gelten entsprechend für die Nutzer von Standardzulassungen sowie, wenn inhaltlich gleiche Unterlagen von mehreren Antragstellern in laufenden Zulassungsverfahren gefordert werden.

§ 24d
Allgemeine Verwertungsbefugnis

Die zuständige Bundesoberbehörde kann bei Erfüllung ihrer Aufgaben nach diesem Gesetz ihr vorliegende Unterlagen mit Ausnahme der Unterlagen nach § 22 Abs. 1 Nr. 11, 14 und 15 sowie Abs. 2 Nr. 1 und des Gutachtens nach § 24 Abs. 1 Satz 2 Nr. 1 verwerten, sofern die erstmalige Zulassung des Arzneimittels in einem Mitgliedstaat der Europäischen Union länger als acht Jahre zurückliegt oder ein Verfahren nach § 24c noch nicht abgeschlossen ist oder soweit nicht die §§ 24a und 24b speziellere Vorschriften für die Bezugnahme auf Unterlagen eines Vorantragstellers enthalten.

§ 25
Entscheidung über die Zulassung

(1) Die zuständige Bundesoberbehörde erteilt die Zulassung schriftlich unter Zuteilung einer Zulassungsnummer. Die Zulassung gilt nur für das im Zulassungsbescheid aufgeführte Arzneimittel und bei Arzneimitteln, die nach einer homöopathischen Verfahrenstechnik hergestellt sind, auch für die in einem nach § 25 Abs. 7 Satz 1 in der vor dem 17. August 1994 geltenden Fassung bekannt gemachten Ergebnis genannten und im Zulassungsbescheid aufgeführten Verdünnungsgrade.

(2) Die zuständige Bundesoberbehörde darf die Zulassung nur versagen, wenn

1. die vorgelegten Unterlagen, einschließlich solcher Unterlagen, die auf Grund einer Verordnung der Europäischen Gemeinschaft oder der Europäischen Union vorzulegen sind, unvollständig sind,

2. das Arzneimittel nicht nach dem jeweils gesicherten Stand der wissenschaftlichen Erkenntnisse ausreichend geprüft worden ist oder das andere wissenschaftliche Erkenntnismaterial nach § 22 Abs. 3 nicht dem jeweils gesicherten Stand der wissenschaftlichen Erkenntnisse entspricht,

3. das Arzneimittel nicht nach den anerkannten pharmazeutischen Regeln hergestellt wird oder nicht die angemessene Qualität aufweist,

4. dem Arzneimittel die vom Antragsteller angegebene therapeutische Wirksamkeit fehlt oder diese nach dem jeweils gesicherten Stand der wissenschaftlichen Erkenntnisse vom Antragsteller unzureichend begründet ist,

5. das Nutzen-Risiko-Verhältnis ungünstig ist, Unbedenklichkeit

5a. bei einem Arzneimittel, das mehr als einen Wirkstoff enthält, eine ausreichende Begründung fehlt, dass jeder Wirkstoff einen Beitrag zur positiven

Arzneimittelgesetz (AMG)

Beurteilung des Arzneimittels leistet, wobei die Besonderheiten der jeweiligen Arzneimittel in einer risikogestuften Bewertung zu berücksichtigen sind,

6. die angegebene Wartezeit nicht ausreicht,

6a. bei Arzneimittel-Vormischungen die zum qualitativen und quantitativen Nachweis der Wirkstoffe in den Fütterungsarzneimitteln angewendeten Kontrollmethoden nicht routinemäßig durchführbar sind,

6b. das Arzneimittel zur Anwendung bei Tieren bestimmt ist, die der Gewinnung von Lebensmitteln dienen, und einen pharmakologisch wirksamen Bestandteil enthält, der nicht in Tabelle 1 des Anhangs der Verordnung (EU) Nr. 37/2010 enthalten ist,

7. das Inverkehrbringen des Arzneimittels oder seine Anwendung bei Tieren gegen gesetzliche Vorschriften oder gegen eine Verordnung oder eine Richtlinie oder eine Entscheidung oder einen Beschluss der Europäischen Gemeinschaft oder der Europäischen Union verstoßen würde.

Die Zulassung darf nach Satz 1 Nr. 4 nicht deshalb versagt werden, weil therapeutische Ergebnisse nur in einer beschränkten Zahl von Fällen erzielt worden sind. Die therapeutische Wirksamkeit fehlt, wenn der Antragsteller nicht entsprechend dem jeweils gesicherten Stand der wissenschaftlichen Erkenntnisse nachweist, dass sich mit dem Arzneimittel therapeutische Ergebnisse erzielen lassen. Die medizinischen Erfahrungen der jeweiligen Therapierichtung sind zu berücksichtigen. Die Zulassung darf nach Satz 1 Nr. 6b nicht versagt werden, wenn das Arzneimittel zur Behandlung einzelner Einhufer bestimmt ist, bei denen die in Artikel 6 Abs. 3 der Richtlinie 2001/82/EG genannten Voraussetzungen vorliegen, und es die übrigen Voraussetzungen des Artikels 6 Abs. 3 der Richtlinie 2001/82/EG erfüllt.

(3) Die Zulassung ist für ein Arzneimittel zu versagen, das sich von einem zugelassenen oder bereits im Verkehr befindlichen Arzneimittel gleicher Bezeichnung in der Art oder der Menge der Wirkstoffe unterscheidet. Abweichend von Satz 1 ist ein Unterschied in der Menge der Wirkstoffe unschädlich, wenn sich die Arzneimittel in der Darreichungsform unterscheiden.

(4) Ist die zuständige Bundesoberbehörde der Auffassung, dass eine Zulassung auf Grund der vorgelegten Unterlagen nicht erteilt werden kann, teilt sie dies dem Antragsteller unter Angabe von Gründen mit. Dem Antragsteller ist dabei Gelegenheit zu geben, Mängeln innerhalb einer angemessenen Frist, jedoch höchstens innerhalb von sechs Monaten abzuhelfen. Wird den Mängeln nicht innerhalb dieser Frist abgeholfen, so ist die Zulassung zu versagen. Nach einer Entscheidung über die Versagung der Zulassung ist das Einreichen von Unterlagen zur Mängelbeseitigung ausgeschlossen.

(5) Die Zulassung ist auf Grund der Prüfung der eingereichten Unterlagen und auf der Grundlage der Sachverständigengutachten zu erteilen. Zur Beurteilung der Unterlagen kann die zuständige Bundesoberbehörde eigene

Arzneimittelgesetz (AMG)

wissenschaftliche Ergebnisse verwerten, Sachverständige beiziehen oder Gutachten anfordern. Die zuständige Bundesoberbehörde kann in Betrieben und Einrichtungen, die Arzneimittel entwickeln, herstellen, prüfen oder klinisch prüfen, zulassungsbezogene Angaben und Unterlagen, auch im Zusammenhang mit einer Genehmigung für das Inverkehrbringen gemäß Artikel 3 Abs. 1 oder 2 der Verordnung (EG) Nr. 726/2004 überprüfen. Zu diesem Zweck können Beauftragte der zuständigen Bundesoberbehörde im Benehmen mit der zuständigen Behörde Betriebs- und Geschäftsräume zu den üblichen Geschäftszeiten betreten, Unterlagen einsehen sowie Auskünfte verlangen. Die zuständige Bundesoberbehörde kann ferner die Beurteilung der Unterlagen durch unabhängige Gegensachverständige durchführen lassen und legt deren Beurteilung der Zulassungsentscheidung und, soweit es sich um Arzneimittel handelt, die der Verschreibungspflicht nach § 48 Abs. 2 Nr. 1 unterliegen, dem der Zulassungskommission nach Absatz 6 Satz 1 vorzulegenden Entwurf der Zulassungsentscheidung zugrunde. Als Gegensachverständiger nach Satz 5 kann von der zuständigen Bundesoberbehörde beauftragt werden, wer die erforderliche Sachkenntnis und die zur Ausübung der Tätigkeit als Gegensachverständiger erforderliche Zuverlässigkeit besitzt. Dem Antragsteller ist auf Antrag Einsicht in die Gutachten zu gewähren. Verlangt der Antragsteller, von ihm gestellte Sachverständige beizuziehen, so sind auch diese zu hören. Für die Berufung als Sachverständiger, Gegensachverständiger und Gutachter gilt Absatz 6 Satz 5 und 6 entsprechend.

(5a) Die zuständige Bundesoberbehörde erstellt ferner einen Beurteilungsbericht über die eingereichten Unterlagen zur Qualität, Unbedenklichkeit und Wirksamkeit und gibt darin eine Stellungnahme hinsichtlich der Ergebnisse von pharmazeutischen und vorklinischen Versuchen sowie klinischen Prüfungen sowie bei Arzneimitteln, die zur Anwendung bei Menschen bestimmt sind, auch zum Risikomanagement- und zum Pharmakovigilanz-System ab; bei Arzneimitteln, die zur Anwendung bei Tieren bestimmt sind, die der Gewinnung von Lebensmitteln dienen, bezieht sich der Beurteilungsbericht auch auf die Ergebnisse der Rückstandsprüfung. Der Beurteilungsbericht ist zu aktualisieren, wenn hierzu neue Informationen verfügbar werden.

(5b) Absatz 5a findet keine Anwendung auf Arzneimittel, die nach einer homöopathischen Verfahrenstechnik hergestellt werden, sofern diese Arzneimittel dem Artikel 16 Abs. 2 der Richtlinie 2001/83/EG oder dem Artikel 19 Abs. 2 der Richtlinie 2001/82/EG unterliegen.

(6) Vor der Entscheidung über die Zulassung eines Arzneimittels, das den Therapierichtungen Phytotherapie, Homöopathie und Anthroposophie zuzurechnen ist und das der Verschreibungspflicht nach § 48 Abs. 2 Nr. 1 unterliegt, ist eine Zulassungskommission zu hören. Die Anhörung erstreckt sich auf den Inhalt der eingereichten Unterlagen, der Sachverständigengutachten, der angeforderten Gutachten, die Stellungnahmen der beigezogenen Sachverständigen, das Prüfungsergebnis und die Gründe, die für die Entscheidung

Arzneimittelgesetz (AMG)

über die Zulassung wesentlich sind, oder die Beurteilung durch die Gegensachverständigen. Weicht die Bundesoberbehörde bei der Entscheidung über den Antrag von dem Ergebnis der Anhörung ab, so hat sie die Gründe für die abweichende Entscheidung darzulegen. Das Bundesministerium beruft, soweit es sich um zur Anwendung bei Tieren bestimmte Arzneimittel handelt im Einvernehmen mit dem Bundesministerium für Ernährung, Landwirtschaft und Verbraucherschutz, die Mitglieder der Zulassungskommission unter Berücksichtigung von Vorschlägen der Kammern der Heilberufe, der Fachgesellschaften der Ärzte, Zahnärzte, Tierärzte, Apotheker, Heilpraktiker sowie der für die Wahrnehmung ihrer Interessen gebildeten maßgeblichen Spitzenverbände der pharmazeutischen Unternehmer, Patienten und Verbraucher. Bei der Berufung sind die jeweiligen Besonderheiten der Arzneimittel zu berücksichtigen. In die Zulassungskommissionen werden Sachverständige berufen, die auf den jeweiligen Anwendungsgebieten und in der jeweiligen Therapierichtung (Phytotherapie, Homöopathie, Anthroposophie) über wissenschaftliche Kenntnisse verfügen und praktische Erfahrungen gesammelt haben.

(7) Für Arzneimittel, die nicht der Verschreibungspflicht nach § 48 Abs. 2 Nr. 1 unterliegen, werden bei der zuständigen Bundesoberbehörde Kommissionen für bestimmte Anwendungsgebiete oder Therapierichtungen gebildet. Absatz 6 Satz 4 bis 6 findet entsprechende Anwendung. Die zuständige Bundesoberbehörde kann zur Vorbereitung der Entscheidung über die Verlängerung von Zulassungen nach § 105 Abs. 3 Satz 1 die zuständige Kommission beteiligen. Betrifft die Entscheidung nach Satz 3 Arzneimittel einer bestimmten Therapierichtung (Phytotherapie, Homöopathie, Anthroposophie), ist die zuständige Kommission zu beteiligen, sofern eine vollständige Versagung der Verlängerung nach § 105 Abs. 3 Satz 1 beabsichtigt oder die Entscheidung von grundsätzlicher Bedeutung ist; sie hat innerhalb von zwei Monaten Gelegenheit zur Stellungnahme. Soweit die Bundesoberbehörde bei der Entscheidung nach Satz 4 die Stellungnahme der Kommission nicht berücksichtigt, legt sie die Gründe dar.

(7a) Zur Verbesserung der Arzneimittelsicherheit für Kinder und Jugendliche wird beim Bundesinstitut für Arzneimittel und Medizinprodukte eine Kommission für Arzneimittel für Kinder und Jugendliche gebildet. Absatz 6 Satz 4 bis 6 findet entsprechende Anwendung. Zur Vorbereitung der Entscheidung über den Antrag auf Zulassung eines Arzneimittels, das auch zur Anwendung bei Kindern oder Jugendlichen bestimmt ist, beteiligt die zuständige Bundesoberbehörde die Kommission. Die zuständige Bundesoberbehörde kann ferner zur Vorbereitung der Entscheidung über den Antrag auf Zulassung eines anderen als in Satz 3 genannten Arzneimittels, bei dem eine Anwendung bei Kindern oder Jugendlichen in Betracht kommt, die Kommission beteiligen. Die Kommission hat Gelegenheit zur Stellungnahme. Soweit die Bundesoberbehörde bei der Entscheidung die Stellungnahme der Kommission nicht berücksichtigt, legt sie die Gründe dar. Die Kommission kann ferner zu Arzneimitteln, die nicht für die Anwendung bei Kindern oder Jugendlichen zugelassen sind, den

Arzneimittelgesetz (AMG)

anerkannten Stand der Wissenschaft dafür feststellen, unter welchen Voraussetzungen diese Arzneimittel bei Kindern oder Jugendlichen angewendet werden können. Für die Arzneimittel der Phytotherapie, Homöopathie und anthroposophischen Medizin werden die Aufgaben und Befugnisse nach den Sätzen 3 bis 7 von den Kommissionen nach Absatz 7 Satz 4 wahrgenommen.

(8) Bei Sera, Impfstoffen, Blutzubereitungen, Gewebezubereitungen, Allergenen, xenogenen Arzneimitteln, die keine Arzneimittel nach § 4 Absatz 9 sind, erteilt die zuständige Bundesoberbehörde die Zulassung entweder auf Grund der Prüfung der eingereichten Unterlagen oder auf Grund eigener Untersuchungen oder auf Grund der Beobachtung der Prüfungen des Herstellers. Dabei können Beauftragte der zuständigen Bundesoberbehörde im Benehmen mit der zuständigen Behörde Betriebs- und Geschäftsräume zu den üblichen Geschäftszeiten betreten und in diesen sowie in den dem Betrieb dienenden Beförderungsmitteln Besichtigungen vornehmen. Auf Verlangen der zuständigen Bundesoberbehörde hat der Antragsteller das Herstellungsverfahren mitzuteilen. Bei diesen Arzneimitteln finden die Absätze 6, 7 und 7a keine Anwendung.

(8a) Absatz 8 Satz 1 bis 3 findet entsprechende Anwendung auf Kontrollmethoden nach § 23 Abs. 2 Satz 3.

(9) Werden verschiedene Stärken, Darreichungsformen, Verabreichungswege oder Ausbietungen eines Arzneimittels beantragt, so können diese auf Antrag des Antragstellers Gegenstand einer einheitlichen umfassenden Zulassung sein; dies gilt auch für nachträgliche Änderungen und Erweiterungen. Dabei ist eine einheitliche Zulassungsnummer zu verwenden, der weitere Kennzeichen zur Unterscheidung der Darreichungsformen oder Konzentrationen hinzugefügt werden müssen. Für Zulassungen nach § 24b Abs. 1 gelten Einzelzulassungen eines Referenzarzneimittels als einheitliche umfassende Zulassung.

(10) Die Zulassung lässt die zivil- und strafrechtliche Verantwortlichkeit des pharmazeutischen Unternehmers unberührt.

§ 25a
Vorprüfung

(1) Die zuständige Bundesoberbehörde kann den Zulassungsantrag durch unabhängige Sachverständige auf Vollständigkeit und daraufhin prüfen lassen, ob das Arzneimittel nach dem jeweils gesicherten Stand der wissenschaftlichen Erkenntnisse ausreichend geprüft worden ist. § 25 Abs. 6 Satz 5 findet entsprechende Anwendung.

(2) Bei Beanstandungen im Sinne des Absatzes 1 hat der Sachverständige dem Antragsteller Gelegenheit zu geben, Mängeln innerhalb von drei Monaten abzuhelfen.

Arzneimittelgesetz (AMG)

(3) Ist der Zulassungsantrag nach Ablauf der Frist unter Zugrundelegung der abschließenden Stellungnahme des Sachverständigen weiterhin unvollständig oder mangelhaft im Sinne des § 25 Abs. 2 Nr. 2, so ist die Zulassung zu versagen. § 25 Abs. 4 und 6 findet auf die Vorprüfung keine Anwendung.

(4) Stellt die zuständige Bundesoberbehörde fest, dass ein gleich lautender Zulassungsantrag in einem anderen Mitgliedstaat der Europäischen Union geprüft wird, lehnt sie den Antrag ab und setzt den Antragsteller in Kenntnis, dass ein Verfahren nach § 25b Anwendung findet.

(5) Wird die zuständige Bundesoberbehörde nach § 22 unterrichtet, dass sich ein Antrag auf ein in einem anderen Mitgliedstaat der Europäischen Union bereits zugelassenes Arzneimittel bezieht, lehnt sie den Antrag ab, es sei denn, er wurde nach § 25b eingereicht.

§ 25b
Verfahren der gegenseitigen Anerkennung und dezentralisiertes Verfahren

(1) Für die Erteilung einer Zulassung oder Genehmigung in mehr als einem Mitgliedstaat der Europäischen Union hat der Antragsteller einen auf identischen Unterlagen beruhenden Antrag in diesen Mitgliedstaaten einzureichen; dies kann in englischer Sprache erfolgen.

(2) Ist das Arzneimittel zum Zeitpunkt der Antragstellung bereits in einem anderen Mitgliedstaat der Europäischen Union genehmigt oder zugelassen worden, ist diese Zulassung auf der Grundlage des von diesem Staat übermittelten Beurteilungsberichtes anzuerkennen, es sei denn, dass Anlass zu der Annahme besteht, dass die Zulassung des Arzneimittels eine schwerwiegende Gefahr für die öffentliche Gesundheit, bei Arzneimitteln zur Anwendung bei Tieren eine schwerwiegende Gefahr für die Gesundheit von Mensch oder Tier oder für die Umwelt darstellt. In diesem Fall hat die zuständige Bundesoberbehörde nach Maßgabe des Artikels 29 der Richtlinie 2001/83/EG oder des Artikels 33 der Richtlinie 2001/82/EG zu verfahren.

(3) Ist das Arzneimittel zum Zeitpunkt der Antragstellung noch nicht zugelassen, hat die zuständige Bundesoberbehörde, soweit sie Referenzmitgliedstaat im Sinne des Artikels 28 der Richtlinie 2001/83/EG oder des Artikels 32 der Richtlinie 2001/82/EG ist, Entwürfe des Beurteilungsberichtes, der Zusammenfassung der Merkmale des Arzneimittels und der Kennzeichnung und der Packungsbeilage zu erstellen und den zuständigen Mitgliedstaaten und dem Antragsteller zu übermitteln. § 25 Absatz 5 Satz 5 gilt entsprechend.

(4) Für die Anerkennung der Zulassung eines anderen Mitgliedstaates finden Kapitel 4 der Richtlinie 2001/83/EG und Kapitel 4 der Richtlinie 2001/82/EG Anwendung.

(5) Bei einer abweichenden Entscheidung bezüglich der Zulassung, ihrer Aussetzung oder Rücknahme finden die Artikel 30, 32, 33 und 34 der Richtlinie

Arzneimittelgesetz (AMG)

2001/83/EG und die Artikel 34, 36, 37 und 38 der Richtlinie 2001/82/EG Anwendung. Im Fall einer Entscheidung nach Artikel 34 der Richtlinie 2001/83/EG oder nach Artikel 38 der Richtlinie 2001/82/EG ist über die Zulassung nach Maßgabe der nach diesen Artikeln getroffenen Entscheidung oder des nach diesen Artikeln getroffenen Beschlusses der Europäischen Gemeinschaft oder der Europäischen Union zu entscheiden. Ein Vorverfahren nach § 68 der Verwaltungsgerichtsordnung findet bei Rechtsmitteln gegen Entscheidungen der zuständigen Bundesoberbehörden nach Satz 2 nicht statt. Ferner findet § 25 Abs. 6 keine Anwendung.

(6) Die Absätze 1 bis 5 finden keine Anwendung auf Arzneimittel, die nach einer homöopathischen Verfahrenstechnik hergestellt worden sind, sofern diese Arzneimittel dem Artikel 16 Abs. 2 der Richtlinie 2001/83/EG oder dem Artikel 19 Abs. 2 der Richtlinie 2001/82/EG unterliegen.

§ 25c
Maßnahmen der zuständigen Bundesoberbehörde zu Entscheidungen oder Beschlüssen der Europäischen Gemeinschaft oder der Europäischen Union

Die zuständige Bundesoberbehörde trifft die zur Durchführung von Entscheidungen oder Beschlüssen der Europäischen Gemeinschaft oder der Europäischen Union nach Artikel 127a der Richtlinie 2001/83/EG oder nach Artikel 95b der Richtlinie 2001/82/EG erforderlichen Maßnahmen.

§ 26
Arzneimittelprüfrichtlinien

(1) Das Bundesministerium wird ermächtigt, durch Rechtsverordnung mit Zustimmung des Bundesrates Anforderungen an die in den §§ 22 bis 24, auch in Verbindung mit § 38 Absatz 2 und § 39b Absatz 1 bezeichneten Angaben, Unterlagen und Gutachten sowie deren Prüfung durch die zuständige Bundesoberbehörde zu regeln. Die Vorschriften müssen dem jeweils gesicherten Stand der wissenschaftlichen Erkenntnisse entsprechen und sind laufend an diesen anzupassen, insbesondere sind Tierversuche durch andere Prüfverfahren zu ersetzen, wenn dies nach dem Stand der wissenschaftlichen Erkenntnisse im Hinblick auf den Prüfungszweck vertretbar ist. Die Rechtsverordnung ergeht, soweit es sich um radioaktive Arzneimittel und um Arzneimittel handelt, bei deren Herstellung ionisierende Strahlen verwendet werden, und soweit es sich um Prüfungen zur Ökotoxizität handelt, im Einvernehmen mit dem Bundesministerium für Umwelt, Naturschutz und Reaktorsicherheit und, soweit es sich um Arzneimittel handelt, die zur Anwendung bei Tieren bestimmt sind, im Einvernehmen mit dem Bundesministerium für Ernährung, Landwirtschaft und Verbraucherschutz. Auf die Berufung der Sachverständigen findet § 25 Abs. 6 Satz 4 und 5 entsprechende Anwendung.

Arzneimittelgesetz (AMG)

(2) Die zuständige Bundesoberbehörde und die Kommissionen nach § 25 Abs. 7 haben die Arzneimittelprüfrichtlinien sinngemäß auf das wissenschaftliche Erkenntnismaterial nach § 22 Abs. 3 und § 23 Abs. 3 Satz 2 anzuwenden, wobei die Besonderheiten der jeweiligen Arzneimittel zu berücksichtigen sind. Als wissenschaftliches Erkenntnismaterial gilt auch das nach wissenschaftlichen Methoden aufbereitete medizinische Erfahrungsmaterial.

§ 27
Fristen für die Erteilung

(1) Die zuständige Bundesoberbehörde hat eine Entscheidung über den Antrag auf Zulassung innerhalb einer Frist von sieben Monaten zu treffen. Die Entscheidung über die Anerkennung einer Zulassung ist innerhalb einer Frist von drei Monaten nach Erhalt des Beurteilungsberichtes zu treffen. Ein Beurteilungsbericht ist innerhalb einer Frist von drei Monaten zu erstellen.

(2) Gibt die zuständige Bundesoberbehörde dem Antragsteller nach § 25 Abs. 4 Gelegenheit, Mängeln abzuhelfen, so werden die Fristen bis zur Behebung der Mängel oder bis zum Ablauf der nach § 25 Abs. 4 gesetzten Frist gehemmt. Die Hemmung beginnt mit dem Tage, an dem dem Antragsteller die Aufforderung zur Behebung der Mängel zugestellt wird. Das Gleiche gilt für die Frist, die dem Antragsteller auf sein Verlangen hin eingeräumt wird, auch unter Beiziehung von Sachverständigen, Stellung zu nehmen.

(3) Bei Verfahren nach § 25b Abs. 3 verlängert sich die Frist zum Abschluss des Verfahrens entsprechend den Vorschriften in Artikel 28 der Richtlinie 2001/83/EG und Artikel 32 der Richtlinie 2001/82/EG um drei Monate.

§ 28
Auflagenbefugnis

(1) Die zuständige Bundesoberbehörde kann die Zulassung mit Auflagen verbinden. Bei Auflagen nach den Absätzen 2 bis 3d zum Schutz der Umwelt, entscheidet die zuständige Bundesoberbehörde im Einvernehmen mit dem Umweltbundesamt, soweit Auswirkungen auf die Umwelt zu bewerten sind. Hierzu übermittelt die zuständige Bundesoberbehörde dem Umweltbundesamt die zur Beurteilung der Auswirkungen auf die Umwelt erforderlichen Angaben und Unterlagen. Auflagen können auch nachträglich angeordnet werden.

(2) Auflagen nach Absatz 1 können angeordnet werden, um sicherzustellen, dass

1. die Kennzeichnung der Behältnisse und äußeren Umhüllungen den Vorschriften des § 10 entspricht; dabei kann angeordnet werden, dass angegeben werden müssen

Arzneimittelgesetz (AMG)

    a) Hinweise oder Warnhinweise, soweit sie erforderlich sind, um bei der Anwendung des Arzneimittels eine unmittelbare oder mittelbare Gefährdung der Gesundheit von Mensch oder Tier zu verhüten,

    b) Aufbewahrungshinweise für den Verbraucher und Lagerhinweise für die Fachkreise, soweit sie geboten sind, um die erforderliche Qualität des Arzneimittels zu erhalten,

2. die Packungsbeilage den Vorschriften des § 11 entspricht; dabei kann angeordnet werden, dass angegeben werden müssen

    a) die in der Nummer 1 Buchstabe a genannten Hinweise oder Warnhinweise,

    b) die Aufbewahrungshinweise für den Verbraucher, soweit sie geboten sind, um die erforderliche Qualität des Arzneimittels zu erhalten,

2a. die Fachinformation den Vorschriften des § 11a entspricht; dabei kann angeordnet werden, dass angegeben werden müssen

    a) die in Nummer 1 Buchstabe a genannten Hinweise oder Warnhinweise,

    b) besondere Lager- und Aufbewahrungshinweise, soweit sie geboten sind, um die erforderliche Qualität des Arzneimittels zu erhalten,

    c) Hinweise auf Auflagen nach Absatz 3,

3. die Angaben nach den §§ 10, 11 und 11a den für die Zulassung eingereichten Unterlagen entsprechen und dabei einheitliche und allgemeinverständliche Begriffe und ein einheitlicher Wortlaut, auch entsprechend den Empfehlungen und Stellungnahmen der Ausschüsse der Europäischen Arzneimittel-Agentur, verwendet werden, wobei die Angabe weiterer Gegenanzeigen, Nebenwirkungen und Wechselwirkungen zulässig bleibt; von dieser Befugnis kann die zuständige Bundesoberbehörde allgemein aus Gründen der Arzneimittelsicherheit, der Transparenz oder der rationellen Arbeitsweise Gebrauch machen; dabei kann angeordnet werden, dass bei verschreibungspflichtigen Arzneimitteln bestimmte Anwendungsgebiete entfallen, wenn zu befürchten ist, dass durch deren Angabe der therapeutische Zweck gefährdet wird,

4. das Arzneimittel in Packungsgrößen in den Verkehr gebracht wird, die den Anwendungsgebieten und der vorgesehenen Dauer der Anwendung angemessen sind,

5. das Arzneimittel in einem Behältnis mit bestimmter Form, bestimmtem Verschluss oder sonstiger Sicherheitsvorkehrung in den Verkehr gebracht wird, soweit es geboten ist, um die Einhaltung der Dosierungsanleitung zu gewährleisten oder um die Gefahr des Missbrauchs durch Kinder zu verhüten.

(2a) Warnhinweise nach Absatz 2 können auch angeordnet werden, um sicherzustellen, dass das Arzneimittel nur von Ärzten bestimmter Fachgebiete verschrieben und unter deren Kontrolle oder nur in Kliniken oder Spezialklini-

Arzneimittelgesetz (AMG)

ken oder in Zusammenarbeit mit solchen Einrichtungen angewendet werden darf, wenn dies erforderlich ist, um bei der Anwendung eine unmittelbare oder mittelbare Gefährdung der Gesundheit von Menschen zu verhüten, insbesondere, wenn die Anwendung des Arzneimittels nur bei Vorhandensein besonderer Fachkunde oder besonderer therapeutischer Einrichtungen unbedenklich erscheint.

(3) Die zuständige Bundesoberbehörde kann durch Auflagen ferner anordnen, dass weitere analytische, pharmakologisch-toxikologische oder klinische Prüfungen durchgeführt werden und über die Ergebnisse berichtet wird, wenn hinreichende Anhaltspunkte dafür vorliegen, dass das Arzneimittel einen großen therapeutischen Wert haben kann und deshalb ein öffentliches Interesse an seinem unverzüglichen Inverkehrbringen besteht, jedoch für die umfassende Beurteilung des Arzneimittels weitere wichtige Angaben erforderlich sind. Die zuständige Bundesoberbehörde überprüft jährlich die Ergebnisse dieser Prüfungen. Satz 1 gilt entsprechend für Unterlagen über das Rückstandsnachweisverfahren nach § 23 Abs. 1 Nr. 2.

(3a) Die zuständige Bundesoberbehörde kann bei Arzneimitteln, die zur Anwendung bei Menschen bestimmt sind, bei Erteilung der Zulassung durch Auflagen ferner anordnen,

1. bestimmte im Risikomanagement-System enthaltene Maßnahmen zur Gewährleistung der sicheren Anwendung des Arzneimittels zu ergreifen, wenn dies im Interesse der Arzneimittelsicherheit erforderlich ist,

2. Unbedenklichkeitsprüfungen durchzuführen, wenn dies im Interesse der Arzneimittelsicherheit erforderlich ist,

3. Verpflichtungen im Hinblick auf die Erfassung oder Meldung von Verdachtsfällen von Nebenwirkungen, die über jene des Zehnten Abschnitts hinausgehen, einzuhalten, wenn dies im Interesse der Arzneimittelsicherheit erforderlich ist,

4. sonstige erforderliche Maßnahmen hinsichtlich der sicheren und wirksamen Anwendung des Arzneimittels zu ergreifen, wenn dies im Interesse der Arzneimittelsicherheit erforderlich ist,

5. ein angemessenes Pharmakovigilanz-System einzuführen, wenn dies im Interesse der Arzneimittelsicherheit erforderlich ist,

6. soweit Bedenken bezüglich einzelner Aspekte der Wirksamkeit des Arzneimittels bestehen, die erst nach seinem Inverkehrbringen beseitigt werden können, Wirksamkeitsprüfungen nach der Zulassung durchzuführen, die den Vorgaben in Artikel 21a Satz 1 Buchstabe f der Richtlinie 2001/83/EG entsprechen.

(3b) Die zuständige Bundesoberbehörde kann bei Arzneimitteln, die zur Anwendung bei Menschen bestimmt sind, nach Erteilung der Zulassung ferner durch Auflagen anordnen,

Arzneimittelgesetz (AMG)

1. ein Risikomanagement-System und einen Risikomanagement-Plan einzuführen, wenn dies im Interesse der Arzneimittelsicherheit erforderlich ist,
2. Unbedenklichkeitsprüfungen durchzuführen, wenn dies im Interesse der Arzneimittelsicherheit erforderlich ist,
3. eine Wirksamkeitsprüfung durchzuführen, wenn Erkenntnisse über die Krankheit oder die klinische Methodik darauf hindeuten, dass frühere Bewertungen der Wirksamkeit erheblich korrigiert werden müssen; die Verpflichtung, diese Wirksamkeitsprüfung nach der Zulassung durchzuführen, muss den Vorgaben nach Artikel 22a Absatz 1 Buchstabe b Satz 2 der Richtlinie 2001/83/EG entsprechen.

Liegen die Voraussetzungen für eine Auflage nach Satz 1 Nummer 2 für mehr als ein Arzneimittel vor und sind dies Arzneimittel, die in mehreren Mitgliedstaaten zugelassen sind, empfiehlt die zuständige Bundesoberbehörde nach Befassung des Ausschusses für Risikobewertung im Bereich der Pharmakovigilanz nach Artikel 56 Absatz 1 Doppelbuchstabe aa der Verordnung (EG) Nr. 726/2004 den betroffenen Inhabern der Zulassung, eine gemeinsame Unbedenklichkeitsprüfung nach der Zulassung durchzuführen.

(3c) Die zuständige Bundesoberbehörde kann durch Auflage ferner anordnen, dass bei der Herstellung und Kontrolle solcher Arzneimittel und ihrer Ausgangsstoffe, die biologischer Herkunft sind oder auf biotechnischem Wege hergestellt werden,

1. bestimmte Anforderungen eingehalten und bestimmte Maßnahmen und Verfahren angewendet werden,
2. Unterlagen vorgelegt werden, die die Eignung bestimmter Maßnahmen und Verfahren begründen, einschließlich von Unterlagen über die Validierung,
3. die Einführung oder Änderung bestimmter Anforderungen, Maßnahmen und Verfahren der vorherigen Zustimmung der zuständigen Bundesoberbehörde bedarf,

soweit es zur Gewährleistung angemessener Qualität oder zur Risikovorsorge geboten ist. Die angeordneten Auflagen sind sofort vollziehbar. Widerspruch und Anfechtungsklage haben keine aufschiebende Wirkung.

(3d) Bei Arzneimitteln, die zur Anwendung bei Tieren bestimmt sind, kann die zuständige Bundesoberbehörde in begründeten Einzelfällen ferner anordnen, dass weitere Unterlagen, mit denen eine Bewertung möglicher Umweltrisiken vorgenommen wird, und weitere Ergebnisse von Prüfungen zur Bewertung möglicher Umweltrisiken vorgelegt werden, sofern dies für die umfassende Beurteilung der Auswirkungen des Arzneimittels auf die Umwelt erforderlich ist. Die zuständige Bundesoberbehörde überprüft die Erfüllung einer Auflage nach Satz 1 unverzüglich nach Ablauf der Vorlagefrist. Absatz 1 Satz 2 und 3 findet entsprechende Anwendung.

(3e) Die zuständige Bundesoberbehörde kann, wenn dies im Interesse der Arzneimittelsicherheit erforderlich ist, bei Arzneimitteln, die zur Anwendung

Arzneimittelgesetz (AMG)

beim Tier bestimmt sind, durch Auflagen ferner anordnen, dass nach der Zulassung ein Risikomanagement-System eingeführt wird, das die Zusammenstellung von Tätigkeiten und Maßnahmen im Bereich der Pharmakovigilanz beschreibt, einschließlich der Bewertung der Effizienz derartiger Maßnahmen, und dass nach der Zulassung Erkenntnisse bei der Anwendung des Arzneimittels systematisch gesammelt, dokumentiert und ausgewertet werden und ihr über die Ergebnisse dieser Untersuchung innerhalb einer bestimmten Frist berichtet wird.

(3f) Bei Auflagen nach den Absätzen 3, 3a, 3b und 3e kann die zuständige Bundesoberbehörde Art, Umfang und Zeitrahmen der Studien oder Prüfungen sowie Tätigkeiten, Maßnahmen und Bewertungen im Rahmen des Risikomanagement-Systems bestimmen. Die Ergebnisse sind durch Unterlagen so zu belegen, dass aus diesen Art, Umfang und Zeitpunkt der Studien oder Prüfungen hervorgehen.

(3g) Der Inhaber der Zulassung eines Arzneimittels, das zur Anwendung bei Menschen bestimmt ist, hat alle Auflagen nach den Absätzen 3, 3a und 3b in sein Risikomanagement-System aufzunehmen. Die zuständige Bundesoberbehörde unterrichtet die Europäische Arzneimittel-Agentur über die Zulassungen, die unter den Auflagen nach den Absätzen 3, 3a und 3b erteilt wurden.

(3h) Die zuständige Bundesoberbehörde kann bei biologischen Arzneimitteln, die zur Anwendung bei Menschen bestimmt sind, geeignete Maßnahmen zur besseren Identifizierbarkeit von Nebenwirkungsmeldungen anordnen.

(4) Soll die Zulassung mit einer Auflage verbunden werden, so wird die in § 27 Abs. 1 vorgesehene Frist bis zum Ablauf einer dem Antragsteller gewährten Frist zur Stellungnahme gehemmt. § 27 Abs. 2 findet entsprechende Anwendung.

§ 29
Anzeigepflicht, Neuzulassung

(1) Der Antragsteller hat der zuständigen Bundesoberbehörde unter Beifügung entsprechender Unterlagen unverzüglich Anzeige zu erstatten, wenn sich Änderungen in den Angaben und Unterlagen nach den §§ 22 bis 24a und 25b ergeben. Die Verpflichtung nach Satz 1 hat nach Erteilung der Zulassung der Inhaber der Zulassung zu erfüllen.

(1a) Der Inhaber der Zulassung hat der zuständigen Bundesoberbehörde unverzüglich alle Verbote oder Beschränkungen durch die zuständigen Behörden jedes Landes, in dem das betreffende Arzneimittel in Verkehr gebracht wird, sowie alle anderen neuen Informationen mitzuteilen, die die Beurteilung des Nutzens und der Risiken des betreffenden Arzneimittels beeinflussen könnten. Zu diesen Informationen gehören bei Arzneimitteln, die zur Anwendung bei Menschen bestimmt sind, sowohl positive als auch negative Ergebnisse von klinischen Prüfungen oder anderen Studien, die sich nicht nur auf die in der Zulassung genannten, sondern auf alle Indikationen und Bevölkerungsgruppen

Arzneimittelgesetz (AMG)

beziehen können, sowie Angaben über eine Anwendung des Arzneimittels, die über die Bestimmungen der Zulassung hinausgeht. Er hat auf Verlangen der zuständigen Bundesoberbehörde auch alle Angaben und Unterlagen vorzulegen, die belegen, dass das Nutzen-Risiko-Verhältnis weiterhin günstig zu bewerten ist. Die zuständige Bundesoberbehörde kann bei Arzneimitteln, die zur Anwendung bei Menschen bestimmt sind, jederzeit die Vorlage einer Kopie der Pharmakovigilanz-Stammdokumentation verlangen. Diese hat der Inhaber der Zulassung spätestens sieben Tage nach Zugang der Aufforderung vorzulegen. Die Sätze 1 bis 3 gelten nicht für den Parallelimporteur.

(1b) Der Inhaber der Zulassung hat der zuständigen Bundesoberbehörde den Zeitpunkt für das Inverkehrbringen des Arzneimittels unter Berücksichtigung der unterschiedlichen zugelassenen Darreichungsformen und Stärken unverzüglich mitzuteilen.

(1c) Der Inhaber der Zulassung hat der zuständigen Bundesoberbehörde nach Maßgabe des Satzes 2 anzuzeigen, wenn das Inverkehrbringen des Arzneimittels vorübergehend oder endgültig eingestellt wird. Die Anzeige hat spätestens zwei Monate vor der Einstellung des Inverkehrbringens zu erfolgen. Dies gilt nicht, wenn Umstände vorliegen, die der Inhaber der Zulassung nicht zu vertreten hat.

(1d) Der Inhaber der Zulassung hat alle Daten im Zusammenhang mit der Absatzmenge des Arzneimittels sowie alle ihm vorliegenden Daten im Zusammenhang mit dem Verschreibungsvolumen mitzuteilen, sofern die zuständige Bundesoberbehörde dies aus Gründen der Arzneimittelsicherheit fordert.

(1e) Der Inhaber der Zulassung hat der zuständigen Bundesoberbehörde die in dem Verfahren nach Artikel 107c Absatz 4, 5 oder 6 der Richtlinie 2001/83/EG geänderten Stichtage oder Intervalle für die Vorlage von regelmäßigen aktualisierten Unbedenklichkeitsberichten anzuzeigen. Etwaige Änderungen des in der Zulassung angegebenen Stichtags oder des Intervalls auf Grund von Satz 1 werden sechs Monate nach ihrer Veröffentlichung über das europäische Internetportal wirksam.

(1f) Der Inhaber der Zulassung ist bei Arzneimitteln, die zur Anwendung beim Menschen bestimmt sind, verpflichtet, die zuständige Bundesoberbehörde und die Europäische Arzneimittel-Agentur zu informieren, falls neue oder veränderte Risiken bestehen oder sich das Nutzen-Risiko-Verhältnis von Arzneimitteln geändert hat.

(1g) Der Inhaber der Zulassung eines Arzneimittels, das zur Anwendung bei Menschen bestimmt ist, hat der zuständigen Bundesoberbehörde unverzüglich die Gründe für das vorübergehende oder endgültige Einstellen des Inverkehrbringens, den Rückruf, den Verzicht auf die Zulassung oder die Nichtbeantragung der Verlängerung der Zulassung mitzuteilen. Er hat insbesondere zu erklären, ob die Maßnahme nach Satz 1 auf einem der Gründe des § 25 Absatz 2 Satz 1 Nummer 3, 4 oder Nummer 5, § 30 Absatz 2 Satz 1 Nummer 1 oder § 69

Arzneimittelgesetz (AMG)

Absatz 1 Satz 2 Nummer 4 oder Nummer 5 beruht. Die Mitteilung nach Satz 1 hat auch dann zu erfolgen, wenn die Maßnahme in einem Drittland getroffen wird und auf einem der in Satz 2 genannten Gründe beruht. Beruht eine Maßnahme nach Satz 1 oder Satz 3 auf einem der in Satz 2 genannten Gründe, hat der Inhaber der Zulassung dies darüber hinaus der Europäischen Arzneimittel-Agentur mitzuteilen.

(2) Bei einer Änderung der Bezeichnung des Arzneimittels ist der Zulassungsbescheid entsprechend zu ändern. Das Arzneimittel darf unter der alten Bezeichnung vom pharmazeutischen Unternehmer noch ein Jahr, von den Groß- und Einzelhändlern noch zwei Jahre, beginnend mit dem auf die Bekanntmachung der Änderung im Bundesanzeiger folgenden 1. Januar oder 1. Juli, in den Verkehr gebracht werden.

(2a) Eine Änderung

1. der Angaben nach den §§ 10, 11 und 11a über die Dosierung, die Art oder die Dauer der Anwendung, die Anwendungsgebiete, soweit es sich nicht um die Zufügung einer oder Veränderung in eine Indikation handelt, die einem anderen Therapiegebiet zuzuordnen ist, eine Einschränkung der Gegenanzeigen, Nebenwirkungen oder Wechselwirkungen mit anderen Mitteln,

2. der wirksamen Bestandteile, ausgenommen der arzneilich wirksamen Bestandteile,

3. in eine mit der zugelassenen vergleichbare Darreichungsform,

3a. in der Behandlung mit ionisierenden Strahlen,

4. im Zusammenhang mit erheblichen Änderungen des Herstellungsverfahrens, der Darreichungsform, der Spezifikation oder des Verunreinigungsprofils des Wirkstoffs oder des Arzneimittels, die sich deutlich auf die Qualität, Unbedenklichkeit oder Wirksamkeit des Arzneimittels auswirken können, sowie jede Änderung gentechnologischer Herstellungsverfahren; bei Sera, Impfstoffen, Blutzubereitungen, Allergenen, Testsera und Testantigenen jede Änderung des Herstellungs- oder Prüfverfahrens oder die Angabe einer längeren Haltbarkeitsdauer,

5. der Packungsgröße und

6. der Wartezeit eines zur Anwendung bei Tieren bestimmten Arzneimittels,

darf erst vollzogen werden, wenn die zuständige Bundesoberbehörde zugestimmt hat. Satz 1 Nr. 1 gilt auch für eine Erweiterung der Zieltierarten bei Arzneimitteln, die nicht zur Anwendung bei Tieren bestimmt sind, die der Gewinnung von Lebensmitteln dienen. Die Zustimmung gilt als erteilt, wenn der Änderung nicht innerhalb einer Frist von drei Monaten widersprochen worden ist.

Arzneimittelgesetz (AMG)

(2b) Abweichend von Absatz 1 kann

1. der Wegfall eines Standortes für die Herstellung des Arzneimittels oder seines Wirkstoffs oder für die Verpackung oder die Chargenfreigabe,

2. eine geringfügige Änderung eines genehmigten physikalisch-chemischen Prüfverfahrens, wenn durch entsprechende Validierungsstudien nachgewiesen werden kann, dass das aktualisierte Prüfverfahren mindestens gleichwertig ist,

3. eine Änderung der Spezifikation eines Wirkstoffs oder anderen Stoffs zur Arzneimittelherstellung zwecks Anpassung an eine Monografie des Arzneibuchs, wenn die Änderung ausschließlich zur Übereinstimmung mit dem Arzneibuch vorgenommen wird und die Spezifikationen in Bezug auf produktspezifische Eigenschaften unverändert bleiben,

4. eine Änderung des Verpackungsmaterials, wenn dieses mit dem Arzneimittel nicht in Berührung kommt und die Abgabe, Verabreichung, Unbedenklichkeit oder Haltbarkeit des Arzneimittels nachweislich nicht beeinträchtigt wird, oder

5. eine Änderung im Zusammenhang mit der Verschärfung der Spezifikationsgrenzwerte, wenn die Änderung nicht Folge einer Verpflichtung auf Grund früherer Beurteilungen zur Überprüfung der Spezifikationsgrenzwerte ist und nicht auf unerwartete Ereignisse im Verlauf der Herstellung zurückgeht,

innerhalb von zwölf Monaten nach ihrer Einführung der zuständigen Bundesoberbehörde angezeigt werden.

(3) Eine neue Zulassung ist in folgenden Fällen zu beantragen:

1. bei einer Änderung der Zusammensetzung der Wirkstoffe nach Art oder Menge,

2. bei einer Änderung der Darreichungsform, soweit es sich nicht um eine Änderung nach Absatz 2a Nr. 3 handelt,

3. bei einer Erweiterung der Anwendungsgebiete, soweit es sich nicht um eine Änderung nach Absatz 2a Nr. 1 handelt, und

3a. bei der Einführung gentechnologischer Herstellungsverfahren.

Über die Zulassungspflicht nach Satz 1 entscheidet die zuständige Bundesoberbehörde.

(4) Die Absätze 1, 1a Satz 4 und 5, die Absätze 1e bis 1g, 2, 2a bis 3 finden keine Anwendung auf Arzneimittel, für die von der Europäischen Gemeinschaft oder der Europäischen Union eine Genehmigung für das Inverkehrbringen erteilt worden ist. Für diese Arzneimittel gelten die Verpflichtungen des pharmazeutischen Unternehmers nach der Verordnung (EG) Nr. 726/2004 mit der Maßgabe, dass im Geltungsbereich des Gesetzes die Verpflichtung zur Mitteilung an die Mitgliedstaaten oder zur Unterrichtung der Mitgliedstaaten gegenüber der jeweils zuständigen Bundesoberbehörde besteht.

Arzneimittelgesetz (AMG)

(5) Die Absätze 2a bis 3 finden keine Anwendung für Arzneimittel, die der Verordnung (EG) Nr. 1234/2008 der Kommission vom 24. November 2008 über die Prüfung von Änderungen der Zulassungen von Human- und Tierarzneimitteln (ABl. L 334 vom 12.12.2008, S. 7) in der jeweils geltenden Fassung unterliegen. Die Absätze 2a bis 3 gelten

1. für zulassungspflichtige homöopathische Arzneimittel, die zur Anwendung am Menschen bestimmt sind und die vor dem 1. Januar 1998 zugelassen worden sind oder als zugelassen galten,

2. für die in Artikel 3 Nummer 6 der Richtlinie 2001/83/EG genannten Blutzubereitungen und

3. für nach § 21 zugelassene Gewebezubereitungen, es sei denn, es kommt bei ihrer Herstellung ein industrielles Verfahren zur Anwendung.

§ 30
Rücknahme, Widerruf, Ruhen

(1) Die Zulassung ist zurückzunehmen, wenn nachträglich bekannt wird, dass einer der Versagungsgründe des § 25 Abs. 2 Nr. 2, 3, 5, 5a, 6 oder 7 bei der Erteilung vorgelegen hat; sie ist zu widerrufen, wenn einer der Versagungsgründe des § 25 Abs. 2 Nr. 3, 5, 5a, 6 oder 7 nachträglich eingetreten ist. Die Zulassung ist ferner zurückzunehmen oder zu widerrufen, wenn

1. sich herausstellt, dass dem Arzneimittel die therapeutische Wirksamkeit fehlt,

2. in den Fällen des § 28 Abs. 3 die therapeutische Wirksamkeit nach dem jeweiligen Stand der wissenschaftlichen Erkenntnisse unzureichend begründet ist.

Die therapeutische Wirksamkeit fehlt, wenn feststeht, dass sich mit dem Arzneimittel keine therapeutischen Ergebnisse erzielen lassen. In den Fällen des Satzes 1 kann auch das Ruhen der Zulassung befristet angeordnet werden.

(1a) Die Zulassung ist ferner ganz oder teilweise zurückzunehmen oder zu widerrufen, soweit dies erforderlich ist, um einer Entscheidung oder einem Beschluss der Europäischen Gemeinschaft oder der Europäischen Union nach Artikel 34 der Richtlinie 2001/83/EG oder nach Artikel 38 der Richtlinie 2001/82/EG zu entsprechen. Ein Vorverfahren nach § 68 der Verwaltungsgerichtsordnung findet bei Rechtsmitteln gegen Entscheidungen der zuständigen Bundesoberbehörde nach Satz 1 nicht statt. In den Fällen des Satzes 1 kann auch das Ruhen der Zulassung befristet angeordnet werden.

(2) Die zuständige Bundesoberbehörde kann die Zulassung

1. zurücknehmen, wenn in den Unterlagen nach den §§ 22, 23 oder 24 unrichtige oder unvollständige Angaben gemacht worden sind oder wenn einer der Versagungsgründe des § 25 Abs. 2 Nr. 6a oder 6b bei der Erteilung vorgelegen hat,

2. widerrufen, wenn einer der Versagungsgründe des § 25 Abs. 2 Nr. 2, 6a oder 6b nachträglich eingetreten ist oder wenn eine der nach § 28 angeord-

neten Auflagen nicht eingehalten und diesem Mangel nicht innerhalb einer von der zuständigen Bundesoberbehörde zu setzenden angemessenen Frist abgeholfen worden ist; dabei sind Auflagen nach § 28 Abs. 3 und 3a jährlich zu überprüfen,

3. im Benehmen mit der zuständigen Behörde widerrufen, wenn die für das Arzneimittel vorgeschriebenen Prüfungen der Qualität nicht oder nicht ausreichend durchgeführt worden sind,

4. im Benehmen mit der zuständigen Behörde widerrufen, wenn sich herausstellt, dass das Arzneimittel nicht nach den anerkannten pharmazeutischen Regeln hergestellt worden ist.

In diesen Fällen kann auch das Ruhen der Zulassung befristet angeordnet werden.

(2a) In den Fällen der Absätze 1 und 1a ist die Zulassung zu ändern, wenn dadurch der in Absatz 1 genannte betreffende Versagungsgrund entfällt oder der in Absatz 1a genannten Entscheidung entsprochen wird. In den Fällen des Absatzes 2 kann die Zulassung durch Auflage geändert werden, wenn dies ausreichend ist, um den Belangen der Arzneimittelsicherheit zu entsprechen.

(3) Vor einer Entscheidung nach den Absätzen 1 bis 2a muss der Inhaber der Zulassung gehört werden, es sei denn, dass Gefahr im Verzuge ist. Das gilt auch, wenn eine Entscheidung der zuständigen Bundesoberbehörde über die Änderung der Zulassung, Auflagen zur Zulassung, den Widerruf, die Rücknahme oder das Ruhen der Zulassung auf einer Einigung der Koordinierungsgruppe nach Artikel 107g, 107k oder Artikel 107q der Richtlinie 2001/83/EG beruht. Ein Vorverfahren nach § 68 der Verwaltungsgerichtsordnung findet in den Fällen des Satzes 2 nicht statt. In den Fällen des § 25 Abs. 2 Nr. 5 ist die Entscheidung sofort vollziehbar. Widerspruch und Anfechtungsklage haben keine aufschiebende Wirkung.

(4) Ist die Zulassung für ein Arzneimittel zurückgenommen oder widerrufen oder ruht die Zulassung, so darf es

1. nicht in den Verkehr gebracht und

2. nicht in den Geltungsbereich dieses Gesetzes verbracht werden.

Die Rückgabe des Arzneimittels an den pharmazeutischen Unternehmer ist unter entsprechender Kenntlichmachung zulässig. Die Rückgabe kann von der zuständigen Behörde angeordnet werden.

§ 31
Erlöschen, Verlängerung

(1) Die Zulassung erlischt

1. wenn das zugelassene Arzneimittel innerhalb von drei Jahren nach Erteilung der Zulassung nicht in den Verkehr gebracht wird oder wenn sich das zugelassene Arzneimittel, das nach der Zulassung in den Verkehr

gebracht wurde, in drei aufeinander folgenden Jahren nicht mehr im Verkehr befindet,

2. durch schriftlichen Verzicht,

3. nach Ablauf von fünf Jahren seit ihrer Erteilung, es sei denn, dass

   a) bei Arzneimitteln, die zur Anwendung bei Menschen bestimmt sind, spätestens neun Monate,

   b) bei Arzneimitteln, die zur Anwendung bei Tieren bestimmt sind, spätestens sechs Monate

   vor Ablauf der Frist ein Antrag auf Verlängerung gestellt wird,

3a. bei einem Arzneimittel, das zur Anwendung bei Tieren bestimmt ist, die der Gewinnung von Lebensmitteln dienen, und das einen pharmakologisch wirksamen Bestandteil enthält, der in die Tabelle 2 des Anhangs der Verordnung (EU) Nr. 37/2010 aufgenommen wurde, nach Ablauf einer Frist von 60 Tagen nach Veröffentlichung im Amtsblatt der Europäischen Union, sofern nicht innerhalb dieser Frist auf die Anwendungsgebiete bei Tieren, die der Gewinnung von Lebensmitteln dienen, nach § 29 Abs. 1 verzichtet worden ist; im Falle einer Änderungsanzeige nach § 29 Abs. 2a, die die Herausnahme des betreffenden pharmakologisch wirksamen Bestandteils bezweckt, ist die 60-Tage-Frist bis zur Entscheidung der zuständigen Bundesoberbehörde oder bis zum Ablauf der Frist nach § 29 Abs. 2a Satz 2 gehemmt und es ruht die Zulassung nach Ablauf der 60-Tage-Frist während dieses Zeitraums; die Halbsätze 1 und 2 gelten entsprechend, soweit für die Änderung des Arzneimittels die Verordnung (EG) Nr. 1234/2008 Anwendung findet,

4. wenn die Verlängerung der Zulassung versagt wird.

In den Fällen des Satzes 1 Nr. 1 kann die zuständige Bundesoberbehörde Ausnahmen gestatten, sofern dies aus Gründen des Gesundheitsschutzes für Mensch oder Tier erforderlich ist.

(1a) Eine Zulassung, die verlängert wird, gilt ohne zeitliche Begrenzung, es sei denn, dass die zuständige Bundesoberbehörde bei der Verlängerung nach Absatz 1 Satz 1 Nr. 3 eine weitere Verlängerung um fünf Jahre nach Maßgabe der Vorschriften in Absatz 1 Satz 1 Nr. 3 in Verbindung mit Absatz 2 auch unter Berücksichtigung einer zu geringen Zahl von Patienten, bei denen das betreffende Arzneimittel, das zur Anwendung bei Menschen bestimmt ist, angewendet wurde, als erforderlich beurteilt und angeordnet hat, um das sichere Inverkehrbringen des Arzneimittels weiterhin zu gewährleisten.

(2) Der Antrag auf Verlängerung ist durch einen Bericht zu ergänzen, der Angaben darüber enthält, ob und in welchem Umfang sich die Beurteilungsmerkmale für das Arzneimittel innerhalb der letzten fünf Jahre geändert haben. Der Inhaber der Zulassung hat der zuständigen Bundesoberbehörde dazu eine überarbeitete Fassung der Unterlagen in Bezug auf die Qualität, Unbedenklichkeit und Wirksamkeit vorzulegen, in der alle seit der Erteilung der

Arzneimittelgesetz (AMG)

Zulassung vorgenommenen Änderungen berücksichtigt sind; bei Arzneimitteln, die zur Anwendung bei Tieren bestimmt sind, ist anstelle der überarbeiteten Fassung eine konsolidierte Liste der Änderungen vorzulegen. Bei Arzneimitteln, die zur Anwendung bei Tieren bestimmt sind, die der Gewinnung von Lebensmitteln dienen, kann die zuständige Bundesoberbehörde ferner verlangen, dass der Bericht Angaben über Erfahrungen mit dem Rückstandsnachweisverfahren enthält.

(3) Die Zulassung ist in den Fällen des Absatzes 1 Satz 1 Nr. 3 oder des Absatzes 1a auf Antrag nach Absatz 2 Satz 1 innerhalb von sechs Monaten vor ihrem Erlöschen um fünf Jahre zu verlängern, wenn kein Versagungsgrund nach § 25 Abs. 2 Nr. 3, 5, 5a, 6, 6a oder 6b, 7 vorliegt oder die Zulassung nicht nach § 30 Abs. 1 Satz 2 zurückzunehmen oder zu widerrufen ist oder wenn von der Möglichkeit der Rücknahme nach § 30 Abs. 2 Nr. 1 oder des Widerrufs nach § 30 Abs. 2 Nr. 2 kein Gebrauch gemacht werden soll. § 25 Abs. 5 Satz 5 und Abs. 5a gilt entsprechend. Bei der Entscheidung über die Verlängerung ist auch zu überprüfen, ob Erkenntnisse vorliegen, die Auswirkungen auf die Unterstellung unter die Verschreibungspflicht haben.

(4) Erlischt die Zulassung nach Absatz 1 Nr. 2 oder 3, so darf das Arzneimittel noch zwei Jahre, beginnend mit dem auf die Bekanntmachung des Erlöschens nach § 34 folgenden 1. Januar oder 1. Juli, in den Verkehr gebracht werden. Das gilt nicht, wenn die zuständige Bundesoberbehörde feststellt, dass eine Voraussetzung für die Rücknahme oder den Widerruf nach § 30 vorgelegen hat; § 30 Abs. 4 findet Anwendung.

§ 32
Staatliche Chargenprüfung

(1) Die Charge eines Serums, eines Impfstoffes oder eines Allergens darf unbeschadet der Zulassung nur in den Verkehr gebracht werden, wenn sie von der zuständigen Bundesoberbehörde freigegeben ist. Die Charge ist freizugeben, wenn eine Prüfung (staatliche Chargenprüfung) ergeben hat, dass die Charge nach Herstellungs- und Kontrollmethoden, die dem jeweiligen Stand der wissenschaftlichen Erkenntnisse entsprechen, hergestellt und geprüft worden ist und dass sie die erforderliche Qualität, Wirksamkeit und Unbedenklichkeit aufweist. Die Charge ist auch dann freizugeben, soweit die zuständige Behörde eines anderen Mitgliedstaates der Europäischen Union nach einer experimentellen Untersuchung festgestellt hat, dass die in Satz 2 genannten Voraussetzungen vorliegen.

(1a) Die zuständige Bundesoberbehörde hat eine Entscheidung nach Absatz 1 innerhalb einer Frist von zwei Monaten nach Eingang der zu prüfenden Chargenprobe zu treffen. § 27 Abs. 2 findet entsprechende Anwendung.

(2) Das Bundesministerium erlässt nach Anhörung von Sachverständigen aus der medizinischen und pharmazeutischen Wissenschaft und Praxis allgemeine Verwaltungsvorschriften über die von der Bundesoberbehörde an

Arzneimittelgesetz (AMG)

die Herstellungs- und Kontrollmethoden nach Absatz 1 zu stellenden Anforderungen und macht diese als Arzneimittelprüfrichtlinien im Bundesanzeiger bekannt. Die Vorschriften müssen dem jeweiligen Stand der wissenschaftlichen Erkenntnisse entsprechen und sind laufend an diesen anzupassen.

(3) Auf die Durchführung der staatlichen Chargenprüfung finden § 25 Abs. 8 und § 22 Abs. 7 Satz 3 entsprechende Anwendung.

(4) Der Freigabe nach Absatz 1 Satz 1 bedarf es nicht, soweit die dort bezeichneten Arzneimittel durch Rechtsverordnung nach § 35 Abs. 1 Nr. 4 oder von der zuständigen Bundesoberbehörde freigestellt sind; die zuständige Bundesoberbehörde soll freistellen, wenn die Herstellungs- und Kontrollmethoden des Herstellers einen Entwicklungsstand erreicht haben, bei dem die erforderliche Qualität, Wirksamkeit und Unbedenklichkeit gewährleistet sind.

(5) Die Freigabe nach Absatz 1 oder die Freistellung durch die zuständige Bundesoberbehörde nach Absatz 4 ist zurückzunehmen, wenn eine ihrer Voraussetzungen nicht vorgelegen hat; sie ist zu widerrufen, wenn eine der Voraussetzungen nachträglich weggefallen ist.

§ 33*
Gebühren und Auslagen

(1) Die zuständige Bundesoberbehörde erhebt für die Entscheidungen über die Zulassung, über die Genehmigung von Gewebezubereitungen, über die Genehmigung von Arzneimitteln für neuartige Therapien, über die Freigabe von Chargen, für die Bearbeitung von Anträgen, die Tätigkeit im Rahmen der Sammlung und Bewertung von Arzneimittelrisiken, für das Widerspruchs-

---

* Anmerkung des Herausgebers:
Am 14. August 2018 erhält § 33 folgenden Wortlaut (Artikel 4 Absatz 11 des Gesetzes vom 7. August 2013):
„§ 33 Aufwendungsersatz und Entgelte
(1) Abweichend von § 18 Absatz 1 Satz 1 des Bundesgebührengesetzes verjährt der Anspruch auf Zahlung von Gebühren und Auslagen, die nach § 33 Absatz 1 Arzneimittelgesetz in der bis zum 14. August 2013 geltenden Fassung in Verbindung mit der Therapieallergene-Verordnung zu erheben sind, drei Jahre nach der Bekanntgabe der abschließenden Entscheidung über die Zulassung.
(2) Soweit ein Widerspruch gegen einen auf Grund dieses Gesetzes erlassenen Verwaltungsakt oder gegen die Festsetzung von Gebühren für eine individuell zurechenbare öffentliche Leistung nach diesem Gesetz erfolgreich ist, werden notwendige Aufwendungen im Sinne von § 80 Absatz 1 des Verwaltungsverfahrensgesetzes bis zur Höhe der für die Zurückweisung eines entsprechenden Widerspruchs vorgesehenen Gebühren, bei Rahmengebühren bis zu deren Mittelwert, erstattet.
(3) Für die Nutzung von Monographien für Arzneimittel, die nach § 36 von der Pflicht zur Zulassung freigestellt sind, verlangt das Bundesinstitut für Arzneimittel und Medizinprodukte Entgelte. Dabei können pauschale Entgeltvereinbarungen mit den Verbänden, denen die Nutzer angehören, getroffen werden. Für die Bemessung der Entgelte finden für die für Gebühren geltenden Regelungen entsprechende Anwendung.
(6) Die zuständige Behörde des Landes hat der zuständigen Bundesoberbehörde die dieser im Rahmen der Mitwirkungshandlungen nach diesem Gesetz entstehenden Kosten zu erstatten, soweit diese Kosten vom Verursacher getragen werden."

Arzneimittelgesetz (AMG)

verfahren gegen einen auf Grund dieses Gesetzes erlassenen Verwaltungsakt oder gegen die auf Grund einer Rechtsverordnung nach Absatz 2 Satz 1 oder § 39 Abs. 3 Satz 1 oder § 39d Absatz 9 erfolgte Festsetzung von Gebühren sowie für andere individuell zurechenbare öffentliche Leistungen einschließlich selbständiger Beratungen und selbständiger Auskünfte, soweit es sich nicht um mündliche und einfache schriftliche Auskünfte im Sinne des § 7 Nummer 1 des Bundesgebürengesetzes handelt, nach diesem Gesetz und nach der Verordnung (EG) Nr. 1234/2008 Kosten (Gebühren und Auslagen).

(2) Das Bundesministerium wird ermächtigt, im Einvernehmen mit dem Bundesministerium für Wirtschaft und Technologie und, soweit es sich um zur Anwendung bei Tieren bestimmte Arzneimittel handelt, auch mit dem Bundesministerium für Ernährung, Landwirtschaft und Verbraucherschutz durch Rechtsverordnung, die der Zustimmung des Bundesrates nicht bedarf, die gebührenpflichtigen Tatbestände näher zu bestimmen und dabei feste Sätze oder Rahmensätze sowie die Erstattung von Auslagen auch abweichend von den Regelungen des Verwaltungskostengesetzes vorzusehen. Die Höhe der Gebühren für die Entscheidungen über die Zulassung, über die Genehmigung von Gewebezubereitungen, über die Genehmigung von Arzneimitteln für neuartige Therapien, über die Freigabe von Chargen sowie für andere individuell zurechenbare öffentliche Leistungen bestimmt sich jeweils nach dem Personal- und Sachaufwand, zu dem insbesondere der Aufwand für das Zulassungsverfahren, bei Sera, Impfstoffen und Allergenen auch der Aufwand für die Prüfungen und für die Entwicklung geeigneter Prüfungsverfahren gehört. Die Höhe der Gebühren für die Entscheidung über die Freigabe einer Charge bestimmt sich nach dem durchschnittlichen Personal- und Sachaufwand; daneben ist die Bedeutung, der wirtschaftliche Wert oder der sonstige Nutzen der Freigabe für den Gebührenschuldner angemessen zu berücksichtigen.

(3) Abweichend von § 18 Absatz 1 Satz 1 des Bundesgebührengesetzes verjährt der Anspruch auf Zahlung von Gebühren und Auslagen, die nach § 33 Absatz 1 in Verbindung mit der Therapieallergene-Verordnung zu erheben sind, drei Jahre nach der Bekanntgabe der abschließenden Entscheidung über die Zulassung.

(4) Soweit ein Widerspruch nach Absatz 1 erfolgreich ist, werden notwendige Aufwendungen im Sinne von § 80 Abs. 1 des Verwaltungsverfahrensgesetzes bis zur Höhe der in einer Rechtsverordnung nach Absatz 2 Satz 1 oder § 39 Abs. 3 Satz 1 oder § 39d Absatz 9 für die Zurückweisung eines entsprechenden Widerspruchs vorgesehenen Gebühren, bei Rahmengebühren bis zu deren Mittelwert, erstattet.

(5) Für die Nutzung von Monographien für Arzneimittel, die nach § 36 von der Pflicht zur Zulassung freigestellt sind, verlangt das Bundesinstitut für Arzneimittel und Medizinprodukte Entgelte. Dabei können pauschale Entgeltvereinbarungen mit den Verbänden, denen die Nutzer angehören, getroffen werden. Für die Bemessung der Entgelte findet Absatz 2 Satz 3 entsprechende Anwendung.

Arzneimittelgesetz (AMG)

(6) Die zuständige Behörde des Landes hat der zuständigen Bundesoberbehörde die dieser im Rahmen der Mitwirkungshandlungen nach diesem Gesetz entstehenden Kosten zu erstatten, soweit diese Kosten vom Verursacher getragen werden.

§ 34
Information der Öffentlichkeit

(1) Die zuständige Bundesoberbehörde hat im Bundesanzeiger bekannt zu machen:

1. die Erteilung und Verlängerung einer Zulassung,
2. die Rücknahme einer Zulassung,
3. den Widerruf einer Zulassung,
4. das Ruhen einer Zulassung,
5. das Erlöschen einer Zulassung,
6. die Feststellung nach § 31 Abs. 4 Satz 2,
7. die Änderung der Bezeichnung nach § 29 Abs. 2,
8. die Rücknahme oder den Widerruf der Freigabe einer Charge nach § 32 Abs. 5,
9. eine Entscheidung zur Verlängerung einer Schutzfrist nach § 24b Abs. 1 Satz 3 oder Abs. 7 oder zur Gewährung einer Schutzfrist nach § 24b Abs. 6 oder 8.

Satz 1 Nr. 1 bis 5 und Nr. 7 gilt entsprechend für Entscheidungen oder Beschlüsse der Europäischen Gemeinschaft oder der Europäischen Union.

(1a) Für Arzneimittel, die zur Anwendung bei Menschen bestimmt sind, stellt die zuständige Bundesoberbehörde der Öffentlichkeit über ein Internetportal und erforderlichenfalls auch auf andere Weise folgende Informationen unverzüglich zur Verfügung:

1. Informationen über die Erteilung der Zulassung zusammen mit der Packungsbeilage und der Fachinformation in der jeweils aktuell genehmigten Fassung,
2. den öffentlichen Beurteilungsbericht, der Informationen nach § 25 Absatz 5a für jedes beantragte Anwendungsgebiet sowie eine allgemeinverständlich formulierte Zusammenfassung mit einem Abschnitt über die Bedingungen der Anwendung des Arzneimittels enthält,
3. Zusammenfassungen von Risikomanagement-Plänen,
4. Informationen über Auflagen zusammen mit Fristen und Zeitpunkten für die Erfüllung,
5. Bedenken aus dem Pharmakovigilanz-Bereich.

Arzneimittelgesetz (AMG)

Bei den Informationen nach Satz 1 Nummer 2 und 5 sind Betriebs- und Geschäftsgeheimnisse und personenbezogene Daten zu streichen, es sei denn, ihre Offenlegung ist für den Schutz der öffentlichen Gesundheit erforderlich. Betreffen die Pharmakovigilanz-Bedenken nach Satz 1 Nummer 5 Arzneimittel, die in mehreren Mitgliedstaaten zugelassen wurden, so erfolgt die Veröffentlichung in Abstimmung mit der Europäischen Arzneimittel-Agentur. Bei Arzneimitteln, die zur Anwendung bei Tieren bestimmt sind, stellt die zuständige Bundesoberbehörde der Öffentlichkeit Informationen über die Erteilung der Zulassung zusammen mit der Fachinformation, den Beurteilungsbericht nach Satz 1 Nummer 2 und, wenn sich das Anwendungsgebiet des Arzneimittels auf Tiere bezieht, die der Gewinnung von Lebensmitteln dienen, auch von Rückstandsuntersuchungen unter Streichung von Betriebs- und Geschäftsgeheimnissen, unverzüglich zur Verfügung. Die Sätze 1 und 4 betreffen auch Änderungen der genannten Informationen.

(1b) Für Arzneimittel, die zur Anwendung bei Menschen bestimmt sind, sind die Rücknahme eines Zulassungsantrags sowie die Versagung der Zulassung und die Gründe hierfür öffentlich zugänglich zu machen. Ferner sind Entscheidungen über den Widerruf, die Rücknahme oder das Ruhen einer Zulassung öffentlich zugänglich zu machen. Die Bundesoberbehörde ist befugt, bei Arzneimitteln, die zur Anwendung bei Menschen bestimmt sind, auf Antrag Auskunft über den Eingang eines ordnungsgemäßen Zulassungsantrags, den Eingang eines ordnungsgemäßen Antrags auf Genehmigung einer konfirmatorischen klinischen Prüfung sowie über die Genehmigung oder die Versagung einer konfirmatorischen klinischen Prüfung zu geben.

(1c) Die Absätze 1a und 1b Satz 1 und 2 finden keine Anwendung auf Arzneimittel, die nach der Verordnung (EG) Nr. 726/2004 genehmigt sind.

(1d) Die zuständige Bundesoberbehörde stellt die Informationen nach den Absätzen 1a und 1b elektronisch zur Verfügung. Die zuständige Bundesoberbehörde stellt die Informationen nach den Absätzen 1 und 1b mit Erlass der Entscheidung unter Hinweis auf die fehlende Bestandskraft zur Verfügung.

(1e) Die zuständige Bundesoberbehörde hat über das Internetportal für Arzneimittel nach § 67a Absatz 2 zusätzlich zu den Informationen in Absatz 1a Satz 1 Nummer 1 bis 4 und Absatz 1a Satz 2 mindestens folgende weitere Informationen zu veröffentlichen:

1. die Liste der Arzneimittel nach Artikel 23 der Verordnung (EG) Nr. 726/2004,

2. Informationen über die Meldewege für Verdachtsfälle von Nebenwirkungen von Arzneimitteln an die zuständige Bundesoberbehörde durch Angehörige der Gesundheitsberufe und Patienten, einschließlich der von der zuständigen Bundesoberbehörde bereitgestellten Internet-Formulare.

(2) Die zuständige Bundesoberbehörde kann einen Verwaltungsakt, der auf Grund dieses Gesetzes ergeht, im Bundesanzeiger öffentlich bekannt machen, wenn von dem Verwaltungsakt mehr als 50 Adressaten betroffen

Arzneimittelgesetz (AMG)

sind. Dieser Verwaltungsakt gilt zwei Wochen nach dem Erscheinen des Bundesanzeigers als bekannt gegeben. Sonstige Mitteilungen der zuständigen Bundesoberbehörde einschließlich der Schreiben, mit denen den Beteiligten Gelegenheit zur Äußerung nach § 28 Abs. 1 des Verwaltungsverfahrensgesetzes gegeben wird, können gleichfalls im Bundesanzeiger bekannt gemacht werden, wenn mehr als 50 Adressaten davon betroffen sind. Satz 2 gilt entsprechend.

§ 35
Ermächtigungen zur Zulassung und Freistellung

(1) Das Bundesministerium wird ermächtigt, durch Rechtsverordnung mit Zustimmung des Bundesrates

1. (weggefallen)

2. die Vorschriften über die Zulassung auf Arzneimittel, die nicht der Zulassungspflicht nach § 21 Absatz 1 unterliegen, sowie auf Arzneimittel, die nach § 21 Absatz 2 Nummer 1g von der Zulassung freigestellt sind, auszudehnen, soweit es geboten ist, um eine unmittelbare oder mittelbare Gefährdung der Gesundheit von Mensch und Tier zu verhüten,

3. die Vorschriften über die Freigabe einer Charge und die staatliche Chargenprüfung auf andere Arzneimittel, die in ihrer Zusammensetzung oder in ihrem Wirkstoffgehalt Schwankungen unterworfen sind, auszudehnen, soweit es geboten ist, um eine unmittelbare oder mittelbare Gefährdung der Gesundheit von Mensch oder Tier zu verhüten,

4. bestimmte Arzneimittel von der staatlichen Chargenprüfung freizustellen, wenn das Herstellungsverfahren und das Prüfungsverfahren des Herstellers einen Entwicklungsstand erreicht haben, bei dem die Qualität, Wirksamkeit und Unbedenklichkeit gewährleistet sind.

(2) Die Rechtsverordnungen nach Absatz 1 Nr. 2 bis 4 ergehen im Einvernehmen mit dem Bundesministerium für Wirtschaft und Technologie und, soweit es sich um radioaktive Arzneimittel und um Arzneimittel handelt, bei deren Herstellung ionisierende Strahlen verwendet werden, im Einvernehmen mit dem Bundesministerium für Umwelt, Naturschutz und Reaktorsicherheit und, soweit es sich um Arzneimittel handelt, die zur Anwendung bei Tieren bestimmt sind, im Einvernehmen mit dem Bundesministerium für Ernährung, Landwirtschaft und Verbraucherschutz.

§ 36
Ermächtigung für Standardzulassungen

(1) Das Bundesministerium wird ermächtigt, nach Anhörung von Sachverständigen durch Rechtsverordnung mit Zustimmung des Bundesrates bestimmte Arzneimittel oder Arzneimittelgruppen oder Arzneimittel in bestimmten Abgabeformen von der Pflicht zur Zulassung freizustellen, soweit

Arzneimittelgesetz (AMG)

eine unmittelbare oder mittelbare Gefährdung der Gesundheit von Mensch oder Tier nicht zu befürchten ist, weil die Anforderungen an die erforderliche Qualität, Wirksamkeit und Unbedenklichkeit erwiesen sind. Die Freistellung kann zum Schutz der Gesundheit von Mensch oder Tier von einer bestimmten Herstellung, Zusammensetzung, Kennzeichnung, Packungsbeilage, Fachinformation oder Darreichungsform abhängig gemacht sowie auf bestimmte Anwendungsarten, Anwendungsgebiete oder Anwendungsbereiche beschränkt werden. Die Angabe weiterer Gegenanzeigen, Nebenwirkungen und Wechselwirkungen durch den pharmazeutischen Unternehmer ist zulässig.

(2) Bei der Auswahl der Arzneimittel, die von der Pflicht zur Zulassung freigestellt werden, muss den berechtigten Interessen der Arzneimittelverbraucher, der Heilberufe und der pharmazeutischen Industrie Rechnung getragen werden. In der Wahl der Bezeichnung des Arzneimittels ist der pharmazeutische Unternehmer frei.

(3) Die Rechtsverordnung nach Absatz 1 ergeht im Einvernehmen mit dem Bundesministerium für Wirtschaft und Technologie und, soweit es sich um radioaktive Arzneimittel und um Arzneimittel handelt, bei deren Herstellung ionisierende Strahlen verwendet werden, im Einvernehmen mit dem Bundesministerium für Umwelt, Naturschutz und Reaktorsicherheit und, soweit es sich um Arzneimittel handelt, die zur Anwendung bei Tieren bestimmt sind, im Einvernehmen mit dem Bundesministerium für Ernährung, Landwirtschaft und Verbraucherschutz.

(4) Vor Erlass der Rechtsverordnung nach Absatz 1 bedarf es nicht der Anhörung von Sachverständigen und der Zustimmung des Bundesrates, soweit dies erforderlich ist, um Angaben zu Gegenanzeigen, Nebenwirkungen, Wechselwirkungen, Dosierungen, Packungsgrößen und Vorsichtsmaßnahmen für die Anwendung unverzüglich zu ändern, und die Geltungsdauer der Rechtsverordnung auf längstens ein Jahr befristet ist. Die Frist kann bis zu einem weiteren Jahr einmal verlängert werden, wenn das Verfahren nach Absatz 1 innerhalb der Jahresfrist nicht abgeschlossen werden kann.

(5) Die der Rechtsverordnung nach Absatz 1 zugrunde liegenden Monographien sind von der zuständigen Bundesoberbehörde regelmäßig zu überprüfen und soweit erforderlich, an den jeweils gesicherten Stand der Wissenschaft und Technik anzupassen. Dabei sind die Monographien daraufhin zu prüfen, ob die Anforderungen an die erforderliche Qualität, Wirksamkeit und Unbedenklichkeit einschließlich eines positiven Nutzen-Risiko-Verhältnisses, für die von der Pflicht zur Zulassung freigestellten Arzneimittel, weiterhin als erwiesen gelten können.

Arzneimittelgesetz (AMG)

§ 37
Genehmigung der Europäischen Gemeinschaft oder der Europäischen Union für das Inverkehrbringen, Zulassungen von Arzneimitteln aus anderen Staaten

(1) Die von der Europäischen Gemeinschaft oder der Europäischen Union gemäß der Verordnung (EG) Nr. 726/2004 auch in Verbindung mit der Verordnung (EG) Nr. 1901/2006 oder der Verordnung (EG) Nr. 1394/2007 erteilte Genehmigung für das Inverkehrbringen steht, soweit in den §§ 11a, 13 Abs. 2a, § 21 Abs. 2 und 2a, §§ 40, 56, 56a, 58, 59, 67, 69, 73, 84 oder 94 auf eine Zulassung abgestellt wird, einer nach § 25 erteilten Zulassung gleich. Als Zulassung im Sinne des § 21 gilt auch die von einem anderen Staat für ein Arzneimittel erteilte Zulassung, soweit dies durch Rechtsverordnung des Bundesministeriums bestimmt wird.

(2) Das Bundesministerium wird ermächtigt, eine Rechtsverordnung nach Absatz 1, die nicht der Zustimmung des Bundesrates bedarf, zu erlassen, um eine Richtlinie des Rates durchzuführen oder soweit in internationalen Verträgen die Zulassung von Arzneimitteln gegenseitig als gleichwertig anerkannt wird. Die Rechtsverordnung ergeht im Einvernehmen mit dem Bundesministerium für Ernährung, Landwirtschaft und Verbraucherschutz, soweit es sich um Arzneimittel handelt, die zur Anwendung bei Tieren bestimmt sind.

Fünfter Abschnitt
Registrierung von Arzneimitteln

§ 38
Registrierung homöopathischer Arzneimittel

(1) Fertigarzneimittel, die Arzneimittel im Sinne des § 2 Abs. 1 oder Abs. 2 Nr. 1 sind, dürfen als homöopathische Arzneimittel im Geltungsbereich dieses Gesetzes nur in den Verkehr gebracht werden, wenn sie in ein bei der zuständigen Bundesoberbehörde zu führendes Register für homöopathische Arzneimittel eingetragen sind (Registrierung). Einer Zulassung bedarf es nicht; § 21 Abs. 1 Satz 2 und Abs. 3 findet entsprechende Anwendung. Einer Registrierung bedarf es nicht für Arzneimittel, die von einem pharmazeutischen Unternehmer in Mengen bis zu 1000 Packungen in einem Jahr in den Verkehr gebracht werden, es sei denn, es handelt sich um Arzneimittel,

1. die Zubereitungen aus Stoffen gemäß § 3 Nr. 3 oder 4 enthalten,

2. die mehr als den hundertsten Teil der in nicht homöopathischen, der Verschreibungspflicht nach § 48 unterliegenden Arzneimitteln verwendeten kleinsten Dosis enthalten oder

3. bei denen die Tatbestände des § 39 Abs. 2 Nr. 3, 4, 5, 6, 7 oder 9 vorliegen.

Arzneimittelgesetz (AMG)

(2) Dem Antrag auf Registrierung sind die in den §§ 22 bis 24 bezeichneten Angaben, Unterlagen und Gutachten beizufügen. Das gilt nicht für die Angaben über die Wirkungen und Anwendungsgebiete, für die Unterlagen und Gutachten über die klinische Prüfung sowie für Angaben nach § 22 Absatz 2 Nummer 5 und 5a und Absatz 7 Satz 2. Die Unterlagen über die pharmakologisch-toxikologische Prüfung sind vorzulegen, soweit sich die Unbedenklichkeit des Arzneimittels nicht anderweitig, insbesondere durch einen angemessen hohen Verdünnungsgrad ergibt. § 22 Absatz 1a gilt entsprechend.

§ 39
Entscheidung über die Registrierung homöopathischer Arzneimittel, Verfahrensvorschriften*

(1) Die zuständige Bundesoberbehörde hat das homöopathische Arzneimittel zu registrieren und dem Antragsteller die Registrierungsnummer schriftlich zuzuteilen. § 25 Abs. 4 und 5 Satz 5 finden entsprechende Anwendung. Die Registrierung gilt nur für das im Bescheid aufgeführte homöopathische Arzneimittel und seine Verdünnungsgrade. Die zuständige Bundesoberbehörde kann den Bescheid über die Registrierung mit Auflagen verbinden. Auflagen können auch nachträglich angeordnet werden. § 28 Abs. 2 und 4 findet Anwendung.

(2) Die zuständige Bundesoberbehörde hat die Registrierung zu versagen, wenn

1. die vorgelegten Unterlagen unvollständig sind,

2. das Arzneimittel nicht nach dem jeweils gesicherten Stand der wissenschaftlichen Erkenntnisse ausreichend analytisch geprüft worden ist,

3. das Arzneimittel nicht die nach den anerkannten pharmazeutischen Regeln angemessene Qualität aufweist,

4. bei dem Arzneimittel der begründete Verdacht besteht, dass es bei bestimmungsgemäßem Gebrauch schädliche Wirkungen hat, die über ein nach den Erkenntnissen der medizinischen Wissenschaft vertretbares Maß hinausgehen,

4a. das Arzneimittel zur Anwendung bei Tieren bestimmt ist, die der Gewinnung von Lebensmitteln dienen, und es einen pharmakologisch wirksamen Bestandteil enthält, der nicht im Anhang der Verordnung (EU) Nr. 37/2010

---

* Anmerkung des Herausgebers:
Am 14. August 2018 erhält § 39 Absatz 3 folgenden Wortlaut (Artikel 4 Absatz 11 des Gesetzes vom 7. August 2013):
„Das Bundesministerium wird ermächtigt, für homöopathische Arzneimittel entsprechend den Vorschriften über die Zulassung durch Rechtsverordnung ohne Zustimmung des Bundesrates Vorschriften über die Freistellung von der Registrierung zu erlassen. Die Rechtsverordnung ergeht im Einvernehmen mit dem Bundesministerium für Ernährung, Landwirtschaft und Verbraucherschutz, soweit es sich um Arzneimittel handelt, die zur Anwendung bei Tieren bestimmt sind. § 36 Abs. 4 gilt für die Änderung einer Rechtsverordnung über die Freistellung von der Registrierung entsprechend."

Arzneimittelgesetz (AMG)

als Stoff aufgeführt ist, für den eine Festlegung von Höchstmengen nicht erforderlich ist,

5. die angegebene Wartezeit nicht ausreicht,

5a. das Arzneimittel, sofern es zur Anwendung bei Menschen bestimmt ist, nicht zur Einnahme und nicht zur äußerlichen Anwendung bestimmt ist,

5b. das Arzneimittel mehr als einen Teil pro Zehntausend der Ursubstanz oder bei Arzneimitteln, die zur Anwendung bei Menschen bestimmt sind, mehr als den hundertsten Teil der in allopathischen der Verschreibungspflicht nach § 48 unterliegenden Arzneimitteln verwendeten kleinsten Dosis enthält,

6. das Arzneimittel der Verschreibungspflicht unterliegt; es sei denn, dass es ausschließlich Stoffe enthält, die im Anhang der Verordnung (EU) Nr. 37/2010 als Stoffe aufgeführt sind, für die eine Festlegung von Höchstmengen nicht erforderlich ist,

7. das Arzneimittel nicht nach einer im Homöopathischen Teil des Arzneibuches beschriebenen Verfahrenstechnik hergestellt ist,

7a. die Anwendung der einzelnen Wirkstoffe als homöopathisches oder anthroposophisches Arzneimittel nicht allgemein bekannt ist,

8. für das Arzneimittel eine Zulassung erteilt ist,

9. das Inverkehrbringen des Arzneimittels oder seine Anwendung bei Tieren gegen gesetzliche Vorschriften verstoßen würde.

(2a) Ist das Arzneimittel bereits in einem anderen Mitgliedstaat der Europäischen Union oder in einem anderen Vertragsstaat des Abkommens über den Europäischen Wirtschaftsraum registriert worden, ist die Registrierung auf der Grundlage dieser Entscheidung zu erteilen, es sei denn, dass ein Versagungsgrund nach Absatz 2 vorliegt. Für die Anerkennung der Registrierung eines anderen Mitgliedstaates findet Kapitel 4 der Richtlinie 2001/83/EG und für Arzneimittel, die zur Anwendung bei Tieren bestimmt sind, Kapitel 4 der Richtlinie 2001/82/EG entsprechende Anwendung; Artikel 29 Abs. 4, 5 und 6 und die Artikel 30 bis 34 der Richtlinie 2001/83/EG sowie Artikel 33 Abs. 4, 5 und 6 und die Artikel 34 bis 38 der Richtlinie 2001/82/EG finden keine Anwendung.

(2b) Der Antragsteller hat der zuständigen Bundesoberbehörde unter Beifügung entsprechender Unterlagen unverzüglich Anzeige zu erstatten, wenn sich Änderungen in den Angaben und Unterlagen nach § 38 Absatz 2 Satz 1 ergeben. § 29 Absatz 1a, 1e, 1f und 2 bis 2b gilt entsprechend. Die Verpflichtung nach Satz 1 hat nach Erteilung der Registrierung der Inhaber der Registrierung zu erfüllen. Eine neue Registrierung ist in folgenden Fällen zu beantragen:

1. bei einer Änderung der Zusammensetzung der Wirkstoffe nach Art oder Menge, einschließlich einer Änderung der Potenzstufe,

2. bei einer Änderung der Darreichungsform, soweit es sich nicht um eine Änderung nach § 29 Absatz 2a Satz 1 Nummer 3 handelt.

Arzneimittelgesetz (AMG)

(2c) Die Registrierung erlischt nach Ablauf von fünf Jahren seit ihrer Erteilung, es sei denn, dass spätestens neun Monate vor Ablauf der Frist ein Antrag auf Verlängerung gestellt wird. Für das Erlöschen und die Verlängerung der Registrierung gilt § 31 entsprechend mit der Maßgabe, dass die Versagungsgründe nach Absatz 2 Nr. 3 bis 9 Anwendung finden.

(2d) Für Rücknahme, Widerruf und Ruhen der Registrierung gilt § 30 Absatz 1 Satz 1, Absatz 2, 2a, 3 und 4 entsprechend mit der Maßgabe, dass die Versagungsgründe nach Absatz 2 Nummer 2 bis 9 Anwendung finden.

(2e) § 34 Absatz 1 Satz 1 Nummer 1 bis 7, Absatz 1a Satz 1 Nummer 1, 4 und 5, Absatz 1a Satz 4, Absatz 1b und 1d gilt entsprechend.

(3) Das Bundesministerium wird ermächtigt, für homöopathische Arzneimittel entsprechend den Vorschriften über die Zulassung durch Rechtsverordnung ohne Zustimmung des Bundesrates Vorschriften über die Gebühren und Auslagen und die Freistellung von der Registrierung zu erlassen. Die Rechtsverordnung ergeht im Einvernehmen mit dem Bundesministerium für Ernährung, Landwirtschaft und Verbraucherschutz, soweit es sich um Arzneimittel handelt, die zur Anwendung bei Tieren bestimmt sind. § 36 Abs. 4 gilt für die Änderung einer Rechtsverordnung über die Freistellung von der Registrierung entsprechend.

§ 39a
Registrierung traditioneller pflanzlicher Arzneimittel

Fertigarzneimittel, die pflanzliche Arzneimittel und Arzneimittel im Sinne des § 2 Abs. 1 sind, dürfen als traditionelle pflanzliche Arzneimittel nur in den Verkehr gebracht werden, wenn sie durch die zuständige Bundesoberbehörde registriert sind. Dies gilt auch für pflanzliche Arzneimittel, die Vitamine oder Mineralstoffe enthalten, sofern die Vitamine oder Mineralstoffe die Wirkung der traditionellen pflanzlichen Arzneimittel im Hinblick auf das Anwendungsgebiet oder die Anwendungsgebiete ergänzen.

§ 39b
Registrierungsunterlagen für traditionelle pflanzliche Arzneimittel

(1) Dem Antrag auf Registrierung müssen vom Antragsteller folgende Angaben und Unterlagen beigefügt werden:

1. die in § 22 Abs. 1, 3c, 4, 5 und 7 und § 24 Abs. 1 Nr. 1 genannten Angaben und Unterlagen,

2. die in § 22 Abs. 2 Satz 1 Nr. 1 genannten Ergebnisse der analytischen Prüfung,

3. die Zusammenfassung der Merkmale des Arzneimittels mit den in § 11a Abs. 1 genannten Angaben unter Berücksichtigung, dass es sich um ein traditionelles pflanzliches Arzneimittel handelt,

4. bibliographische Angaben über die traditionelle Anwendung oder Berichte von Sachverständigen, aus denen hervorgeht, dass das betreffende oder ein entsprechendes Arzneimittel zum Zeitpunkt der Antragstellung seit mindestens 30 Jahren, davon mindestens 15 Jahre in der Europäischen Union, medizinisch oder tiermedizinisch verwendet wird, das Arzneimittel unter den angegebenen Anwendungsbedingungen unschädlich ist und dass die pharmakologischen Wirkungen oder die Wirksamkeit des Arzneimittels auf Grund langjähriger Anwendung und Erfahrung plausibel sind,

5. bibliographischer Überblick betreffend die Angaben zur Unbedenklichkeit zusammen mit einem Sachverständigengutachten gemäß § 24 und, soweit zur Beurteilung der Unbedenklichkeit des Arzneimittels erforderlich, die dazu notwendigen weiteren Angaben und Unterlagen,

6. Registrierungen oder Zulassungen, die der Antragsteller in einem anderen Mitgliedstaat oder in einem Drittland für das Inverkehrbringen des Arzneimittels erhalten hat, sowie Einzelheiten etwaiger ablehnender Entscheidungen über eine Registrierung oder Zulassung und die Gründe für diese Entscheidungen.

Der Nachweis der Verwendung über einen Zeitraum von 30 Jahren gemäß Satz 1 Nr. 4 kann auch dann erbracht werden, wenn für das Inverkehrbringen keine spezielle Genehmigung für ein Arzneimittel erteilt wurde. Er ist auch dann erbracht, wenn die Anzahl oder Menge der Wirkstoffe des Arzneimittels während dieses Zeitraums herabgesetzt wurde. Ein Arzneimittel ist ein entsprechendes Arzneimittel im Sinne des Satzes 1 Nr. 4, wenn es ungeachtet der verwendeten Hilfsstoffe dieselben oder vergleichbare Wirkstoffe, denselben oder einen ähnlichen Verwendungszweck, eine äquivalente Stärke und Dosierung und denselben oder einen ähnlichen Verabreichungsweg wie das Arzneimittel hat, für das der Antrag auf Registrierung gestellt wird.

(1a) Die Angaben nach § 22 Absatz 1 Satz 1 Nummer 1 bis 10 müssen in deutscher, die übrigen Angaben in deutscher oder englischer Sprache beigefügt werden; andere Angaben oder Unterlagen können im Registrierungsverfahren statt in deutscher auch in englischer Sprache gemacht oder vorgelegt werden, soweit es sich nicht um Angaben handelt, die für die Kennzeichnung, die Packungsbeilage oder die Fachinformation verwendet werden.

(2) Anstelle der Vorlage der Angaben und Unterlagen nach Absatz 1 Satz 1 Nr. 4 und 5 kann bei Arzneimitteln zur Anwendung am Menschen auch Bezug genommen werden auf eine gemeinschaftliche oder unionsrechtliche Pflanzenmonographie nach Artikel 16h Abs. 3 der Richtlinie 2001/83/EG oder eine Listenposition nach Artikel 16f der Richtlinie 2001/83/EG.

(3) Enthält das Arzneimittel mehr als einen pflanzlichen Wirkstoff oder Stoff nach § 39a Satz 2, sind die in Absatz 1 Satz 1 Nr. 4 genannten Angaben für die Kombination vorzulegen. Sind die einzelnen Wirkstoffe nicht hinreichend bekannt, so sind auch Angaben zu den einzelnen Wirkstoffen zu machen.

Arzneimittelgesetz (AMG)

§ 39c
Entscheidung über die Registrierung traditioneller pflanzlicher Arzneimittel

(1) Die zuständige Bundesoberbehörde hat das traditionelle pflanzliche Arzneimittel zu registrieren und dem Antragsteller die Registrierungsnummer schriftlich mitzuteilen. § 25 Abs. 4 sowie 5 Satz 5 findet entsprechende Anwendung. Die Registrierung gilt nur für das im Bescheid aufgeführte traditionelle pflanzliche Arzneimittel. Die zuständige Bundesoberbehörde kann den Bescheid über die Registrierung mit Auflagen verbinden. Auflagen können auch nachträglich angeordnet werden. § 28 Abs. 2 und 4 findet entsprechende Anwendung.

(2) Die zuständige Bundesoberbehörde hat die Registrierung zu versagen, wenn der Antrag nicht die in § 39b vorgeschriebenen Angaben und Unterlagen enthält oder

1. die qualitative oder quantitative Zusammensetzung nicht den Angaben nach § 39b Abs. 1 entspricht oder sonst die pharmazeutische Qualität nicht angemessen ist,

2. die Anwendungsgebiete nicht ausschließlich denen traditioneller pflanzlicher Arzneimittel entsprechen, die nach ihrer Zusammensetzung und dem Zweck ihrer Anwendung dazu bestimmt sind, am Menschen angewandt zu werden, ohne dass es der ärztlichen Aufsicht im Hinblick auf die Stellung einer Diagnose, die Verschreibung oder die Überwachung der Behandlung bedarf,

3. das Arzneimittel bei bestimmungsgemäßem Gebrauch schädlich sein kann,

4. die Unbedenklichkeit von Vitaminen oder Mineralstoffen, die in dem Arzneimittel enthalten sind, nicht nachgewiesen ist,

5. die Angaben über die traditionelle Anwendung unzureichend sind, insbesondere die pharmakologischen Wirkungen oder die Wirksamkeit auf der Grundlage der langjährigen Anwendung und Erfahrung nicht plausibel sind,

6. das Arzneimittel nicht ausschließlich in einer bestimmten Stärke und Dosierung zu verabreichen ist,

7. das Arzneimittel nicht ausschließlich zur oralen oder äußerlichen Anwendung oder zur Inhalation bestimmt ist,

8. die nach § 39b Abs. 1 Satz 1 Nr. 4 erforderliche zeitliche Vorgabe nicht erfüllt ist,

9. für das traditionelle pflanzliche Arzneimittel oder ein entsprechendes Arzneimittel eine Zulassung gemäß § 25 oder eine Registrierung nach § 39 erteilt wurde,

10. das Inverkehrbringen des Arzneimittels oder seine Anwendung bei Tieren gegen gesetzliche Vorschriften verstoßen würde.

Für Arzneimittel, die zur Anwendung bei Tieren bestimmt sind, gilt Satz 1 entsprechend.

(3) Die Registrierung erlischt nach Ablauf von fünf Jahren seit ihrer Erteilung, es sei denn, dass spätestens neun Monate vor Ablauf der Frist ein Antrag auf Verlängerung gestellt wird. Für das Erlöschen und die Verlängerung der Registrierung gilt § 31 entsprechend mit der Maßgabe, dass die Versagungsgründe nach Absatz 2 Anwendung finden.

§ 39d
Sonstige Verfahrensvorschriften für traditionelle pflanzliche Arzneimittel*

(1) Die zuständige Bundesoberbehörde teilt dem Antragsteller sowie bei Arzneimitteln, die zur Anwendung am Menschen bestimmt sind, der Europäischen Kommission und der zuständigen Behörde eines Mitgliedstaates der Europäischen Union auf Anforderung eine von ihr getroffene ablehnende Entscheidung über die Registrierung als traditionelles Arzneimittel und die Gründe hierfür mit.

(2) Für Arzneimittel, die Artikel 16d Abs. 1 der Richtlinie 2001/83/EG entsprechen, gilt § 25b entsprechend. Für die in Artikel 16d Abs. 2 der Richtlinie 2001/83/EG genannten Arzneimittel ist eine Registrierung eines anderen Mitgliedstaates gebührend zu berücksichtigen.

(3) Die zuständige Bundesoberbehörde kann den nach Artikel 16h der Richtlinie 2001/83/EG eingesetzten Ausschuss für pflanzliche Arzneimittel auf Antrag um eine Stellungnahme zum Nachweis der traditionellen Anwendung ersuchen, wenn Zweifel über das Vorliegen der Voraussetzungen nach § 39b Abs. 1 Satz 1 Nr. 4 bestehen.

(4) Wenn ein Arzneimittel zur Anwendung bei Menschen seit weniger als 15 Jahren innerhalb der Europäischen Union angewendet worden ist, aber ansonsten die Voraussetzungen einer Registrierung nach den §§ 39a bis 39c vorliegen, hat die zuständige Bundesoberbehörde das nach Artikel 16c Abs. 4 der Richtlinie 2001/83/EG vorgesehene Verfahren unter Beteiligung des Ausschusses für pflanzliche Arzneimittel einzuleiten.

(5) Wird ein pflanzlicher Stoff, eine pflanzliche Zubereitung oder eine Kombination davon in der Liste nach Artikel 16f der Richtlinie 2001/83/EG gestrichen, so sind Registrierungen, die diesen Stoff enthaltende traditionelle pflanzliche zur Anwendung bei Menschen bestimmte Arzneimittel betreffen und die unter Bezugnahme auf § 39b Abs. 2 vorgenommen wurden, zu widerrufen, sofern nicht innerhalb von drei Monaten die in § 39b Abs. 1 genannten Angaben und Unterlagen vorgelegt werden.

---

* Anmerkung des Herausgebers:
  Am 14. August 2018 wird § 39d Absatz 9 aufgehoben (Artikel 4 Absatz 11 des Gesetzes vom 7. August 2013).

Arzneimittelgesetz (AMG)

(6) § 34 Absatz 1 Satz 1 Nummer 1 bis 7, Absatz 1a Satz 1 Nummer 1, 4 und 5, Absatz 1a Satz 4, Absatz 1b und 1d gilt entsprechend.

(7) Der Antragsteller hat der zuständigen Bundesoberbehörde unter Beifügung entsprechender Unterlagen unverzüglich Anzeige zu erstatten, wennsich Änderungen in den Angaben und Unterlagen nach § 39b Absatz 1 Satz 1 in Verbindung mit Absatz 2 ergeben. § 29 Absatz 1a, 1e, 1f und 2 bis 2b gilt entsprechend. Die Verpflichtung nach Satz 1 hat nach Erteilung der Registrierung der Inhaber der Registrierung zu erfüllen. Eine neue Registrierung ist in folgenden Fällen zu beantragen:

1. bei einer Änderung der Anwendungsgebiete, soweit es sich nicht um eine Änderung nach § 29 Absatz 2a Satz 1 Nummer 1 handelt,

2. bei einer Änderung der Zusammensetzung der Wirkstoffe nach Art oder Menge,

3. bei einer Änderung der Darreichungsform, soweit es sich nicht um eine Änderung nach § 29 Absatz 2a Satz 1 Nummer 3 handelt.

(8) Für Rücknahme, Widerruf und Ruhen der Registrierung gilt § 30 Absatz 1 Satz 1, Absatz 2, 2a, 3 und 4 entsprechend mit der Maßgabe, dass die Versagungsgründe nach § 39c Absatz 2 Anwendung finden.

(9) Das Bundesministerium wird ermächtigt, für traditionelle pflanzliche Arzneimittel entsprechend den Vorschriften der Zulassung durch Rechtsverordnung ohne Zustimmung des Bundesrates Vorschriften über die Gebühren und Auslagen der Registrierung zu erlassen. Die Rechtsverordnung ergeht im Einvernehmen mit dem Bundesministerium für Ernährung, Landwirtschaft und Verbraucherschutz, soweit es sich um Arzneimittel handelt, die zur Anwendung bei Tieren bestimmt sind.

Sechster Abschnitt
Schutz des Menschen bei der klinischen Prüfung

§ 40
Allgemeine Voraussetzungen der klinischen Prüfung

(1) Der Sponsor, der Prüfer und alle weiteren an der klinischen Prüfung beteiligten Personen haben bei der Durchführung der klinischen Prüfung eines Arzneimittels bei Menschen die Anforderungen der guten klinischen Praxis nach Maßgabe des Artikels 1 Abs. 3 der Richtlinie 2001/20/EG einzuhalten. Die klinische Prüfung eines Arzneimittels bei Menschen darf vom Sponsor nur begonnen werden, wenn die zuständige Ethik-Kommission diese nach Maßgabe des § 42 Abs. 1 zustimmend bewertet und die zuständige Bundesoberbehörde diese nach Maßgabe des § 42 Abs. 2 genehmigt hat. Die klinische Prüfung eines Arzneimittels darf bei Menschen nur durchgeführt werden, wenn und solange

Arzneimittelgesetz (AMG)

1. ein Sponsor oder ein Vertreter des Sponsors vorhanden ist, der seinen Sitz in einem Mitgliedstaat der Europäischen Union oder in einem anderen Vertragsstaat des Abkommens über den Europäischen Wirtschaftsraum hat,

2. die vorhersehbaren Risiken und Nachteile gegenüber dem Nutzen für die Person, bei der sie durchgeführt werden soll (betroffene Person), und der voraussichtlichen Bedeutung des Arzneimittels für die Heilkunde ärztlich vertretbar sind,

2a. nach dem Stand der Wissenschaft im Verhältnis zum Zweck der klinischen Prüfung eines Arzneimittels, das aus einem gentechnisch veränderten Organismus oder einer Kombination von gentechnisch veränderten Organismen besteht oder solche enthält, unvertretbare schädliche Auswirkungen auf

   a) die Gesundheit Dritter und

   b) die Umwelt

   nicht zu erwarten sind,

3. die betroffene Person

   a) volljährig und in der Lage ist, Wesen, Bedeutung und Tragweite der klinischen Prüfung zu erkennen und ihren Willen hiernach auszurichten,

   b) nach Absatz 2 Satz 1 aufgeklärt worden ist und schriftlich eingewilligt hat, soweit in Absatz 4 oder in § 41 nichts Abweichendes bestimmt ist, und

   c) nach Absatz 2a Satz 1 und 2 informiert worden ist und schriftlich eingewilligt hat; die Einwilligung muss sich ausdrücklich auch auf die Erhebung und Verarbeitung von Angaben über die Gesundheit beziehen,

4. die betroffene Person nicht auf gerichtliche oder behördliche Anordnung in einer Anstalt untergebracht ist,

5. sie in einer geeigneten Einrichtung von einem angemessen qualifizierten Prüfer verantwortlich durchgeführt wird und die Prüfung von einem Prüfer mit mindestens zweijähriger Erfahrung in der klinischen Prüfung von Arzneimitteln geleitet wird,

6. eine dem jeweiligen Stand der wissenschaftlichen Erkenntnisse entsprechende pharmakologisch-toxikologische Prüfung des Arzneimittels durchgeführt worden ist,

7. jeder Prüfer durch einen für die pharmakologisch-toxikologische Prüfung verantwortlichen Wissenschaftler über deren Ergebnisse und die voraussichtlich mit der klinischen Prüfung verbundenen Risiken informiert worden ist,

8. für den Fall, dass bei der Durchführung der klinischen Prüfung ein Mensch getötet oder der Körper oder die Gesundheit eines Menschen verletzt

Arzneimittelgesetz (AMG)

wird, eine Versicherung nach Maßgabe des Absatzes 3 besteht, die auch Leistungen gewährt, wenn kein anderer für den Schaden haftet, und

9. für die medizinische Versorgung der betroffenen Person ein Arzt oder bei zahnmedizinischer Behandlung ein Zahnarzt verantwortlich ist.

Kann die betroffene Person nicht schreiben, so kann in Ausnahmefällen statt der in Satz 3 Nummer 3 Buchstabe b und c geforderten schriftlichen Einwilligung eine mündliche Einwilligung in Anwesenheit von mindestens einem Zeugen, der auch bei der Information der betroffenen Person einbezogen war, erteilt werden. Der Zeuge darf keine bei der Prüfstelle beschäftigte Person und kein Mitglied der Prüfgruppe sein. Die mündlich erteilte Einwilligung ist schriftlich zu dokumentieren, zu datieren und von dem Zeugen zu unterschreiben.

(1a) Der Prüfer bestimmt angemessen qualifizierte Mitglieder der Prüfgruppe. Er hat sie anzuleiten und zu überwachen sowie ihnen die für ihre Tätigkeit im Rahmen der Durchführung der klinischen Prüfung erforderlichen Informationen, insbesondere den Prüfplan und die Prüferinformation, zur Verfügung zu stellen. Der Prüfer hat mindestens einen Stellvertreter mit vergleichbarer Qualifikation zu benennen.

(1b) Einer Versicherung nach Absatz 1 Satz 3 Nummer 8 bedarf es nicht bei klinischen Prüfungen mit zugelassenen Arzneimitteln, wenn die Anwendung gemäß den in der Zulassung festgelegten Angaben erfolgt und Risiken und Belastungen durch zusätzliche Untersuchungen oder durch den Therapievergleich gering sind und soweit eine anderweitige Versicherung für Prüfer und Sponsor besteht.

(2) Die betroffene Person ist durch einen Prüfer, der Arzt oder, bei zahnmedizinischer Prüfung, Zahnarzt ist, oder durch ein Mitglied der Prüfgruppe, das Arzt oder, bei zahnmedizinischer Prüfung, Zahnarzt ist, über Wesen, Bedeutung, Risiken und Tragweite der klinischen Prüfung sowie über ihr Recht aufzuklären, die Teilnahme an der klinischen Prüfung jederzeit zu beenden; ihr ist eine allgemein verständliche Aufklärungsunterlage auszuhändigen. Der betroffenen Person ist ferner Gelegenheit zu einem Beratungsgespräch mit einem Prüfer oder einem Mitglied der Prüfgruppe, das Arzt oder, bei zahnmedizinischer Prüfung, Zahnarzt ist, über die sonstigen Bedingungen der Durchführung der klinischen Prüfung zu geben. Eine nach Absatz 1 Satz 3 Nummer 3 Buchstabe b erklärte Einwilligung in die Teilnahme an einer klinischen Prüfung kann jederzeit gegenüber dem Prüfer oder einem Mitglied der Prüfgruppe schriftlich oder mündlich widerrufen werden, ohne dass der betroffenen Person dadurch Nachteile entstehen dürfen.

(2a) Die betroffene Person ist über Zweck und Umfang der Erhebung und Verwendung personenbezogener Daten, insbesondere von Gesundheitsdaten zu informieren. Sie ist insbesondere darüber zu informieren, dass

1. die erhobenen Daten soweit erforderlich

   a) zur Einsichtnahme durch die Überwachungsbehörde oder Beauftragte des Sponsors zur Überprüfung der ordnungsgemäßen Durchführung der klinischen Prüfung bereitgehalten werden,

   b) pseudonymisiert an den Sponsor oder eine von diesem beauftragte Stelle zum Zwecke der wissenschaftlichen Auswertung weitergegeben werden,

   c) im Falle eines Antrags auf Zulassung pseudonymisiert an den Antragsteller und die für die Zulassung zuständige Behörde weitergegeben werden,

   d) im Falle unerwünschter Ereignisse des zu prüfenden Arzneimittels pseudonymisiert an den Sponsor und die zuständige Bundesoberbehörde sowie von dieser an die Europäische Datenbank weitergegeben werden,

2. die Einwilligung nach Absatz 1 Satz 3 Nr. 3 Buchstabe c unwiderruflich ist,

3. im Falle eines Widerrufs der nach Absatz 1 Satz 3 Nr. 3 Buchstabe b erklärten Einwilligung die gespeicherten Daten weiterhin verwendet werden dürfen, soweit dies erforderlich ist, um

   a) Wirkungen des zu prüfenden Arzneimittels festzustellen,

   b) sicherzustellen, dass schutzwürdige Interessen der betroffenen Person nicht beeinträchtigt werden,

   c) der Pflicht zur Vorlage vollständiger Zulassungsunterlagen zu genügen,

4. die Daten bei den genannten Stellen für die auf Grund des § 42 Abs. 3 bestimmten Fristen gespeichert werden.

Im Falle eines Widerrufs der nach Absatz 1 Satz 3 Nr. 3 Buchstabe b erklärten Einwilligung haben die verantwortlichen Stellen unverzüglich zu prüfen, inwieweit die gespeicherten Daten für die in Satz 2 Nr. 3 genannten Zwecke noch erforderlich sein können. Nicht mehr benötigte Daten sind unverzüglich zu löschen. Im Übrigen sind die erhobenen personenbezogenen Daten nach Ablauf der auf Grund des § 42 Abs. 3 bestimmten Fristen zu löschen, soweit nicht gesetzliche, satzungsmäßige oder vertragliche Aufbewahrungsfristen entgegenstehen.

(3) Die Versicherung nach Absatz 1 Satz 3 Nr. 8 muss zugunsten der von der klinischen Prüfung betroffenen Personen bei einem in einem Mitgliedstaat der Europäischen Union oder einem anderen Vertragsstaat des Abkommens über den Europäischen Wirtschaftsraum zum Geschäftsbetrieb zugelassenen Versicherer genommen werden. Ihr Umfang muss in einem angemessenen Verhältnis zu den mit der klinischen Prüfung verbundenen Risiken stehen und auf der Grundlage der Risikoabschätzung so festgelegt werden, dass für jeden Fall des Todes oder der dauernden Erwerbsunfähigkeit einer von der klinischen Prüfung betroffenen Person mindestens 500 000 Euro zur Verfügung stehen. Soweit aus der Versicherung geleistet wird, erlischt ein Anspruch auf Schadensersatz.

Arzneimittelgesetz (AMG)

(4) Auf eine klinische Prüfung bei Minderjährigen finden die Absätze 1 bis 3 mit folgender Maßgabe Anwendung:

1. Das Arzneimittel muss zum Erkennen oder zum Verhüten von Krankheiten bei Minderjährigen bestimmt und die Anwendung des Arzneimittels nach den Erkenntnissen der medizinischen Wissenschaft angezeigt sein, um bei dem Minderjährigen Krankheiten zu erkennen oder ihn vor Krankheiten zu schützen. Angezeigt ist das Arzneimittel, wenn seine Anwendung bei dem Minderjährigen medizinisch indiziert ist.

2. Die klinische Prüfung an Erwachsenen oder andere Forschungsmethoden dürfen nach den Erkenntnissen der medizinischen Wissenschaft keine ausreichenden Prüfergebnisse erwarten lassen.

3. Die Einwilligung wird durch den gesetzlichen Vertreter abgegeben, nachdem er entsprechend Absatz 2 aufgeklärt worden ist. Sie muss dem mutmaßlichen Willen des Minderjährigen entsprechen, soweit ein solcher feststellbar ist. Der Minderjährige ist vor Beginn der klinischen Prüfung von einem im Umgang mit Minderjährigen erfahrenen Prüfer, der Arzt oder, bei zahnmedizinischer Prüfung, Zahnarzt ist, oder einem entsprechend erfahrenen Mitglied der Prüfgruppe, das Arzt oder, bei zahnmedizinischer Prüfung, Zahnarzt ist, über die Prüfung, die Risiken und den Nutzen aufzuklären, soweit dies im Hinblick auf sein Alter und seine geistige Reife möglich ist; erklärt der Minderjährige, nicht an der klinischen Prüfung teilnehmen zu wollen, oder bringt er dies in sonstiger Weise zum Ausdruck, so ist dies zu beachten. Ist der Minderjährige in der Lage, Wesen, Bedeutung und Tragweite der klinischen Prüfung zu erkennen und seinen Willen hiernach auszurichten, so ist auch seine Einwilligung erforderlich. Eine Gelegenheit zu einem Beratungsgespräch nach Absatz 2 Satz 2 ist neben dem gesetzlichen Vertreter auch dem Minderjährigen zu eröffnen.

4. Die klinische Prüfung darf nur durchgeführt werden, wenn sie für die betroffene Person mit möglichst wenig Belastungen und anderen vorhersehbaren Risiken verbunden ist; sowohl der Belastungsgrad als auch die Risikoschwelle müssen im Prüfplan eigens definiert und vom Prüfer ständig überprüft werden.

5. Vorteile mit Ausnahme einer angemessenen Entschädigung dürfen nicht gewährt werden.

(5) Der betroffenen Person, ihrem gesetzlichen Vertreter oder einem von ihr Bevollmächtigten steht eine zuständige Kontaktstelle zur Verfügung, bei der Informationen über alle Umstände, denen eine Bedeutung für die Durchführung einer klinischen Prüfung beizumessen ist, eingeholt werden können. Die Kontaktstelle ist bei der jeweils zuständigen Bundesoberbehörde einzurichten.

Arzneimittelgesetz (AMG)

§ 41
Besondere Voraussetzungen der klinischen Prüfung

(1) Auf eine klinische Prüfung bei einer volljährigen Person, die an einer Krankheit leidet, zu deren Behandlung das zu prüfende Arzneimittel angewendet werden soll, findet § 40 Abs. 1 bis 3 mit folgender Maßgabe Anwendung:

1. Die Anwendung des zu prüfenden Arzneimittels muss nach den Erkenntnissen der medizinischen Wissenschaft angezeigt sein, um das Leben dieser Person zu retten, ihre Gesundheit wiederherzustellen oder ihr Leiden zu erleichtern, oder *Fortschritt der Medizin*
2. sie muss für die Gruppe der Patienten, die an der gleichen Krankheit leiden wie diese Person, mit einem direkten Nutzen verbunden sein.

Kann die Einwilligung wegen einer Notfallsituation nicht eingeholt werden, so darf eine Behandlung, die ohne Aufschub erforderlich ist, um das Leben der betroffenen Person zu retten, ihre Gesundheit wiederherzustellen oder ihr Leiden zu erleichtern, umgehend erfolgen. Die Einwilligung zur weiteren Teilnahme ist einzuholen, sobald dies möglich und zumutbar ist. *bei Kindern analog*

(2) Auf eine klinische Prüfung bei einem Minderjährigen, der an einer Krankheit leidet, zu deren Behandlung das zu prüfende Arzneimittel angewendet werden soll, findet § 40 Abs. 1 bis 4 mit folgender Maßgabe Anwendung:

1. Die Anwendung des zu prüfenden Arzneimittels muss nach den Erkenntnissen der medizinischen Wissenschaft angezeigt sein, um das Leben der betroffenen Person zu retten, ihre Gesundheit wiederherzustellen oder ihr Leiden zu erleichtern, oder

2. a) die klinische Prüfung muss für die Gruppe der Patienten, die an der gleichen Krankheit leiden wie die betroffene Person, mit einem direkten Nutzen verbunden sein,

   b) die Forschung muss für die Bestätigung von Daten, die bei klinischen Prüfungen an anderen Personen oder mittels anderer Forschungsmethoden gewonnen wurden, unbedingt erforderlich sein,

   c) die Forschung muss sich auf einen klinischen Zustand beziehen, unter dem der betroffene Minderjährige leidet und *Unterpunktion → nein*

   d) die Forschung darf für die betroffene Person nur mit einem minimalen Risiko und einer minimalen Belastung verbunden sein; die Forschung weist nur ein minimales Risiko auf, wenn nach Art und Umfang der Intervention zu erwarten ist, dass sie allenfalls zu einer sehr geringfügigen und vorübergehenden Beeinträchtigung der Gesundheit der betroffenen Person führen wird; sie weist eine minimale Belastung auf, wenn zu erwarten ist, dass die Unannehmlichkeiten für die betroffene Person allenfalls vorübergehend auftreten und sehr geringfügig sein werden.

Satz 1 Nr. 2 gilt nicht für Minderjährige, für die nach Erreichen der Volljährigkeit Absatz 3 Anwendung finden würde.

Arzneimittelgesetz (AMG)

(3) Auf eine klinische Prüfung bei einer volljährigen Person, die nicht in der Lage ist, Wesen, Bedeutung und Tragweite der klinischen Prüfung zu erkennen und ihren Willen hiernach auszurichten, und die an einer Krankheit leidet, zu deren Behandlung das zu prüfende Arzneimittel angewendet werden soll, findet § 40 Abs. 1 bis 3 mit folgender Maßgabe Anwendung:

1. Die Anwendung des zu prüfenden Arzneimittels muss nach den Erkenntnissen der medizinischen Wissenschaft angezeigt sein, um das Leben der betroffenen Person zu retten, ihre Gesundheit wiederherzustellen oder ihr Leiden zu erleichtern; außerdem müssen sich derartige Forschungen unmittelbar auf einen lebensbedrohlichen oder sehr geschwächten klinischen Zustand beziehen, in dem sich die betroffene Person befindet, und die klinische Prüfung muss für die betroffene Person mit möglichst wenig Belastungen und anderen vorhersehbaren Risiken verbunden sein; sowohl der Belastungsgrad als auch die Risikoschwelle müssen im Prüfplan eigens definiert und vom Prüfer ständig überprüft werden. Die klinische Prüfung darf nur durchgeführt werden, wenn die begründete Erwartung besteht, dass der Nutzen der Anwendung des Prüfpräparates für die betroffene Person die Risiken überwiegt oder keine Risiken mit sich bringt.

2. Die Einwilligung wird durch den gesetzlichen Vertreter oder Bevollmächtigten abgegeben, nachdem er entsprechend § 40 Abs. 2 aufgeklärt worden ist. § 40 Abs. 4 Nr. 3 Satz 2, 3 und 5 gilt entsprechend.

3. Die Forschung muss für die Bestätigung von Daten, die bei klinischen Prüfungen an zur Einwilligung nach Aufklärung fähigen Personen oder mittels anderer Forschungsmethoden gewonnen wurden, unbedingt erforderlich sein. § 40 Abs. 4 Nr. 2 gilt entsprechend.

4. Vorteile mit Ausnahme einer angemessenen Entschädigung dürfen nicht gewährt werden.

§ 42
Verfahren bei der Ethik-Kommission,
Genehmigungsverfahren bei der Bundesoberbehörde

(1) Die nach § 40 Abs. 1 Satz 2 erforderliche zustimmende Bewertung der Ethik-Kommission ist vom Sponsor bei der nach Landesrecht für den Prüfer zuständigen unabhängigen interdisziplinär besetzten Ethik-Kommission zu beantragen. Wird die klinische Prüfung von mehreren Prüfern durchgeführt, so ist der Antrag bei der für den Leiter der klinischen Prüfung zuständigen unabhängigen Ethik-Kommission zu stellen. Das Nähere zur Bildung, Zusammensetzung und Finanzierung der Ethik-Kommission wird durch Landesrecht bestimmt. Der Sponsor hat der Ethik-Kommission alle Angaben und Unterlagen vorzulegen, die diese zur Bewertung benötigt. Zur Bewertung der Unterlagen kann die Ethik-Kommission eigene wissenschaftliche Erkenntnisse verwerten, Sachverständige beiziehen oder Gutachten anfordern. Sie hat Sachverständige beizuziehen oder Gutachten anzufordern, wenn es sich um

Arzneimittelgesetz (AMG)

eine klinische Prüfung bei Minderjährigen handelt und sie nicht über eigene Fachkenntnisse auf dem Gebiet der Kinderheilkunde, einschließlich ethischer und psychosozialer Fragen der Kinderheilkunde, verfügt oder wenn es sich um eine klinische Prüfung von xenogenen Arzneimitteln oder Gentherapeutika handelt. Die zustimmende Bewertung darf nur versagt werden, wenn

1. die vorgelegten Unterlagen auch nach Ablauf einer dem Sponsor gesetzten angemessenen Frist zur Ergänzung unvollständig sind,

2. die vorgelegten Unterlagen einschließlich des Prüfplans, der Prüferinformation und der Modalitäten für die Auswahl der Prüfungsteilnehmer nicht dem Stand der wissenschaftlichen Erkenntnisse entsprechen, insbesondere die klinische Prüfung ungeeignet ist, den Nachweis der Unbedenklichkeit oder Wirksamkeit eines Arzneimittels einschließlich einer unterschiedlichen Wirkungsweise bei Frauen und Männern zu erbringen, oder

3. die in § 40 Abs. 1 Satz 3 Nr. 2 bis 9, Abs. 4 und § 41 geregelten Anforderungen nicht erfüllt sind.

Das Nähere wird in der Rechtsverordnung nach Absatz 3 bestimmt. Die Ethik-Kommission hat eine Entscheidung über den Antrag nach Satz 1 innerhalb einer Frist von höchstens 60 Tagen nach Eingang der erforderlichen Unterlagen zu übermitteln, die nach Maßgabe der Rechtsverordnung nach Absatz 3 verlängert oder verkürzt werden kann; für die Prüfung xenogener Arzneimittel gibt es keine zeitliche Begrenzung für den Genehmigungszeitraum.

(2) Die nach § 40 Abs. 1 Satz 2 erforderliche Genehmigung der zuständigen Bundesoberbehörde ist vom Sponsor bei der zuständigen Bundesoberbehörde zu beantragen. Der Sponsor hat dabei alle Angaben und Unterlagen vorzulegen, die diese zur Bewertung benötigt, insbesondere die Ergebnisse der analytischen und der pharmakologisch-toxikologischen Prüfung sowie den Prüfplan und die klinischen Angaben zum Arzneimittel einschließlich der Prüferinformation. Die Genehmigung darf nur versagt werden, wenn

1. die vorgelegten Unterlagen auch nach Ablauf einer dem Sponsor gesetzten angemessenen Frist zur Ergänzung unvollständig sind,

2. die vorgelegten Unterlagen, insbesondere die Angaben zum Arzneimittel und der Prüfplan einschließlich der Prüferinformation nicht dem Stand der wissenschaftlichen Erkenntnisse entsprechen, insbesondere die klinische Prüfung ungeeignet ist, den Nachweis der Unbedenklichkeit oder Wirksamkeit eines Arzneimittels einschließlich einer unterschiedlichen Wirkungsweise bei Frauen und Männern zu erbringen,

3. die in § 40 Abs. 1 Satz 3 Nr. 1, 2, 2a und 6, bei xenogenen Arzneimitteln auch die in Nummer 8 geregelten Anforderungen insbesondere im Hinblick auf eine Versicherung von Drittrisiken nicht erfüllt sind,

4. der zuständigen Bundesoberbehörde Erkenntnisse vorliegen, dass die Prüfeinrichtung für die Durchführung der klinischen Prüfung nicht geeignet

Arzneimittelgesetz (AMG)

ist oder dass von dieser die in Nummer 2 bezeichneten Anforderungen an die klinische Prüfung nicht eingehalten werden können,

5. die in § 40 Absatz 4 oder § 41 geregelten Anforderungen nicht erfüllt sind.

Die Genehmigung gilt als erteilt, wenn die zuständige Bundesoberbehörde dem Sponsor innerhalb von höchstens 30 Tagen nach Eingang der Antragsunterlagen keine mit Gründen versehenen Einwände übermittelt. Wenn der Sponsor auf mit Gründen versehene Einwände den Antrag nicht innerhalb einer Frist von höchstens 90 Tagen entsprechend abgeändert hat, gilt der Antrag als abgelehnt. Das Nähere wird in der Rechtsverordnung nach Absatz 3 bestimmt. Abweichend von Satz 4 darf die klinische Prüfung von Arzneimitteln,

1. die unter die Nummer 1 des Anhangs der Verordnung (EG) Nr. 726/2004 fallen,

2. die Arzneimittel für neuartige Therapien, xenogene Arzneimittel sind,

3. die genetisch veränderte Organismen enthalten oder

4. deren Wirkstoff ein biologisches Produkt menschlichen oder tierischen Ursprungs ist oder biologische Bestandteile menschlichen oder tierischen Ursprungs enthält oder zu seiner Herstellung derartige Bestandteile erfordert,

nur begonnen werden, wenn die zuständige Bundesoberbehörde dem Sponsor eine schriftliche Genehmigung erteilt hat. Die zuständige Bundesoberbehörde hat eine Entscheidung über den Antrag auf Genehmigung von Arzneimitteln nach Satz 7 Nr. 2 bis 4 innerhalb einer Frist von höchstens 60 Tagen nach Eingang der in Satz 2 genannten erforderlichen Unterlagen zu treffen, die nach Maßgabe einer Rechtsverordnung nach Absatz 3 verlängert oder verkürzt werden kann; für die Prüfung xenogener Arzneimittel gibt es keine zeitliche Begrenzung für den Genehmigungszeitraum.

(2a) Die für die Genehmigung einer klinischen Prüfung nach Absatz 2 zuständige Bundesoberbehörde unterrichtet die nach Absatz 1 zuständige Ethik-Kommission, sofern ihr Informationen zu anderen klinischen Prüfungen vorliegen, die für die Bewertung der von der Ethik-Kommission begutachteten Prüfung von Bedeutung sind; dies gilt insbesondere für Informationen über abgebrochene oder sonst vorzeitig beendete Prüfungen. Dabei unterbleibt die Übermittlung personenbezogener Daten, ferner sind Betriebs- und Geschäftsgeheimnisse dabei zu wahren.

(3) Das Bundesministerium wird ermächtigt, durch Rechtsverordnung mit Zustimmung des Bundesrates Regelungen zur Gewährleistung der ordnungsgemäßen Durchführung der klinischen Prüfung und der Erzielung dem wissenschaftlichen Erkenntnisstand entsprechender Unterlagen zu treffen. In der Rechtsverordnung können insbesondere Regelungen getroffen werden über:

1. die Aufgaben und Verantwortungsbereiche des Sponsors, der Prüfer oder anderer Personen, die die klinische Prüfung durchführen oder kontrollieren, einschließlich von Anzeige-, Dokumentations- und Berichtspflichten insbesondere über Nebenwirkungen und sonstige unerwünschte Ereignisse,

die während der Studie auftreten und die Sicherheit der Studienteilnehmer oder die Durchführung der Studie beeinträchtigen könnten,

2. die Aufgaben der und das Verfahren bei Ethik-Kommissionen einschließlich der einzureichenden Unterlagen, auch mit Angaben zur angemessenen Beteiligung von Frauen und Männern als Prüfungsteilnehmerinnen und Prüfungsteilnehmer, der Unterbrechung oder Verlängerung oder Verkürzung der Bearbeitungsfrist und der besonderen Anforderungen an die Ethik-Kommissionen bei klinischen Prüfungen nach § 40 Abs. 4 und § 41 Abs. 2 und 3,

3. die Aufgaben der zuständigen Behörden und das behördliche Genehmigungsverfahren einschließlich der einzureichenden Unterlagen, auch mit Angaben zur angemessenen Beteiligung von Frauen und Männern als Prüfungsteilnehmerinnen und Prüfungsteilnehmer, und der Unterbrechung oder Verlängerung oder Verkürzung der Bearbeitungsfrist, das Verfahren zur Überprüfung von Unterlagen in Betrieben und Einrichtungen sowie die Voraussetzungen und das Verfahren für Rücknahme, Widerruf und Ruhen der Genehmigung oder Untersagung einer klinischen Prüfung,

4. die Anforderungen an die Prüfeinrichtung und an das Führen und Aufbewahren von Nachweisen,

5. die Übermittlung von Namen und Sitz des Sponsors und des verantwortlichen Prüfers und nicht personenbezogener Angaben zur klinischen Prüfung sowie Ergebnissen der klinischen Prüfung von der zuständigen Behörde an eine europäische Datenbank,

6. die Befugnisse zur Erhebung und Verwendung personenbezogener Daten, soweit diese für die Durchführung und Überwachung der klinischen Prüfung erforderlich sind; dies gilt auch für die Verarbeitung von Daten, die nicht in Dateien verarbeitet oder genutzt werden,

7. soweit Arzneimittel betroffen sind, die aus einem gentechnisch veränderten Organismus oder einer Kombination von gentechnisch veränderten Organismen bestehen oder solche enthalten,

   a) die Erhebung und Verwendung personenbezogener Daten, soweit diese für die Abwehr von Gefahren für die Gesundheit Dritter oder für die Umwelt in ihrem Wirkungsgefüge erforderlich sind,

   b) die Aufgaben und Befugnisse der Behörden zur Abwehr von Gefahren für die Gesundheit Dritter und für die Umwelt in ihrem Wirkungsgefüge,

   c) die Übermittlung von Daten in eine öffentlich zugängliche europäische Datenbank und

   d) den Informationsaustausch mit der Europäischen Kommission;

ferner kann die Weiterleitung von Unterlagen und Ausfertigungen der Entscheidungen an die zuständigen Behörden und die für die Prüfer zuständigen Ethik-Kommissionen bestimmt sowie vorgeschrieben werden, dass Unterlagen auf elektronischen Speichermedien eingereicht werden. In der Rechtsver-

Arzneimittelgesetz (AMG)

ordnung sind für zugelassene Arzneimittel Ausnahmen entsprechend der Richtlinie 2001/20/EG vorzusehen.

§ 42a
Rücknahme, Widerruf und Ruhen der Genehmigung oder der zustimmenden Bewertung

(1) Die Genehmigung ist zurückzunehmen, wenn bekannt wird, dass ein Versagungsgrund nach § 42 Abs. 2 Satz 3 Nr. 1, Nr. 2 oder Nr. 3 bei der Erteilung vorgelegen hat; sie ist zu widerrufen, wenn nachträglich Tatsachen eintreten, die die Versagung nach § 42 Abs. 2 Satz 3 Nr. 2, Nr. 3, Nummer 4 oder Nummer 5 rechtfertigen würden. In den Fällen des Satzes 1 kann auch das Ruhen der Genehmigung befristet angeordnet werden.

(2) Die zuständige Bundesoberbehörde kann die Genehmigung widerrufen, wenn die Gegebenheiten der klinischen Prüfung nicht mit den Angaben im Genehmigungsantrag übereinstimmen oder wenn Tatsachen Anlass zu Zweifeln an der Unbedenklichkeit oder der wissenschaftlichen Grundlage der klinischen Prüfung geben. In diesem Fall kann auch das Ruhen der Genehmigung befristet angeordnet werden. Die zuständige Bundesoberbehörde unterrichtet unter Angabe der Gründe unverzüglich die anderen für die Überwachung zuständigen Behörden und Ethik-Kommissionen sowie die Europäische Kommission und die Europäische Arzneimittel-Agentur.

(3) Vor einer Entscheidung nach den Absätzen 1 und 2 ist dem Sponsor Gelegenheit zur Stellungnahme innerhalb einer Frist von einer Woche zu geben. § 28 Abs. 2 Nr. 1 des Verwaltungsverfahrensgesetzes gilt entsprechend. Ordnet die zuständige Bundesoberbehörde die sofortige Unterbrechung der Prüfung an, so übermittelt sie diese Anordnung unverzüglich dem Sponsor. Widerspruch und Anfechtungsklage gegen den Widerruf, die Rücknahme oder die Anordnung des Ruhens der Genehmigung sowie gegen Anordnungen nach Absatz 5 haben keine aufschiebende Wirkung.

(4) Ist die Genehmigung einer klinischen Prüfung zurückgenommen oder widerrufen oder ruht sie, so darf die klinische Prüfung nicht fortgesetzt werden.

(4a) Die zustimmende Bewertung durch die zuständige Ethik-Kommission ist zurückzunehmen, wenn die Ethik-Kommission nachträglich davon Kenntnis erlangt, dass ein Versagungsgrund nach § 42 Absatz 1 Satz 7 vorgelegen hat; sie ist zu widerrufen, wenn die Ethik-Kommission davon Kenntnis erlangt, dass nachträglich

1. die Anforderungen an die Eignung des Prüfers, seines Stellvertreters oder der Prüfstelle nicht mehr gegeben sind,

2. keine ordnungsgemäße Probandenversicherung mehr besteht oder die Voraussetzungen für eine Ausnahme von der Versicherungspflicht nicht mehr vorliegen,

3. die Modalitäten für die Auswahl der Prüfungsteilnehmer nicht mehr dem Stand der medizinischen Erkenntnisse entsprechen, insbesondere die klinische Prüfung ungeeignet ist, den Nachweis der Unbedenklichkeit oder der Wirksamkeit eines Arzneimittels einschließlich einer unterschiedlichen Wirkungsweise bei Frauen und Männern zu erbringen, oder

4. die Voraussetzungen für die Einbeziehung von Personen nach § 40 Absatz 4 oder § 41 nicht mehr gegeben sind.

Die Absätze 3 und 4 gelten entsprechend. Die zuständige Ethik-Kommission unterrichtet unter Angabe der Gründe unverzüglich die zuständige Bundesoberbehörde und die anderen für die Überwachung zuständigen Behörden.

(5) Wenn der zuständigen Bundesoberbehörde im Rahmen ihrer Tätigkeit Tatsachen bekannt werden, die die Annahme rechtfertigen, dass der Sponsor, ein Prüfer oder ein anderer Beteiligter seine Verpflichtungen im Rahmen der ordnungsgemäßen Durchführung der klinischen Prüfung nicht mehr erfüllt, informiert die zuständige Bundesoberbehörde die betreffende Person unverzüglich und ordnet die von dieser Person durchzuführenden Abhilfemaßnahmen an; betrifft die Maßnahme nicht den Sponsor, so ist dieser von der Anordnung zu unterrichten. Maßnahmen der zuständigen Überwachungsbehörde gemäß § 69 bleiben davon unberührt.

§ 42b
Veröffentlichung der Ergebnisse klinischer Prüfungen

(1) Pharmazeutische Unternehmer, die im Geltungsbereich dieses Gesetzes ein Arzneimittel in den Verkehr bringen, das der Pflicht zur Zulassung oder Genehmigung für das Inverkehrbringen unterliegt und zur Anwendung bei Menschen bestimmt ist, haben Berichte über alle Ergebnisse konfirmatorischer klinischer Prüfungen zum Nachweis der Wirksamkeit und Unbedenklichkeit der zuständigen Bundesoberbehörde zur Eingabe in die Datenbank nach § 67a Absatz 2 zur Verfügung zu stellen. Diese Berichte sind innerhalb von sechs Monaten nach Erteilung oder Änderung, soweit die Änderung auf konfirmatorischen klinischen Prüfungen beruht, der Zulassung oder der Genehmigung für das Inverkehrbringen zur Verfügung zu stellen.

(2) Wird eine klinische Prüfung mit einem bereits zugelassenen oder für das Inverkehrbringen genehmigten Arzneimittel durchgeführt und wird dieses nicht als Vergleichspräparat eingesetzt, hat der Sponsor die Ergebnisse der klinischen Prüfung innerhalb eines Jahres nach ihrer Beendigung entsprechend Absatz 1 zur Verfügung zu stellen.

(3) Die Berichte nach den Absätzen 1 und 2 müssen alle Ergebnisse der klinischen Prüfungen unabhängig davon, ob sie günstig oder ungünstig sind, enthalten. Es sind ferner Aussagen zu nachträglichen wesentlichen Prüfplanänderungen sowie Unterbrechungen und Abbrüchen der klinischen Prüfung in den Bericht aufzunehmen. Im Übrigen ist der Ergebnisbericht gemäß den Anforderungen der Guten Klinischen Praxis abzufassen. Mit Ausnahme des

Arzneimittelgesetz (AMG)

Namens und der Anschrift des pharmazeutischen Unternehmers oder des Sponsors sowie der Angabe des Namens und der Anschrift von nach § 4a des Bundesdatenschutzgesetzes einwilligender Prüfärzte dürfen die Berichte nach Satz 1 keine personenbezogenen, insbesondere patientenbezogenen Daten enthalten. Der Bericht kann in deutscher oder englischer Sprache verfasst sein. § 63b Absatz 3 Satz 1 ist nicht anzuwenden. Die Vorschriften zum Schutz des geistigen Eigentums und zum Schutz von Betriebs- und Geschäftsgeheimnissen bleiben ebenso wie die §§ 24a und 24b unberührt.

Siebter Abschnitt
Abgabe von Arzneimitteln

§ 43
Apothekenpflicht, Inverkehrbringen durch Tierärzte

(1) Arzneimittel im Sinne des § 2 Abs. 1 oder Abs. 2 Nr. 1, die nicht durch die Vorschriften des § 44 oder der nach § 45 Abs. 1 erlassenen Rechtsverordnung für den Verkehr außerhalb der Apotheken freigegeben sind, dürfen außer in den Fällen des § 47 berufs- oder gewerbsmäßig für den Endverbrauch nur in Apotheken und ohne behördliche Erlaubnis nicht im Wege des Versandes in den Verkehr gebracht werden; das Nähere regelt das Apothekengesetz. Außerhalb der Apotheken darf außer in den Fällen des Absatzes 4 und des § 47 Abs. 1 mit den nach Satz 1 den Apotheken vorbehaltenen Arzneimitteln kein Handel getrieben werden. Die Angaben über die Ausstellung oder Änderung einer Erlaubnis zum Versand von Arzneimitteln nach Satz 1 sind in die Datenbank nach § 67a einzugeben.

(2) Die nach Absatz 1 Satz 1 den Apotheken vorbehaltenen Arzneimittel dürfen von juristischen Personen, nicht rechtsfähigen Vereinen und Gesellschaften des bürgerlichen Rechts und des Handelsrechts an ihre Mitglieder nicht abgegeben werden, es sei denn, dass es sich bei den Mitgliedern um Apotheken oder um die in § 47 Abs. 1 genannten Personen und Einrichtungen handelt und die Abgabe unter den dort bezeichneten Voraussetzungen erfolgt.

(3) Auf Verschreibung dürfen Arzneimittel im Sinne des § 2 Abs. 1 oder Abs. 2 Nr. 1 nur von Apotheken abgegeben werden. § 56 Abs. 1 bleibt unberührt.

(4) Arzneimittel im Sinne des § 2 Abs. 1 oder Abs. 2 Nr. 1 dürfen ferner im Rahmen des Betriebes einer tierärztlichen Hausapotheke durch Tierärzte an Halter der von ihnen behandelten Tiere abgegeben und zu diesem Zweck vorrätig gehalten werden. Dies gilt auch für die Abgabe von Arzneimitteln zur Durchführung tierärztlich gebotener und tierärztlich kontrollierter krankheitsvorbeugender Maßnahmen bei Tieren, wobei der Umfang der Abgabe den auf Grund tierärztlicher Indikation festgestellten Bedarf nicht überschreiten darf. Weiterhin dürfen Arzneimittel im Sinne des § 2 Abs. 1 oder Abs. 2 Nr. 1, die zur Durchführung tierseuchenrechtlicher Maßnahmen bestimmt und nicht ver-

schreibungspflichtig sind, in der jeweils erforderlichen Menge durch Veterinärbehörden an Tierhalter abgegeben werden. Mit der Abgabe ist dem Tierhalter eine schriftliche Anweisung über Art, Zeitpunkt und Dauer der Anwendung auszuhändigen.

(5) Zur Anwendung bei Tieren bestimmte Arzneimittel, die nicht für den Verkehr außerhalb der Apotheken freigegeben sind, dürfen an den Tierhalter oder an andere in § 47 Abs. 1 nicht genannte Personen nur in der Apotheke oder tierärztlichen Hausapotheke oder durch den Tierarzt ausgehändigt werden. Dies gilt nicht für Fütterungsarzneimittel und für Arzneimittel im Sinne des Absatzes 4 Satz 3. Abweichend von Satz 1 dürfen Arzneimittel, die ausschließlich zur Anwendung bei Tieren, die nicht der Gewinnung von Lebensmitteln dienen, zugelassen sind, von Apotheken, die eine behördliche Erlaubnis nach Absatz 1 haben, im Wege des Versandes abgegeben werden. Ferner dürfen in Satz 3 bezeichnete Arzneimittel im Rahmen des Betriebs einer tierärztlichen Hausapotheke im Einzelfall in einer für eine kurzfristige Weiterbehandlung notwendigen Menge für vom Tierarzt behandelte Einzeltiere im Wege des Versandes abgegeben werden. Sonstige Vorschriften über die Abgabe von Arzneimitteln durch Tierärzte nach diesem Gesetz und der Verordnung über tierärztliche Hausapotheken bleiben unberührt.

(6) Arzneimittel dürfen im Rahmen der Übergabe einer tierärztlichen Praxis an den Nachfolger im Betrieb der tierärztlichen Hausapotheke abgegeben werden.

§ 44
Ausnahme von der Apothekenpflicht

(1) Arzneimittel, die von dem pharmazeutischen Unternehmer ausschließlich zu anderen Zwecken als zur Beseitigung oder Linderung von Krankheiten, Leiden, Körperschäden oder krankhaften Beschwerden zu dienen bestimmt sind, sind für den Verkehr außerhalb der Apotheken freigegeben.

(2) Ferner sind für den Verkehr außerhalb der Apotheken freigegeben:

1. a) natürliche Heilwässer sowie deren Salze, auch als Tabletten oder Pastillen,

   b) künstliche Heilwässer sowie deren Salze, auch als Tabletten oder Pastillen, jedoch nur, wenn sie in ihrer Zusammensetzung natürlichen Heilwässern entsprechen,

2. Heilerde, Bademoore und andere Peloide, Zubereitungen zur Herstellung von Bädern, Seifen zum äußeren Gebrauch,

3. mit ihren verkehrsüblichen deutschen Namen bezeichnete

   a) Pflanzen und Pflanzenteile, auch zerkleinert,

   b) Mischungen aus ganzen oder geschnittenen Pflanzen oder Pflanzenteilen als Fertigarzneimittel,

Arzneimittelgesetz (AMG)

    c) Destillate aus Pflanzen und Pflanzenteilen,

    d) Presssäfte aus frischen Pflanzen und Pflanzenteilen, sofern sie ohne Lösungsmittel mit Ausnahme von Wasser hergestellt sind,

4. Pflaster,

5. ausschließlich oder überwiegend zum äußeren Gebrauch bestimmte Desinfektionsmittel sowie Mund- und Rachendesinfektionsmittel.

(3) Die Absätze 1 und 2 gelten nicht für Arzneimittel, die

1. nur auf ärztliche, zahnärztliche oder tierärztliche Verschreibung abgegeben werden dürfen oder

2. durch Rechtsverordnung nach § 46 vom Verkehr außerhalb der Apotheken ausgeschlossen sind.

§ 45
Ermächtigung zu weiteren Ausnahmen von der Apothekenpflicht

(1) Das Bundesministerium wird ermächtigt, im Einvernehmen mit dem Bundesministerium für Wirtschaft und Technologie nach Anhörung von Sachverständigen durch Rechtsverordnung mit Zustimmung des Bundesrates Stoffe, Zubereitungen aus Stoffen oder Gegenstände, die dazu bestimmt sind, teilweise oder ausschließlich zur Beseitigung oder Linderung von Krankheiten, Leiden, Körperschäden oder krankhaften Beschwerden zu dienen, für den Verkehr außerhalb der Apotheken freizugeben,

1. soweit sie nicht nur auf ärztliche, zahnärztliche oder tierärztliche Verschreibung abgegeben werden dürfen,

2. soweit sie nicht wegen ihrer Zusammensetzung oder Wirkung die Prüfung, Aufbewahrung und Abgabe durch eine Apotheke erfordern,

3. soweit nicht durch ihre Freigabe eine unmittelbare oder mittelbare Gefährdung der Gesundheit von Mensch oder Tier, insbesondere durch unsachgemäße Behandlung, zu befürchten ist oder

4. soweit nicht durch ihre Freigabe die ordnungsgemäße Arzneimittelversorgung gefährdet wird.

Die Rechtsverordnung wird vom Bundesministerium für Ernährung, Landwirtschaft und Verbraucherschutz im Einvernehmen mit dem Bundesministerium und dem Bundesministerium für Wirtschaft und Technologie erlassen, soweit es sich um Arzneimittel handelt, die zur Anwendung bei Tieren bestimmt sind.

(2) Die Freigabe kann auf Fertigarzneimittel, auf bestimmte Dosierungen, Anwendungsgebiete oder Darreichungsformen beschränkt werden.

(3) Die Rechtsverordnung ergeht im Einvernehmen mit dem Bundesministerium für Umwelt, Naturschutz und Reaktorsicherheit, soweit es sich um radioaktive Arzneimittel und um Arzneimittel handelt, bei deren Herstellung ionisierende Strahlen verwendet werden.

Arzneimittelgesetz (AMG)

§ 46
Ermächtigung zur Ausweitung der Apothekenpflicht

(1) Das Bundesministerium wird ermächtigt, im Einvernehmen mit dem Bundesministerium für Wirtschaft und Technologie nach Anhörung von Sachverständigen durch Rechtsverordnung mit Zustimmung des Bundesrates Arzneimittel im Sinne des § 44 vom Verkehr außerhalb der Apotheken auszuschließen, soweit auch bei bestimmungsgemäßem oder bei gewohnheitsmäßigem Gebrauch eine unmittelbare oder mittelbare Gefährdung der Gesundheit von Mensch oder Tier zu befürchten ist. Die Rechtsverordnung wird vom Bundesministerium für Ernährung, Landwirtschaft und Verbraucherschutz im Einvernehmen mit dem Bundesministerium und dem Bundesministerium für Wirtschaft und Technologie erlassen, soweit es sich um Arzneimittel handelt, die zur Anwendung bei Tieren bestimmt sind.

(2) Die Rechtsverordnung nach Absatz 1 kann auf bestimmte Dosierungen, Anwendungsgebiete oder Darreichungsformen beschränkt werden.

(3) Die Rechtsverordnung ergeht im Einvernehmen mit dem Bundesministerium für Umwelt, Naturschutz und Reaktorsicherheit, soweit es sich um radioaktive Arzneimittel und um Arzneimittel handelt, bei deren Herstellung ionisierende Strahlen verwendet werden.

§ 47
Vertriebsweg

(1) Pharmazeutische Unternehmer und Großhändler dürfen Arzneimittel, deren Abgabe den Apotheken vorbehalten ist, außer an Apotheken nur abgeben an

1. andere pharmazeutische Unternehmer und Großhändler,
2. Krankenhäuser und Ärzte, soweit es sich handelt um

   a) aus menschlichem Blut gewonnene Blutzubereitungen oder gentechnologisch hergestellte Blutbestandteile, die, soweit es sich um Gerinnungsfaktorenzubereitungen handelt, von dem hämostaseologisch qualifizierten Arzt im Rahmen der ärztlich kontrollierten Selbstbehandlung von Blutern an seine Patienten abgegeben werden dürfen,

   b) Gewebezubereitungen oder tierisches Gewebe,

   c) Infusionslösungen in Behältnissen mit mindestens 500 ml, die zum Ersatz oder zur Korrektur von Körperflüssigkeit bestimmt sind, sowie Lösungen zur Hämodialyse und Peritonealdialyse, die, soweit es sich um Lösungen zur Peritonealdialyse handelt, auf Verschreibung des nephrologisch qualifizierten Arztes im Rahmen der ärztlich kontrollierten Selbstbehandlung seiner Dialysepatienten an diese abgegeben werden dürfen,

   d) Zubereitungen, die ausschließlich dazu bestimmt sind, die Beschaffenheit, den Zustand oder die Funktion des Körpers oder seelische Zustände erkennen zu lassen,

Arzneimittelgesetz (AMG)

e) medizinische Gase, bei denen auch die Abgabe an Heilpraktiker zulässig ist,

f) radioaktive Arzneimittel,

g) Arzneimittel, die mit dem Hinweis „Zur klinischen Prüfung bestimmt" versehen sind, sofern sie kostenlos zur Verfügung gestellt werden,

h) Blutegel und Fliegenlarven, bei denen auch die Abgabe an Heilpraktiker zulässig ist, oder

i) Arzneimittel, die im Falle des § 21 Absatz 2 Nummer 6 zur Verfügung gestellt werden,

3. Krankenhäuser, Gesundheitsämter und Ärzte, soweit es sich um Impfstoffe handelt, die dazu bestimmt sind, bei einer unentgeltlichen auf Grund des § 20 Abs. 5, 6 oder 7 des Infektionsschutzgesetzes vom 20. Juli 2000 (BGBl. I S. 1045) durchgeführten Schutzimpfung angewendet zu werden, oder soweit eine Abgabe von Impfstoffen zur Abwendung einer Seuchen- oder Lebensgefahr erforderlich ist,

3a. spezielle Gelbfieber-Impfstellen gemäß § 7 des Gesetzes zur Durchführung der Internationalen Gesundheitsvorschriften (2005), soweit es sich um Gelbfieberimpfstoff handelt,

3b. Krankenhäuser und Gesundheitsämter, soweit es sich um Arzneimittel mit antibakterieller oder antiviraler Wirkung handelt, die dazu bestimmt sind, auf Grund des § 20 Abs. 5, 6 oder 7 des Infektionsschutzgesetzes zur spezifischen Prophylaxe gegen übertragbare Krankheiten angewendet zu werden,

3c. Gesundheitsbehörden des Bundes oder der Länder oder von diesen im Einzelfall benannte Stellen, soweit es sich um Arzneimittel handelt, die für den Fall einer bedrohlichen übertragbaren Krankheit, deren Ausbreitung eine sofortige und das übliche Maß erheblich überschreitende Bereitstellung von spezifischen Arzneimitteln erforderlich macht, bevorratet werden,

4. Veterinärbehörden, soweit es sich um Arzneimittel handelt, die zur Durchführung öffentlich-rechtlicher Maßnahmen bestimmt sind,

5. auf gesetzlicher Grundlage eingerichtete oder im Benehmen mit dem Bundesministerium von der zuständigen Behörde anerkannte zentrale Beschaffungsstellen für Arzneimittel,

6. Tierärzte im Rahmen des Betriebes einer tierärztlichen Hausapotheke, soweit es sich um Fertigarzneimittel handelt, zur Anwendung an den von ihnen behandelten Tieren und zur Abgabe an deren Halter,

7. zur Ausübung der Zahnheilkunde berechtigte Personen, soweit es sich um Fertigarzneimittel handelt, die ausschließlich in der Zahnheilkunde verwendet und bei der Behandlung am Patienten angewendet werden,

Arzneimittelgesetz (AMG)

8. Einrichtungen von Forschung und Wissenschaft, denen eine Erlaubnis nach § 3 des Betäubungsmittelgesetzes erteilt worden ist, die zum Erwerb des betreffenden Arzneimittels berechtigt,

9. Hochschulen, soweit es sich um Arzneimittel handelt, die für die Ausbildung der Studierenden der Pharmazie und der Veterinärmedizin benötigt werden.

Die Anerkennung der zentralen Beschaffungsstelle nach Satz 1 Nr. 5 erfolgt, soweit es sich um zur Anwendung bei Tieren bestimmte Arzneimittel handelt, im Benehmen mit dem Bundesministerium für Ernährung, Landwirtschaft und Verbraucherschutz.

(1a) Pharmazeutische Unternehmer und Großhändler dürfen Arzneimittel, die zur Anwendung bei Tieren bestimmt sind, an die in Absatz 1 Nr. 1 oder 6 bezeichneten Empfänger erst abgeben, wenn diese ihnen eine Bescheinigung der zuständigen Behörde vorgelegt haben, dass sie ihrer Anzeigepflicht nach § 67 nachgekommen sind.

(1b) Pharmazeutische Unternehmer und Großhändler haben über den Bezug und die Abgabe zur Anwendung bei Tieren bestimmter verschreibungspflichtiger Arzneimittel, die nicht ausschließlich zur Anwendung bei anderen Tieren als solchen, die der Gewinnung von Lebensmitteln dienen, bestimmt sind, Nachweise zu führen, aus denen gesondert für jedes dieser Arzneimittel zeitlich geordnet die Menge des Bezugs unter Angabe des oder der Lieferanten und die Menge der Abgabe unter Angabe des oder der Bezieher nachgewiesen werden kann, und diese Nachweise der zuständigen Behörde auf Verlangen vorzulegen.

(1c) Pharmazeutische Unternehmer und Großhändler haben bis zum 31. März jedes Kalenderjahres nach Maßgabe einer Rechtsverordnung nach Satz 2 elektronisch Mitteilung an das zentrale Informationssystem über Arzneimittel nach § 67a Absatz 1 zu machen über Art und Menge der von ihnen im vorangegangenen Kalenderjahr an Tierärzte abgegebenen Arzneimittel, die

1. Stoffe mit antimikrobieller Wirkung,

2. in Tabelle 2 der Verordnung (EU) Nr. 37/2010 aufgeführte Stoffe oder

3. in einer der Anlagen der Verordnung über Stoffe mit pharmakologischer Wirkung aufgeführte Stoffe

enthalten. Das Bundesministerium für Ernährung, Landwirtschaft und Verbraucherschutz wird ermächtigt, im Einvernehmen mit dem Bundesministerium, durch Rechtsverordnung mit Zustimmung des Bundesrates

1. Näheres über Inhalt und Form der Mitteilungen nach Satz 1 zu regeln und

2. vorzuschreiben, dass

   a) in den Mitteilungen die Zulassungsnummer des jeweils abgegebenen Arzneimittels anzugeben ist,

Arzneimittelgesetz (AMG)

b) die Mitteilung der Menge des abgegebenen Arzneimittels nach den ersten beiden Ziffern der Postleitzahl der Anschrift der Tierärzte aufzuschlüsseln ist.

In Rechtsverordnungen nach Satz 2 können ferner Regelungen in entsprechender Anwendung des § 67a Absatz 3 und 3a getroffen werden.

(2) Die in Absatz 1 Nr. 5 bis 9 bezeichneten Empfänger dürfen die Arzneimittel nur für den eigenen Bedarf im Rahmen der Erfüllung ihrer Aufgaben beziehen. Die in Absatz 1 Nr. 5 bezeichneten zentralen Beschaffungsstellen dürfen nur anerkannt werden, wenn nachgewiesen wird, dass sie unter fachlicher Leitung eines Apothekers oder, soweit es sich um zur Anwendung bei Tieren bestimmte Arzneimittel handelt, eines Tierarztes stehen und geeignete Räume und Einrichtungen zur Prüfung, Kontrolle und Lagerung der Arzneimittel vorhanden sind.

(3) Pharmazeutische Unternehmer dürfen Muster eines Fertigarzneimittels abgeben oder abgeben lassen an

1. Ärzte, Zahnärzte oder Tierärzte,

2. andere Personen, die die Heilkunde oder Zahnheilkunde berufsmäßig ausüben, soweit es sich nicht um verschreibungspflichtige Arzneimittel handelt,

3. Ausbildungsstätten für die Heilberufe.

Pharmazeutische Unternehmer dürfen Muster eines Fertigarzneimittels an Ausbildungsstätten für die Heilberufe nur in einem dem Zweck der Ausbildung angemessenen Umfang abgeben oder abgeben lassen.

Muster dürfen keine Stoffe oder Zubereitungen

1. im Sinne des § 2 des Betäubungsmittelgesetzes, die als solche in Anlage II oder III des Betäubungsmittelgesetzes aufgeführt sind, oder

2. die nach § 48 Absatz 2 Satz 3 nur auf Sonderrezept verschrieben werden dürfen,

enthalten.

(4) Pharmazeutische Unternehmer dürfen Muster eines Fertigarzneimittels an Personen nach Absatz 3 Satz 1 nur auf jeweilige schriftliche Anforderung, in der kleinsten Packungsgröße und in einem Jahr von einem Fertigarzneimittel nicht mehr als zwei Muster abgeben oder abgeben lassen. Mit den Mustern ist die Fachinformation, soweit diese nach § 11a vorgeschrieben ist, zu übersenden. Das Muster dient insbesondere der Information des Arztes über den Gegenstand des Arzneimittels. Über die Empfänger von Mustern sowie über Art, Umfang und Zeitpunkt der Abgabe von Mustern sind gesondert für jeden Empfänger Nachweise zu führen und auf Verlangen der zuständigen Behörde vorzulegen.

Arzneimittelgesetz (AMG)

§ 47a
Sondervertriebsweg, Nachweispflichten

(1) Pharmazeutische Unternehmer dürfen ein Arzneimittel, das zur Vornahme eines Schwangerschaftsabbruchs zugelassen ist, nur an Einrichtungen im Sinne des § 13 des Schwangerschaftskonfliktgesetzes vom 27. Juli 1992 (BGBl. I S. 1398), geändert durch Artikel 1 des Gesetzes vom 21. August 1995 (BGBl. I S. 1050), und nur auf Verschreibung eines dort behandelnden Arztes abgeben. Andere Personen dürfen die in Satz 1 genannten Arzneimittel nicht in den Verkehr bringen.

(2) Pharmazeutische Unternehmer haben die zur Abgabe bestimmten Packungen der in Absatz 1 Satz 1 genannten Arzneimittel fortlaufend zu nummerieren; ohne diese Kennzeichnung darf das Arzneimittel nicht abgegeben werden. Über die Abgabe haben pharmazeutische Unternehmer, über den Erhalt und die Anwendung haben die Einrichtung und der behandelnde Arzt Nachweise zu führen und diese Nachweise auf Verlangen der zuständigen Behörde zur Einsichtnahme vorzulegen.

(2a) Pharmazeutische Unternehmer sowie die Einrichtung haben die in Absatz 1 Satz 1 genannten Arzneimittel, die sich in ihrem Besitz befinden, gesondert aufzubewahren und gegen unbefugte Entnahme zu sichern.

(3) Die §§ 43 und 47 finden auf die in Absatz 1 Satz 1 genannten Arzneimittel keine Anwendung.

§ 47b
Sondervertriebsweg Diamorphin

(1) Pharmazeutische Unternehmer dürfen ein diamorphinhaltiges Fertigarzneimittel, das zur substitutionsgestützten Behandlung zugelassen ist, nur an anerkannte Einrichtungen im Sinne von § 23 Absatz 3 Satz 2 Nummer 2a des Betäubungsmittelgesetzes und nur auf Verschreibung eines dort behandelnden Arztes abgeben. Andere Personen dürfen die in Satz 1 genannten Arzneimittel nicht in Verkehr bringen.

(2) Die §§ 43 und 47 finden auf die in Absatz 1 Satz 1 genannten Arzneimittel keine Anwendung.

§ 48
Verschreibungspflicht

(1) Arzneimittel, die

1. durch Rechtsverordnung nach Absatz 2, auch in Verbindung mit den Absätzen 4 und 5, bestimmte Stoffe, Zubereitungen aus Stoffen oder Gegenstände sind oder denen solche Stoffe oder Zubereitungen aus Stoffen zugesetzt sind,

Arzneimittelgesetz (AMG)

2. nicht unter Nummer 1 fallen und zur Anwendung bei Tieren, die der Gewinnung von Lebensmitteln dienen, bestimmt sind, oder

3. Arzneimittel im Sinne des § 2 Absatz 1 oder Absatz 2 Nummer 1 sind, die Stoffe mit in der medizinischen Wissenschaft nicht allgemein bekannten Wirkungen oder Zubereitungen solcher Stoffe enthalten,

dürfen nur bei Vorliegen einer ärztlichen, zahnärztlichen oder tierärztlichen Verschreibung an Verbraucher abgegeben werden. Satz 1 Nummer 1 gilt nicht für die Abgabe durch Apotheken zur Ausstattung der Kauffahrteischiffe im Hinblick auf die Arzneimittel, die auf Grund seearbeitsrechtlicher Vorschriften für den Schutz der Gesundheit der Personen an Bord und deren unverzügliche angemessene medizinische Betreuung an Bord erforderlich sind. Satz 1 Nummer 3 gilt nicht für Arzneimittel, die Zubereitungen aus Stoffen bekannter Wirkungen sind, soweit diese außerhalb der Apotheken abgegeben werden dürfen. An die Stelle der Verschreibungspflicht nach Satz 1 Nummer 3 tritt mit der Aufnahme des betreffenden Stoffes oder der betreffenden Zubereitung in die Rechtsverordnung nach Absatz 2 Nummer 1 die Verschreibungspflicht nach der Rechtsverordnung.

(2) Das Bundesministerium wird ermächtigt, im Einvernehmen mit dem Bundesministerium für Wirtschaft und Technologie durch Rechtsverordnung mit Zustimmung des Bundesrates

1. Stoffe oder Zubereitungen aus Stoffen zu bestimmen, bei denen die Voraussetzungen nach Absatz 1 Satz 1 Nummer 3 auch in Verbindung mit Absatz 1 Satz 3 vorliegen,

2. Stoffe, Zubereitungen aus Stoffen oder Gegenstände zu bestimmen,

   a) die die Gesundheit des Menschen oder, sofern sie zur Anwendung bei Tieren bestimmt sind, die Gesundheit des Tieres, des Anwenders oder die Umwelt auch bei bestimmungsgemäßem Gebrauch unmittelbar oder mittelbar gefährden können, wenn sie ohne ärztliche, zahnärztliche oder tierärztliche Überwachung angewendet werden,

   b) die häufig in erheblichem Umfang nicht bestimmungsgemäß gebraucht werden, wenn dadurch die Gesundheit von Mensch oder Tier unmittelbar oder mittelbar gefährdet werden kann, oder

   c) sofern sie zur Anwendung bei Tieren bestimmt sind, deren Anwendung eine vorherige tierärztliche Diagnose erfordert oder Auswirkungen haben kann, die die späteren diagnostischen oder therapeutischen Maßnahmen erschweren oder überlagern,

3. die Verschreibungspflicht für Arzneimittel aufzuheben, wenn auf Grund der bei der Anwendung des Arzneimittels gemachten Erfahrungen die Voraussetzungen nach Nummer 2 nicht oder nicht mehr vorliegen, bei Arzneimitteln nach Nummer 1 kann frühestens drei Jahre nach Inkrafttreten der zugrunde liegenden Rechtsverordnung die Verschreibungspflicht aufgehoben werden,

4. für Stoffe oder Zubereitungen aus Stoffen vorzuschreiben, dass sie nur abgegeben werden dürfen, wenn in der Verschreibung bestimmte Höchstmengen für den Einzel- und Tagesgebrauch nicht überschritten werden oder wenn die Überschreitung vom Verschreibenden ausdrücklich kenntlich gemacht worden ist,

5. zu bestimmen, dass ein Arzneimittel auf eine Verschreibung nicht wiederholt abgegeben werden darf,

6. vorzuschreiben, dass ein Arzneimittel nur auf eine Verschreibung von Ärzten eines bestimmten Fachgebietes oder zur Anwendung in für die Behandlung mit dem Arzneimittel zugelassenen Einrichtungen abgegeben werden darf oder über die Verschreibung, Abgabe und Anwendung Nachweise geführt werden müssen.

7. Vorschriften über die Form und den Inhalt der Verschreibung, einschließlich der Verschreibung in elektronischer Form, zu erlassen.

Die Rechtsverordnungen nach Satz 1 Nummer 2 bis 7 werden nach Anhörungen von Sachverständigen erlassen, es sei denn, es handelt sich um Arzneimittel, die nach Artikel 3 Absatz 1 oder 2 der Verordnung (EG) Nr. 726/2004 zugelassen sind oder die solchen Arzneimitteln im Hinblick auf Wirkstoff, Indikation, Wirkstärke und Darreichungsform entsprechen. In der Rechtsverordnung nach Satz 1 Nummer 7 kann für Arzneimittel, deren Verschreibung die Beachtung besonderer Sicherheitsanforderungen erfordert, vorgeschrieben werden, dass

1. die Verschreibung nur auf einem amtlichen Formblatt (Sonderrezept), das von der zuständigen Bundesoberbehörde auf Anforderung eines Arztes ausgegeben wird, erfolgen darf,

2. das Formblatt Angaben zur Anwendung sowie Bestätigungen enthalten muss, insbesondere zu Aufklärungspflichten über Anwendung und Risiken des Arzneimittels, und

3. eine Durchschrift der Verschreibung durch die Apotheke an die zuständige Bundesoberbehörde zurückzugeben ist.

(3) Die Rechtsverordnung nach Absatz 2, auch in Verbindung mit den Absätzen 4 und 5, kann auf bestimmte Dosierungen, Potenzierungen, Darreichungsformen, Fertigarzneimittel oder Anwendungsbereiche beschränkt werden. Ebenso kann eine Ausnahme von der Verschreibungspflicht für die Abgabe an Hebammen und Entbindungspfleger vorgesehen werden, soweit dies für eine ordnungsgemäße Berufsausübung erforderlich ist. Die Beschränkung auf bestimmte Fertigarzneimittel zur Anwendung am Menschen nach Satz 1 erfolgt, wenn gemäß Artikel 74a der Richtlinie 2001/83/EG die Aufhebung der Verschreibungspflicht auf Grund signifikanter vorklinischer oder klinischer Versuche erfolgt ist; dabei ist der nach Artikel 74a vorgesehene Zeitraum von einem Jahr zu beachten.

Arzneimittelgesetz (AMG)

(4) Die Rechtsverordnung wird vom Bundesministerium für Ernährung, Landwirtschaft und Verbraucherschutz im Einvernehmen mit dem Bundesministerium und dem Bundesministerium für Wirtschaft und Technologie erlassen, soweit es sich um Arzneimittel handelt, die zur Anwendung bei Tieren bestimmt sind.

(5) Die Rechtsverordnung ergeht im Einvernehmen mit dem Bundesministerium für Umwelt, Naturschutz und Reaktorsicherheit, soweit es sich um radioaktive Arzneimittel und um Arzneimittel handelt, bei deren Herstellung ionisierende Strahlen verwendet werden.

(6) Das Bundesministerium für Ernährung, Landwirtschaft und Verbraucherschutz wird ermächtigt, im Einvernehmen mit dem Bundesministerium durch Rechtsverordnung mit Zustimmung des Bundesrates im Falle des Absatzes 1 Satz 1 Nr. 2 Arzneimittel von der Verschreibungspflicht auszunehmen, soweit die auf Grund des Artikels 67 Doppelbuchstabe aa der Richtlinie 2001/82/EG festgelegten Anforderungen eingehalten sind.

§ 49
(weggefallen)

§ 50
Einzelhandel mit freiverkäuflichen Arzneimitteln

(1) Einzelhandel außerhalb von Apotheken mit Arzneimitteln im Sinne des § 2 Abs. 1 oder Abs. 2 Nr. 1, die zum Verkehr außerhalb der Apotheken freigegeben sind, darf nur betrieben werden, wenn der Unternehmer, eine zur Vertretung des Unternehmens gesetzlich berufene oder eine von dem Unternehmer mit der Leitung des Unternehmens oder mit dem Verkauf beauftragte Person die erforderliche Sachkenntnis besitzt. Bei Unternehmen mit mehreren Betriebsstellen muss für jede Betriebsstelle eine Person vorhanden sein, die die erforderliche Sachkenntnis besitzt.

(2) Die erforderliche Sachkenntnis besitzt, wer Kenntnisse und Fertigkeiten über das ordnungsgemäße Abfüllen, Abpacken, Kennzeichnen, Lagern und Inverkehrbringen von Arzneimitteln, die zum Verkehr außerhalb der Apotheken freigegeben sind, sowie Kenntnisse über die für diese Arzneimittel geltenden Vorschriften nachweist. Das Bundesministerium wird ermächtigt, im Einvernehmen mit dem Bundesministerium für Wirtschaft und Technologie und dem Bundesministerium für Bildung und Forschung durch Rechtsverordnung mit Zustimmung des Bundesrates Vorschriften darüber zu erlassen, wie der Nachweis der erforderlichen Sachkenntnis zu erbringen ist, um einen ordnungsgemäßen Verkehr mit Arzneimitteln zu gewährleisten. Es kann dabei Prüfungszeugnisse über eine abgeleistete berufliche Aus- oder Fortbildung als Nachweis anerkennen. Es kann ferner bestimmen, dass die Sachkenntnis durch eine Prüfung vor der zuständigen Behörde oder einer von ihr bestimmten Stelle nachgewiesen wird, und das Nähere über die Prü-

Arzneimittelgesetz (AMG)

fungsanforderungen und das Prüfungsverfahren regeln. Die Rechtsverordnung wird, soweit es sich um Arzneimittel handelt, die zur Anwendung bei Tieren bestimmt sind, vom Bundesministerium für Ernährung, Landwirtschaft und Verbraucherschutz im Einvernehmen mit dem Bundesministerium, dem Bundesministerium für Wirtschaft und Technologie und dem Bundesministerium für Bildung und Forschung erlassen.

(3) Einer Sachkenntnis nach Absatz 1 bedarf nicht, wer Fertigarzneimittel im Einzelhandel in den Verkehr bringt, die

1. im Reisegewerbe abgegeben werden dürfen,
2. zur Verhütung der Schwangerschaft oder von Geschlechtskrankheiten beim Menschen bestimmt sind,
3. (weggefallen)
4. ausschließlich zum äußeren Gebrauch bestimmte Desinfektionsmittel oder
5. Sauerstoff sind.

§ 51
Abgabe im Reisegewerbe

(1) Das Feilbieten von Arzneimitteln und das Aufsuchen von Bestellungen auf Arzneimittel im Reisegewerbe sind verboten; ausgenommen von dem Verbot sind für den Verkehr außerhalb der Apotheken freigegebene Fertigarzneimittel, die

1. mit ihren verkehrsüblichen deutschen Namen bezeichnete, in ihren Wirkungen allgemein bekannte Pflanzen oder Pflanzenteile oder Presssäfte aus frischen Pflanzen oder Pflanzenteilen sind, sofern diese mit keinem anderen Lösungsmittel als Wasser hergestellt wurden, oder
2. Heilwässer und deren Salze in ihrem natürlichen Mischungsverhältnis oder ihre Nachbildungen sind.

(2) Das Verbot des Absatzes 1 erster Halbsatz findet keine Anwendung, soweit der Gewerbetreibende andere Personen im Rahmen ihres Geschäftsbetriebes aufsucht, es sei denn, dass es sich um Arzneimittel handelt, die für die Anwendung bei Tieren in land- und forstwirtschaftlichen Betrieben, in gewerblichen Tierhaltungen sowie in Betrieben des Gemüse-, Obst-, Garten- und Weinbaus, der Imkerei und der Fischerei feilgeboten oder dass bei diesen Betrieben Bestellungen auf Arzneimittel, deren Abgabe den Apotheken vorbehalten ist, aufgesucht werden. Dies gilt auch für Handlungsreisende und andere Personen, die im Auftrag und im Namen eines Gewerbetreibenden tätig werden.

Arzneimittelgesetz (AMG)

§ 52
Verbot der Selbstbedienung

(1) Arzneimittel im Sinne des § 2 Abs. 1 oder Abs. 2 Nr. 1 dürfen

1. nicht durch Automaten und
2. nicht durch andere Formen der Selbstbedienung in den Verkehr gebracht werden.

(2) Absatz 1 gilt nicht für Fertigarzneimittel, die

1. im Reisegewerbe abgegeben werden dürfen,
2. zur Verhütung der Schwangerschaft oder von Geschlechtskrankheiten beim Menschen bestimmt und zum Verkehr außerhalb der Apotheken freigegeben sind,
3. (weggefallen)
4. ausschließlich zum äußeren Gebrauch bestimmte Desinfektionsmittel oder
5. Sauerstoff sind.

(3) Absatz 1 Nr. 2 gilt ferner nicht für Arzneimittel, die für den Verkehr außerhalb der Apotheken freigegeben sind, wenn eine Person, die die Sachkenntnis nach § 50 besitzt, zur Verfügung steht.

§ 52a
Großhandel mit Arzneimitteln

(1) Wer Großhandel mit Arzneimitteln im Sinne des § 2 Abs. 1 oder Abs. 2 Nr. 1, Testsera oder Testantigenen betreibt, bedarf einer Erlaubnis. Ausgenommen von dieser Erlaubnispflicht sind die in § 51 Absatz 1 Nummer 2 genannten für den Verkehr außerhalb der Apotheken freigegebenen Fertigarzneimittel.

(2) Mit dem Antrag hat der Antragsteller

1. die bestimmte Betriebsstätte zu benennen, für die die Erlaubnis erteilt werden soll,
2. Nachweise darüber vorzulegen, dass er über geeignete und ausreichende Räumlichkeiten, Anlagen und Einrichtungen verfügt, um eine ordnungsgemäße Lagerung und einen ordnungsgemäßen Vertrieb und, soweit vorgesehen, ein ordnungsgemäßes Umfüllen, Abpacken und Kennzeichnen von Arzneimitteln zu gewährleisten,
3. eine verantwortliche Person zu benennen, die die zur Ausübung der Tätigkeit erforderliche Sachkenntnis besitzt, und
4. eine Erklärung beizufügen, in der er sich schriftlich verpflichtet, die für den ordnungsgemäßen Betrieb eines Großhandels geltenden Regelungen einzuhalten.

Arzneimittelgesetz (AMG)

(3) Die Entscheidung über die Erteilung der Erlaubnis trifft die zuständige Behörde des Landes, in dem die Betriebsstätte liegt oder liegen soll. Die zuständige Behörde hat eine Entscheidung über den Antrag auf Erteilung der Erlaubnis innerhalb einer Frist von drei Monaten zu treffen. Verlangt die zuständige Behörde vom Antragsteller weitere Angaben zu den Voraussetzungen nach Absatz 2, so wird die in Satz 2 genannte Frist so lange ausgesetzt, bis die erforderlichen ergänzenden Angaben der zuständigen Behörde vorliegen.

(4) Die Erlaubnis darf nur versagt werden, wenn

1. die Voraussetzungen nach Absatz 2 nicht vorliegen,

2. Tatsachen die Annahme rechtfertigen, dass der Antragsteller oder die verantwortliche Person nach Absatz 2 Nr. 3 die zur Ausübung ihrer Tätigkeit erforderliche Zuverlässigkeit nicht besitzt oder

3. der Großhändler nicht in der Lage ist, zu gewährleisten, dass die für den ordnungsgemäßen Betrieb geltenden Regelungen eingehalten werden.

(5) Die Erlaubnis ist zurückzunehmen, wenn nachträglich bekannt wird, dass einer der Versagungsgründe nach Absatz 4 bei der Erteilung vorgelegen hat. Die Erlaubnis ist zu widerrufen, wenn die Voraussetzungen für die Erteilung der Erlaubnis nicht mehr vorliegen; anstelle des Widerrufs kann auch das Ruhen der Erlaubnis angeordnet werden.

(6) Eine Erlaubnis nach § 13 oder § 72 umfasst auch die Erlaubnis zum Großhandel mit den Arzneimitteln, auf die sich die Erlaubnis nach § 13 oder § 72 erstreckt.

(7) Die Absätze 1 bis 5 gelten nicht für die Tätigkeit der Apotheken im Rahmen des üblichen Apothekenbetriebes.

(8) Der Inhaber der Erlaubnis hat jede Änderung der in Absatz 2 genannten Angaben sowie jede wesentliche Änderung der Großhandelstätigkeit unter Vorlage der Nachweise der zuständigen Behörde vorher anzuzeigen. Bei einem unvorhergesehenen Wechsel der verantwortlichen Person nach Absatz 2 Nr. 3 hat die Anzeige unverzüglich zu erfolgen.

§ 52b
Bereitstellung von Arzneimitteln

(1) Pharmazeutische Unternehmer und Betreiber von Arzneimittelgroßhandlungen, die im Geltungsbereich dieses Gesetzes ein tatsächlich in Verkehr gebrachtes und zur Anwendung im oder am Menschen bestimmtes Arzneimittel vertreiben, das durch die zuständige Bundesoberbehörde zugelassen worden ist oder für das durch die Europäischen Gemeinschaft oder durch die Europäischen Union eine Genehmigung für das Inverkehrbringen gemäß Artikel 3 Absatz 1 oder 2 der Verordnung (EG) Nr. 726/2004 erteilt worden ist, stellen eine angemessene und kontinuierliche Bereitstellung des Arzneimittels sicher, damit der Bedarf von Patienten im Geltungsbereich dieses Gesetzes gedeckt ist.

Arzneimittelgesetz (AMG)

(2) Pharmazeutische Unternehmer müssen im Rahmen ihrer Verantwortlichkeit eine bedarfsgerechte und kontinuierliche Belieferung vollversorgender Arzneimittelgroßhandlungen gewährleisten. Vollversorgende Arzneimittelgroßhandlungen sind Großhandlungen, die ein vollständiges, herstellerneutral gestaltetes Sortiment an apothekenpflichtigen Arzneimitteln unterhalten, das nach Breite und Tiefe so beschaffen ist, dass damit der Bedarf von Patienten von den mit der Großhandlung in Geschäftsbeziehung stehenden Apotheken werktäglich innerhalb angemessener Zeit gedeckt werden kann; die vorzuhaltenden Arzneimittel müssen dabei mindestens dem durchschnittlichen Bedarf für zwei Wochen entsprechen. Satz 1 gilt nicht für Arzneimittel, die dem Vertriebsweg des § 47 Absatz 1 Satz 1 Nummer 2 bis 9 oder des § 47a unterliegen oder die aus anderen rechtlichen oder tatsächlichen Gründen nicht über den Großhandel ausgeliefert werden können.

(3) Vollversorgende Arzneimittelgroßhandlungen müssen im Rahmen ihrer Verantwortlichkeit eine bedarfsgerechte und kontinuierliche Belieferung der mit ihnen in Geschäftsbeziehung stehenden Apotheken gewährleisten. Satz 1 gilt entsprechend für andere Arzneimittelgroßhandlungen im Umfang der von ihnen jeweils vorgehaltenen Arzneimittel.

(4) Die Vorschriften des Gesetzes gegen Wettbewerbsbeschränkungen bleiben unberührt.

§ 52c
Arzneimittelvermittlung

(1) Ein Arzneimittelvermittler darf im Geltungsbereich dieses Gesetzes nur tätig werden, wenn er seinen Sitz im Geltungsbereich dieses Gesetzes, in einem anderen Mitgliedstaat der Europäischen Union oder in einem anderen Vertragsstaat des Abkommens über den Europäischen Wirtschaftsraum hat.

(2) Der Arzneimittelvermittler darf seine Tätigkeit erst nach Anzeige gemäß § 67 Absatz 1 Satz 1 bei der zuständigen Behörde und Registrierung durch die Behörde in eine öffentliche Datenbank nach § 67a oder einer Datenbank eines anderen Mitgliedstaates der Europäischen Union oder eines anderen Vertragsstaates des Abkommens über den Europäischen Wirtschaftsraum aufnehmen. In der Anzeige sind vom Arzneimittelvermittler die Art der Tätigkeit, der Name und die Adresse anzugeben. Zuständige Behörde nach Satz 1 ist die Behörde, in deren Zuständigkeitsbereich der Arzneimittelvermittler seinen Sitz hat.

(3) Erfüllt der Arzneimittelvermittler nicht die nach diesem Gesetz oder die nach einer auf Grund dieses Gesetzes erlassenen Verordnung vorgegebenen Anforderungen, kann die zuständige Behörde die Registrierung in der Datenbank versagen oder löschen.

Arzneimittelgesetz (AMG)

§ 53
Anhörung von Sachverständigen

(1) Soweit nach § 36 Abs. 1, § 45 Abs. 1 und § 46 Abs. 1 vor Erlass von Rechtsverordnungen Sachverständige anzuhören sind, errichtet hierzu das Bundesministerium durch Rechtsverordnung ohne Zustimmung des Bundesrates einen Sachverständigen-Ausschuss. Dem Ausschuss sollen Sachverständige aus der medizinischen und pharmazeutischen Wissenschaft, den Krankenhäusern, den Heilberufen, den beteiligten Wirtschaftskreisen und den Sozialversicherungsträgern angehören. In der Rechtsverordnung kann das Nähere über die Zusammensetzung, die Berufung der Mitglieder und das Verfahren des Ausschusses bestimmt werden. Die Rechtsverordnung wird vom Bundesministerium für Ernährung, Landwirtschaft und Verbraucherschutz im Einvernehmen mit dem Bundesministerium erlassen, soweit es sich um Arzneimittel handelt, die zur Anwendung bei Tieren bestimmt sind.

(2) Soweit nach § 48 Abs. 2 vor Erlass der Rechtsverordnung Sachverständige anzuhören sind, gilt Absatz 1 entsprechend mit der Maßgabe, dass dem Ausschuss Sachverständige aus der medizinischen und pharmazeutischen Wissenschaft sowie Sachverständige der Arzneimittelkommissionen der Ärzte, Tierärzte und Apotheker angehören sollen. Die Vertreter der medizinischen und pharmazeutischen Praxis und der pharmazeutischen Industrie nehmen ohne Stimmrecht an den Sitzungen teil.

Achter Abschnitt
Sicherung und Kontrolle der Qualität

§ 54
Betriebsverordnungen

(1) Das Bundesministerium wird ermächtigt, im Einvernehmen mit dem Bundesministerium für Wirtschaft und Technologie durch Rechtsverordnung mit Zustimmung des Bundesrates Betriebsverordnungen für Betriebe oder Einrichtungen zu erlassen, die Arzneimittel in den Geltungsbereich dieses Gesetzes verbringen oder in denen Arzneimittel entwickelt, hergestellt, geprüft, gelagert, verpackt oder in den Verkehr gebracht werden oder in denen sonst mit Arzneimitteln Handel getrieben wird, soweit es geboten ist, um einen ordnungsgemäßen Betrieb und die erforderliche Qualität der Arzneimittel sowie die Pharmakovigilanz sicherzustellen; dies gilt entsprechend für Wirkstoffe und andere zur Arzneimittelherstellung bestimmte Stoffe sowie für Gewebe. Die Rechtsverordnung wird vom Bundesministerium für Ernährung, Landwirtschaft und Verbraucherschutz im Einvernehmen mit dem Bundesministerium und dem Bundesministerium für Wirtschaft und Technologie erlassen, soweit es sich um Arzneimittel handelt, die zur Anwendung bei Tieren bestimmt sind. Die Rechtsverordnung ergeht jeweils im Einvernehmen mit dem Bundesministerium für Umwelt, Naturschutz und Reaktorsicherheit, soweit es sich um

Arzneimittelgesetz (AMG)

radioaktive Arzneimittel oder um Arzneimittel handelt, bei deren Herstellung ionisierende Strahlen verwendet werden.

(2) In der Rechtsverordnung nach Absatz 1 können insbesondere Regelungen getroffen werden über die

1. Entwicklung, Herstellung, Prüfung, Lagerung, Verpackung, Qualitätssicherung, den Erwerb, die Bereitstellung, die Bevorratung und das Inverkehrbringen,
2. Führung und Aufbewahrung von Nachweisen über die in der Nummer 1 genannten Betriebsvorgänge,
3. Haltung und Kontrolle der bei der Herstellung und Prüfung der Arzneimittel verwendeten Tiere und die Nachweise darüber,
4. Anforderungen an das Personal,
5. Beschaffenheit, Größe und Einrichtung der Räume,
6. Anforderungen an die Hygiene,
7. Beschaffenheit der Behältnisse,
8. Kennzeichnung der Behältnisse, in denen Arzneimittel und deren Ausgangsstoffe vorrätig gehalten werden,
9. Dienstbereitschaft für Arzneimittelgroßhandelsbetriebe,
10. Zurückstellung von Chargenproben sowie deren Umfang und Lagerungsdauer,
11. Kennzeichnung, Absonderung oder Vernichtung nicht verkehrsfähiger Arzneimittel,
12. Voraussetzungen für und die Anforderungen an die in Nummer 1 bezeichneten Tätigkeiten durch den Tierarzt (Betrieb einer tierärztlichen Hausapotheke) sowie die Anforderungen an die Anwendung von Arzneimitteln durch den Tierarzt an den von ihm behandelten Tieren.

(2a) (weggefallen)

(3) Die in den Absätzen 1 und 2 getroffenen Regelungen gelten auch für Personen, die die in Absatz 1 genannten Tätigkeiten berufsmäßig ausüben.

(4) Die Absätze 1 und 2 gelten für Apotheken im Sinne des Gesetzes über das Apothekenwesen, soweit diese einer Erlaubnis nach § 13, § 52a oder § 72 bedürfen.

§ 55
Arzneibuch

(1) Das Arzneibuch ist eine vom Bundesinstitut für Arzneimittel und Medizinprodukte im Einvernehmen mit dem Paul-Ehrlich-Institut und dem Bundesamt für Verbraucherschutz und Lebensmittelsicherheit bekanntgemachte Samm-

lung anerkannter pharmazeutischer Regeln über die Qualität, Prüfung, Lagerung, Abgabe und Bezeichnung von Arzneimitteln und den bei ihrer Herstellung verwendeten Stoffen. Das Arzneibuch enthält auch Regeln für die Beschaffenheit von Behältnissen und Umhüllungen.

(2) Die Regeln des Arzneibuchs werden von der Deutschen Arzneibuch-Kommission oder der Europäischen Arzneibuch-Kommission beschlossen. Die Bekanntmachung der Regeln kann aus rechtlichen oder fachlichen Gründen abgelehnt oder rückgängig gemacht werden.

(3) Die Deutsche Arzneibuch-Kommission hat die Aufgabe, über die Regeln des Arzneibuches zu beschließen und die zuständige Bundesoberbehörde bei den Arbeiten im Rahmen des Übereinkommens über die Ausarbeitung eines Europäischen Arzneibuches zu unterstützen.

(4) Die Deutsche Arzneibuch-Kommission wird beim Bundesinstitut für Arzneimittel und Medizinprodukte gebildet. Das Bundesinstitut für Arzneimittel und Medizinprodukte beruft im Einvernehmen mit dem Paul-Ehrlich-Institut und dem Bundesamt für Verbraucherschutz und Lebensmittelsicherheit die Mitglieder der Deutschen Arzneibuch-Kommission aus Sachverständigen der medizinischen und pharmazeutischen Wissenschaft, der Heilberufe, der beteiligten Wirtschaftskreise und der Arzneimittelüberwachung im zahlenmäßig gleichen Verhältnis, stellt den Vorsitz und erlässt eine Geschäftsordnung. Die Geschäftsordnung bedarf der Zustimmung des Bundesministeriums im Einvernehmen mit dem Bundesministerium für Ernährung, Landwirtschaft und Verbraucherschutz. Die Mitglieder sind zur Verschwiegenheit verpflichtet.

(5) Die Deutsche Arzneibuch-Kommission soll über die Regeln des Arzneibuches grundsätzlich einstimmig beschließen. Beschlüsse, denen nicht mehr als drei Viertel der Mitglieder der Kommission zugestimmt haben, sind unwirksam. Das Nähere regelt die Geschäftsordnung.

(6) Die Absätze 2 bis 5 finden auf die Tätigkeit der Deutschen Homöopathischen Arzneibuch-Kommission entsprechende Anwendung.

(7) Die Bekanntmachung erfolgt im Bundesanzeiger. Sie kann sich darauf beschränken, auf die Bezugsquelle der Fassung des Arzneibuches und den Beginn der Geltung der Neufassung hinzuweisen.

(8) Bei der Herstellung von Arzneimitteln dürfen nur Stoffe und die Behältnisse und Umhüllungen, soweit sie mit den Arzneimitteln in Berührung kommen, verwendet werden und nur Darreichungsformen angefertigt werden, die den anerkannten pharmazeutischen Regeln entsprechen. Satz 1 findet bei Arzneimitteln, die ausschließlich für den Export hergestellt werden, mit der Maßgabe Anwendung, dass die im Empfängerland geltenden Regelungen berücksichtigt werden können.

(9) Abweichend von Absatz 1 Satz 1 erfolgt die Bekanntmachung durch das Bundesamt für Verbraucherschutz und Lebensmittelsicherheit im Einvernehmen mit dem Bundesinstitut für Arzneimittel und Medizinprodukte und dem

Paul-Ehrlich-Institut, soweit es sich um Arzneimittel handelt, die zur Anwendung bei Tieren bestimmt sind.

§ 55a
Amtliche Sammlung von Untersuchungsverfahren

Die zuständige Bundesoberbehörde veröffentlicht eine amtliche Sammlung von Verfahren zur Probenahme und Untersuchung von Arzneimitteln und ihren Ausgangsstoffen. Die Verfahren werden unter Mitwirkung von Sachkennern aus den Bereichen der Überwachung, der Wissenschaft und der pharmazeutischen Unternehmer festgelegt. Die Sammlung ist laufend auf dem neuesten Stand zu halten.

Neunter Abschnitt
Sondervorschriften für Arzneimittel, die bei Tieren angewendet werden

§ 56
Fütterungsarzneimittel

(1) Fütterungsarzneimittel dürfen abweichend von § 47 Abs. 1, jedoch nur auf Verschreibung eines Tierarztes, vom Hersteller nur unmittelbar an Tierhalter abgegeben werden; dies gilt auch, wenn die Fütterungsarzneimittel in einem anderen Mitgliedstaat der Europäischen Union oder in einem anderen Vertragsstaat des Abkommens über den Europäischen Wirtschaftsraum unter Verwendung im Geltungsbereich dieses Gesetzes zugelassener Arzneimittel-Vormischungen oder solcher Arzneimittel-Vormischungen, die die gleiche qualitative und eine vergleichbare quantitative Zusammensetzung haben wie im Geltungsbereich dieses Gesetzes zugelassene Arzneimittel-Vormischungen, hergestellt werden, die sonstigen im Geltungsbereich dieses Gesetzes geltenden arzneimittelrechtlichen Vorschriften beachtet werden und den Fütterungsarzneimitteln eine Begleitbescheinigung nach dem vom Bundesministerium für Ernährung, Landwirtschaft und Verbraucherschutz bekannt gemachten Muster beigegeben ist. Im Falle des Satzes 1 zweiter Halbsatz hat der verschreibende Tierarzt der nach § 64 Abs. 1 für die Überwachung der Einhaltung der arzneimittelrechtlichen Vorschriften durch den Tierhalter zuständigen Behörde unverzüglich eine Kopie der Verschreibung zu übersenden. Die wiederholte Abgabe auf eine Verschreibung ist nicht zulässig. Das Bundesministerium für Ernährung, Landwirtschaft und Verbraucherschutz wird ermächtigt, im Einvernehmen mit dem Bundesministerium und dem Bundesministerium für Wirtschaft und Technologie durch Rechtsverordnung Vorschriften über Form und Inhalt der Verschreibung zu erlassen.

(2) Zur Herstellung eines Fütterungsarzneimittels darf nur eine nach § 25 Abs. 1 zugelassene oder auf Grund des § 36 Abs. 1 von der Pflicht zur Zulas-

sung freigestellte Arzneimittel-Vormischung verwendet werden. Auf Verschreibung darf abweichend von Satz 1 ein Fütterungsarzneimittel aus höchstens drei Arzneimittel-Vormischungen, die jeweils zur Anwendung bei der zu behandelnden Tierart zugelassen sind, hergestellt werden, sofern

1. für das betreffende Anwendungsgebiet eine zugelassene Arzneimittel-Vormischung nicht zur Verfügung steht,

2. im Einzelfall im Fütterungsarzneimittel nicht mehr als zwei Arzneimittel-Vormischungen mit jeweils einem antimikrobiell wirksamen Stoff enthalten sind oder höchstens eine Arzneimittel-Vormischung mit mehreren solcher Stoffe enthalten ist und

3. eine homogene und stabile Verteilung der wirksamen Bestandteile in dem Fütterungsarzneimittel gewährleistet ist.

(3) Werden Fütterungsarzneimittel hergestellt, so muss das verwendete Mischfuttermittel vor und nach der Vermischung den futtermittelrechtlichen Vorschriften entsprechen und es darf kein Antibiotikum oder Kokzidiostatikum als Futtermittelzusatzstoff enthalten.

(4) Der Hersteller des Fütterungsarzneimittels hat sicherzustellen, dass die Arzneimitteltagesdosis in einer Menge in dem Mischfuttermittel enthalten ist, die die tägliche Futterration der behandelten Tiere, bei Wiederkäuern den täglichen Bedarf an Ergänzungsfuttermitteln, ausgenommen Mineralfutter, mindestens zur Hälfte deckt. Der Hersteller des Fütterungsarzneimittels hat die verfütterungsfertige Mischung vor der Abgabe so zu kennzeichnen, dass auf dem Etikett das Wort „Fütterungsarzneimittel" und die Angabe darüber, zu welchem Prozentsatz sie den Futterbedarf nach Satz 1 zu decken bestimmt ist, deutlich sichtbar sind.

(5) Der Tierarzt darf Fütterungsarzneimittel nur verschreiben,

1. wenn sie zur Anwendung an den von ihm behandelten Tieren bestimmt sind,

2. wenn sie für die in den Packungsbeilagen der Arzneimittel-Vormischungen bezeichneten Tierarten und Anwendungsgebiete bestimmt sind,

3. wenn ihre Anwendung nach Anwendungsgebiet und Menge nach dem Stand der veterinärmedizinischen Wissenschaft gerechtfertigt ist, um das Behandlungsziel zu erreichen, und

4. wenn die zur Anwendung bei Tieren, die der Gewinnung von Lebensmitteln dienen, verschriebene Menge von Fütterungsarzneimitteln, die

a) vorbehaltlich des Buchstaben b, verschreibungspflichtige Arzneimittel-Vormischungen enthalten, zur Anwendung innerhalb der auf die Abgabe folgenden 31 Tage bestimmt ist, oder

b) antimikrobiell wirksame Stoffe enthalten, zur Anwendung innerhalb der auf die Abgabe folgenden sieben Tage bestimmt ist,

sofern die Zulassungsbedingungen der Arzneimittel-Vormischung nicht eine längere Anwendungsdauer vorsehen.

Arzneimittelgesetz (AMG)

§ 56a Abs. 2 gilt für die Verschreibung von Fütterungsarzneimitteln entsprechend. Im Falle der Verschreibung von Fütterungsarzneimitteln nach Satz 1 Nr. 4 gilt zusätzlich § 56a Abs. 1 Satz 2 entsprechend.

§ 56a
Verschreibung, Abgabe und Anwendung von Arzneimitteln durch Tierärzte

(1) Der Tierarzt darf für den Verkehr außerhalb der Apotheken nicht freigegebene Arzneimittel dem Tierhalter vorbehaltlich besonderer Bestimmungen auf Grund des Absatzes 3 nur verschreiben oder an diesen nur abgeben, wenn

1. sie für die von ihm behandelten Tiere bestimmt sind,

2. sie zugelassen sind oder sie auf Grund des § 21 Abs. 2 Nr. 4 in Verbindung mit Abs. 1 in Verkehr gebracht werden dürfen oder in den Anwendungsbereich einer Rechtsverordnung nach § 36 oder § 39 Abs. 3 Satz 1 Nr. 2 fallen oder sie nach § 38 Abs. 1 in den Verkehr gebracht werden dürfen,

3. sie nach der Zulassung für das Anwendungsgebiet bei der behandelten Tierart bestimmt sind,

4. ihre Anwendung nach Anwendungsgebiet und Menge nach dem Stand der veterinärmedizinischen Wissenschaft gerechtfertigt ist, um das Behandlungsziel in dem betreffenden Fall zu erreichen, und

5. die zur Anwendung bei Tieren, die der Gewinnung von Lebensmitteln dienen,

   a) vorbehaltlich des Buchstaben b, verschriebene oder abgegebene Menge verschreibungspflichtiger Arzneimittel zur Anwendung innerhalb der auf die Abgabe folgenden 31 Tage bestimmt ist, oder

   b) verschriebene oder abgegebene Menge von Arzneimitteln, die antimikrobiell wirksame Stoffe enthalten und nach den Zulassungsbedingungen nicht ausschließlich zur lokalen Anwendung vorgesehen sind, zur Anwendung innerhalb der auf die Abgabe folgenden sieben Tage bestimmt ist,

sofern die Zulassungsbedingungen nicht eine längere Anwendungsdauer vorsehen.

Der Tierarzt darf verschreibungspflichtige Arzneimittel zur Anwendung bei Tieren, die der Gewinnung von Lebensmitteln dienen, für den jeweiligen Behandlungsfall erneut nur abgeben oder verschreiben, sofern er in einem Zeitraum von 31 Tagen vor dem Tag der entsprechend seiner Behandlungsanweisung vorgesehenen letzten Anwendung der abzugebenden oder zu verschreibenden Arzneimittel die behandelten Tiere oder den behandelten Tierbestand untersucht hat. Satz 1 Nr. 2 bis 4 gilt für die Anwendung durch den Tierarzt entsprechend.

Abweichend von Satz 1 darf der Tierarzt dem Tierhalter Arzneimittel-Vormischungen weder verschreiben noch an diesen abgeben.

Arzneimittelgesetz (AMG)

(1a) Absatz 1 Satz 3 gilt nicht, soweit ein Tierarzt Arzneimittel bei einem von ihm behandelten Tier anwendet und die Arzneimittel ausschließlich zu diesem Zweck von ihm hergestellt worden sind.

(2) Soweit die notwendige arzneiliche Versorgung der Tiere ansonsten ernstlich gefährdet wäre und eine unmittelbare oder mittelbare Gefährdung der Gesundheit von Mensch und Tier nicht zu befürchten ist, darf der Tierarzt bei Einzeltieren oder Tieren eines bestimmten Bestandes abweichend von Absatz 1 Satz 1 Nr. 3, auch in Verbindung mit Absatz 1 Satz 3, nachfolgend bezeichnete zugelassene oder von der Zulassung freigestellte Arzneimittel verschreiben, anwenden oder abgeben:

1. soweit für die Behandlung ein zugelassenes Arzneimittel für die betreffende Tierart und das betreffende Anwendungsgebiet nicht zur Verfügung steht, ein Arzneimittel mit der Zulassung für die betreffende Tierart und ein anderes Anwendungsgebiet;

2. soweit ein nach Nummer 1 geeignetes Arzneimittel für die betreffende Tierart nicht zur Verfügung steht, ein für eine andere Tierart zugelassenes Arzneimittel;

3. soweit ein nach Nummer 2 geeignetes Arzneimittel nicht zur Verfügung steht, ein zur Anwendung beim Menschen zugelassenes Arzneimittel oder, auch abweichend von Absatz 1 Satz 1 Nr. 2, auch in Verbindung mit Absatz 1 Satz 3, ein Arzneimittel, das in einem Mitgliedstaat der Europäischen Union oder einem anderen Vertragsstaat des Abkommens über den Europäischen Wirtschaftsraum zur Anwendung bei Tieren zugelassen ist; im Falle von Tieren, die der Gewinnung von Lebensmitteln dienen, jedoch nur solche Arzneimittel aus anderen Mitgliedstaaten der Europäischen Union oder anderen Vertragsstaaten des Abkommens über den Europäischen Wirtschaftsraum, die zur Anwendung bei Tieren, die der Gewinnung von Lebensmitteln dienen, zugelassen sind;

4. soweit ein nach Nummer 3 geeignetes Arzneimittel nicht zur Verfügung steht, ein in einer Apotheke oder durch den Tierarzt nach § 13 Abs. 2 Satz 1 Nr. 3 Buchstabe d hergestelltes Arzneimittel.

Bei Tieren, die der Gewinnung von Lebensmitteln dienen, darf das Arzneimittel jedoch nur durch den Tierarzt angewendet oder unter seiner Aufsicht verabreicht werden und nur pharmakologisch wirksame Stoffe enthalten, die in Tabelle 1 der Verordnung (EU) Nr. 37/2010 aufgeführt sind. Der Tierarzt hat die Wartezeit anzugeben; das Nähere regelt die Verordnung über tierärztliche Hausapotheken. Die Sätze 1 bis 3 gelten entsprechend für Arzneimittel, die nach § 21 Abs. 2 Nr. 4 in Verbindung mit Abs. 2a hergestellt werden. Registrierte oder von der Registrierung freigestellte homöopathische Arzneimittel dürfen abweichend von Absatz 1 Satz 1 Nr. 3 verschrieben, abgegeben und angewendet werden; dies gilt für Arzneimittel, die zur Anwendung bei Tieren bestimmt sind, die der Gewinnung von Lebensmitteln dienen, nur dann, wenn sie ausschließlich Wirkstoffe enthalten, die im Anhang der Verordnung (EU)

Arzneimittelgesetz (AMG)

Nr. 37/2010 als Stoffe enthalten sind, für die eine Festlegung von Höchstmengen nicht erforderlich ist.

(2a) Abweichend von Absatz 2 Satz 2 dürfen Arzneimittel für Einhufer, die der Gewinnung von Lebensmitteln dienen und für die nichts anderes in Abschnitt IX Teil II des Equidenpasses im Sinne der Verordnung (EG) Nr. 504/2008 der Kommission vom 6. Juni 2008 zur Umsetzung der Richtlinie 90/426/EWG des Rates in Bezug auf Methoden zur Identifizierung von Equiden (ABl. L 149 vom 7.6.2008, S. 3) in der jeweils geltenden Fassung festgelegt ist, auch verschrieben, abgegeben oder angewendet werden, wenn sie Stoffe, die in der Verordnung (EG) Nr. 1950/2006 der Kommission vom 13. Dezember 2006 zur Erstellung eines Verzeichnisses von für die Behandlung von Equiden wesentlichen Stoffen gemäß der Richtlinie 2001/82/EG des Europäischen Parlaments und des Rates zur Schaffung eines Gemeinschaftskodexes für Tierarzneimittel (ABl. L 367 vom 22.12.2006, S. 33) aufgeführt sind, enthalten.

(3) Das Bundesministerium für Ernährung, Landwirtschaft und Verbraucherschutz wird ermächtigt, im Einvernehmen mit dem Bundesministerium durch Rechtsverordnung mit Zustimmung des Bundesrates

1. Anforderungen an die Abgabe und die Verschreibung von Arzneimitteln zur Anwendung an Tieren, auch im Hinblick auf die Behandlung, festzulegen,

2. vorbehaltlich einer Rechtsverordnung nach Nummer 5 zu verbieten, bei der Verschreibung, der Abgabe oder der Anwendung von zur Anwendung bei Tieren bestimmten Arzneimitteln, die antimikrobiell wirksame Stoffe enthalten, von den in § 11 Absatz 4 Satz 1 Nummer 3 und 5 genannten Angaben der Gebrauchsinformation abzuweichen, soweit dies zur Verhütung einer unmittelbaren oder mittelbaren Gefährdung der Gesundheit von Mensch oder Tier durch die Anwendung dieser Arzneimittel erforderlich ist,

3. vorzuschreiben, dass der Tierarzt im Rahmen der Behandlung bestimmter Tiere in bestimmten Fällen eine Bestimmung der Empfindlichkeit der eine Erkrankung verursachenden Erreger gegenüber bestimmten antimikrobiell wirksamen Stoffen zu erstellen oder erstellen zu lassen hat,

4. vorzuschreiben, dass

   a) Tierärzte über die Abgabe, Verschreibung und Anwendung, auch im Hinblick auf die Behandlung, von für den Verkehr außerhalb der Apotheken nicht freigegebenen Arzneimitteln Nachweise führen müssen,

   b) bestimmte Arzneimittel nur durch den Tierarzt selbst angewendet werden dürfen, wenn diese Arzneimittel

      aa) die Gesundheit von Mensch oder Tier auch bei bestimmungsgemäßem Gebrauch unmittelbar oder mittelbar gefährden können, sofern sie nicht fachgerecht angewendet werden, bb) wiederholt in erheblichem Umfang nicht bestimmungsgemäß gebraucht werden und dadurch die Gesundheit von Mensch oder Tier unmittelbar oder mittelbar gefährdet werden kann,

5. vorzuschreiben, dass der Tierarzt abweichend von Absatz 2 bestimmte Arzneimittel, die bestimmte antimikrobiell wirksame Stoffe enthalten, nur

a) für die bei der Zulassung vorgesehenen Tierarten oder Anwendungsgebiete abgeben oder verschreiben oder

b) bei den bei der Zulassung vorgesehenen Tierarten oder in den dort vorgesehenen Anwendungsgebieten anwenden

darf, soweit dies erforderlich ist, um die Wirksamkeit der antimikrobiell wirksamen Stoffe für die Behandlung von Mensch und Tier zu erhalten.

In Rechtsverordnungen nach Satz 1 können ferner

1. im Fall des Satzes 1 Nummer 3 Anforderungen an die Probenahme, die zu nehmenden Proben, das Verfahren der Untersuchung sowie an die Nachweisführung festgelegt werden,

2. im Fall des Satzes 1 Nummer 4 Buchstabe a

a) Art, Form und Inhalt der Nachweise sowie die Dauer der Aufbewahrung geregelt werden,

b) vorgeschrieben werden, dass Nachweise auf Anordnung der zuständigen Behörde nach deren Vorgaben vom Tierarzt zusammengefasst und ihr zur Verfügung gestellt werden, soweit dies zur Sicherung einer ausreichenden Überwachung der Anwendung von Arzneimitteln bei Tieren, die der Gewinnung von Lebensmitteln dienen, erforderlich ist.

In Rechtsverordnungen nach Satz 1 Nummer 2, 3 und 5 ist Vorsorge dafür zu treffen, dass die Tiere jederzeit die notwendige arzneiliche Versorgung erhalten. Die Nachweispflicht kann auf bestimmte Arzneimittel, Anwendungsbereiche oder Darreichungsformen beschränkt werden.

(4) Der Tierarzt darf durch Rechtsverordnung nach Absatz 3 Satz 1 Nr. 2 bestimmte Arzneimittel dem Tierhalter weder verschreiben noch an diesen abgeben.

(5) Das Bundesministerium für Ernährung, Landwirtschaft und Verbraucherschutz wird ermächtigt, im Einvernehmen mit dem Bundesministerium durch Rechtsverordnung mit Zustimmung des Bundesrates eine Tierarzneimittelanwendungskommission zu errichten. Die Tierarzneimittelanwendungskommission beschreibt in Leitlinien den Stand der veterinärmedizinischen Wissenschaft, insbesondere für die Anwendung von Arzneimitteln, die antimikrobiell wirksame Stoffe enthalten. In der Rechtsverordnung ist das Nähere über die Zusammensetzung, die Berufung der Mitglieder und das Verfahren der Tierarzneimittelanwendungskommission zu bestimmen. Ferner können der Tierarzneimittelanwendungskommission durch Rechtsverordnung weitere Aufgaben übertragen werden.

Arzneimittelgesetz (AMG)

(6) Es wird vermutet, dass eine Rechtfertigung nach dem Stand der veterinärmedizinischen Wissenschaft im Sinne des Absatzes 1 Satz 1 Nr. 4 oder des § 56 Abs. 5 Satz 1 Nr. 3 gegeben ist, sofern die Leitlinien der Tierarzneimittelanwendungskommission nach Absatz 5 Satz 2 beachtet worden sind.

§ 56b
Ausnahmen

Das Bundesministerium für Ernährung, Landwirtschaft und Verbraucherschutz wird ermächtigt, im Einvernehmen mit dem Bundesministerium durch Rechtsverordnung mit Zustimmung des Bundesrates Ausnahmen von § 56a zuzulassen, soweit die notwendige arzneiliche Versorgung der Tiere sonst ernstlich gefährdet wäre.

§ 57
Erwerb und Besitz durch Tierhalter, Nachweise

(1) Der Tierhalter darf Arzneimittel, die zum Verkehr außerhalb der Apotheken nicht freigegeben sind, zur Anwendung bei Tieren nur in Apotheken, bei dem den Tierbestand behandelnden Tierarzt oder in den Fällen des § 56 Abs. 1 bei Herstellern erwerben. Andere Personen, die in § 47 Abs. 1 nicht genannt sind, dürfen solche Arzneimittel nur in Apotheken erwerben. Satz 1 gilt nicht für Arzneimittel im Sinne des § 43 Abs. 4 Satz 3. Die Sätze 1 und 2 gelten nicht, soweit Arzneimittel, die ausschließlich zur Anwendung bei Tieren, die nicht der Gewinnung von Lebensmitteln dienen, zugelassen sind,

a) vom Tierhalter im Wege des Versandes nach § 43 Absatz 5 Satz 3 oder 4 oder

b) von anderen Personen, die in § 47 Absatz 1 nicht genannt sind, im Wege des Versandes nach § 43 Absatz 5 Satz 3

oder nach § 73 Absatz 1 Nummer 1a erworben werden. Abweichend von Satz 1 darf der Tierhalter Arzneimittel-Vormischungen nicht erwerben.

(1a) Tierhalter dürfen Arzneimittel, bei denen durch Rechtsverordnung vorgeschrieben ist, dass sie nur durch den Tierarzt selbst angewendet werden dürfen, nicht im Besitz haben. Dies gilt nicht, wenn die Arzneimittel für einen anderen Zweck als zur Anwendung bei Tieren bestimmt sind oder der Besitz nach der Richtlinie 96/22/EG des Rates vom 29. April 1996 über das Verbot der Verwendung bestimmter Stoffe mit hormonaler beziehungsweise thyreostatischer Wirkung und von β-Agonisten in der tierischen Erzeugung und zur Aufhebung der Richtlinien 81/602/EWG, 88/146/EWG und 88/299/EWG (ABl. EG Nr. L 125 S. 3) erlaubt ist.

(2) Das Bundesministerium für Ernährung, Landwirtschaft und Verbraucherschutz wird ermächtigt, im Einvernehmen mit dem Bundesministerium durch Rechtsverordnung mit Zustimmung des Bundesrates vorzuschreiben, dass

Arzneimittelgesetz (AMG)

1. Betriebe oder Personen die Tiere halten, die der Gewinnung von Lebensmitteln dienen, und diese oder von diesen stammende Erzeugnisse in Verkehr bringen, und

2. andere Personen, die in § 47 Absatz 1 nicht genannt sind,

Nachweise über den Erwerb, die Aufbewahrung und den Verbleib der Arzneimittel und Register oder Nachweise über die Anwendung der Arzneimittel zu führen haben, soweit es geboten ist, um eine ordnungsgemäße Anwendung von Arzneimitteln zu gewährleisten und sofern es sich um Betriebe oder Personen nach Nummer 1 handelt, dies zur Durchführung von Rechtsakten der Europäischen Gemeinschaft oder der Europäischen Union auf diesem Gebiet erforderlich ist. In der Rechtsverordnung können Art, Form und Inhalt der Register und Nachweise sowie die Dauer ihrer Aufbewahrung geregelt werden. In der Rechtsverordnung kann ferner vorgeschrieben werden, dass Nachweise auf Anordnung der zuständigen Behörde nach deren Vorgaben vom Tierhalter zusammenzufassen sind und ihr zur Verfügung gestellt werden, soweit dies zur Sicherung einer ausreichenden Überwachung im Zusammenhang mit der Anwendung von Arzneimitteln bei Tieren, die der Gewinnung von Lebensmitteln dienen, erforderlich ist.

(3) Das Bundesministerium für Ernährung, Landwirtschaft und Verbraucherschutz wird ermächtigt, im Einvernehmen mit dem Bundesministerium durch Rechtsverordnung mit Zustimmung des Bundesrates vorzuschreiben, dass Betriebe oder Personen, die

1. Tiere in einem Tierheim oder in einer ähnlichen Einrichtung halten oder

2. gewerbsmäßig Wirbeltiere, ausgenommen Tiere, die der Gewinnung von Lebensmitteln dienen, züchten oder halten oder vorübergehend für andere Betriebe oder Personen betreuen,

Nachweise über den Erwerb verschreibungspflichtiger Arzneimittel zu führen haben, die für die Behandlung der in den Nummern 1 und 2 bezeichneten Tiere erworben worden sind. In der Rechtsverordnung können Art, Form und Inhalt der Nachweise sowie die Dauer ihrer Aufbewahrung geregelt werden.

§ 57a
Anwendung durch Tierhalter

Tierhalter und andere Personen, die nicht Tierärzte sind, dürfen verschreibungspflichtige Arzneimittel bei Tieren nur anwenden, soweit die Arzneimittel von dem Tierarzt verschrieben oder abgegeben worden sind, bei dem sich die Tiere in Behandlung befinden.

Arzneimittelgesetz (AMG)

§ 58
Anwendung bei Tieren, die der Gewinnung von Lebensmitteln dienen

(1) Zusätzlich zu den Anforderungen des § 57a dürfen Tierhalter und andere Personen, die nicht Tierärzte sind, verschreibungspflichtige Arzneimittel oder andere vom Tierarzt verschriebene oder erworbene Arzneimittel bei Tieren, die der Gewinnung von Lebensmitteln dienen, vorbehaltlich einer Maßnahme der zuständigen Behörde nach § 58d Absatz 3 Satz 2 Nummer 2 nur nach einer tierärztlichen Behandlungsanweisung für den betreffenden Fall anwenden. Nicht verschreibungspflichtige Arzneimittel, die nicht für den Verkehr außerhalb der Apotheken freigegeben sind und deren Anwendung nicht auf Grund einer tierärztlichen Behandlungsanweisung erfolgt, dürfen nur angewendet werden,

1. wenn sie zugelassen sind oder in den Anwendungsbereich einer Rechtsverordnung nach § 36 oder § 39 Abs. 3 Satz 1 Nr. 2 fallen oder sie nach § 38 Abs. 1 in den Verkehr gebracht werden dürfen,

2. für die in der Kennzeichnung oder Packungsbeilage der Arzneimittel bezeichneten Tierarten und Anwendungsgebiete und

3. in einer Menge, die nach Dosierung und Anwendungsdauer der Kennzeichnung des Arzneimittels entspricht.

Abweichend von Satz 2 dürfen Arzneimittel im Sinne des § 43 Abs. 4 Satz 3 nur nach der veterinärbehördlichen Anweisung nach § 43 Abs. 4 Satz 4 angewendet werden.

(2) Das Bundesministerium für Ernährung, Landwirtschaft und Verbraucherschutz wird ermächtigt, im Einvernehmen mit dem Bundesministerium durch Rechtsverordnung mit Zustimmung des Bundesrates zu verbieten, dass Arzneimittel, die zur Anwendung bei Tieren bestimmt sind, die der Gewinnung von Lebensmitteln dienen, für bestimmte Anwendungsgebiete oder -bereiche in den Verkehr gebracht oder zu diesen Zwecken angewendet werden, soweit es geboten ist, um eine mittelbare Gefährdung der Gesundheit des Menschen zu verhüten.

(3) Das Bundesministerium für Ernährung, Landwirtschaft und Verbraucherschutz wird ferner ermächtigt, im Einvernehmen mit dem Bundesministerium durch Rechtsverordnung mit Zustimmung des Bundesrates Einzelheiten zu technischen Anlagen für die orale Anwendung von Arzneimitteln bei Tieren, die Instandhaltung und Reinigung dieser Anlagen und zu Sorgfaltspflichten des Tierhalters festzulegen, um eine Verschleppung antimikrobiell wirksamer Stoffe zu verringern.

§ 58a
Mitteilungen über Tierhaltungen

(1) Wer Rinder (Bos taurus), Schweine (Sus scrofa domestica), Hühner (Gallus gallus) oder Puten (Meleagris gallopavo) berufs- oder gewerbsmäßig hält, hat der zuständigen Behörde nach Maßgabe des Absatzes 2 das Halten dieser

Arzneimittelgesetz (AMG)

Tiere bezogen auf die jeweilige Tierart und den Betrieb, in dem die Tiere gehalten werden (Tierhaltungsbetrieb), spätestens 14 Tage nach Beginn der Haltung mitzuteilen. Die Mitteilung hat ferner folgende Angaben zu enthalten:

1. den Namen des Tierhalters,
2. die Anschrift des Tierhaltungsbetriebes und die nach Maßgabe tierseuchenrechtlicher Vorschriften über den Verkehr mit Vieh für den Tierhaltungsbetrieb erteilte Registriernummer,
3. bei der Haltung

   a) von Rindern ergänzt durch die Angabe, ob es sich um Mastkälber bis zu einem Alter von acht Monaten oder um Mastrinder ab einem Alter von acht Monaten,

   b) von Schweinen ergänzt durch die Angabe, ob es sich um Ferkel bis einschließlich 30 kg oder um Mastschweine über 30 kg (Nutzungsart) handelt.

(2) Die Mitteilungspflicht nach Absatz 1 Satz 1 gilt

1. für zum Zweck der Fleischerzeugung (Mast) bestimmte Hühner oder Puten und ab dem Zeitpunkt des jeweiligen Schlüpfens dieser Tiere und
2. für zum Zweck der Mast bestimmte Rinder oder Schweine und ab dem Zeitpunkt, ab dem die jeweiligen Tiere vom Muttertier abgesetzt sind.

(3) Derjenige, der am 1. April 2014 Tiere im Sinne des Absatzes 1 Satz 1 hält, hat die Mitteilung nach Absatz 1 Satz 1 und 2 spätestens bis zum 1. Juli 2014 zu machen.

(4) Wer nach Absatz 1 oder 3 zur Mitteilung verpflichtet ist, hat Änderungen hinsichtlich der mitteilungspflichtigen Angaben innerhalb von 14 Werktagen mitzuteilen. Die Mitteilung nach Absatz 1 oder 3, jeweils auch in Verbindung mit Satz 1, hat elektronisch oder schriftlich zu erfolgen. Die vorgeschriebenen Mitteilungen können durch Dritte vorgenommen werden, soweit der Tierhalter dies unter Nennung des Dritten der zuständigen Behörde angezeigt hat. Die Absätze 1 und 3 sowie Satz 1 gelten nicht, soweit die verlangten Angaben nach tierseuchenrechtlichen Vorschriften über den Verkehr mit Vieh mitgeteilt worden sind. In diesen Fällen übermittelt die für die Durchführung der tierseuchenrechtlichen Vorschriften über den Verkehr mit Vieh zuständige Behörde der für die Durchführung der Absätze 1 und 3 sowie des Satzes 1 zuständigen Behörde die verlangten Angaben. Die Übermittlung nach Satz 5 kann nach Maßgabe des § 10 des Datenschutzgesetzes im automatisierten Abrufverfahren erfolgen.

§ 58b
Mitteilungen über Arzneimittelverwendung

(1) Wer Tiere, für die nach § 58a Mitteilungen über deren Haltung zu machen sind, hält, hat der zuständigen Behörde im Hinblick auf Arzneimittel, die antibakteriell wirksame Stoffe enthalten und bei den von ihm gehaltenen Tieren angewendet worden sind, für jeden Tierhaltungsbetrieb, für den ihm nach den

Arzneimittelgesetz (AMG)

tierseuchenrechtlichen Vorschriften über den Verkehr mit Vieh eine Registriernummer zugeteilt worden ist, unter Berücksichtigung der Nutzungsart halbjährlich für jede Behandlung mitzuteilen

1. die Bezeichnung des angewendeten Arzneimittels,
2. die Anzahl und die Art der behandelten Tiere,
3. vorbehaltlich des Absatzes 3 die Anzahl der Behandlungstage,
4. die insgesamt angewendete Menge von Arzneimitteln, die antibakteriell wirksame Stoffe enthalten,
5. für jedes Halbjahr die Anzahl der Tiere der jeweiligen Tierart, die

    a) in jedem Halbjahr zu Beginn im Betrieb gehalten,

    b) im Verlauf eines jeden Halbjahres in den Betrieb aufgenommen,

    c) im Verlauf eines jeden Halbjahres aus dem Betrieb abgegeben worden sind.

Die Mitteilungen nach Satz 1 Nummer 5 Buchstabe b und c sind unter Angabe des Datums der jeweiligen Handlung zu machen. Die Mitteilung ist jeweils spätestens am 14. Tag desjenigen Monats zu machen, der auf den letzten Monat des Halbjahres folgt, in dem die Behandlung erfolgt ist. § 58a Absatz 4 Satz 2 und 3 gilt entsprechend.

(2) Abweichend von Absatz 1 Satz 1 können die in Absatz 1 Satz 1 Nummer 1 bis 4 genannten Angaben durch nachfolgende Angaben ersetzt werden:

1. die Bezeichnung des für die Behandlung vom Tierarzt erworbenen oder verschriebenen Arzneimittels,

2. die Anzahl und Art der Tiere, für die eine Behandlungsanweisung des Tierarztes ausgestellt worden ist,

3. die Identität der Tiere, für die eine Behandlungsanweisung des Tierarztes ausgestellt worden ist, sofern sich aus der Angabe die Nutzungsart ergibt,

4. vorbehaltlich des Absatzes 3 die Dauer der verordneten Behandlung in Tagen,

5. die vom Tierarzt insgesamt angewendete oder abgegebene Menge des Arzneimittels.

Satz 1 gilt nur, wenn derjenige, der Tiere hält,

1. gegenüber dem Tierarzt zum Zeitpunkt des Erwerbs oder der Verschreibung der Arzneimittel schriftlich versichert hat, von der Behandlungsanweisung nicht ohne Rücksprache mit dem Tierarzt abzuweichen, und

2. bei der Abgabe der Mitteilung nach Absatz 1 Satz 1 an die zuständige Behörde schriftlich versichert, dass bei der Behandlung nicht von der Behandlungsanweisung des Tierarztes abgewichen worden ist. § 58a Absatz 4 Satz 2 und 3 gilt hinsichtlich des Satzes 1 entsprechend.

Arzneimittelgesetz (AMG)

(3) Bei Arzneimitteln, die antibakterielle Stoffe enthalten und einen therapeutischen Wirkstoffspiegel von mehr als 24 Stunden aufweisen, teilt der Tierarzt dem Tierhalter die Anzahl der Behandlungstage im Sinne des Absatzes 1 Satz 1 Nummer 3, ergänzt um die Anzahl der Tage, in denen das betroffene Arzneimittel seinen therapeutischen Wirkstoffspiegel behält, mit. Ergänzend zu Absatz 1 Satz 1 Nummer 3 teilt der Tierhalter diese Tage auch als Behandlungstage mit.

§ 58c
Ermittlung der Therapiehäufigkeit

(1) Die zuständige Behörde ermittelt für jedes Halbjahr die durchschnittliche Anzahl der Behandlungen mit antibakteriell wirksamen Stoffen, bezogen auf den jeweiligen Betrieb, für den nach den tierseuchenrechtlichen Vorschriften über den Verkehr mit Vieh eine Registriernummer zugeteilt worden ist, und die jeweilige Art der gehaltenen Tiere unter Berücksichtigung der Nutzungsart, indem sie nach Maßgabe des Berechnungsverfahrens zur Ermittlung der Therapiehäufigkeit vom 21. Februar 2013 (BAnz AT 22.02.2013 B2)

1. für jeden angewendeten Wirkstoff die Anzahl der behandelten Tiere mit der Anzahl der Behandlungstage multipliziert und die so errechnete Zahl jeweils für alle verabreichten Wirkstoffe des Halbjahres addiert und

2. die nach Nummer 1 ermittelte Zahl anschließend durch die Anzahl der Tiere der betroffenen Tierart, die durchschnittlich in dem Halbjahr gehalten worden sind, dividiert (betriebliche halbjährliche Therapiehäufigkeit).

(2) Spätestens bis zum Ende des zweiten Monats des Halbjahres, das auf die Mitteilungen des vorangehenden Halbjahres nach § 58b Absatz 1 Satz 1 folgt, teilt die zuständige Behörde dem Bundesamt für Verbraucherschutz und Lebensmittelsicherheit für die Zwecke des Absatzes 4 und des § 77 Absatz 3 Satz 2 in anonymisierter Form die nach Absatz 1 jeweils ermittelte halbjährliche betriebliche Therapiehäufigkeit mit. Darüber hinaus teilt die zuständige Behörde dem Bundesinstitut für Risikobewertung jeweils auf dessen Verlangen in anonymisierter Form die nach Absatz 1 jeweils ermittelte halbjährliche Therapiehäufigkeit sowie die in § 58b Absatz 1 Satz 1 Nummer 4 genannten Angaben mit, soweit dies für die Durchführung einer Risikobewertung des Bundesinstitutes für Risikobewertung auf dem Gebiet der Antibiotikaresistenz erforderlich ist. Die Mitteilungen nach den Sätzen 1 und 2 können nach Maßgabe des § 10 des Bundesdatenschutzgesetzes im automatisierten Abrufverfahren erfolgen.

(3) Soweit die Länder für die Zwecke des Absatzes 1 eine gemeinsame Stelle einrichten, sind die in den §§ 58a und 58b genannten Angaben dieser Stelle zu übermitteln; diese ermittelt die halbjährliche betriebliche Therapiehäufigkeit nach Maßgabe des in Absatz 1 genannten Berechnungsverfahrens zur Ermittlung der Therapiehäufigkeit und teilt sie den in Absatz 2 Satz 1 und 2 genannten Behörden mit. Absatz 2 Satz 3 gilt entsprechend.

Arzneimittelgesetz (AMG)

(4) Das Bundesamt für Verbraucherschutz und Lebensmittelsicherheit ermittelt aus den ihm mitgeteilten Angaben zur jeweiligen halbjährlichen betrieblichen Therapiehäufigkeit

1. als Kennzahl 1 den Median (Wert, unter dem 50 Prozent aller erfassten halbjährlichen Therapiehäufigkeiten liegen) und

2. als Kennzahl 2 das dritte Quartil (Wert, unter dem 75 Prozent aller erfassten halbjährlichen betrieblichen Therapiehäufigkeiten liegen)

der bundesweiten halbjährlichen Therapiehäufigkeit für jede in § 58a Absatz 1 bezeichnete Tierart. Das Bundesamt für Verbraucherschutz und Lebensmittelsicherheit macht diese Kennzahlen bis zum Ende des dritten Monats des Halbjahres, das auf die Mitteilungen des vorangehenden Halbjahres nach § 58b Absatz 1 folgt, für das jeweilige abgelaufene Halbjahr im Bundesanzeiger bekannt und schlüsselt diese unter Berücksichtigung der Nutzungsart auf.

(5) Die zuständige Behörde oder die gemeinsame Stelle nach Absatz 3 teilt dem Tierhalter die nach Absatz 1 ermittelte betriebliche halbjährliche Therapiehäufigkeit für die jeweilige Tierart der von ihm gehaltenen Tiere im Sinne des § 58a Absatz 1 unter Berücksichtigung der Nutzungsart mit. Der Tierhalter kann ferner Auskunft über die nach den §§ 58a und 58b erhobenen, gespeicherten oder sonst verarbeiteten Daten verlangen, soweit sie seinen Betrieb betreffen.

(6) Die nach den §§ 58a und 58b erhobenen oder nach Absatz 5 mitgeteilten und jeweils bei der zuständigen Behörde oder der gemeinsamen Stelle nach Absatz 3 gespeicherten Daten sind für die Dauer von sechs Jahren aufzubewahren. Die Frist beginnt mit Ablauf des 30. Juni oder 31. Dezember desjenigen Halbjahres, in dem die bundesweite halbjährliche Therapiehäufigkeit nach Absatz 4 bekannt gegeben worden ist. Nach Ablauf dieser Frist sind die Daten zu löschen.

§ 58d
Verringerung der Behandlung mit antibakteriell wirksamen Stoffen

(1) Um zur wirksamen Verringerung der Anwendung von Arzneimitteln, die antibakteriell wirksame Stoffe enthalten, beizutragen, hat derjenige, der Tiere im Sinne des § 58a Absatz 1 Satz 1 berufs- oder gewerbsmäßig hält,

1. jeweils zwei Monate nach einer Bekanntmachung der Kennzahlen der bundesweiten halbjährlichen Therapiehäufigkeit nach § 58c Absatz 4 Satz 2 festzustellen, ob im abgelaufenen Zeitraum seine betriebliche halbjährliche Therapiehäufigkeit bei der jeweiligen Tierart der von ihm gehaltenen Tiere unter Berücksichtigung der Nutzungsart bezogen auf den Tierhaltungsbetrieb, für den ihm nach den tierseuchenrechtlichen Vorschriften über den Verkehr mit Vieh eine Registriernummer zugeteilt worden ist, oberhalb der Kennzahl 1 oder der Kennzahl 2 der bundesweiten halbjährlichen Therapiehäufigkeit liegt,

2. die Feststellung nach Nummer 1 unverzüglich nach ihrer Feststellung in seinen betrieblichen Unterlagen aufzuzeichnen.

Arzneimittelgesetz (AMG)

(2) Liegt die betriebliche halbjährliche Therapiehäufigkeit eines Tierhalters bezogen auf den Tierhaltungsbetrieb, für den ihm nach den tierseuchenrechtlichen Vorschriften über den Verkehr mit Vieh eine Registriernummer zugeteilt worden ist,

1. oberhalb der Kennzahl 1 der bundesweiten halbjährlichen Therapiehäufigkeit, hat der Tierhalter unter Hinzuziehung eines Tierarztes zu prüfen, welche Gründe zu dieser Überschreitung geführt haben können und wie die Behandlung der von ihm gehaltenen Tiere im Sinne des § 58a Absatz 1 mit Arzneimitteln, die antibakteriell wirksame Stoffe enthalten, verringert werden kann, oder

2. oberhalb der Kennzahl 2 der bundesweiten halbjährlichen Therapiehäufigkeit, hat der Tierhalter auf der Grundlage einer tierärztlichen Beratung innerhalb von zwei Monaten nach dem sich aus Absatz 1 Nummer 1 ergebenden Datum einen schriftlichen Plan zu erstellen, der Maßnahmen enthält, die eine Verringerung der Behandlung mit Arzneimitteln, die antibakteriell wirksame Stoffe enthalten, zum Ziel haben.

Ergibt die Prüfung des Tierhalters nach Satz 1 Nummer 1, dass die Behandlung mit den betroffenen Arzneimitteln verringert werden kann, hat der Tierhalter Schritte zu ergreifen, die zu einer Verringerung führen können. Der Tierhalter hat dafür Sorge zu tragen, dass die Maßnahme nach Satz 1 Nummer 1 und die in dem Plan nach Satz 1 Nummer 2 aufgeführten Schritte unter Gewährleistung der notwendigen arzneilichen Versorgung der Tiere durchgeführt werden. Der Plan nach Satz 1 Nummer 2 ist um einen Zeitplan zu ergänzen, wenn die nach dem Plan zu ergreifenden Maßnahmen nicht innerhalb von sechs Monaten erfüllt werden können.

(3) Der Plan nach Absatz 2 Satz 1 Nummer 2 ist der zuständigen Behörde unaufgefordert spätestens zwei Monate nach dem sich aus Absatz 1 Nummer 1 ergebenden Datum zu übermitteln. Soweit es zur wirksamen Verringerung der Behandlung mit Arzneimitteln, die antibakteriell wirksame Stoffe enthalten, erforderlich ist, kann die zuständige Behörde gegenüber dem Tierhalter

1. anordnen, dass der Plan zu ändern oder zu ergänzen ist,

2. unter Berücksichtigung des Standes der veterinärmedizinischen Wissenschaft zur Verringerung der Behandlung mit Arzneimitteln, die antibakteriell wirksame Stoffe enthalten, Anordnungen treffen, insbesondere hinsichtlich

   a) der Beachtung von allgemein anerkannten Leitlinien über die Anwendung von Arzneimitteln, die antibakteriell wirksame Mittel enthalten, oder Teilen davon sowie

   b) einer Impfung der Tiere,

3. im Hinblick auf die Vorbeugung vor Erkrankungen unter Berücksichtigung des Standes der guten fachlichen Praxis in der Landwirtschaft oder der guten hygienischen Praxis in der Tierhaltung Anforderungen an die Haltung der Tiere anordnen, insbesondere hinsichtlich der Fütterung, der Hygiene,

Arzneimittelgesetz (AMG)

der Art und Weise der Mast einschließlich der Mastdauer, der Ausstattung der Ställe sowie deren Einrichtung und der Besatzdichte,

4. anordnen, dass Arzneimittel, die antibakteriell wirksame Stoffe enthalten, für einen bestimmten Zeitraum in einem Tierhaltungsbetrieb nur durch den Tierarzt angewendet werden dürfen, wenn die für die jeweilige von einem Tierhalter gehaltene Tierart, unter Berücksichtigung der Nutzungsart, festgestellte halbjährliche Therapiehäufigkeit zweimal in Folge erheblich oberhalb der Kennzahl 2 der bundesweiten Therapiehäufigkeit liegt.

In der Anordnung nach Satz 2 Nummer 1 ist das Ziel der Änderung oder Ergänzung des Planes anzugeben. In Anordnungen nach Satz 2 Nummer 2, 3 und 4 ist Vorsorge dafür zu treffen, dass die Tiere jederzeit die notwendige arzneiliche Versorgung erhalten. Die zuständige Behörde kann dem Tierhalter gegenüber Maßnahmen nach Satz 2 Nummer 3 auch dann anordnen, wenn diese Rechte des Tierhalters aus Verwaltungsakten widerrufen oder aus anderen Rechtsvorschriften einschränken, sofern die erforderliche Verringerung der Behandlung mit Arzneimitteln, die antibakteriell wirksame Stoffe enthalten, nicht durch andere wirksame Maßnahmen erreicht werden kann und der zuständigen Behörde tatsächliche Erkenntnisse über die Wirksamkeit der weitergehenden Maßnahmen vorliegen. Satz 5 gilt nicht, soweit unmittelbar geltende Rechtsvorschriften der Europäischen Gemeinschaft oder der Europäischen Union entgegenstehen.

(4) Hat der Tierhalter Anordnungen nach Absatz 3 Satz 2 Nummer 1 bis 4, im Fall der Nummer 3 auch in Verbindung mit Satz 5, nicht befolgt und liegt die für die jeweilige von einem Tierhalter gehaltene Tierart unter Berücksichtigung der Nutzungsart festgestellte halbjährliche Therapiehäufigkeit deshalb wiederholt oberhalb der Kennzahl 2 der bundesweiten Therapiehäufigkeit, kann die zuständige Behörde das Ruhen der Tierhaltung im Betrieb des Tierhalters für einen bestimmten Zeitraum, längstens für drei Jahre, anordnen. Die Anordnung des Ruhens der Tierhaltung ist aufzuheben, sobald sichergestellt ist, dass die in Satz 1 bezeichneten Anordnungen befolgt werden.

§ 58e
Verordnungsermächtigungen

(1) Das Bundesministerium für Ernährung, Landwirtschaft und Verbraucherschutz wird ermächtigt, im Einvernehmen mit dem Bundesministerium durch Rechtsverordnung mit Zustimmung des Bundesrates das Nähere über Art, Form und Inhalt der Mitteilungen des Tierhalters nach § 58a Absatz 1 oder § 58b zu regeln. In der Rechtsverordnung nach Satz 1 kann vorgesehen werden, dass

1. die Mitteilungen nach § 58b Absatz 1 oder 3 durch die Übermittlung von Angaben oder Aufzeichnungen ersetzt werden können, die auf Grund anderer arzneimittelrechtlicher Vorschriften, insbesondere auf Grund einer Verordnung nach § 57 Absatz 2, vorzunehmen sind,

2. Betriebe bis zu einer bestimmten Bestandsgröße von den Anforderungen nach § 58a und § 58b ausgenommen werden.

Eine Rechtsverordnung nach Satz 2 Nummer 2 darf nur erlassen werden, soweit

1. durch die Ausnahme der Betriebe das Erreichen des Zieles der Verringerung der Behandlung mit Arzneimitteln, die antibakteriell wirksame Stoffe enthalten, nicht gefährdet wird und

2. die Repräsentativität der Ermittlung der Kennzahlen der bundesweiten halbjährlichen Therapiehäufigkeit erhalten bleibt.

(2) Das Bundesministerium für Ernährung, Landwirtschaft und Verbraucherschutz wird ermächtigt, im Einvernehmen mit dem Bundesministerium durch Rechtsverordnung mit Zustimmung des Bundesrates

1. zum Zweck der Ermittlung des Medians und der Quartile der bundesweiten halbjährlichen Therapiehäufigkeit Anforderungen und Einzelheiten der Berechnung der Kennzahlen festzulegen,

2. die näheren Einzelheiten einschließlich des Verfahrens zur

   a) Auskunftserteilung nach § 58c Absatz 5,

   b) Löschung der Daten nach § 58c Absatz 6

zu regeln.

(3) Das Bundesministerium für Ernährung, Landwirtschaft und Verbraucherschutz wird ermächtigt, im Einvernehmen mit dem Bundesministerium durch Rechtsverordnung mit Zustimmung des Bundesrates die näheren Einzelheiten über

1. die Aufzeichnung nach § 58d Absatz 1 Nummer 2,

2. Inhalt und Umfang des in § 58d Absatz 2 Satz 1 Nummer 2 genannten Planes zur Verringerung der Behandlung mit Arzneimitteln, die antibakteriell wirksame Stoffe enthalten, sowie

3. die Anforderung an die Übermittlung einschließlich des Verfahrens nach § 58d Absatz 3 Satz 1

zu regeln.

(4) Das Bundesministerium für Ernährung, Landwirtschaft und Verbraucherschutz wird ermächtigt, im Einvernehmen mit dem Bundesministerium durch Rechtsverordnung mit Zustimmung des Bundesrates Fische, die der Gewinnung von Lebensmitteln dienen, in den Anwendungsbereich der §§ 58a bis 58f und der zur Durchführung dieser Vorschriften erlassenen Rechtsverordnungen einzubeziehen, soweit dies für das Erreichen des Zieles der Verringerung der Behandlung mit Arzneimitteln, die antibakteriell wirksame Stoffe enthalten, erforderlich ist. Eine Rechtsverordnung nach Satz 1 darf erstmals erlassen werden, wenn die Ergebnisse eines bundesweit durchgeführten behördlichen oder im Auftrag einer Behörde bundesweit durchgeführten Forschungsvor-

Arzneimittelgesetz (AMG)

habens über die Behandlung mit Arzneimitteln, die antibakteriell wirksame Stoffe enthalten, bei Fischen, die der Gewinnung von Lebensmitteln dienen, im Bundesanzeiger veröffentlicht worden sind.

§ 58f
Verwendung der Daten

Die Daten nach den §§ 58a bis 58d dürfen ausschließlich zum Zweck der Ermittlung und der Berechnung der Therapiehäufigkeit, der Überwachung der Einhaltung der §§ 58a bis 58d und zur Verfolgung und Ahndung von Verstößen gegen arzneimittelrechtliche Vorschriften verarbeitet und genutzt werden. Abweichend von Satz 1 darf die zuständige Behörde, soweit sie Grund zu der Annahme hat, dass ein Verstoß gegen das Lebensmittel- und Futtermittelrecht, das Tierschutzrecht oder das Tierseuchenrecht vorliegt, die Daten nach den §§ 58a bis 58d an die für die Verfolgung von Verstößen zuständigen Behörden übermitteln, soweit diese Daten für die Verfolgung des Verstoßes erforderlich sind.

§ 58g
Evaluierung

Das Bundesministerium für Ernährung, Landwirtschaft und Verbraucherschutz berichtet dem Deutschen Bundestag fünf Jahre nach Inkrafttreten dieses Gesetzes über die Wirksamkeit der nach den §§ 58a bis 58d getroffenen Maßnahmen.

§ 59
Klinische Prüfung und Rückstandsprüfung bei Tieren, die der Lebensmittelgewinnung dienen

(1) Ein Arzneimittel im Sinne des § 2 Abs. 1 oder Abs. 2 Nr. 1 darf abweichend von § 56a Abs. 1 vom Hersteller oder in dessen Auftrag zum Zweck der klinischen Prüfung und der Rückstandsprüfung angewendet werden, wenn sich die Anwendung auf eine Prüfung beschränkt, die nach Art und Umfang nach dem jeweiligen Stand der wissenschaftlichen Erkenntnisse erforderlich ist.

(2) Von den Tieren, bei denen diese Prüfungen durchgeführt werden, dürfen Lebensmittel nicht gewonnen werden. Satz 1 gilt nicht, wenn die zuständige Bundesoberbehörde eine angemessene Wartezeit festgelegt hat. Die Wartezeit muss

1. mindestens der Wartezeit nach der Verordnung über tierärztliche Hausapotheken entsprechen und gegebenenfalls einen Sicherheitsfaktor einschließen, mit dem die Art des Arzneimittels berücksichtigt wird, oder,

2. wenn Höchstmengen für Rückstände im Anhang der Verordnung (EU) Nr. 37/2010 festgelegt wurden, sicherstellen, dass diese Höchstmengen in den Lebensmitteln, die von den Tieren gewonnen werden, nicht überschritten werden.

Arzneimittelgesetz (AMG)

Der Hersteller hat der zuständigen Bundesoberbehörde Prüfungsergebnisse über Rückstände der angewendeten Arzneimittel und ihrer Umwandlungsprodukte in Lebensmitteln unter Angabe der angewandten Nachweisverfahren vorzulegen.

(3) Wird eine klinische Prüfung oder Rückstandsprüfung bei Tieren durchgeführt, die der Gewinnung von Lebensmitteln dienen, muss die Anzeige nach § 67 Abs. 1 Satz 1 zusätzlich folgende Angaben enthalten:

1. Name und Anschrift des Herstellers und der Personen, die in seinem Auftrag Prüfungen durchführen,
2. Art und Zweck der Prüfung,
3. Art und Zahl der für die Prüfung vorgesehenen Tiere,
4. Ort, Beginn und voraussichtliche Dauer der Prüfung,
5. Angaben zur vorgesehenen Verwendung der tierischen Erzeugnisse, die während oder nach Abschluss der Prüfung gewonnen werden.

(4) Über die durchgeführten Prüfungen sind Aufzeichnungen zu führen, die der zuständigen Behörde auf Verlangen vorzulegen sind.

§ 59a
Verkehr mit Stoffen und Zubereitungen aus Stoffen

(1) Personen, Betriebe und Einrichtungen, die in § 47 Abs. 1 aufgeführt sind, dürfen Stoffe oder Zubereitungen aus Stoffen, die auf Grund einer Rechtsverordnung nach § 6 bei der Herstellung von Arzneimitteln für Tiere nicht verwendet werden dürfen, zur Herstellung solcher Arzneimittel oder zur Anwendung bei Tieren nicht erwerben und für eine solche Herstellung oder Anwendung nicht anbieten, lagern, verpacken, mit sich führen oder in den Verkehr bringen. Tierhalter sowie andere Personen, Betriebe und Einrichtungen, die in § 47 Abs. 1 nicht aufgeführt sind, dürfen solche Stoffe oder Zubereitungen nicht erwerben, lagern, verpacken oder mit sich führen, es sei denn, dass sie für eine durch Rechtsverordnung nach § 6 nicht verbotene Herstellung oder Anwendung bestimmt sind.

(2) Tierärzte dürfen Stoffe oder Zubereitungen aus Stoffen, die nicht für den Verkehr außerhalb der Apotheken freigegeben sind, zur Anwendung bei Tieren nur beziehen und solche Stoffe oder Zubereitungen dürfen an Tierärzte nur abgegeben werden, wenn sie als Arzneimittel zugelassen sind oder sie auf Grund des § 21 Abs. 2 Nr. 3 oder 5 oder auf Grund einer Rechtsverordnung nach § 36 ohne Zulassung in den Verkehr gebracht werden dürfen. Tierhalter dürfen sie für eine Anwendung bei Tieren nur erwerben oder lagern, wenn sie von einem Tierarzt als Arzneimittel verschrieben oder durch einen Tierarzt abgegeben worden sind. Andere Personen, Betriebe und Einrichtungen, die in § 47 Abs. 1 nicht aufgeführt sind, dürfen durch Rechtsverordnung nach

Arzneimittelgesetz (AMG)

§ 48 bestimmte Stoffe oder Zubereitungen aus Stoffen nicht erwerben, lagern, verpacken, mit sich führen oder in den Verkehr bringen, es sei denn, dass die Stoffe oder Zubereitungen für einen anderen Zweck als zur Anwendung bei Tieren bestimmt sind.

(3) Die futtermittelrechtlichen Vorschriften bleiben unberührt.

§ 59b
Stoffe zur Durchführung von Rückstandskontrollen

Der pharmazeutische Unternehmer hat für Arzneimittel, die zur Anwendung bei Tieren bestimmt sind, die der Gewinnung von Lebensmitteln dienen, der zuständigen Behörde die zur Durchführung von Rückstandskontrollen erforderlichen Stoffe auf Verlangen in ausreichender Menge gegen eine angemessene Entschädigung zu überlassen. Für Arzneimittel, die von dem pharmazeutischen Unternehmer nicht mehr in den Verkehr gebracht werden, gelten die Verpflichtungen nach Satz 1 bis zum Ablauf von drei Jahren nach dem Zeitpunkt des letztmaligen Inverkehrbringens durch den pharmazeutischen Unternehmer, höchstens jedoch bis zu dem nach § 10 Abs. 7 angegebenen Verfalldatum der zuletzt in Verkehr gebrachten Charge.

§ 59c
Nachweispflichten für Stoffe, die als Tierarzneimittel verwendet werden können

Betriebe und Einrichtungen, die Stoffe oder Zubereitungen aus Stoffen, die als Tierarzneimittel oder zur Herstellung von Tierarzneimitteln verwendet werden können und anabole, infektionshemmende, parasitenabwehrende, entzündungshemmende, hormonale oder psychotrope Eigenschaften aufweisen, herstellen, lagern, einführen oder in den Verkehr bringen, haben Nachweise über den Bezug oder die Abgabe dieser Stoffe oder Zubereitungen aus Stoffen zu führen, aus denen sich Vorlieferant oder Empfänger sowie die jeweils erhaltene oder abgegebene Menge ergeben, diese Nachweise mindestens drei Jahre aufzubewahren und auf Verlangen der zuständigen Behörde vorzulegen. Satz 1 gilt auch für Personen, die diese Tätigkeiten berufsmäßig ausüben. Soweit es sich um Stoffe oder Zubereitungen aus Stoffen mit thyreostatischer, östrogener, androgener oder gestagener Wirkung oder β-Agonisten mit anaboler Wirkung handelt, sind diese Nachweise in Form eines Registers zu führen, in dem die hergestellten oder erworbenen Mengen sowie die zur Herstellung von Arzneimitteln veräußerten oder verwendeten Mengen chronologisch unter Angabe des Vorlieferanten und Empfängers erfasst werden.

Arzneimittelgesetz (AMG)

§ 59d
Verabreichung pharmakologisch wirksamer Stoffe an Tiere, die der Lebensmittelgewinnung dienen

Pharmakologisch wirksame Stoffe, die

1. als verbotene Stoffe in Tabelle 2 des Anhangs der Verordnung (EU) Nr. 37/2010 der Kommission vom 22. Dezember 2009 über pharmakologisch wirksame Stoffe und ihre Einstufung hinsichtlich der Rückstandshöchstmengen in Lebensmitteln tierischen Ursprungs (ABl. L 15 vom 20.1.2010, S. 1), die zuletzt durch die Durchführungsverordnung (EU) Nr. 489/2013 (ABl. L 141 vom 28.5.2013, S. 4) geändert worden ist, oder

2. nicht im Anhang der Verordnung (EU) Nr. 37/2010

aufgeführt sind, dürfen einem der Lebensmittelgewinnung dienenden Tier nicht verabreicht werden. Satz 1 gilt nicht in den Fällen des § 56a Absatz 2a und des Artikels 16 Absatz 2 der Verordnung (EG) Nr. 470/2009 sowie für die Verabreichung von Futtermitteln, die zugelassene Futtermittelzusatzstoffe enthalten.

§ 60
Heimtiere

(1) Auf Arzneimittel, die ausschließlich zur Anwendung bei Zierfischen, Zier- oder Singvögeln, Brieftauben, Terrarientieren, Kleinnagern, Frettchen oder nicht der Gewinnung von Lebensmitteln dienenden Kaninchen bestimmt und für den Verkehr außerhalb der Apotheken zugelassen sind, finden die Vorschriften der §§ 21 bis 39d und 50 keine Anwendung.

(2) Die Vorschriften über die Herstellung von Arzneimitteln finden mit der Maßgabe Anwendung, dass der Nachweis einer zweijährigen praktischen Tätigkeit nach § 15 Abs. 1 entfällt.

(3) Das Bundesministerium für Ernährung, Landwirtschaft und Verbraucherschutz wird ermächtigt, im Einvernehmen mit dem Bundesministerium für Wirtschaft und Technologie und dem Bundesministerium durch Rechtsverordnung mit Zustimmung des Bundesrates die Vorschriften über die Zulassung auf Arzneimittel für die in Absatz 1 genannten Tiere auszudehnen, soweit es geboten ist, um eine unmittelbare oder mittelbare Gefährdung der Gesundheit von Mensch oder Tier zu verhüten.

(4) Die zuständige Behörde kann Ausnahmen von § 43 Abs. 5 Satz 1 zulassen, soweit es sich um die Arzneimittelversorgung der in Absatz 1 genannten Tiere handelt.

§ 61
Befugnisse tierärztlicher Bildungsstätten

Einrichtungen der tierärztlichen Bildungsstätten im Hochschulbereich, die der Arzneimittelversorgung der dort behandelten Tiere dienen und von einem Tier-

Arzneimittelgesetz (AMG)

arzt oder Apotheker geleitet werden, haben die Rechte und Pflichten, die ein Tierarzt nach den Vorschriften dieses Gesetzes hat.

Zehnter Abschnitt
Pharmakovigilanz

§ 62
Organisation des Pharmakovigilanz-Systems der zuständigen Bundesoberbehörde*

(1) Die zuständige Bundesoberbehörde hat zur Verhütung einer unmittelbaren oder mittelbaren Gefährdung der Gesundheit von Mensch oder Tier die bei der Anwendung von Arzneimitteln auftretenden Risiken, insbesondere Nebenwirkungen, Wechselwirkungen mit anderen Mitteln, Verfälschungen sowie potenzielle Risiken für die Umwelt auf Grund der Anwendung eines Tierarzneimittels, zentral zu erfassen, auszuwerten und die nach diesem Gesetz zu ergreifenden Maßnahmen zu koordinieren. Sie wirkt dabei mit den Dienststellen der Weltgesundheitsorganisation, der Europäischen Arzneimittel-Agentur, den Arzneimittelbehörden anderer Länder, den Gesundheits- und Veterinärbehörden der Bundesländer, den Arzneimittelkommissionen der Kammern der Heilberufe, nationalen Pharmakovigilanzzentren sowie mit anderen Stellen zusammen, die bei der Durchführung ihrer Aufgaben Arzneimittelrisiken erfassen. Die zuständige Bundesoberbehörde kann die Öffentlichkeit über Arzneimittelrisiken und beabsichtigte Maßnahmen informieren. Die Bundesoberbehörde betreibt ein Pharmakovigilanz-System. Soweit sie für Arzneimittel, die zur Anwendung bei Menschen bestimmt sind, zuständig ist, führt sie regelmäßig Audits ihres Pharmakovigilanz-Systems durch und erstattet der Europäischen Kommission alle zwei Jahre Bericht, erstmals zum 21. September 2013.

(2) Die zuständige Bundesoberbehörde erfasst alle Verdachtsfälle von Nebenwirkungen, von denen sie Kenntnis erlangt. Meldungen von Patienten und Angehörigen der Gesundheitsberufe können in jeder Form, insbesondere auch elektronisch, erfolgen. Meldungen von Inhabern der Zulassung nach § 63c erfolgen elektronisch.

---

* Anmerkung des Herausgebers:
Sechs Monate, nachdem die Europäische Arzneimittel-Agentur bekannt gegeben hat, dass die Datenbank nach Artikel 24 der Verordnung (EG) Nr. 726/2004 über die erforderliche Funktion nach Artikel 2 Absatz 3 der Richtlinie 2010/84/EU verfügt, erhält § 62 Absatz 3 Satz 1 folgenden Wortlaut (Artikel 2 Absatz 1, Artikel 14 Absatz 1 und Artikel 15 Absatz 6 des Gesetzes vom 19. Oktober 2012):
„Die zuständige Bundesoberbehörde hat bei Arzneimitteln, die zur Anwendung bei Menschen bestimmt sind, jeden ihr gemeldeten und im Inland aufgetretenen Verdachtsfall einer schwerwiegenden Nebenwirkung innerhalb von 15 Tagen und jeden ihr gemeldeten und im Inland aufgetretenen Verdachtsfall einer nicht schwerwiegenden Nebenwirkung innerhalb von 90 Tagen elektronisch an die Datenbank nach Artikel 24 der Verordnung (EG) Nr. 726/2004 (EudraVigilance-Datenbank) zu übermitteln."

Arzneimittelgesetz (AMG)

(3) Die zuständige Bundesoberbehörde hat bei Arzneimitteln, die zur Anwendung bei Menschen bestimmt sind, jeden ihr gemeldeten und im Inland aufgetretenen Verdachtsfall einer schwerwiegenden Nebenwirkung Innerhalb von 15 Tagen und jeden ihr gemeldeten und im Inland aufgetretenen Verdachtsfall einer nicht schwerwiegenden Nebenwirkung innerhalb von 90 Tagen elektronisch an die Datenbank nach Artikel 24 der Verordnung (EG) Nr. 726/2004 (EudraVigilance-Datenbank) und erforderlichenfalls an den Inhaber der Zulassung zu übermitteln. Die zuständige Bundesoberbehörde hat bei Arzneimitteln, die zur Anwendung bei Tieren bestimmt sind, jeden ihr gemeldeten und im Inland aufgetretenen Verdachtsfall einer schwerwiegenden Nebenwirkung unverzüglich, spätestens aber innerhalb von 15 Tagen nach Bekanntwerden, an die Europäische Arzneimittel-Agentur und an den Inhaber der Zulassung, wenn dieser noch keine Kenntnis hat, zu übermitteln. Die zuständige Bundesoberbehörde arbeitet mit der Europäischen Arzneimittel-Agentur und dem Inhaber der Zulassung zusammen, um insbesondere Doppelerfassungen von Verdachtsmeldungen festzustellen. Die zuständige Bundesoberbehörde beteiligt, soweit erforderlich, auch Patienten, Angehörige der Gesundheitsberufe oder den Inhaber der Zulassung an der Nachverfolgung der erhaltenen Meldungen.

(4) Die zuständige Bundesoberbehörde kontrolliert die Verwaltung der Mittel für die Tätigkeiten im Zusammenhang mit der Pharmakovigilanz, dem Betrieb der Kommunikationsnetze und der Marktüberwachung, damit ihre Unabhängigkeit bei der Durchführung dieser Pharmakovigilanz-Tätigkeiten gewahrt bleibt.

(5) Bei Arzneimitteln, die zur Anwendung bei Menschen bestimmt sind, trifft die zuständige Bundesoberbehörde in Zusammenarbeit mit der Europäischen Arzneimittel-Agentur insbesondere folgende Maßnahmen:

1. sie überwacht die Ergebnisse von Maßnahmen zur Risikominimierung, die Teil von Risikomanagement-Plänen sind, und die Auflagen nach § 28 Absatz 3, 3a und 3b,

2. sie beurteilt Aktualisierungen des Risikomanagement-Systems,

3. sie wertet Daten in der EudraVigilance-Datenbank aus, um zu ermitteln, ob es neue oder veränderte Risiken gibt und ob das Nutzen-Risiko-Verhältnis von Arzneimitteln davon beeinflusst wird.

(6) Die zuständige Bundesoberbehörde kann in Betrieben und Einrichtungen, die Arzneimittel herstellen oder in den Verkehr bringen oder klinisch prüfen, die Sammlung und Auswertung von Arzneimittelrisiken und die Koordinierung notwendiger Maßnahmen überprüfen. Zu diesem Zweck können Beauftragte der zuständigen Bundesoberbehörde im Benehmen mit der zuständigen Behörde Betriebs- und Geschäftsräume zu den üblichen Geschäftszeiten betreten, Unterlagen einschließlich der Pharmakovigilanz-Stammdokumentation einsehen sowie Auskünfte verlangen. Satz 1 gilt auch für von Betrieben und Einrichtungen nach Satz 1 beauftragte Unternehmen. Über die Inspektion

Arzneimittelgesetz (AMG)

ist ein Bericht zu erstellen. Der Bericht ist den Betrieben und Einrichtungen nach Satz 1 zur Stellungnahme zu geben. Führt eine Inspektion zu dem Ergebnis, dass der Zulassungsinhaber die Anforderungen des Pharmakovigilanz-Systems, wie in der Pharmakovigilanz-Stammdokumentation beschrieben, und insbesondere die Anforderungen des Zehnten Abschnitts nicht erfüllt, so weist die zuständige Bundesoberbehörde den Zulassungsinhaber auf die festgestellten Mängel hin und gibt ihm Gelegenhelt zur Stellungnahme. Die zuständige Bundesoberbehörde informiert in solchen Fällen, sofern es sich um Betriebe und Einrichtungen handelt, die Arzneimittel zur Anwendung beim Menschen herstellen, in Verkehr bringen oder prüfen, die zuständigen Behörden anderer Mitgliedstaaten, die Europäische Arzneimittel-Agentur und die Europäische Kommission.

§ 63
Stufenplan

Die Bundesregierung erstellt durch allgemeine Verwaltungsvorschrift mit Zustimmung des Bundesrates zur Durchführung der Aufgaben nach § 62 einen Stufenplan. In diesem werden die Zusammenarbeit der beteiligten Behörden und Stellen auf den verschiedenen Gefahrenstufen, die Einschaltung der pharmazeutischen Unternehmer sowie die Beteiligung der oder des Beauftragten der Bundesregierung für die Belange der Patientinnen und Patienten näher geregelt und die jeweils nach den Vorschriften dieses Gesetzes zu ergreifenden Maßnahmen bestimmt. In dem Stufenplan können ferner Informationsmittel und -wege bestimmt werden.

§ 63a
Stufenplanbeauftragter

(1) Wer als pharmazeutischer Unternehmer Fertigarzneimittel, die Arzneimittel im Sinne des § 2 Abs. 1 oder Abs. 2 Nr. 1 sind, in den Verkehr bringt, hat eine in einem Mitgliedstaat der Europäischen Union ansässige qualifizierte Person mit der erforderlichen Sachkenntnis und der zur Ausübung ihrer Tätigkeit erforderlichen Zuverlässigkeit (Stufenplanbeauftragter) zu beauftragen, ein Pharmakovigilanzsystem einzurichten, zu führen und bekannt gewordene Meldungen über Arzneimittelrisiken zu sammeln, zu bewerten und die notwendigen Maßnahmen zu koordinieren. Satz 1 gilt nicht für Personen, soweit sie nach § 13 Absatz 2 Satz 1 Nummer 1, 2, 3, 5 oder 2b keiner Herstellungserlaubnis bedürfen. Der Stufenplanbeauftragte ist für die Erfüllung von Anzeigepflichten verantwortlich, soweit sie Arzneimittelrisiken betreffen. Er hat ferner sicherzustellen, dass auf Verlangen der zuständigen Bundesoberbehörde weitere Informationen für die Beurteilung des Nutzen-Risiko-Verhältnisses eines Arzneimittels, einschließlich eigener Bewertungen, unverzüglich und vollständig übermittelt werden. Das Nähere regelt die Arzneimittel- und Wirkstoffherstellungsverordnung. Andere Personen als in Satz 1 bezeichnet dürfen eine Tätigkeit als Stufenplanbeauftragter nicht ausüben.

Arzneimittelgesetz (AMG)

(2) Der Stufenplanbeauftragte kann gleichzeitig sachkundige Person nach § 14 oder verantwortliche Person nach § 20c sein.

(3) Der pharmazeutische Unternehmer hat der zuständigen Behörde und der zuständigen Bundesoberbehörde den Stufenplanbeauftragten und jeden Wechsel vorher mitzuteilen. Bei einem unvorhergesehenen Wechsel des Stufenplanbeauftragten hat die Mitteilung unverzüglich zu erfolgen.

§ 63b
Allgemeine Pharmakovigilanz-Pflichten des Inhabers der Zulassung

(1) Der Inhaber der Zulassung ist verpflichtet, ein Pharmakovigilanz-System einzurichten und zu betreiben.

(2) Der Inhaber der Zulassung ist verpflichtet, bei Arzneimitteln, die zur Anwendung bei Menschen bestimmt sind,

1. anhand seines Pharmakovigilanz-Systems sämtliche Informationen wissenschaftlich auszuwerten, Möglichkeiten der Risikominimierung und -vermeidung zu prüfen und erforderlichenfalls unverzüglich Maßnahmen zur Risikominimierung und -vermeidung zu ergreifen,

2. sein Pharmakovigilanz-System regelmäßig in angemessenen Intervallen Audits zu unterziehen; dabei hat er die wichtigsten Ergebnisse in seiner Pharmakovigilanz-Stammdokumentation zu vermerken und sicherzustellen, dass Maßnahmen zur Mängelbeseitigung ergriffen werden; wenn die Maßnahmen zur Mängelbeseitigung vollständig durchgeführt sind, kann der Vermerk gelöscht werden,

3. eine Pharmakovigilanz-Stammdokumentation zu führen und diese auf Anfrage zur Verfügung zu stellen,

4. ein Risikomanagement-System für jedes einzelne Arzneimittel zu betreiben, das nach dem 26. Oktober 2012 zugelassen worden ist oder für das eine Auflage nach § 28 Absatz 3b Satz 1 Nummer 1 erteilt worden ist,

5. die Ergebnisse von Maßnahmen zur Risikominimierung zu überwachen, die Teil des Risikomanagement-Plans sind oder die als Auflagen nach § 28 Absatz 3, 3a bis 3c genannt worden sind, und

6. das Risikomanagement-System zu aktualisieren und Pharmakovigilanz-Daten zu überwachen, um zu ermitteln, ob es neue Risiken gibt, sich bestehende Risiken verändert haben oder sich das Nutzen-Risiko-Verhältnis von Arzneimitteln geändert hat.

(3) Der Inhaber der Zulassung darf im Zusammenhang mit dem zugelassenen Arzneimittel keine die Pharmakovigilanz betreffenden Informationen ohne vorherige oder gleichzeitige Mitteilung an die zuständige Bundesoberbehörde sowie bei Arzneimitteln, die zur Anwendung bei Menschen bestimmt sind, auch an die Europäische Arzneimittel-Agentur und die Europäische Kommis-

Arzneimittelgesetz (AMG)

sion öffentlich bekannt machen. Er stellt sicher, dass solche Informationen in objektiver und nicht irreführender Weise dargelegt werden.

§ 63c
Dokumentations- und Meldepflichten des Inhabers der Zulassung für Arzneimittel, die zur Anwendung bei Menschen bestimmt sind, für Verdachtsfälle von Nebenwirkungen*

(1) Der Inhaber der Zulassung hat Unterlagen über alle Verdachtsfälle von Nebenwirkungen sowie Angaben über abgegebene Mengen zu führen.

(2) Der Inhaber der Zulassung hat ferner

1. jeden ihm bekannt gewordenen Verdachtsfall einer schwerwiegenden Nebenwirkung, der im Inland aufgetreten ist, zu erfassen und der zuständigen Bundesoberbehörde unverzüglich, spätestens aber innerhalb von 15 Tagen nach Bekanntwerden,

---

* Anmerkung des Herausgebers:
1. Sechs Monate, nachdem die Europäische Arzneimittel-Agentur bekannt gegeben hat, dass die Datenbank nach Artikel 24 der Verordnung (EG) Nr. 726/2004 über die erforderliche Funktion nach Artikel 2 Absatz 3 der Richtlinie 2010/84/EU verfügt, erhält § 63c Absatz 2 folgenden Wortlaut (Artikel 2 Absatz 2, Artikel 14 Absatz 2 und Artikel 15 Absatz 7 des Gesetzes vom 19. Oktober 2012):
„(2) Der Inhaber der Zulassung übermittelt alle Informationen über sämtliche Verdachtsfälle von
1. schwerwiegenden Nebenwirkungen, die im In- oder Ausland auftreten, innerhalb von 15 Tagen,
2. nicht schwerwiegenden Nebenwirkungen, die im Inland oder einem Mitgliedstaat der Europäischen Union auftreten, innerhalb von 90 Tagen
nach Bekanntwerden elektronisch an die EudraVigilance-Datenbank nach Artikel 24 der Verordnung (EG) Nr. 726/2004. Bei Arzneimitteln mit Wirkstoffen, auf die sich die Liste von Veröffentlichungen bezieht, die die Europäische Arzneimittel-Agentur gemäß Artikel 27 der Verordnung (EG) Nr. 726/2004 auswertet, muss der Inhaber der Zulassung die in der angeführten medizinischen Fachliteratur verzeichneten Verdachtsfälle von Nebenwirkungen nicht an die EudraVigilance-Datenbank übermitteln; er muss aber die anderweitige medizinische Fachliteratur auswerten und alle Verdachtsfälle über Nebenwirkungen entsprechend Satz 1 melden. Inhaber der Registrierung nach § 38 oder § 39a oder pharmazeutische Unternehmer, die nicht Inhaber der Registrierung nach § 38 oder § 39a sind und die ein von der Pflicht zur Registrierung freigestelltes homöopathisches Arzneimittel oder ein traditionell pflanzliches Arzneimittel in den Verkehr bringen, übermitteln Informationen nach Satz 1 an die zuständige Bundesoberbehörde."

2. Sechs Monate, nachdem die Europäische Arzneimittel-Agentur bekannt gegeben hat, dass die Datenbank nach Artikel 24 der Verordnung (EG) Nr. 726/2004 über die erforderliche Funktion nach Artikel 2 Absatz 3 der Richtlinie 2010/84/EU verfügt, erhält § 63b Absatz 5 folgende Fassung (Artikel 2 Absatz 2 und Artikel 15 Absatz 7 des Gesetzes vom 19. Oktober 2012):
„(5) Die Absätze 1 bis 4 finden keine Anwendung auf Arzneimittel, für die von der Europäischen Gemeinschaft oder der Europäischen Union eine Genehmigung für das Inverkehrbringen erteilt worden ist. Für diese Arzneimittel gelten die Verpflichtungen des pharmazeutischen Unternehmers nach der Verordnung (EG) Nr. 726/2004 in der jeweils geltenden Fassung. Bei Arzneimitteln, bei denen eine Zulassung der zuständigen Bundesoberbehörde Grundlage der gegenseitigen Anerkennung ist oder bei denen eine Bundesoberbehörde Berichterstatter in einem Schiedsverfahren nach Artikel 32 der Richtlinie 2001/83/EG ist, übernimmt die zuständige Bundesoberbehörde die Verantwortung für die Analyse und Überwachung aller Verdachtsfälle schwerwiegender Nebenwirkungen, die in der Europäischen Union auftreten; dies gilt auch für Arzneimittel, die im dezentralisierten Verfahren zugelassen worden sind."

2. jeden ihm bekannt gewordenen Verdachtsfall einer schwerwiegenden Nebenwirkung, der in einem Drittland aufgetreten ist, zu erfassen und der zuständigen Bundesoberbehörde sowie der Europäischen Arzneimittel-Agentur unverzüglich, spätestens aber innerhalb von 15 Tagen nach Bekanntwerden

elektronisch anzuzeigen. Die zuständige Bundesoberbehörde kann vom Inhaber der Zulassung verlangen, auch Verdachtsfälle von nicht schwerwiegenden Nebenwirkungen, die im Inland aufgetreten sind, zu erfassen und ihr unverzüglich, spätestens aber Innerhalb von 90 Tagen nach Bekanntwerden, elektronisch anzuzeigen.

(3) Der Inhaber der Zulassung muss gewährleisten, dass alle Verdachtsmeldungen von Nebenwirkungen bei Arzneimitteln, die zur Anwendung bei Menschen bestimmt sind, bei einer zentralen Stelle im Unternehmen in der Europäischen Union verfügbar sind.

(4) Die Absätze 1 bis 3, § 62 Absatz 6 und § 63b gelten entsprechend

1. für den Inhaber der Registrierung nach § 39a,
2. für einen pharmazeutischen Unternehmer, der nicht Inhaber der Zulassung oder Inhaber der Registrierung nach § 39a ist und der ein zulassungspflichtiges oder ein von der Pflicht zur Zulassung freigestelltes oder ein traditionelles pflanzliches Arzneimittel in den Verkehr bringt.

Die Absätze 1 bis 3 gelten entsprechend

1. für den Inhaber der Registrierung nach § 38,
2. für einen pharmazeutischen Unternehmer, der nicht Inhaber der Registrierung nach § 38 ist und ein registrierungspflichtiges oder von der Pflicht zur Registrierung freigestelltes homöopathisches Arzneimittel in den Verkehr bringt,
3. für den Antragsteller vor Erteilung der Zulassung.

Die Absätze 1 bis 3 gelten unabhängig davon, ob sich das Arzneimittel noch im Verkehr befindet oder die Zulassung oder die Registrierung noch besteht. Die Erfüllung der Verpflichtungen nach den Absätzen 1 bis 3 kann durch schriftliche Vereinbarung zwischen dem Inhaber der Zulassung und dem pharmazeutischen Unternehmer, der nicht Inhaber der Zulassung ist, ganz oder teilweise auf den Inhaber der Zulassung übertragen werden.

(5) Die Absätze 1 bis 4 finden keine Anwendung auf Arzneimittel, für die von der Europäischen Gemeinschaft oder der Europäischen Union eine Genehmigung für das Inverkehrbringen erteilt worden ist. Für diese Arzneimittel gelten die Verpflichtungen des pharmazeutischen Unternehmers nach der Verordnung (EG) Nr. 726/2004 in der jeweils geltenden Fassung mit der Maßgabe, dass im Geltungsbereich des Gesetzes die Verpflichtung zur Mitteilung an die Mitgliedstaaten oder zur Unterrichtung der Mitgliedstaaten gegenüber der jeweils zuständigen Bundesoberbehörde besteht. Bei Arznei-

Arzneimittelgesetz (AMG)

mitteln, bei denen eine Zulassung der zuständigen Bundesoberbehörde Grundlage der gegenseitigen Anerkennung ist oder bei denen eine Bundesoberbehörde Berichterstatter in einem Schiedsverfahren nach Artikel 32 der Richtlinie 2001/83/EG ist, übernimmt die zuständige Bundesoberbehörde die Verantwortung für die Analyse und Überwachung aller Verdachtsfälle schwerwiegender Nebenwirkungen, die in der Europäischen Union auftreten; dies gilt auch für Arzneimittel, die im dezentralisierten Verfahren zugelassen worden sind.

§ 63d
Regelmäßige aktualisierte Unbedenklichkeitsberichte*

(1) Der Inhaber der Zulassung übermittelt regelmäßige aktualisierte Unbedenklichkeitsberichte, die Folgendes enthalten:

1. Zusammenfassungen von Daten, die für die Beurteilung des Nutzens und der Risiken eines Arzneimittels von Interesse sind, einschließlich der Ergebnisse aller Prüfungen, die Auswirkungen auf die Zulassung haben können,

2. eine wissenschaftliche Bewertung des Nutzen-Risiko-Verhältnisses des Arzneimittels, die auf sämtlichen verfügbaren Daten beruht, auch auf Daten aus klinischen Prüfungen für Indikationen und Bevölkerungsgruppen, die nicht der Zulassung entsprechen,

3. alle Daten im Zusammenhang mit der Absatzmenge des Arzneimittels sowie alle ihm vorliegenden Daten im Zusammenhang mit dem Verschreibungsvolumen, einschließlich einer Schätzung der Anzahl der Personen, die das Arzneimittel anwenden.

(2) Die Unbedenklichkeitsberichte sind elektronisch an die zuständige Bundesoberbehörde zu übermitteln.

(3) Das Vorlageintervall für regelmäßige aktualisierte Unbedenklichkeitsberichte nach Absatz 1 wird in der Zulassung angegeben. Der Termin für die Vorlage wird ab dem Datum der Erteilung der Zulassung berechnet. Vorlageintervall und -ter-

---

* Anmerkung des Herausgebers:
Zwölf Monate nach Bekanntgabe durch die Europäische Arzneimittel-Agentur, dass das Datenarchiv nach Artikel 25a der Verordnung (EG) Nr. 726/2004 über seine Funktionsfähigkeit verfügt erhält § 63d Absatz 2 folgende Fassung (Artikel 2 Absatz 3, Artikel 14 Absatz 3 und Artikel 15 Absatz 8 des Gesetzes vom 19. Oktober 2012):
„(2) Die Übermittlung der regelmäßigen aktualisierten Unbedenklichkeitsberichte hat elektronisch zu erfolgen
1. bei Arzneimitteln, bei denen Vorlageintervall und -termine in der Zulassung oder gemäß dem Verfahren nach Artikel 107c Absatz 4, 5 und 6 der Richtlinie 2001/83/EG festgelegt sind, an die Europäische Arzneimittel-Agentur,
2. bei Arzneimitteln, die vor dem 26. Oktober 2012 zugelassen wurden und bei denen Vorlageintervall und -termine nicht in der Zulassung festgelegt sind, an die zuständige Bundesoberbehörde,
3. bei Arzneimitteln, die nur im Inland zugelassen wurden und bei denen nicht nach Artikel 107c Absatz 4 der Richtlinie 2001/83/EG Vorlageintervall und -termine in der Zulassung festgelegt sind, an die zuständige Bundesoberbehörde."

Arzneimittelgesetz (AMG)

mine können in der Europäischen Union nach dem Verfahren nach Artikel 107c Absatz 4 der Richtlinie 2001/83/EG festgelegt werden. Der Inhaber der Zulassung kann beim Ausschuss für Humanarzneimittel oder bei der Koordinierungsgruppe nach Artikel 27 der Richtlinie 2001/83/EG beantragen, dass ein einheitlicher Stichtag nach Artikel 107c Absatz 6 der Richtlinie 2001/83/EG in der Europäischen Union festgelegt oder das Vorlageintervall regelmäßiger aktualisierter Unbedenklichkeitsberichte geändert wird. Für Arzneimittel, die vor dem 26. Oktober 2012 oder die nur im Inland zugelassen sind und für die Vorlageintervall und -termine nicht in der Zulassung oder nach Artikel 107c Absatz 4, 5 oder 6 der Richtlinie 2001/83/EG festgelegt sind, übermittelt der Inhaber der Zulassung regelmäßige aktualisierte Unbedenklichkeitsberichte nach Absatz 1 unverzüglich nach Aufforderung oder in folgenden Fällen:

1. wenn ein Arzneimittel noch nicht in den Verkehr gebracht worden ist: mindestens alle sechs Monate nach der Zulassung und bis zum Inverkehrbringen,

2. wenn ein Arzneimittel in den Verkehr gebracht worden ist: mindestens alle sechs Monate während der ersten beiden Jahre nach dem ersten Inverkehrbringen, einmal jährlich in den folgenden zwei Jahren und danach im Abstand von drei Jahren.

(4) Abweichend von Absatz 1 werden für Arzneimittel, die nach § 22 Absatz 3 oder nach § 24b Absatz 2 zugelassen sind, regelmäßige aktualisierte Unbedenklichkeitsberichte nur in folgenden Fällen übermittelt,

1. wenn eine Auflage nach § 28 Absatz 3 oder 3a erteilt worden ist,

2. wenn sie von der zuständigen Bundesoberbehörde für einen Wirkstoff nach Erteilung der Zulassung wegen Bedenken im Zusammenhang mit Pharmakovigilanz-Daten oder wegen Bedenken auf Grund nicht ausreichend vorliegender regelmäßiger aktualisierter Unbedenklichkeitsberichte angefordert werden oder

3. wenn Intervall und Termine für die Vorlage regelmäßiger aktualisierter Unbedenklichkeitsberichte gemäß Artikel 107c Absatz 4 der Richtlinie 2001/83/EG in der Zulassung bestimmt worden sind.

Die zuständige Bundesoberbehörde übermittelt die Beurteilungsberichte zu den angeforderten regelmäßigen aktualisierten Unbedenklichkeitsberichten nach Satz 1 Nummer 2 dem Ausschuss für Risikobewertung im Bereich der Pharmakovigilanz, der prüft, ob die Einleitung des Verfahrens nach Artikel 107c Absatz 4 der Richtlinie 2001/83/EG notwendig ist. Satz 1 Nummer 2 und 3 gilt entsprechend für den Inhaber von Registrierungen nach § 38 oder § 39a sowie für den pharmazeutischen Unternehmer, der nicht Inhaber der Zulassung oder Inhaber der Registrierung nach § 38 oder § 39a ist und der ein zulassungs- oder registrierungspflichtiges oder ein von der Pflicht zur Zulassung oder der Registrierung freigestelltes oder ein traditionelles pflanzliches Arzneimittel in den Verkehr bringt.

Arzneimittelgesetz (AMG)

(5) Die zuständige Bundesoberbehörde beurteilt die regelmäßigen aktualisierten Unbedenklichkeitsberichte daraufhin, ob es neue oder veränderte Risiken gibt oder sich das Nutzen-Risiko-Verhältnis von Arzneimitteln geändert hat, und ergreift die erforderlichen Maßnahmen. Für Arzneimittel, für die ein einheitlicher Stichtag oder ein einheitliches Vorlageintervall nach Artikel 107c Absatz 4 der Richtlinie 2001/83/EG festgelegt worden ist, sowie für Arzneimittel, die in mehreren Mitgliedstaaten zugelassen sind und für die regelmäßige aktualisierte Unbedenklichkeitsberichte in der Zulassung festgelegt sind, gilt für die Beurteilung das Verfahren nach den Artikeln 107e und 107g.

(6) Die Erfüllung der Verpflichtungen nach den Absätzen 1 bis 4 kann durch schriftliche Vereinbarung zwischen dem Inhaber der Zulassung und dem pharmazeutischen Unternehmer, der nicht Inhaber der Zulassung ist, ganz oder teilweise auf den Inhaber der Zulassung übertragen werden. Die Absätze 1 bis 5 gelten nicht für einen Parallelimporteur.

§ 63e
Europäisches Verfahren

In den Fällen von Artikel 107i der Richtlinie 2001/83/EG ergreift die zuständige Bundesoberbehörde die dort vorgesehenen Maßnahmen. Für das Verfahren gelten die Artikel 107i bis 107k der Richtlinie 2001/83/EG.

§ 63f
Allgemeine Voraussetzungen für nichtinterventionelle Unbedenklichkeitsprüfungen

(1) Nichtinterventionelle Unbedenklichkeitsprüfungen, die vom Inhaber der Zulassung auf eigene Veranlassung durchgeführt werden, sind der zuständigen Bundesoberbehörde anzuzeigen. Die zuständige Bundesoberbehörde kann vom Inhaber der Zulassung das Protokoll und die Fortschrittsberichte anfordern. Innerhalb eines Jahres nach Abschluss der Datenerfassung hat der Inhaber der Zulassung der zuständigen Bundesoberbehörde den Abschlussbericht zu übermitteln.

(2) Für nichtinterventionelle Unbedenklichkeitsprüfungen, die vom Inhaber der Zulassung auf Grund einer Auflage nach § 28 Absatz 3, 3a oder 3b durchgeführt werden, gilt das Verfahren nach § 63g.

(3) Die Durchführung von Unbedenklichkeitsprüfungen nach den Absätzen 1 und 2 ist nicht zulässig, wenn

1. durch sie die Anwendung eines Arzneimittels gefördert werden soll,

2. sich Vergütungen für die Beteiligung von Angehörigen der Gesundheitsberufe an solchen Prüfungen nach ihrer Art und Höhe nicht auf den Zeitaufwand und die angefallenen Kosten beschränken oder

3. ein Anreiz für eine bevorzugte Verschreibung oder Empfehlung bestimmter Arzneimittel entsteht.

Arzneimittelgesetz (AMG)

(4) Der Inhaber der Zulassung hat Unbedenklichkeitsprüfungen nach den Absätzen 1 und 2 auch der Kassenärztlichen Bundesvereinigung, dem Spitzenverband Bund der Krankenkassen und dem Verband der Privaten Krankenversicherung e. V. unverzüglich anzuzeigen. Dabei sind Ort, Zeit, Ziel und Protokoll der Prüfung sowie Name und lebenslange Arztnummer der beteiligten Ärzte anzugeben. Sofern beteiligte Ärzte Leistungen zu Lasten der gesetzlichen Krankenversicherung erbringen, sind bei Anzeigen nach Satz 1 auch die Art und die Höhe der jeweils an sie tatsächlich geleisteten Entschädigungen anzugeben sowie jeweils eine Ausfertigung der mit ihnen geschlossenen Verträge und jeweils eine Darstellung des Aufwandes für die beteiligten Ärzte und eine Begründung für die Angemessenheit der Entschädigung zu übermitteln. Veränderungen der in Satz 3 genannten Informationen sind innerhalb von vier Wochen nach jedem Quartalsende zu übermitteln, die tatsächlich geleisteten Entschädigungen sind mit Zuordnung zu beteiligten Ärzten namentlich mit Angabe der lebenslangen Arztnummer zu übermitteln. Innerhalb eines Jahres nach Abschluss der Datenerfassung sind unter Angabe der insgesamt beteiligten Ärzte die Anzahl der jeweils und insgesamt beteiligten Patienten und Art und Höhe der jeweils und insgesamt geleisteten Entschädigungen zu übermitteln. Die Angaben nach diesem Absatz sind elektronisch zu übermitteln.

§ 63g
Besondere Voraussetzungen für angeordnete nichtinterventionelle Unbedenklichkeitsprüfungen

(1) Der Inhaber der Zulassung hat bei nichtinterventionellen Unbedenklichkeitsprüfungen, die nach § 28 Absatz 3, 3a oder 3b angeordnet wurden, den Entwurf des Prüfungsprotokolls vor Durchführung

1. der zuständigen Bundesoberbehörde, wenn es sich um eine Prüfung handelt, die nur im Inland durchgeführt wird,
2. dem Ausschuss für Risikobewertung im Bereich der Pharmakovigilanz, wenn es sich um eine Prüfung handelt, die in mehreren Mitgliedstaaten der Europäischen Union durchgeführt wird,

vorzulegen.

(2) Eine nichtinterventionelle Unbedenklichkeitsprüfung nach Absatz 1 darf nur begonnen werden, wenn der Protokollentwurf bei Prüfungen nach Absatz 1 Nummer 1 durch die zuständige Bundesoberbehörde genehmigt wurde oder bei Prüfungen nach Absatz 1 Nummer 2 durch den Ausschuss für Risikobewertung im Bereich der Pharmakovigilanz genehmigt wurde und der Protokollentwurf der zuständigen Bundesoberbehörde vorliegt. Die zuständige Bundesoberbehörde hat nach Vorlage des Protokollentwurfs innerhalb von 60 Tagen über die Genehmigung der Prüfung zu entscheiden. Eine Genehmigung ist zu versagen, wenn die Anwendung des Arzneimittels gefördert werden soll, die Ziele mit dem Prüfungsdesign nicht erreicht werden können oder es sich um eine klinische Prüfung nach § 4 Absatz 23 Satz 1 handelt.

Arzneimittelgesetz (AMG)

(3) Nach Beginn einer Prüfung nach Absatz 1 sind wesentliche Änderungen des Protokolls vor deren Umsetzung,

1. wenn es sich um eine Prüfung handelt, die nur im Inland durchgeführt wird, von der zuständigen Bundesoberbehörde,

2. wenn es sich um eine Prüfung handelt, die in mehreren Mitgliedstaaten der Europäischen Union durchgeführt wird, von dem Ausschuss für Risikobewertung im Bereich der Pharmakovigilanz

zu genehmigen. Wird die Prüfung in den Fällen von Satz 1 Nummer 2 auch im Inland durchgeführt, unterrichtet der Inhaber der Zulassung die zuständige Bundesoberbehörde über die genehmigten Änderungen.

(4) Nach Abschluss einer Prüfung nach Absatz 1 ist der abschließende Prüfungsbericht

1. in den Fällen nach Absatz 1 Nummer 1 der zuständigen Bundesoberbehörde,

2. in den Fällen nach Absatz 1 Nummer 2 dem Ausschuss für Risikobewertung im Bereich der Pharmakovigilanz

innerhalb von zwölf Monaten nach Abschluss der Datenerfassung vorzulegen, wenn nicht durch die nach Satz 1 Nummer 1 oder 2 zuständige Stelle auf die Vorlage verzichtet worden ist. Der Abschlussbericht ist zusammen mit einer Kurzdarstellung der Prüfungsergebnisse elektronisch zu übermitteln.

§ 63h
Dokumentations- und Meldepflichten für Arzneimittel, die zur Anwendung bei Tieren bestimmt sind

(1) Der Inhaber der Zulassung hat für Arzneimittel, die zur Anwendung bei Tieren bestimmt sind, Unterlagen über alle Verdachtsfälle von Nebenwirkungen, die in der Europäischen Union oder einem Drittland auftreten, sowie Angaben über die abgegebenen Mengen zu führen.

(2) Der Inhaber der Zulassung hat für Arzneimittel, die zur Anwendung bei Tieren bestimmt sind, ferner

1. jeden ihm bekannt gewordenen Verdachtsfall einer schwerwiegenden Nebenwirkung, der im Geltungsbereich dieses Gesetzes aufgetreten ist, zu erfassen und der zuständigen Bundesoberbehörde

2. a) jeden ihm durch einen Angehörigen eines Gesundheitsberufes bekannt gewordenen Verdachtsfall einer schwerwiegenden unerwarteten Nebenwirkung, der nicht in einem Mitgliedstaat der Europäischen Union aufgetreten ist,

   b) bei Arzneimitteln, die Bestandteile aus Ausgangsmaterial von Mensch oder Tier enthalten, jeden ihm bekannt gewordenen Verdachtsfall einer Infektion, die eine schwerwiegende Nebenwirkung ist und durch eine Kontamination dieser Arzneimittel mit Krankheitserregern verursacht wurde und nicht in einem Mitgliedstaat der Europäischen Union aufgetreten ist,

unverzüglich, spätestens aber innerhalb von 15 Tagen nach Bekanntwerden, der zuständigen Bundesoberbehörde sowie der Europäischen Arzneimittel-Agentur, und

3. häufigen oder im Einzelfall in erheblichem Umfang beobachteten Missbrauch, wenn durch ihn die Gesundheit unmittelbar gefährdet werden kann, der zuständigen Bundesoberbehörde unverzüglich

anzuzeigen. Die Anzeigepflicht nach Satz 1 Nummer 1 und 2 Buchstabe a gilt entsprechend für Nebenwirkungen bei Menschen auf Grund der Anwendung eines zur Anwendung bei Tieren bestimmten Arzneimittels.

(3) Der Inhaber der Zulassung, der die Zulassung im Wege der gegenseitigen Anerkennung oder im dezentralisierten Verfahren erhalten hat, stellt für Arzneimittel, die zur Anwendung bei Tieren bestimmt sind, ferner sicher, dass jeder Verdachtsfall

1. einer schwerwiegenden Nebenwirkung oder

2. einer Nebenwirkung bei Menschen auf Grund der Anwendung eines zur Anwendung bei Tieren bestimmten Arzneimittels,

der im Geltungsbereich dieses Gesetzes aufgetreten ist, auch der zuständigen Behörde des Mitgliedstaates zugänglich ist, dessen Zulassung Grundlage der Anerkennung war oder die im Rahmen eines Schiedsverfahrens nach Artikel 36 der Richtlinie 2001/82/EG Berichterstatter war.

(4) Der zuständigen Bundesoberbehörde sind für Arzneimittel, die zur Anwendung bei Tieren bestimmt sind, alle zur Beurteilung von Verdachtsfällen oder beobachteten Missbrauchs vorliegenden Unterlagen sowie eine wissenschaftliche Bewertung vorzulegen.

(5) Der Inhaber der Zulassung hat für Arzneimittel, die zur Anwendung bei Tieren bestimmt sind, sofern nicht durch Auflage oder in Satz 5 oder 6 anderes bestimmt ist, auf der Grundlage der in Absatz 1 und in § 63a Absatz 1 genannten Verpflichtungen der zuständigen Bundesoberbehörde einen regelmäßigen aktualisierten Bericht über die Unbedenklichkeit des Arzneimittels unverzüglich nach Aufforderung oder mindestens alle sechs Monate nach der Zulassung bis zum Inverkehrbringen vorzulegen. Ferner hat er solche Berichte unverzüglich nach Aufforderung oder mindestens alle sechs Monate während der ersten beiden Jahre nach dem ersten Inverkehrbringen und einmal jährlich in den folgenden zwei Jahren vorzulegen. Danach hat er die Berichte in Abständen von drei Jahren oder unverzüglich nach Aufforderung vorzulegen. Die regelmäßigen aktualisierten Berichte über die Unbedenklichkeit von Arzneimitteln umfassen auch eine wissenschaftliche Beurteilung des Nutzens und der Risiken des betreffenden Arzneimittels. Die zuständige Bundesoberbehörde kann auf Antrag die Berichtsintervalle verlängern. Bei Arzneimitteln, die nach § 36 Absatz 1 von der Zulassung freigestellt sind, bestimmt die

Arzneimittelgesetz (AMG)

zuständige Bundesoberbehörde den Zeitpunkt der Vorlage der regelmäßigen aktualisierten Berichte über die Unbedenklichkeit des Arzneimittels in einer Bekanntmachung, die im Bundesanzeiger veröffentlicht wird. Die Sätze 1 bis 6 gelten nicht für den Parallelimporteur.

(6) Die Absätze 1 bis 5, § 62 Absatz 6 und § 63b Absatz 3 gelten entsprechend

1. für den Inhaber der Registrierung nach § 39a,

2. für einen pharmazeutischen Unternehmer, der nicht Inhaber der Zulassung oder Inhaber der Registrierung nach § 39a ist und der ein zulassungspflichtiges oder ein von der Pflicht zur Zulassung freigestelltes oder ein traditionelles pflanzliches Arzneimittel in den Verkehr bringt.

Die Absätze 1 bis 4 gelten entsprechend

1. für den Inhaber der Registrierung nach § 38,

2. für einen pharmazeutischen Unternehmer, der nicht Inhaber der Registrierung nach § 38 ist und ein registrierungspflichtiges oder von der Pflicht zur Registrierung freigestelltes homöopathisches Arzneimittel in den Verkehr bringt,

3. für den Antragsteller vor Erteilung der Zulassung.

Die Absätze 1 bis 4 gelten unabhängig davon, ob sich das Arzneimittel noch im Verkehr befindet oder die Zulassung oder die Registrierung noch besteht. Die Erfüllung der Verpflichtungen nach den Absätzen 1 bis 5 kann durch schriftliche Vereinbarung zwischen dem Inhaber der Zulassung und dem pharmazeutischen Unternehmer, der nicht Inhaber der Zulassung ist, ganz oder teilweise auf den Inhaber der Zulassung übertragen werden.

(7) Die Absätze 1 bis 6 finden keine Anwendung auf Arzneimittel, für die von der Europäischen Gemeinschaft oder der Europäischen Union eine Genehmigung für das Inverkehrbringen erteilt worden ist. Für diese Arzneimittel gelten die Verpflichtungen des pharmazeutischen Unternehmers nach der Verordnung (EG) Nr. 726/2004 und seine Verpflichtungen nach der Verordnung (EG) Nr. 540/95 in der jeweils geltenden Fassung mit der Maßgabe, dass im Geltungsbereich des Gesetzes die Verpflichtung zur Mitteilung an die Mitgliedstaaten oder zur Unterrichtung der Mitgliedstaaten gegenüber der jeweils zuständigen Bundesoberbehörde besteht. Bei Arzneimitteln, bei denen eine Zulassung der zuständigen Bundesoberbehörde Grundlage der gegenseitigen Anerkennung ist oder bei denen eine Bundesoberbehörde Berichterstatter in einem Schiedsverfahren nach Artikel 36 der Richtlinie 2001/82/EG ist, übernimmt die zuständige Bundesoberbehörde die Verantwortung für die Analyse und Überwachung aller Verdachtsfälle schwerwiegender Nebenwirkungen, die in der Europäischen Union auftreten; dies gilt auch für Arzneimittel, die im dezentralisierten Verfahren zugelassen worden sind.

Arzneimittelgesetz (AMG)

§ 63i
Dokumentations- und Meldepflichten bei Blut- und Gewebezubereitungen und Gewebe

(1) Der Inhaber einer Zulassung oder Genehmigung für Blutzubereitungen im Sinne von Artikel 3 Nummer 6 der Richtlinie 2001/83/EG oder einer Genehmigung für Gewebezubereitungen im Sinne von § 21a hat Unterlagen über Verdachtsfälle von schwerwiegenden Zwischenfällen oder schwerwiegenden unerwünschten Reaktionen, die in den Mitgliedstaaten der Europäischen Union oder in den Vertragsstaaten des Abkommens über den Europäischen Wirtschaftsraum oder in einem Drittland aufgetreten sind, sowie über die Anzahl der Rückrufe zu führen.

(2) Der Inhaber einer Zulassung oder Genehmigung für Blut- oder Gewebezubereitungen im Sinne von Absatz 1 hat ferner jeden Verdacht eines schwerwiegenden Zwischenfalls und jeden Verdacht einer schwerwiegenden unerwünschten Reaktion zu dokumentieren und unverzüglich, spätestens aber innerhalb von 15 Tagen nach Bekanntwerden, der zuständigen Bundesoberbehörde anzuzeigen. Die Anzeige muss alle erforderlichen Angaben enthalten, insbesondere Name oder Firma und Anschrift des pharmazeutischen Unternehmers, Bezeichnung und Nummer oder Kennzeichnungscode der Blut- oder Gewebezubereitung, Tag und Dokumentation des Auftretens des Verdachts des schwerwiegenden Zwischenfalls oder der schwerwiegenden unerwünschten Reaktion, Tag und Ort der Blutbestandteile- oder Gewebeentnahme, belieferte Betriebe oder Einrichtungen sowie Angaben zu der spendenden Person. Die nach Satz 1 angezeigten Zwischenfälle oder Reaktionen sind auf ihre Ursache und Auswirkung zu untersuchen und zu bewerten und die Ergebnisse der zuständigen Bundesoberbehörde unverzüglich mitzuteilen, ebenso die Maßnahmen zur Rückverfolgung und zum Schutz der Spender und Empfänger.

(3) Die Blut- und Plasmaspendeeinrichtungen oder die Gewebeeinrichtungen haben bei nicht zulassungs- oder genehmigungspflichtigen Blut- oder Gewebezubereitungen sowie bei Blut und Blutbestandteilen und bei Gewebe jeden Verdacht eines schwerwiegenden Zwischenfalls und jeden Verdacht einer schwerwiegenden unerwünschten Reaktion unverzüglich der zuständigen Behörde zu melden. Die Meldung muss alle notwendigen Angaben wie Name oder Firma und Anschrift der Spende- oder Gewebeeinrichtung, Bezeichnung und Nummer oder Kennzeichnungscode der Blut- oder Gewebezubereitung, Tag und Dokumentation des Auftretens des Verdachts des schwerwiegenden Zwischenfalls oder der schwerwiegenden unerwünschten Reaktion, Tag der Herstellung der Blut- oder Gewebezubereitung sowie Angaben zu der spendenden Person enthalten. Absatz 2 Satz 3 gilt entsprechend. Die zuständige Behörde leitet die Meldungen nach den Sätzen 1 und 2 sowie die Mitteilungen nach Satz 3 an die zuständige Bundesoberbehörde weiter.

Arzneimittelgesetz (AMG)

(4) Der Inhaber einer Zulassung oder Genehmigung für Blut- oder Gewebezubereitungen im Sinne von Absatz 1 hat auf der Grundlage der in Absatz 1 genannten Verpflichtungen der zuständigen Bundesoberbehörde einen aktualisierten Bericht über die Unbedenklichkeit der Arzneimittel unverzüglich nach Aufforderung oder, soweit Rückrufe oder Fälle oder Verdachtsfälle schwerwiegender Zwischenfälle oder schwerwiegender unerwünschter Reaktionen betroffen sind, mindestens einmal jährlich vorzulegen. Satz 1 gilt nicht für den Parallelimporteur.

(5) § 62 Absatz 6 gilt für Blut- und Plasmaspendeeinrichtungen oder für Gewebeeinrichtungen entsprechend; § 63b Absatz 3 gilt für die Inhaber einer Zulassung von Blut- oder Gewebezubereitungen entsprechend.

(6) Schwerwiegender Zwischenfall im Sinne der vorstehenden Vorschriften ist jedes unerwünschte Ereignis im Zusammenhang mit der Gewinnung, Untersuchung, Aufbereitung, Be- oder Verarbeitung, Konservierung, Aufbewahrung oder Abgabe von Geweben oder Blutzubereitungen, das die Übertragung einer ansteckenden Krankheit, den Tod oder einen lebensbedrohenden Zustand, eine Behinderung oder einen Fähigkeitsverlust von Patienten zur Folge haben könnte oder einen Krankenhausaufenthalt erforderlich machen oder verlängern könnte oder zu einer Erkrankung führen oder diese verlängern könnte. Als schwerwiegender Zwischenfall gilt auch jede fehlerhafte Identifizierung oder Verwechslung von Keimzellen oder imprägnierten Eizellen im Rahmen von Maßnahmen einer medizinisch unterstützten Befruchtung.

(7) Schwerwiegende unerwünschte Reaktion im Sinne der vorstehenden Vorschriften ist eine unbeabsichtigte Reaktion, einschließlich einer übertragbaren Krankheit, beim Spender oder Empfänger im Zusammenhang mit der Gewinnung von Gewebe oder Blut oder der Übertragung von Gewebe- oder Blutzubereitungen, die tödlich oder lebensbedrohend verläuft, eine Behinderung oder einen Fähigkeitsverlust zur Folge hat oder einen Krankenhausaufenthalt erforderlich macht oder verlängert oder zu einer Erkrankung führt oder diese verlängert.

§ 63j
Ausnahmen

(1) Die Regelungen des Zehnten Abschnitts finden keine Anwendung auf Arzneimittel, die im Rahmen einer klinischen Prüfung als Prüfpräparate eingesetzt werden.

(2) § 63b, mit Ausnahme der Absätze 1 und 3, die §§ 63d, 63e, 63f und 63g finden keine Anwendung auf Arzneimittel, die zur Anwendung bei Tieren bestimmt sind.

Arzneimittelgesetz (AMG)

Elfter Abschnitt
Überwachung

§ 64
Durchführung der Überwachung

(1) Betriebe und Einrichtungen, in denen Arzneimittel hergestellt, geprüft, gelagert, verpackt oder in den Verkehr gebracht werden oder in denen sonst mit ihnen Handel getrieben wird, unterliegen insoweit der Überwachung durch die zuständige Behörde; das Gleiche gilt für Betriebe und Einrichtungen, die Arzneimittel entwickeln, klinisch prüfen, einer Rückstandsprüfung unterziehen oder Arzneimittel nach § 47a Abs. 1 Satz 1 oder zur Anwendung bei Tieren bestimmte Arzneimittel erwerben oder anwenden. Die Entwicklung, Herstellung, Prüfung, Lagerung, Verpackung und das Inverkehrbringen von Wirkstoffen und anderen zur Arzneimittelherstellung bestimmten Stoffen und von Gewebe sowie der sonstige Handel mit diesen Wirkstoffen und Stoffen unterliegen der Überwachung, soweit sie durch eine Rechtsverordnung nach § 54, nach § 12 des Transfusionsgesetzes oder nach § 16a des Transplantationsgesetzes geregelt sind. Im Falle des § 14 Absatz 4 Nummer 4 und des § 20b Abs. 2 unterliegen die Entnahmeeinrichtungen und die Labore der Überwachung durch die für sie örtlich zuständige Behörde. Satz 1 gilt auch für Personen, die diese Tätigkeiten berufsmäßig ausüben oder Arzneimittel nicht ausschließlich für den Eigenbedarf mit sich führen, für den Sponsor einer klinischen Prüfung oder seinen Vertreter nach § 40 Abs. 1 Satz 3 Nr. 1 sowie für Personen oder Personenvereinigungen, die Arzneimittel für andere sammeln. Satz 1 findet keine Anwendung auf die Rekonstitution, soweit es sich nicht um Arzneimittel handelt, die zur klinischen Prüfung bestimmt sind.

(2) Die mit der Überwachung beauftragten Personen müssen diese Tätigkeit hauptberuflich ausüben. Die zuständige Behörde kann Sachverständige beiziehen. Sie soll Angehörige der zuständigen Bundesoberbehörde als Sachverständige beteiligen, soweit es sich um Blutzubereitungen, Gewebe und Gewebezubereitungen, radioaktive Arzneimittel, gentechnisch hergestellte Arzneimittel, Sera, Impfstoffe, Allergene, Arzneimittel für neuartige Therapien, xenogene Arzneimittel oder um Wirkstoffe oder andere Stoffe, die menschlicher, tierischer oder mikrobieller Herkunft sind oder die auf gentechnischem Wege hergestellt werden, handelt. Bei Apotheken, die keine Krankenhausapotheken sind oder die einer Erlaubnis nach § 13 nicht bedürfen, kann die zuständige Behörde Sachverständige mit der Überwachung beauftragen.

(3) Die zuständige Behörde hat sich davon zu überzeugen, dass die Vorschriften über Arzneimittel, Wirkstoffe und andere zur Arzneimittelherstellung bestimmte Stoffe, über die Werbung auf dem Gebiete des Heilwesens, des Zweiten Abschnitts des Transfusionsgesetzes, der Abschnitte 2, 3 und 3a des Transplantationsgesetzes und über das Apothekenwesen beachtet werden. Sie hat dafür auf der Grundlage eines Überwachungssystems unter besonde-

Arzneimittelgesetz (AMG)

rer Berücksichtigung möglicher Risiken in angemessenen Zeitabständen und in angemessenem Umfang sowie erforderlichenfalls auch unangemeldet Inspektionen vorzunehmen und wirksame Folgemaßnahmen festzulegen. Sie hat auch Arzneimittelproben amtlich untersuchen zu lassen.

(3a) Betriebe und Einrichtungen, die einer Erlaubnis nach den §§ 13, 20c, 72 oder § 72b Absatz 1 bedürfen, sowie tierärztliche Hausapotheken sind in der Regel alle zwei Jahre nach Absatz 3 zu überprüfen. Die zuständige Behörde erteilt die Erlaubnis nach den §§ 13, 20c, 52a, 72 oder § 72b Absatz 1 erst, wenn sie sich durch eine Inspektion davon überzeugt hat, dass die Voraussetzungen für die Erlaubniserteilung vorliegen.

(3b) Die zuständige Behörde führt die Inspektionen zur Überwachung der Vorschriften über den Verkehr mit Arzneimitteln, die zur Anwendung bei Menschen bestimmt sind, gemäß den Leitlinien der Europäischen Kommission nach Artikel 111a der Richtlinie 2001/83/EG durch, soweit es sich nicht um die Überwachung der Durchführung klinischer Prüfung handelt. Sie arbeitet mit der Europäischen Arzneimittel-Agentur durch Austausch von Informationen über geplante und durchgeführte Inspektionen sowie bei der Koordinierung von Inspektionen von Betrieben und Einrichtungen in Ländern, die nicht Mitgliedstaaten der Europäischen Union oder andere Vertragsstaaten des Abkommens über den Europäischen Wirtschaftsraum sind, zusammen.

(3c) Die Inspektionen können auch auf Ersuchen eines anderen Mitgliedstaates, der Europäischen Kommission oder der Europäischen Arzneimittel-Agentur durchgeführt werden. Unbeschadet etwaiger Abkommen zwischen der Europäischen Union und Ländern, die nicht Mitgliedstaaten der Europäischen Union oder andere Vertragsstaaten des Abkommens über den Europäischen Wirtschaftsraum sind, kann die zuständige Behörde einen Hersteller in dem Land, das nicht Mitgliedstaat der Union oder Vertragsstaat des Abkommens über den Europäischen Wirtschaftsraum ist, auffordern, sich einer Inspektion nach den Vorgaben der Europäischen Union zu unterziehen.

(3d) Über die Inspektion ist ein Bericht zu erstellen. Die zuständige Behörde, die die Inspektion durchgeführt hat, teilt den überprüften Betrieben, Einrichtungen oder Personen den Inhalt des Berichtsentwurfs mit und gibt ihnen vor dessen endgültiger Fertigstellung Gelegenheit zur Stellungnahme.

(3e) Führt die Inspektion nach Auswertung der Stellungnahme nach Absatz 3d Satz 2 zu dem Ergebnis, dass die Betriebe, Einrichtungen oder Personen den gesetzlichen Vorschriften nicht entsprechen, so wird diese Information, soweit die Grundsätze und Leitlinien der Guten Herstellungspraxis oder der Guten Vertriebspraxis des Rechts der Europäischen Union für Arzneimittel zur Anwendung beim Menschen oder die Grundsätze und Leitlinien der Guten Herstellungspraxis des Rechts der Europäischen Union für Arzneimittel zur Anwendung bei Tieren betroffen sind, in die Datenbank nach § 67a eingegeben.

(3f) Innerhalb von 90 Tagen nach einer Inspektion zur Überprüfung der Guten Herstellungspraxis oder der Guten Vertriebspraxis wird den überprüften

Arzneimittelgesetz (AMG)

Betrieben, Einrichtungen oder Personen ein Zertifikat ausgestellt, wenn die Inspektion zu dem Ergebnis geführt hat, dass die entsprechenden Grundsätze und Leitlinien eingehalten werden. Die Gültigkeitsdauer des Zertifikats soll drei Jahre nicht überschreiten. Das Zertifikat ist zurückzunehmen, wenn nachträglich bekannt wird, dass die Voraussetzungen nicht vorgelegen haben; es ist zu widerrufen, wenn die Voraussetzungen nicht mehr gegeben sind.

(3g) Die Angaben über die Ausstellung, die Versagung, die Rücknahme oder den Widerruf des Zertifikats nach Absatz 3f sind in eine Datenbank nach § 67a einzugeben. Das gilt auch für die Erteilung, die Rücknahme, den Widerruf oder das Ruhen einer Erlaubnis nach den §§ 13, 20b, 20c, 52a, 72 oder § 72b Absatz 1 sowie für die Registrierung und Löschung von Arzneimittelvermittlern oder von Betrieben und Einrichtungen, die Wirkstoffe herstellen, einführen oder sonst mit ihnen Handel treiben, ohne einer Erlaubnis zu bedürfen.

(3h) Die Absätze 3b, 3c und 3e bis 3g finden keine Anwendung auf tierärztliche Hausapotheken sowie auf Betriebe und Einrichtungen, die ausschließlich Fütterungsarzneimittel herstellen. Darüber hinaus findet Absatz 3d Satz 2 auf tierärztliche Hausapotheken keine Anwendung.

(4) Die mit der Überwachung beauftragten Personen sind befugt

1. Grundstücke, Geschäftsräume, Betriebsräume, Beförderungsmittel und zur Verhütung dringender Gefahr für die öffentliche Sicherheit und Ordnung auch Wohnräume zu den üblichen Geschäftszeiten zu betreten, zu besichtigen, sowie in Geschäftsräumen, Betriebsräumen und Beförderungsmitteln zur Dokumentation Bildaufzeichnungen anzufertigen, in denen eine Tätigkeit nach Absatz 1 ausgeübt wird; das Grundrecht des Artikels 13 des Grundgesetzes auf Unverletzlichkeit der Wohnung wird insoweit eingeschränkt,

2. Unterlagen über Entwicklung, Herstellung, Prüfung, klinische Prüfung oder Rückstandsprüfung, Erwerb, Lagerung, Verpackung, Inverkehrbringen und sonstigen Verbleib der Arzneimittel sowie über das im Verkehr befindliche Werbematerial und über die nach § 94 erforderliche Deckungsvorsorge einzusehen,

2a. Abschriften oder Ablichtungen von Unterlagen nach Nummer 2 oder Ausdrucke oder Kopien von Datenträgern, auf denen Unterlagen nach Nummer 2 gespeichert sind, anzufertigen oder zu verlangen, soweit es sich nicht um personenbezogene Daten von Patienten handelt,

3. von natürlichen und juristischen Personen und nicht rechtsfähigen Personenvereinigungen alle erforderlichen Auskünfte, insbesondere über die in Nummer 2 genannten Betriebsvorgänge zu verlangen,

4. vorläufige Anordnungen, auch über die Schließung des Betriebes oder der Einrichtung zu treffen, soweit es zur Verhütung dringender Gefahren für die öffentliche Sicherheit und Ordnung geboten ist.

Arzneimittelgesetz (AMG)

(4a) Soweit es zur Durchführung dieses Gesetzes oder der auf Grund dieses Gesetzes erlassenen Rechtsverordnungen oder der Verordnung (EG) Nr. 726/2004 erforderlich ist, dürfen auch die Sachverständigen der Mitgliedstaaten der Europäischen Union, soweit sie die mit der Überwachung beauftragten Personen begleiten, Befugnisse nach Absatz 4 Nr. 1 wahrnehmen.

(5) Der zur Auskunft Verpflichtete kann die Auskunft auf solche Fragen verweigern, deren Beantwortung ihn selbst oder einen seiner in § 383 Abs. 1 Nr. 1 bis 3 der Zivilprozessordnung bezeichneten Angehörigen der Gefahr strafrechtlicher Verfolgung oder eines Verfahrens nach dem Gesetz über Ordnungswidrigkeiten aussetzen würde.

(6) Das Bundesministerium wird ermächtigt, durch Rechtsverordnung mit Zustimmung des Bundesrates Regelungen über die Wahrnehmung von Überwachungsaufgaben in den Fällen festzulegen, in denen Arzneimittel von einem pharmazeutischen Unternehmer im Geltungsbereich des Gesetzes in den Verkehr gebracht werden, der keinen Sitz im Geltungsbereich des Gesetzes hat, soweit es zur Durchführung der Vorschriften über den Verkehr mit Arzneimitteln sowie über die Werbung auf dem Gebiete des Heilwesens erforderlich ist. Dabei kann die federführende Zuständigkeit für Überwachungsaufgaben, die sich auf Grund des Verbringens eines Arzneimittels aus einem bestimmten Mitgliedstaat der Europäischen Union ergeben, jeweils einem bestimmten Land oder einer von den Ländern getragenen Einrichtung zugeordnet werden. Die Rechtsverordnung wird vom Bundesministerium für Ernährung, Landwirtschaft und Verbraucherschutz im Einvernehmen mit dem Bundesministerium erlassen, soweit es sich um Arzneimittel handelt, die zur Anwendung bei Tieren bestimmt sind.

§ 65
Probenahme

(1) Soweit es zur Durchführung der Vorschriften über den Verkehr mit Arzneimitteln, über die Werbung auf dem Gebiete des Heilwesens, des Zweiten Abschnitts des Transfusionsgesetzes, der Abschnitte 2, 3 und 3a des Transplantationsgesetzes und über das Apothekenwesen erforderlich ist, sind die mit der Überwachung beauftragten Personen befugt, gegen Empfangsbescheinigung Proben nach ihrer Auswahl zum Zwecke der Untersuchung zu fordern oder zu entnehmen. Diese Befugnis erstreckt sich insbesondere auf die Entnahme von Proben von Futtermitteln, Tränkwasser und bei lebenden Tieren, einschließlich der dabei erforderlichen Eingriffe an diesen Tieren. Soweit der pharmazeutische Unternehmer nicht ausdrücklich darauf verzichtet, ist ein Teil der Probe oder, sofern die Probe nicht oder ohne Gefährdung des Untersuchungszwecks nicht in Teile von gleicher Qualität teilbar ist, ein zweites Stück der gleichen Art, wie das als Probe entnommene, zurückzulassen.

Arzneimittelgesetz (AMG)

(2) Zurückzulassende Proben sind amtlich zu verschließen oder zu versiegeln. Sie sind mit dem Datum der Probenahme und dem Datum des Tages zu versehen, nach dessen Ablauf der Verschluss oder die Versiegelung als aufgehoben gelten.

(3) Für Proben, die nicht bei dem pharmazeutischen Unternehmer entnommen werden, ist durch den pharmazeutischen Unternehmer eine angemessene Entschädigung zu leisten, soweit nicht ausdrücklich darauf verzichtet wird.

(4) Als privater Sachverständiger zur Untersuchung von Proben, die nach Absatz 1 Satz 2 zurückgelassen sind, kann nur bestellt werden, wer

1. die Sachkenntnis nach § 15 besitzt. Anstelle der praktischen Tätigkeit nach § 15 Abs. 1 und 4 kann eine praktische Tätigkeit in der Untersuchung und Begutachtung von Arzneimitteln in Arzneimitteluntersuchungsstellen oder in anderen gleichartigen Arzneimittelinstituten treten,

2. die zur Ausübung der Tätigkeit als Sachverständiger zur Untersuchung von amtlichen Proben erforderliche Zuverlässigkeit besitzt und

3. über geeignete Räume und Einrichtungen für die beabsichtigte Untersuchung und Begutachtung von Arzneimitteln verfügt.

§ 66
Duldungs- und Mitwirkungspflicht

(1) Wer der Überwachung nach § 64 Abs. 1 unterliegt, ist verpflichtet, die Maßnahmen nach den §§ 64 und 65 zu dulden und die in der Überwachung tätigen Personen bei der Erfüllung ihrer Aufgaben zu unterstützen, insbesondere ihnen auf Verlangen die Räume und Beförderungsmittel zu bezeichnen, Räume, Behälter und Behältnisse zu öffnen, Auskünfte zu erteilen und die Entnahme der Proben zu ermöglichen. Die gleiche Verpflichtung besteht für die sachkundige Person nach § 14, die verantwortliche Person nach § 20c, den Stufenplanbeauftragten, Informationsbeauftragten, die verantwortliche Person nach § 52a und den Leiter der klinischen Prüfung sowie deren Vertreter, auch im Hinblick auf Anfragen der zuständigen Bundesoberbehörde.

(2) Die Duldungs- und Mitwirkungspflicht nach Absatz 1 findet entsprechende Anwendung auf Maßnahmen der Bundesoberbehörden nach § 25 Absatz 5 Satz 4 oder Absatz 8 Satz 2 und 3 oder nach § 62 Absatz 6.

§ 67
Allgemeine Anzeigepflicht*

(1) Betriebe und Einrichtungen, die Arzneimittel entwickeln, herstellen, klinisch prüfen oder einer Rückstandsprüfung unterziehen, prüfen, lagern, verpacken, in den Verkehr bringen oder sonst mit ihnen Handel treiben, haben dies vor der Aufnahme der Tätigkeiten der zuständigen Behörde, bei einer klinischen Prüfung bei Menschen auch der zuständigen Bundesoberbehörde, anzuzeigen. Satz 1 gilt entsprechend für Einrichtungen, die Gewebe gewinnen, die die für die Gewinnung erforderliche Laboruntersuchung durchführen, Gewebe be- oder verarbeiten, konservieren, prüfen, lagern oder in Verkehr bringen. Die Entwicklung von Arzneimitteln ist anzuzeigen, soweit sie durch eine Rechtsverordnung nach § 54 geregelt ist. Das Gleiche gilt für Personen, die diese Tätigkeiten selbständig und berufsmäßig ausüben, sowie für Personen oder Personenvereinigungen, die Arzneimittel für andere sammeln. In der Anzeige sind die Art der Tätigkeit und die Betriebsstätte anzugeben; werden Arzneimittel gesammelt, so ist das Nähere über die Art der Sammlung und über die Lagerstätte anzugeben. Ist nach Satz 1 eine klinische Prüfung bei Menschen anzuzeigen, so sind der zuständigen Behörde auch deren Sponsor, sofern vorhanden dessen Vertreter nach § 40 Absatz 1 Satz 3 Nummer 1 sowie der Prüfer und sein Stellvertreter, soweit erforderlich auch mit Angabe der Stellung als Leiter der klinischen Prüfung namentlich zu benennen. Die Sätze 1 bis 4 gelten entsprechend für Betriebe und Einrichtungen, die Wirkstoffe oder andere zur Arzneimittelherstellung bestimmte Stoffe herstellen, prüfen, lagern, verpacken, in den Verkehr bringen oder sonst mit ihnen Handel treiben, soweit diese Tätigkeiten durch eine Rechtsverordnung nach § 54 geregelt sind. Satz 1 findet keine Anwendung auf die Rekonstitution, soweit es sich nicht um Arzneimittel handelt, die zur klinischen Prüfung bestimmt sind.

(2) Ist die Herstellung von Arzneimitteln beabsichtigt, für die es einer Erlaubnis nach § 13 nicht bedarf, so sind die Arzneimittel mit ihrer Bezeichnung und Zusammensetzung anzuzeigen.

---

* Anmerkung des Herausgebers:
Am ersten Tag des zweiten Jahres, das auf die Verkündung des Durchführungsrechtsaktes der Europäischen Kommission nach Artikel 85c Absatz 3 der Richtlinie 2001/83/EG im Amtsblatt der Europäischen Union folgt, wird folgender Absatz 8 angefügt (Artikel 1 Absatz 53 Buchstabe e und Artikel 15 Absatz 4 des Gesetzes vom 19. Oktober 2012):
„(8) Wer zum Zweck des Einzelhandels Arzneimittel, die zur Anwendung bei Menschen bestimmt sind, im Wege des Versandhandels über das Internet anbieten will, hat dies vor Aufnahme der Tätigkeit der zuständigen Behörde unter Angabe des Namens oder der Firma und der Anschrift des Ortes, von dem aus die Arzneimittel geliefert werden sollen, und die Adresse jedes Internetportals einschließlich aller Angaben zu deren Identifizierung anzuzeigen. Nachträgliche Änderungen sind ebenfalls anzuzeigen. Die zuständige Behörde übermittelt diese Informationen an eine Datenbank nach § 67a. Das Internetportal nach Satz 1 muss den Namen und die Adresse der zuständigen Behörde und Ihre sonstigen Kontaktdaten, das gemeinsame Versandhandelslogo nach Artikel 85c der Richtlinie 2001/83/EG aufweisen und eine Verbindung zum Internetportal des Deutschen Instituts für Medizinische Dokumentation und Information haben."

Arzneimittelgesetz (AMG)

(3) Nachträgliche Änderungen sind ebenfalls anzuzeigen. Bei Betrieben und Einrichtungen, die Wirkstoffe herstellen, einführen oder sonst mit ihnen Handel treiben, genügt jährlich eine Anzeige, sofern die Änderungen keine Auswirkungen auf die Qualität oder Sicherheit der Wirkstoffe haben können.

(3a) Ist nach Absatz 1 der Beginn einer klinischen Prüfung bei Menschen anzuzeigen, so sind deren Verlauf, Beendigung und Ergebnisse der zuständigen Bundesoberbehörde mitzuteilen; das Nähere wird in der Rechtsverordnung nach § 42 bestimmt.

(4) Die Absätze 1 bis 3 gelten nicht für diejenigen, die eine Erlaubnis nach § 13, § 20b, § 20c, § 52a oder § 72 haben, und für Apotheken nach dem Gesetz über das Apothekenwesen. Absatz 2 gilt nicht für tierärztliche Hausapotheken.

(5) Wer als pharmazeutischer Unternehmer ein Arzneimittel, das nach § 36 Absatz 1 von der Pflicht zur Zulassung freigestellt ist, in den Verkehr bringt, hat dies zuvor der zuständigen Bundesoberbehörde und der zuständigen Behörde anzuzeigen. In der Anzeige sind der Hersteller, die verwendete Bezeichnung, die verwendeten nicht wirksamen Bestandteile, soweit sie nicht in der Verordnung nach § 36 Absatz 1 festgelegt sind, sowie die tatsächliche Zusammensetzung des Arzneimittels, soweit die Verordnung nach § 36 Absatz 1 diesbezügliche Unterschiede erlaubt, anzugeben. Anzuzeigen sind auch jede Änderung der Angaben und die Beendigung des Inverkehrbringens.

(6) Wer Untersuchungen durchführt, die dazu bestimmt sind, Erkenntnisse bei der Anwendung zugelassener oder registrierter Arzneimittel zu sammeln, hat dies der zuständigen Bundesoberbehörde, der Kassenärztlichen Bundesvereinigung, dem Spitzenverband Bund der Krankenkassen und dem Verband der Privaten Krankenversicherung e. V. unverzüglich anzuzeigen. Dabei sind Ort, Zeit, Ziel und Beobachtungsplan der Anwendungsbeobachtung anzugeben sowie gegenüber der Kassenärztlichen Bundesvereinigung und dem Spitzenverband Bund der Krankenkassen die beteiligten Ärzte namentlich mit Angabe der lebenslangen Arztnummer zu benennen. Entschädigungen, die an Ärzte für ihre Beteiligung an Untersuchungen nach Satz 1 geleistet werden, sind nach ihrer Art und Höhe so zu bemessen, dass kein Anreiz für eine bevorzugte Verschreibung oder Empfehlung bestimmter Arzneimittel entsteht. Sofern beteiligte Ärzte Leistungen zu Lasten der gesetzlichen Krankenversicherung erbringen, sind bei Anzeigen nach Satz 1 auch die Art und die Höhe der jeweils an sie tatsächlich geleisteten Entschädigungen anzugeben sowie jeweils eine Ausfertigung der mit ihnen geschlossenen Verträge und jeweils eine Darstellung des Aufwandes für die beteiligten Ärzte und eine Begründung für die Angemessenheit der Entschädigung zu übermitteln. Veränderungen der in Satz 4 genannten Informationen sind innerhalb von vier Wochen nach jedem Quartalsende zu übermitteln; die tatsächlich geleisteten Entschädigungen sind mit Zuordnung zu beteiligten Ärzten namentlich mit Angabe der lebenslangen Arztnummer zu übermitteln. Innerhalb eines Jahres nach Abschluss der Datenerfassung sind unter Angabe der insgesamt beteiligten Ärzte die Anzahl der jeweils und insgesamt beteiligten Patienten und Art und

Arzneimittelgesetz (AMG)

Höhe der jeweils und insgesamt geleisteten Entschädigungen zu übermitteln. Der zuständigen Bundesoberbehörde ist innerhalb eines Jahres nach Abschluss der Datenerfassung bei Untersuchungen mit Arzneimitteln, die zur Anwendung bei Menschen bestimmt sind, ein Abschlussbericht zu übermitteln. § 42b Absatz 3 Satz 1 und 4 gilt entsprechend. Die Angaben nach diesem Absatz sind bei Untersuchungen mit Arzneimitteln, die zur Anwendung bei Menschen bestimmt sind, elektronisch zu übermitteln. Hierfür machen die zuständigen Bundesoberbehörden elektronische Formatvorgaben bekannt; die zuständige Bundesoberbehörde hat ihr übermittelte Anzeigen und Abschlussberichte der Öffentlichkeit über ein Internetportal zur Verfügung zu stellen. Für die Veröffentlichung der Anzeigen gilt § 42b Absatz 3 Satz 4 entsprechend. Die Sätze 4 bis 6 gelten nicht für Anzeigen gegenüber der zuständigen Bundesoberbehörde. Für Arzneimittel, die zur Anwendung bei Tieren bestimmt sind, sind die Anzeigen nach Satz 1 nur gegenüber der zuständigen Bundesoberbehörde zu erstatten. Für Arzneimittel, die zur Anwendung bei Tieren bestimmt sind, sind die Anzeigen nach Satz 1 nur gegenüber der zuständigen Bundesoberbehörde zu erstatten. Die Sätze 1 bis 13 gelten nicht für Unbedenklichkeitsprüfungen nach § 63 f.

(7) Wer beabsichtigt, gewerbs- oder berufsmäßig Arzneimittel, die in einem anderen Mitgliedstaat der Europäischen Union zum Inverkehrbringen durch einen anderen pharmazeutischen Unternehmer zugelassen sind, erstmalig aus diesem Mitgliedstaat in den Geltungsbereich des Gesetzes zum Zweck des Inverkehrbringens im Geltungsbereich des Gesetzes zu verbringen, hat dies dem Inhaber der Zulassung vor der Aufnahme der Tätigkeit anzuzeigen. Für Arzneimittel, für die eine Genehmigung für das Inverkehrbringen gemäß der Verordnung (EG) Nr. 726/2004 erteilt worden ist, gilt Satz 1 mit der Maßgabe, dass die Anzeige dem Inhaber der Genehmigung und der Europäischen Arzneimittel-Agentur zu übermitteln ist. An die Agentur ist eine Gebühr für die Überprüfung der Einhaltung der Bedingungen, die in den unionsrechtlichen Rechtsvorschriften über Arzneimittel und den Genehmigungen für das Inverkehrbringen festgelegt sind, zu entrichten; die Bemessung der Gebühr richtet sich nach den unionsrechtlichen Rechtsvorschriften.

§ 67a
Datenbankgestütztes Informationssystem

(1) Die für den Vollzug dieses Gesetzes zuständigen Behörden des Bundes und der Länder wirken mit dem Deutschen Institut für Medizinische Dokumentation und Information (DIMDI) zusammen, um ein gemeinsam nutzbares zentrales Informationssystem über Arzneimittel, Wirkstoffe und Gewebe sowie deren Hersteller oder Einführer zu errichten. Dieses Informationssystem fasst die für die Erfüllung der jeweiligen Aufgaben behördenübergreifend notwendigen Informationen zusammen. Das Deutsche Institut für Medizinische Dokumentation und Information errichtet dieses Informationssystem auf der Grundlage der von den zuständigen Behörden oder Bundesoberbehörden nach der

Arzneimittelgesetz (AMG)

Rechtsverordnung nach Absatz 3 zur Verfügung gestellten Daten und stellt dessen laufenden Betrieb sicher. Daten aus dem Informationssystem werden an die zuständigen Behörden und Bundesoberbehörden zur Erfüllung ihrer im Gesetz geregelten Aufgaben sowie an die Europäische Arzneimittel-Agentur übermittelt. Die zuständigen Behörden und Bundesoberbehörden erhalten darüber hinaus für ihre im Gesetz geregelten Aufgaben Zugriff auf die aktuellen Daten aus dem Informationssystem. Eine Übermittlung an andere Stellen ist zulässig, soweit dies die Rechtsverordnung nach Absatz 3 vorsieht. Für seine Leistungen kann das Deutsche Institut für Medizinische Dokumentation und Information Entgelte verlangen. Diese werden in einem Entgeltkatalog festgelegt, der der Zustimmung des Bundesministeriums bedarf.

(2) Das Deutsche Institut für Medizinische Dokumentation und Information stellt allgemein verfügbare Datenbanken mit Informationen zu Arzneimitteln über ein Internetportal bereit. Das Internetportal wird mit dem von der Europäischen Arzneimittel-Agentur eingerichteten europäischen Internetportal nach Artikel 26 der Verordnung (EG) Nr. 726/2004 für Arzneimittel verbunden. Darüber hinaus stellt das Deutsche Institut für Medizinische Dokumentation und Information Informationen zum Versandhandel mit Arzneimitteln, die zur Anwendung bei Menschen bestimmt sind, über ein allgemein zugängliches Internetportal zur Verfügung. Dieses Internetportal wird verbunden mit dem von der Europäischen Arzneimittel-Agentur betriebenen Internetportal, das Informationen zum Versandhandel und zum gemeinsamen Versandhandelslogo enthält. Das Deutsche Institut für Medizinische Dokumentation und Information gibt die Adressen der Internetportale im Bundesanzeiger bekannt.

(3) Das Bundesministerium wird ermächtigt, Befugnisse zur Verarbeitung und Nutzung von Daten für die Zwecke der Absätze 1 und 2 und zur Erhebung von Daten für die Zwecke des Absatzes 2 im Einvernehmen mit dem Bundesministerium des Innern und dem Bundesministerium für Wirtschaft und Technologie durch Rechtsverordnung mit Zustimmung des Bundesrates einzuräumen und Regelungen zu treffen hinsichtlich der Übermittlung von Daten durch Behörden des Bundes und der Länder an das Deutsche Institut für Medizinische Dokumentation und Information einschließlich der personenbezogenen und betriebsbezogenen Daten für die in diesem Gesetz geregelten Zwecke, und der Art, des Umfangs und der Anforderungen an die Daten. In dieser Rechtsverordnung kann auch vorgeschrieben werden, dass Anzeigen auf elektronischen oder optischen Speichermedien erfolgen dürfen oder müssen, soweit dies für eine ordnungsgemäße Durchführung der Vorschriften über den Verkehr mit Arzneimitteln erforderlich ist. Die Rechtsverordnung wird vom Bundesministerium für Ernährung, Landwirtschaft und Verbraucherschutz im Einvernehmen mit dem Bundesministerium, dem Bundesministerium des Innern und dem Bundesministerium für Wirtschaft und Technologie erlassen, soweit es sich um Arzneimittel handelt, die zur Anwendung bei Tieren bestimmt sind.

Arzneimittelgesetz (AMG)

(3a) Das Bundesministerium für Ernährung, Landwirtschaft und Verbraucherschutz wird ermächtigt, im Einvernehmen mit dem Bundesministerium, dem Bundesministerium des Innern und dem Bundesministerium für Wirtschaft und Technologie durch Rechtsverordnung mit Zustimmung des Bundesrates Regelungen zu treffen hinsichtlich der Übermittlung von Daten durch das Deutsche Institut für Medizinische Dokumentation und Information an Behörden des Bundes und der Länder, einschließlich der personenbezogenen und betriebsbezogenen Daten, zum Zweck wiederholter Beobachtungen, Untersuchungen und Bewertungen zur Erkennung von Risiken für die Gesundheit von Mensch und Tier durch die Anwendung bestimmter Arzneimittel, die zur Anwendung bei Tieren bestimmt sind, (Tierarzneimittel-Monitoring) sowie hinsichtlich der Art und des Umfangs der Daten sowie der Anforderungen an die Daten. Absatz 3 Satz 2 gilt entsprechend.

(4) Die Rechtsverordnung nach den Absätzen 3 und 3a ergeht im Einvernehmen mit dem Bundesministerium für Umwelt, Naturschutz und Reaktorsicherheit, soweit es sich um radioaktive Arzneimittel oder um Arzneimittel handelt, bei deren Herstellung ionisierende Strahlen verwendet werden.

(5) Das Deutsche Institut für Medizinische Dokumentation und Information ergreift die notwendigen Maßnahmen, damit Daten nur den dazu befugten Personen übermittelt werden und nur diese Zugang zu diesen Daten erhalten.

§ 68
Mitteilungs- und Unterrichtungspflichten

(1) Die für die Durchführung dieses Gesetzes zuständigen Behörden und Stellen des Bundes und der Länder haben sich

1. die für den Vollzug des Gesetzes zuständigen Behörden, Stellen und Sachverständigen mitzuteilen und

2. bei Zuwiderhandlungen und bei Verdacht auf Zuwiderhandlungen gegen Vorschriften des Arzneimittelrechts, Heilmittelwerberechts oder Apothekenrechts für den jeweiligen Zuständigkeitsbereich unverzüglich zu unterrichten und bei der Ermittlungstätigkeit gegenseitig zu unterstützen.

(2) Die Behörden nach Absatz 1

1. erteilen der zuständigen Behörde eines anderen Mitgliedstaates der Europäischen Union oder bei Arzneimitteln, die zur Anwendung bei Menschen bestimmt sind, der Europäischen Arzneimittel-Agentur auf begründetes Ersuchen Auskünfte und übermitteln die erforderlichen Urkunden und Schriftstücke, soweit dies für die Überwachung der Einhaltung der arzneimittelrechtlichen, heilmittelrechtlichen und apothekenrechtlichen Vorschriften oder zur Verhütung oder zur Abwehr von Arzneimittelrisiken erforderlich ist,

2. überprüfen alle von der ersuchenden Behörde eines anderen Mitgliedstaates mitgeteilten Sachverhalte und teilen ihr das Ergebnis der Prüfung mit.

Arzneimittelgesetz (AMG)

(3) Die Behörden nach Absatz 1 teilen den zuständigen Behörden eines anderen Mitgliedstaates und der Europäische Arzneimittel-Agentur oder der Europäischen Kommission alle Informationen mit, die für die Überwachung der Einhaltung der arzneimittelrechtlichen, heilmittelrechtlichen und apothekenrechtlichen Vorschriften in diesem Mitgliedstaat oder zur Verhütung oder zur Abwehr von Arzneimittelrisiken erforderlich sind. In Fällen von Zuwiderhandlungen oder des Verdachts von Zuwiderhandlungen können auch die zuständigen Behörden anderer Mitgliedstaaten, das Bundesministerium, soweit es sich um Arzneimittel handelt, die zur Anwendung bei Tieren bestimmt sind, auch das Bundesministerium für Ernährung, Landwirtschaft und Verbraucherschutz sowie die Europäische Arzneimittel-Agentur und die Europäische Kommission unterrichtet werden.

(4) Die Behörden nach Absatz 1 können, soweit dies zur Einhaltung der arzneimittelrechtlichen, heilmittelrechtlichen und apothekenrechtlichen Anforderungen oder zur Verhütung oder zur Abwehr von Arzneimittelrisiken erforderlich ist, auch die zuständigen Behörden anderer Staaten und die zuständigen Stellen des Europarates unterrichten. Absatz 2 Nummer 1 findet entsprechende Anwendung. Bei der Unterrichtung von Vertragsstaaten des Abkommens über den Europäischen Wirtschaftsraum, die nicht Mitgliedstaaten der Europäischen Union sind, erfolgt diese über die Europäische Kommission.

(5) Der Verkehr mit den zuständigen Behörden anderer Staaten, Stellen des Europarates, der Europäischen Arzneimittel-Agentur und der Europäischen Kommission obliegt dem Bundesministerium. Das Bundesministerium kann diese Befugnis auf die zuständigen Bundesoberbehörden oder durch Rechtsverordnung mit Zustimmung des Bundesrates auf die zuständigen obersten Landesbehörden übertragen. Ferner kann das Bundesministerium im Einzelfall der zuständigen obersten Landesbehörde die Befugnis übertragen, sofern diese ihr Einverständnis damit erklärt. Die obersten Landesbehörden können die Befugnisse nach den Sätzen 2 und 3 auf andere Behörden übertragen. Soweit es sich um Arzneimittel handelt, die zur Anwendung bei Tieren bestimmt sind, tritt an die Stelle des Bundesministeriums das Bundesministerium für Ernährung, Landwirtschaft und Verbraucherschutz. Die Rechtsverordnung nach Satz 2 ergeht in diesem Fall im Einvernehmen mit dem Bundesministerium.

(5a) Im Fall der Überwachung der Werbung für Arzneimittel, die zur Anwendung bei Menschen bestimmt sind, obliegt dem Bundesamt für Verbraucherschutz und Lebensmittelsicherheit der Verkehr mit den zuständigen Behörden anderer Mitgliedstaaten der Europäischen Union und der Europäischen Kommission zur Durchführung der Verordnung (EG) Nr. 2006/2004 des Europäischen Parlaments und des Rates vom 27. Oktober 2004 über die Zusammenarbeit zwischen den für die Durchsetzung der Verbraucherschutzgesetze zuständigen nationalen Behörden (ABl. EU Nr. L 364 S.1), geändert durch Artikel 16 Nr. 2 der Richtlinie 2005/29/EG des Europäischen Parlaments und des Rates vom 11. Mai 2005 (ABl. EU Nr. L 149 S. 22) als zentraler Verbindungsstelle.

Arzneimittelgesetz (AMG)

(6) In den Fällen des Absatzes 3 Satz 2 und des Absatzes 4 unterbleibt die Übermittlung personenbezogener Daten, soweit durch sie schutzwürdige Interessen der Betroffenen beeinträchtigt würden, insbesondere wenn beim Empfänger kein angemessener Datenschutzstandard gewährleistet ist. Personenbezogene Daten dürfen auch dann übermittelt werden, wenn beim Empfänger kein angemessener Datenschutzstandard gewährleistet ist, soweit dies aus Gründen des Gesundheitsschutzes erforderlich ist.

§ 69
Maßnahmen der zuständigen Behörden

(1) Die zuständigen Behörden treffen die zur Beseitigung festgestellter Verstöße und die zur Verhütung künftiger Verstöße notwendigen Anordnungen. Sie können insbesondere das Inverkehrbringen von Arzneimitteln oder Wirkstoffen untersagen, deren Rückruf anordnen und diese sicherstellen, wenn

1. die erforderliche Zulassung oder Registrierung für das Arzneimittel nicht vorliegt oder deren Ruhen angeordnet ist,

2. das Arzneimittel oder der Wirkstoff nicht nach den anerkannten pharmazeutischen Regeln hergestellt ist oder nicht die nach den anerkannten pharmazeutischen Regeln angemessene Qualität aufweist,

3. dem Arzneimittel die therapeutische Wirksamkeit fehlt,

4. der begründete Verdacht besteht, dass das Arzneimittel schädliche Wirkungen hat, die über ein nach den Erkenntnissen der medizinischen Wissenschaft vertretbares Maß hinausgehen,

5. die vorgeschriebenen Qualitätskontrollen nicht durchgeführt sind,

6. die erforderliche Erlaubnis für das Herstellen des Arzneimittels oder des Wirkstoffes oder das Verbringen in den Geltungsbereich des Gesetzes nicht vorliegt oder ein Grund zur Rücknahme oder zum Widerruf der Erlaubnis nach § 18 Abs. 1 gegeben ist oder

7. die erforderliche Erlaubnis zum Betreiben eines Großhandels nach § 52a nicht vorliegt oder ein Grund für die Rücknahme oder den Widerruf der Erlaubnis nach § 52a Abs. 5 gegeben ist.

Im Falle des Satzes 2 Nummer 2 und 4 kann die zuständige Bundesoberbehörde den Rückruf eines Arzneimittels anordnen, sofern ihr Tätigwerden im Zusammenhang mit Maßnahmen nach § 28, § 30, § 31 Abs. 4 Satz 2 oder § 32 Abs. 5 zur Abwehr von Gefahren für die Gesundheit von Mensch oder Tier durch Arzneimittel geboten ist. Die Entscheidung der zuständigen Bundesoberbehörde nach Satz 3 ist sofort vollziehbar. Soweit es sich bei Arzneimitteln nach Satz 2 Nummer 4 um solche handelt, die für die Anwendung bei Tieren bestimmt sind, beschränkt sich die Anwendung auf den bestimmungsgemäßen Gebrauch.

Arzneimittelgesetz (AMG)

(1a) Bei Arzneimitteln, für die eine Genehmigung für das Inverkehrbringen oder Zulassung

1. gemäß der Verordnung (EG) Nr. 726/2004 oder

2. im Verfahren der Anerkennung gemäß Kapitel 4 der Richtlinie 2001/83/EG oder Kapitel 4 der Richtlinie 2001/82/EG oder

3. auf Grund eines Gutachtens des Ausschusses gemäß Artikel 4 der Richtlinie 87/22/EWG vom 22. Dezember 1986 vor dem 1. Januar 1995

erteilt worden ist, unterrichtet die zuständige Bundesoberbehörde den Ausschuss für Humanarzneimittel oder den Ausschuss für Tierarzneimittel über festgestellte Verstöße gegen arzneimittelrechtliche Vorschriften nach Maßgabe der in den genannten Rechtsakten vorgesehenen Verfahren unter Angabe einer eingehenden Begründung und des vorgeschlagenen Vorgehens. Bei diesen Arzneimitteln können die zuständigen Behörden vor der Unterrichtung des Ausschusses nach Satz 1 die zur Beseitigung festgestellter und zur Verhütung künftiger Verstöße notwendigen Anordnungen treffen, sofern diese zum Schutz der Gesundheit von Mensch oder Tier oder zum Schutz der Umwelt dringend erforderlich sind. In den Fällen des Satzes 1 Nr. 2 und 3 unterrichten die zuständigen Behörden die Europäische Kommission und die anderen Mitgliedstaaten, in den Fällen des Satzes 1 Nr. 1 die Kommission der Europäischen Gemeinschaften und die Europäische Arzneimittel-Agentur über die zuständige Bundesoberbehörde spätestens am folgenden Arbeitstag über die Gründe dieser Maßnahmen. Im Fall des Absatzes 1 Satz 2 Nr. 4 kann auch die zuständige Bundesoberbehörde das Ruhen der Zulassung anordnen oder den Rückruf eines Arzneimittels anordnen, sofern ihr Tätigwerden zum Schutz der in Satz 2 genannten Rechtsgüter dringend erforderlich ist; in diesem Fall gilt Satz 3 entsprechend.

(2) Die zuständigen Behörden können das Sammeln von Arzneimitteln untersagen, wenn eine sachgerechte Lagerung der Arzneimittel nicht gewährleistet ist oder wenn der begründete Verdacht besteht, dass die gesammelten Arzneimittel missbräuchlich verwendet werden. Gesammelte Arzneimittel können sichergestellt werden, wenn durch unzureichende Lagerung oder durch ihre Abgabe die Gesundheit von Mensch und Tier gefährdet wird.

(2a) Die zuständigen Behörden können ferner zur Anwendung bei Tieren bestimmte Arzneimittel sowie Stoffe und Zubereitungen aus Stoffen im Sinne des § 59a sicherstellen, wenn Tatsachen die Annahme rechtfertigen, dass Vorschriften über den Verkehr mit Arzneimitteln nicht beachtet worden sind.

(3) Die zuständigen Behörden können Werbematerial sicherstellen, das den Vorschriften über den Verkehr mit Arzneimitteln und über die Werbung auf dem Gebiete des Heilwesens nicht entspricht.

(4) Im Falle des Absatzes 1 Satz 3 kann auch eine öffentliche Warnung durch die zuständige Bundesoberbehörde erfolgen.

Arzneimittelgesetz (AMG)

(5) Die zuständige Behörde kann im Benehmen mit der zuständigen Bundesoberbehörde bei einem Arzneimittel, das zur Anwendung bei Menschen bestimmt ist und dessen Abgabe untersagt wurde oder das aus dem Verkehr gezogen wurde, weil

1. die Voraussetzungen für das Inverkehrbringen nicht oder nicht mehr vorliegen,
2. das Arzneimittel nicht die angegebene Zusammensetzung nach Art und Menge aufweist oder
3. die Kontrollen der Arzneimittel oder der Bestandteile und der Zwischenprodukte nicht durchgeführt worden sind oder ein anderes Erfordernis oder eine andere Voraussetzung für die Erteilung der Herstellungserlaubnis nicht erfüllt worden ist,

in Ausnahmefällen seine Abgabe an Patienten, die bereits mit diesem Arzneimittel behandelt werden, während einer Übergangszeit gestatten, wenn dies medizinisch vertretbar und für die betroffene Person angezeigt ist.

§ 69a
Überwachung von Stoffen, die als Tierarzneimittel verwendet werden können

Die §§ 64 bis 69 gelten entsprechend für die in § 59c genannten Betriebe, Einrichtungen und Personen sowie für solche Betriebe, Einrichtungen und Personen, die Stoffe, die in Tabelle 2 des Anhangs der Verordnung (EU) Nr. 37/2010 der Kommission vom 22. Dezember 2009 über pharmakologisch wirksame Stoffe und ihre Einstufung hinsichtlich der Rückstandshöchstmengen in Lebensmitteln tierischen Ursprungs (ABl. L 15 vom 20.1.2010, S. 1) in der jeweils geltenden Fassung aufgeführt sind, herstellen, lagern, einführen oder in den Verkehr bringen.

§ 69b
Verwendung bestimmter Daten

(1) Die für das Lebensmittel-, Futtermittel-, Tierschutz- und Tierseuchenrecht für die Erhebung der Daten für die Anzeige und die Registrierung Vieh haltender Betriebe zuständigen Behörden übermitteln der für die Überwachung nach § 64 Abs. 1 Satz 1 zweiter Halbsatz zuständigen Behörde auf Ersuchen die zu deren Aufgabenerfüllung erforderlichen Daten.

(2) Die Daten dürfen für die Dauer von drei Jahren aufbewahrt werden. Die Frist beginnt mit Ablauf desjenigen Jahres, in dem die Daten übermittelt worden sind. Nach Ablauf der Frist sind die Daten zu löschen, sofern sie nicht auf Grund anderer Vorschriften länger aufbewahrt werden dürfen.

Arzneimittelgesetz (AMG)

Zwölfter Abschnitt
Sondervorschriften für Bundeswehr, Bundespolizei, Bereitschaftspolizei, Zivilschutz

§ 70
Anwendung und Vollzug des Gesetzes

(1) Die Vorschriften dieses Gesetzes finden auf Einrichtungen, die der Arzneimittelversorgung der Bundeswehr, der Bundespolizei und der Bereitschaftspolizeien der Länder dienen, sowie auf die Arzneimittelbevorratung für den Zivilschutz entsprechende Anwendung.

(2) Im Bereich der Bundeswehr obliegt der Vollzug dieses Gesetzes bei der Überwachung des Verkehrs mit Arzneimitteln den zuständigen Stellen und Sachverständigen der Bundeswehr. Im Bereich der Bundespolizei obliegt er den zuständigen Stellen und Sachverständigen der Bundespolizei. Im Bereich der Arzneimittelbevorratung für den Zivilschutz obliegt er den vom Bundesministerium des Innern bestimmten Stellen; soweit Landesstellen bestimmt werden, bedarf es hierzu der Zustimmung des Bundesrates.

§ 71
Ausnahmen

(1) Die in § 10 Abs. 1 Nr. 9 vorgeschriebene Angabe des Verfalldatums kann entfallen bei Arzneimitteln, die an die Bundeswehr, die Bundespolizei sowie für Zwecke des Zivil- und Katastrophenschutzes an Bund oder Länder abgegeben werden. Die zuständigen Bundesministerien oder, soweit Arzneimittel an Länder abgegeben werden, die zuständigen Behörden der Länder stellen sicher, dass Qualität, Wirksamkeit und Unbedenklichkeit auch bei solchen Arzneimitteln gewährleistet sind.

(2) Das Bundesministerium wird ermächtigt, durch Rechtsverordnung Ausnahmen von den Vorschriften dieses Gesetzes und der auf Grund dieses Gesetzes erlassenen Rechtsverordnungen für den Bereich der Bundeswehr, der Bundespolizei, der Bereitschaftspolizeien der Länder und des Zivil- und Katastrophenschutzes zuzulassen, soweit dies zur Durchführung der besonderen Aufgaben in diesen Bereichen gerechtfertigt ist und der Schutz der Gesundheit von Mensch oder Tier gewahrt bleibt. Die Rechtsverordnung wird vom Bundesministerium für Ernährung, Landwirtschaft und Verbraucherschutz im Einvernehmen mit dem Bundesministerium erlassen, soweit es sich um Arzneimittel handelt, die zur Anwendung bei Tieren bestimmt sind.

(3) Die Rechtsverordnung ergeht, soweit sie den Bereich der Bundeswehr berührt, im Einvernehmen mit dem Bundesministerium der Verteidigung, und, soweit sie den Bereich der Bundespolizei und des Zivilschutzes berührt, im

Einvernehmen mit dem Bundesministerium des Innern, jeweils ohne Zustimmung des Bundesrates; soweit die Rechtsverordnung den Bereich der Bereitschaftspolizeien der Länder oder des Katastrophenschutzes berührt, ergeht sie im Einvernehmen mit dem Bundesministerium des Innern mit Zustimmung des Bundesrates.

Dreizehnter Abschnitt
Einfuhr und Ausfuhr

§ 72
Einfuhrerlaubnis

(1) Wer

1. Arzneimittel im Sinne des § 2 Absatz 1 oder Absatz 2 Nummer 1,

2. Wirkstoffe, die menschlicher, tierischer oder mikrobieller Herkunft sind oder die auf gentechnischem Wege hergestellt werden, oder

3. andere zur Arzneimittelherstellung bestimmte Stoffe menschlicher Herkunft

gewerbs- oder berufsmäßig aus Ländern, die nicht Mitgliedstaaten der Europäischen Union oder andere Vertragsstaaten des Abkommens über den Europäischen Wirtschaftsraum sind, in den Geltungsbereich dieses Gesetzes einführen will, bedarf einer Erlaubnis der zuständigen Behörde. § 13 Absatz 4 und die §§ 14 bis 20a sind entsprechend anzuwenden.

(2) Auf Personen und Einrichtungen, die berufs- oder gewerbsmäßig Arzneimittel menschlicher Herkunft zur unmittelbaren Anwendung bei Menschen einführen wollen, findet Absatz 1 mit der Maßgabe Anwendung, dass die Erlaubnis nur versagt werden darf, wenn der Antragsteller nicht nachweist, dass für die Beurteilung der Qualität und Sicherheit der Arzneimittel und für die gegebenenfalls erforderliche Überführung der Arzneimittel in ihre anwendungsfähige Form nach dem Stand von Wissenschaft und Technik qualifiziertes Personal und geeignete Räume vorhanden sind.

(3) Die Absätze 1 und 2 finden keine Anwendung auf

1. Gewebe im Sinne von § 1a Nummer 4 des Transplantationsgesetzes, für die es einer Erlaubnis nach § 72b bedarf,

2. autologes Blut zur Herstellung von biotechnologisch bearbeiteten Gewebeprodukten, für das es einer Erlaubnis nach § 72b bedarf,

3. Gewebezubereitungen im Sinne von § 20c, für die es einer Erlaubnis nach § 72b bedarf, und

4. Wirkstoffe, die für die Herstellung von nach einer im Homöopathischen Teil des Arzneibuches beschriebenen Verfahrenstechnik herzustellenden Arzneimitteln bestimmt sind.

Arzneimittelgesetz (AMG)

§ 72a
Zertifikate

(1) Der Einführer darf Arzneimittel im Sinne des § 2 Abs. 1 und 2 Nr. 1, 1a, 2 und 4 oder Wirkstoffe nur einführen, wenn

1. die zuständige Behörde des Herstellungslandes durch ein Zertifikat bestätigt hat, dass die Arzneimittel oder Wirkstoffe entsprechend anerkannten Grundregeln für die Herstellung und die Sicherung ihrer Qualität der Europäischen Union oder nach Standards, die diesen gleichwertig sind, hergestellt werden, die Herstellungsstätte regelmäßig überwacht wird, die Überwachung durch ausreichende Maßnahmen, einschließlich wiederholter und unangekündigter Inspektionen, erfolgt und im Falle wesentlicher Abweichungen von den anerkannten Grundregeln die zuständige Behörde informiert wird, und solche Zertifikate für Arzneimittel im Sinne des § 2 Abs. 1 und 2 Nr. 1, die zur Anwendung bei Menschen bestimmt sind, und Wirkstoffe, die menschlicher, tierischer oder mikrobieller Herkunft sind, oder Wirkstoffe, die auf gentechnischem Wege hergestellt werden, gegenseitig anerkannt sind,

2. die zuständige Behörde bescheinigt hat, dass die genannten Grundregeln bei der Herstellung und der Sicherung der Qualität der Arzneimittel sowie der dafür eingesetzten Wirkstoffe, soweit sie menschlicher, tierischer oder mikrobieller Herkunft sind, oder Wirkstoffe, die auf gentechnischem Wege hergestellt werden, oder bei der Herstellung der Wirkstoffe, eingehalten werden oder

3. die zuständige Behörde bescheinigt hat, dass die Einfuhr im öffentlichen Interesse liegt.

Die zuständige Behörde darf eine Bescheinigung nach

1. Satz 1 Nummer 2 nur ausstellen, wenn ein Zertifikat nach Satz 1 Nummer 1 nicht vorliegt und sie oder eine zuständige Behörde eines Mitgliedstaates der Europäischen Union oder eines anderen Vertragsstaates des Abkommens über den Europäischen Wirtschaftsraum sich regelmäßig im Herstellungsland vergewissert hat, dass die genannten Grundregeln bei der Herstellung der Arzneimittel oder Wirkstoffe eingehalten werden,

2. Satz 1 Nummer 3 nur erteilen, wenn ein Zertifikat nach Satz 1 Nummer 1 nicht vorliegt und eine Bescheinigung nach Satz 1 Nummer 2 nicht vorgesehen oder nicht möglich ist.

(1a) Absatz 1 Satz 1 gilt nicht für

1. Arzneimittel, die zur klinischen Prüfung beim Menschen oder zur Anwendung im Rahmen eines Härtefallprogramms bestimmt sind,

2. Arzneimittel menschlicher Herkunft zur unmittelbaren Anwendung oder Blutstammzellzubereitungen, die zur gerichteten, für eine bestimmte Person vorgesehenen Anwendung bestimmt sind,

Arzneimittelgesetz (AMG)

3. Wirkstoffe, die menschlicher, tierischer oder mikrobieller Herkunft sind und für die Herstellung von nach einer im Homöopathischen Teil des Arzneibuches beschriebenen Verfahrenstechnik herzustellenden Arzneimitteln bestimmt sind,

4. Wirkstoffe, die Stoffe nach § 3 Nummer 1 bis 3 sind, soweit sie den Anforderungen der Guten Herstellungspraxis gemäß den Grundsätzen und Leitlinien der Europäischen Kommission nicht unterliegen,

5. Gewebe im Sinne von § 1a Nummer 4 des Transplantationsgesetzes, für die es eines Zertifikates oder einer Bescheinigung nach § 72b bedarf,

6. autologes Blut zur Herstellung von biotechnologisch bearbeiteten Gewebeprodukten, für das es eines Zertifikates oder einer Bescheinigung nach § 72b bedarf,

7. Gewebezubereitungen im Sinne von § 20c, für die es eines Zertifikates oder einer Bescheinigung nach § 72b bedarf, und

8. Wirkstoffe, die in einem Staat hergestellt und aus diesem eingeführt werden, der nicht Mitgliedstaat der Europäischen Union oder ein anderer Vertragsstaat des Abkommens über den Europäischen Wirtschaftsraum ist und der in der von der Europäischen Kommission veröffentlichten Liste nach Artikel 111b der Richtlinie 2001/83/EG aufgeführt ist.

(1b) Die in Absatz 1 Satz 1 Nr. 1 und 2 für Wirkstoffe, die menschlicher, tierischer oder mikrobieller Herkunft sind, oder für Wirkstoffe, die auf gentechnischem Wege hergestellt werden, enthaltenen Regelungen gelten entsprechend für andere zur Arzneimittelherstellung bestimmte Stoffe menschlicher Herkunft.

(1c) Arzneimittel und Wirkstoffe, die menschlicher, tierischer oder mikrobieller Herkunft sind, oder Wirkstoffe, die auf gentechnischem Wege hergestellt werden, sowie andere zur Arzneimittelherstellung bestimmte Stoffe menschlicher Herkunft, ausgenommen die in Absatz 1a Nr. 1 und 2 genannten Arzneimittel, dürfen nicht auf Grund einer Bescheinigung nach Absatz 1 Satz 1 Nr. 3 eingeführt werden.

(1d) Absatz 1 Satz 1 findet auf die Einfuhr von Wirkstoffen sowie anderen zur Arzneimittelherstellung bestimmten Stoffen menschlicher Herkunft Anwendung, soweit ihre Überwachung durch eine Rechtsverordnung nach § 54 geregelt ist.

(2) Das Bundesministerium wird ermächtigt, durch Rechtsverordnung mit Zustimmung des Bundesrates zu bestimmen, dass Stoffe und Zubereitungen aus Stoffen, die als Arzneimittel oder zur Herstellung von Arzneimitteln verwendet werden können, nicht eingeführt werden dürfen, sofern dies zur Abwehr von Gefahren für die Gesundheit des Menschen oder zur Risikovorsorge erforderlich ist.

(3) Das Bundesministerium wird ferner ermächtigt, durch Rechtsverordnung mit Zustimmung des Bundesrates die weiteren Voraussetzungen für die Ein-

Arzneimittelgesetz (AMG)

fuhr von den unter Absatz 1a Nr. 1 und 2 genannten Arzneimitteln zu bestimmen, sofern dies erforderlich ist, um eine ordnungsgemäße Qualität der Arzneimittel zu gewährleisten. Es kann dabei insbesondere Regelungen zu den von der sachkundigen Person nach § 14 durchzuführenden Prüfungen und der Möglichkeit einer Überwachung im Herstellungsland durch die zuständige Behörde treffen.

(4) (weggefallen)

§ 72b
Einfuhrerlaubnis und Zertifikate für Gewebe und bestimmte Gewebezubereitungen

(1) Wer Gewebe im Sinne von § 1a Nr. 4 des Transplantationsgesetzes oder Gewebezubereitungen im Sinne von § 20c gewerbs- oder berufsmäßig zum Zwecke der Abgabe an andere oder zur Be- oder Verarbeitung in den Geltungsbereich dieses Gesetzes einführen will, bedarf einer Erlaubnis der zuständigen Behörde. § 20c Abs. 1 Satz 3 und Abs. 2 bis 7 ist entsprechend anzuwenden. Für die Einfuhr von Gewebezubereitungen zur unmittelbaren Anwendung gilt § 72 Absatz 2 entsprechend.

(2) Der Einführer nach Absatz 1 darf die Gewebe oder Gewebezubereitungen nur einführen, wenn

1. die Behörde des Herkunftslandes durch ein Zertifikat bestätigt hat, dass die Gewinnung, Laboruntersuchung, Be- oder Verarbeitung, Konservierung, Lagerung oder Prüfung nach Standards durchgeführt wurden, die den von der Europäischen Union festgelegten Standards der Guten fachlichen Praxis mindestens gleichwertig sind, und solche Zertifikate gegenseitig anerkannt sind, oder

2. die für den Einführer zuständige Behörde bescheinigt hat, dass die Standards der Guten fachlichen Praxis bei der Gewinnung, Laboruntersuchung, Be- oder Verarbeitung, Konservierung, Lagerung oder Prüfung eingehalten werden, nachdem sie oder eine zuständige Behörde eines anderen Mitgliedstaates der Europäischen Union oder eines anderen Vertragsstaates des Abkommens über den Europäischen Wirtschaftsraum sich darüber im Herstellungsland vergewissert hat, oder

3. die für den Einführer zuständige Behörde bescheinigt hat, dass die Einfuhr im öffentlichen Interesse ist, wenn ein Zertifikat nach Nummer 1 nicht vorliegt und eine Bescheinigung nach Nummer 2 nicht möglich ist.

Abweichend von Satz 1 Nr. 2 kann die zuständige Behörde von einer Besichtigung der Entnahmeeinrichtungen im Herkunftsland absehen, wenn die vom Einführer eingereichten Unterlagen zu keinen Beanstandungen Anlass geben oder ihr Einrichtungen oder Betriebsstätten sowie das Qualitätssicherungssystem desjenigen, der im Herkunftsland das Gewebe gewinnt, bereits bekannt sind.

Arzneimittelgesetz (AMG)

(3) Das Bundesministerium wird ermächtigt, durch Rechtsverordnung mit Zustimmung des Bundesrates die weiteren Voraussetzungen für die Einfuhr von Geweben oder Gewebezubereitungen nach Absatz 2 zu bestimmen, um eine ordnungsgemäße Qualität der Gewebe oder Gewebezubereitungen zu gewährleisten. Es kann dabei insbesondere Regelungen zu den von der verantwortlichen Person nach § 20c durchzuführenden Prüfungen und der Durchführung der Überwachung im Herkunftsland durch die zuständige Behörde treffen.

(4) Absatz 2 Satz 1 findet auf die Einfuhr von Gewebe und Gewebezubereitungen im Sinne von Absatz 1 Anwendung, soweit ihre Überwachung durch eine Rechtsverordnung nach § 54, nach § 12 des Transfusionsgesetzes oder nach § 16a des Transplantationsgesetzes geregelt ist.

(5) Die Absätze 1 bis 4 gelten entsprechend für autologes Blut für die Herstellung von biotechnologisch bearbeiteten Gewebeprodukten.

§ 73
Verbringungsverbot

(1) Arzneimittel, die der Pflicht zur Zulassung oder Genehmigung nach § 21a oder zur Registrierung unterliegen, dürfen in den Geltungsbereich dieses Gesetzes, nur verbracht werden, wenn sie zum Verkehr im Geltungsbereich dieses Gesetzes zugelassen, nach § 21a genehmigt, registriert oder von der Zulassung oder der Registrierung freigestellt sind und

1. der Empfänger in dem Fall des Verbringens aus einem Mitgliedstaat der Europäischen Union oder einem anderen Vertragsstaat des Abkommens über den Europäischen Wirtschaftsraum pharmazeutischer Unternehmer, Großhändler oder Tierarzt ist, eine Apotheke betreibt oder als Träger eines Krankenhauses nach dem Apothekengesetz von einer Apotheke eines Mitgliedstaates der Europäischen Union oder eines anderen Vertragsstaates des Abkommens über den Europäischen Wirtschaftsraum mit Arzneimitteln versorgt wird,

1a. im Falle des Versandes an den Endverbraucher das Arzneimittel von einer Apotheke eines Mitgliedstaates der Europäischen Union oder eines anderen Vertragsstaates des Abkommens über den Europäischen Wirtschaftsraum, welche für den Versandhandel nach ihrem nationalen Recht, soweit es dem deutschen Apothekenrecht in Hinblick auf die Vorschriften zum Versandhandel entspricht, oder nach dem deutschen Apothekengesetz befugt ist, entsprechend den deutschen Vorschriften zum Versandhandel oder zum elektronischen Handel versandt wird oder

2. der Empfänger in dem Fall des Verbringens aus einem Land, das nicht Mitgliedstaat der Europäischen Union oder ein anderer Vertragsstaat des Abkommens über den Europäischen Wirtschaftsraum ist, eine Erlaubnis nach § 72 besitzt.

Arzneimittelgesetz (AMG)

Die in § 47a Abs. 1 Satz 1 genannten Arzneimittel dürfen nur in den Geltungsbereich dieses Gesetzes verbracht werden, wenn der Empfänger eine der dort genannten Einrichtungen ist. Das Bundesministerium veröffentlicht in regelmäßigen Abständen eine aktualisierte Übersicht über die Mitgliedstaaten der Europäischen Union und die anderen Vertragsstaaten des Europäischen Wirtschaftsraums, in denen für den Versandhandel und den elektronischen Handel mit Arzneimitteln dem deutschen Recht vergleichbare Sicherheitsstandards bestehen.

(1a) Fütterungsarzneimittel dürfen in den Geltungsbereich dieses Gesetzes nur verbracht werden, wenn sie

1. den im Geltungsbereich dieses Gesetzes geltenden arzneimittelrechtlichen Vorschriften entsprechen und

2. der Empfänger zu den in Absatz 1 genannten Personen gehört oder im Falle des § 56 Abs. 1 Satz 1 Tierhalter ist.

(1b) Es ist verboten, gefälschte Arzneimittel oder gefälschte Wirkstoffe in den Geltungsbereich dieses Gesetzes zuverbringen. Die zuständige Behörde kann in begründeten Fällen, insbesondere zum Zwecke der Untersuchung oder Strafverfolgung, Ausnahmen zulassen.

(2) Absatz 1 Satz 1 gilt nicht für Arzneimittel, die

1. im Einzelfall in geringen Mengen für die Arzneimittelversorgung bestimmter Tiere bei Tierschauen, Turnieren oder ähnlichen Veranstaltungen bestimmt sind,

2. für den Eigenbedarf der Einrichtungen von Forschung und Wissenschaft bestimmt sind und zu wissenschaftlichen Zwecken benötigt werden, mit Ausnahme von Arzneimitteln, die zur klinischen Prüfung bei Menschen bestimmt sind,

2a. in geringen Mengen von einem pharmazeutischen Unternehmer, einem Betrieb mit einer Erlaubnis nach § 13 oder von einem Prüflabor als Anschauungsmuster oder zu analytischen Zwecken benötigt werden,

2b. von einem Betrieb mit Erlaubnis nach § 13 entweder zum Zweck der Be- oder Verarbeitung und des anschließenden Weiter- oder Zurückverbringens oder zum Zweck der Herstellung eines zum Inverkehrbringen im Geltungsbereich zugelassenen oder genehmigten Arzneimittels aus einem Mitgliedstaat der Europäischen Union oder einem anderen Vertragsstaat des Abkommens über den Europäischen Wirtschaftsraum verbracht werden,

3. unter zollamtlicher Überwachung durch den Geltungsbereich des Gesetzes befördert oder in ein Zolllagerverfahren oder eine Freizone des Kontrolltyps II übergeführt oder in eine Freizone des Kontrolltyps I oder ein Freilager verbracht werden,

3a. in einem Mitgliedstaat der Europäischen Union oder einem anderen Vertragsstaat des Abkommens über den Europäischen Wirtschaftsraum

Arzneimittelgesetz (AMG)

zugelassen sind und auch nach Zwischenlagerung bei einem pharmazeutischen Unternehmer, Hersteller oder Großhändler wiederausgeführt oder weiterverbracht oder zurückverbracht werden,

4. für das Oberhaupt eines auswärtigen Staates oder seine Begleitung eingebracht werden und zum Gebrauch während seines Aufenthalts im Geltungsbereich dieses Gesetzes bestimmt sind,

5. zum persönlichen Gebrauch oder Verbrauch durch die Mitglieder einer diplomatischen Mission oder konsularischen Vertretung im Geltungsbereich dieses Gesetzes oder Beamte internationaler Organisationen, die dort ihren Sitz haben, sowie deren Familienangehörige bestimmt sind, soweit diese Personen weder Deutsche noch im Geltungsbereich dieses Gesetzes ständig ansässig sind,

6. bei der Einreise in den Geltungsbereich dieses Gesetzes in einer dem üblichen persönlichen Bedarf oder dem üblichen Bedarf der bei der Einreise mitgeführten nicht der Gewinnung von Lebensmitteln dienenden Tiere entsprechenden Menge eingebracht werden,

6a. im Herkunftsland in Verkehr gebracht werden dürfen und ohne gewerbs- oder berufsmäßige Vermittlung in einer dem <u>üblichen persönlichen Bedarf entsprechenden Menge</u> aus einem Mitgliedstaat der Europäischen Union oder einem anderen Vertragsstaat des Abkommens über den Europäischen Wirtschaftsraum bezogen werden,

7. in Verkehrsmitteln mitgeführt werden und ausschließlich zum Gebrauch oder Verbrauch der durch diese Verkehrsmittel beförderten Personen bestimmt sind,

8. zum Gebrauch oder Verbrauch auf Seeschiffen bestimmt sind und an Bord der Schiffe verbraucht werden,

9. als Proben der zuständigen Bundesoberbehörde zum Zwecke der Zulassung oder der staatlichen Chargenprüfung übersandt werden,

9a. als Proben zu analytischen Zwecken von der zuständigen Behörde im Rahmen der Arzneimittelüberwachung benötigt werden,

10. durch Bundes- oder Landesbehörden im zwischenstaatlichen Verkehr bezogen werden.

Compassionate use (3) Abweichend von Absatz 1 Satz 1 dürfen Fertigarzneimittel, die zur Anwendung bei Menschen bestimmt sind und nicht zum Verkehr im Geltungsbereich dieses Gesetzes zugelassen, nach § 21a genehmigt, registriert oder von der Zulassung oder Registrierung freigestellt sind, in den Geltungsbereich dieses Gesetzes verbracht werden, wenn

1. sie von Apotheken auf vorliegende Bestellung einzelner Personen in geringer Menge bestellt und von diesen Apotheken im Rahmen der bestehenden Apothekenbetriebserlaubnis abgegeben werden,

Arzneimittelgesetz (AMG)

2. sie in dem Staat rechtmäßig in Verkehr gebracht werden dürfen, aus dem sie in den Geltungsbereich dieses Gesetzes verbracht werden, und

3. für sie hinsichtlich des Wirkstoffs identische und hinsichtlich der Wirkstärke vergleichbare Arzneimittel für das betreffende Anwendungsgebiet im Geltungsbereich des Gesetzes nicht zur Verfügung stehen

oder wenn sie nach den apothekenrechtlichen Vorschriften oder berufsgenossenschaftlichen Vorgaben oder im Geschäftsbereich des Bundesministeriums der Verteidigung für Notfälle vorrätig zu halten sind oder kurzfristig beschafft werden müssen, wenn im Geltungsbereich dieses Gesetzes Arzneimittel für das betreffende Anwendungsgebiet nicht zur Verfügung stehen. Die Bestellung und Abgabe bedürfen der ärztlichen oder zahnärztlichen Verschreibung für Arzneimittel, die nicht aus Mitgliedstaaten der Europäischen Union oder anderen Vertragsstaaten des Abkommens über den Europäischen Wirtschaftsraum bezogen worden sind. Das Nähere regelt die Apothekenbetriebsordnung.

(3a) Abweichend von Absatz 1 Satz 1 dürfen Fertigarzneimittel, die nicht zum Verkehr im Geltungsbereich dieses Gesetzes zugelassen oder registriert oder von der Zulassung oder Registrierung freigestellt sind zum Zwecke der Anwendung bei Tieren, in den Geltungsbereich dieses Gesetzes nur verbracht werden, wenn

1. sie von Apotheken für Tierärzte oder Tierhalter bestellt und von diesen Apotheken im Rahmen der bestehenden Apothekenbetriebserlaubnis abgegeben werden oder vom Tierarzt im Rahmen des Betriebs einer tierärztlichen Hausapotheke für die von ihm behandelten Tiere bestellt werden,

2. sie in einem Mitgliedstaat der Europäischen Union oder einem anderen Vertragsstaat des Abkommens über den Europäischen Wirtschaftsraum zur Anwendung bei Tieren zugelassen sind und

3. im Geltungsbereich dieses Gesetzes kein zur Erreichung des Behandlungsziels geeignetes zugelassenes Arzneimittel, das zur Anwendung bei Tieren bestimmt ist, zur Verfügung steht.

Die Bestellung und Abgabe in Apotheken dürfen nur bei Vorliegen einer tierärztlichen Verschreibung erfolgen. Absatz 3 Satz 3 gilt entsprechend. Tierärzte, die Arzneimittel nach Satz 1 bestellen oder von Apotheken beziehen oder verschreiben, haben dies unverzüglich der zuständigen Behörde anzuzeigen. In der Anzeige ist anzugeben, für welche Tierart und welches Anwendungsgebiet die Anwendung des Arzneimittels vorgesehen ist, der Staat, aus dem das Arzneimittel in den Geltungsbereich dieses Gesetzes verbracht wird, die Bezeichnung und die bestellte Menge des Arzneimittels sowie seine Wirkstoffe nach Art und Menge.

(4) Auf Arzneimittel nach Absatz 2 Nummer 4 und 5 finden die Vorschriften dieses Gesetzes keine Anwendung. Auf Arzneimittel nach Absatz 2 Nummer 1 bis 3 und 6 bis 10 und Absatz 3 finden die Vorschriften dieses Gesetzes keine

Arzneimittelgesetz (AMG)

Anwendung mit Ausnahme der §§ 5, 6a, 8, 13 bis 20a, 52a, 64 bis 69a und 78, ferner in den Fällen des Absatzes 2 Nummer 2 und des Absatzes 3 auch mit Ausnahme der §§ 48, 95 Absatz 1 Nummer 1 und 3a, Absatz 2 bis 4, § 96 Nummer 3, 10 und 11 sowie § 97 Absatz 1, 2 Nummer 1 und 9 sowie Absatz 3. Auf Arzneimittel nach Absatz 3a finden die Vorschriften dieses Gesetzes keine Anwendung mit Ausnahme der §§ 5, 6a, 8, 48, 52a, 56a, 57, 58 Absatz 1 Satz 1, der §§ 59, 64 bis 69a, 78, 95 Absatz 1 Nummer 1, 2a, 2b, 3a, 6, 8, 9 und 10, Absatz 2 bis 4, § 96 Nummer 3, 13, 14 und 15 bis 17, § 97 Absatz 1, 2 Nummer 1, 21 bis 24 sowie 31 und Absatz 3 sowie der Vorschriften der auf Grund des § 12 Absatz 1 Nummer 1 und 2 sowie Absatz 2, des § 48 Absatz 2 Nummer 4 und Absatz 4, des § 54 Absatz 1, 2 und 3 sowie des § 56a Absatz 3 erlassenen Verordnung über tierärztliche Hausapotheken und der auf Grund der §§ 12, 54 und 57 erlassenen Verordnung über Nachweispflichten für Arzneimittel, die zur Anwendung bei Tieren bestimmt sind.

(5) Ärzte und Tierärzte dürfen bei der Ausübung ihres Berufes im kleinen Grenzverkehr im Sinne der Verordnung (EG) Nr. 1931/2006 des Europäischen Parlaments und des Rates vom 20. Dezember 2006 zur Festlegung von Vorschriften über den kleinen Grenzverkehr an den Landaußengrenzen der Mitgliedstaaten sowie zur Änderung der Bestimmungen des Übereinkommens von Schengen (ABl. L 405 vom 30.12.2006, S. 1) nur Arzneimittel mitführen, die zum Verkehr im Geltungsbereich dieses Gesetzes zugelassen oder registriert sind oder von der Zulassung oder Registrierung freigestellt sind. Abweichend von Absatz 1 Satz 1 dürfen Ärzte, die eine Gesundheitsdienstleistung im Sinne der Richtlinie 2011/24/EU des Europäischen Parlaments und des Rates vom 9. März 2011 über die Ausübung der Patientenrechte in der grenzüberschreitenden Gesundheitsversorgung (ABl. L 88 vom 4.4.2011, S. 45) erbringen, am Ort ihrer Niederlassung zugelassene Arzneimittel in kleinen Mengen in einem für das Erbringen der grenzüberschreitenden Gesundheitsversorgung unerlässlichen Umfang in der Originalverpackung mit sich führen, wenn und soweit Arzneimittel gleicher Zusammensetzung und für gleiche Anwendungsgebiete auch im Geltungsbereich dieses Gesetzes zugelassen sind; der Arzt darf diese Arzneimittel nur selbst anwenden. Ferner dürfen abweichend von Absatz 1 Satz 1 Tierärzte, die als Staatsangehörige eines Mitgliedstaates der Europäischen Union oder eines anderen Vertragsstaates des Abkommens über den Europäischen Wirtschaftsraum eine Dienstleistung im Sinne der Richtlinie 2006/123/EG des Europäischen Parlaments und des Rates vom 12. Dezember 2006 über Dienstleistungen im Binnenmarkt (ABl. L 376 vom 27.12.2006, S. 36) erbringen, am Ort ihrer Niederlassung zugelassene Arzneimittel in kleinen Mengen in einem für das Erbringen der Dienstleistung unerlässlichen Umfang in der Originalverpackung mit sich führen, wenn und soweit Arzneimittel gleicher Zusammensetzung und für gleiche Anwendungsgebiete auch im Geltungsbereich dieses Gesetzes zugelassen sind; der Tierarzt darf diese Arzneimittel nur selbst anwenden. Er hat den Tierhalter auf die für das entsprechende, im Geltungsbereich dieses Gesetzes zugelassene Arzneimittel festgesetzte Wartezeit hinzuweisen.

Arzneimittelgesetz (AMG)

(6) Für die zollamtliche Abfertigung zum freien Verkehr im Falle des Absatzes 1 Nr. 2 sowie des Absatzes 1a Nr. 2 in Verbindung mit Absatz 1 Nr. 2 ist die Vorlage einer Bescheinigung der für den Empfänger zuständigen Behörde erforderlich, in der die Arzneimittel bezeichnet sind und bestätigt wird, dass die Voraussetzungen nach Absatz 1 oder Absatz 1a erfüllt sind. Die Zolldienststelle übersendet auf Kosten des Zollbeteiligten die Bescheinigung der Behörde, die diese Bescheinigung ausgestellt hat.

(7) Im Falle des Absatzes 1 Nr. 1 hat ein Empfänger, der Großhändler ist oder eine Apotheke betreibt, das Bestehen der Deckungsvorsorge nach § 94 nachzuweisen.

§ 73a
Ausfuhr

(1) Abweichend von den §§ 5 und 8 Abs. 1 dürfen die dort bezeichneten Arzneimittel ausgeführt oder aus dem Geltungsbereich des Gesetzes verbracht werden, wenn die zuständige Behörde des Bestimmungslandes die Einfuhr oder das Verbringen genehmigt hat. Aus der Genehmigung nach Satz 1 muss hervorgehen, dass der zuständigen Behörde des Bestimmungslandes die Versagungsgründe bekannt sind, die dem Inverkehrbringen im Geltungsbereich dieses Gesetzes entgegenstehen.

(2) Auf Antrag des pharmazeutischen Unternehmers, des Herstellers, des Ausführers oder der zuständigen Behörde des Bestimmungslandes stellt die zuständige Behörde oder die zuständige Bundesoberbehörde, soweit es sich um zulassungsbezogene Angaben handelt und der Zulassungsinhaber seinen Sitz außerhalb des Geltungsbereiches des Arzneimittelgesetzes hat, ein Zertifikat entsprechend dem Zertifikatsystem der Weltgesundheitsorganisation aus. Wird der Antrag von der zuständigen Behörde des Bestimmungslandes gestellt, ist vor Erteilung des Zertifikats die Zustimmung des Herstellers einzuholen.

§ 74
Mitwirkung von Zolldienststellen

(1) Das Bundesministerium der Finanzen und die von ihm bestimmten Zolldienststellen wirken bei der Überwachung des Verbringens von Arzneimitteln und Wirkstoffen in den Geltungsbereich dieses Gesetzes und der Ausfuhr mit. Die genannten Behörden können

1. Sendungen der in Satz 1 genannten Art sowie deren Beförderungsmittel, Behälter, Lade- und Verpackungsmittel zur Überwachung anhalten,

2. den Verdacht von Verstößen gegen Verbote und Beschränkungen dieses Gesetzes oder der nach diesem Gesetz erlassenen Rechtsverordnungen, der sich bei der Wahrnehmung ihrer Aufgaben ergibt, den zuständigen Verwaltungsbehörden mitteilen,

Arzneimittelgesetz (AMG)

3. in den Fällen der Nummer 2 anordnen, dass die Sendungen der in Satz 1 genannten Art auf Kosten und Gefahr des Verfügungsberechtigten einer für die Arzneimittelüberwachung zuständigen Behörde vorgeführt werden.

Das Brief- und Postgeheimnis nach Artikel 10 des Grundgesetzes wird nach Maßgabe der Sätze 1 und 2 eingeschränkt.

(2) Das Bundesministerium der Finanzen regelt im Einvernehmen mit dem Bundesministerium durch Rechtsverordnung, die nicht der Zustimmung des Bundesrates bedarf, die Einzelheiten des Verfahrens nach Absatz 1. Es kann dabei insbesondere Pflichten zu Anzeigen, Anmeldungen, Auskünften und zur Leistung von Hilfsdiensten sowie zur Duldung der Einsichtnahme in Geschäftspapiere und sonstige Unterlagen und zur Duldung von Besichtigungen und von Entnahmen unentgeltlicher Proben vorsehen. Die Rechtsverordnung ergeht im Einvernehmen mit dem Bundesministerium für Umwelt, Naturschutz und Reaktorsicherheit, soweit es sich um radioaktive Arzneimittel und Wirkstoffe oder um Arzneimittel und Wirkstoffe handelt, bei deren Herstellung ionisierende Strahlen verwendet werden, und im Einvernehmen mit dem Bundesministerium für Ernährung, Landwirtschaft und Verbraucherschutz, soweit es sich um Arzneimittel und Wirkstoffe handelt, die zur Anwendung bei Tieren bestimmt sind.

Vierzehnter Abschnitt
Informationsbeauftragter, Pharmaberater

§ 74a
Informationsbeauftragter

(1) Wer als pharmazeutischer Unternehmer Fertigarzneimittel, die Arzneimittel im Sinne des § 2 Abs. 1 oder Abs. 2 Nr. 1 sind, in den Verkehr bringt, hat eine Person mit der erforderlichen Sachkenntnis und der zur Ausübung ihrer Tätigkeit erforderlichen Zuverlässigkeit zu beauftragen, die Aufgabe der wissenschaftlichen Information über die Arzneimittel verantwortlich wahrzunehmen (Informationsbeauftragter). Der Informationsbeauftragte ist insbesondere dafür verantwortlich, dass das Verbot des § 8 Abs. 1 Nr. 2 beachtet wird und die Kennzeichnung, die Packungsbeilage, die Fachinformation und die Werbung mit dem Inhalt der Zulassung oder der Registrierung oder, sofern das Arzneimittel von der Zulassung oder Registrierung freigestellt ist, mit den Inhalten der Verordnungen über die Freistellung von der Zulassung oder von der Registrierung nach § 36 oder § 39 Abs. 3 übereinstimmen. Satz 1 gilt nicht für Personen, soweit sie nach § 13 Abs. 2 Satz 1 Nr. 1, 2, 3 oder 5 keiner Herstellungserlaubnis bedürfen. Andere Personen als in Satz 1 bezeichnet dürfen eine Tätigkeit als Informationsbeauftragter nicht ausüben.

(2) Der Informationsbeauftragte kann gleichzeitig Stufenplanbeauftragter sein.

Arzneimittelgesetz (AMG)

(3) Der pharmazeutische Unternehmer hat der zuständigen Behörde den Informationsbeauftragten und jeden Wechsel vorher mitzuteilen. Bei einem unvorhergesehenen Wechsel des Informationsbeauftragten hat die Mitteilung unverzüglich zu erfolgen.

§ 75
Sachkenntnis

(1) Pharmazeutische Unternehmer dürfen nur Personen, die die in Absatz 2 bezeichnete Sachkenntnis besitzen, beauftragen, hauptberuflich Angehörige von Heilberufen aufzusuchen, um diese über Arzneimittel im Sinne des § 2 Abs. 1 oder Abs. 2 Nr. 1 fachlich zu informieren (Pharmaberater). Satz 1 gilt auch für eine fernmündliche Information. Andere Personen als in Satz 1 bezeichnet dürfen eine Tätigkeit als Pharmaberater nicht ausüben.

(2) Die Sachkenntnis besitzen

1. Apotheker oder Personen mit einem Zeugnis über eine nach abgeschlossenem Hochschulstudium der Pharmazie, der Chemie, der Biologie, der Human- oder der Veterinärmedizin abgelegte Prüfung,

2. Apothekerassistenten sowie Personen mit einer abgeschlossenen Ausbildung als technische Assistenten in der Pharmazie, der Chemie, der Biologie, der Human- oder Veterinärmedizin,

3. Pharmareferenten.

(3) Die zuständige Behörde kann eine abgelegte Prüfung oder abgeschlossene Ausbildung als ausreichend anerkennen, die einer der Ausbildungen der in Absatz 2 genannten Personen mindestens gleichwertig ist.

§ 76
Pflichten

(1) Der Pharmaberater hat, soweit er Angehörige der Heilberufe über einzelne Arzneimittel fachlich informiert, die Fachinformation nach § 11a vorzulegen. Er hat Mitteilungen von Angehörigen der Heilberufe über Nebenwirkungen und Gegenanzeigen oder sonstige Risiken bei Arzneimitteln schriftlich aufzuzeichnen und dem Auftraggeber schriftlich mitzuteilen.

(2) Soweit der Pharmaberater vom pharmazeutischen Unternehmer beauftragt wird, Muster von Fertigarzneimitteln an die nach § 47 Abs. 3 berechtigten Personen abzugeben, hat er über die Empfänger von Mustern sowie über Art, Umfang und Zeitpunkt der Abgabe von Mustern Nachweise zu führen und auf Verlangen der zuständigen Behörde vorzulegen.

Fünfzehnter Abschnitt
Bestimmung der zuständigen Bundesoberbehörden und sonstige Bestimmungen

§ 77
Zuständige Bundesoberbehörde

(1) Zuständige Bundesoberbehörde ist das Bundesinstitut für Arzneimittel und Medizinprodukte, es sei denn, dass das Paul-Ehrlich-Institut oder das Bundesamt für Verbraucherschutz und Lebensmittelsicherheit zuständig ist.

(2) Das Paul-Ehrlich-Institut ist zuständig für Sera, Impfstoffe, Blutzubereitungen, Knochenmarkzubereitungen, Gewebezubereitungen, Gewebe, Allergene, Arzneimittel für neuartige Therapien, xenogene Arzneimittel und gentechnisch hergestellte Blutbestandteile.

(3) Das Bundesamt für Verbraucherschutz und Lebensmittelsicherheit ist zuständig für Arzneimittel, die zur Anwendung bei Tieren bestimmt sind. Zum Zwecke der Überwachung der Wirksamkeit von Antibiotika führt das Bundesamt für Verbraucherschutz und Lebensmittelsicherheit wiederholte Beobachtungen, Untersuchungen und Bewertungen von Resistenzen tierischer Krankheitserreger gegenüber Stoffen mit antimikrobieller Wirkung, die als Wirkstoffe in Tierarzneimitteln enthalten sind, durch (Resistenzmonitoring). Das Resistenzmonitoring schließt auch das Erstellen von Berichten ein.

(4) Das Bundesministerium wird ermächtigt, durch Rechtsverordnung ohne Zustimmung des Bundesrates die Zuständigkeit des Bundesinstituts für Arzneimittel und Medizinprodukte und des Paul-Ehrlich-Instituts zu ändern, sofern dies erforderlich ist, um neueren wissenschaftlichen Entwicklungen Rechnung zu tragen oder wenn Gründe der gleichmäßigen Arbeitsauslastung eine solche Änderung erfordern.

§ 77a
Unabhängigkeit und Transparenz

(1) Die zuständigen Bundesoberbehörden und die zuständigen Behörden stellen im Hinblick auf die Gewährleistung von Unabhängigkeit und Transparenz sicher, dass mit der Zulassung und Überwachung befasste Bedienstete der Zulassungsbehörden oder anderer zuständiger Behörden oder von ihnen beauftragte Sachverständige keine finanziellen oder sonstigen Interessen in der pharmazeutischen Industrie haben, die ihre Neutralität beeinflussen könnten. Diese Personen geben jährlich dazu eine Erklärung ab.

(2) Im Rahmen der Durchführung ihrer Aufgaben nach diesem Gesetz machen die zuständigen Bundesoberbehörden und die zuständigen Behörden die Geschäftsordnungen ihrer Ausschüsse, die Tagesordnungen sowie die Ergebnisprotokolle ihrer Sitzungen öffentlich zugänglich; dabei sind Betriebs-, Dienst- und Geschäftsgeheimnisse zu wahren.

Arzneimittelgesetz (AMG)

§ 78
Preise

(1) Das Bundesministerium für Wirtschaft und Technologie wird ermächtigt, im Einvernehmen mit dem Bundesministerium und, soweit es sich um Arzneimittel handelt, die zur Anwendung bei Tieren bestimmt sind, im Einvernehmen mit dem Bundesministerium für Ernährung, Landwirtschaft und Verbraucherschutz durch Rechtsverordnung mit Zustimmung des Bundesrates

1. Preisspannen für Arzneimittel, die im Großhandel, in Apotheken oder von Tierärzten im Wiederverkauf abgegeben werden,
2. Preise für Arzneimittel, die in Apotheken oder von Tierärzten hergestellt und abgegeben werden, sowie für Abgabegefäße,
3. Preise für besondere Leistungen der Apotheken bei der Abgabe von Arzneimitteln

festzusetzen. Abweichend von Satz 1 wird das Bundesministerium für Wirtschaft und Technologie ermächtigt, im Einvernehmen mit dem Bundesministerium durch Rechtsverordnung, die nicht der Zustimmung des Bundesrates bedarf, den Anteil des Festzuschlages, der nicht der Förderung der Sicherstellung des Notdienstes dient, entsprechend der Kostenentwicklung der Apotheken bei wirtschaftlicher Betriebsführung anzupassen. Die Preisvorschriften für den Großhandel aufgrund von Satz 1 Nummer 1 gelten auch für pharmazeutische Unternehmer oder andere natürliche oder juristische Personen, die eine Tätigkeit nach § 4 Absatz 22 ausüben bei der Abgabe an Apotheken, die die Arzneimittel zur Abgabe an den Verbraucher beziehen. <u>Die Arzneimittelpreisverordnung, die auf Grund von Satz 1 erlassen worden ist, gilt auch für Arzneimittel, die gemäß § 73 Absatz 1 Satz 1 Nummer 1a in den Geltungsbereich dieses Gesetzes verbracht werden.</u>

(2) Die Preise und Preisspannen müssen den berechtigten Interessen der Arzneimittelverbraucher, der Tierärzte, der Apotheken und des Großhandels Rechnung tragen. Ein einheitlicher Apothekenabgabepreis für Arzneimittel, die vom Verkehr außerhalb der Apotheken ausgeschlossen sind, ist zu gewährleisten. Satz 2 gilt nicht für nicht verschreibungspflichtige Arzneimittel, die nicht zu Lasten der gesetzlichen Krankenversicherung abgegeben werden.

(3) Für Arzneimittel nach Absatz 2 Satz 2, für die durch die Verordnung nach Absatz 1 Preise und Preisspannen bestimmt sind, haben die pharmazeutischen Unternehmer einen einheitlichen Abgabepreis sicherzustellen; für nicht verschreibungspflichtige Arzneimittel, die zu Lasten der gesetzlichen Krankenversicherung abgegeben werden, haben die pharmazeutischen Unternehmer zum Zwecke der Abrechnung der Apotheken mit den Krankenkassen ihren einheitlichen Abgabepreis anzugeben, von dem bei der Abgabe im Einzelfall abgewichen werden kann. Sozialleistungsträger, private Krankenversicherungen sowie deren jeweilige Verbände können mit pharmazeutischen Unternehmern für die zu ihren Lasten abgegebenen verschreibungspflichtigen

Arzneimittelgesetz (AMG)

Arzneimittel Preisnachlässe auf den einheitlichen Abgabepreis des pharmazeutischen Unternehmers vereinbaren.

(3a) Gilt für ein Arzneimittel ein Erstattungsbetrag nach § 130b des Fünften Buches Sozialgesetzbuch, gibt der pharmazeutische Unternehmer das Arzneimittel zum Erstattungsbetrag ab. Abweichend von Satz 1 kann der pharmazeutische Unternehmer das Arzneimittel zu einem Betrag unterhalb des Erstattungsbetrages abgeben, die Verpflichtung in Absatz 3 Satz 1 erster Halbsatz bleibt unberührt. Der Abgabepreis nach Satz 1 oder Satz 2 gilt auch für Personen, die das Arzneimittel nicht als Versicherte einer gesetzlichen Krankenkasse im Wege der Sachleistung erhalten.

(4) Bei Arzneimitteln, die im Fall einer bedrohlichen übertragbaren Krankheit, deren Ausbreitung eine sofortige und das übliche Maß erheblich überschreitende Bereitstellung von spezifischen Arzneimitteln erforderlich macht, durch Apotheken abgegeben werden und die zu diesem Zweck nach § 47 Abs. 1 Satz 1 Nr. 3c bevorratet wurden, gilt als Grundlage für die nach Absatz 2 festzusetzenden Preise und Preisspannen der Länderabgabepreis. Entsprechendes gilt für Arzneimittel, die aus für diesen Zweck entsprechend bevorrateten Wirkstoffen in Apotheken hergestellt und in diesen Fällen abgegeben werden. In diesen Fällen gilt Absatz 2 Satz 2 auf Länderebene.

§ 79
Ausnahmeermächtigungen für Krisenzeiten

(1) Das Bundesministerium wird ermächtigt, im Einvernehmen mit dem Bundesministerium für Wirtschaft und Technologie durch Rechtsverordnung mit Zustimmung des Bundesrates, Ausnahmen von den Vorschriften dieses Gesetzes und der auf Grund dieses Gesetzes erlassenen Rechtsverordnungen zuzulassen, wenn die notwendige Versorgung der Bevölkerung mit Arzneimitteln sonst ernstlich gefährdet wäre und eine unmittelbare oder mittelbare Gefährdung der Gesundheit von Menschen durch Arzneimittel nicht zu befürchten ist; insbesondere können Regelungen getroffen werden, um einer Verbreitung von Gefahren zu begegnen, die als Reaktion auf die vermutete oder bestätigte Verbreitung von krankheitserregenden Substanzen, Toxinen, Chemikalien oder eine Aussetzung ionisierender Strahlung auftreten können.

(2) Das Bundesministerium für Ernährung, Landwirtschaft und Verbraucherschutz wird ermächtigt, im Einvernehmen mit dem Bundesministerium und dem Bundesministerium für Wirtschaft und Technologie durch Rechtsverordnung, die nicht der Zustimmung des Bundesrates bedarf, Ausnahmen von den Vorschriften dieses Gesetzes und der auf Grund dieses Gesetzes erlassenen Rechtsverordnungen zuzulassen, wenn die notwendige Versorgung der Tierbestände mit Arzneimitteln sonst ernstlich gefährdet wäre und eine unmittelbare oder mittelbare Gefährdung der Gesundheit von Mensch oder Tier durch Arzneimittel nicht zu befürchten ist.

(3) Die Rechtsverordnungen nach Absatz 1 oder 2 ergehen im Einvernehmen mit dem Bundesministerium für Umwelt, Naturschutz und Reaktorsicherheit, soweit es sich um radioaktive Arzneimittel und um Arzneimittel, bei deren Herstellung ionisierende Strahlen verwendet werden, oder um Regelungen zur Abwehr von Gefahren durch ionisierende Strahlung handelt.

(4) Die Geltungsdauer der Rechtsverordnung nach Absatz 1 oder 2 ist auf sechs Monate zu befristen.

(5) Im Falle eines Versorgungsmangels der Bevölkerung mit Arzneimitteln, die zur Vorbeugung oder Behandlung lebensbedrohlicher Erkrankungen benötigt werden, oder im Fall einer bedrohlichen übertragbaren Krankheit, deren Ausbreitung eine sofortige und das übliche Maß erheblich überschreitende Bereitstellung von spezifischen Arzneimitteln erforderlich macht, können die zuständigen Behörden im Einzelfall gestatten, dass Arzneimittel, die nicht zum Verkehr im Geltungsbereich dieses Gesetzes zugelassen oder registriert sind,

1. befristet in Verkehr gebracht werden sowie

2. abweichend von § 73 Absatz 1 in den Geltungsbereich dieses Gesetzes verbracht werden.

Satz 1 gilt, wenn die Arzneimittel in dem Staat rechtmäßig in Verkehr gebracht werden dürfen, aus dem sie in den Geltungsbereich dieses Gesetzes verbracht werden. Die Gestattung durch die zuständige Behörde gilt zugleich als Bescheinigung nach § 72a Absatz 1 Satz 1 Nummer 3 oder nach § 72b Absatz 2 Satz 1 Nummer 3, dass die Einfuhr im öffentlichen Interesse liegt. Im Falle eines Versorgungsmangels oder einer bedrohlichen übertragbaren Krankheit im Sinne des Satzes 1 können die zuständigen Behörden im Einzelfall auch ein befristetes Abweichen von Erlaubnis- oder Genehmigungserfordernissen oder von anderen Verboten nach diesem Gesetz gestatten. Vom Bundesministerium wird festgestellt, dass ein Versorgungsmangel oder eine bedrohliche übertragbare Krankheit im Sinne des Satzes 1 vorliegt oder nicht mehr vorliegt. Die Feststellung erfolgt durch eine Bekanntmachung, die im Bundesanzeiger veröffentlicht wird. Die Bekanntmachung ergeht im Einvernehmen mit dem Bundesministerium für Umwelt, Naturschutz und Reaktorsicherheit, soweit es sich um radioaktive Arzneimittel und um Arzneimittel handelt, bei deren Herstellung ionisierende Strahlen verwendet werden.

(6) Maßnahmen der zuständigen Behörden nach Absatz 5 sind auf das erforderliche Maß zu begrenzen und müssen angemessen sein, um den Gesundheitsgefahren zu begegnen, die durch den Versorgungsmangel oder die bedrohliche übertragbare Krankheit hervorgerufen werden. Widerspruch und Anfechtungsklage gegen Maßnahmen nach Absatz 5 haben keine aufschiebende Wirkung.

Arzneimittelgesetz (AMG)

§ 80
Ermächtigung für Verfahrens- und Härtefallregelungen

Das Bundesministerium wird ermächtigt, durch Rechtsverordnung, die nicht der Zustimmung des Bundesrates bedarf, die weiteren Einzelheiten über das Verfahren bei

1. der Zulassung einschließlich der Verlängerung der Zulassung,
2. der staatlichen Chargenprüfung und der Freigabe einer Charge,
3. den Anzeigen zur Änderung der Zulassungsunterlagen,
3a. der zuständigen Bundesoberbehörde und den beteiligten Personen im Falle des Inverkehrbringens in Härtefällen nach § 21 Abs. 2 Satz 1 Nr. 6 in Verbindung mit Artikel 83 der Verordnung (EG) Nr. 726/2004,
4. der Registrierung,
5. den Meldungen von Arzneimittelrisiken und
6. der elektronischen Einreichung von Unterlagen nach den Nummern 1, 3, 4 und 5 einschließlich der zu verwendenden Formate,

zu regeln; es kann dabei die Weiterleitung von Ausfertigungen an die zuständigen Behörden bestimmen sowie vorschreiben, dass Unterlagen in mehrfacher Ausfertigung sowie auf elektronischen oder optischen Speichermedien eingereicht werden. Das Bundesministerium kann diese Ermächtigung ohne Zustimmung des Bundesrates auf die zuständige Bundesoberbehörde übertragen. In der Rechtsverordnung nach Satz 1 Nr. 3a können insbesondere die Aufgaben der zuständigen Bundesoberbehörde im Hinblick auf die Beteiligung der Europäischen Arzneimittel-Agentur und des Ausschusses für Humanarzneimittel entsprechend Artikel 83 der Verordnung (EG) Nr. 726/2004 sowie die Verantwortungsbereiche der behandelnden Ärzte und der pharmazeutischen Unternehmer oder Sponsoren geregelt werden, einschließlich von Anzeige-, Dokumentations- und Berichtspflichten insbesondere für Nebenwirkungen entsprechend Artikel 24 Abs. 1 und Artikel 25 der Verordnung (EG) Nr. 726/2004. Dabei können auch Regelungen für Arzneimittel getroffen werden, die unter den Artikel 83 der Verordnung (EG) Nr. 726/2004 entsprechenden Voraussetzungen Arzneimittel betreffen, die nicht zu den in Artikel 3 Abs. 1 oder 2 dieser Verordnung genannten gehören. Die Rechtsverordnungen nach den Sätzen 1 und 2 ergehen im Einvernehmen mit dem Bundesministerium für Ernährung, Landwirtschaft und Verbraucherschutz, soweit es sich um Arzneimittel handelt, die zur Anwendung bei Tieren bestimmt sind.

§ 81
Verhältnis zu anderen Gesetzen

Die Vorschriften des Betäubungsmittel- und Atomrechts und des Tierschutzgesetzes bleiben unberührt.

Arzneimittelgesetz (AMG)

§ 82
Allgemeine Verwaltungsvorschriften

Die Bundesregierung erlässt mit Zustimmung des Bundesrates die zur Durchführung dieses Gesetzes erforderlichen allgemeinen Verwaltungsvorschriften. Soweit sich diese an die zuständige Bundesoberbehörde richten, werden die allgemeinen Verwaltungsvorschriften von dem Bundesministerium erlassen. Die allgemeinen Verwaltungsvorschriften nach Satz 2 ergehen im Einvernehmen mit dem Bundesministerium für Ernährung, Landwirtschaft und Verbraucherschutz, soweit es sich um Arzneimittel handelt, die zur Anwendung bei Tieren bestimmt sind.

§ 83
Angleichung an das Recht der Europäischen Union

(1) Rechtsverordnungen oder allgemeine Verwaltungsvorschriften nach diesem Gesetz können auch zum Zwecke der Angleichung der Rechts- und Verwaltungsvorschriften der Mitgliedstaaten der Europäischen Union erlassen werden, soweit dies zur Durchführung von Verordnungen, Richtlinie, Entscheidungen oder Beschlüssen der Europäischen Gemeinschaft oder der Europäischen Union, die Sachbereiche dieses Gesetzes betreffen, erforderlich ist.

(2) (weggefallen)

§ 83a
Rechtsverordnungen in bestimmten Fällen

Das Bundesministerium wird ermächtigt, durch Rechtsverordnung ohne Zustimmung des Bundesrates Verweisungen auf Vorschriften in Rechtsakten der Europäischen Gemeinschaft oder der Europäischen Union in diesem Gesetz oder in aufgrund dieses Gesetzes erlassenen Rechtsverordnungen zu ändern, soweit es zur Anpassung an Änderungen dieser Vorschriften erforderlich ist. Handelt es sich um Vorschriften über Arzneimittel oder Stoffe, die zur Anwendung am Tier bestimmt sind, tritt an die Stelle des Bundesministeriums das Bundesministerium für Ernährung, Landwirtschaft und Verbraucherschutz, das die Rechtsverordnung im Einvernehmen mit dem Bundesministerium erlässt.

§ 83b
Verkündung von Rechtsverordnungen

Rechtsverordnungen nach diesem Gesetz können abweichend von § 2 Absatz 1 des Verkündungs- und Bekanntmachungsgesetzes im Bundesanzeiger verkündet werden.

Arzneimittelgesetz (AMG)

Sechzehnter Abschnitt
Haftung für Arzneimittelschäden

§ 84
Gefährdungshaftung

(1) Wird infolge der Anwendung eines zum Gebrauch bei Menschen bestimmten Arzneimittels, das im Geltungsbereich dieses Gesetzes an den Verbraucher abgegeben wurde und der Pflicht zur Zulassung unterliegt oder durch Rechtsverordnung von der Zulassung befreit worden ist, ein Mensch getötet oder der Körper oder die Gesundheit eines Menschen nicht unerheblich verletzt, so ist der pharmazeutische Unternehmer, der das Arzneimittel im Geltungsbereich dieses Gesetz in den Verkehr gebracht hat, verpflichtet, dem Verletzten den daraus entstandenen Schaden zu ersetzen. Die Ersatzpflicht besteht nur, wenn

1. das Arzneimittel bei bestimmungsgemäßem Gebrauch schädliche Wirkungen hat, die über ein nach den Erkenntnissen der medizinischen Wissenschaft vertretbares Maß hinausgehen, oder

2. der Schaden infolge einer nicht den Erkenntnissen der medizinischen Wissenschaft entsprechenden Kennzeichnung, Fachinformation oder Gebrauchsinformation eingetreten ist.

(2) Ist das angewendete Arzneimittel nach den Gegebenheiten des Einzelfalls geeignet, den Schaden zu verursachen, so wird vermutet, dass der Schaden durch dieses Arzneimittel verursacht ist. Die Eignung im Einzelfall beurteilt sich nach der Zusammensetzung und der Dosierung des angewendeten Arzneimittels, nach der Art und Dauer seiner bestimmungsgemäßen Anwendung, nach dem zeitlichen Zusammenhang mit dem Schadenseintritt, nach dem Schadensbild und dem gesundheitlichen Zustand des Geschädigten im Zeitpunkt der Anwendung sowie allen sonstigen Gegebenheiten, die im Einzelfall für oder gegen die Schadensverursachung sprechen. Die Vermutung gilt nicht, wenn ein anderer Umstand nach den Gegebenheiten des Einzelfalls geeignet ist, den Schaden zu verursachen. Ein anderer Umstand liegt nicht in der Anwendung weiterer Arzneimittel, die nach den Gegebenheiten des Einzelfalls geeignet sind, den Schaden zu verursachen, es sei denn, dass wegen der Anwendung dieser Arzneimittel Ansprüche nach dieser Vorschrift aus anderen Gründen als der fehlenden Ursächlichkeit für den Schaden nicht gegeben sind.

(3) Die Ersatzpflicht des pharmazeutischen Unternehmers nach Absatz 1 Satz 2 Nr. 1 ist ausgeschlossen, wenn nach den Umständen davon auszugehen ist, dass die schädlichen Wirkungen des Arzneimittels ihre Ursache nicht im Bereich der Entwicklung und Herstellung haben.

Arzneimittelgesetz (AMG)

§ 84a
Auskunftsanspruch

(1) Liegen Tatsachen vor, die die Annahme begründen, dass ein Arzneimittel den Schaden verursacht hat, so kann der Geschädigte von dem pharmazeutischen Unternehmer Auskunft verlangen, es sei denn, dies ist zur Feststellung, ob ein Anspruch auf Schadensersatz nach § 84 besteht, nicht erforderlich. Der Anspruch richtet sich auf dem pharmazeutischen Unternehmer bekannte Wirkungen, Nebenwirkungen und Wechselwirkungen sowie ihm bekannt gewordene Verdachtsfälle von Nebenwirkungen und Wechselwirkungen und sämtliche weiteren Erkenntnisse, die für die Bewertung der Vertretbarkeit schädlicher Wirkungen von Bedeutung sein können. Die §§ 259 bis 261 des Bürgerlichen Gesetzbuchs sind entsprechend anzuwenden. Ein Auskunftsanspruch besteht insoweit nicht, als die Angaben auf Grund gesetzlicher Vorschriften geheim zu halten sind oder die Geheimhaltung einem überwiegenden Interesse des pharmazeutischen Unternehmers oder eines Dritten entspricht.

(2) Ein Auskunftsanspruch besteht unter den Voraussetzungen des Absatzes 1 auch gegenüber den Behörden, die für die Zulassung und Überwachung von Arzneimitteln zuständig sind. Die Behörde ist zur Erteilung der Auskunft nicht verpflichtet, soweit Angaben auf Grund gesetzlicher Vorschriften geheim zu halten sind oder die Geheimhaltung einem überwiegenden Interesse des pharmazeutischen Unternehmers oder eines Dritten entspricht. Ansprüche nach dem Informationsfreiheitsgesetz bleiben unberührt.

§ 85
Mitverschulden

Hat bei der Entstehung des Schadens ein Verschulden des Geschädigten mitgewirkt, so gilt § 254 des Bürgerlichen Gesetzbuchs.

§ 86
Umfang der Ersatzpflicht bei Tötung

(1) Im Falle der Tötung ist der Schadensersatz durch Ersatz der Kosten einer versuchten Heilung sowie des Vermögensnachteils zu leisten, den der Getötete dadurch erlitten hat, dass während der Krankheit seine Erwerbsfähigkeit aufgehoben oder gemindert oder eine Vermehrung seiner Bedürfnisse eingetreten war. Der Ersatzpflichtige hat außerdem die Kosten der Beerdigung demjenigen zu ersetzen, dem die Verpflichtung obliegt, diese Kosten zu tragen.

(2) Stand der Getötete zur Zeit der Verletzung zu einem Dritten in einem Verhältnis, vermöge dessen er diesem gegenüber kraft Gesetzes unterhaltspflichtig war oder unterhaltspflichtig werden konnte, und ist dem Dritten infolge der Tötung das Recht auf Unterhalt entzogen, so hat der Ersatzpflichtige dem Dritten insoweit Schadensersatz zu leisten, als der Getötete während der mutmaßlichen Dauer seines Lebens zur Gewährung des Unterhalts verpflichtet

gewesen sein würde. Die Ersatzpflicht tritt auch dann ein, wenn der Dritte zur Zeit der Verletzung erzeugt, aber noch nicht geboren war.

§ 87
Umfang der Ersatzpflicht bei Körperverletzung

Im Falle der Verletzung des Körpers oder der Gesundheit ist der Schadensersatz durch Ersatz der Kosten der Heilung sowie des Vermögensnachteils zu leisten, den der Verletzte dadurch erleidet, dass infolge der Verletzung zeitweise oder dauernd seine Erwerbsfähigkeit aufgehoben oder gemindert oder eine Vermehrung seiner Bedürfnisse eingetreten ist. In diesem Fall kann auch wegen des Schadens, der nicht Vermögensschaden ist, eine billige Entschädigung in Geld verlangt werden.

§ 88
Höchstbeträge

Der Ersatzpflichtige haftet

1. im Falle der Tötung oder Verletzung eines Menschen nur bis zu einem Kapitalbetrag von 600 000 Euro oder bis zu einem Rentenbetrag von jährlich 36 000 Euro,

2. im Falle der Tötung oder Verletzung mehrerer Menschen durch das gleiche Arzneimittel unbeschadet der in Nummer 1 bestimmten Grenzen bis zu einem Kapitalbetrag von 120 Millionen Euro oder bis zu einem Rentenbetrag von jährlich 7,2 Millionen Euro.

Übersteigen im Falle des Satzes 1 Nr. 2 die den mehreren Geschädigten zu leistenden Entschädigungen die dort vorgesehenen Höchstbeträge, so verringern sich die einzelnen Entschädigungen in dem Verhältnis, in welchem ihr Gesamtbetrag zu dem Höchstbetrag steht.

§ 89
Schadensersatz durch Geldrenten

(1) Der Schadensersatz wegen Aufhebung oder Minderung der Erwerbsfähigkeit und wegen Vermehrung der Bedürfnisse des Verletzten sowie der nach § 86 Abs. 2 einem Dritten zu gewährende Schadensersatz ist für die Zukunft durch Entrichtung einer Geldrente zu leisten.

(2) Die Vorschriften des § 843 Abs. 2 bis 4 des Bürgerlichen Gesetzbuchs und des § 708 Nr. 8 der Zivilprozessordnung finden entsprechende Anwendung.

(3) Ist bei der Verurteilung des Verpflichteten zur Entrichtung einer Geldrente nicht auf Sicherheitsleistung erkannt worden, so kann der Berechtigte gleichwohl Sicherheitsleistung verlangen, wenn die Vermögensverhältnisse des Verpflichteten sich erheblich verschlechtert haben; unter der gleichen

Arzneimittelgesetz (AMG)

Voraussetzung kann er eine Erhöhung der in dem Urteil bestimmten Sicherheit verlangen.

§ 90
(weggefallen)

§ 91
Weitergehende Haftung

Unberührt bleiben gesetzliche Vorschriften, nach denen ein nach § 84 Ersatzpflichtiger im weiteren Umfang als nach den Vorschriften dieses Abschnitts haftet oder nach denen ein anderer für den Schaden verantwortlich ist.

§ 92
Unabdingbarkeit

Die Ersatzpflicht nach diesem Abschnitt darf im Voraus weder ausgeschlossen noch beschränkt werden. Entgegenstehende Vereinbarungen sind nichtig.

§ 93
Mehrere Ersatzpflichtige

Sind mehrere ersatzpflichtig, so haften sie als Gesamtschuldner. Im Verhältnis der Ersatzpflichtigen zueinander hängt die Verpflichtung zum Ersatz sowie der Umfang des zu leistenden Ersatzes von den Umständen, insbesondere davon ab, inwieweit der Schaden vorwiegend von dem einen oder dem anderen Teil verursacht worden ist.

§ 94
Deckungsvorsorge

(1) Der pharmazeutische Unternehmer hat dafür Vorsorge zu treffen, dass er seinen gesetzlichen Verpflichtungen zum Ersatz von Schäden nachkommen kann, die durch die Anwendung eines von ihm in den Verkehr gebrachten, zum Gebrauch bei Menschen bestimmten Arzneimittels entstehen, das der Pflicht zur Zulassung unterliegt oder durch Rechtsverordnung von der Zulassung befreit worden ist (Deckungsvorsorge). Die Deckungsvorsorge muss in Höhe der in § 88 Satz 1 genannten Beträge erbracht werden. Sie kann nur

1. durch eine Haftpflichtversicherung bei einem im Geltungsbereich dieses Gesetzes zum Geschäftsbetrieb befugten unabhängigen Versicherungsunternehmen, für das im Falle einer Rückversicherung ein Rückversicherungsvertrag nur mit einem Rückversicherungsunternehmen, das seinen Sitz im Geltungsbereich dieses Gesetzes, in einem anderen Mitgliedstaat der Europäischen Union, in einem anderen Vertragsstaat des Abkommens über den Europäischen Wirtschaftsraum oder in einem von der Europäischen Kommission auf Grund von Artikel 172 der Richtlinie 2009/138/EG

Arzneimittelgesetz (AMG)

des Europäischen Parlaments und des Rates vom 25. November 2009 betreffend die Aufnahme und Ausübung der Versicherungs- und Rückversicherungstätigkeit (Solvabilität II) (ABl. L 335 vom 17.12.2009, S. 1) als gleichwertig anerkannten Staat hat, besteht, oder

2. durch eine Freistellungs- oder Gewährleistungsverpflichtung eines inländischen Kreditinstituts oder eines Kreditinstituts eines anderen Mitgliedstaates der Europäischen Union oder eines anderen Vertragsstaates des Abkommens über den Europäischen Wirtschaftsraum

erbracht werden.

(2) Wird die Deckungsvorsorge durch eine Haftpflichtversicherung erbracht, so gelten die § 113 Absatz 3 und die §§ 114 bis 124 des Versicherungsvertragsgesetzes sinngemäß.

(3) Durch eine Freistellungs- oder Gewährleistungsverpflichtung eines Kreditinstituts kann die Deckungsvorsorge nur erbracht werden, wenn gewährleistet ist, dass das Kreditinstitut, solange mit seiner Inanspruchnahme gerechnet werden muss, in der Lage sein wird, seine Verpflichtungen im Rahmen der Deckungsvorsorge zu erfüllen. Für die Freistellungs- oder Gewährleistungsverpflichtung gelten die § 113 Absatz 3 und die §§ 114 bis 124 des Versicherungsvertragsgesetzes sinngemäß.

(4) Zuständige Stelle im Sinne des § 117 Absatz 2 des Versicherungsvertragsgesetzes ist die für die Durchführung der Überwachung nach § 64 zuständige Behörde.

(5) Die Bundesrepublik Deutschland und die Länder sind zur Deckungsvorsorge gemäß Absatz 1 nicht verpflichtet.

§ 94a
Örtliche Zuständigkeit

(1) Für Klagen, die auf Grund des § 84 oder des § 84a Abs. 1 erhoben werden, ist auch das Gericht zuständig, in dessen Bezirk der Kläger zur Zeit der Klageerhebung seinen Wohnsitz, in Ermangelung eines solchen seinen gewöhnlichen Aufenthaltsort hat.

(2) Absatz 1 bleibt bei der Ermittlung der internationalen Zuständigkeit der Gerichte eines ausländischen Staates nach § 328 Abs. 1 Nr. 1 der Zivilprozessordnung außer Betracht.

Arzneimittelgesetz (AMG)

Siebzehnter Abschnitt
Straf- und Bußgeldvorschriften

§ 95
Strafvorschriften

(1) Mit Freiheitsstrafe bis zu drei Jahren oder mit Geldstrafe wird bestraft, wer

1. entgegen § 5 ein Arzneimittel in den Verkehr bringt oder bei anderen anwendet,
2. einer Rechtsverordnung nach § 6, die das Inverkehrbringen von Arzneimitteln untersagt, zuwiderhandelt, soweit sie für einen bestimmten Tatbestand auf diese Strafvorschrift verweist,
2a. entgegen § 6a Abs. 1 Arzneimittel zu Dopingzwecken im Sport in den Verkehr bringt, verschreibt oder bei anderen anwendet,
2b. entgegen § 6a Abs. 2a Satz 1 ein Arzneimittel oder einen Wirkstoff erwirbt oder besitzt,
3. entgegen § 7 Abs. 1 radioaktive Arzneimittel oder Arzneimittel, bei deren Herstellung ionisierende Strahlen verwendet worden sind, in den Verkehr bringt,
3a. entgegen § 8 Abs. 1 Nr. 1 oder Absatz 2 auch in Verbindung mit § 73 Abs. 4 oder § 73a, Arzneimittel oder Wirkstoffe herstellt, in den Verkehr bringt oder sonst mit ihnen Handel treibt,
4. entgegen § 43 Abs. 1 Satz 2, Abs. 2 oder 3 Satz 1 mit Arzneimitteln, die nur auf Verschreibung an Verbraucher abgegeben werden dürfen, Handel treibt oder diese Arzneimittel abgibt,
5. Arzneimittel, die nur auf Verschreibung an Verbraucher abgegeben werden dürfen, entgegen § 47 Abs. 1 an andere als dort bezeichnete Personen oder Stellen oder entgegen § 47 Abs. 1a abgibt oder entgegen § 47 Abs. 2 Satz 1 bezieht,
5a. entgegen § 47a Abs. 1 ein dort bezeichnetes Arzneimittel an andere als die dort bezeichneten Einrichtungen abgibt oder in den Verkehr bringt,
6. entgegen § 48 Abs. 1 Satz 1 in Verbindung mit einer Rechtsverordnung nach § 48 Abs. 2 Nr. 1 oder 2 Arzneimittel, die zur Anwendung bei Tieren bestimmt sind, die der Gewinnung von Lebensmitteln dienen, abgibt,
7. Fütterungsarzneimittel entgegen § 56 Abs. 1 ohne die erforderliche Verschreibung an Tierhalter abgibt,
8. entgegen § 56a Abs. 1 Satz 1, auch in Verbindung mit Satz 3, oder Satz 2 Arzneimittel verschreibt, abgibt oder anwendet, die zur Anwendung bei Tieren bestimmt sind, die der Gewinnung von Lebensmitteln dienen, und nur auf Verschreibung an Verbraucher abgegeben werden dürfen,

Arzneimittelgesetz (AMG)

9. Arzneimittel, die nur auf Verschreibung an Verbraucher abgegeben werden dürfen, entgegen § 57 Abs. 1 erwirbt,

10. entgegen § 58 Abs. 1 Satz 1 Arzneimittel, die nur auf Verschreibung an Verbraucher abgegeben werden dürfen, bei Tieren anwendet, die der Gewinnung von Lebensmitteln dienen oder

11. entgegen § 59d Satz 1 Nummer 1 einen verbotenen Stoff einem dort genannten Tier verabreicht.

(2) Der Versuch ist strafbar.

(3) In besonders schweren Fällen ist die Strafe Freiheitsstrafe von einem Jahr bis zu zehn Jahren. Ein besonders schwerer Fall liegt in der Regel vor, wenn der Täter

1. durch eine der in Absatz 1 bezeichneten Handlungen

   a) die Gesundheit einer großen Zahl von Menschen gefährdet,

   b) einen anderen der Gefahr des Todes oder einer schweren Schädigung an Körper oder Gesundheit aussetzt oder

   c) aus grobem Eigennutz für sich oder einen anderen Vermögensvorteile großen Ausmaßes erlangt oder

2. in den Fällen des Absatzes 1 Nr. 2a

   a) Arzneimittel zu Dopingzwecken im Sport an Personen unter 18 Jahren abgibt oder bei diesen Personen anwendet oder

   b) gewerbsmäßig oder als Mitglied einer Bande handelt, die sich zur fortgesetzten Begehung solcher Taten verbunden hat, oder

3. in den Fällen des Absatzes 1 Nr. 3a gefälschte Arzneimittel oder Wirkstoffe herstellt oder in den Verkehr bringt und dabei gewerbsmäßig oder als Mitglied einer Bande handelt, die sich zur fortgesetzten Begehung solcher Taten verbunden hat.

(4) Handelt der Täter in den Fällen des Absatzes 1 fahrlässig, so ist die Strafe Freiheitsstrafe bis zu einem Jahr oder Geldstrafe.

§ 96
Strafvorschriften

Mit Freiheitsstrafe bis zu einem Jahr oder mit Geldstrafe wird bestraft, wer

1. entgegen § 4b Absatz 3 Satz 1 ein Arzneimittel abgibt,

2. einer Rechtsverordnung nach § 6, die die Verwendung bestimmter Stoffe, Zubereitungen aus Stoffen oder Gegenständen bei der Herstellung von Arzneimitteln vorschreibt, beschränkt oder verbietet, zuwiderhandelt, soweit sie für einen bestimmten Tatbestand auf diese Strafvorschrift verweist,

Arzneimittelgesetz (AMG)

3. entgegen § 8 Abs. 1 Nr. 2, auch in Verbindung mit § 73a, Arzneimittel oder Wirkstoffe herstellt oder in den Verkehr bringt,

4. ohne Erlaubnis nach § 13 Absatz 1 Satz 1 oder § 72 Absatz 1 Satz 1 ein Arzneimittel, einen Wirkstoff oder einen dort genannten Stoff herstellt oder einführt,

4a. ohne Erlaubnis nach § 20b Abs. 1 Satz 1 oder Abs. 2 Satz 7 Gewebe gewinnt oder Laboruntersuchungen durchführt oder ohne Erlaubnis nach § 20c Abs. 1 Satz 1 Gewebe oder Gewebezubereitungen be- oder verarbeitet, konserviert, prüft, lagert oder in den Verkehr bringt,

5. entgegen § 21 Abs. 1 Fertigarzneimittel oder Arzneimittel, die zur Anwendung bei Tieren bestimmt sind, oder in einer Rechtsverordnung nach § 35 Abs. 1 Nr. 2 oder § 60 Abs. 3 bezeichnete Arzneimittel ohne Zulassung oder ohne Genehmigung der Europäischen Gemeinschaft oder der Europäischen Union in den Verkehr bringt,

5a. ohne Genehmigung nach § 21a Abs. 1 Satz 1 Gewebezubereitungen in den Verkehr bringt,

5b. ohne Bescheinigung nach § 21a Absatz 9 Satz 1 eine Gewebezubereitung erstmalig verbringt,

6. eine nach § 22 Abs. 1 Nr. 3, 5 bis 9, 11, 12, 14 oder 15, Abs. 3b oder 3c Satz 1 oder § 23 Abs. 2 Satz 2 oder 3 erforderliche Angabe nicht vollständig oder nicht richtig macht oder eine nach § 22 Abs. 2 oder 3, § 23 Abs. 1, Abs. 2 Satz 2 oder 3, Abs. 3, auch in Verbindung mit § 38 Abs. 2, erforderliche Unterlage oder durch vollziehbare Anordnung nach § 28 Absatz 3, 3a, 3b oder Absatz 3c Satz 1 Nummer 2 geforderte Unterlage nicht vollständig oder mit nicht richtigem Inhalt vorlegt,

7. entgegen § 30 Abs. 4 Satz 1 Nr. 1, auch in Verbindung mit einer Rechtsverordnung nach § 35 Abs. 1 Nr. 2, ein Arzneimittel in den Verkehr bringt,

8. entgegen § 32 Abs. 1 Satz 1, auch in Verbindung mit einer Rechtsverordnung nach § 35 Abs. 1 Nr. 3, eine Charge ohne Freigabe in den Verkehr bringt,

9. entgegen § 38 Abs. 1 Satz 1 oder § 39a Satz 1 Fertigarzneimittel als homöopathische oder als traditionelle pflanzliche Arzneimittel ohne Registrierung in den Verkehr bringt,

10. entgegen § 40 Abs. 1 Satz 3 Nr. 2, 2a Buchstabe a, Nr. 3, 4, 5, 6 oder 8, jeweils auch in Verbindung mit Abs. 4 oder § 41 die klinische Prüfung eines Arzneimittels durchführt,

11. entgegen § 40 Abs. 1 Satz 2 die klinische Prüfung eines Arzneimittels beginnt,

12. entgegen § 47a Abs. 1 Satz 1 ein dort bezeichnetes Arzneimittel ohne Verschreibung abgibt, wenn die Tat nicht nach § 95 Abs. 1 Nr. 5a mit Strafe bedroht ist,

Arzneimittelgesetz (AMG)

13. entgegen § 48 Abs. 1 Satz 1 Nr. 1 in Verbindung mit einer Rechtsverordnung nach § 48 Abs. 2 Nr. 1, 2 oder Nummer 7 Arzneimittel abgibt, wenn die Tat nicht in § 95 Abs. 1 Nr. 6 mit Strafe bedroht ist,

14. ohne Erlaubnis nach § 52a Abs. 1 Satz 1 Großhandel betreibt,

14a. entgegen § 52c Absatz 2 Satz 1 eine Tätigkeit als Arzneimittelvermittler aufnimmt,

15. entgegen § 56a Abs. 4 Arzneimittel verschreibt oder abgibt,

16. entgegen § 57 Abs. 1a Satz 1 in Verbindung mit einer Rechtsverordnung nach § 56a Abs. 3 Satz 1 Nr. 2 ein dort bezeichnetes Arzneimittel in Besitz hat,

17. entgegen § 59 Abs. 2 Satz 1 Lebensmittel gewinnt,

18. entgegen § 59a Abs. 1 oder 2 Stoffe oder Zubereitungen aus Stoffen erwirbt, anbietet, lagert, verpackt, mit sich führt oder in den Verkehr bringt,

18a. entgegen § 59d Satz 1 Nummer 2 einen Stoff einem dort genannten Tier verabreicht,

18b. entgegen § 72a Absatz 1 Satz 1, auch in Verbindung mit Absatz 1b oder Absatz 1d, oder entgegen § 72a Absatz 1c ein Arzneimittel, einen Wirkstoff oder einen in den genannten Absätzen anderen Stoff einführt,

18c. ohne Erlaubnis nach § 72b Abs. 1 Satz 1 Gewebe oder Gewebezubereitungen einführt,

18d. entgegen § 72b Abs. 2 Satz 1 Gewebe oder Gewebezubereitungen einführt,

18e. entgegen § 73 Absatz 1b Satz 1 ein gefälschtes Arzneimittel oder einen gefälschten Wirkstoff in den Geltungsbereich dieses Gesetzes verbringt,

19. ein zum Gebrauch bei Menschen bestimmtes Arzneimittel in den Verkehr bringt, obwohl die nach § 94 erforderliche Haftpflichtversicherung oder Freistellungs- oder Gewährleistungsverpflichtung nicht oder nicht mehr besteht oder

20. gegen die Verordnung (EG) Nr. 726/2004 des Europäischen Parlaments und des Rates vom 31. März 2004 zur Festlegung von Gemeinschaftsverfahren für die Genehmigung und Überwachung von Human- und Tierarzneimitteln und zur Errichtung einer Europäischen Arzneimittel-Agentur (ABl. EU Nr. L 136 vom 30.4.2004, S. 1), die zuletzt durch die Verordnung (EU) Nr. 1027/2012 (ABl. L 316 vom 14.11.2012, S. 38) geändert worden ist, verstößt, indem er

a) entgegen Artikel 6 Abs. 1 Satz 1 der Verordnung in Verbindung mit Artikel 8 Abs. 3 Unterabsatz 1 Buchstabe c bis e, h bis iaa oder Buchstabe ib der Richtlinie 2001/83/EG des Europäischen Parlaments und des Rates vom 6. November 2001 zur Schaffung eines Gemeinschaftskodexes für Humanarzneimittel (ABl. EG Nr. L 311 vom

Arzneimittelgesetz (AMG)

28.11.2001, S. 67), die zuletzt durch die Richtlinie 2012/26/EU (ABl. L 299 vom 27.10.2012, S. 1) geändert worden ist, eine Angabe oder eine Unterlage nicht richtig oder nicht vollständig beifügt oder

b) entgegen Artikel 31 Abs. 1 Satz 1 der Verordnung in Verbindung mit Artikel 12 Abs. 3 Unterabsatz 1 Satz 2 Buchstabe c bis e, h bis j oder k der Richtlinie 2001/82/EG des Europäischen Parlaments und des Rates vom 6. November 2001 zur Schaffung eines Gemeinschaftskodexes für Tierarzneimittel (ABl. EG Nr. L 311 S. 1), geändert durch Richtlinie 2004/28/EG des Europäischen Parlaments und des Rates vom 31. März 2004 (ABl. EU Nr. L 136 S. 58), eine Angabe nicht richtig oder nicht vollständig beifügt.

§ 97
Bußgeldvorschriften

(1) Ordnungswidrig handelt, wer eine in

1. § 96 Nummer 1 bis 5b, 7 bis 18e oder Nummer 19 oder

2. § 96 Nummer 6 oder Nummer 20

bezeichnete Handlung fahrlässig begeht.

(2) Ordnungswidrig handelt auch, wer vorsätzlich oder fahrlässig

1. entgegen § 8 Absatz 3 ein Arzneimittel in den Verkehr bringt,

2. entgegen § 9 Abs. 1 Arzneimittel, die nicht den Namen oder die Firma des pharmazeutischen Unternehmers tragen, in den Verkehr bringt,

3. entgegen § 9 Abs. 2 Satz 1 Arzneimittel in den Verkehr bringt, ohne seinen Sitz im Geltungsbereich dieses Gesetzes oder in einem anderen Mitgliedstaat der Europäischen Union oder in einem anderen Vertragsstaat des Abkommens über den Europäischen Wirtschaftsraum zu haben,

4. entgegen § 10, auch in Verbindung mit § 109 Abs. 1 Satz 1 oder einer Rechtsverordnung nach § 12 Abs. 1 Nr. 1, Arzneimittel ohne die vorgeschriebene Kennzeichnung in den Verkehr bringt,

5. entgegen § 11 Abs. 1 Satz 1, auch in Verbindung mit Abs. 2a bis 3b oder 4, jeweils auch in Verbindung mit einer Rechtsverordnung nach § 12 Abs. 1 Nr. 1, Arzneimittel ohne die vorgeschriebene Packungsbeilage in den Verkehr bringt,

5a. entgegen § 11 Abs. 7 Satz 1 eine Teilmenge abgibt,

6. einer vollziehbaren Anordnung nach § 18 Abs. 2 zuwiderhandelt,

7. entgegen

a) den §§ 20, 20b Absatz 5, § 20c Absatz 6, auch in Verbindung mit § 72b Absatz 1 Satz 2, entgegen § 52a Absatz 8, § 67 Absatz 8 Satz 1 oder § 73 Absatz 3a Satz 4,

Arzneimittelgesetz (AMG)

b) § 21a Absatz 7 Satz 1, § 29 Absatz 1 Satz 1, auch in Verbindung mit Satz 2, entgegen § 29 Absatz 1c Satz 1, § 63c Absatz 2, § 63h Absatz 2, § 63i Absatz 2 Satz 1 oder

c) § 67 Absatz 1 Satz 1, auch in Verbindung mit Satz 2, jeweils auch in Verbindung mit § 69a, entgegen § 67 Absatz 5 Satz 1 oder Absatz 6 Satz 1

eine Anzeige nicht, nicht richtig, nicht vollständig oder nicht rechtzeitig erstattet,

7a. entgegen § 29 Abs. 1a Satz 1, Abs. 1b oder 1d eine Mitteilung nicht, nicht richtig, nicht vollständig oder nicht rechtzeitig macht,

8. entgegen § 30 Abs. 4 Satz 1 Nr. 2 oder § 73 Abs. 1 oder 1a Arzneimittel in den Geltungsbereich dieses Gesetzes verbringt,

9. entgegen § 40 Abs. 1 Satz 3 Nr. 7 die klinische Prüfung eines Arzneimittels durchführt,

9a. ohne einen Stellvertreter nach § 40 Absatz 1a Satz 3 benannt zu haben, eine klinische Prüfung durchführt,

9b. entgegen § 42b Absatz 1 oder Absatz 2 die Berichte nicht, nicht richtig, nicht vollständig oder nicht rechtzeitig zur Verfügung stellt,

10. entgegen § 43 Abs. 1, 2 oder 3 Satz 1 Arzneimittel berufs- oder gewerbsmäßig in den Verkehr bringt oder mit Arzneimitteln, die ohne Verschreibung an Verbraucher abgegeben werden dürfen, Handel treibt oder diese Arzneimittel abgibt,

11. entgegen § 43 Abs. 5 Satz 1 zur Anwendung bei Tieren bestimmte Arzneimittel, die für den Verkehr außerhalb der Apotheken nicht freigegeben sind, in nicht vorschriftsmäßiger Weise abgibt,

12. Arzneimittel, die ohne Verschreibung an Verbraucher abgegeben werden dürfen, entgegen § 47 Abs. 1 an andere als dort bezeichnete Personen oder Stellen oder entgegen § 47 Abs. 1a abgibt oder entgegen § 47 Abs. 2 Satz 1 bezieht,

12a. entgegen § 47 Abs. 4 Satz 1 Muster ohne schriftliche Anforderung, in einer anderen als der kleinsten Packungsgröße oder über die zulässige Menge hinaus abgibt oder abgeben lässt,

13. die in § 47 Abs. 1b oder Abs. 4 Satz 3 oder in § 47a Abs. 2 Satz 2 vorgeschriebenen Nachweise nicht oder nicht richtig führt, oder der zuständigen Behörde auf Verlangen nicht vorlegt,

13a. entgegen § 47a Abs. 2 Satz 1 ein dort bezeichnetes Arzneimittel ohne die vorgeschriebene Kennzeichnung abgibt,

14. entgegen § 50 Abs. 1 Einzelhandel mit Arzneimitteln betreibt,

15. entgegen § 51 Abs. 1 Arzneimittel im Reisegewerbe feilbietet oder Bestellungen darauf aufsucht,

Arzneimittelgesetz (AMG)

16. entgegen § 52 Abs. 1 Arzneimittel im Wege der Selbstbedienung in den Verkehr bringt,

17. entgegen § 55 Absatz 8 Satz 1 auch in Verbindung mit Satz 2, einen Stoff, ein Behältnis oder eine Umhüllung verwendet oder eine Darreichungsform anfertigt,

17a. entgegen § 56 Abs. 1 Satz 2 eine Kopie einer Verschreibung nicht oder nicht rechtzeitig übersendet,

18. entgegen § 56 Abs. 2 Satz 1, Abs. 3 oder 4 Satz 1 oder 2 Fütterungsarzneimittel herstellt,

19. entgegen § 56 Absatz 4 Satz 2 eine verfütterungsfertige Mischung nicht, nicht richtig, nicht vollständig, nicht in der vorgeschriebenen Weise oder nicht rechtzeitig kennzeichnet,

20. entgegen § 56 Abs. 5 Satz 1 ein Fütterungsarzneimittel verschreibt,

21. entgegen § 56a Abs. 1 Satz 1 Nr. 1, 2, 3 oder 4, jeweils auch in Verbindung mit Satz 3, Arzneimittel,

a) die zur Anwendung bei Tieren bestimmt sind, die nicht der Gewinnung von Lebensmitteln dienen, und nur auf Verschreibung an Verbraucher abgegeben werden dürfen,

b) die ohne Verschreibung an Verbraucher abgegeben werden dürfen, verschreibt,

abgibt oder anwendet,

21a. entgegen § 56a Abs. 1 Satz 4 Arzneimittel-Vormischungen verschreibt oder abgibt,

22. Arzneimittel, die ohne Verschreibung an Verbraucher abgegeben werden dürfen, entgegen § 57 Abs. 1 erwirbt,

22a. entgegen § 57a Arzneimittel anwendet,

23. entgegen § 58 Abs. 1 Satz 2 oder 3 Arzneimittel bei Tieren anwendet, die der Gewinnung von Lebensmitteln dienen,

23a. entgegen § 58a Absatz 1 Satz 1 oder 2 oder Absatz 3, Absatz 4 Satz 1, Satz 2 oder Satz 3 oder § 58b Absatz 1 Satz 1, 2 oder 3 oder Absatz 2 Satz 2 Nummer 2 oder Absatz 3 eine Mitteilung nicht, nicht richtig, nicht vollständig, nicht in der vorgeschriebenen Weise oder nicht rechtzeitig macht,

23b. entgegen § 58d Absatz 1 Nummer 2 eine dort genannte Feststellung nicht, nicht richtig oder nicht rechtzeitig aufzeichnet,

23c. entgegen § 58d Absatz 2 Satz 1 Nummer 2 einen dort genannten Plan nicht, nicht richtig, nicht vollständig, nicht in der vorgeschriebenen Weise oder nicht rechtzeitig erstellt,

Arzneimittelgesetz (AMG)

23d. einer vollziehbaren Anordnung nach § 58d Absatz 3 oder Absatz 4 Satz 1 zuwiderhandelt,

24. einer Aufzeichnungs- oder Vorlagepflicht nach § 59 Abs. 4 zuwiderhandelt,

24a. entgegen § 59b Satz 1 Stoffe nicht, nicht richtig oder nicht rechtzeitig überlässt,

24b. entgegen § 59c Satz 1, auch in Verbindung mit Satz 2, einen dort bezeichneten Nachweis nicht, nicht richtig oder nicht vollständig führt, nicht oder nicht mindestens drei Jahre aufbewahrt oder nicht oder nicht rechtzeitig vorlegt,

24c. entgegen § 63a Abs. 1 Satz 1 einen Stufenplanbeauftragten nicht beauftragt oder entgegen § 63a Abs. 3 eine Mitteilung nicht, nicht vollständig oder nicht rechtzeitig erstattet,

24d. entgegen § 63a Abs. 1 Satz 6 eine Tätigkeit als Stufenplanbeauftragter ausübt,

24e. entgegen § 63b Absatz 1 ein Pharmakovigilanz-System nicht betreibt,

24f. entgegen § 63b Absatz 2 Nummer 1 eine dort genannte Maßnahme nicht oder nicht rechtzeitig ergreift,

24g. entgegen § 63b Absatz 2 Nummer 3 eine Pharmakovigilanz-Stammdokumentation nicht, nicht richtig oder nicht vollständig führt oder nicht, nicht richtig, nicht vollständig oder nicht rechtzeitig zur Verfügung stellt,

24h. entgegen § 63b Absatz 2 Nummer 4 ein Risikomanagement-System für jedes einzelne Arzneimittel nicht, nicht richtig oder nicht vollständig betreibt,

24i. entgegen § 63b Absatz 3 Satz 1 eine dort genannte Information ohne die dort genannte vorherige oder gleichzeitige Mitteilung veröffentlicht,

24j. entgegen § 63d Absatz 1, auch in Verbindung mit Absatz 3 Satz 1 oder Absatz 3 Satz 4, einen Unbedenklichkeitsbericht nicht, nicht richtig, nicht vollständig oder nicht rechtzeitig vorlegt,

24k. entgegen § 63f Absatz 1 Satz 3 einen Abschlussbericht nicht oder nicht rechtzeitig übermittelt,

24l. entgegen § 63g Absatz 1 einen Entwurf des Prüfungsprotokolls nicht, nicht richtig oder nicht rechtzeitig vorlegt,

24m. entgegen § 63g Absatz 2 Satz 1 mit einer Unbedenklichkeitsprüfung beginnt,

24n. entgegen § 63g Absatz 4 Satz 1 einen Prüfungsbericht nicht, nicht richtig, nicht vollständig oder nicht rechtzeitig vorlegt,

24o. entgegen § 63h Absatz 5 Satz 1, 2 oder Satz 3 einen Bericht nicht, nicht richtig, nicht vollständig oder nicht rechtzeitig vorlegt,

Arzneimittelgesetz (AMG)

24p. entgegen § 63i Absatz 3 Satz 1 eine Meldung nicht, nicht richtig oder nicht rechtzeitig macht,

24q. entgegen § 63i Absatz 4 Satz 1 einen Bericht nicht, nicht richtig oder nicht rechtzeitig vorlegt,

25. einer vollziehbaren Anordnung nach § 64 Abs. 4 Nr. 4, auch in Verbindung mit § 69a, zuwiderhandelt,

26. einer Duldungs- oder Mitwirkungspflicht nach § 66, auch in Verbindung mit § 69a, zuwiderhandelt,

27. entgegen einer vollziehbaren Anordnung nach § 74 Abs. 1 Satz 2 Nr. 3 eine Sendung nicht vorführt,

27a. entgegen § 74a Abs. 1 Satz 1 einen Informationsbeauftragten nicht beauftragt oder entgegen § 74a Abs. 3 eine Mitteilung nicht, nicht vollständig oder nicht rechtzeitig erstattet,

27b. entgegen § 74a Abs. 1 Satz 4 eine Tätigkeit als Informationsbeauftragter ausübt,

28. entgegen § 75 Abs. 1 Satz 1 eine Person als Pharmaberater beauftragt,

29. entgegen § 75 Abs. 1 Satz 3 eine Tätigkeit als Pharmaberater ausübt,

30. einer Aufzeichnungs-, Mitteilungs- oder Nachweispflicht nach § 76 Abs. 1 Satz 2 oder Abs. 2 zuwiderhandelt,

30a. (weggefallen)

31. einer Rechtsverordnung nach § 7 Abs. 2 Satz 2, § 12 Abs. 1 Nr. 3 Buchstabe a, § 12 Abs. 1b, § 42 Abs. 3, § 54 Abs. 1, § 56a Abs. 3, § 57 Absatz 2 oder Absatz 3, § 58 Abs. 2 oder § 74 Abs. 2 oder einer vollziehbaren Anordnung auf Grund einer solchen Rechtsverordnung zuwiderhandelt, soweit die Rechtsverordnung für einen bestimmten Tatbestand auf diese Bußgeldvorschrift verweist,

32. bis 36. (weggefallen)

(2a) Ordnungswidrig handelt, wer vorsätzlich oder fahrlässig gegen Artikel 1 der Verordnung (EG) Nr. 540/95 der Kommission vom 10. März 1995 zur Festlegung der Bestimmungen für die Mitteilung von vermuteten unerwarteten, nicht schwerwiegenden Nebenwirkungen, die innerhalb oder außerhalb der Gemeinschaft an gemäß der Verordnung (EWG) Nr. 2309/93 zugelassenen Human- oder Tierarzneimitteln festgestellt werden (ABl. L 55 vom 11.3.1995, S. 5), in Verbindung mit § 63h Absatz 7 Satz 2 verstößt, indem er nicht sicherstellt, dass der Europäischen Arzneimittel-Agentur und der zuständigen Bundesoberbehörde eine dort bezeichnete Nebenwirkung mitgeteilt wird.

(2b) Ordnungswidrig handelt, wer gegen die Verordnung (EG) Nr. 726/2004 verstößt, indem er vorsätzlich oder fahrlässig

Arzneimittelgesetz (AMG)

1. entgegen Artikel 16 Absatz 2 Satz 1 oder Satz 2 in Verbindung mit Artikel 8 Absatz 3 Unterabsatz 1 Buchstabe c bis e, h bis iaa oder Buchstabe ib der Richtlinie 2001/83/EG oder entgegen Artikel 41 Absatz 4 Satz 1 oder 2 in Verbindung mit Artikel 12 Absatz 3 Unterabsatz 1 Satz 2 Buchstabe c bis e, h bis j oder Buchstabe k der Richtlinie 2001/82/EG, jeweils in Verbindung mit § 29 Absatz 4 Satz 2, der Europäischen Arzneimittel-Agentur oder der zuständigen Bundesoberbehörde eine dort genannte Mitteilung nicht, nicht richtig, nicht vollständig oder nicht rechtzeitig macht,

2. entgegen Artikel 28 Absatz 1 in Verbindung mit Artikel 107 Absatz 1 Unterabsatz 2 der Richtlinie 2001/83/EG nicht dafür sorgt, dass eine Meldung an einer dort genannten Stelle verfügbar ist,

3. entgegen Artikel 49 Absatz 1 Satz 1 oder Absatz 2 Satz 1, jeweils in Verbindung mit § 29 Absatz 4 Satz 2, nicht sicherstellt, dass der zuständigen Bundesoberbehörde oder der Europäischen Arzneimittel-Agentur eine dort bezeichnete Nebenwirkung mitgeteilt wird,

4. entgegen Artikel 49 Absatz 3 Satz 1 eine dort bezeichnete Unterlage nicht, nicht richtig oder nicht vollständig führt.

(2c) Ordnungswidrig handelt, wer gegen die Verordnung (EG) Nr. 1901/2006 des Europäischen Parlaments und des Rates vom 12. Dezember 2006 über Kinderarzneimittel und zur Änderung der Verordnung (EWG) Nr. 1768/92, der Richtlinien 2001/20/EG und 2001/83/EG sowie der Verordnung (EG) Nr. 726/2004 (ABl. L 378 vom 27.12.2006, S. 1) verstößt, indem er vorsätzlich oder fahrlässig

1. entgegen Artikel 33 Satz 1 ein dort genanntes Arzneimittel nicht, nicht richtig oder nicht rechtzeitig in den Verkehr bringt,

2. einer vollziehbaren Anordnung nach Artikel 34 Absatz 2 Satz 4 zuwiderhandelt,

3. entgegen Artikel 34 Absatz 4 Satz 1 den dort genannten Bericht nicht oder nicht rechtzeitig vorlegt,

4. entgegen Artikel 35 Satz 1 die Genehmigung für das Inverkehrbringen nicht oder nicht rechtzeitig auf einen dort genannten Dritten überträgt und diesem einen Rückgriff auf die dort genannten Unterlagen nicht oder nicht rechtzeitig gestattet,

5. entgegen Artikel 35 Satz 2 eine Unterrichtung nicht, nicht richtig oder nicht rechtzeitig vornimmt, oder

6. entgegen Artikel 41 Absatz 2 Satz 2 ein Ergebnis der dort genannten Prüfung nicht, nicht richtig oder nicht rechtzeitig vorlegt.

(3) Die Ordnungswidrigkeit kann mit einer Geldbuße bis zu 25 000 Euro geahndet werden.

(4) Verwaltungsbehörde im Sinne des § 36 Absatz 1 Nummer 1 des Gesetzes über Ordnungswidrigkeiten ist in den Fällen

Arzneimittelgesetz (AMG)

1. des Absatzes 1 Nummer 2, des Absatzes 2 Nummer 7 Buchstabe b, Nummer 7a, 9b und 24e bis 24q, der Absätze 2a bis 2c und

2. des Absatzes 2 Nummer 7 Buchstabe c, soweit die Tat gegenüber der zuständigen Bundesoberbehörde begangen wird,

die nach § 77 zuständige Bundesoberbehörde.

§ 98
Einziehung

Gegenstände, auf die sich eine Straftat nach § 95 oder § 96 oder eine Ordnungswidrigkeit nach § 97 bezieht, können eingezogen werden. § 74a des Strafgesetzbuches und § 23 des Gesetzes über Ordnungswidrigkeiten sind anzuwenden.

§ 98a
Erweiterter Verfall

In den Fällen des § 95 Abs. 1 Nr. 2a sowie der Herstellung und des Inverkehrbringens gefälschter Arzneimittel nach § 95 Abs. 1 Nr. 3a in Verbindung mit § 8 Absatz 2 ist § 73d des Strafgesetzbuches anzuwenden, wenn der Täter gewerbsmäßig oder als Mitglied einer Bande, die sich zur fortgesetzten Begehung solcher Taten verbunden hat, handelt.

Achtzehnter Abschnitt
Überleitungs- und Übergangsvorschriften

Erster Unterabschnitt
Überleitungsvorschriften aus Anlass des Gesetzes zur Neuordnung des Arzneimittelrechts

§ 99
Arzneimittelgesetz 1961

Arzneimittelgesetz 1961 im Sinne dieses Gesetzes ist das Gesetz über den Verkehr mit Arzneimitteln vom 16. Mai 1961 (BGBl. I S. 533), zuletzt geändert durch das Gesetz vom 2. Juli 1975 (BGBl. I S. 1745).

§ 100

(1) Eine Erlaubnis, die nach § 12 Abs. 1 oder § 19 Abs. 1 des Arzneimittelgesetzes 1961 erteilt worden ist und am 1. Januar 1978 rechtsgültig bestand, gilt im bisherigen Umfange als Erlaubnis im Sinne des § 13 Abs. 1 Satz 1 fort.

Arzneimittelgesetz (AMG)

(2) Eine Erlaubnis, die nach § 53 Abs. 1 oder § 56 des Arzneimittelgesetzes 1961 als erteilt gilt und am 1. Januar 1978 rechtsgültig bestand, gilt im bisherigen Umfange als Erlaubnis nach § 13 Abs. 1 Satz 1 fort.

(3) War die Herstellung von Arzneimitteln nach dem Arzneimittelgesetz 1961 von einer Erlaubnis nicht abhängig, bedarf sie jedoch nach § 13 Abs. 1 Satz 1 einer Erlaubnis, so gilt diese demjenigen als erteilt, der die Tätigkeit der Herstellung von Arzneimitteln am 1. Januar 1978 seit mindestens drei Jahren befugt ausübt, jedoch nur, soweit die Herstellung auf bisher hergestellte oder nach der Zusammensetzung gleichartige Arzneimittel beschränkt bleibt.

§ 101

(weggefallen)

§ 102

(1) Wer am 1. Januar 1978 die Tätigkeit des Herstellungsleiters befugt ausübt, darf diese Tätigkeit im bisherigen Umfang weiter ausüben.

(2) Wer am 1. Januar 1978 die Sachkenntnis nach § 14 Abs. 1 des Arzneimittelgesetzes 1961 besitzt und die Tätigkeit als Herstellungsleiter nicht ausübt, darf die Tätigkeit als Herstellungsleiter ausüben, wenn er eine zweijährige Tätigkeit in der Arzneimittelherstellung nachweisen kann. Liegt die praktische Tätigkeit vor dem 10. Juni 1965, ist vor Aufnahme der Tätigkeit ein weiteres Jahr praktischer Tätigkeit nachzuweisen.

(3) Wer vor dem 10. Juni 1975 ein Hochschulstudium nach § 15 Abs. 1 begonnen hat, erwirbt die Sachkenntnis als Herstellungsleiter, wenn er bis zum 10. Juni 1985 das Hochschulstudium beendet und mindestens zwei Jahre lang eine Tätigkeit nach § 15 Abs. 1 und 3 ausgeübt hat. Absatz 2 bleibt unberührt.

(4) Die Absätze 2 und 3 gelten entsprechend für eine Person, die die Tätigkeit als Kontrolleiter ausüben will.

§ 102a

(weggefallen)

§ 103

(1) Für Arzneimittel, die nach § 19a oder nach § 19d in Verbindung mit § 19a des Arzneimittelgesetzes 1961 am 1. Januar 1978 zugelassen sind oder für die am 1. Januar 1978 eine Zulassung nach Artikel 4 Abs. 1 des Gesetzes über die Errichtung eines Bundesamtes für Sera und Impfstoffe vom 7. Juli 1972 (BGBl. I S. 1163) als erteilt gilt, gilt eine Zulassung nach § 25 als erteilt. Auf die Zulassung finden die §§ 28 bis 31 entsprechende Anwendung.

(2) (weggefallen)

Arzneimittelgesetz (AMG)

§ 104

(weggefallen)

§ 105

(1) Fertigarzneimittel, die Arzneimittel im Sinne des § 2 Abs. 1 oder Abs. 2 Nr. 1 sind und sich am 1. Januar 1978 im Verkehr befinden, gelten als zugelassen, wenn sie sich am 1. September 1976 im Verkehr befinden oder auf Grund eines Antrags, der bis zu diesem Zeitpunkt gestellt ist, in das Spezialitätenregister nach dem Arzneimittelgesetz 1961 eingetragen werden.

(2) Fertigarzneimittel nach Absatz 1 müssen innerhalb einer Frist von sechs Monaten seit dem 1. Januar 1978 der zuständigen Bundesoberbehörde unter Mitteilung der Bezeichnung der wirksamen Bestandteile nach Art und Menge und der Anwendungsgebiete angezeigt werden. Bei der Anzeige homöopathischer Arzneimittel kann die Mitteilung der Anwendungsgebiete entfallen. Eine Ausfertigung der Anzeige ist der zuständigen Behörde unter Mitteilung der vorgeschriebenen Angaben zu übersenden. Die Fertigarzneimittel dürfen nur weiter in den Verkehr gebracht werden, wenn die Anzeige fristgerecht eingeht.

(3) Die Zulassung eines nach Absatz 2 fristgerecht angezeigten Arzneimittels erlischt abweichend von § 31 Abs. 1 Nr. 3 am 30. April 1990, es sei denn, dass ein Antrag auf Verlängerung der Zulassung oder auf Registrierung vor dem Zeitpunkt des Erlöschens gestellt wird, oder das Arzneimittel durch Rechtsverordnung von der Zul assung oder von der Registrierung freigestellt ist. § 31 Abs. 4 Satz 1 findet auf die Zulassung nach Satz 1 Anwendung, sofern die Erklärung nach § 31 Abs. 1 Satz 1 Nr. 2 bis zum 31.1.2001 abgegeben wird.

(3a) Bei Fertigarzneimitteln nach Absatz 1 ist bis zur erstmaligen Verlängerung der Zulassung eine Änderung nach § 29 Abs. 2a Satz 1 Nr. 1, soweit sie die Anwendungsgebiete betrifft, und Nr. 3 nur dann zulässig, sofern sie zur Behebung der von der zuständigen Bundesoberbehörde dem Antragsteller mitgeteilten Mängel bei der Wirksamkeit oder Unbedenklichkeit erforderlich ist; im Übrigen findet auf Fertigarzneimittel nach Absatz 1 bis zur erstmaligen Verlängerung der Zulassung § 29 Abs. 2a Satz 1 Nr. 1, 2 und 5 keine Anwendung. Ein Fertigarzneimittel nach Absatz 1, das nach einer im Homöopathischen Teil des Arzneibuches beschriebenen Verfahrenstechnik hergestellt ist, darf bis zur erstmaligen Verlängerung der Zulassung abweichend von § 29 Abs. 3

1. in geänderter Zusammensetzung der arzneilich wirksamen Bestandteile nach Art und Menge, wenn die Änderung sich darauf beschränkt, dass ein oder mehrere bislang enthaltene arzneilich wirksame Bestandteile nach der Änderung nicht mehr oder in geringerer Menge enthalten sind,

2. mit geänderter Menge des arzneilich wirksamen Bestandteils und innerhalb des bisherigen Anwendungsbereiches mit geänderter Indikation, wenn das Arzneimittel insgesamt dem nach § 25 Abs. 7 Satz 1 in der vor dem

Arzneimittelgesetz (AMG)

17. August 1994 geltenden Fassung bekannt gemachten Ergebnis angepasst wird,

3. (weggefallen)

4. mit geänderter Menge der arzneilich wirksamen Bestandteile, soweit es sich um ein Arzneimittel mit mehreren wirksamen Bestandteilen handelt, deren Anzahl verringert worden ist, oder

5. mit geänderter Art oder Menge der arzneilich wirksamen Bestandteile ohne Erhöhung ihrer Anzahl innerhalb des gleichen Anwendungsbereichs und der gleichen Therapierichtung, wenn das Arzneimittel insgesamt einem nach § 25 Abs. 7 Satz 1 in der vor dem 17. August 1994 geltenden Fassung bekannt gemachten Ergebnis oder einem vom Bundesinstitut für Arzneimittel und Medizinprodukte vorgelegten Muster für ein Arzneimittel angepasst und das Arzneimittel durch die Anpassung nicht verschreibungspflichtig wird,

in den Verkehr gebracht werden; eine Änderung ist nur dann zulässig, sofern sie zur Behebung der von der zuständigen Bundesoberbehörde dem Antragsteller mitgeteilten Mängel bei der Wirksamkeit oder Unbedenklichkeit erforderlich ist. Der pharmazeutische Unternehmer hat die Änderung anzuzeigen und im Falle einer Änderung der Zusammensetzung die bisherige Bezeichnung des Arzneimittels mindestens für die Dauer von fünf Jahren mit einem deutlich unterscheidenden Zusatz, der Verwechslungen mit der bisherigen Bezeichnung ausschließt, zu versehen. Nach einer Frist von sechs Monaten nach der Anzeige darf der pharmazeutische Unternehmer das Arzneimittel nur noch in der geänderten Form in den Verkehr bringen. Hat die zuständige Bundesoberbehörde für bestimmte Arzneimittel durch Auflage nach § 28 Abs. 2 Nr. 3 die Verwendung einer Packungsbeilage mit einheitlichem Wortlaut vorgeschrieben, darf das Arzneimittel bei Änderungen nach Satz 2 Nr. 2 abweichend von § 109 Abs. 2 nur mit einer Packungsbeilage nach § 11 in den Verkehr gebracht werden.

(4) Dem Antrag auf Verlängerung der Zulassung sind abweichend von § 31 Abs. 2 die Unterlagen nach § 22 Abs. 1 Nr. 1 bis 6 beizufügen. Den Zeitpunkt der Einreichung der Unterlagen nach § 22 Abs. 1 Nr. 7 bis 15, Abs. 2 Nr. 1 und Abs. 3a, bei Arzneimittel-Vormischungen zusätzlich die Unterlagen nach § 23 Abs. 2 Satz 1 und 2 sowie das analytische Gutachten nach § 24 Abs. 1 bestimmt die zuständige Bundesoberbehörde im Einzelnen. Auf Anforderung der zuständigen Bundesoberbehörde sind ferner Unterlagen einzureichen, die die ausreichende biologische Verfügbarkeit der arzneilich wirksamen Bestandteile des Arzneimittels belegen, sofern das nach dem jeweiligen Stand der wissenschaftlichen Erkenntnisse erforderlich ist. Ein bewertendes Sachverständigengutachten ist beizufügen. § 22 Abs. 2 Satz 2 und Abs. 4 bis 7 und § 23 Abs. 3 finden entsprechende Anwendung. Die Unterlagen nach den Sätzen 2 bis 5 sind innerhalb von vier Monaten nach Anforderung der zuständigen Bundesoberbehörde einzureichen.

Arzneimittelgesetz (AMG)

(4a) Zu dem Antrag auf Verlängerung der Zulassung nach Absatz 3 sind die Unterlagen nach § 22 Abs. 2 Nr. 2 und 3 sowie die Gutachten nach § 24 Abs. 1 Satz 2 Nr. 2 und 3 bis zum 1. Februar 2001 nachzureichen, soweit diese Unterlagen nicht bereits vom Antragsteller vorgelegt worden sind; § 22 Abs. 3 findet entsprechende Anwendung. Satz 1 findet keine Anwendung auf Arzneimittel, die nach einer im Homöopathischen Teil des Arzneibuches beschriebenen Verfahrenstechnik hergestellt sind. Für Vollblut, Plasma und Blutzellen menschlichen Ursprungs bedarf es abweichend von Satz 1 nicht der Unterlagen nach § 22 Abs. 2 Nr. 2 sowie des Gutachtens nach § 24 Abs. 1 Satz 2 Nr. 2, es sei denn, dass darin Stoffen enthalten sind, die nicht im menschlichen Körper vorkommen. Ausgenommen in den Fällen des § 109a erlischt die Zulassung, wenn die in den Sätzen 1 bis 3 genannten Unterlagen nicht fristgerecht eingereicht worden sind.

(4b) Bei der Vorlage der Unterlagen nach § 22 Absatz 2 Nummer 2 kann bei Tierarzneimitteln, die pharmakologisch wirksame Stoffe enthalten, die in Tabelle 1 des Anhangs der Verordnung (EU) Nr. 37/2010 aufgeführt sind, auf die nach den Vorschriften eines auf Artikel 13 der Verordnung (EG) Nr. 470/2009 gestützten Rechtsakts eingereichten Unterlagen Bezug genommen werden, soweit ein Tierarzneimittel mit diesem pharmakologisch wirksamen Bestandteil bereits in einem Mitgliedstaat der Europäischen Union zugelassen ist und die Voraussetzungen für eine Bezugnahme nach § 24a erfüllt sind.

(4c) Ist das Arzneimittel nach Absatz 3 bereits in einem anderen Mitgliedstaat der Europäischen Union oder anderen Vertragsstaat des Abkommens über den Europäischen Wirtschaftsraum entsprechend der Richtlinie 2001/83/EG oder der Richtlinie 2001/82/EG zugelassen, ist die Verlängerung der Zulassung zu erteilen, wenn

1. sich das Arzneimittel in dem anderen Mitgliedstaat im Verkehr befindet und

2. der Antragsteller

   a) alle in § 22 Abs. 6 vorgesehenen Angaben macht und die danach erforderlichen Kopien beifügt und

   b) schriftlich erklärt, dass die eingereichten Unterlagen nach den Absätzen 4 und 4a mit den Zulassungsunterlagen übereinstimmen, auf denen die Zulassung in dem anderen Mitgliedstaat beruht,

es sei denn, dass die Verlängerung der Zulassung des Arzneimittels eine Gefahr für die öffentliche Gesundheit, bei Arzneimitteln zur Anwendung bei Tieren eine Gefahr für die Gesundheit von Mensch oder Tier oder für die Umwelt, darstellen kann.

(4d) Dem Antrag auf Registrierung sind abweichend von § 38 Abs. 2 die Unterlagen nach § 22 Abs. 1 Nr. 1 bis 4 beizufügen. Die Unterlagen nach § 22 Abs. 1 Nr. 7 bis 15 und Abs. 2 Nr. 1 sowie das analytische Gutachten nach § 24 Abs. 1 sind der zuständigen Bundesoberbehörde auf Anforderung einzureichen. § 22 Abs. 4 bis 7 mit Ausnahme des Entwurfs einer Fachinformation finden entsprechende Anwendung. Die Unterlagen nach den Sätzen 2 und 3 sind innerhalb von zwei Monaten nach Anforderung der zuständigen Bundesoberbehörde einzureichen.

(4e) Für die Entscheidung über den Antrag auf Verlängerung der Zulassung oder Registrierung nach Absatz 3 Satz 1 finden § 25 Abs. 5 Satz 5 und § 39 Abs. 1 Satz 2 entsprechende Anwendung.

(4f) Die Zulassung nach Absatz 1 ist auf Antrag nach Absatz 3 Satz 1 um fünf Jahre zu verlängern, wenn kein Versagungsgrund nach § 25 Abs. 2 vorliegt; für weitere Verlängerungen findet § 31 Anwendung. Die Besonderheiten einer bestimmten Therapierichtung (Phytotherapie, Homöopathie, Anthroposophie) sind zu berücksichtigen.

(4g) Bei Arzneimitteln, die Blutzubereitungen sind, findet § 25 Abs. 8 entsprechende Anwendung.

(5) Bei Beanstandungen hat der Antragsteller innerhalb einer angemessenen Frist, jedoch höchstens innerhalb von zwölf Monaten nach Mitteilung der Beanstandungen den Mängeln abzuhelfen; die Mängelbeseitigung ist in einem Schriftsatz darzulegen. Wird den Mängeln nicht innerhalb dieser Frist abgeholfen, so ist die Zulassung zu versagen. Nach einer Entscheidung über die Versagung der Zulassung ist das Einreichen von Unterlagen zur Mängelbeseitigung ausgeschlossen. Die zuständige Bundesbehörde hat in allen geeigneten Fällen keine Beanstandung nach Satz 1 erster Halbsatz auszusprechen, sondern die Verlängerung der Zulassung auf der Grundlage des Absatzes 5a Satz 1 und 2 mit einer Auflage zu verbinden, mit der dem Antragsteller aufgegeben wird, die Mängel innerhalb einer von ihr nach pflichtgemäßem Ermessen zu bestimmenden Frist zu beheben.

(5a) Die zuständige Bundesoberbehörde kann die Verlängerung der Zulassung nach Absatz 3 Satz 1 mit Auflagen verbinden. Auflagen können neben der Sicherstellung der in § 28 Abs. 2 genannten Anforderungen auch die Gewährleistung von Anforderungen an die Qualität, Unbedenklichkeit und Wirksamkeit zum Inhalt haben, es sei denn, dass wegen gravierender Mängel der pharmazeutischen Qualität, der Wirksamkeit oder der Unbedenklichkeit Beanstandungen nach Absatz 5 mitgeteilt oder die Verlängerung der Zulassung versagt werden muss. Satz 2 gilt entsprechend für die Anforderung von Unterlagen nach § 23 Abs. 1 Nr. 1. Im Bescheid über die Verlängerung ist anzugeben, ob der Auflage unverzüglich oder bis zu einem von der zuständigen Bundesoberbehörde festgelegten Zeitpunkt entsprochen werden muss. Die Erfüllung der Auflagen ist der zuständigen Bundesoberbehörde unter Beifügung einer eidesstattlichen Erklärung eines unabhängigen Gegensachverständigen mitzuteilen, in der bestätigt wird, dass die Qualität des Arzneimittels dem Stand der wissenschaftlichen Erkenntnisse entspricht. § 25 Abs. 5 Satz 5, 6 und 8 sowie § 30 Abs. 2 Satz 1 Nr. 2 zweite Alternative gelten entsprechend. Die Sätze 1 bis 6 gelten entsprechend für die Registrierung nach Absatz 3 Satz 1.

Arzneimittelgesetz (AMG)

(5b) Ein Vorverfahren nach § 68 der Verwaltungsgerichtsordnung findet bei Rechtsmitteln gegen die Entscheidung über die Verlängerung der Zulassung nach Absatz 3 Satz 1 nicht statt. Die sofortige Vollziehung soll nach § 80 Abs. 2 Nr. 4 der Verwaltungsgerichtsordnung angeordnet werden, es sei denn, dass die Vollziehung für den pharmazeutischen Unternehmer eine unbillige, nicht durch überwiegende öffentliche Interessen gebotene Härte zur Folge hätte.

(5c) Abweichend von Absatz 3 Satz 1 erlischt die Zulassung eines nach Absatz 2 fristgerecht angezeigten Arzneimittels, für das der pharmazeutische Unternehmer bis zum 31. Dezember 1999 erklärt hat, dass er den Antrag auf Verlängerung der Zulassung nach Absatz 3 Satz 1 zurücknimmt am 1. Februar 2001, es sei denn, das Verfahren zur Verlängerung der Zulassung ist nach Satz 2 wieder aufzugreifen. Hatte der pharmazeutische Unternehmer nach einer vor dem 17. August 1994 ausgesprochenen Anforderung nach Absatz 4 Satz 2 die nach Absatz 4 erforderlichen Unterlagen fristgerecht eingereicht oder lag der Einreichungszeitpunkt für das betreffende Arzneimittel nach diesem Datum oder ist die Anforderung für das betreffende Arzneimittel erst nach diesem Datum ausgesprochen worden, so ist das Verfahren zur Verlängerung der Zulassung von der zuständigen Bundesoberbehörde auf seinen Antrag wieder aufzugreifen; der Antrag ist bis zum 31. Januar 2001 unter Vorlage der Unterlagen nach Absatz 4a Satz 1 zu stellen.

(5d) Absatz 3 Satz 2 und Absätze 3a bis 5c gelten entsprechend für Arzneimittel, für die gemäß § 4 Abs. 2 der EG-Rechtüberleitungsverordnung vom 18. Dezember 1990 (BGBl. I S. 2915) Anlage 3 zu § 2 Nr. 2 Kapitel II Nr. 1 und 2 bis zum 30. Juni 1991 ein Verlängerungsantrag gestellt wurde.

(6) (weggefallen)

(7) Die Absätze 1 bis 5d gelten auch für zur Anwendung bei Tieren bestimmte Arzneimittel, die keine Fertigarzneimittel sind, soweit sie der Pflicht zur Zulassung oder Registrierung unterliegen und sich am 1. Januar 1978 im Verkehr befinden.

§ 105a

(1) (weggefallen)

(2) (weggefallen)

(3) Die zuständige Bundesoberbehörde kann bei Fertigarzneimitteln, die nicht der Verschreibungspflicht nach § 49 unterliegen, zunächst von einer Prüfung der vorgelegten Fachinformation absehen und den pharmazeutischen Unternehmer von den Pflichten nach § 11a und den Pharmaberater von der Pflicht nach § 76 Abs. 1 Satz 1 freistellen, bis der einheitliche Wortlaut einer Fachinformation für entsprechende Arzneimittel durch Auflage nach § 28 Abs. 2 Nr. 3 angeordnet ist.

Arzneimittelgesetz (AMG)

(4) Die Absätze 1 bis 3 gelten nicht für Arzneimittel, die zur Anwendung bei Tieren bestimmt sind oder die in die Zuständigkeit des Paul-Ehrlich-Instituts fallen.

§ 105b*

Der Anspruch auf Zahlung von Gebühren und Auslagen, die nach § 33 Abs. 1 in Verbindung mit einer nach § 33 Abs. 2 oder einer nach § 39 Abs. 3 erlassenen Rechtsverordnung für die Verlängerung der Zulassung oder die Registrierung eines Fertigarzneimittels im Sinne des § 105 Abs. 1 zu erheben sind, verjährt mit Ablauf des vierten Jahres nach der Bekanntgabe der abschließenden Entscheidung über die Verlängerung der Zulassung oder die Registrierung an den Antragsteller.

§ 106

(weggefallen)

§ 107

(weggefallen)

§ 108

(weggefallen)

§ 108a

Die Charge eines Serums, eines Impfstoffes, eines Testallergens, eines Testserums oder eines Testantigens, die bei Wirksamwerden des Beitritts nach § 16 der Zweiten Durchführungsbestimmung zum Arzneimittelgesetz vom 1. Dezember 1986 (GBl. I Nr. 36 S. 483) freigegeben ist, gilt in dem in Artikel 3 des Einigungsvertrages genannten Gebiet als freigegeben im Sinne des § 32 Abs. 1 Satz 1. Auf die Freigabe findet § 32 Abs. 5 entsprechende Anwendung.

§ 108b

(weggefallen)

§ 109

(1) Auf Fertigarzneimittel, die Arzneimittel im Sinne des § 2 Absatz 1 oder Absatz 2 Nummer 1 sind und sich am 1. Januar 1978 im Verkehr befunden haben, findet § 10 mit der Maßgabe Anwendung, dass anstelle der in § 10 Absatz 1 Satz 1 Nummer 3 genannten Zulassungsnummer, soweit vorhanden, die Registernummer des Spezialitätenregisters nach dem Arzneimittelgesetz

---

* Anmerkung des Herausgebers:
Am 14. August 2018 wird § 105b aufgehoben (Artikel 4 Absatz 11 des Gesetzes vom 7. August 2013).

Arzneimittelgesetz (AMG)

1961 mit der Abkürzung „Reg.-Nr." tritt. Satz 1 gilt bis zur Verlängerung der Zulassung oder der Registrierung.

(2) Die Texte für Kennzeichnung und Packungsbeilage sind spätestens bis zum 31. Juli 2001 vorzulegen. Bis zu diesem Zeitpunkt dürfen Arzneimittel nach Absatz 1 Satz 1 vom pharmazeutischen Unternehmer, nach diesem Zeitpunkt weiterhin von Groß- und Einzelhändlern, mit einer Kennzeichnung und Packungsbeilage in den Verkehr gebracht werden, die den bis zu dem in Satz 1 genannten Zeitpunkt geltenden Vorschriften entspricht.

(3) Fertigarzneimittel, die Arzneimittel im Sinne des § 105 Abs. 1 und nach § 44 Abs. 1 oder Abs. 2 Nr. 1 bis 3 oder § 45 für den Verkehr außerhalb der Apotheken freigegeben sind und unter die Buchstaben a bis e fallen, dürfen unbeschadet der Regelungen der Absätze 1 und 2 ab 1. Januar 1992 vom pharmazeutischen Unternehmer nur in den Verkehr gebracht werden, wenn sie auf dem Behältnis und, soweit verwendet, der äußeren Umhüllung und einer Packungsbeilage einen oder mehrere der folgenden Hinweise tragen:

„Traditionell angewendet:

a) zur Stärkung oder Kräftigung,

b) zur Besserung des Befindens,

c) zur Unterstützung der Organfunktion,

d) zur Vorbeugung,

e) als mild wirkendes Arzneimittel."

Satz 1 findet keine Anwendung, soweit sich die Anwendungsgebiete im Rahmen einer Zulassung nach § 25 Abs. 1 oder eines nach § 25 Abs. 7 Satz 1 in der vor dem 17. August 1994 geltenden Fassung bekanntgemachten Ergebnisses halten.

§ 109a

(1) Für die in § 109 Abs. 3 genannten Arzneimittel sowie für Arzneimittel, die nicht verschreibungspflichtig und nicht durch eine Rechtsverordnung auf Grund des § 45 oder des § 46 wegen ihrer Inhaltsstoffe, wegen ihrer Darreichungsform oder weil sie chemische Verbindungen mit bestimmten pharmakologischen Wirkungen sind oder ihnen solche zugesetzt sind, vom Verkehr außerhalb der Apotheken ausgeschlossen sind, kann die Verlängerung der Zulassung nach § 105 Abs. 3 und sodann nach § 31 nach Maßgabe der Absätze 2 und 3 erteilt werden.

(2) Die Anforderungen an die erforderliche Qualität sind erfüllt, wenn die Unterlagen nach § 22 Abs. 2 Nr. 1 sowie das analytische Gutachten nach § 24 Abs. 1 vorliegen und von Seiten des pharmazeutischen Unternehmers eidesstattlich versichert wird, dass das Arzneimittel nach Maßgabe der allgemeinen Verwaltungsvorschrift nach § 26 geprüft ist und die erforderliche

Arzneimittelgesetz (AMG)

pharmazeutische Qualität aufweist. Form und Inhalt der eidesstattlichen Versicherung werden durch die zuständige Bundesoberbehörde festgelegt.

(3) Die Anforderungen an die Wirksamkeit sind erfüllt, wenn das Arzneimittel Anwendungsgebiete beansprucht, die in einer von der zuständigen Bundesoberbehörde nach Anhörung von einer vom Bundesministerium berufenen Kommission, für die § 25 Abs. 6 Satz 4 bis 6 entsprechende Anwendung findet, erstellten Aufstellung der Anwendungsgebiete für Stoffe oder Stoffkombinationen anerkannt sind. Diese Anwendungsgebiete werden unter Berücksichtigung der Besonderheiten der Arzneimittel und der tradierten und dokumentierten Erfahrung festgelegt und erhalten den Zusatz: „Traditionell angewendet". Solche Anwendungsgebiete sind: „Zur Stärkung oder Kräftigung des ...", „Zur Besserung des Befindens ...", „Zur Unterstützung der Organfunktion des ...", „Zur Vorbeugung gegen ...", „Als mild wirkendes Arzneimittel bei ...". Anwendungsgebiete, die zur Folge haben, dass das Arzneimittel vom Verkehr außerhalb der Apotheken ausgeschlossen ist, dürfen nicht anerkannt werden.

(4) Die Absätze 1 bis 3 finden nur dann Anwendung, wenn Unterlagen nach § 105 Abs. 4a nicht eingereicht worden sind und der Antragsteller schriftlich erklärt, dass er eine Verlängerung der Zulassung nach § 105 Abs. 3 nach Maßgabe der Absätze 2 und 3 anstrebt.

(4a) Abweichend von Absatz 4 finden die Absätze 2 und 3 auf Arzneimittel nach Absatz 1 Anwendung, wenn die Verlängerung der Zulassung zu versagen wäre, weil ein nach § 25 Abs. 7 Satz 1 in der vor dem 17. August 1994 geltenden Fassung bekannt gemachtes Ergebnis zum Nachweis der Wirksamkeit nicht mehr anerkannt werden kann.

§ 110

Bei Arzneimitteln, die nach § 21 der Pflicht zur Zulassung oder nach § 38 der Pflicht zur Registrierung unterliegen und die sich am 1. Januar 1978 im Verkehr befinden, kann die zuständige Bundesoberbehörde durch Auflagen Warnhinweise anordnen, soweit es erforderlich ist, um bei der Anwendung des Arzneimittels eine unmittelbare oder mittelbare Gefährdung von Mensch oder Tier zu verhüten.

§ 111

(weggefallen)

§ 112

Wer am 1. Januar 1978 Arzneimittel im Sinne des § 2 Abs. 1 oder Abs. 2 Nr. 1, die zum Verkehr außerhalb der Apotheken freigegeben sind, im Einzelhandel außerhalb der Apotheken in den Verkehr bringt, kann diese Tätigkeit weiter ausüben, soweit er nach dem Gesetz über die Berufsausübung im Einzelhandel

Arzneimittelgesetz (AMG)

vom 5. August 1957 (BGBl. I S. 1121), geändert durch Artikel 150 Abs. 2 Nr. 15 des Gesetzes vom 24. Mai 1968 (BGBl. I S. 503), dazu berechtigt war.

§ 113

Arzneimittel dürfen abweichend von § 58 Abs. 1 angewendet werden, wenn aus der Kennzeichnung oder den Begleitpapieren hervorgeht, dass das Arzneimittel nach § 105 Abs. 1 weiter in den Verkehr gebracht werden darf.

§ 114

(weggefallen)

§ 115

Eine Person, die am 1. Januar 1978 die Tätigkeit eines Pharmaberaters nach § 75 ausübt, bedarf des dort vorgeschriebenen Ausbildungsnachweises nicht.

§ 116

Ärzte, die am 1. Januar 1978 nach landesrechtlichen Vorschriften zur Herstellung sowie zur Abgabe von Arzneimitteln an die von ihnen behandelten Personen berechtigt sind, dürfen diese Tätigkeit im bisherigen Umfang weiter ausüben. § 78 findet Anwendung.

§ 117

(weggefallen)

§ 118

§ 84 gilt nicht für Schäden, die durch Arzneimittel verursacht werden, die vor dem 1. Januar 1978 abgegeben worden sind.

§ 119

Fertigarzneimittel, die Arzneimittel im Sinne des § 2 Abs. 1 oder Abs. 2 Nr. 1 sind und sich bei Wirksamwerden des Beitritts in dem in Artikel 3 des Einigungsvertrages genannten Gebiet im Verkehr befinden, dürfen ohne die in § 11 vorgeschriebene Packungsbeilage noch von Groß- und Einzelhändlern in Verkehr gebracht werden, sofern sie den vor Wirksamwerden des Beitritts geltenden arzneimittelrechtlichen Vorschriften der Deutschen Demokratischen Republik entsprechen. Die zuständige Bundesoberbehörde kann durch Auflagen Warnhinweise anordnen, soweit es erforderlich ist, um bei der Anwendung des Arzneimittels eine unmittelbare oder mittelbare Gefährdung von Mensch oder Tier zu verhüten.

Arzneimittelgesetz (AMG)

§ 120

Bei einer klinischen Prüfung, die bei Wirksamwerden des Beitritts in dem in Artikel 3 des Einigungsvertrages genannten Gebiet durchgeführt wird, ist die Versicherung nach § 40 Abs. 1 Nr. 8 abzuschließen.

§ 121

(weggefallen)

§ 122

Die Anzeigepflicht nach § 67 gilt nicht für Betriebe, Einrichtungen und für Personen in dem in Artikel 3 des Einigungsvertrages genannten Gebiet, die bereits bei Wirksamwerden des Beitritts eine Tätigkeit im Sinne jener Vorschrift ausüben.

§ 123

Die erforderliche Sachkenntnis als Pharmaberater nach § 75 Abs. 2 Nr. 2 besitzt auch, wer in dem in Artikel 3 des Einigungsvertrages genannten Gebiet eine Ausbildung als Pharmazieingenieur, Apothekenassistent oder Veterinäringenieur abgeschlossen hat.

§ 124

Die §§ 84 bis 94a sind nicht auf Arzneimittel anwendbar, die in dem in Artikel 3 des Einigungsvertrages genannten Gebiet vor Wirksamwerden des Beitritts an den Verbraucher abgegeben worden sind.

**Zweiter Unterabschnitt
Übergangsvorschriften aus Anlass des Ersten Gesetzes zur Änderung des Arzneimittelgesetzes**

§ 125

(1) Die zuständige Bundesoberbehörde bestimmt nach Anhörung der Kommissionen nach § 25 Abs. 6 und 7 für Arzneimittel, die am 2. März 1983 zugelassen sind, die Frist, innerhalb derer die Unterlagen über die Kontrollmethode nach § 23 Abs. 2 Satz 3 vorzulegen sind.

(2) Für Arzneimittel, deren Zulassung nach dem 1. März 1983 und vor dem 4. März 1998 beantragt worden ist, gelten die Vorschriften des § 23 mit der Maßgabe, dass Unterlagen über die Kontrollmethoden nicht vor dem aus Absatz 1 sich ergebenden Zeitpunkt vorgelegt werden müssen.

Arzneimittelgesetz (AMG)

(3) Ist eine Frist für die Vorlage von Unterlagen über die Kontrollmethode nach Absatz 1 bestimmt worden und werden Unterlagen nicht vorgelegt oder entsprechen sie nicht den Anforderungen des § 23 Abs. 2 Satz 3, kann die Zulassung widerrufen werden.

§ 126

Für Arzneimittel, die zur Anwendung bei Tieren bestimmt sind und die bei Wirksamwerden des Beitritts in dem in Artikel 3 des Einigungsvertrages genannten Gebiet zugelassen sind, gilt § 125 Abs. 1 und 3 entsprechend.

Dritter Unterabschnitt
Übergangsvorschriften aus Anlass des Zweiten Gesetzes zur Änderung des Arzneimittelgesetzes

§ 127

(1) Arzneimittel, die sich am 1. Februar 1987 im Verkehr befinden und den Kennzeichnungsvorschriften des § 10 unterliegen, müssen ein Jahr nach der ersten auf den 1. Februar 1987 erfolgenden Verlängerung der Zulassung oder nach der Freistellung von der Zulassung, oder, soweit sie homöopathische Arzneimittel sind, fünf Jahre nach dem 1. Februar 1987 vom pharmazeutischen Unternehmer entsprechend der Vorschrift des § 10 Abs. 1 Nr. 9 in den Verkehr gebracht werden. Bis zu diesem Zeitpunkt dürfen Arzneimittel nach Satz 1 vom pharmazeutischen Unternehmer, nach diesem Zeitpunkt weiterhin von Groß- und Einzelhändlern ohne Angabe eines Verfalldatums in den Verkehr gebracht werden, wenn die Dauer der Haltbarkeit mehr als drei Jahre oder bei Arzneimitteln, für die die Regelung des § 109 gilt, mehr als zwei Jahre beträgt. § 109 bleibt unberührt.

(2) Arzneimittel, die sich am 1. Februar 1987 im Verkehr befinden und den Kennzeichnungsvorschriften des § 10 Abs. 1a unterliegen, dürfen vom pharmazeutischen Unternehmer noch bis zum 31. Dezember 1988, von Groß- und Einzelhändlern auch nach diesem Zeitpunkt ohne die Angaben nach § 10 Abs. 1a in den Verkehr gebracht werden.

§ 128

(1) Der pharmazeutische Unternehmer hat für Fertigarzneimittel, die sich am 1. Februar 1987 im Verkehr befinden, mit dem ersten auf den 1. Februar 1987 gestellten Antrag auf Verlängerung der Zulassung oder Registrierung der zuständigen Bundesoberbehörde den Wortlaut der Fachinformation vorzulegen. Satz 1 gilt nicht, soweit die zuständige Bundesoberbehörde bis auf weiteres Arzneimittel, die nicht der Verschreibungspflicht nach § 49 unterliegen, von den Pflichten nach § 11a freigestellt hat; in diesem Fall ist der Entwurf der

Arzneimittelgesetz (AMG)

Fachinformation nach Aufforderung der zuständigen Bundesoberbehörde vorzulegen.

(2) In den Fällen des Absatzes 1 gelten die §§ 11a, 47 Abs. 3 Satz 2 und § 76 Abs. 1 ab dem Zeitpunkt der Verlängerung der Zulassung oder Registrierung oder der Festlegung einer Fachinformation durch § 36 Abs. 1 oder in den Fällen des Absatzes 1 Satz 2 sechs Monate nach der Entscheidung der zuständigen Bundesoberbehörde über den Inhalt der Fachinformation. Bis zu diesem Zeitpunkt dürfen Fertigarzneimittel in den Verkehr gebracht werden, bei denen die Packungsbeilage nicht den Vorschriften des § 11 Abs. 1 in der Fassung des Zweiten Gesetzes zur Änderung des Arzneimittelgesetzes entspricht.

§ 129

§ 11 Abs. 1a findet auf Arzneimittel, die sich am 1. Februar 1987 im Verkehr befinden, mit der Maßgabe Anwendung, dass ihre Packungsbeilage nach der nächsten Verlängerung der Zulassung oder Registrierung der zuständigen Behörde zu übersenden ist.

§ 130

Wer am 1. Februar 1987 als privater Sachverständiger zur Untersuchung von Proben nach § 65 Abs. 2 bestellt ist, darf diese Tätigkeit im bisherigen Umfang weiter ausüben.

§ 131

Für die Verpflichtung zur Vorlage oder Übersendung einer Fachinformation nach § 11a gilt § 128 für Arzneimittel, die sich bei Wirksamwerden des Beitritts in dem in Artikel 3 des Einigungsvertrages genannten Gebiet in Verkehr befinden, entsprechend.

**Vierter Unterabschnitt
Übergangsvorschriften aus Anlass des Fünften Gesetzes
zur Änderung des Arzneimittelgesetzes**

§ 132

(1) Arzneimittel, die sich am 17. August 1994 im Verkehr befinden und den Vorschriften der §§ 10 und 11 unterliegen, müssen ein Jahr nach der ersten auf den 17. August 1994 erfolgenden Verlängerung der Zulassung oder, soweit sie von der Zulassung freigestellt sind, zu dem in der Rechtsverordnung nach § 36 genannten Zeitpunkt, oder, soweit sie homöopathische Arzneimittel sind, fünf Jahre nach dem 17. August 1994 vom pharmazeutischen Unternehmer entsprechend den Vorschriften der §§ 10 und 11 in den Verkehr gebracht werden. Bis zu diesem Zeitpunkt dürfen Arzneimittel nach Satz 1

vom pharmazeutischen Unternehmer, nach diesem Zeitpunkt weiterhin von Groß- und Einzelhändlern mit einer Kennzeichnung und Packungsbeilage in den Verkehr gebracht werden, die den bis zum 17. August 1994 geltenden Vorschriften entspricht. § 109 bleibt unberührt.

(2) Der pharmazeutische Unternehmer hat für Fertigarzneimittel, die sich am 17. August 1994 in Verkehr befinden, mit dem ersten auf den 17. August 1994 gestellten Antrag auf Verlängerung der Zulassung der zuständigen Bundesoberbehörde den Wortlaut der Fachinformation vorzulegen, die § 11a in der Fassung dieses Gesetzes entspricht. § 128 Abs. 1 Satz 2 bleibt unberührt.

(2a) Eine Herstellungserlaubnis, die nicht dem § 16 entspricht, ist bis zum 17. August 1996 an § 16 anzupassen. Satz 1 gilt für § 72 entsprechend.

(2b) Wer am 17. August 1994 die Tätigkeit als Herstellungsleiter für die Herstellung oder als Kontrollleiter für die Prüfung von Blutzubereitungen ausübt und die Voraussetzungen des § 15 Abs. 3 in der bis zum 17. August 1994 geltenden Fassung erfüllt, darf diese Tätigkeit weiter ausüben.

(3) (weggefallen)

(4) § 39 Abs. 2 Nr. 4a und 5a findet keine Anwendung auf Arzneimittel, die bis zum 31. Dezember 1993 registriert worden sind, oder deren Registrierung bis zu diesem Zeitpunkt beantragt worden ist oder die nach § 105 Abs. 2 angezeigt worden sind und nach § 38 Abs. 1 Satz 3 in der vor dem 11. September 1998 geltenden Fassung in den Verkehr gebracht worden sind. § 39 Abs. 2 Nr. 4a findet ferner keine Anwendung auf Arzneimittel nach Satz 1, für die eine neue Registrierung beantragt wird, weil ein Bestandteil entfernt werden soll oder mehrere Bestandteile entfernt werden sollen oder der Verdünnungsgrad von Bestandteilen erhöht werden soll. § 39 Abs. 2 Nr. 4a und 5a findet ferner bei Entscheidungen über die Registrierung oder über ihre Verlängerung keine Anwendung auf Arzneimittel, die nach Art und Menge der Bestandteile und hinsichtlich der Darreichungsform mit den in Satz 1 genannten Arzneimitteln identisch sind. § 21 Abs. 2a Satz 5 und § 56a Abs. 2 Satz 5 gelten auch für zur Anwendung bei Tieren bestimmte Arzneimittel, deren Verdünnungsgrad die sechste Dezimalpotenz unterschreitet, sofern sie gemäß Satz 1 oder 2 registriert worden oder sie von der Registrierung freigestellt sind.

Fünfter Unterabschnitt
Übergangsvorschrift aus Anlass des Siebten Gesetzes zur Änderung des Arzneimittelgesetzes

§ 133

Die Anzeigepflicht nach § 67 in Verbindung mit § 69a gilt für die in § 59c genannten Betriebe, Einrichtungen und Personen, die bereits am 4. März 1998

Arzneimittelgesetz (AMG)

eine Tätigkeit im Sinne des § 59c ausüben mit der Maßgabe, dass die Anzeige spätestens bis zum 1. April 1998 zu erfolgen hat.

Sechster Unterabschnitt
Übergangsvorschriften aus Anlass des Transfusionsgesetzes

§ 134

Wer bei Inkrafttreten des Transfusionsgesetzes vom 1. Juli 1998 (BGBl. I S. 1752) die Tätigkeit als Herstellungsleiter für die Herstellung oder als Kontrollleiter für die Prüfung von Blutzubereitungen oder Sera aus menschlichem Blut ausübt und die Voraussetzungen des § 15 Abs. 3 in der bis zu dem genannten Zeitpunkt geltenden Fassung erfüllt, darf diese Tätigkeit weiter ausüben. Wer zu dem in Satz 1 genannten Zeitpunkt die Tätigkeit der Vorbehandlung von Personen zur Separation von Blutstammzellen oder anderen Blutbestandteilen nach dem Stand von Wissenschaft und Technik ausübt, darf diese Tätigkeit weiter ausüben.

Siebter Unterabschnitt
Übergangsvorschriften aus Anlass des Achten Gesetzes zur Änderung des Arzneimittelgesetzes

§ 135

(1) Arzneimittel, die sich am 11. September 1998 im Verkehr befinden und den Vorschriften der §§ 10 und 11 unterliegen, müssen ein Jahr nach der ersten auf den 11. September 1998 erfolgenden Verlängerung der Zulassung oder, soweit sie von der Zulassung freigestellt sind, zu dem in der Rechtsverordnung nach § 36 genannten Zeitpunkt oder, soweit sie homöopathische Arzneimittel sind, am 1. Oktober 2003 vom pharmazeutischen Unternehmer entsprechend den Vorschriften der §§ 10 und 11 in den Verkehr gebracht werden. Bis zu diesem Zeitpunkt dürfen Arzneimittel nach Satz 1 vom pharmazeutischen Unternehmer, nach diesem Zeitpunkt weiterhin von Groß- und Einzelhändlern mit einer Kennzeichnung und Packungsbeilage in den Verkehr gebracht werden, die den bis zum 11. September 1998 geltenden Vorschriften entspricht. § 109 bleibt unberührt.

(2) Wer am 11. September 1998 die Tätigkeit als Herstellungs- oder Kontrollleiter für die in § 15 Abs. 3a genannten Arzneimittel oder Wirkstoffe befugt ausübt, darf diese Tätigkeit im bisherigen Umfang weiter ausüben. § 15 Abs. 4 findet bis zum 1. Oktober 2001 keine Anwendung auf die praktische Tätigkeit für die Herstellung von Arzneimitteln und Wirkstoffen nach § 15 Abs. 3a.

Arzneimittelgesetz (AMG)

(3) Homöopathische Arzneimittel, die sich am 11. September 1998 im Verkehr befinden und für die bis zum 1. Oktober 1999 ein Antrag auf Registrierung gestellt worden ist, dürfen abweichend von § 38 Abs. 1 Satz 3 bis zur Entscheidung über die Registrierung in den Verkehr gebracht werden, sofern sie den bis zum 11. September 1998 geltenden Vorschriften entsprechen.

(4) § 41 Nr. 6 findet in der geänderten Fassung keine Anwendung auf Einwilligungserklärungen, die vor dem 11. September 1998 abgegeben worden sind.

Achter Unterabschnitt
Übergangsvorschriften aus Anlass des Zehnten Gesetzes zur Änderung des Arzneimittelgesetzes

§ 136

(1) Für Arzneimittel, bei denen die nach § 105 Abs. 3 Satz 1 beantragte Verlängerung bereits erteilt worden ist, sind die in § 105 Abs. 4a Satz 1 bezeichneten Unterlagen spätestens mit dem Antrag nach § 31 Abs. 1 Nr. 3 vorzulegen. Bei diesen Arzneimitteln ist die Zulassung zu verlängern, wenn kein Versagungsgrund nach § 25 Abs. 2 vorliegt; für weitere Verlängerungen findet § 31 Anwendung.

(1a) Auf Arzneimittel nach § 105 Abs. 3 Satz 1, die nach einer nicht im Homöopathischen Teil des Arzneibuchs beschriebenen Verfahrenstechnik hergestellt sind, findet § 105 Abs. 3 Satz 2 in der bis zum 12. Juli 2000 geltenden Fassung bis zu einer Entscheidung der Kommission nach § 55 Abs. 6 über die Aufnahme dieser Verfahrenstechnik Anwendung, sofern bis zum 1. Oktober 2000 ein Antrag auf Aufnahme in den Homöopathischen Teil des Arzneibuchs gestellt wurde.

(2) Für Arzneimittel, bei denen dem Antragsteller vor dem 12. Juli 2000 Mängel bei der Wirksamkeit oder Unbedenklichkeit mitgeteilt worden sind, findet § 105 Abs. 3a in der bis zum 12. Juli 2000 geltenden Fassung Anwendung.

(2a) § 105 Abs. 3a Satz 2 findet in der bis zum 12. Juli 2000 geltenden Fassung bis zum 31. Januar 2001 mit der Maßgabe Anwendung, dass es eines Mängelbescheides nicht bedarf und eine Änderung nur dann zulässig ist, sofern sie sich darauf beschränkt, dass ein oder mehrere bislang enthaltene arzneilich wirksame Bestandteile nach der Änderung nicht mehr enthalten sind.

(3) Für Arzneimittel, die nach einer im Homöopathischen Teil des Arzneibuches beschriebenen Verfahrenstechnik hergestellt worden sind, gilt § 105 Abs. 5c weiter in der vor dem 12. Juli 2000 geltenden Fassung.

Arzneimittelgesetz (AMG)

Neunter Unterabschnitt
Übergangsvorschriften aus Anlass des Elften Gesetzes zur Änderung des Arzneimittelgesetzes

§ 137

Abweichend von § 13 Abs. 2, § 47 Abs. 1 Nr. 6, § 56 Abs. 2 Satz 2 und Abs. 5 Satz 1 dürfen Fütterungsarzneimittel noch bis zum 31. Dezember 2005 nach den bis zum 1. November 2002 geltenden Regelungen hergestellt, in Verkehr gebracht und angewendet werden.

Bis zum 31. Dezember 2005 darf die Herstellung eines Fütterungsarzneimittels dabei abweichend von § 56 Abs. 2 Satz 1 aus höchstens drei Arzneimittel-Vormischungen, die jeweils zur Anwendung bei der zu behandelnden Tierart zugelassen sind, erfolgen, sofern

1. für das betreffende Anwendungsgebiet eine zugelassene Arzneimittel-Vormischung nicht zur Verfügung steht,

2. im Einzelfall im Fütterungsarzneimittel nicht mehr als zwei antibiotikahaltige ArzneimittelVormischungen enthalten sind und

3. eine homogene und stabile Verteilung der wirksamen Bestandteile in dem Fütterungsarzneimittel gewährleistet ist.

Abweichend von Satz 2 Nr. 2 darf im Fütterungsarzneimittel nur eine antibiotikahaltige Arzneimittel-Vormischung enthalten sein, sofern diese zwei oder mehr antibiotisch wirksame Stoffe enthält.

Zehnter Unterabschnitt
Übergangvorschriften aus Anlass des Zwölften Gesetzes zur Änderung des Arzneimittelgesetzes

§ 138

(1) Für die Herstellung und Einfuhr von Wirkstoffen, die mikrobieller Herkunft sind, sowie von anderen zur Arzneimittelherstellung bestimmten Stoffen menschlicher Herkunft, die gewerbs- oder berufsmäßig zum Zwecke der Abgabe an andere hergestellt oder in den Geltungsbereich dieses Gesetzes verbracht werden, finden die §§ 13, 72 und 72a in der bis zum 5. August 2004 geltenden Fassung bis zum 1. September 2006 Anwendung, es sei denn, es handelt sich um zur Arzneimittelherstellung bestimmtes Blut und Blutbestandteile menschlicher Herkunft. Wird Blut zur Aufbereitung oder Vermehrung von autologen Körperzellen im Rahmen der Gewebezüchtung zur Geweberegeneration entnommen und ist dafür noch keine Herstellungserlaubnis beantragt worden, findet § 13 bis zum 1. September 2006 keine Anwendung.

Arzneimittelgesetz (AMG)

(2) Wer am 5. August 2004 befugt ist, die Tätigkeit des Herstellungs- oder Kontrollleiters auszüben, darf diese Tätigkeit abweichend von § 15 Abs. 1 weiter ausüben.

(3) Für klinische Prüfungen von Arzneimitteln bei Menschen, für die vor dem 6. August 2004 die nach § 40 Abs. 1 Satz 2 in der bis zum 6. August 2004 geltenden Fassung erforderlichen Unterlagen der für den Leiter der klinischen Prüfung zuständigen Ethik-Kommission vorgelegt worden sind, finden die §§ 40 bis 42, 96 Nr. 10 und § 97 Abs. 2 Nr. 9 in der bis zum 6. August 2004 geltenden Fassung Anwendung.

(4) Wer die Tätigkeit des Großhandels mit Arzneimitteln am 6. August 2004 befugt ausübt und bis zum 1. Dezember 2004 nach § 52a Abs. 1 einen Antrag auf Erteilung einer Erlaubnis zum Betrieb eines Großhandels mit Arzneimitteln gestellt hat, darf abweichend von § 52a Abs. 1 bis zur Entscheidung über den gestellten Antrag die Tätigkeit des Großhandels mit Arzneimitteln ausüben; § 52a Abs. 3 Satz 2 bis 3 findet keine Anwendung.

(5) Eine amtliche Anerkennung, die auf Grund der Rechtsverordnung nach § 54 Abs. 2a für den Großhandel mit zur Anwendung bei Tieren bestimmten Arzneimitteln erteilt wurde, gilt als Erlaubnis im Sinne des § 52a für den Großhandel mit zur Anwendung bei Tieren bestimmten Arzneimitteln. Der Inhaber der Anerkennung hat bis zum 1. März 2005 der zuständigen Behörde dem § 52a Abs. 2 entsprechende Unterlagen und Erklärungen vorzulegen.

(6) Wer andere Stoffe als Wirkstoffe, die menschlicher oder tierischer Herkunft sind oder auf gentechnischem Wege hergestellt werden, am 6. August 2004 befugt ohne Einfuhrerlaubnis nach § 72 in den Geltungsbereich dieses Gesetzes verbracht hat, darf diese Tätigkeit bis zum 1. September 2005 weiter ausüben.

(7) Arzneimittel, die vor dem 30. Oktober 2005 von der zuständigen Bundesoberbehörde zugelassen worden sind, dürfen abweichend von § 10 Abs. 1b von pharmazeutischen Unternehmern bis zur nächsten Verlängerung der Zulassung, jedoch nicht länger als bis zum 30. Oktober 2007, weiterhin in den Verkehr gebracht werden. Arzneimittel, die von pharmazeutischen Unternehmern gemäß Satz 1 in den Verkehr gebracht worden sind, dürfen abweichend von § 10 Abs. 1b von Groß- und Einzelhändlern weiterhin in den Verkehr gebracht werden.

Arzneimittelgesetz (AMG)

Elfter Unterabschnitt
Übergangsvorschriften aus Anlass des Ersten Gesetzes zur Änderung des Transfusionsgesetzes und arzneimittelrechtlicher Vorschriften

§ 139

Wer bei Inkrafttreten von Artikel 2 Nr. 3 des Ersten Gesetzes zur Änderung des Tranfusionsgesetzes und arzneimittelrechtlicher Vorschriften vom 10. Februar 2005 (BGBl. I S. 234) die Tätigkeit als Herstellungsleiter oder als Kontrollleiter für die Prüfung von Blutstammzellenzubereitungen ausübt und die Voraussetzungen des 15 Abs. 3 in der bis zu diesem Zeitpunkt geltenden Fassung erfüllt, darf diese Tätigkeit weiter ausüben.

Zwölfter Unterabschnitt
Übergangsvorschriften aus Anlass des Dreizehnten Gesetzes zur Änderung des Arzneimittelgesetzes

§ 140

Abweichend von § 56a Abs. 2 und § 73 Abs. 3 dürfen Arzneimittel bei Tieren, die nicht der Gewinnung von Lebensmitteln dienen, noch bis zum 29. Oktober 2005 nach den bis zum 1. September 2005 geltenden Regelungen in den Geltungsbereich dieses Gesetzes verbracht, verschrieben, abgegeben und angewandt werden.

Dreizehnter Unterabschnitt
Übergangsvorschriften aus Anlass des Vierzehnten Gesetzes zur Änderung des Arzneimittelgesetzes

§ 141

(1) Arzneimittel, die sich am 5. September 2005 im Verkehr befinden und den Vorschriften der §§ 10 und 11 unterliegen, müssen zwei Jahre nach der ersten auf den 6. September 2005 folgenden Verlängerung der Zulassung oder Registrierung oder, soweit sie von der Zulassung oder Registrierung freigestellt sind, zu dem in der Rechtsverordnung nach § 36 oder § 39 genannten Zeitpunkt oder, soweit sie keiner Verlängerung bedürfen, am 1. Januar 2009 vom pharmazeutischen Unternehmer entsprechend den Vorschriften der §§ 10 und 11 in den Verkehr gebracht werden. Bis zu den jeweiligen Zeitpunkten nach Satz 1 dürfen Arzneimittel vom pharmazeutischen Unternehmer, nach diesen Zeitpunkten weiter von Groß- und Einzelhändlern mit einer Kennzeichnung und Packungsbeilage in den Verkehr gebracht werden, die den bis

Arzneimittelgesetz (AMG)

zum 5. September 2005 geltenden Vorschriften entspricht. § 109 bleibt unberührt.

(2) Der pharmazeutische Unternehmer hat für Fertigarzneimittel, die sich am 5. September 2005 im Verkehr befinden, mit dem ersten nach dem 6. September 2005 gestellten Antrag auf Verlängerung der Zulassung der zuständigen Bundesoberbehörde den Wortlaut der Fachinformation vorzulegen, die § 11a entspricht; soweit diese Arzneimittel keiner Verlängerung bedürfen, gilt die Verpflichtung vom 1. Januar 2009 an.

(3) Eine Person, die die Sachkenntnis nach § 15 nicht hat, aber am 5. September 2005 befugt ist, die in § 19 beschriebenen Tätigkeiten einer sachkundigen Person auszuüben, gilt als sachkundige Person nach § 14.

(4) Fertigarzneimittel, die sich am 5. September 2005 im Verkehr befinden und nach dem 6. September 2005 nach § 4 Abs. 1 erstmalig der Zulassungspflicht nach § 21 unterliegen, dürfen weiter in den Verkehr gebracht werden, wenn für sie bis zum 1. September 2008 ein Antrag auf Zulassung gestellt worden ist.

(5) Die Zeiträume für den Unterlagenschutz nach § 24b Abs. 1, 4, 7 und 8 gelten nicht für Referenzarzneimittel, deren Zulassung vor dem 30. Oktober 2005 beantragt wurde; für diese Arzneimittel gelten die Schutzfristen nach § 24a in der bis zum Ablauf des 5. September 2005 geltenden Fassung und beträgt der Zeitraum in § 24b Abs. 4 zehn Jahre.

(6) Für Arzneimittel, deren Zulassung vor dem 1. Januar 2001 verlängert wurde, findet § 31 Abs. 1 Nr. 3 in der bis zum 5. September 2005 geltenden Fassung Anwendung; § 31 Abs. 1a gilt für diese Arzneimittel erst dann, wenn sie nach dem 6. September 2005 verlängert worden sind. Für Zulassungen, deren fünfjährige Geltungsdauer bis zum 1. Juli 2006 endet, gilt weiterhin die Frist des § 31 Abs. 1 Nr. 3 in der vor dem 6. September 2005 geltenden Fassung. Die zuständige Bundesoberbehörde kann für Arzneimittel, deren Zulassung nach dem 1. Januar 2001 und vor dem 6. September 2005 verlängert wurde, das Erfordernis einer weiteren Verlängerung anordnen, sofern dies erforderlich ist, um das sichere Inverkehrbringen des Arzneimittels weiterhin zu gewährleisten. Vor dem 6. September 2005 gestellte Anträge auf Verlängerung von Zulassungen, die nach diesem Absatz keiner Verlängerung mehr bedürfen, gelten als erledigt. Die Sätze 1 und 4 gelten entsprechend für Registrierungen. Zulassungsverlängerungen oder Registrierungen von Arzneimitteln, die nach § 105 Abs. 1 als zugelassen galten, gelten als Verlängerung im Sinne dieses Absatzes. § 136 Abs. 1 bleibt unberührt.

(7) Der Inhaber der Zulassung hat für ein Arzneimittel, das am 5. September 2005 zugelassen ist, sich aber zu diesem Zeitpunkt nicht im Verkehr befindet, der zuständigen Bundesoberbehörde unverzüglich anzuzeigen, dass das betreffende Arzneimittel nicht in den Verkehr gebracht wird.

(8) Für Widersprüche, die vor dem 5. September 2005 erhoben wurden, findet § 33 in der bis zum 5. September 2005 geltenden Fassung Anwendung.

Arzneimittelgesetz (AMG)

(9) § 25 Abs. 9 und § 34 Abs. 1a sind nicht auf Arzneimittel anzuwenden, deren Zulassung vor dem 6. September 2005 beantragt wurde.

(10) Auf Arzneimittel, die bis zum 6. September 2005 als homöopathische Arzneimittel registriert worden sind oder deren Registrierung vor dem 30. April 2005 beantragt wurde, sind die bis dahin geltenden Vorschriften weiter anzuwenden. Das Gleiche gilt für Arzneimittel, die nach § 105 Abs. 2 angezeigt worden sind und nach § 38 Abs. 1 Satz 3 in der vor dem 11. September 1998 geltenden Fassung in den Verkehr gebracht worden sind. § 39 Abs. 2 Nr. 5b findet ferner bei Entscheidungen über die Registrierung oder über ihre Verlängerung keine Anwendung auf Arzneimittel, die nach Art und Menge der Bestandteile und hinsichtlich der Darreichungsform mit den in Satz 1 genannten Arzneimitteln identisch sind.

(11) § 48 Abs. 1 Satz 1 Nr. 2 ist erst ab dem Tag anzuwenden, an dem eine Rechtsverordnung nach § 48 Abs. 6 Satz 1 in Kraft getreten ist, spätestens jedoch am 1. Januar 2008. Das Bundesministerium für Ernährung, Landwirtschaft und Verbraucherschutz gibt den Tag nach Satz 1 im Bundesgesetzblatt bekannt.

(12) § 56a Abs. 2a ist erst anzuwenden, nachdem die dort genannte Liste erstellt und vom Bundesministerium für Ernährung, Landwirtschaft und Verbraucherschutz im Bundesanzeiger bekannt gemacht oder, sofern sie Teil eines unmittelbar geltenden Rechtsaktes der Europäischen Gemeinschaft oder der Europäischen Union ist, im Amtsblatt der Europäischen Union veröffentlicht worden ist.

(13) Für Arzneimittel, die sich am 5. September 2005 im Verkehr befinden und für die zu diesem Zeitpunkt die Berichtspflicht nach § 63b Abs. 5 Satz 2 in der bis zum 5. September 2005 geltenden Fassung besteht, findet § 63b Abs. 5 Satz 3 nach dem nächsten auf den 6. September 2005 vorzulegenden Bericht Anwendung.

(14) Die Zulassung eines traditionellen pflanzlichen Arzneimittels, die nach § 105 in Verbindung mit § 109a verlängert wurde, erlischt am 30. April 2011, es sei denn, dass vor dem 1. Januar 2009 ein Antrag auf Zulassung oder Registrierung nach § 39a gestellt wurde. Die Zulassung nach § 105 in Verbindung mit § 109a erlischt ferner nach Entscheidung über den Antrag auf Zulassung oder Registrierung nach § 39a. Nach der Entscheidung darf das Arzneimittel noch zwölf Monate in der bisherigen Form in den Verkehr gebracht werden.

Arzneimittelgesetz (AMG)

Vierzehnter Unterabschnitt
Übergangsvorschriften aus Anlass des Gewebegesetzes

§ 142

(1) Eine Person, die am 1. August 2007 als sachkundige Person die Sachkenntnis nach § 15 Abs. 3a in der bis zu diesem Zeitpunkt geltenden Fassung besitzt, darf die Tätigkeit als sachkundige Person weiter ausüben.

(2) Wer für Gewebe oder Gewebezubereitungen bis zum 1. Oktober 2007 eine Erlaubnis nach § 20b Abs. 1 oder Abs. 2 oder § 20c Abs. 1 oder eine Herstellungserlaubnis nach § 13 Abs. 1 oder bis zum 1. Februar 2008 eine Genehmigung nach § 21a Abs. 1 oder bis zum 30. September 2008 eine Zulassung nach § 21 Abs. 1 beantragt hat, darf diese Gewebe oder Gewebezubereitungen weiter gewinnen, im Labor untersuchen, be- oder verarbeiten, konservieren, lagern oder in den Verkehr bringen, bis über den Antrag entschieden worden ist.

(3) Wer am 1. August 2007 für Gewebe oder Gewebezubereitungen im Sinne von § 20b Abs. 1 oder § 20c Abs. 1 eine Herstellungserlaubnis nach § 13 Abs. 1 oder für Gewebezubereitungen im Sinne von § 21a Abs. 1 eine Zulassung nach § 21 Abs. 1 besitzt, muss keinen neuen Antrag nach § 20b Abs. 1, § 20c Abs. 1 oder § 21a Abs. 1 stellen.

Fünfzehnter Unterabschnitt
Übergangsvorschriften aus Anlass des Gesetzes zur Verbesserung der Bekämpfung des Dopings im Sport

§ 143

(1) Fertigarzneimittel, die vor dem 1. November 2007 von der zuständigen Bundesoberbehörde zugelassen worden sind und den Vorschriften des § 6a Abs. 2 Satz 2 bis 4 unterliegen, dürfen auch ohne die in § 6a Abs. 2 Satz 2 und 3 vorgeschriebenen Hinweise in der Packungsbeilage von pharmazeutischen Unternehmern bis zur nächsten Verlängerung der Zulassung, jedoch nicht länger als bis zum 31. Dezember 2008, in den Verkehr gebracht werden.

(2) Wird ein Stoff oder eine Gruppe von Stoffen in den Anhang des Übereinkommens vom 16. November 1989 gegen Doping (BGBl. 1994 II S. 334) aufgenommen, dürfen Arzneimittel, die zum Zeitpunkt der Bekanntmachung des geänderten Anhangs im Bundesgesetzblatt zugelassen sind und die einen dieser Stoffe enthalten, auch ohne die in § 6a Abs. 2 Satz 2 und 3 vorgeschriebenen Hinweise in der Packungsbeilage von pharmazeutischen Unternehmern bis zur nächsten Verlängerung der Zulassung, jedoch nicht länger als bis zum Ablauf eines Jahres nach der Bekanntmachung des Anhangs im Bundes-

gesetzblatt, in den Verkehr gebracht werden. Satz 1 gilt entsprechend für Stoffe, die zur Verwendung bei verbotenen Methoden bestimmt sind.

(3) Arzneimittel, die von pharmazeutischen Unternehmern gemäß Absatz 1 in den Verkehr gebracht worden sind, dürfen von Groß- und Einzelhändlern weiter ohne die in § 6a Abs. 2 Satz 2 und 3 vorgeschriebenen Hinweise in der Packungsbeilage in den Verkehr gebracht werden.

(4) Die in Absatz 1 und 2 genannten Fristen gelten entsprechend für die Anpassung des Wortlauts der Fachinformation.

Sechzehnter Unterabschnitt
Übergangsvorschriften aus Anlass des Gesetzes zur Änderung arzneimittelrechtlicher und anderer Vorschriften

§ 144

(1) Wer die in § 4b Absatz 1 genannten Arzneimittel für neuartige Therapien am 23. Juli 2009 befugt herstellt und bis zum 1. Januar 2010 eine Herstellungserlaubnis beantragt, darf diese Arzneimittel bis zur Entscheidung über den gestellten Antrag weiter herstellen.

(2) Wer die in § 4b Absatz 1 genannten Arzneimittel für neuartige Therapien mit Ausnahme von biotechnologisch bearbeiteten Gewebeprodukten am 23. Juli 2009 befugt in den Verkehr bringt und bis zum 1. August 2010 eine Genehmigung nach § 4b Absatz 3 Satz 1 beantragt, darf diese Arzneimittel bis zur Entscheidung über den gestellten Antrag weiter in den Verkehr bringen.

(3) Wer biotechnologisch bearbeitete Gewebeprodukte im Sinne von § 4b Absatz 1 am 23. Juli 2009 befugt in den Verkehr bringt und bis zum 1. Januar 2011 eine Genehmigung nach § 4b Absatz 3 Satz 1 beantragt, darf diese Arzneimittel bis zur Entscheidung über den gestellten Antrag weiter in den Verkehr bringen.

(4) Eine Person, die am 23. Juli 2009 als sachkundige Person die Sachkenntnis nach § 15 Absatz 3a in der bis zu diesem Zeitpunkt geltenden Fassung besitzt, darf die Tätigkeit als sachkundige Person weiter ausüben.

(4a) Eine Person, die vor dem 23. Juli 2009 als sachkundige Person die Sachkenntnis nach § 15 Absatz 1 und 2 für Arzneimittel besaß, die durch die Neufassung von § 4 Absatz 3 in der ab dem 23. Juli 2009 geltenden Fassung Sera sind und einer Sachkenntnis nach § 15 Absatz 3 bedürfen, durfte die Tätigkeit als sachkundige Person vom 23. Juli 2009 bis zum 26. Oktober 2012 weiter ausüben. Dies gilt auch für eine Person, die ab dem 23. Juli 2009 als sachkundige Person die Sachkenntnis nach § 15 Absatz 1 und 2 für diese Arzneimittel besaß.

(5) Wer am 23. Juli 2009 für die Gewinnung oder die Laboruntersuchung von autologem Blut zur Herstellung von biotechnologisch bearbeiteten Gewebe-

Arzneimittelgesetz (AMG)

produkten eine Herstellungserlaubnis nach § 13 Absatz 1 besitzt, bedarf keiner neuen Erlaubnis nach § 20b Absatz 1 oder 2.

(6) Die Anzeigepflicht nach § 67 Absatz 5 besteht ab dem 1. Januar 2010 für Arzneimittel, die am 23. Juli 2009 bereits in den Verkehr gebracht werden.

(7) Wer am 23. Juli 2009 Arzneimittel nach § 4a Satz 1 Nummer 3 in der bis zum 23. Juli 2009 geltenden Fassung herstellt, muss dies der zuständigen Behörde nach § 67 bis zum 1. Februar 2010 anzeigen. Wer am 23. Juli 2009 eine Tätigkeit nach § 4a Satz 1 Nummer 3 in der bis zum 23. Juli 2009 geltenden Fassung ausübt, für die es einer Erlaubnis nach den §§ 13, 20b oder § 20c bedarf, und bis zum 1. August 2011 die Erlaubnis beantragt hat, darf diese Tätigkeit bis zur Entscheidung über den Antrag weiter ausüben.

Siebzehnter Unterabschnitt

§ 145
Übergangsvorschriften aus Anlass des Gesetzes zur Neuordnung des Arzneimittelmarktes

Für Arzneimittel, die zum Zeitpunkt des Inkrafttretens bereits zugelassen sind, haben der pharmazeutische Unternehmer und der Sponsor die nach § 42b Absatz 1 und 2 geforderten Berichte erstmals spätestens 18 Monate nach Inkrafttreten des Gesetzes der zuständigen Bundesoberbehörde zur Verfügung zu stellen. Satz 1 findet Anwendung für klinische Prüfungen, für die die §§ 40 bis 42 in der ab dem 6. August 2004 geltenden Fassung Anwendung gefunden haben.

Achtzehnter Unterabschnitt
Übergangsvorschrift

§ 146
Übergangsvorschriften aus Anlass des Zweiten Gesetzes zur Änderung arzneimittelrechtlicher und anderer Vorschriften

(1) Arzneimittel, die sich am 26. Oktober 2012 im Verkehr befinden und der Vorschrift des § 10 Absatz 1 Nummer 2 unterliegen, müssen zwei Jahre nach der ersten auf den 26. Oktober 2012 folgenden Verlängerung der Zulassung oder Registrierung oder soweit sie von der Zulassung oder Registrierung freigestellt sind oder soweit sie keiner Verlängerung bedürfen, am 26. Oktober 2014 vom pharmazeutischen Unternehmer entsprechend der Vorschrift des § 10 Absatz 1 Nummer 2 in den Verkehr gebracht werden. Bis zu den jeweiligen Zeitpunkten nach Satz 1 dürfen Arzneimittel vom pharmazeutischen Unternehmer, nach diesen Zeitpunkten weiter von Groß- und Einzelhändlern mit einer Kennzeichnung in den Verkehr gebracht werden, die der bis zum 26. Oktober 2012 geltenden Vorschrift entspricht.

Arzneimittelgesetz (AMG)

(2) Arzneimittel, die sich am 26. Oktober 2012 im Verkehr befinden und der Vorschrift des § 11 unterliegen, müssen hinsichtlich der Aufnahme des Standardtextes nach § 11 Absatz 1 Satz 1 Nummer 5 zwei Jahre nach der ersten auf die Bekanntmachung nach § 11 Absatz 1b zu dem Standardtext nach § 11 Absatz 1 Satz 1 Nummer 5 folgenden Verlängerung der Zulassung oder Registrierung oder, soweit sie von der Zulassung freigestellt sind, oder, soweit sie keiner Verlängerung bedürfen, zwei Jahre, oder, soweit sie nach § 38 registrierte oder nach § 38 oder § 39 Absatz 3 von der Registrierung freigestellte Arzneimittel sind, fünf Jahre nach der Bekanntmachung nach § 11 Absatz 1b zu dem Standardtext nach § 11 Absatz 1 Satz 1 Nummer 5 vom pharmazeutischen Unternehmer entsprechend der Vorschrift des § 11 in den Verkehr gebracht werden. Bis zu den jeweiligen Zeitpunkten nach Satz 1 dürfen Arzneimittel vom pharmazeutischen Unternehmer, nach diesen Zeitpunkten weiter von Groß- und Einzelhändlern mit einer Packungsbeilage in den Verkehr gebracht werden, die der bis zum 26. Oktober 2012 geltenden Vorschrift entspricht.

(2a) Wer am 26. Oktober 2012 Arzneimittel nach § 13 Absatz 2a Satz 2 Nummer 1 oder 3 herstellt, hat dies der zuständigen Behörde nach § 13 Absatz 2a Satz 3 bis zum 26. Februar 2013 anzuzeigen.

(3) Der pharmazeutische Unternehmer hat hinsichtlich der Aufnahme des Standardtextes nach § 11a Absatz 1 Satz 3 für Fertigarzneimittel, die sich am 26. Oktober 2012 im Verkehr befinden, mit dem ersten nach der Bekanntmachung nach § 11a Absatz 1 Satz 9 zu dem Standardtext nach § 11a Absatz 3 Satz 1 gestellten Antrag auf Verlängerung der Zulassung der zuständigen Bundesoberbehörde den Wortlaut der Fachinformation vorzulegen, die § 11a entspricht; soweit diese Arzneimittel keiner Verlängerung bedürfen, gilt die Verpflichtung zwei Jahre nach der Bekanntmachung.

(4) Für Zulassungen oder Registrierungen, deren fünfjährige Geltungsdauer bis zum 26. Oktober 2013 endet, gilt weiterhin die Frist des § 31 Absatz 1 Satz 1 Nummer 3, des § 39 Absatz 2c und des § 39c Absatz 3 Satz 1 in der bis zum 26. Oktober 2012 geltenden Fassung.

(5) Die Verpflichtung nach § 22 Absatz 2 Satz 1 Nummer 5a gilt nicht für Arzneimittel, die vor dem 26. Oktober 2012 zugelassen worden sind oder für die ein ordnungsgemäßer Zulassungsantrag bereits vor dem 26. Oktober 2012 gestellt worden ist.

(6) Wer die Tätigkeit des Großhandels bis zum 26. Oktober 2012 befugt ausübt und bis zum 26. Februar 2013 einen Antrag auf Erteilung einer Erlaubnis zum Betrieb eines Großhandels mit Arzneimitteln gestellt hat, darf abweichend von § 52a Absatz 1 bis zur Entscheidung über den gestellten Antrag die Tätigkeit des Großhandels mit Arzneimitteln ausüben; § 52a Absatz 3 Satz 2 bis 3 findet keine Anwendung.

(7) Die Verpflichtung nach § 63b Absatz 2 Nummer 3 gilt für Arzneimittel, die vor dem 26. Oktober 2012 zugelassen wurden, ab dem 21. Juli 2015 oder, falls

dies früher eintritt, ab dem Datum, an dem die Zulassung verlängert wird. Die Verpflichtung nach § 63b Absatz 2 Nummer 3 gilt für Arzneimittel, für die vor dem 26. Oktober 2012 ein ordnungsgemäßer Zulassungsantrag gestellt worden ist, ab dem 21. Juli 2015.

(8) Die §§ 63f und 63g finden Anwendung auf Prüfungen, die nach dem 26. Oktober 2012 begonnen wurden.

(9) Wer am 2. Januar 2013 eine Tätigkeit als Arzneimittelvermittler befugt ausübt und seine Tätigkeit bei der zuständigen Behörde bis zum 2. Mai 2013 anzeigt, darf diese Tätigkeit bis zur Entscheidung über die Registrierung nach § 52c weiter ausüben.

(10) Betriebe und Einrichtungen, die sonst mit Wirkstoffen Handel treiben, müssen ihre Tätigkeit bis zum 26. April 2013 bei der zuständigen Behörde anzeigen.

(11) Wer zum Zweck des Einzelhandels Arzneimittel, die zur Anwendung bei Menschen bestimmt sind, im Wege des Versandhandels über das Internet anbietet, muss seine Tätigkeit unter Angabe der in § 67 Absatz 8 erforderlichen Angaben bis zum ... [einsetzen: Datum vier Monate nach dem Inkrafttreten nach Artikel 15 Absatz 4] bei der zuständigen Behörde anzeigen.*

(12) Die in § 94 Absatz 1 Satz 3 Nummer 1 genannten Anforderungen finden für Rückversicherungsverträge ab dem 1. Januar 2014 Anwendung.

Neunzehnter Unterabschnitt
Übergangsvorschrift

§ 147
Übergangsvorschrift aus Anlass des Dritten Gesetzes zur Änderung arzneimittelrechtlicher und anderer Vorschriften

Für nichtinterventionelle Unbedenklichkeitsprüfungen nach § 63f und Untersuchungen nach § 67 Absatz 6, die vor dem 13. August 2013 begonnen wurden, finden § 63f Absatz 4 und § 67 Absatz 6 bis zum 31. Dezember 2013 in der bis zum 12. August 2013 geltenden Fassung Anwendung.

---

* Hinweis der Schriftleitung:
Der in Artikel 15 Absatz 4 in Bezug genommene Durchführungsrechtsakt der Europäischen Kommission ist bislang noch nicht erlassen.

Arzneimittelgesetz (AMG)

Anhang
(zu § 6a Abs. 2a)

Stoffe gemäß § 6a Abs. 2a Satz 1 sind:

I. Anabole Stoffe

1. Anabol-androgene Steroide

a) Exogene anabol-androgene Steroide

1-Androstendiol
1-Androstendion
Bolandiol
Bolasteron
Boldenon
Boldion
Calusteron
Clostebol
Danazol
Dehydrochlormethyltestosteron
Desoxymethyltestosteron
Drostanolon
Ethylestrenol
Fluoxymesteron
Formebolon
Furazabol
Gestrinon
4-Hydroxytestosteron
Mestanolon
Mesterolon
Metandienon
Metenolon
Methandriol
Methasteron
Methyldienolon
Methyl-1-testosteron
Methylnortestosteron
Methyltestosteron
Metribolon, synonym Methyltrienolon
Miboleron
Nandrolon
19-Norandrostendion
Norboleton
Norclostebol
Norethandrolon
Oxabolon
Oxandrolon

Arzneimittelgesetz (AMG)

Oxymesteron
Oxymetholon
Prostanozol
Quinbolon
Stanozolol
Stenbolon
1-Testosteron
Tetrahydrogestrinon
Trenbolon
Andere mit anabol-androgenen Steroiden verwandte Stoffe

b) Endogene anabol-androgene Steroide

Androstendiol
Androstendion
Androstanolon, synonym Dihydrotestosteron
Prasteron, synonym Dehydroepiandrosteron (DHEA)
Testosteron

2. Andere anabole Stoffe

Clenbuterol
Selektive Androgen-Rezeptor-Modulatoren (SARMs)
Tibolon
Zeranol
Zilpaterol

II. Peptidhormone, Wachstumsfaktoren und verwandte Stoffe

1. Erythropoese stimulierende Stoffe

Erythropoetin human (EPO)
Epoetin alfa, beta, delta, omega, theta, zeta und analoge rekombinante humane Erythropoetine
Darbepoetin alfa (dEPO)
Methoxy-Polyethylenglycol-Epoetin beta, synonym PEG-Epoetin beta, Continuous Erythropoiesis Receptor Activator (CERA)
Peginesatid, synonym Hematid

2. Choriongonadotropin (CG) und Luteinisierendes Hormon (LH)

Choriongonadotropin (HCG)
Choriogonadotropin al fa
Lutropin alfa

3. Corticotropine

Corticotropin
Tetracosactid

Arzneimittelgesetz (AMG)

4. Wachstumshormon, Releasingfaktoren, Releasingpeptide und Wachstumsfaktoren

Somatropin, synonym Wachstumshormon human, Growth Hormone (GH)
Somatrem, synonym Somatotropin (methionyl), human
Wachstumshormon-Releasingfaktoren, synonym Growth Hormone Releasing Hormones (GHRH)
Sermorelin
Somatorelin
Wachstumshormon-Releasingpeptide, synonym Growth Hormone Releasing Peptides (GHRP)
Mecasermin, synonym Insulin-ähnlicher Wachstumsfaktor 1, Insulin-like Growth Factor-1 (IGF-1)
IGF-1-Analoga

III. Hormone und Stoffwechsel-Modulatoren

1. Aromatasehemmer

Aminoglutethimid
Anastrozol
Androsta-1,4,6-trien-3,17-dion, synonym Androstatriendion
4-Androsten-3,6,17-trion (6-oxo)
Exemestan
Formestan
Letrozol
Testolacton

2. Selektive Estrogen-Rezeptor-Modulatoren (SERMs)

Raloxifen
Tamoxifen
Toremifen

3. Andere antiestrogen wirkende Substanzen

Clomifen
Cyclofenil
Fulvestrant

4. Myostatinfunktionen verändernde Stoffe

Myostatinhemmer
Stamulomab

5. Stoffwechsel-Modulatoren

Insuline
PPARδ (Peroxisome Proliferator Activated Receptor Delta)-Agonisten, synonym PPAR-delta-Agonisten
GW051516, synonym GW 1516

AMPK (PPARδ-AMP-activated protein kinase)-Axis-Agonisten
AICAR

IV. (weggefallen)

Die Aufzählung schließt die verschiedenen Salze, Ester, Ether, Isomere, Mischungen von Isomeren, Komplexe oder Derivate mit ein.

Arzneimittelgesetz (AMG)

… (Heilmittelwerbegesetz (HWG))

Gesetz
über die Werbung auf dem Gebiete des Heilwesens
(Heilmittelwerbegesetz – HWG)

in der Fassung der Bekanntmachung vom 19. Oktober 1994
(BGBl. I S. 3068),

zuletzt geändert durch Artikel 1a des Gesetzes vom 7. August 2013
(BGBl. I S. 3108)

§ 1

(1) Dieses Gesetz findet Anwendung auf die Werbung für

1. Arzneimittel im Sinne des § 2 des Arzneimittelgesetzes,

1a. Medizinprodukte im Sinne des § 3 des Medizinproduktegesetzes,

2. andere Mittel, Verfahren, Behandlungen und Gegenstände, soweit sich die Werbeaussage auf die Erkennung, Beseitigung oder Linderung von Krankheiten, Leiden, Körperschäden oder krankhaften Beschwerden bei Mensch oder Tier bezieht, sowie operative plastisch-chirurgische Eingriffe, soweit sich die Werbeaussage auf die Veränderung des menschlichen Körpers ohne medizinische Notwendigkeit bezieht.

(2) Andere Mittel im Sinne des Absatzes 1 Nr. 2 sind kosmetische Mittel im Sinne des § 2 Absatz 5 Satz 1 des Lebensmittel- und Futtermittelgesetzbuches. Gegenstände im Sinne des Absatzes 1 Nr. 2 sind auch Gegenstände zur Körperpflege im Sinne des § 2 Absatz 6 Nummer 4 des Lebensmittel- und Futtermittelgesetzbuches.

(3) Eine Werbung im Sinne dieses Gesetzes ist auch das Ankündigen oder Anbieten von Werbeaussagen, auf die dieses Gesetz Anwendung findet.

(4) Dieses Gesetz findet keine Anwendung auf die Werbung für Gegenstände zur Verhütung von Unfallschäden.

(5) Das Gesetz findet keine Anwendung auf den Schriftwechsel und die Unterlagen, die nicht Werbezwecken dienen und die zur Beantwortung einer konkreten Anfrage zu einem bestimmten Arzneimittel erforderlich sind.

(6) Das Gesetz findet ferner keine Anwendung beim elektronischen Handel mit Arzneimitteln auf das Bestellformular und die dort aufgeführten Angaben, soweit diese für eine ordnungsgemäße Bestellung notwendig sind.

(7) Das Gesetz findet ferner keine Anwendung auf Verkaufskataloge und Preislisten für Arzneimittel, wenn die Verkaufskataloge und Preislisten keine Angaben enthalten, die über die zur Bestimmung des jeweiligen Arzneimittels notwendigen Angaben hinausgehen.

Heilmittelwerbegesetz (HWG)

(8) Das Gesetz findet ferner keine Anwendung auf die auf Anforderung einer Person erfolgende Übermittlung der nach den §§ 10 bis 11a des Arzneimittelgesetzes für Arzneimittel vorgeschriebenen vollständigen Informationen und des öffentlichen Beurteilungsberichts für Arzneimittel nach § 34 Absatz 1a Satz 1 Nummer 2 des Arzneimittelgesetzes und auf die Bereitstellung dieser Informationen im Internet.

§ 2

Fachkreise im Sinne dieses Gesetzes sind Angehörige der Heilberufe oder des Heilgewerbes, Einrichtungen, die der Gesundheit von Mensch und Tier dienen, oder sonstige Personen, soweit sie mit Arzneimitteln, Medizinprodukten, Verfahren, Behandlungen, Gegenständen oder anderen Mitteln erlaubterweise Handel treiben oder sie in Ausübung ihres Berufes anwenden.

§ 3

Unzulässig ist eine irreführende Werbung. Eine Irreführung liegt insbesondere dann vor,

1. wenn Arzneimitteln, Medizinprodukten, Verfahren, Behandlungen, Gegenständen oder anderen Mitteln eine therapeutische Wirksamkeit oder Wirkungen beigelegt werden, die sie nicht haben,

2. wenn fälschlich der Eindruck erweckt wird, dass

    a) ein Erfolg mit Sicherheit erwartet werden kann,

    b) bei bestimmungsgemäßem oder längerem Gebrauch keine schädlichen Wirkungen eintreten,

    c) die Werbung nicht zu Zwecken des Wettbewerbs veranstaltet wird,

3. wenn unwahre oder zur Täuschung geeignete Angaben

    a) über die Zusammensetzung oder Beschaffenheit von Arzneimitteln, Medizinprodukten, Gegenständen oder anderen Mitteln oder über die Art und Weise der Verfahren oder Behandlungen oder

    b) über die Person, Vorbildung, Befähigung oder Erfolge des Herstellers, Erfinders oder der für sie tätigen oder tätig gewesenen Personen

gemacht werden.

§ 3a

Unzulässig ist eine Werbung für Arzneimittel, die der Pflicht zur Zulassung unterliegen und die nicht nach den arzneimittelrechtlichen Vorschriften zugelassen sind oder als zugelassen gelten. Satz 1 findet auch Anwendung, wenn sich die Werbung auf Anwendungsgebiete oder Darreichungsformen bezieht, die nicht von der Zulassung erfasst sind.

Heilmittelwerbegesetz (HWG)

§ 4

(1) Jede Werbung für Arzneimittel im Sinne des § 2 Abs. 1 oder Abs. 2 Nr. 1 des Arzneimittelgesetzes muss folgende Angaben enthalten:

1. den Namen oder die Firma und den Sitz des pharmazeutischen Unternehmens,
2. die Bezeichnung des Arzneimittels,
3. die Zusammensetzung des Arzneimittels gemäß § 11 Abs. 1 Satz 1 Nr. 6 Buchstabe d des Arzneimittelgesetzes,
4. die Anwendungsgebiete,
5. die Gegenanzeigen,
6. die Nebenwirkungen,
7. Warnhinweise, soweit sie für die Kennzeichnung der Behältnisse und äußeren Umhüllungen vorgeschrieben sind,
7a. bei Arzneimitteln, die nur auf ärztliche, zahnärztliche oder tierärztliche Verschreibung abgegeben werden dürfen, den Hinweis „Verschreibungspflichtig",
8. die Wartezeit bei Arzneimitteln, die zur Anwendung bei Tieren bestimmt sind, die der Gewinnung von Lebensmitteln dienen.

Eine Werbung für traditionelle pflanzliche Arzneimittel, die nach dem Arzneimittelgesetz registriert sind, muss folgenden Hinweis enthalten: „Traditionelles pflanzliches Arzneimittel zur Anwendung bei (spezifiziertes Anwendungsgebiet/spezifizierte Anwendungsgebiete) ausschließlich auf Grund langjähriger Anwendung."

(1a) Bei Arzneimitteln, die nur einen Wirkstoff enthalten, muss der Angabe nach Absatz 1 Nr. 2 die Bezeichnung dieses Bestandteils mit dem Hinweis: „Wirkstoff:" folgen; dies gilt nicht, wenn in der Angabe nach Absatz 1 Nr. 2 die Bezeichnung des Wirkstoffs enthalten ist.

(2) Die Angaben nach den Absätzen 1 und 1a müssen mit denjenigen übereinstimmen, die nach § 11 oder § 12 des Arzneimittelgesetzes für die Packungsbeilage vorgeschrieben sind. Können die in § 11 Abs. 1 Satz 1 Nr. 3 Buchstabe a und Nr. 5 des Arzneimittelgesetzes vorgeschriebenen Angaben nicht gemacht werden, so können sie entfallen.

(3) Bei einer Werbung außerhalb der Fachkreise ist der Text „Zu Risiken und Nebenwirkungen lesen Sie die Packungsbeilage und fragen Sie Ihren Arzt oder Apotheker" gut lesbar und von den übrigen Werbeaussagen deutlich abgesetzt und abgegrenzt anzugeben. Bei einer Werbung für Heilwässer tritt an die Stelle der Angabe „die Packungsbeilage" die Angabe „das Etikett" und bei einer Werbung für Tierarzneimittel an die Stelle „Ihren Arzt" die Angabe „den Tierarzt". Die Angaben nach Absatz 1 Nr. 1, 3, 5 und 6 können entfallen. Satz 1 findet keine Anwendung auf Arzneimittel, die für den Verkehr außerhalb der Apothe-

ken freigegeben sind, es sei denn, dass in der Packungsbeilage oder auf dem Behältnis Nebenwirkungen oder sonstige Risiken angegeben sind.

(4) Die nach Absatz 1 vorgeschriebenen Angaben müssen von den übrigen Werbeaussagen deutlich abgesetzt, abgegrenzt und gut lesbar sein.

(5) Nach einer Werbung in audiovisuellen Medien ist der nach Absatz 3 Satz 1 oder 2 vorgeschriebene Text einzublenden, der im Fernsehen vor neutralem Hintergrund gut lesbar wiederzugeben und gleichzeitig zu sprechen ist, sofern nicht die Angabe dieses Textes nach Absatz 3 Satz 4 entfällt. Die Angaben nach Absatz 1 können entfallen.

(6) Die Absätze 1, 1a und 5 gelten nicht für eine Erinnerungswerbung. Eine Erinnerungswerbung liegt vor, wenn ausschließlich mit der Bezeichnung eines Arzneimittels oder zusätzlich mit dem Namen, der Firma, der Marke des pharmazeutischen Unternehmers oder dem Hinweis: „Wirkstoff:" geworben wird.

§ 4a

(1) Unzulässig ist es, in der Packungsbeilage eines Arzneimittels für andere Arzneimittel oder andere Mittel zu werben.

(2) Unzulässig ist es auch, außerhalb der Fachkreise für die im Rahmen der vertragsärztlichen Versorgung bestehende Verordnungsfähigkeit eines Arzneimittels zu werben.

§ 5

Für homöopathische Arzneimittel, die nach dem Arzneimittelgesetz registriert oder von der Registrierung freigestellt sind, darf mit der Angabe von Anwendungsgebieten nicht geworben werden.

§ 6

Unzulässig ist eine Werbung, wenn

1. Gutachten oder Zeugnisse veröffentlicht oder erwähnt werden, die nicht von wissenschaftlich oder fachlich hierzu berufenen Personen erstattet worden sind und nicht die Angabe des Namens, Berufes und Wohnortes der Person, die das Gutachten erstellt oder das Zeugnis ausgestellt hat, sowie den Zeitpunkt der Ausstellung des Gutachtens oder Zeugnisses enthalten,

2. auf wissenschaftliche, fachliche oder sonstige Veröffentlichungen Bezug genommen wird, ohne dass aus der Werbung hervorgeht, ob die Veröffentlichung das Arzneimittel, das Verfahren, die Behandlung, den Gegenstand oder ein anderes Mittel selbst betrifft, für die geworben wird, und ohne dass der Name des Verfassers, der Zeitpunkt der Veröffentlichung und die Fundstelle genannt werden,

Heilmittelwerbegesetz (HWG)

3. aus der Fachliteratur entnommene Zitate, Tabellen oder sonstige Darstellungen nicht wortgetreu übernommen werden.

§ 7

(1) Es ist unzulässig, Zuwendungen und sonstige Werbegaben (Waren oder Leistungen) anzubieten, anzukündigen oder zu gewähren oder als Angehöriger der Fachkreise anzunehmen, es sei denn, dass

1. es sich bei den Zuwendungen oder Werbegaben um Gegenstände von geringem Wert, die durch eine dauerhafte und deutlich sichtbare Bezeichnung des Werbenden oder des beworbenen Produkts oder beider gekennzeichnet sind, oder um geringwertige Kleinigkeiten handelt; Zuwendungen oder Werbegaben sind für Arzneimittel unzulässig, soweit sie entgegen den Preisvorschriften gewährt werden, die auf Grund des Arzneimittelgesetzes gelten;

2. die Zuwendungen oder Werbegaben in

   a) einem bestimmten oder auf bestimmte Art zu berechnenden Geldbetrag oder

   b) einer bestimmten oder auf bestimmte Art zu berechnenden Menge gleicher Ware gewährt werden;

   Zuwendungen oder Werbegaben nach Buchstabe a sind für Arzneimittel unzulässig, soweit sie entgegen den Preisvorschriften gewährt werden, die aufgrund des Arzneimittelgesetzes gelten; Buchstabe b gilt nicht für Arzneimittel, deren Abgabe den Apotheken vorbehalten ist;

3. die Zuwendungen oder Werbegaben nur in handelsüblichem Zubehör zur Ware oder in handelsüblichen Nebenleistungen bestehen; als handelsüblich gilt insbesondere eine im Hinblick auf den Wert der Ware oder Leistung angemessene teilweise oder vollständige Erstattung oder Übernahme von Fahrtkosten für Verkehrsmittel des öffentlichen Personennahverkehrs, die im Zusammenhang mit dem Besuch des Geschäftslokals oder des Orts der Erbringung der Leistung aufgewendet werden;

4. die Zuwendungen oder Werbegaben in der Erteilung von Auskünften oder Ratschlägen bestehen oder

5. es sich um unentgeltlich an Verbraucherinnen und Verbraucher abzugebende Zeitschriften handelt, die nach ihrer Aufmachung und Ausgestaltung der Kundenwerbung und den Interessen der verteilenden Person dienen, durch einen entsprechenden Aufdruck auf der Titelseite diesen Zweck erkennbar machen und in ihren Herstellungskosten geringwertig sind (Kundenzeitschriften).

Werbegaben für Angehörige der Heilberufe sind unbeschadet des Satzes 1 nur dann zulässig, wenn sie zur Verwendung in der ärztlichen, tierärztlichen oder pharmazeutischen Praxis bestimmt sind. § 47 Abs. 3 des Arzneimittelgesetzes bleibt unberührt.

Heilmittelwerbegesetz (HWG)

(2) Absatz 1 gilt nicht für Zuwendungen im Rahmen ausschließlich berufsbezogener wissenschaftlicher Veranstaltungen, sofern diese einen vertretbaren Rahmen nicht überschreiten, insbesondere in Bezug auf den wissenschaftlichen Zweck der Veranstaltung von untergeordneter Bedeutung sind und sich nicht auf andere als im Gesundheitswesen tätige Personen erstrecken.

(3) Es ist unzulässig, für die Entnahme oder sonstige Beschaffung von Blut- und Gewebespenden zur Herstellung von Blut- und Gewebeprodukten und anderen Produkten mit der Zahlung einer finanziellen Zuwendung oder Aufwandsentschädigung zu werben.

§ 8

Unzulässig ist die Werbung, Arzneimittel im Wege des Teleshoppings oder bestimmte Arzneimittel im Wege der Einzeleinfuhr nach § 73 Abs. 2 Nr. 6a oder § 73 Abs. 3 des Arzneimittelgesetzes zu beziehen. Die Übersendung von Listen nicht zugelassener oder nicht registrierter Arzneimittel, deren Einfuhr aus einem anderen Mitgliedstaat oder aus einem anderen Vertragsstaat des Abkommens über den Europäischen Wirtschaftsraum nur ausnahmsweise zulässig ist, an Apotheker oder Betreiber einer tierärztlichen Hausapotheke ist zulässig, soweit die Listen nur Informationen über die Bezeichnung, die Packungsgrößen, die Wirkstärke und den Preis dieses Arzneimittels enthalten.

§ 9

Unzulässig ist eine Werbung für die Erkennung oder Behandlung von Krankheiten, Leiden, Körperschäden oder krankhaften Beschwerden, die nicht auf eigener Wahrnehmung an dem zu behandelnden Menschen oder Tier beruht (Fernbehandlung).

§ 10

(1) Für verschreibungspflichtige Arzneimittel darf nur bei Ärzten, Zahnärzten, Tierärzten, Apothekern und Personen, die mit diesen Arzneimitteln erlaubterweise Handel treiben, geworben werden.

(2) Für Arzneimittel, die psychotrope Wirkstoffe mit der Gefahr der Abhängigkeit enthalten, und die dazu bestimmt sind, bei Menschen die Schlaflosigkeit oder psychische Störungen zu beseitigen oder die Stimmungslage zu beeinflussen, darf außerhalb der Fachkreise nicht geworben werden.

§ 11

(1) Außerhalb der Fachkreise darf für Arzneimittel, Verfahren, Behandlungen, Gegenstände oder andere Mittel nicht geworben werden

    1. (weggefallen)

    2. mit Angaben oder Darstellungen, die sich auf eine Empfehlung von Wissenschaftlern, von im Gesundheitswesen tätigen Personen, von im Bereich der

Tiergesundheit tätigen Personen oder anderen Personen, die auf Grund ihrer Bekanntheit zum Arzneimittelverbrauch anregen können, beziehen,

3. mit der Wiedergabe von Krankengeschichten sowie mit Hinweisen darauf, wenn diese in missbräuchlicher, abstoßender oder irreführender Weise erfolgt oder durch eine ausführliche Beschreibung oder Darstellung zu einer falschen Selbstdiagnose verleiten kann,

4. (weggefallen)

5. mit einer bildlichen Darstellung, die in missbräuchlicher, abstoßender oder irreführender Weise Veränderungen des menschlichen Körpers auf Grund von Krankheiten oder Schädigungen oder die Wirkung eines Arzneimittels im menschlichen Körper oder in Körperteilen verwendet,

6. (weggefallen)

7. mit Werbeaussagen, die nahelegen, dass die Gesundheit durch die Nichtverwendung des Arzneimittels beeinträchtigt oder durch die Verwendung verbessert werden könnte,

8. durch Werbevorträge, mit denen ein Feilbieten oder eine Entgegennahme von Anschriften verbunden ist,

9. mit Veröffentlichungen, deren Werbezweck missverständlich oder nicht deutlich erkennbar ist,

10. (weggefallen)

11. mit Äußerungen Dritter, insbesondere mit Dank-, Anerkennungs- oder Empfehlungsschreiben, oder mit Hinweisen auf solche Äußerungen, wenn diese in missbräuchlicher, abstoßender oder irreführender Weise erfolgen,

12. mit Werbemaßnahmen, die sich ausschließlich oder überwiegend an Kinder unter 14 Jahren richten,

13. mit Preisausschreiben, Verlosungen oder anderen Verfahren, deren Ergebnis vom Zufall abhängig ist, sofern diese Maßnahmen oder Verfahren einer unzweckmäßigen oder übermäßigen Verwendung von Arzneimitteln Vorschub leisten,

14. durch die Abgabe von Arzneimitteln, deren Muster oder Proben oder durch Gutscheine dafür,

15. durch die nicht verlangte Abgabe von Mustern oder Proben von anderen Mitteln oder Gegenständen oder durch Gutscheine dafür.

Für Medizinprodukte gilt Satz 1 Nr. 7 bis 9, 11 und 12 entsprechend. Ferner darf für die in § 1 Nummer 2 genannten operativen plastisch-chirurgischen Eingriffe nicht mit der Wirkung einer solchen Behandlung durch vergleichende Darstellung des Körperzustandes oder des Aussehens vor und nach dem Eingriff geworben werden.

(2) Außerhalb der Fachkreise darf für Arzneimittel zur Anwendung bei Menschen nicht mit Angaben geworben werden, die nahe legen, dass die Wirkung

des Arzneimittels einem anderen Arzneimittel oder einer anderen Behandlung entspricht oder überlegen ist.

§ 12

(1) Außerhalb der Fachkreise darf sich die Werbung für Arzneimittel und Medizinprodukte nicht auf die Erkennung, Verhütung, Beseitigung oder Linderung der in Abschnitt A der Anlage zu diesem Gesetz aufgeführten Krankheiten oder Leiden beim Menschen beziehen, die Werbung außerdem nicht auf die Erkennung, Verhütung, Beseitigung oder Linderung der in Abschnitt B dieser Anlage aufgeführten Krankheiten oder Leiden beim Tier. Abschnitt A Nr. 2 der Anlage findet keine Anwendung auf die Werbung für Medizinprodukte.

(2) Die Werbung für andere Mittel, Verfahren, Behandlungen oder Gegenstände außerhalb der Fachkreise darf sich nicht auf die Erkennung, Beseitigung oder Linderung dieser Krankheiten oder Leiden beziehen. Dies gilt nicht für die Werbung für Verfahren oder Behandlungen in Heilbädern, Kurorten und Kuranstalten.

§ 13

Die Werbung eines Unternehmens mit Sitz außerhalb des Geltungsbereichs dieses Gesetzes ist unzulässig, wenn nicht ein Unternehmen mit Sitz oder eine natürliche Person mit gewöhnlichem Aufenthalt im Geltungsbereich dieses Gesetzes oder in einem anderen Mitgliedstaat der Europäischen Union oder in einem anderen Vertragsstaat des Abkommens über den Europäischen Wirtschaftsraum, die nach diesem Gesetz unbeschränkt strafrechtlich verfolgt werden kann, ausdrücklich damit betraut ist, die sich aus diesem Gesetz ergebenden Pflichten zu übernehmen.

§ 14

Wer dem Verbot der irreführenden Werbung (§ 3) zuwiderhandelt, wird mit Freiheitsstrafe bis zu einem Jahr oder mit Geldstrafe bestraft.

§ 15

(1) Ordnungswidrig handelt, wer vorsätzlich oder fahrlässig
1. entgegen § 3a eine Werbung für ein Arzneimittel betreibt, das der Pflicht zur Zulassung unterliegt und das nicht nach den arzneimittelrechtlichen Vorschriften zugelassen ist oder als zugelassen gilt,
2. eine Werbung betreibt, die die nach § 4 vorgeschriebenen Angaben nicht enthält oder entgegen § 5 mit der Angabe von Anwendungsgebieten wirbt,
3. in einer nach § 6 unzulässigen Weise mit Gutachten, Zeugnissen oder Bezugnahmen auf Veröffentlichungen wirbt,
4. entgegen § 7 Abs. 1 und 3 eine mit Zuwendungen oder sonstigen Werbegaben verbundene Werbung betreibt,

4a. entgegen § 7 Abs. 1 als Angehöriger der Fachkreise eine Zuwendung oder sonstige Werbegabe annimmt,

5. entgegen § 8 eine dort genannte Werbung betreibt,

6. entgegen § 9 für eine Fernbehandlung wirbt,

7. entgegen § 10 für die dort bezeichneten Arzneimittel wirbt,

8. auf eine durch § 11 verbotene Weise außerhalb der Fachkreise wirbt,

9. entgegen § 12 eine Werbung betreibt, die sich auf die in der Anlage zu § 12 aufgeführten Krankheiten oder Leiden bezieht,

10. eine nach § 13 unzulässige Werbung betreibt.

(2) Ordnungswidrig handelt ferner, wer fahrlässig dem Verbot der irreführenden Werbung (§ 3) zuwiderhandelt.

(3) Die Ordnungswidrigkeit nach Absatz 1 kann mit einer Geldbuße bis zu fünfzigtausend Euro, die Ordnungswidrigkeit nach Absatz 2 mit einer Geldbuße bis zu zwanzigtausend Euro geahndet werden.

§ 16

Werbematerial und sonstige Gegenstände, auf die sich eine Straftat nach § 14 oder eine Ordnungswidrigkeit nach § 15 bezieht, können eingezogen werden. § 74a des Strafgesetzbuches und § 23 des Gesetzes über Ordnungswidrigkeiten sind anzuwenden.

§ 17

Das Gesetz gegen den unlauteren Wettbewerb bleibt unberührt.

§ 18

(weggefallen)

Heilmittelwerbegesetz (HWG)

Anlage
(zu § 12)

**Krankheiten und Leiden,
auf die sich die Werbung gemäß § 12 nicht beziehen darf**

A. Krankheiten und Leiden beim Menschen

1. Nach dem Infektionsschutzgesetz vom 20. Juli 2000 (BGBl. I S. 1045) meldepflichtige Krankheiten oder durch meldepflichtige Krankheitserreger verursachte Infektionen,
2. bösartige Neubildungen,
3. Suchtkrankheiten, ausgenommen Nikotinabhängigkeit,
4. krankhafte Komplikationen der Schwangerschaft, der Entbindung und des Wochenbetts.

B. Krankheiten und Leiden beim Tier

1. Nach der Verordnung über anzeigepflichtige Tierseuchen und der Verordnung über meldepflichtige Tierkrankheiten in ihrer jeweils geltenden Fassung anzeige- oder meldepflichtige Seuchen und Krankheiten,
2. bösartige Neubildungen,
3. bakterielle Eutererkrankungen bei Kühen, Ziegen und Schafen,
4. Kolik bei Pferden und Rindern.

Gesetz über das Apothekenwesen (Apothekengesetz – ApoG)

in der Fassung der Bekanntmachung vom 15. Oktober 1980
(BGBl. I S. 1993),
zuletzt geändert durch Artikel 1 des Gesetzes vom 15. Juli 2013
(BGBl. I S. 2420)

Erster Abschnitt
Die Erlaubnis

§ 1

(1) Den Apotheken obliegt die im öffentlichen Interesse gebotene Sicherstellung einer ordnungsgemäßen Arzneimittelversorgung der Bevölkerung.

(2) Wer eine Apotheke und bis zu drei Filialapotheken betreiben will, bedarf der Erlaubnis der zuständigen Behörde.

(3) Die Erlaubnis gilt nur für den Apotheker, dem sie erteilt ist, und für die in der Erlaubnisurkunde bezeichneten Räume.

§ 2

(1) Die Erlaubnis ist auf Antrag zu erteilen, wenn der Antragsteller

1. Deutscher im Sinne des Artikels 116 des Grundgesetzes, Angehöriger eines der übrigen Mitgliedstaaten der Europäischen Gemeinschaften oder eines anderen Vertragsstaates des Abkommens über den Europäischen Wirtschaftsraum oder heimatloser Ausländer im Sinne des Gesetzes über die Rechtsstellung heimatloser Ausländer ist;

2. voll geschäftsfähig ist;

3. die deutsche Approbation als Apotheker besitzt;

4. die für den Betrieb einer Apotheke erforderliche Zuverlässigkeit besitzt; dies ist nicht der Fall, wenn Tatsachen vorliegen, welche die Unzuverlässigkeit des Antragstellers in Bezug auf das Betreiben einer Apotheke dartun, insbesondere wenn strafrechtliche oder schwere sittliche Verfehlungen vorliegen, die ihn für die Leitung einer Apotheke ungeeignet erscheinen lassen, oder wenn er sich durch gröbliche oder beharrliche Zuwiderhandlung gegen dieses Gesetz, die auf Grund dieses Gesetzes erlassene Apothekenbetriebsordnung oder die für die Herstellung von Arzneimitteln und den Verkehr mit diesen erlassenen Rechtsvorschriften als unzuverlässig erwiesen hat;

4a. (weggefallen)

5. die eidesstattliche Versicherung abgibt, dass er keine Vereinbarungen getroffen hat, die gegen § 8 Satz 2, § 9 Abs. 1, § 10 oder § 11 verstoßen,

Apothekengesetz (ApoG)

und den Kauf- oder Pachtvertrag über die Apotheke sowie auf Verlangen der zuständigen Behörde auch andere Verträge, die mit der Einrichtung und dem Betrieb der Apotheke in Zusammenhang stehen, vorlegt;

6. nachweist, dass er im Falle der Erteilung der Erlaubnis über die nach der Apothekenbetriebsordnung (§ 21) vorgeschriebenen Räume verfügen wird; §4 ApBetrO

7. nicht in gesundheitlicher Hinsicht ungeeignet ist, eine Apotheke ordnungsgemäß zu leiten;

8. mitteilt, ob und gegebenenfalls an welchem Ort er in einem anderen Mitgliedstaat der Europäischen Gemeinschaften oder in einem anderen Vertragsstaat des Abkommens über den Europäischen Wirtschaftsraum eine oder mehrere Apotheken betreibt.

(2) Abweichend von Absatz 1 ist einem approbierten Antragsteller, der nicht gemäß § 4 Abs. 1 Nr. 4 der Bundes-Apothekerordnung die pharmazeutische Prüfung im Geltungsbereich dieses Gesetzes bestanden hat, die Erlaubnis nur zu erteilen, wenn sie für eine Apotheke beantragt wird, die seit mindestens drei Jahren betrieben wird.

(2a) (weggefallen)

(3) Hat der Apotheker nach seiner Approbation oder nach Erteilung eines der in der Anlage zu diesem Gesetz aufgeführten Diplome, Prüfungszeugnisse oder sonstigen Befähigungsnachweise mehr als zwei Jahre lang ununterbrochen keine pharmazeutische Tätigkeit ausgeübt, so ist ihm die Erlaubnis nur zu erteilen, wenn er im letzten Jahr vor der Antragstellung eine solche Tätigkeit mindestens sechs Monate lang wieder in einer in einem Mitgliedstaat der Europäischen Gemeinschaften oder in einem anderen Vertragsstaat des Abkommens über den Europäischen Wirtschaftsraum gelegenen Apotheke oder Krankenhausapotheke ausgeübt hat.

(4) Die Erlaubnis zum Betrieb mehrerer öffentlicher Apotheken ist auf Antrag zu erteilen, wenn

1. der Antragsteller die Voraussetzungen nach den Absätzen 1 bis 3 für jede der beantragten Apotheken erfüllt und

2. die von ihm zu betreibende Apotheke und die von ihm zu betreibenden Filialapotheken innerhalb desselben Kreises oder derselben kreisfreien Stadt oder in einander benachbarten Kreisen oder kreisfreien Städten liegen.

(5) Für den Betrieb mehrerer öffentlicher Apotheken gelten die Vorschriften dieses Gesetzes mit folgenden Maßgaben entsprechend:

1. Der Betreiber hat eine der Apotheken (Hauptapotheke) persönlich zu führen.

2. Für jede weitere Apotheke (Filialapotheke) hat der Betreiber schriftlich einen Apotheker als Verantwortlichen zu benennen, der die Verpflichtungen zu erfüllen hat, wie sie in diesem Gesetz und in der Apothekenbetriebsordnung für Apothekenleiter festgelegt sind. Soll die Person des Verantwort-

Apothekengesetz (ApoG)

lichen im Sinne des Satzes 1 Nummer 2 geändert werden, so ist dies der Behörde von dem Betreiber zwei Wochen vor der Änderung schriftlich anzuzeigen. Bei einem unvorhergesehenen Wechsel der Person des Verantwortlichen muss die Änderungsanzeige nach Satz 2 unverzüglich erfolgen.

§ 3

Die Erlaubnis erlischt

1. durch Tod;
2. durch Verzicht;
3. durch Rücknahme oder Widerruf der Approbation als Apotheker, durch Verzicht auf die Approbation oder durch Widerruf der Erlaubnis nach § 2 Abs. 2 der Bundes-Apothekerordnung;
4. wenn ein Jahr lang von der Erlaubnis kein Gebrauch gemacht worden ist; die zuständige Behörde kann die Frist verlängern, wenn ein wichtiger Grund vorliegt.
5. (weggefallen)

§ 4

(1) Die Erlaubnis ist zurückzunehmen, wenn bei ihrer Erteilung eine der Voraussetzungen nach § 2 nicht vorgelegen hat.

(2) Die Erlaubnis ist zu widerrufen, wenn nachträglich eine der Voraussetzungen nach § 2 Abs. 1 Nr. 1, 2, 4, 6 oder 7 weggefallen ist. Die Erlaubnis kann widerrufen werden, wenn der Erlaubnisinhaber nachträglich Vereinbarungen getroffen hat, die gegen § 8 Satz 2, auch in Verbindung mit Satz 4, § 9 Abs. 1, § 10 oder § 11 verstoßen.

§ 5

Wird eine Apotheke ohne Erlaubnis betrieben, so hat die zuständige Behörde die Apotheke zu schließen.

§ 6

Eine Apotheke darf erst eröffnet werden, nachdem die zuständige Behörde bescheinigt hat, dass die Apotheke den gesetzlichen Anforderungen entspricht (Abnahme).

§ 7

Die Erlaubnis verpflichtet zur persönlichen Leitung der Apotheke in eigener Verantwortung. Die persönliche Leitung einer Krankenhausapotheke obliegt

Apothekengesetz (ApoG)

dem angestellten Apotheker. Im Falle des § 2 Abs. 4 obliegen dem vom Betreiber nach § 2 Abs. 5 Nr. 2 benannten Apotheker die Pflichten entsprechend Satz 1; die Verpflichtungen des Betreibers bleiben unberührt.

§ 8

Mehrere Personen zusammen können eine Apotheke nur in der Rechtsform einer Gesellschaft bürgerlichen Rechts oder einer offenen Handelsgesellschaft betreiben; in diesen Fällen bedürfen alle Gesellschafter der Erlaubnis. Beteiligungen an einer Apotheke in Form einer Stillen Gesellschaft und Vereinbarungen, bei denen die Vergütung für den Erlaubnisinhaber gewährte Darlehen oder sonst überlassene Vermögenswerte am Umsatz oder am Gewinn der Apotheke ausgerichtet ist, insbesondere auch am Umsatz oder Gewinn ausgerichtete Mietverträge sind unzulässig. Pachtverträge über Apotheken nach § 9, bei denen die Pacht vom Umsatz oder Gewinn abhängig ist, gelten nicht als Vereinbarungen im Sinne des Satzes 2. Die Sätze 1 bis 3 gelten für Apotheken nach § 2 Abs. 4 entsprechend.

§ 9

(1) Die Verpachtung einer Apotheke oder von Apotheken nach § 2 Abs. 4 ist nur in folgenden Fällen zulässig:

1. wenn und solange der Verpächter im Besitz der Erlaubnis ist und die Apotheke aus einem in seiner Person liegenden wichtigen Grund nicht selbst betreiben kann oder die Erlaubnis wegen des Wegfalls einer der Voraussetzungen nach § 2 Abs. 1 Nr. 7 widerrufen oder durch Widerruf der Approbation wegen des Wegfalls einer der Voraussetzungen nach § 4 Abs. 1 Satz 1 Nr. 3 der Bundes-Apothekerordnung erloschen ist;

2. nach dem Tode eines Erlaubnisinhabers durch seine erbberechtigten Kinder bis zu dem Zeitpunkt, in dem das jüngste der Kinder das 23. Lebensjahr vollendet. Ergreift eines dieser Kinder vor Vollendung des 23. Lebensjahres den Apothekerberuf, so kann die Frist auf Antrag verlängert werden, bis es in seiner Person die Voraussetzungen für die Erteilung der Erlaubnis erfüllen kann;

3. durch den überlebenden erbberechtigten Ehegatten bis zu dem Zeitpunkt der Wiederverheiratung, sofern er nicht selbst eine Erlaubnis gemäß § 1 erhält.

Die Zulässigkeit der Verpachtung wird nicht dadurch berührt, dass nach Eintritt der in Satz 1 genannten Fälle eine Apotheke innerhalb desselben Ortes, in Städten innerhalb desselben oder in einen angrenzenden Stadtbezirk, verlegt wird oder dass ihre Betriebsräume geändert werden. Handelt es sich im Falle der Verlegung oder der Veränderung der Betriebsräume um eine Apotheke, die nach Satz 1 Nr. 1 verpachtet ist, so bedarf der Verpächter keiner neuen Erlaubnis. § 3 Nr. 5 bleibt unberührt.

Apothekengesetz (ApoG)

(1a) Stirbt der Verpächter vor Ablauf der vereinbarten Pachtzeit, so kann die zuständige Behörde zur Vermeidung unbilliger Härten für den Pächter zulassen, dass das Pachtverhältnis zwischen dem Pächter und dem Erben für die Dauer von höchstens zwölf Monaten fortgesetzt wird.

(2) Der Pächter bedarf der Erlaubnis nach § 1. Der Pachtvertrag darf die berufliche Verantwortlichkeit und Entscheidungsfreiheit des pachtenden Apothekers nicht beeinträchtigen.

(3) Für die Dauer der Verpachtung finden auf die Erlaubnis des Verpächters § 3 Nr. 4, § 4 Abs. 2, soweit sich diese Vorschrift auf § 2 Abs. 1 Nr. 6 bezieht, sowie § 7 Satz 1 keine Anwendung.

(4) Die nach Absatz 2 erteilte Erlaubnis ist zurückzunehmen, wenn bei ihrer Erteilung eine der Voraussetzungen nach Absatz 1 nicht vorgelegen hat; sie ist zu widerrufen, wenn nachträglich eine dieser Voraussetzungen weggefallen ist. § 4 bleibt unberührt.

§ 10

Der Erlaubnisinhaber darf sich nicht verpflichten, bestimmte Arzneimittel ausschließlich oder bevorzugt anzubieten oder abzugeben oder anderweitig die Auswahl der von ihm abzugebenden Arzneimittel auf das Angebot bestimmter Hersteller oder Händler oder von Gruppen von solchen zu beschränken.

§ 11

(1) Erlaubnisinhaber und Personal von Apotheken dürfen mit Ärzten oder anderen Personen, die sich mit der Behandlung von Krankheiten befassen, keine Rechtsgeschäfte vornehmen oder Absprachen treffen, die eine bevorzugte Lieferung bestimmter Arzneimittel, die Zuführung von Patienten, die Zuweisung von Verschreibungen oder die Fertigung von Arzneimitteln ohne volle Angabe der Zusammensetzung zum Gegenstand haben. § 140a des Fünften Buches Sozialgesetzbuch bleibt unberührt.

(2) Abweichend von Absatz 1 darf der Inhaber einer Erlaubnis zum Betrieb einer öffentlichen Apotheke auf Grund einer Absprache anwendungsfertige Zytostatikazubereitungen, die im Rahmen des üblichen Apothekenbetriebes hergestellt worden sind, unmittelbar an den anwendenden Arzt abgeben.

(3) Der Inhaber einer Erlaubnis zum Betrieb einer Krankenhausapotheke darf auf Anforderung des Inhabers einer Erlaubnis zum Betrieb einer öffentlichen Apotheke die im Rahmen seiner Apotheke hergestellten anwendungsfertigen Zytostatikazubereitungen an diese öffentliche Apotheke oder auf Anforderung des Inhabers einer Erlaubnis zum Betrieb einer anderen Krankenhausapotheke an diese Krankenhausapotheke abgeben. Dies gilt entsprechend für den Inhaber einer Erlaubnis zum Betrieb einer öffentlichen Apotheke für die Abgabe der in Satz 1 genannten Arzneimittel an eine Krankenhausapotheke

Apothekengesetz (ApoG)

oder an eine andere öffentliche Apotheke. Eines Vertrages nach § 14 Abs. 3 oder 4 bedarf es nicht.

(4) Im Falle einer bedrohlichen übertragbaren Krankheit, deren Ausbreitung eine sofortige oder das übliche Maß erheblich überschreitende Bereitstellung von spezifischen Arzneimitteln erforderlich macht,

a) findet Absatz 1 keine Anwendung auf Arzneimittel, die von den Gesundheitsbehörden des Bundes oder der Länder oder von diesen benannten Stellen nach § 47 Abs. 1 Satz 1 Nummer 3c des Arzneimittelgesetzes bevorratet oder nach § 21 Absatz 2 Nummer 1c des Arzneimittelgesetzes hergestellt wurden,

b) gilt Absatz 3 Satz 1 entsprechend für Zubereitungen aus von den Gesundheitsbehörden des Bundes oder der Länder oder von diesen benannten Stellen bevorrateten Wirkstoffen.

§ 11a

Die Erlaubnis zum Versand von apothekenpflichtigen Arzneimitteln gemäß § 43 Abs. 1 Satz 1 des Arzneimittelgesetzes ist dem Inhaber einer Erlaubnis nach § 2 auf Antrag zu erteilen, wenn er schriftlich versichert, dass er im Falle der Erteilung der Erlaubnis folgende Anforderungen erfüllen wird:

1. Der Versand wird aus einer öffentlichen Apotheke zusätzlich zu dem üblichen Apothekenbetrieb und nach den dafür geltenden Vorschriften erfolgen, soweit für den Versandhandel keine gesonderten Vorschriften bestehen.

2. Mit einem Qualitätssicherungssystem wird sichergestellt, dass

   a) das zu versendende Arzneimittel so verpackt, transportiert und ausgeliefert wird, dass seine Qualität und Wirksamkeit erhalten bleibt,

   b) das versandte Arzneimittel der Person ausgeliefert wird, die von dem Auftraggeber der Bestellung der Apotheke mitgeteilt wird. Diese Festlegung kann insbesondere die Aushändigung an eine namentlich bekannte natürliche Person oder einen benannten Personenkreis beinhalten,

   c) die Patientin oder der Patient auf das Erfordernis hingewiesen wird, mit dem behandelnden Arzt Kontakt aufzunehmen, sofern Probleme bei der Medikation auftreten und

   d) die Beratung durch pharmazeutisches Personal in deutscher Sprache erfolgen wird.

3. Es wird sichergestellt, dass

   a) innerhalb von zwei Arbeitstagen nach Eingang der Bestellung das bestellte Arzneimittel versandt wird, soweit das Arzneimittel in dieser Zeit zur Verfügung steht, es sei denn, es wurde eine andere Absprache mit der

Person getroffen, die das Arzneimittel bestellt hat; soweit erkennbar ist, dass das bestellte Arzneimittel nicht innerhalb der in Satz 1 genannten Frist versendet werden kann, ist der Besteller in geeigneter Weise davon zu unterrichten,

b) alle bestellten Arzneimittel geliefert werden, soweit sie im Geltungsbereich des Arzneimittelgesetzes in den Verkehr gebracht werden dürfen und verfügbar sind,

c) für den Fall von bekannt gewordenen Risiken bei Arzneimitteln ein geeignetes System zu Meldung solcher Risiken durch Kunden, zur Information der Kunden über solche Risiken und zu innerbetrieblichen Abwehrmaßnahmen zur Verfügung steht,

d) eine kostenfreie Zweitzustellung veranlasst wird,

e) ein System zur Sendungsverfolgung unterhalten wird und

f) eine Transportversicherung abgeschlossen wird.

Im Falle des elektronischen Handels mit apothekenpflichtigen Arzneimitteln gilt Satz 1 mit der Maßgabe, dass die Apotheke auch über die dafür geeigneten Einrichtungen und Geräte verfügen wird.

§ 11b

(1) Die Erlaubnis nach § 11a ist zurückzunehmen, wenn bei ihrer Erteilung eine der Voraussetzungen nach § 11a nicht vorgelegen hat.

(2) Die Erlaubnis ist zu widerrufen, wenn nachträglich eine der Voraussetzungen nach § 11a weggefallen ist. Die Erlaubnis kann widerrufen werden, wenn Tatsachen die Annahme rechtfertigen, dass der Erlaubnisinhaber entgegen einer vollziehbaren Anordnung der zuständigen Behörde die Apotheke nicht den Anforderungen des § 11a Satz 1 Nr. 1 bis 3, Satz 2 oder einer Rechtsverordnung nach § 21 entsprechend betreibt.

(3) Wird der Versandhandel ohne Erlaubnis betrieben, gilt § 5 entsprechend.

§ 12

Rechtsgeschäfte, die ganz oder teilweise gegen § 8 Satz 2, § 9 Abs. 1, § 10 oder § 11 verstoßen, sind nichtig.

§ 12a

(1) Der Inhaber einer Erlaubnis zum Betrieb einer öffentlichen Apotheke ist verpflichtet, zur Versorgung von Bewohnern von Heimen im Sinne des § 1 des Heimgesetzes mit Arzneimitteln und apothekenpflichtigen Medizinprodukten mit dem Träger der Heime einen schriftlichen Vertrag zu schließen. Der Vertrag bedarf zu seiner Rechtswirksamkeit der Genehmigung der zuständigen Behörde. Die Genehmigung ist zu erteilen, wenn

Apothekengesetz (ApoG)

1. die öffentliche Apotheke und die zu versorgenden Heime innerhalb desselben Kreises oder derselben kreisfreien Stadt oder in einander benachbarten Kreisen oder kreisfreien Städten liegen,

2. die ordnungsgemäße Arzneimittelversorgung gewährleistet ist, insbesondere Art und Umfang der Versorgung, das Zutrittsrecht zum Heim sowie die Pflichten zur Überprüfung der ordnungsgemäßen, bewohnerbezogenen Aufbewahrung der von ihm gelieferten Produkte durch pharmazeutisches Personal der Apotheke sowie die Dokumentation dieser Versorgung vertraglich festgelegt sind,

3. die Pflichten des Apothekers zur Information und Beratung von Heimbewohnern und des für die Verabreichung oder Anwendung der gelieferten Produkte Verantwortlichen festgelegt sind, soweit eine Information und Beratung zur Sicherheit der Heimbewohner oder der Beschäftigten des Heimes erforderlich sind,

4. der Vertrag die freie Apothekenwahl von Heimbewohnern nicht einschränkt und

5. der Vertrag keine Ausschließlichkeitsbindung zugunsten einer Apotheke enthält und die Zuständigkeitsbereiche mehrerer an der Versorgung beteiligter Apotheken klar abgrenzt.

Nachträgliche Änderungen oder Ergänzungen des Vertrages sind der zuständigen Behörde unverzüglich anzuzeigen.

(2) Die Versorgung ist vor Aufnahme der Tätigkeit der zuständigen Behörde anzuzeigen.

(3) Soweit Bewohner von Heimen sich selbst mit Arzneimitteln und apothekenpflichtigen Medizinprodukten aus öffentlichen Apotheken versorgen, bedarf es keines Vertrages nach Absatz 1.

§ 13

(1) Nach dem Tode des Erlaubnisinhabers dürfen die Erben die Apotheke für längstens zwölf Monate durch einen Apotheker verwalten lassen.

(1a) Stirbt der Pächter einer Apotheke vor Ablauf der vereinbarten Pachtzeit, so kann die zuständige Behörde zur Vermeidung unbilliger Härten für den Verpächter zulassen, dass dieser die Apotheke für die Dauer von höchstens zwölf Monaten durch einen Apotheker verwalten lässt.

(1b) Der Verwalter bedarf für die Zeit der Verwaltung einer Genehmigung. Die Genehmigung ist zu erteilen, wenn er die Voraussetzungen des § 2 Abs. 1 Nr. 1 bis 4, 7 und 8 erfüllt.

(2) Die Genehmigung erlischt, wenn der Verwalter nicht mehr die Approbation als Apotheker besitzt. § 4 ist entsprechend anzuwenden.

(3) Der Verwalter ist für die Beachtung der Apothekenbetriebsordnung und der Vorschriften über die Herstellung von Arzneimitteln und den Verkehr mit diesen verantwortlich.

Zweiter Abschnitt
Krankenhausapotheken; Bundeswehrapotheken; Zweigapotheken; Notapotheken

§ 14

(1) Dem Träger eines Krankenhauses ist auf Antrag die Erlaubnis zum Betrieb einer Krankenhausapotheke zu erteilen, wenn er

1. die Anstellung eines Apothekers, der die Voraussetzungen nach § 2 Abs. 1 Nr. 1 bis 4, 7 und 8 sowie Abs. 3, auch in Verbindung mit Abs. 2 oder 2a, erfüllt, und

2. die für Krankenhausapotheken nach der Apothekenbetriebsordnung vorgeschriebenen Räume nachweist.

Der Leiter der Krankenhausapotheke oder ein von ihm beauftragter Apotheker hat die Ärzte des Krankenhauses über Arzneimittel zu informieren und zu beraten, insbesondere im Hinblick auf eine zweckmäßige und wirtschaftliche Arzneimitteltherapie. Dies gilt auch insoweit, als die ambulante Versorgung berührt ist.

(2) Die Erlaubnis ist zurückzunehmen, wenn nachträglich bekannt wird, dass bei der Erteilung eine der nach Absatz 1 Satz 1 erforderlichen Voraussetzungen nicht vorgelegen hat. Sie ist zu widerrufen, wenn eine der Voraussetzungen nach Absatz 1 weggefallen ist oder wenn der Erlaubnisinhaber oder eine von ihm beauftragte Person den Bestimmungen dieses Gesetzes, der auf Grund des § 21 erlassenen Rechtsverordnung oder den für die Herstellung von Arzneimitteln oder den Verkehr mit diesen erlassenen Rechtsvorschriften gröblich oder beharrlich zuwiderhandelt. Entsprechend ist hinsichtlich der Genehmigung nach Absatz 5 Satz 1 und 3 zu verfahren, wenn die Voraussetzungen nach Absatz 5 Satz 2 nicht vorgelegen haben oder weggefallen sind.

(3) Wer als Inhaber einer Erlaubnis zum Betrieb einer Krankenhausapotheke nach Absatz 1 beabsichtigt, ein weiteres, nicht von ihm selbst getragenes Krankenhaus mit Arzneimitteln zu versorgen, hat dazu mit dem Träger dieses Krankenhauses einen schriftlichen Vertrag zu schließen.

(4) Wer als Träger eines Krankenhauses beabsichtigt, das Krankenhaus von dem Inhaber einer Erlaubnis zum Betrieb einer Apotheke nach § 1 Abs. 2 oder nach den Gesetzen eines anderen Mitgliedstaates der Europäischen Union oder eines anderen Vertragsstaates des Abkommens über den Europäischen Wirtschaftsraum versorgen zu lassen, hat mit dem Inhaber dieser Erlaubnis

Apothekengesetz (ApoG)

einen schriftlichen Vertrag zu schließen. Erfüllungsort für die vertraglichen Versorgungsleistungen ist der Sitz des Krankenhauses. Anzuwendendes Recht ist deutsches Recht.

(5) Der nach Absatz 3 oder 4 geschlossene Vertrag bedarf zu seiner Rechtswirksamkeit der Genehmigung der zuständigen Behörde. Diese Genehmigung ist zu erteilen, wenn sichergestellt ist, dass das Krankenhaus mit einer Apotheke nach Absatz 3 oder 4 einen Vertrag über die Arzneimittelversorgung des Krankenhauses durch diese Apotheke geschlossen hat, der folgende Voraussetzungen erfüllt:

1. die ordnungsgemäße Arzneimittelversorgung ist gewährleistet, insbesondere sind die nach der Apothekenbetriebsordnung oder bei Apotheken, die ihren Sitz in einem anderen Mitgliedstaat der Europäischen Union oder einem anderen Vertragsstaat des Abkommens über den Europäischen Wirtschaftsraum haben, nach den in diesem Staat geltenden Vorschriften erforderlichen Räume und Einrichtungen sowie das erforderliche Personal vorhanden;

2. die Apotheke liefert dem Krankenhaus die von diesem bestellten Arzneimittel direkt oder im Falle des Versandes im Einklang mit den Anforderungen nach § 11a;

3. die Apotheke stellt Arzneimittel, die das Krankenhaus zur akuten medizinischen Versorgung besonders dringlich benötigt, unverzüglich und bedarfsgerecht zur Verfügung;

4. eine persönliche Beratung des Personals des Krankenhauses durch den Leiter der Apotheke nach Absatz 3 oder 4 oder den vom ihm beauftragten Apotheker der versorgenden Apotheke erfolgt bedarfsgerecht und im Notfall unverzüglich;

5. die versorgende Apotheke gewährleistet, dass das Personal des Krankenhauses im Hinblick auf eine zweckmäßige und wirtschaftliche Arzneimitteltherapie von ihr kontinuierlich beraten wird;

6. der Leiter der versorgenden Apotheken nach Absatz 3 oder 4 oder der von ihm beauftragte Apotheker ist Mitglied der Arzneimittelkommission des Krankenhauses.

Eine Genehmigung der zuständigen Behörde ist auch für die Versorgung eines anderen Krankhauses durch eine unter derselben Trägerschaft stehende Krankenhausapotheke erforderlich. Für die Erteilung der Genehmigung gilt Satz 2 entsprechend.

(6) Der Leiter der Krankenhausapotheke nach Absatz 1 oder einer Apotheke nach Absatz 4 oder ein von ihm beauftragter Apotheker hat die Arzneimittelvorräte des zu versorgenden Krankenhauses nach Maßgabe der Apothekenbetriebsordnung zu überprüfen und dabei insbesondere auf die einwandfreie Beschaffenheit und ordnungsgemäße Aufbewahrung der Arzneimittel zu achten. Zur Beseitigung festgestellter Mängel hat er eine angemessene Frist zu

setzen und deren Nichteinhaltung der für die Apothekenaufsicht zuständigen Behörde anzuzeigen.

(7) Der Leiter der Krankenhausapotheke nach Absatz 1 oder ein von ihm beauftragter Apotheker oder der Leiter einer Apotheke nach Absatz 4 dürfen nur solche Krankenhäuser mit Arzneimitteln versorgen, mit denen rechtswirksame Verträge bestehen oder für deren Versorgung eine Genehmigung nach Absatz 5 Satz 3 erteilt wurde. Die in Satz 1 genannten Personen dürfen Arzneimittel nur an die einzelnen Stationen und anderen Teileinheiten des Krankenhauses zur Versorgung der Patienten abgeben, die in dem Krankenhaus vollstationär, teilstationär, vor- oder nachstationär (§ 115a des Fünften Buches Sozialgesetzbuch) behandelt, ambulant operiert oder im Rahmen sonstiger stationsersetzender Eingriffe (§ 115b des Fünften Buches Sozialgesetzbuch) versorgt werden, ferner zur unmittelbaren Anwendung bei Patienten an ermächtigte Ambulanzen des Krankenhauses, insbesondere an Hochschulambulanzen (§ 117 des Fünften Buches Sozialgesetzbuch), psychiatrische Institutsambulanzen (§ 118 des Fünften Buches Sozialgesetzbuch), sozialpädiatrische Zentren (§ 119 des Fünften Buches Sozialgesetzbuch) und ermächtigte Krankenhausärzte (§ 116 des Fünften Buches Sozialgesetzbuch) sowie an Patienten im Rahmen der ambulanten Behandlung im Krankenhaus, wenn das Krankenhaus hierzu ermächtigt (§ 116a des Fünften Buches Sozialgesetzbuch) oder berechtigt (§§ 116b und 140b Abs. 4 Satz 3 des Fünften Buches Sozialgesetzbuch) ist. Bei der Entlassung von Patienten nach stationärer oder ambulanter Behandlung im Krankenhaus darf an diese die zur Überbrückung benötigte Menge an Arzneimitteln nur abgegeben werden, wenn im unmittelbaren Anschluss an die Behandlung ein Wochenende oder ein Feiertag folgt. Unbeschadet des Satzes 3 können an Patienten, für die die Verordnung häuslicher Krankenpflege nach § 92 Abs. 7 Satz 1 Nr. 3 des Fünften Buches Sozialgesetzbuch vorliegt, die zur Überbrückung benötigten Arzneimittel für längstens 3 Tage abgegeben werden. An Beschäftigte des Krankenhauses dürfen Arzneimittel nur für deren unmittelbaren eigenen Bedarf abgegeben werden.

(8) Krankenhäuser im Sinne dieses Gesetzes sind Einrichtungen nach § 2 Nr. 1 des Krankenhausfinanzierungsgesetzes. Diesen stehen hinsichtlich der Arzneimittelversorgung gleich:

1. die nach Landesrecht bestimmten Träger und Durchführenden des Rettungsdienstes,

2. Kur- und Spezialeinrichtungen, die der Gesundheitsvorsorge oder der medizinischen oder beruflichen Rehabilitation dienen, sofern sie

   a) Behandlung oder Pflege sowie Unterkunft und Verpflegung gewähren,

   b) unter ständiger hauptberuflicher ärztlicher Leitung stehen und

   c) insgesamt mindestens 40 vom Hundert der jährlichen Leistungen für Patienten öffentlich-rechtlicher Leistungsträger oder für Selbstzahler abrechnen, die keine höheren als die den öffentlich-rechtlichen Leistungsträgern berechneten Entgelte zahlen.

Die nach Landesrecht bestimmten Träger und Durchführenden des Rettungsdienstes sowie Kur- und Spezialeinrichtungen sind als eine Station im Sinne des Absatzes 7 Satz 2 anzusehen, es sei denn, dass sie in Stationen oder andere Teileinheiten mit unterschiedlichem Versorgungszweck unterteilt sind. Dem Träger einer in Satz 2 genannten Einrichtung darf für diese eine Erlaubnis nach Absatz 1 nicht erteilt werden.

(9) Die Absätze 3, 4, 5 Satz 3 und Absatz 7 Satz 1 bis 3 finden keine Anwendung, soweit es sich um Arzneimittel zur Behandlung einer bedrohlichen übertragbaren Krankheit handelt, deren Ausbreitung eine sofortige und das übliche Maß erheblich überschreitende Bereitstellung von spezifischen Arzneimitteln erforderlich macht, und die von den Gesundheitsbehörden des Bundes oder der Länder oder von diesen benannten Stellen nach § 47 Abs. 1 Satz 1 Nr. 3c bevorratet oder nach § 21 Absatz 2 Nummer 1c des Arzneimittelgesetzes hergestellt wurden.

§ 15

(1) Im Geschäftsbereich des Bundesministeriums der Verteidigung obliegt die Arzneimittelversorgung den Bundeswehrapotheken.

(2) Das Bundesministerium der Verteidigung regelt unter Berücksichtigung der besonderen militärischen Gegebenheiten in Dienstvorschriften die Errichtung der Bundeswehrapotheken sowie deren Einrichtung und Betrieb. Dabei stellt es sicher, dass die Angehörigen der Bundeswehr hinsichtlich der Arzneimittelversorgung und der Arzneimittelsicherheit nicht anders gestellt sind als Zivilpersonen.

§ 16

(1) Tritt infolge Fehlens einer Apotheke ein Notstand in der Arzneimittelversorgung ein, so kann die zuständige Behörde dem Inhaber einer nahe gelegenen Apotheke auf Antrag die Erlaubnis zum Betrieb einer Zweigapotheke erteilen, wenn dieser die dafür vorgeschriebenen Räume nachweist.

(2) Zweigapotheken müssen verwaltet werden. § 13 gilt entsprechend.

(3) Die Erlaubnis nach Absatz 1 soll einem Apotheker nicht für mehr als eine Zweigapotheke erteilt werden.

(4) Die Erlaubnis wird für einen Zeitraum von fünf Jahren erteilt; sie kann erneut erteilt werden.

§ 17

Ergibt sich sechs Monate nach öffentlicher Bekanntmachung eines Notstandes in der Arzneimittelversorgung der Bevölkerung, dass weder ein Antrag auf Betrieb einer Apotheke noch einer Zweigapotheke gestellt worden ist, so kann die zuständige Behörde einer Gemeinde oder einem Gemeindeverband die Erlaubnis zum Betrieb einer Apotheke unter Leitung eines von ihr

Apothekengesetz (ApoG)

anzustellenden Apothekers erteilen, wenn diese die nach diesem Gesetz vorgeschriebenen Räume und Einrichtungen nachweisen. Der Apotheker muss die Voraussetzungen des § 2 Abs. 1 Nr. 1 bis 4 und 7 erfüllen.

Dritter Abschnitt
Notdienstpauschale, Apothekenbetriebsordnung und Ausnahmeregelungen für Bundespolizei und Bereitschaftspolizei

§ 18

(1) Der im Vereinsregister des Amtsgerichts Frankfurt am Main unter der Registernummer 4485 eingetragene Deutsche Apothekerverband e. V. errichtet und verwaltet einen Fonds zur Förderung der Sicherstellung des Notdienstes von Apotheken. Er nimmt die Aufgaben im Zusammenhang mit der Errichtung des Fonds sowie der Vereinnahmung und Verteilung der Mittel, einschließlich des Erlasses und der Vollstreckung der hierzu notwendigen Verwaltungsakte, als Beliehener nach Maßgabe der §§ 19 und 20 wahr. Der Deutsche Apothekerverband e. V. ist Anordnungsbehörde im Sinne des § 3 des Verwaltungsvollstreckungsgesetzes und Vollzugsbehörde im Sinne des § 7 des Verwaltungsvollstreckungsgesetzes.

(2) Der Deutsche Apothekerverband e. V. hat den Fonds nach Absatz 1 Satz 1 getrennt vom sonstigen Vermögen des Vereins zu errichten und zu verwalten. Die ihm bei der Errichtung und Verwaltung des Fonds entstehenden Ausgaben werden aus den Einnahmen des Fonds gedeckt. Die Finanzmittel sind bei der Bundesrepublik Deutschland Finanzagentur GmbH anzulegen. Der Fonds hat zur Sicherstellung seiner Zahlungsfähigkeit im jeweils laufenden Quartal Betriebsmittel in angemessener Höhe vorzuhalten, die aus Einnahmen des Fonds zu bilden sind. Zur anfänglichen Aufbringung der Betriebsmittelkönnen Darlehen in angemessener Höhe aufgenommen werden, die bis spätestens zum 31. Dezember 2013 aus den Einnahmen des Fonds zurückzuzahlen sind.

(3) Die Rechts- und Fachaufsicht über den Deutschen Apothekerverband e. V. bei der Wahrnehmung der Aufgaben nach Absatz 1 führt das Bundesministerium für Gesundheit. Der Deutsche Apothekerverband e. V. hat der Aufsichtsbehörde auf Verlangen die Rechnungslegung des Fonds offenzulegen.

§ 19

(1) Die Apotheken sind verpflichtet, nach jedem Quartalsende innerhalb von zehn Tagen nach Bekanntgabe des Bescheids nach Absatz 2 Satz 1 für alle im Quartal abgegebenen Packungen verschreibungspflichtiger Fertigarzneimittel zur Anwendung bei Menschen den Anteil des Festzuschlags nach § 3 Absatz 1 Satz 1 der Arzneimittelpreisverordnung, der der Förderung der Sicherstellung des Notdienstes von Apotheken dient, an den nach § 18 Absatz 1 Satz 1 errichteten Fonds abzuführen. Soweit die Apotheken für die

Apothekengesetz (ApoG)

Abrechnung mit den Krankenkassen Rechenzentren in Anspruch nehmen, haben sie die auf die abgerechneten sowie die auf die sonstigen abgegebenen Arzneimittel entfallenden Anteile nach Satz 1 über die Rechenzentren abzuführen.

(2) Der Deutsche Apothekerverband e. V. setzt gegenüber der Apotheke für jedes Quartal die abzuführenden Beträge fest. Widerspruch und Klage gegen die Festsetzung haben keine aufschiebende Wirkung. Der Beliehene ist Widerspruchsbehörde im Sinne des § 73 Absatz 1 Satz 2 Nummer 2 der Verwaltungsgerichtsordnung. Für ein Vorverfahren werden Gebühren und Auslagen erhoben. Für die vollständige oder teilweise Zurückweisung eines Widerspruchs wird eine Gebühr bis zu 500 Euro erhoben. Bei Rücknahme eines Widerspruchs nach Beginn seiner sachlichen Bearbeitung, jedoch vor deren Beendigung, ist die Gebühr nach Satz 5 anteilig zu erheben. Hat der Widerspruch nur deshalb keinen Erfolg, weil die Verletzung einer Verfahrens- oder Formvorschrift nach § 45 des Verwaltungsverfahrensgesetzes unbeachtlich ist, wird keine Gebühr erhoben. Über die Gebühren nach den Sätzen 5 und 6 entscheidet die Widerspruchsbehörde nach billigem Ermessen. Für Klagen gegen den Beliehenen ist das Verwaltungsgericht örtlich zuständig, in dessen Bezirk er seinen Sitz hat.

(3) Die Rechenzentren nach Absatz 1 Satz 2 übermitteln dem Deutschen Apothekerverband e. V. im Wege elektronischer Datenübertragung oder maschinell lesbar auf Datenträgern vollständige Angaben zur Anzahl der im jeweiligen Quartal von den einzelnen Apotheken zu Lasten der gesetzlichen Krankenversicherung abgegebenen Packungen verschreibungspflichtiger Fertigarzneimittel zur Anwendung bei Menschen. Die Apotheken haben dem Deutschen Apothekerverband e. V. die Gesamtzahl der von ihnen im jeweiligen Quartal abgegebenen Packungen verschreibungspflichtiger Fertigarzneimittel zur Anwendung bei Menschen, die nicht zu Lasten der gesetzlichen Krankenversicherung verordnet oder nicht als Sachleistung abgegeben wurden, im Wege einer Selbsterklärung mitzuteilen. Form und Inhalt der Erklärung nach Satz 2 werden vom Deutschen Apothekerverband e. V. festgelegt und auf seiner Webseite bekanntgemacht. Die Übermittlung der Daten hat jeweils innerhalb von vier Wochen nach Quartalsende zu erfolgen. Die Daten dürfen nur für die Zwecke nach Absatz 2 Satz 1 verarbeitet und genutzt werden.

(4) Der Deutsche Apothekerverband e. V. erstattet aus den Einnahmen des Fonds den Rechenzentren die notwendigen Kosten für die Übermittlung der Angaben nach Absatz 3 Satz 1 in nachgewiesener Höhe. Abweichend von Satz 1 kann der Deutsche Apothekerverband e. V. mit den Rechenzentren eine pauschale Kostenerstattung vereinbaren.

(5) Soweit Apotheken keine Rechenzentren in Anspruch nehmen, erfolgt die Abführung sämtlicher Anteile nach Absatz 1 Satz 1 unmittelbar durch die Apotheke aufgrund einer Selbsterklärung. Absatz 2 und Absatz 3 Satz 3 bis 5 gelten entsprechend.

Apothekengesetz (ApoG)

(6) Der Deutsche Apothekerverband e. V. stellt sicher, dass die Apotheken ihren Verpflichtungen nach den Absätzen 1, 3 und 5 nachkommen. Bei unterlassener oder bei Anhaltspunkten für eine unvollständige Abführung der Anteile nach Absatz 1 kann er die zur Ermittlung der abzuführenden Beträge notwendigen Überprüfungen der Apotheken sowie der in Anspruch genommenen Rechenzentren vornehmen. Die mit der Überprüfung beauftragten Personen können insbesondere die Betriebs- und Geschäftsräume zu den üblichen Geschäftszeiten betreten, die erforderlichen Auskünfte verlangen sowie in begründeten Fällen Geschäftsunterlagen, einschließlich elektronischer Dateien, einsehen und hiervon Abschriften oder Kopien fertigen. Der zur Auskunft Verpflichtete kann die Auskunft auf solche Fragen verweigern, deren Beantwortung ihn selbst oder einen seiner in § 383 Absatz 1 Nummer 1 bis 3 der Zivilprozessordnung bezeichneten Angehörigen der Gefahr strafrechtlicher Verfolgung oder eines Verfahrens nach dem Gesetz über Ordnungswidrigkeiten aussetzen würde. Die Apotheken und die Rechenzentren haben die Beauftragten des Deutschen Apothekerverbandes e. V. bei der Überprüfung zu unterstützen.

(7) Kommt eine Apotheke ihrer Verpflichtung zur Selbsterklärung nach Absatz 3 Satz 2 nicht nach oder liegen tatsächliche Anhaltspunkte für die Unrichtigkeit der Angaben der abgegebenen Selbsterklärung vor, kann der Deutsche Apothekerverband e. V. die Anzahl der in der betreffenden Apotheke abgegebenen Packungen verschreibungspflichtiger Arzneimittel, die nicht zu Lasten der gesetzlichen Krankenversicherung oder nicht als Sachleistung abgegeben wurden, schätzen. Dabei sind alle Umstände zu berücksichtigen, die für die Schätzung von Bedeutung sind. Für die Schätzung wird eine Gebühr bis zu 500 Euro erhoben. Absatz 2 Satz 3 bis 9 gilt entsprechend.

§ 20

(1) Apotheken, die von der zuständigen Behörde zur Dienstbereitschaft im Notdienst durchgehend in der Zeit von spätestens 20 Uhr bis mindestens 6 Uhr des Folgetages bestimmt wurden und den Notdienst vollständig erbracht haben, erhalten hierfür einen pauschalen Zuschuss.

(2) Die für die Einteilung zur Dienstbereitschaft im Notdienst zuständige Behörde teilt dem Deutschen Apothekerverband e. V. für ihren Zuständigkeitsbereich nach jedem Quartalsende spätestens bis zum Ende des folgenden Monats die Apotheken mit, die im jeweiligen Quartal Notdienste nach Absatz 1 erbracht haben, sowie die Anzahl der jeweils erbrachten Notdienste.

(3) Der Deutsche Apothekerverband e. V. setzt gegenüber den Apotheken für jedes Quartal den pauschalen Zuschuss nach Absatz 1 fest und zahlt ihn für jeden nach Absatz 2 mitgeteilten Notdienst an die Apotheken aus dem Fonds nach § 18 Absatz 1 Satz 1 nach jedem Quartalsende spätestens bis zum Ablauf des folgenden Quartals aus. § 19 Absatz 2 Satz 3 bis 9 gilt entsprechend. Der Zuschuss errechnet sich als Quotient aus der um die Ausgaben nach § 18 Absatz 2 Satz 2, einschließlich der nach § 19 Absatz 4 zu erstattenden Kosten, und die Beträge zur Bildung von Betriebsmitteln nach § 18

Apothekengesetz (ApoG)

Absatz 2 Satz 4 und zur Erfüllung der Verpflichtungen aus Darlehen nach § 18 Absatz 2 Satz 5 bereinigten Summe der beim Fonds vorhandenen Anteile nach § 19 Absatz 1 und der Anzahl der nach Absatz 2 mitgeteilten Notdienste.

§ 20a

Der Deutsche Apothekerverband e. V. hat den Schaden zu ersetzen, welcher der Bundesrepublik Deutschland durch rechtswidrige und vorsätzliche oder fahrlässige Verletzung seiner Pflichten bei der Ausübung der Aufgaben und Befugnisse nach den §§ 18 bis 20 entsteht.

§ 21

(1) Das Bundesministerium für Gesundheit wird ermächtigt, durch Rechtsverordnung mit Zustimmung des Bundesrates eine Apothekenbetriebsordnung zu erlassen, um einen ordnungsgemäßen Betrieb der Apotheken, Zweigapotheken und Krankenhausapotheken zu gewährleisten und um die Qualität der dort herzustellenden und abzugebenden Arzneimittel sicherzustellen. Hierbei sind die von der Weltgesundheitsorganisation aufgestellten Grundregeln für die Herstellung von Arzneimitteln und die Sicherung ihrer Qualität, die Vorschriften des Arzneibuches und die allgemein anerkannten Regeln der pharmazeutischen Wissenschaft zu berücksichtigen.

Mit Zustimmung des Bundesrates können durch die Apothekenbetriebsordnung nach Satz 1 Regelungen über die Organisation, Ausstattung und Mitwirkung von Apotheken bei der Durchführung von nach dem Fünften Buch Sozialgesetzbuch vereinbarten Versorgungsformen erlassen werden. Weiterhin wird das Bundesministerium ermächtigt, durch Rechtsverordnung mit Zustimmung des Bundesrates Regelungen insbesondere zur Gestaltung einschließlich des Betreibens und der Qualitätssicherung von Informationen in elektronischen Medien, die in Verbindung mit dem elektronischen Handel mit Arzneimitteln verwendet werden, zu treffen.

(2) In der Apothekenbetriebsordnung nach Absatz 1 Satz 1 können Regelungen getroffen werden über

1. das Entwickeln, Herstellen, Erwerben, Prüfen, Ab- und Umfüllen, Verpacken und Abpacken, Lagern, Feilhalten, Abgeben und die Kennzeichnung von Arzneimitteln sowie die Absonderung oder Vernichtung nicht verkehrsfähiger Arzneimittel und über sonstige Betriebsvorgänge,

1a. die Anforderungen an den Versand, an den elektronischen Handel einschließlich Versand, an die Beratung und Information in Verbindung mit diesem Arzneimittelhandel und Sicherstellung der ordnungsgemäßen Aushändigung dieser Arzneimittel an den Endverbraucher, an Dokumentationspflichten sowie zur Bestimmung von Arzneimitteln oder Arzneimittelgruppen, deren Abgabe auf dem Wege des Versandhandels aus Gründen der Arzneimittelsicherheit oder des Verbraucherschutzes nicht zulässig ist,

Apothekengesetz (ApoG)

soweit nicht mit angemessenen Mitteln die Arzneimittelsicherheit und der Verbraucherschutz gewährleistet werden können und die Annahme der Risiken begründet ist und die Risiken unverhältnismäßig sind,

2. die Führung und Aufbewahrung von Nachweisen über die in Nummer 1 genannten Betriebsvorgänge,

3. die besonderen Versuchsbedingungen und die Kontrolle der bei der Entwicklung, Herstellung und Prüfung von Arzneimitteln verwendeten Tiere sowie die Führung und Aufbewahrung von Nachweisen darüber; die Vorschriften des Tierschutzgesetzes und der auf Grund des Tierschutzgesetzes erlassenen Rechtsverordnungen bleiben unberührt,

4. die Anforderungen an das Apothekenpersonal und dessen Einsatz,

5. die Vertretung des Apothekenleiters,

6. die Größe, Beschaffenheit, Ausstattung und Einrichtung der Apothekenbetriebsräume sowie der sonstigen Räume, die den Versand und den elektronischen Handel einschließlich Versand mit Arzneimitteln sowie die Beratung und Information in Verbindung mit diesem Handel betreffen,

7. die Beschaffenheit und die Kennzeichnung der Behältnisse in der Apotheke,

8. die apothekenüblichen Waren, die Nebengeschäfte, die Dienstbereitschaft und das Warenlager der Apotheken sowie die Arzneimittelabgabe innerhalb und außerhalb der Apothekenbetriebsräume,

9. die Voraussetzungen der Erlaubniserteilung für die Errichtung von Rezeptsammelstellen und das dabei zu beachtende Verfahren sowie die Voraussetzungen der Schließung von Rezeptsammelstellen und die Anforderungen an ihren Betrieb,

10. die Benennung und den Verantwortungsbereich von Kontrollleitern in Apotheken,

11. die Zurückstellung von Chargenproben sowie deren Umfang und Lagerungsdauer,

12. die Anforderungen an die Hygiene in den Apotheken und

13. die Überprüfung der Arzneimittelvorräte in Krankenhäusern sowie die Führung und Aufbewahrung von Nachweisen darüber.

(3) In der Rechtsverordnung nach Absatz 1 Satz 4 können insbesondere folgende Regelungen zur Gestaltung einschließlich des Betreibens und der Qualitätssicherung von Informationen in elektronischen Medien getroffen werden, die in Verbindung mit dem elektronischen Handel mit Arzneimitteln verwendet werden:

1. Darbietung und Anwendungssicherheit,

2. Bestellformular und dort aufgeführte Angaben,

3. Fragebogen zu für die Arzneimitteltherapie relevanten Angaben, soweit diese aus Gründen der Arzneimittelsicherheit erforderlich sein können,
4. Informationen zur Arzneimittelsicherheit,
5. Vermittlungsart und -qualität der Information,
6. Qualitätssicherung, Qualitätskontrolle und Qualitätsbestätigung,
7. Zielgruppenorientierung,
8. Transparenz,
9. Urheberschaft der Webseite und der Informationen,
10. Geheimhaltung und Datenschutz,
11. Aktualisierung von Informationen,
12. Verantwortlichkeit und Ansprechpartner für Rückmeldungen,
13. Zugreifbarkeit auf gesundheits- oder arzneimittelbezogene Daten oder Inhalte,
14. Verlinkung zu anderen Webseiten und sonstigen Informationsträgern,
15. Einrichtungen zur Erkennung und Überprüfung des Status der Überwachung oder Überprüfung der Apotheke und der Webseite sowie deren Grundlagen.

(4) Soweit Apotheken eine Erlaubnis zur Herstellung von Arzneimitteln nach den Vorschriften des Arzneimittelgesetzes haben, gilt für den Apothekenbetrieb die Apothekenbetriebsordnung, für den Herstellungsbetrieb die entsprechenden Vorschriften des Arzneimittelrechts.

§ 22

Einrichtungen, die der Arzneimittelversorgung der Angehörigen der Bundespolizei und der Bereitschaftspolizeien der Länder im Rahmen der freien Heilfürsorge sowie ihrer Tierbestände dienen, unterliegen nicht den Vorschriften dieses Gesetzes.

Vierter Abschnitt
Straf- und Bußgeldbestimmungen

§ 23

Wer vorsätzlich oder fahrlässig ohne die erforderliche Erlaubnis oder Genehmigung eine Apotheke, Krankenhausapotheke oder Zweigapotheke betreibt oder verwaltet, wird mit Freiheitsstrafe bis zu sechs Monaten oder mit Geldstrafe bis zu einhundertachtzig Tagessätzen bestraft.

Apothekengesetz (ApoG)

§ 24

(weggefallen)

§ 25

(1) Ordnungswidrig handelt, wer vorsätzlich oder fahrlässig

1. entgegen § 2 Abs. 5 Nr. 2 einen Verantwortlichen nicht, nicht richtig oder nicht rechtzeitig benennt,
2. auf Grund einer nach § 8 Satz 2, § 9 Abs. 1, § 10 oder § 11 Abs. 1 unzulässigen Vereinbarung Leistungen erbringt oder annimmt oder eine solche Vereinbarung in sonstiger Weise ausführt,
3. eine Apotheke durch eine Person verwalten lässt, der eine Genehmigung nach § 13 Abs. 1 b Satz 1 nicht erteilt worden ist,
4. entgegen § 14 Abs. 7 Satz 1 ein Krankenhaus mit Arzneimitteln versorgt oder
5. entgegen § 14 Abs. 7 Satz 2, 3 oder 4 Arzneimittel abgibt.

(2) Ordnungswidrig handelt auch, wer vorsätzlich oder fahrlässig einer nach § 21 erlassenen Rechtsverordnung zuwiderhandelt, soweit sie für einen bestimmten Tatbestand auf diese Bußgeldvorschrift verweist.

(3) Die Ordnungswidrigkeit kann in den Fällen des Absatzes 1 Nr. 2 mit einer Geldbuße bis zu zwanzigtausend Euro, in den Fällen des Absatzes 1 Nr. 1, 3 und 4 und des Absatzes 2 mit einer Geldbuße bis zu fünftausend Euro geahndet werden.

Fünfter Abschnitt
Schluss- und Übergangsbestimmungen

§ 26

(1) Personalkonzessionen, Realkonzessionen und sonstige persönliche Betriebserlaubnisse, die vor dem Inkrafttreten dieses Gesetzes erteilt worden sind, gelten als Erlaubnisse im Sinne des § 1. Dies gilt auch für Berechtigungen, deren Inhaber Gebietskörperschaften sind; die Apotheken können verpachtet werden; § 9 findet keine Anwendung.

(2) Die nach bisherigem Recht erteilten Erlaubnisse zum Betrieb einer Krankenhausapotheke gelten in ihrem bisherigen Umfange weiter. Die nach bisherigem Recht erteilten Erlaubnisse zum Betrieb einer Zweigapotheke gelten als Erlaubnisse im Sinne des § 16.

Apothekengesetz (ApoG)

§ 27

(1) Inhaber von anderen als den in § 26 bezeichneten Apothekenbetriebsberechtigungen bedürfen zum Betreiben der Apotheke einer Erlaubnis nach § 1. Soweit sie beim Inkrafttreten dieses Gesetzes eine Apotheke auf Grund einer solchen Berechtigung betreiben, gilt die Erlaubnis als erteilt.

(2) Soweit eine solche Berechtigung nach Maßgabe der Verleihungsurkunde und der bis zum Inkrafttreten dieses Gesetzes geltenden landesrechtlichen Bestimmungen von einer Person, die nicht eine der Voraussetzungen des § 2 Abs. 1 Nr. 3 erfüllt, genutzt werden durfte, verbleibt es dabei. Die Nutzung hat durch Verpachtung zu erfolgen; § 9 findet keine Anwendung; § 13 bleibt unberührt.

(3) Inhabern einer solchen Berechtigung wird eine Erlaubnis zum Betrieb einer anderen Apotheke, die keine Zweigapotheke ist, nur erteilt, wenn sie auf die bisherige Berechtigung verzichten.

§ 28

(1) Bei verpachteten Apotheken gilt die dem Pächter verliehene Betriebserlaubnis oder die Bestätigung als Pächter als Erlaubnis nach § 1.

(2) Am 1. Mai 1960 bestehende Verträge über die Verpachtung oder Verwaltung einer Apotheke, die den §§ 9 und 13 nicht entsprechen, bleiben bis zum Ablauf der vereinbarten Vertragsdauer in Kraft, wenn sie nicht zu einem früheren Zeitpunkt ihre Gültigkeit verlieren.

§ 28a und 29
(weggefallen)

§ 30

Auf ärztliche und tierärztliche Abgabestellen für Arzneimittel (Hausapotheken) finden die Vorschriften dieses Gesetzes keine Anwendung.

§ 31
(Außerkrafttreten; nicht abgedruckt)

§ 32
(weggefallen)

§ 33
(Inkrafttreten; nicht abgedruckt)

Apothekenbetriebsordnung (ApBetrO)

Verordnung über den Betrieb von Apotheken (Apothekenbetriebsordnung – ApBetrO)

in der Fassung vom 26. September 1995 (BGBl. I S. 1195),
zuletzt geändert durch Artikel 1a der Verordnung vom 19. Februar 2013
(BGBl. I S. 312)

Inhaltsübersicht

Seite

Erster Abschnitt
Allgemeine Bestimmung

§ 1	Anwendungsbereich	281
§ 1a	Begriffsbestimmungen	281

Zweiter Abschnitt
Der Betrieb von öffentlichen Apotheken

§ 2	Apothekenleiter	284
§ 2a	Qualitätsmanagementsystem	285
§ 3	Apothekenpersonal	285
§ 4	Beschaffenheit, Größe und Einrichtung der Apothekenbetriebsräume	287
§ 4a	Hygienemaßnahmen	289
§ 5	Wissenschaftliche und sonstige Hilfsmittel	290
§ 6	Allgemeine Vorschriften über die Herstellung und Prüfung	290
§ 7	Rezepturarzneimittel	291
§ 8	Defekturarzneimittel	293
§ 9	(weggefallen)	294
§ 10	(weggefallen)	294
§ 11	Ausgangsstoffe	294
§ 11a	Tätigkeiten im Auftrag	295
§ 12	Prüfung der nicht in der Apotheke hergestellten Fertigarzneimittel und apothekenpflichtigen Medizinprodukte	295
§ 13	Behältnisse	296
§ 14	Kennzeichnung	296
§ 15	Vorratshaltung	297
§ 16	Lagerung	298
§ 17	Erwerb und Abgabe von Arzneimitteln und Medizinprodukten	299
§ 18	Einfuhr von Arzneimitteln	303
§ 19	Erwerb und Abgabe von verschreibungspflichtigen Tierarzneimitteln	303
§ 20	Information und Beratung	304

Apothekenbetriebsordnung (ApBetrO)

		Seite
§ 21	Arzneimittelrisiken, Behandlung nicht verkehrsfähiger Arzneimittel	306
§ 22	Allgemeine Dokumentation	307
§ 23	Dienstbereitschaft	307
§ 24	Rezeptsammelstellen	308
§ 25	(weggefallen)	309
§ 25a	Abwehr von bedrohlichen übertragbaren Krankheiten	309

Dritter Abschnitt
Der Betrieb von Krankenhausapotheken

§ 26	Anzuwendende Vorschriften	310
§ 27	Leiter der Krankenhausapotheke	310
§ 28	Personal der Krankenhausapotheke	311
§ 29	Räume und Einrichtung der Krankenhausapotheke	311
§ 30	Vorratshaltung in der Krankenhausapotheke	312
§ 31	Abgabe in der Krankenhausapotheke	312
§ 32	Überprüfung der Arzneimittelvorräte und der apothekenpflichtigen Medizinprodukte auf den Stationen	312
§ 33	Dienstbereitschaft der Krankenhausapotheke	313

Vierter Abschnitt
Sondervorschriften

§ 34	Patientenindividuelles Stellen oder Verblistern von Arzneimitteln	314
§ 35	Herstellung von Arzneimitteln zur parenteralen Anwendung	315

Fünfter Abschnitt
Ordnungswidrigkeiten, Übergangs- und Schlussbestimmungen

§ 36	Ordnungswidrigkeiten	317
§ 37	Übergangsvorschriften	320

Apothekenbetriebsordnung (ApBetrO)

Erster Abschnitt
Allgemeine Bestimmung

§ 1
Anwendungsbereich

(1) Diese Verordnung findet Anwendung auf den Betrieb und die Einrichtung von öffentlichen Apotheken einschließlich der krankenhausversorgenden Apotheken, Zweig- und Notapotheken sowie von Krankenhausapotheken. Ihre Vorschriften legen fest, wie die ordnungsgemäße Versorgung der Bevölkerung mit Arzneimitteln und apothekenpflichtigen Medizinprodukten sicherzustellen ist.

(2) Diese Verordnung findet auf den Apothekenbetrieb insoweit keine Anwendung, als eine Erlaubnis nach § 13, § 52a oder § 72 des Arzneimittelgesetzes erteilt worden ist.

(3) Die Medizinprodukte-Betreiberverordnung in der Fassung der Bekanntmachung vom 21. August 2002 (BGBl. I S. 3396) und die Medizinprodukte-Sicherheitsplanverordnung vom 24. Juni 2002 (BGBl. I S. 2131), jeweils in der geltenden Fassung, bleiben unberührt.

§ 1a
Begriffsbestimmungen

(1) Krankenhausversorgende Apotheken sind öffentliche Apotheken, die gemäß § 14 Absatz 4 des Gesetzes über das Apothekenwesen ein Krankenhaus versorgen.

(2) Pharmazeutisches Personal sind Apotheker, pharmazeutisch-technische Assistenten, Apothekerassistenten, Pharmazieingenieure, Apothekenassistenten, pharmazeutische Assistenten sowie Personen, die sich in der Ausbildung zum Apothekerberuf oder zum Beruf des pharmazeutisch-technischen Assistenten befinden.

(3) Pharmazeutische Tätigkeit im Sinne dieser Verordnung ist:
1. die Entwicklung und Herstellung von Arzneimitteln,
2. die Prüfung von Ausgangsstoffen oder Arzneimitteln,
3. die Abgabe von Arzneimitteln,
4. die Information und Beratung über Arzneimittel,
5. die Überprüfung von Arzneimitteln sowie die Beobachtung, Sammlung und Auswertung von Arzneimittelrisiken und Medikationsfehlern in Krankenhäusern oder in den Krankenhäusern gemäß § 14 Absatz 8 Apothekengesetz hinsichtlich der Arzneimittelversorgung gleichgestellten Einrichtungen oder in den zu versorgenden Einrichtungen im Sinne des § 12a des Apothekengesetzes,

Apothekenbetriebsordnung (ApBetrO)

6. das Medikationsmanagement, mit dem die gesamte Medikation des Patienten, einschließlich der Selbstmedikation, wiederholt analysiert wird mit den Zielen, die Arzneimitteltherapiesicherheit und die Therapietreue zu verbessern, indem arzneimittelbezogene Probleme erkannt und gelöst werden.

(4) Patientenindividuelles Stellen ist die auf Einzelanforderung vorgenommene und patientenbezogene manuelle Neuverpackung von Fertigarzneimitteln für bestimmte Einnahmezeitpunkte des Patienten in einem wieder verwendbaren Behältnis.

(5) Patientenindividuelles Verblistern ist die auf Einzelanforderung vorgenommene und patientenbezogene manuelle oder maschinelle Neuverpackung von Fertigarzneimitteln für bestimmte Einnahmezeitpunkte des Patienten in einem nicht wieder verwendbaren Behältnis.

(6) Ausgangsstoff ist jeder bei der Herstellung eines Arzneimittels verwendete Stoff oder jede Zubereitung aus Stoffen, ausgenommen Verpackungsmaterial.

(7) Primäre Verpackungsmaterialien sind Behältnisse oder Umhüllungen, die mit den Arzneimitteln in Berührung kommen.

(8) Rezepturarzneimittel ist ein Arzneimittel, das in der Apotheke im Einzelfall auf Grund einer Verschreibung oder auf sonstige Anforderung einer einzelnen Person und nicht im Voraus hergestellt wird.

(9) Defekturarzneimittel ist ein Arzneimittel, das im Rahmen des üblichen Apothekenbetriebs im Voraus an einem Tag in bis zu hundert abgabefertigen Packungen oder in einer diesen entsprechenden Menge hergestellt wird.

§2 IV (10) Apothekenübliche Waren sind:

1. Medizinprodukte, die nicht der Apothekenpflicht unterliegen,
2. Mittel sowie Gegenstände und Informationsträger, die der Gesundheit von Menschen und Tieren unmittelbar dienen oder diese fördern,
3. Mittel zur Körperpflege,
4. Prüfmittel,
5. Chemikalien,
6. Reagenzien,
7. Laborbedarf,
8. Schädlingsbekämpfungs- und Pflanzenschutzmittel sowie
9. Mittel zur Aufzucht von Tieren.

(11) Apothekenübliche Dienstleistungen sind Dienstleistungen, die der Gesundheit von Menschen oder Tieren dienen oder diese fördern; dazu zählen insbesondere:

Apothekenbetriebsordnung (ApBetrO)

1. die Beratung
   a) in Gesundheits- und Ernährungsfragen,
   b) im Bereich Gesundheitserziehung und -aufklärung,
   c) zu Vorsorgemaßnahmen,
   d) über Medizinprodukte,
2. die Durchführung von einfachen Gesundheitstests,
3. das patientenindividuelle Anpassen von Medizinprodukten sowie
4. die Vermittlung von gesundheitsbezogenen Informationen.

(12) Inprozesskontrollen sind Überprüfungen, die während der Herstellung eines Arzneimittels zur Überwachung und erforderlichenfalls Anpassung des Prozesses vorgenommen werden, um zu gewährleisten, dass das Arzneimittel die erwartete Qualität aufweist; bei der Herstellung von sterilen Arzneimitteln, insbesondere Parenteralia, ist die Überwachung der Umgebung oder der Ausrüstung Teil der Inprozesskontrollen.

(13) Kritische Ausrüstungsgegenstände oder Geräte sind solche, die mit den Ausgangsstoffen oder Arzneimitteln in Berührung kommen oder einen anderen wesentlichen Einfluss auf die Qualität oder Sicherheit dieser Produkte haben können.

(14) Kalibrierung ist ein Arbeitsgang, durch den unter genau bestimmten Bedingungen die Beziehung bestimmt wird zwischen einerseits den Werten, die durch ein Messgerät oder ein Messsystem angezeigt werden, oder den Werten, die sich aus einer Materialmessung ergeben und andererseits den entsprechenden Werten eines Referenzstandards.

(15) Qualifizierung ist das Erbringen eines dokumentierten Nachweises, der mit hoher Sicherheit belegt, dass ein spezifischer Ausrüstungsgegenstand oder eine spezifische Umgebungsbedingung für die Herstellung oder Prüfung des Arzneimittels den vorher festgelegten Qualitätsmerkmalen entspricht.

(16) Validierung ist das Erbringen eines dokumentierten Nachweises, der mit hoher Sicherheit belegt, dass durch einen spezifischen Prozess oder ein Standardarbeitsverfahren ein Arzneimittel hergestellt und geprüft wird, das den vorher festgelegten Qualitätsmerkmalen entspricht.

(17) Herstellen im geschlossenen System ist die Überführung steriler Ausgangsmaterialien oder Lösungen in ein vorsterilisiertes geschlossenes Behältnis, ohne dass der Inhalt dabei mit der äußeren Umgebung in Kontakt kommt.

Zweiter Abschnitt
Der Betrieb von öffentlichen Apotheken

§ 2
Apothekenleiter

(1) Apothekenleiter ist

1. bei einer Apotheke, die nach § 1 Abs. 2 des Gesetzes über das Apothekenwesen betrieben wird, der Inhaber der Erlaubnis nach § 2 des Apothekengesetzes, im Falle der Verpachtung der Pächter,

2. bei einer Apotheke oder Zweigapotheke, die nach § 13 oder § 16 des Gesetzes über das Apothekenwesen verwaltet wird, der Inhaber der Genehmigung,

3. bei einer Apotheke, die nach § 17 des Gesetzes über das Apothekenwesen betrieben wird, der von der zuständigen Behörde angestellte und mit der Leitung beauftragte Apotheker,

4. bei einer Hauptapotheke nach § 2 Abs. 5 Nr. 1 des Apothekengesetzes der Inhaber der Erlaubnis nach § 2 Abs. 4 des Apothekengesetzes,

5. bei einer Filialapotheke nach § 2 Abs. 5 Nr. 2 des Apothekengesetzes der vom Betreiber benannte Verantwortliche.

(2) Der Apothekenleiter hat die Apotheke persönlich zu leiten. Er ist dafür verantwortlich, dass die Apotheke unter Beachtung der geltenden Vorschriften betrieben wird. Neben dem Apothekenleiter nach Absatz 1 Nr. 5 ist auch der Betreiber für die Einhaltung der zum Betreiben von Apotheken geltenden Vorschriften verantwortlich.

(3) Der Apothekenleiter hat der zuständigen Behörde jede weitere berufliche oder gewerbsmäßige Tätigkeit anzuzeigen, bevor sie aufgenommen wird.

(4) Der Apothekenleiter darf neben Arzneimitteln und apothekenpflichtigen Medizinprodukten die in § 1a Absatz 10 genannten Waren nur in einem Umfang anbieten oder feilhalten, der den ordnungsgemäßen Betrieb der Apotheke und den Vorrang des Arzneimittelversorgungsauftrages nicht beeinträchtigt. Satz 1 ist auf die apothekenüblichen Dienstleistungen nach § 1a Absatz 11 entsprechend anzuwenden.

(5) Der Apothekenleiter muss sich, sofern er seine Verpflichtung zur persönlichen Leitung der Apotheke vorübergehend nicht selbst wahrnimmt, durch einen Apotheker vertreten lassen. Die Vertretung darf insgesamt drei Monate im Jahr nicht überschreiten. Die zuständige Behörde kann eine Vertretung über diese Zeit hinaus zulassen, wenn ein in der Person des Apothekenleiters liegender wichtiger Grund gegeben ist.

(6) Kann ein Apothekenleiter seiner Verpflichtung nach Absatz 5 Satz 1 nicht nachkommen, kann er sich von einem Apothekerassistenten oder Pharmazieingenieur vertreten lassen, sofern dieser insbesondere hinsichtlich seiner

Apothekenbetriebsordnung (ApBetrO)

Kenntnisse und Fähigkeiten dafür geeignet ist und im Jahre vor dem Vertretungsbeginn mindestens sechs Monate hauptberuflich in einer öffentlichen Apotheke oder Krankenhausapotheke beschäftigt war. Der Apothekenleiter darf sich nicht länger als insgesamt vier Wochen im Jahr von Apothekerassistenten oder Pharmazieingenieuren vertreten lassen. Der Apothekenleiter hat vor Beginn der Vertretung die zuständige Behörde unter Angabe des Vertreters zu unterrichten. Die Sätze 1 bis 3 gelten nicht für die Vertretung

1. des Inhabers einer Erlaubnis nach § 2 Absatz 4 des Apothekengesetzes,

2. des Leiters einer krankenhausversorgenden Apotheke sowie

3. des Leiters einer Apotheke, auf die die Sondervorschriften des § 34 oder des § 35 Anwendung finden.

(7) Der mit der Vertretung beauftragte Apotheker oder Apothekerassistent oder Pharmazieingenieur hat während der Dauer der Vertretung die Pflichten eines Apothekenleiters.

§ 2a
Qualitätsmanagementsystem

(1) Der Apothekenleiter muss ein Qualitätsmanagementsystem entsprechend Art und Umfang der pharmazeutischen Tätigkeiten betreiben. Mit dem Qualitätsmanagementsystem müssen die betrieblichen Abläufe festgelegt und dokumentiert werden. Das Qualitätsmanagementsystem muss insbesondere gewährleisten, dass die Arzneimittel nach Stand von Wissenschaft und Technik hergestellt, geprüft und gelagert werden und dass Verwechslungen vermieden werden sowie eine ausreichende Beratungsleistung erfolgt.

(2) Der Apothekenleiter hat im Rahmen des Qualitätsmanagementsystems dafür zu sorgen, dass regelmäßig Selbstinspektionen durch pharmazeutisches Personal zur Überprüfung der betrieblichen Abläufe vorgenommen werden und erforderlichenfalls Korrekturen vorgenommen werden. Darüber hinaus sollte die Apotheke an regelmäßigen Maßnahmen zu externen Qualitätsüberprüfungen teilnehmen.

(3) Der Apothekenleiter ist dafür verantwortlich, dass die Überprüfungen und die Selbstinspektionen nach Absatz 2 sowie die daraufhin erforderlichenfalls ergriffenen Maßnahmen dokumentiert werden.

§ 3
Apothekenpersonal

(1) Das Apothekenpersonal darf nur entsprechend seiner Ausbildung und seinen Kenntnissen eingesetzt werden und ist über die bei den jeweiligen Tätigkeiten gebotene Sorgfalt regelmäßig zu unterweisen. Die Unterweisung muss sich auch auf die Theorie und Anwendung des Qualitätsmanagementsystems erstrecken sowie auf Besonderheiten der Arzneimittel, die hergestellt, geprüft oder gelagert werden.

Apothekenbetriebsordnung (ApBetrO)

(2) Zur Gewährleistung eines ordnungsgemäßen Betriebs der Apotheke muss das notwendige Personal, insbesondere auch das pharmazeutische Personal, in ausreichender Zahl vorhanden sein. Das zur Versorgung eines Krankenhauses zusätzlich erforderliche Personal ergibt sich aus Art und Umfang einer medizinisch zweckmäßigen und ausreichenden Versorgung des Krankenhauses mit Arzneimitteln und apothekenpflichtigen Medizinprodukten unter Berücksichtigung von Größe, Art und Leistungsstruktur des Krankenhauses. Satz 2 gilt entsprechend für die Versorgung von Einrichtungen im Sinne von § 12a des Apothekengesetzes.

(3) (weggefallen)

(4) Die Bewertung der Analyse und die Beratung im Rahmen eines Medikationsmanagements müssen durch einen Apotheker der Apotheke erfolgen.

(5) Es ist verboten, pharmazeutische Tätigkeiten von anderen Personen als pharmazeutischem Personal auszuführen oder ausführen zu lassen, soweit nach Absatz 5a nichts anderes bestimmt ist. Die jeweilige Person muss insoweit der deutschen Sprache mächtig sein und über Kenntnis des in Deutschland geltenden Rechts verfügen, wie es für die Ausübung ihrer jeweiligen Tätigkeit notwendig ist. Pharmazeutische Tätigkeiten, die von pharmazeutisch-technischen Assistenten, pharmazeutischen Assistenten oder Personen, die sich in der Ausbildung zum Apothekerberuf oder zum Beruf des pharmazeutisch-technischen Assistenten befinden, sind vom Apothekenleiter zu beaufsichtigen oder von diesem durch einen Apotheker beaufsichtigen zu lassen. Pharmazeutische Assistenten dürfen keine Arzneimittel abgeben.

(5a) Das Umfüllen einschließlich Abfüllen und Abpacken oder Kennzeichnen von Arzneimitteln darf unter Aufsicht eines Apothekers auch durch anderes als das pharmazeutische Personal ausgeführt werden, soweit es sich um Apothekenhelfer, Apothekenfacharbeiter, pharmazeutisch-kaufmännische Angestellte sowie Personen, die sich in der Ausbildung zum Beruf des pharmazeutisch-kaufmännischen Angestellten befinden, handelt. Darüber hinaus darf sich das pharmazeutische Personal von dem in Satz 1 genannten anderen Personal der Apotheke unterstützen lassen

1. bei der Herstellung und Prüfung der Arzneimittel,

2. bei der Prüfung der Ausgangsstoffe,

3. durch Bedienung, Pflege und Instandhaltung der Arbeitsgeräte,

4. beim Abfüllen und Abpacken oder Kennzeichnen der Arzneimittel sowie

5. bei der Vorbereitung der Arzneimittel zur Abgabe.

Das zur Herstellung nach Satz 1 oder zur Unterstützung nach Satz 2 eingesetzte Personal muss für diese Aufgaben entsprechend qualifiziert sein und über die bei den jeweiligen Tätigkeiten gebotene Sorgfalt nachweislich zu Anfang und danach fortlaufend vom pharmazeutischen Personal unterwiesen werden.

Apothekenbetriebsordnung (ApBetrO)

(6) Zur Versorgung eines Krankenhauses mit Ausnahme der Zustellung darf der Apothekenleiter nur Personal einsetzen, das in seinem Betrieb tätig ist. Satz 1 findet entsprechende Anwendung auf die Versorgung von Bewohnern einer zu versorgenden Einrichtung im Sinne des § 12a des Apothekengesetzes.

§ 4
Beschaffenheit, Größe und Einrichtung der Apothekenbetriebsräume

(1) Die Betriebsräume müssen nach Art, Größe, Zahl, Lage und Einrichtung geeignet sein, einen ordnungsgemäßen Apothekenbetrieb, insbesondere die einwandfreie Entwicklung, Herstellung, Prüfung, Lagerung, Verpackung sowie eine ordnungsgemäße Abgabe von Arzneimitteln oder die Abgabe von apothekenpflichtigen Medizinprodukten und die Information und Beratung über Arzneimittel oder Medizinprodukte, auch mittels Einrichtungen der Telekommunikation, zu gewährleisten. Die Betriebsräume sind

1. durch Wände oder Türen abzutrennen

   a) von anderweitig gewerblich oder beruflich genutzten Räumen, auch in Zusammenhang mit Tätigkeiten, für die der Apothekenleiter über eine Erlaubnis nach § 52a des Arzneimittelgesetzes verfügt, sowie

   b) von öffentlichen Verkehrsflächen und Ladenstraßen,

2. durch geeignete Maßnahmen gegen unbefugten Zutritt zu schützen,

3. ausreichend zu beleuchten und zu belüften sowie erforderlichenfalls zu klimatisieren,

4. in einwandfreiem baulichen und hygienischen Zustand zu halten und

5. so anzuordnen, dass jeder Raum ohne Verlassen der Apotheke erreichbar ist (Raumeinheit).

Satz 2 Nummer 1 Buchstabe a gilt nicht für die Herstellung von Arzneimitteln, für die eine Erlaubnis nach § 13 des Arzneimittelgesetzes erforderlich ist.

(2) Die Apotheke muss mindestens aus einer Offizin, einem Laboratorium, ausreichendem Lagerraum und einem Nachtdienstzimmer bestehen. Das Laboratorium muss mit einem Abzug mit Absaugvorrichtung oder mit einer entsprechenden Einrichtung, die die gleiche Funktion erfüllt, ausgestattet sein. Die Grundfläche der in Satz 1 genannten Betriebsräume muss mindestens 110 Quadratmeter betragen. Bei der Berechnung der Grundfläche sind die nach § 34 Absatz 3 und § 35 Absatz 3 genannten separaten Räume sowie Räume, die nach Absatz 1 Satz 2 Nummer 1 Buchstabe a von den Betriebsräumen der Apotheke abzutrennen sind, nicht zu berücksichtigen. Für krankenhausversorgende Apotheken gilt § 29 Absatz 1 und 3 entsprechend.

(2a) Die Offizin muss einen Zugang zu öffentlichen Verkehrsflächen haben und soll barrierefrei erreichbar sein. Sie muss so gestaltet werden, dass der Vorrang des Arzneimittelversorgungsauftrags nicht beeinträchtigt wird und für die in der Offizin ausgeübten wesentlichen Aufgaben, insbesondere die Bera-

Apothekenbetriebsordnung (ApBetrO)

tung von Patienten und Kunden, genügend Raum bleibt. Die Offizin muss so eingerichtet sein, dass die Vertraulichkeit der Beratung, insbesondere an den Stellen, an denen Arzneimittel an Kunden abgegeben werden, so gewahrt wird, dass das Mithören des Beratungsgesprächs durch andere Kunden weitestgehend verhindert wird.

(2b) Für die Herstellung von nicht zur parenteralen Anwendung bestimmten Arzneimitteln ist ein eigener Arbeitsplatz vorzusehen. Der Arbeitsplatz ist von mindestens drei Seiten raumhoch von anderen Bereichen der Apotheke abzutrennen, sofern sich dieser Arbeitsplatz nicht in einem Betriebsraum befindet, der gleichzeitig ausschließlich als Laboratorium dient. Seine Wände und Oberflächen sowie der Fußboden müssen leicht zu reinigen sein, damit das umgebungsbedingte Kontaminationsrisiko für die herzustellenden Arzneimittel minimal ist. Der Arbeitsplatz kann auch für die Herstellung von Medizinprodukten oder apothekenüblichen Waren nach § 1a Absatz 10 Nummer 2, 3 oder 9 genutzt werden.

(2c) Für die Herstellung von Arzneimitteln, die Drogen oder Drogenmischungen sind, oder für die sonstige Verarbeitung von Drogen als Ausgangsstoffe ist ein gesonderter Arbeitsplatz vorzusehen. Absatz 2b Satz 2 und 3 findet keine Anwendung.

(2d) Der Lagerraum muss ausreichend groß sein und eine ordnungsgemäße Lagerung der in der Apotheke vorrätig gehaltenen oder vertriebenen Produkte ermöglichen. Es muss eine Lagerhaltung unterhalb einer Temperatur von 25 Grad Celsius möglich sein. Für Arzneimittel oder Ausgangsstoffe, die nach § 21 Nummer 7 abzusondern sind, und für gefälschte Arzneimittel, die nach § 21 Nummer 8 gesichert aufzubewahren sind, ist ein separater und entsprechend gekennzeichneter Lagerbereich vorzusehen. Soweit Arzneimittel außerhalb der Öffnungszeiten der Apotheke angeliefert werden, muss die Einhaltung der erforderlichen Lagertemperaturen für die betreffenden Arzneimittel ständig gewährleistet sein; ein Zugriff Unbefugter muss ausgeschlossen werden. Apotheken, die Krankenhäuser mit Arzneimitteln versorgen, müssen für diese Arzneimittel separate Lagerräume oder mindestens separate und entsprechend gekennzeichnete Lagerbereiche vorhalten.

(3) Eine Zweigapotheke muss mindestens aus einer Offizin, ausreichendem Lagerraum und einem Nachtdienstzimmer bestehen. Absatz 2 Satz 1 und 3 findet keine Anwendung.

(4) Absatz 1 Satz 2 Nummer 5 wird nicht angewendet auf

1. Lagerräume, die ausschließlich der Arzneimittelversorgung von Krankenhäusern oder zur Versorgung von Bewohnern von zu versorgenden Einrichtungen im Sinne des § 12a des Apothekengesetzes dienen,

2. Räume, die den Versandhandel einschließlich des elektronischen Handels mit Arzneimitteln sowie die dazugehörige Beratung und Information betreffen,

3. Räume, die für die Herstellungstätigkeiten nach § 34 oder § 35 genutzt werden, oder

4. das Nachtdienstzimmer.

Diese Räume müssen jedoch in angemessener Nähe zu den übrigen Betriebsräumen liegen. Die Nutzung von Lager- oder Herstellungsräumen innerhalb des zu versorgenden Krankenhauses oder der zu versorgenden Einrichtung im Sinne des § 12a des Apothekengesetzes ist nicht zulässig.

(5) (weggefallen)

(6) Wesentliche Veränderungen der Größe und Lage oder der Ausrüstung der Betriebsräume oder ihrer Nutzung sind der zuständigen Behörde vorher anzuzeigen.

(7) Die Apotheke muss so mit Geräten ausgestattet sein, dass Arzneimittel insbesondere in den Darreichungsformen

1. Lösungen, Emulsionen, Suspensionen,

2. Salben, Cremes, Gele, Pasten,

3. Kapseln, Pulver,

4. Drogenmischungen sowie

5. Zäpfchen und Ovula

ordnungsgemäß hergestellt werden können. Die Herstellung steriler Arzneimittel muss möglich sein, soweit es sich nicht um Arzneimittel zur parenteralen Anwendung handelt. Soweit kein Gerät zur Herstellung von Wasser für Injektionszwecke vorhanden ist, muss Wasser zur Injektion als Fertigarzneimittel in ausreichender Menge vorrätig gehalten werden.

(8) In der Apotheke müssen Geräte und Prüfmittel zur Prüfung der in der Apotheke hergestellten Arzneimittel und ihrer Ausgangsstoffe nach den anerkannten pharmazeutischen Regeln vorhanden sein.

§ 4a
Hygienemaßnahmen

Der Apothekenleiter muss für das Personal und die Betriebsräume, die zur Arzneimittelherstellung genutzt werden, geeignete Hygienemaßnahmen treffen, mit denen die mikrobiologische Qualität des jeweiligen Arzneimittels sichergestellt wird. Für die Hygienemaßnahmen ist insbesondere Folgendes festzulegen:

1. die Häufigkeit und Art der Reinigung der Herstellungsbereiche oder Herstellungsräume,

2. soweit erforderlich, die Häufigkeit einer Desinfektion der Herstellungsbereiche und Herstellungsräume sowie

3. die einzusetzenden Mittel und Geräte.

Apothekenbetriebsordnung (ApBetrO)

Die Maßnahmen sind in einem Hygieneplan schriftlich festzulegen. Die Durchführung der Hygienemaßnahmen ist regelmäßig zu dokumentieren. Unbeschadet des Hygieneplans müssen Festlegungen über hygienisches Verhalten am Arbeitsplatz und zur Schutzkleidung des Personals getroffen werden.

§ 5
Wissenschaftliche und sonstige Hilfsmittel

In der Apotheke müssen vorhanden sein

1. wissenschaftliche Hilfsmittel, die zur Herstellung und Prüfung von Arzneimitteln und Ausgangsstoffen nach den anerkannten pharmazeutischen Regeln im Rahmen des Apothekenbetriebs notwendig sind, insbesondere das Arzneibuch,

2. wissenschaftliche Hilfsmittel, die zur Information und Beratung des Kunden über Arzneimittel notwendig sind,

3. wissenschaftliche Hilfsmittel, die zur Information und Beratung der zur Ausübung der Heilkunde, Zahnheilkunde oder Tierheilkunde berechtigten Personen über Arzneimittel erforderlich sind,

4. Texte der für den Apothekenbetrieb maßgeblichen Rechtsvorschriften.

Die wissenschaftlichen und sonstigen Hilfsmittel sind auf aktuellem Stand zu halten und können auch auf elektronischen Datenträgern vorhanden sein.

§ 6
Allgemeine Vorschriften über die Herstellung und Prüfung

(1) Arzneimittel, die in der Apotheke hergestellt werden, müssen die nach der pharmazeutischen Wissenschaft erforderliche Qualität aufweisen. Sie sind nach den anerkannten pharmazeutischen Regeln herzustellen und zu prüfen; enthält das Arzneibuch entsprechende Regeln, sind die Arzneimittel nach diesen Regeln herzustellen und zu prüfen. Dabei können für die Prüfung auch andere Methoden angewandt und andere Geräte benutzt werden, als im Deutschen Arzneibuch beschrieben sind, unter der Voraussetzung, daß die gleichen Ergebnisse wie mit den beschriebenen Methoden und Geräten erzielt werden. Soweit erforderlich, ist die Prüfung in angemessenen Zeiträumen zu wiederholen.

(2) Bei der Herstellung von Arzneimitteln ist Vorsorge zu treffen, daß eine gegenseitige nachteilige Beeinflussung der Arzneimittel sowie Verwechslungen der Arzneimittel und der Ausgangsstoffe sowie des Verpackungs- und Kennzeichnungsmaterials vermieden werden.

(3) Die Prüfung der Arzneimittel kann unter Verantwortung des Apothekenleiters auch außerhalb der Apotheke erfolgen:

1. in einem Betrieb, für den eine Erlaubnis nach § 13 des Arzneimittelgesetzes erteilt ist,

2. in einem Betrieb in einem Mitgliedstaat der Europäischen Union oder des Europäischen Wirtschaftsraums, für den nach jeweiligem nationalen Recht eine Erlaubnis gemäß Artikel 40 der Richtlinie 2001/83/EG des Europäischen Parlaments und des Rates vom 6. November 2001 zur Schaffung eines Gemeinschaftskodexes für Humanarzneimittel (ABl. L 311 vom 28.11.2001, S. 67), zuletzt geändert durch die Richtlinie 2011/62/EU (ABl. L 174 vom 1.7.2011, S. 74), in der jeweils geltenden Fassung oder eine Erlaubnis nach Artikel 44 der Richtlinie 2001/82/EG des Europäischen Parlaments und des Rates vom 6. November 2001 zur Schaffung eines Gemeinschaftskodexes für Tierarzneimittel (ABl. L 311 vom 28.11.2001, S. 1), zuletzt geändert durch die Verordnung (EG) Nr. 596/2009 (ABl. L 188 vom 18.7.2009, S. 14), in der jeweils geltenden Fassung erteilt ist,

3. in einem Betrieb, für den eine Erlaubnis nach § 1 Absatz 2 in Verbindung mit § 2 des Apothekengesetzes erteilt ist, oder

4. durch einen Sachverständigen im Sinne des § 65 Absatz 4 des Arzneimittelgesetzes.

Der für die Prüfung Verantwortliche des Betriebs oder die Person nach Satz 1 Nummer 4 hat unter Angabe der Charge sowie des Datums und der Ergebnisse der Prüfung zu bescheinigen, dass das Arzneimittel nach den anerkannten pharmazeutischen Regeln geprüft worden ist und die erforderliche Qualität aufweist (Prüfzertifikat). Die Ergebnisse aus dem Prüfzertifikat sind der Freigabe in der Apotheke zugrunde zu legen. In der Apotheke ist mindestens die Identität des Arzneimittels festzustellen; über die durchgeführten Prüfungen sind Aufzeichnungen zu machen.

(4) Die Vorschriften des Medizinproduktegesetzes über die Herstellung, Sonderanfertigung und Eigenherstellung von Medizinprodukten bleiben unberührt.

§ 7
Rezepturarzneimittel

(1) Wird ein Arzneimittel auf Grund einer Verschreibung von Personen, die zur Ausübung der Heilkunde, Zahnheilkunde oder Tierheilkunde berechtigt sind, hergestellt, muß es der Verschreibung entsprechen. Andere als die in der Verschreibung genannten Ausgangsstoffe dürfen ohne Zustimmung des Verschreibenden bei der Herstellung nicht verwendet werden. Dies gilt nicht für Ausgangsstoffe, sofern sie keine eigene arzneiliche Wirkung haben und die arzneiliche Wirkung nicht nachteilig beeinflussen können. Enthält eine Verschreibung einen erkennbaren Irrtum, ist sie unleserlich oder ergeben sich sonstige Bedenken, so darf das Arzneimittel nicht hergestellt werden, bevor die Unklarheit beseitigt ist. Bei Einzelherstellung ohne Verschreibung ist Satz 4 entsprechend anzuwenden.

(1a) Ein Rezepturarzneimittel ist nach einer vorher erstellten schriftlichen Herstellungsanweisung herzustellen, die von einem Apotheker oder im Vertretungsfall nach § 2 Absatz 6 von der zur Vertretung berechtigten Person der

Apothekenbetriebsordnung (ApBetrO)

Apotheke zu unterschreiben ist. Die Herstellungsanweisung muss mindestens Festlegungen treffen

1. zur Herstellung der jeweiligen Darreichungsform einschließlich der Herstellungstechnik und der Ausrüstungsgegenstände,
2. zur Plausibilitätsprüfung nach Absatz 1b,
3. zu primären Verpackungsmaterialien und zur Kennzeichnung,
4. zu Inprozesskontrollen, soweit diese durchführbar sind,
5. zur Vorbereitung des Arbeitsplatzes sowie
6. zur Freigabe und zur Dokumentation.

Soweit es sich um standardisierte und allgemeine Herstellungsanweisungen Dritter handelt, sind sie auf den jeweiligen Apothekenbetrieb anzupassen.

(1b) Die Anforderung über die Herstellung eines Rezepturarzneimittels ist von einem Apotheker nach pharmazeutischen Gesichtspunkten zu beurteilen (Plausibilitätsprüfung). Die Plausibilitätsprüfung muss insbesondere Folgendes berücksichtigen:

1. die Dosierung,
2. die Applikationsart,
3. die Art, Menge und Kompatibilität der Ausgangsstoffe untereinander sowie deren gleichbleibende Qualität in dem fertig hergestellten Rezepturarzneimittel über dessen Haltbarkeitszeitraum sowie
4. die Haltbarkeit des Rezepturarzneimittels.

Die Plausibilitätsprüfung ist von einem Apotheker oder im Vertretungsfall nach § 2 Absatz 6 von der zur Vertretung berechtigten Person zu dokumentieren.

(1c) Die Herstellung des Rezepturarzneimittels ist von der herstellenden Person zu dokumentieren (Herstellungsprotokoll) und muss insbesondere Folgendes beinhalten:

1. die Art und Menge der Ausgangsstoffe und deren Chargenbezeichnungen oder Prüfnummern,
2. die Herstellungsparameter,
3. soweit Inprozesskontrollen vorgesehen sind, deren Ergebnis,
4. den Namen des Patienten und des verschreibenden Arztes oder Zahnarztes,
5. bei Arzneimitteln zur Anwendung bei Tieren den Namen des Tierhalters und der Tierart sowie den Namen des verschreibenden Tierarztes,
6. bei Rezepturarzneimitteln, die auf Kundenanforderung hergestellt werden, den Namen des Kunden sowie
7. den Namen der Person, die das Rezepturarzneimittel hergestellt hat.

Apothekenbetriebsordnung (ApBetrO)

Anstelle des Namens des Patienten, Tierhalters oder Kunden nach Satz 1 Nummer 4, 5 oder 6 kann auch eine Bezug nehmende Herstellnummer dokumentiert werden. Das Herstellungsprotokoll ist von einem Apotheker oder im Vertretungsfall nach § 2 Absatz 6 von der zur Vertretung berechtigten Person mit dem Ergebnis der für die Freigabe vorgenommenen organoleptischen Prüfung und seiner Bestätigung zu ergänzen, dass das angefertigte Arzneimittel dem angeforderten Rezepturarzneimittel entspricht (Freigabe). Die Freigabe muss vor der Abgabe an den Patienten erfolgen.

(2) Bei einem Rezepturarzneimittel kann von einer analytischen Prüfung abgesehen werden, sofern die Qualität des Arzneimittels durch das Herstellungsverfahren, die organoleptische Prüfung des fertig hergestellten Arzneimittels und, soweit vorgesehen, durch die Ergebnisse der Inprozesskontrollen gewährleistet ist.

§ 8
Defekturarzneimittel

(1) Ein Defekturarzneimittel ist nach einer vorher erstellten schriftlichen Herstellungsanweisung herzustellen, die von einem Apotheker der Apotheke zu unterschreiben ist. Die Herstellungsanweisung muss insbesondere Festlegungen treffen:

1. zu den einzusetzenden Ausgangsstoffen, den primären Verpackungsmaterialien und den Ausrüstungsgegenständen,

2. zu den technischen und organisatorischen Maßnahmen, um Kreuzkontaminationen und Verwechslungen zu vermeiden, einschließlich der Vorbereitung des Arbeitsplatzes,

3. zur Festlegung der einzelnen Arbeitsschritte, einschließlich der Sollwerte, und soweit durchführbar, von Inprozesskontrollen,

4. zur Kennzeichnung, einschließlich des Herstellungsdatums und des Verfalldatums oder der Nachprüfung, und, soweit erforderlich, zu Lagerungsbedingungen und Vorsichtsmaßnahmen sowie

5. zur Freigabe zum Inverkehrbringen im Sinne von § 4 Absatz 17 des Arzneimittelgesetzes.

(2) Die Herstellung ist gemäß der Herstellungsanweisung zum Zeitpunkt der Herstellung von der herstellenden Person zu dokumentieren (Herstellungsprotokoll); aus dem Inhalt des Protokolls müssen sich alle wichtigen, die Herstellung betreffenden Tätigkeiten rückverfolgen lassen. Das Herstellungsprotokoll muss die zugrunde liegende Herstellungsanweisung nennen und insbesondere Folgendes beinhalten:

1. das Herstellungsdatum und die Chargenbezeichnung,

2. die eingesetzten Ausgangsstoffe sowie deren Einwaagen oder Abmessungen und deren Chargenbezeichnungen oder Prüfnummern,

3. die Ergebnisse der Inprozesskontrollen,

4. die Herstellungsparameter,

5. die Gesamtausbeute und, soweit zutreffend, die Anzahl der abgeteilten Darreichungsformen,

6. das Verfalldatum oder das Nachtestdatum sowie

7. die Unterschrift der Person, die das Arzneimittel hergestellt hat.

Das Herstellungsprotokoll ist von einem Apotheker mit seiner Bestätigung zu ergänzen, dass die angefertigten Arzneimittel der Herstellungsanweisung entsprechen (Freigabe).

(3) Für die Prüfung von Defekturarzneimitteln ist eine Prüfanweisung anzufertigen, die von einem Apotheker der Apotheke zu unterschreiben ist. Die Prüfanweisung muss mindestens Angaben enthalten zur Probenahme, zur Prüfmethode und zu der Art der Prüfungen, einschließlich der zulässigen Soll- oder Grenzwerte.

(4) Die Prüfung ist gemäß der Prüfanweisung nach Absatz 3 durchzuführen und von der Person zu dokumentieren, die die Prüfung durchgeführt hat (Prüfprotokoll). Das Prüfprotokoll muss die zugrunde liegende Prüfanweisung nennen und insbesondere Angaben enthalten

1. zum Datum der Prüfung,

2. zu den Prüfergebnissen und deren Freigabe durch den verantwortlichen Apotheker, der die Prüfung durchgeführt oder beaufsichtigt hat.

§ 9
(weggefallen)

§ 10
(weggefallen)

§ 11
Ausgangsstoffe

(1) Zur Herstellung von Arzneimitteln dürfen nur Ausgangsstoffe verwendet werden, deren ordnungsgemäße Qualität festgestellt ist. Auf die Prüfung der Ausgangsstoffe finden die Vorschriften des § 6 Absatz 1 und 3 entsprechende Anwendung.

(2) Werden Ausgangsstoffe bezogen, deren Qualität durch ein Prüfzertifikat nach § 6 Abs. 3 nachgewiesen ist, ist in der Apotheke mindestens die Identität festzustellen. Das Prüfzertifikat soll auch Auskunft über die GMP-konforme Herstellung des Ausgangsstoffs geben, soweit es sich um einen Wirkstoff handelt. Die Verantwortung des Apothekenleiters für die ordnungsgemäße Qualität der Ausgangsstoffe bleibt unberührt. Über die in der Apotheke durch-

geführten Prüfungen sind Aufzeichnungen mit Namenszeichen des prüfenden oder die Prüfung beaufsichtigenden Apothekers zu machen.

(3) Werden Arzneimittel, die keine Fertigarzneimittel sind, zur Herstellung anderer Arzneimittel bezogen, gelten die Absätze 1 und 2 entsprechend.

§ 11a
Tätigkeiten im Auftrag

(1) Soweit die Apotheke die Herstellung von Arzneimitteln gemäß § 21 Absatz 2 Nummer 1b des Arzneimittelgesetzes oder § 11 Absatz 3 oder 4 des Apothekengesetzes von anderen Betrieben durchführen lassen darf, muss dafür ein schriftlicher Vertrag zwischen der Apotheke als Auftraggeber und dem anderen Betrieb als Auftragnehmer bestehen, der in beiden Betrieben vorliegen muss. In dem Vertrag sind die Verantwortlichkeiten jeder Seite klar festzulegen. Satz 1 gilt entsprechend für die Prüfung von in der Apotheke hergestellten Arzneimitteln sowie für die Prüfung von in der Apotheke zur Arzneimittelherstellung vorgesehenen Ausgangsstoffen, soweit diese über die Identitätsprüfung hinausgeht.

(2) Der Apothekenleiter darf eine Arzneimittelherstellung erst in Auftrag geben, wenn ihm für das betreffende Arzneimittel eine Verordnung des Arztes vorliegt und sich nach Prüfung der Verordnung keine Bedenken ergeben haben. § 7 ist entsprechend anzuwenden. Die Verantwortung für die Qualität des hergestellten Arzneimittels sowie für die Information und Beratung des verordnenden Arztes verbleibt bei der Apotheke als Auftraggeber.

§ 12
Prüfung der nicht in der Apotheke hergestellten Fertigarzneimittel und apothekenpflichtigen Medizinprodukte

(1) Fertigarzneimittel, die nicht in der Apotheke hergestellt worden sind, sind stichprobenweise zu prüfen. Dabei darf von einer über die Sinnesprüfung hinausgehende Prüfung abgesehen werden, wenn sich keine Anhaltspunkte ergeben haben, die Zweifel an der ordnungsgemäßen Qualität des Arzneimittels begründen. Die Sätze 1 und 2 gelten für apothekenpflichtige Medizinprodukte entsprechend.

(2) Das anzufertigende Prüfprotokoll muss mindestens enthalten

1. den Namen oder die Firma des pharmazeutischen Unternehmers, bei Medizinprodukten des Herstellers oder seines Bevollmächtigten,

2. die Bezeichnung und bei Arzneimitteln zusätzlich die Darreichungsform,

3. die Chargenbezeichnung oder das Herstellungsdatum,

4. das Datum und die Ergebnisse der Prüfung,

5. das Namenszeichen des prüfenden oder die Prüfung beaufsichtigenden Apothekers.

Apothekenbetriebsordnung (ApBetrO)

§ 13
Behältnisse

Zur Herstellung von Arzneimitteln dürfen nur primäre Verpackungsmaterialien verwendet werden, die gewährleisten, dass die Arzneimittel vor physikalischen, mikrobiologischen oder chemischen Veränderungen geschützt sind und die daher für die beabsichtigten Zwecke geeignet sind.

§ 14
Kennzeichnung

(1) Rezepturarzneimittel müssen auf den Behältnissen und, soweit verwendet, den äußeren Umhüllungen, mindestens folgende Angaben aufweisen:

1. Name und Anschrift der abgebenden Apotheke und, soweit unterschiedlich, des Herstellers,

2. Inhalt nach Gewicht, Rauminhalt oder Stückzahl,

3. Art der Anwendung,

4. Gebrauchsanweisung,

5. Wirkstoffe nach Art und Menge und sonstige Bestandteile nach der Art,

6. Herstellungsdatum,

7. Verwendbarkeitsfrist mit dem Hinweis „verwendbar bis" unter Angabe von Tag, Monat und Jahr und, soweit erforderlich, Angabe der Haltbarkeit nach dem Öffnen des Behältnisses oder nach Herstellung der gebrauchsfertigen Zubereitung,

8. soweit erforderlich, Hinweise auf besondere Vorsichtsmaßnahmen, für die Aufbewahrung oder für die Beseitigung von nicht verwendeten Arzneimitteln oder sonstige besondere Vorsichtsmaßnahmen, um Gefahren für die Umwelt zu vermeiden, und

9. soweit das Rezepturarzneimittel auf Grund einer Verschreibung zur Anwendung bei Menschen hergestellt wurde, Name des Patienten.

Die Angaben müssen in gut lesbarer Schrift und auf dauerhafte Weise angebracht und mit Ausnahme der Nummer 5 in deutscher Sprache verfasst sein. Soweit für das Rezepturarzneimittel ein Fertigarzneimittel als Ausgangsstoff eingesetzt wird, genügt anstelle der Angabe nach Nummer 5 die Angabe der Bezeichnung des Fertigarzneimittels. Die Angaben nach Nummer 8 können auch in einem Begleitdokument gemacht werden.

(1a) Soweit es sich bei den Arzneimitteln um aus Fertigarzneimitteln entnommene Teilmengen handelt, sind neben der vom Arzneimittelgesetz geforderten Kennzeichnung Name und Anschrift der Apotheke anzugeben.

(1b) Für die Kennzeichnung von Arzneimitteln, die zur klinischen Prüfung am Menschen bestimmt sind, ist § 5 der GCP-Verordnung anzuwenden.

Apothekenbetriebsordnung (ApBetrO)

(2) Auf Defekturarzneimittel, die als Fertigarzneimittel in einer zur Abgabe an den Verbraucher bestimmten Packung vorrätig gehalten werden und

1. Arzneimittel im Sinne von § 2 Absatz 1 oder Absatz 2 Nummer 1 des Arzneimittelgesetzes sind und nicht zur klinischen Prüfung am Menschen bestimmt sind oder

2. Arzneimittel im Sinne von § 2 Absatz 2 Nummer 2, 3 oder 4 des Arzneimittelgesetzes sind,

ist § 10 des Arzneimittelgesetzes anzuwenden. Soweit für sie eine Zulassung nach § 21 Absatz 2 Nummer 1 oder eine Registrierung nach § 38 Absatz 1 Satz 3 des Arzneimittelgesetzes nicht erforderlich ist, entfällt die Angabe der Zulassungs- oder Registrierungsnummer. Von den Angaben nach § 10 Absatz 1b des Arzneimittelgesetzes kann abgesehen werden.

(3) In der Apotheke hergestellte Arzneimittel, die keine Fertigarzneimittel und zur Anwendung bei Tieren, die der Gewinnung von Lebensmitteln dienen, bestimmt sind, dürfen nur in den Verkehr gebracht werden, wenn die Behältnisse und, soweit verwendet, die äußeren Umhüllungen mit den Angaben entsprechend den §§ 10 und 11 des Arzneimittelgesetzes versehen sind.

§ 15
Vorratshaltung

(1) Der Apothekenleiter hat die Arzneimittel und apothekenpflichtigen Medizinprodukte, die zur Sicherstellung einer ordnungsgemäßen Arzneimittelversorgung der Bevölkerung notwendig sind, in einer Menge vorrätig zu halten, die mindestens dem durchschnittlichen Bedarf für eine Woche entspricht. Darüber hinaus sind in der Apotheke vorrätig zu halten:

1. Analgetika,
2. Betäubungsmittel, darunter Opioide zur Injektion sowie zum Einnehmen mit unmittelbarer Wirkstofffreisetzung und mit veränderter Wirkstofffreisetzung,
3. Glucocorticosteroide zur Injektion,
4. Antihistaminika zur Injektion,
5. Glucocorticoide zur Inhalation zur Behandlung von Rauchgas-Intoxikationen,
6. Antischaum-Mittel zur Behandlung von Tensid-Intoxikationen,
7. medizinische Kohle, 50 Gramm Pulver zur Herstellung einer Suspension,
8. Tetanus-Impfstoff,
9. Tetanus-Hyperimmun-Globulin 250 I. E.,
10. Epinephrin zur Injektion,
11. 0,9 Prozent Kochsalzlösung zur Injektion,

Apothekenbetriebsordnung (ApBetrO)

12. Verbandstoffe, Einwegspritzen und -kanülen, Katheter, Überleitungsgeräte für Infusionen sowie Produkte zur Blutzuckerbestimmung.

(2) Der Apothekenleiter muss sicherstellen, dass die Arzneimittel mit folgenden Wirkstoffen entweder in der Apotheke vorrätig gehalten werden oder kurzfristig beschafft werden können:

1. Botulismus-Antitoxin vom Pferd,
2. Diphtherie-Antitoxin vom Pferd,
3. Schlangengift-Immunserum, polyvalent, Europa,
4. Tollwut-Impfstoff,
5. Tollwut-Immunglobulin,
6. Varizella-Zoster-Immunglobulin,
7. C1-Esterase-Inhibitor,
8. Hepatitis-B-Immunglobulin,
9. Hepatitis-B-Impfstoff,
10. Digitalis-Antitoxin,
11. Opioide in transdermaler und in transmucosaler Darreichungsform.

(3) Der Leiter einer krankenhausversorgenden Apotheke muss die zur Sicherstellung einer ordnungsgemäßen Arzneimittelversorgung der Patienten des Krankenhauses notwendigen Arzneimittel und, soweit nach dem Versorgungsvertrag vorgesehen, Medizinprodukte in einer Art und Menge vorrätig halten, die mindestens dem durchschnittlichen Bedarf für zwei Wochen entspricht. Diese Arzneimittel und Medizinprodukte sind aufzulisten.

§ 16
Lagerung

(1) Arzneimittel, Ausgangsstoffe, Medizinprodukte und apothekenübliche Waren und Prüfmittel sind übersichtlich und so zu lagern, dass ihre Qualität nicht nachteilig beeinflusst wird und Verwechslungen vermieden werden. Soweit ihre ordnungsgemäße Qualität nicht festgestellt ist, sind sie unter entsprechender Kenntlichmachung gesondert zu lagern. Dies gilt auch für Behältnisse, äußere Umhüllungen, Kennzeichnungsmaterial, Packungsbeilagen und Packmittel. Die Vorschriften der Gefahrstoffverordnung sowie des Betäubungsmittel- und des Medizinproduktegesetzes einschließlich der hierzu erlassenen Verordnungen bleiben unberührt. Die Lagerungshinweise des Arzneibuches sind zu beachten.

(2) Die Vorratsbehältnisse für Arzneimittel und Ausgangsstoffe müssen so beschaffen sein, dass die Qualität des Inhalts nicht beeinträchtigt wird. Sie müssen mit gut lesbaren und dauerhaften Aufschriften versehen sein, die den Inhalt eindeutig bezeichnen. Dabei ist eine gebräuchliche wissenschaftliche

Bezeichnung zu verwenden. Der Inhalt ist durch zusätzliche Angaben zu kennzeichnen, soweit dies zur Feststellung der Qualität und zur Vermeidung von Verwechslungen erforderlich ist. Auf den Behältnissen ist das Verfalldatum oder gegebenenfalls ein Nachprüfdatum anzugeben.

§ 17
Erwerb und Abgabe von Arzneimitteln und Medizinprodukten

(1) Arzneimittel dürfen nur von zur Abgabe von Arzneimitteln berechtigten Betrieben erworben werden.

(1a) Arzneimittel dürfen, außer im Falle des § 11a des Apothekengesetzes und des Absatzes 2a, nur in den Apothekenbetriebsräumen in den Verkehr gebracht und nur durch pharmazeutisches Personal ausgehändigt werden. Satz 1 ist auf apothekenpflichtige Medizinprodukte entsprechend anzuwenden. „Drive-In" müssig BVwG 2005, 1198

(2) Die Zustellung durch Boten der Apotheke ist im Einzelfall ohne Erlaubnis nach § 11a des Apothekengesetzes zulässig; dabei sind die Arzneimittel für jeden Empfänger getrennt zu verpacken und jeweils mit dessen Namen und Anschrift zu versehen. Absatz 2a Satz 1 Nr. 1 und 2 und Satz 2 gilt entsprechend; Absatz 2a Satz 1 Nr. 5 bis 7 und 9 ist, soweit erforderlich, ebenfalls anzuwenden. Bei Zustellung durch Boten ist dafür Sorge zu tragen, dass die Arzneimittel dem Empfänger in zuverlässiger Weise ausgeliefert werden. Sofern eine Beratung in der Apotheke nicht bereits vorgenommen wurde, muss die Beratung durch das pharmazeutische Personal der Apotheke in unmittelbarem Zusammenhang mit der Auslieferung erfolgen. Die Vorschriften des § 43 Abs. 5 des Arzneimittelgesetzes über die Abgabe von Arzneimitteln, die zur Anwendung bei Tieren bestimmt sind, bleiben unberührt.

(2a) Bei dem nach § 11a des Apothekengesetzes erlaubten Versand hat der Apothekenleiter sicherzustellen, dass

1. das Arzneimittel so verpackt, transportiert und ausgeliefert wird, dass seine Qualität und Wirksamkeit erhalten bleibt,

2. das Arzneimittel entsprechend den Angaben des Auftraggebers ausgeliefert und gegebenenfalls die Auslieferung schriftlich bestätigt wird. Der Apotheker kann in begründeten Fällen entgegen der Angabe des Auftraggebers, insbesondere wegen der Eigenart des Arzneimittels, verfügen, dass das Arzneimittel nur gegen schriftliche Empfangsbestätigung ausgeliefert wird,

3. der Besteller in geeigneter Weise davon unterrichtet wird, wenn erkennbar ist, dass die Versendung des bestellten Arzneimittels nicht innerhalb der in § 11a Nr. 3 Buchstabe a des Apothekengesetzes genannten Frist erfolgen kann,

Apothekenbetriebsordnung (ApBetrO)

4. alle bestellten Arzneimittel, soweit sie im Geltungsbereich des Arzneimittelgesetzes in den Verkehr gebracht werden dürfen und verfügbar sind, geliefert werden,

5. für den Fall von bekannt gewordenen Risiken bei Arzneimitteln dem Kunden Möglichkeiten zur Meldung solcher Risiken zur Verfügung stehen, der Kunde über ihn betreffende Risiken informiert wird und zur Abwehr von Risiken bei Arzneimitteln innerbetriebliche Abwehrmaßnahmen durchgeführt werden,

6. die behandelte Person darauf hingewiesen wird, dass sie mit der behandelnden Ärztin oder dem behandelnden Arzt Kontakt aufnehmen soll, sofern Probleme bei der Anwendung des Arzneimittels auftreten,

7. die behandelte Person darauf hingewiesen wird, dass sie als Voraussetzung für die Arzneimittelbelieferung mit ihrer Bestellung eine Telefonnummer anzugeben hat, unter der sie durch pharmazeutisches Personal der Apotheke mit Erlaubnis zum Versand apothekenpflichtiger Arzneimittel gemäß § 11a des Apothekengesetzes auch mittels Einrichtungen der Telekommunikation ohne zusätzliche Gebühren beraten wird; die Möglichkeiten und Zeiten der Beratung sind ihnen mitzuteilen,

8. eine kostenfreie Zweitzustellung veranlasst wird und

9. ein System zur Sendungsverfolgung unterhalten wird.

Die Versendung darf nicht erfolgen, wenn zur sicheren Anwendung des Arzneimittels ein Informations- oder Beratungsbedarf besteht, der auf einem anderen Wege als einer persönlichen Information oder Beratung durch einen Apotheker nicht erfolgen kann.

(2b) Für Arzneimittel, die die Wirkstoffe Lenalidomid, Pomalidomid und Thalidomid enthalten, ist ein Inverkehrbringen im Wege des Versandes nach § 43 Abs. 1 Satz 1 des Arzneimittelgesetzes nicht zulässig.

(3) Der Apothekenleiter darf Arzneimittel und Medizinprodukte, die der Apothekenpflicht unterliegen, nicht im Wege der Selbstbedienung in den Verkehr bringen.

(4) Verschreibungen von Personen, die zur Ausübung der Heilkunde, Zahnheilkunde oder Tierheilkunde berechtigt sind, sind in einer der Verschreibung angemessenen Zeit auszuführen.

(5) Die abgegebenen Arzneimittel müssen den Verschreibungen und damit verbundenen Vorschriften des Fünften Buches Sozialgesetzbuch zur Arzneimittelversorgung entsprechen. Enthält eine Verschreibung einen für den Abgebenden erkennbaren Irrtum, ist sie nicht lesbar oder ergeben sich sonstige Bedenken, so darf das Arzneimittel nicht abgegeben werden, bevor die Unklarheit beseitigt ist. Der Apotheker hat jede Änderung auf der Verschreibung zu vermerken und zu unterschreiben oder im Falle der Verschreibung in elektronischer Form der elektronischen Verschreibung hinzuzufügen und das Gesamtdokument mit einer qualifizierten elektronischen Signatur nach dem

Apothekenbetriebsordnung (ApBetrO)

Signaturgesetz zu versehen. Die Vorschriften der Betäubungsmittel-Verschreibungsverordnung bleiben unberührt.

(5a) Abweichend von Absatz 5 Satz 1 darf der Apotheker bei der Dienstbereitschaft während der Zeiten nach § 23 Absatz 1 Satz 2 ein anderes, mit dem verschriebenen Arzneimittel nach Anwendungsgebiet und nach Art und Menge der wirksamen Bestandteile identisches sowie in der Darreichungsform und pharmazeutischen Qualität vergleichbares Arzneimittel abgeben, wenn das verschriebene Arzneimittel nicht verfügbar ist und ein dringender Fall vorliegt, der die unverzügliche Anwendung des Arzneimittels erforderlich macht.

Notdienst-zeit

(6) Bei der Abgabe der Arzneimittel sind auf der Verschreibung anzugeben oder im Falle der Verschreibung in elektronischer Form der elektronischen Verschreibung hinzuzufügen

1. der Name oder die Firma des Inhabers der Apotheke und deren Anschrift,

2. das Namenszeichen des Apothekers, des Apothekerassistenten, des Pharmazieingenieurs oder des Apothekenassistenten, der das Arzneimittel abgegeben, oder des Apothekers, der die Abgabe beaufsichtigt hat; im Falle der Verschreibung in elektronischer Form ist das Namenszeichen durch eine elektronische Signatur nach dem Signaturgesetz zu ersetzen, wobei der Apothekenleiter die Rückverfolgbarkeit zum jeweiligen Unterzeichner und deren Dokumentation sicherzustellen hat,

3. das Datum der Abgabe,

4. der Preis des Arzneimittels,

5. das in § 300 Abs. 3 Nr. 1 des Fünften Buches Sozialgesetzbuch genannte bundeseinheitliche Kennzeichen für das abgegebene Fertigarzneimittel, soweit es zur Anwendung bei Menschen bestimmt ist.

Abweichend von Nummer 2 kann der Apothekenleiter nach Maßgabe des § 3 Abs. 5 die Befugnis zum Abzeichnen von Verschreibungen auf pharmazeutisch-technische Assistenten übertragen. Der pharmazeutisch-technische Assistent hat in den Fällen des Absatzes 5 Satz 2 und bei Verschreibungen, die nicht in der Apotheke verbleiben, die Verschreibung vor, in allen übrigen Fällen unverzüglich nach der Abgabe der Arzneimittel einem Apotheker vorzulegen.

(6a) Bei dem Erwerb und der Abgabe von Blutzubereitungen, Sera aus menschlichem Blut und Zubereitungen aus anderen Stoffen menschlicher Herkunft sowie gentechnisch hergestellten Plasmaproteinen zur Behandlung von Hämostasestörungen sind zum Zwecke der Rückverfolgung folgende Angaben aufzuzeichnen:

1. die Bezeichnung des Arzneimittels,

2. die Chargenbezeichnung und die Menge des Arzneimittels,

3. das Datum des Erwerbs und der Abgabe,

4. Name und Anschrift des verschreibenden Arztes sowie Name oder Firma und Anschrift des Lieferanten und

5. Name, Vorname, Geburtsdatum und Adresse des Patienten oder bei der für die Arztpraxis bestimmten Abgabe der Name und die Anschrift des verschreibenden Arztes.

(6b) Bei dem Erwerb und der Abgabe von Arzneimitteln mit den Wirkstoffen Lenalidomid, Pomalidomid und Thalidomid und dem Erwerb dieser Wirkstoffe sind folgende Angaben aufzuzeichnen:

1. die Bezeichnung und die Chargenbezeichnung des Arzneimittels oder des Wirkstoffs,

2. die Menge des Arzneimittels oder des Wirkstoffs,

3. das Datum des Erwerbs,

4. das Datum der Abgabe,

5. Name oder die Firma und die Anschrift des Lieferanten,

6. Name und Anschrift der verschreibenden Ärztin oder des verschreibenden Arztes und

7. Name und Anschrift der Person, für die das Arzneimittel bestimmt ist.

(6c) Apotheken dürfen von anderen Apotheken keine Arzneimittel beziehen. Satz 1 wird nicht angewendet auf Arzneimittel,

1. die gemäß § 52a Absatz 7 des Arzneimittelgesetzes im Rahmen des üblichen Apothekenbetriebs von Apotheken bezogen werden,

2. die von Apotheken bezogen werden, für die dieselbe Erlaubnis nach § 1 Absatz 2 in Verbindung mit § 2 Absatz 4 des Apothekengesetzes erteilt wurde,

3. die von Apotheken gemäß § 11 Absatz 3 oder 4 des Apothekengesetzes bezogen werden dürfen,

4. die nach Schließung einer Apotheke an einen nachfolgenden Erlaubnisinhaber nach dem Apothekengesetz weitergegeben werden oder

5. die in dringenden Fällen von einer Apotheke bezogen werden; ein dringender Fall liegt vor, wenn die unverzügliche Anwendung des Arzneimittels erforderlich ist und wenn das Arzneimittel nicht rechtzeitig bezogen oder hergestellt werden kann.

Werden Arzneimittel von Apotheken bezogen oder von diesen an andere Apotheken weitergegeben, muss zusätzlich die Chargenbezeichnung des jeweiligen Arzneimittels dokumentiert und auch dem Empfänger mitgeteilt werden.

(7) Soweit öffentliche Apotheken Krankenhäuser mit Arzneimitteln versorgen, gelten die Vorschriften des § 31 Abs. 1 bis 3 sowie § 32 entsprechend. Satz 1 gilt für apothekenpflichtige Medizinprodukte entsprechend.

(8) Das pharmazeutische Personal hat einem erkennbaren Arzneimittelmissbrauch in geeigneter Weise entgegenzutreten. Bei begründetem Verdacht auf Missbrauch ist die Abgabe zu verweigern.

§ 18
Einfuhr von Arzneimitteln

(1) Werden Fertigarzneimittel nach § 73 Absatz 3 oder 3a des Arzneimittelgesetzes in den Geltungsbereich dieser Verordnung verbracht, sind folgende Angaben aufzuzeichnen

1. die Bezeichnung des eingeführten Arzneimittels,
2. der Name oder die Firma und die Anschrift des pharmazeutischen Unternehmers,
3. die Chargenbezeichnung, Menge des Arzneimittels und die Darreichungsform,
4. der Name oder die Firma und die Anschrift des Lieferanten,
5. der Name und die Anschrift der Person, für die das Arzneimittel bestimmt ist,
6. der Name und die Anschrift des verschreibenden Arztes oder des verschreibenden Tierarztes,
7. das Datum der Bestellung und der Abgabe,
8. das Namenszeichen des Apothekers, der das Arzneimittel abgegeben oder die Abgabe beaufsichtigt hat. Soweit aus Gründen der Arzneimittelsicherheit besondere Hinweise geboten sind, sind diese bei der Abgabe mitzuteilen. Diese Mitteilung ist aufzuzeichnen.

(2) Fertigarzneimittel, die aus einem Mitgliedstaat der Europäischen Gemeinschaften über den Umfang von § 73 Abs. 3 des Arzneimittelgesetzes hinaus in den Geltungsbereich dieser Verordnung verbracht werden, dürfen von einer Apotheke nur dann erstmals in den Verkehr gebracht werden, wenn sie entsprechend § 6 Absatz 3 Satz 1 bis 3 geprüft sind und die erforderliche Qualität bestätigt ist. Von der Prüfung kann abgesehen werden, wenn die Arzneimittel in dem Mitgliedstaat nach den dort geltenden Rechtsvorschriften geprüft sind und dem Prüfprotokoll entsprechende Unterlagen vorliegen.

§ 19
Erwerb und Abgabe von verschreibungspflichtigen Tierarzneimitteln

(1) Über den Erwerb und die Abgabe von verschreibungspflichtigen Arzneimitteln, die zur Anwendung bei Tieren bestimmt sind, sind zeitlich geordnete Nachweise zu führen. Als ausreichender Nachweis ist anzusehen:

Apothekenbetriebsordnung (ApBetrO)

1. für den Erwerb die geordnete Zusammenstellung der Lieferscheine, Rechnungen oder Warenbegleitscheine, aus denen sich ergibt:

   a) Name oder Firma und Anschrift des Lieferanten,

   b) Bezeichnung und Menge des Arzneimittels, einschließlich seiner Chargenbezeichnung,

   c) das Datum des Erwerbs;

2. für die Abgabe ein Doppel oder eine Ablichtung der Verschreibung mit Aufzeichnungen über

   a) Name und Anschrift des Empfängers,

   b) Name und Anschrift des verschreibenden Tierarztes,

   c) Bezeichnung und Menge des Arzneimittels einschließlich seiner Chargenbezeichnung,

   d) das Datum der Abgabe.

Soweit nach § 4 Abs. 2 der Arzneimittelverschreibungsverordnung eine Verschreibung nicht in schriftlicher oder elektronischer Form vorgelegt wird, sind bei der Abgabe die Angaben nach Satz 2 Nr. 2, auch in Verbindung mit Satz 4, zu dokumentieren. Soweit in den Fällen des Satzes 2 Nr. 1 Buchstabe b und Nr. 2 Buchstabe c das Arzneimittel nicht in Chargen in den Verkehr gebracht wird und ein Herstellungsdatum trägt, ist dieses anzugeben.

(2) Verschreibungspflichtige Arzneimittel, die zur Anwendung bei Tieren, die der Gewinnung von Lebensmitteln dienen, bestimmt sind, dürfen nur auf eine Verschreibung, die in zweifacher Ausfertigung vorgelegt wird, abgegeben werden. Das Original der Verschreibung ist für den Tierhalter bestimmt, die Durchschrift verbleibt in der Apotheke. Auf dem Original ist die Chargenbezeichnung des abgegebenen Arzneimittels anzugeben; soweit es nicht in Chargen in den Verkehr gebracht wird und ein Herstellungsdatum trägt, ist dieses anzugeben.

(3) Der Apothekenleiter hat mindestens einmal jährlich die Ein- und Ausgänge der zur Anwendung bei Tieren bestimmten verschreibungspflichtigen Arzneimittel gegen den vorhandenen Bestand dieser Arzneimittel aufzurechnen und Abweichungen festzustellen.

§ 20
Information und Beratung

(1) Der Apothekenleiter muss im Rahmen des Qualitätsmanagementsystems sicherstellen, dass Patienten und andere Kunden sowie die zur Ausübung der Heilkunde, Zahnheilkunde oder Tierheilkunde berechtigten Personen hinreichend über Arzneimittel und apothekenpflichtige Medizinprodukte informiert

Apothekenbetriebsordnung (ApBetrO)

und beraten werden. Die Verpflichtung zur Information und Beratung über Arzneimittel muss durch Apotheker der Apotheke ausgeübt werden, sie kann durch andere Angehörige des pharmazeutischen Personals der Apotheke übernommen werden, wenn der Apothekenleiter dies zuvor schriftlich festgelegt hat. Dabei hat er auch zu definieren, in welchen Fällen ein Apotheker der Apotheke grundsätzlich hinzuzuziehen ist.

(1a) Durch die Information und Beratung der Patienten und anderen Kunden darf die Therapie der zur Ausübung der Heilkunde, Zahnheilkunde oder Tierheilkunde berechtigten Personen nicht beeinträchtigt werden. Soweit Arzneimittel ohne Verschreibung abgegeben werden, hat der Apotheker dem Patienten und anderen Kunden die zur sachgerechten Anwendung erforderlichen Informationen zu geben.

(2) Bei der Information und Beratung über Arzneimittel müssen insbesondere Aspekte der Arzneimittelsicherheit berücksichtigt werden. Die Beratung muss die notwendigen Informationen über die sachgerechte Anwendung des Arzneimittels umfassen, soweit erforderlich, auch über eventuelle Nebenwirkungen oder Wechselwirkungen, die sich aus den Angaben auf der Verschreibung sowie den Angaben des Patienten oder Kunden ergeben, und über die sachgerechte Aufbewahrung oder Entsorgung des Arzneimittels. Bei der Abgabe von Arzneimitteln an einen Patienten oder anderen Kunden ist durch Nachfrage auch festzustellen, inwieweit dieser gegebenenfalls weiteren Informations- und Beratungsbedarf hat und eine entsprechende Beratung anzubieten. Im Falle der Selbstmedikation ist auch festzustellen, ob das gewünschte Arzneimittel zur Anwendung bei der vorgesehenen Person geeignet erscheint oder in welchen Fällen anzuraten ist, gegebenenfalls einen Arzt aufzusuchen. Die Sätze 1 bis 4 sind auf apothekenpflichtige Medizinprodukte entsprechend anzuwenden.

(3) Der Apothekenleiter muss einschlägige Informationen bereitstellen, um Patienten und anderen Kunden zu helfen, eine sachkundige Entscheidung zu treffen, auch in Bezug auf Behandlungsoptionen, Verfügbarkeit, Qualität und Sicherheit der von ihm erbrachten Leistungen; er stellt ferner klare Rechnungen und klare Preisinformationen sowie Informationen über den Erlaubnis- oder Genehmigungsstatus der Apotheke, den Versicherungsschutz oder andere Formen des persönlichen oder kollektiven Schutzes in Bezug auf seine Berufshaftpflicht bereit.

(4) Dem Leiter einer krankenhausversorgenden Apotheke oder dem von ihm beauftragten Apotheker obliegt die Information und Beratung der Ärzte des Krankenhauses über Arzneimittel und apothekenpflichtige Medizinprodukte. Er ist Mitglied der Arzneimittelkommission des Krankenhauses.

Apothekenbetriebsordnung (ApBetrO)

§ 21
Arzneimittelrisiken, Behandlung nicht verkehrsfähiger Arzneimittel

Der Apothekenleiter hat dafür zu sorgen, dass bei Arzneimittelrisiken und nicht verkehrsfähigen Arzneimitteln die folgenden Maßnahmen getroffen werden:

1. Alle Informationen über Beanstandungen bei Arzneimitteln, insbesondere über Arzneimittelrisiken wie Qualitäts- und Verpackungsmängel, Mängel der Kennzeichnung und Packungsbeilage, Nebenwirkungen, Wechselwirkungen mit anderen Arzneimitteln, Gegenanzeigen und missbräuchliche Anwendung, sind ihm oder dem von ihm beauftragten Apotheker unverzüglich mitzuteilen.

2. Er oder der von ihm beauftragte Apotheker hat die Informationen zu überprüfen und die erforderlichen Maßnahmen zur Gefahrenabwehr zu veranlassen.

3. Ist bei Arzneimitteln oder Ausgangsstoffen, die die Apotheke bezogen hat, die Annahme gerechtfertigt, dass Qualitätsmängel vorliegen, die vom Hersteller verursacht sind, ist die zuständige Behörde unverzüglich zu benachrichtigen.

4. Bei Rückruf von Arzneimitteln, die in der Apotheke hergestellt worden sind, ist die zuständige Behörde unter Angabe des Grundes unverzüglich zu benachrichtigen.

5. Über Arzneimittelrisiken, die in der Apotheke festgestellt werden, sowie über die daraufhin veranlassten Überprüfungen, Maßnahmen und Benachrichtigungen sind Aufzeichnungen zu machen.

6. Bei krankenhausversorgenden Apotheken hat er unbeschadet der Nummern 1 bis 5 die ihm bekannt werdenden Arzneimittelrisiken unverzüglich den leitenden Ärzten und der Arzneimittelkommission des Krankenhauses mitzuteilen.

7. Arzneimittel oder Ausgangsstoffe, die nicht verkehrsfähig sind oder für die eine Aufforderung zur Rückgabe vorliegt, sind umzuarbeiten, zurückzugeben oder zu vernichten; sofern sie nicht sofort umgearbeitet, zurückgegeben oder vernichtet werden, sind sie als solche kenntlich zu machen und abzusondern. Über die Maßnahmen sind Aufzeichnungen zu machen.

8. Gefälschte Arzneimittel, die im Vertriebsnetz festgestellt werden, sind bis zur Entscheidung über das weitere Vorgehen getrennt von verkehrsfähigen Arzneimitteln und gesichert aufzubewahren, um Verwechslungen zu vermeiden und einen unbefugten Zugriff zu verhindern. Sie müssen eindeutig als nicht zum Verkauf bestimmte Arzneimittel gekennzeichnet werden. Über das Auftreten von Arzneimittelfälschungen ist die zuständige Behörde unverzüglich zu informieren. Die getroffenen Maßnahmen sind zu dokumentieren.

Für Medizinprodukte gilt die Medizinprodukte-Sicherheitsplanverordnung.

Apothekenbetriebsordnung (ApBetrO)

§ 22
Allgemeine Dokumentation

(1) Alle Aufzeichnungen über die Herstellung, Prüfung, Überprüfung der Arzneimittel im Krankenhaus und in zu versorgenden Einrichtungen im Sinne von § 12a des Apothekengesetzes, Lagerung, Einfuhr, das Inverkehrbringen, den Rückruf, die Rückgabe der Arzneimittel auf Grund eines Rückrufes, die Bescheinigungen nach § 6 Abs. 3 Satz 2 und § 11 Abs. 2 Satz 1 sowie die Nachweise nach § 19 sind vollständig und mindestens bis ein Jahr nach Ablauf des Verfallsdatums, jedoch nicht weniger als fünf Jahre lang, aufzubewahren. Der ursprüngliche Inhalt einer Eintragung darf nicht unkenntlich gemacht werden. Es dürfen keine Veränderungen vorgenommen werden, die nicht erkennen lassen, ob sie bei oder nach der ursprünglichen Eintragung vorgenommen worden sind.

(1a) (weggefallen)

(1b) Aufzeichnungen nach §17 Abs. 6 Satz 1 Nr. 2 Halbsatz 2 sind nach der letzten Eintragung drei Jahre lang aufzubewahren.

(2) Aufzeichnungen können auch auf Bild- oder Datenträgern vorgenommen und aufbewahrt werden. Hierbei muss sichergestellt sein, dass die Daten während der Aufbewahrungsfrist verfügbar sind und innerhalb einer angemessenen Frist lesbar gemacht werden können. Bei einer Aufzeichnung und Aufbewahrung ausschließlich auf Datenträgern ist ein nach dieser Verordnung gefordertes Namenszeichen durch eine elektronische Signatur nach dem Signaturgesetz und eine eigenhändige Unterschrift durch eine qualifizierte elektronische Signatur nach dem Signaturgesetz zu ersetzen.

(3) Die Aufzeichnungen und Nachweise sind der zuständigen Behörde auf Verlangen vorzulegen.

(4) Abweichend von Absatz 1 sind die Aufzeichnungen nach § 17 Abs. 6a mindestens dreißig Jahre aufzubewahren oder zu speichern und zu vernichten oder zu löschen, wenn die Aufbewahrung oder Speicherung nicht mehr erforderlich ist. Werden die Aufzeichnungen länger als dreißig Jahre aufbewahrt oder gespeichert, sind sie zu anonymisieren.

§ 23
Dienstbereitschaft

(1) Apotheken sind zur ständigen Dienstbereitschaft verpflichtet. Die zuständige Behörde befreit einen Teil der Apotheken ganz oder teilweise zu folgenden Zeiten von der Pflicht zur Dienstbereitschaft:

1. montags bis sonnabends von 0:00 Uhr bis 8:00 Uhr,
2. montags bis freitags von 18:30 Uhr bis 24:00 Uhr,
3. sonnabends von 14:00 Uhr bis 24:00 Uhr,
4. am 24. und 31. Dezember von 14:00 Uhr bis 24:00 Uhr,
5. sonntags und an gesetzlichen Feiertagen.

Apothekenbetriebsordnung (ApBetrO)

(2) Von der Verpflichtung zur Dienstbereitschaft kann die zuständige Behörde für die Dauer der ortsüblichen Schließzeiten, der Mittwochnachmittage, Sonnabende oder der Betriebsferien und, sofern ein berechtigter Grund vorliegt, auch außerhalb dieser Zeiten befreien, wenn die Arzneimittelversorgung in dieser Zeit durch eine andere Apotheke, die sich auch in einer anderen Gemeinde befinden kann, sichergestellt ist.

(3) Während der Zeiten nach Absatz 1 Satz 2 genügt es zur Gewährleistung der Dienstbereitschaft, wenn sich der Apothekenleiter oder eine vertretungsberechtigte Person in unmittelbarer Nachbarschaft zu den Apothekenbetriebsräumen aufhält und jederzeit erreichbar ist. Die zuständige Behörde kann in begründeten Einzelfällen einen Apothekenleiter auf Antrag von der Verpflichtung nach Satz 1 befreien, wenn der Apothekenleiter oder eine vertretungsberechtigte Person jederzeit erreichbar und die Arzneimittelversorgung in einer für den Kunden zumutbaren Weise sichergestellt ist.

(4) (weggefallen)

(5) An nicht dienstbereiten Apotheken ist für Patienten oder andere Kunden an deutlich sichtbarer Stelle ein gut lesbarer Hinweis auf die nächstgelegenen dienstbereiten Apotheken anzubringen.

(6) Apotheken, die Krankenhäuser mit Arzneimitteln und apothekenpflichtigen Medizinprodukten versorgen, haben unbeschadet der Vorschriften der Absätze 1 bis 4 mit dem Träger des Krankenhauses eine Dienstbereitschaftsregelung zu treffen, die die ordnungsgemäße Arzneimittelversorgung des Krankenhauses und Beratung durch einen Apotheker der Apotheke gewährleistet.

§ 24
Rezeptsammelstellen

(1) Einrichtungen zum Sammeln von Verschreibungen (Rezeptsammelstellen) dürfen nur mit Erlaubnis der zuständigen Behörde unterhalten werden. Die Erlaubnis ist dem Inhaber einer Apotheke auf Antrag zu erteilen, wenn zur ordnungsgemäßen Arzneimittelversorgung von abgelegenen Orten oder Ortsteilen ohne Apotheken eine Rezeptsammelstelle erforderlich ist. Die Erlaubnis ist zu befristen und darf die Dauer von drei Jahren nicht überschreiten. Eine wiederholte Erteilung ist zulässig.

(2) Rezeptsammelstellen dürfen nicht in Gewerbebetrieben oder bei Angehörigen der Heilberufe unterhalten werden.

(3) Die Verschreibungen müssen in einem verschlossenen Behälter gesammelt werden, der vor dem Zugriff unberechtigter Personen geschützt ist. Auf dem Behälter müssen deutlich sichtbar der Name und die Anschrift der Apotheke sowie die Abholzeiten angegeben werden. Ferner ist auf oder unmittelbar neben dem Behälter ein deutlicher Hinweis darauf anzubringen, dass die Verschreibung mit Namen, Vornamen, Wohnort, Straße und Hausnummer des Empfängers und mit der Angabe, ob die Bestellung in der Apotheke abgeholt

Apothekenbetriebsordnung (ApBetrO)

oder dem Empfänger überbracht werden soll, zu versehen ist. Der Behälter muss zu den auf ihm angegebenen Zeiten durch einen Boten, der zum Personal der Apotheke gehören muss, geleert oder abgeholt werden.

(4) Die Arzneimittel sind in der Apotheke für jeden Empfänger getrennt zu verpacken und jeweils mit dessen Namen und Anschrift zu versehen. Sie sind, sofern sie nicht abgeholt werden, dem Empfänger in zuverlässiger Weise im Wege der Botenzustellung nach § 17 Absatz 2 auszuliefern.

§ 25
(weggefallen)

§ 25a
Abwehr von bedrohlichen übertragbaren Krankheiten

Im Falle einer bedrohlichen übertragbaren Krankheit, deren Ausbreitung eine sofortige und das übliche Maß erheblich überschreitende Bereitstellung von spezifischen Arzneimitteln erforderlich macht, findet § 11 Abs. 2 keine Anwendung auf Ausgangsstoffe, die zur Herstellung von Arzneimitteln im Sinne von § 21 Abs. 2 Nr. 1c des Arzneimittelgesetzes verwendet werden, sofern

1. deren Qualität durch ein Prüfzertifikat nach § 6 Abs. 3 nachgewiesen ist,

2. das Behältnis so verschlossen ist, dass ein zwischenzeitliches Öffnen des Behältnisses ersichtlich wäre und

3. weder das Behältnis noch der Verschluss beschädigt sind.

Sofern das Behältnis durch einen Betrieb in einem Mitgliedstaat der Europäischen Union oder des Europäischen Wirtschaftsraums, der nach jeweiligem nationalen Recht über eine Genehmigung nach Artikel 77 der Richtlinie 2001/83/EG verfügt, zum Zwecke des Umfüllens oder Abpackens des Ausgangsstoffes in unveränderter Form geöffnet wurde, findet § 11 Abs. 2 dann keine Anwendung, wenn der Apotheke eine Kopie des Prüfzertifikats nach § 6 Abs. 3 sowie eine schriftliche Bestätigung des Betriebs vorliegt, dass bei Öffnung des Gefäßes die Voraussetzungen nach Satz 1 Nr. 1 bis 3 vorlagen und die Ausgangsstoffe in geeignete Behältnisse umgefüllt oder abgepackt wurden. Bei einer bedrohlichen übertragbaren Krankheit, deren Ausbreitung eine sofortige und das übliche Maß erheblich überschreitende Bereitstellung von spezifischen Arzneimitteln erforderlich macht, wird § 17 Absatz 1 nicht für Arzneimittel angewendet, die von den zuständigen Behörden des Bundes oder der Länder zur Verfügung gestellt werden.

Apothekenbetriebsordnung (ApBetrO)

Dritter Abschnitt
Der Betrieb von Krankenhausapotheken

§ 26
Anzuwendende Vorschriften

(1) Die Krankenhausapotheke ist die Funktionseinheit eines Krankenhauses, der die Sicherstellung der ordnungsgemäßen Versorgung von einem oder mehreren Krankenhäusern mit Arzneimitteln und apothekenpflichtigen Medizinprodukten sowie die Information und Beratung über diese Produkte, insbesondere von Ärzten, Pflegekräften und Patienten, obliegt.

(2) Die Vorschriften der §§ 1a und 2a sowie der §§ 4a, 5 bis 8 und 11 bis 14, 16, 17 Absatz 1 und 6c, der §§ 18, 20 Absatz 1 und der §§ 21, 22 und 25a gelten für den Betrieb von Krankenhausapotheken entsprechend.

§ 27
Leiter der Krankenhausapotheke

(1) Apothekenleiter ist der vom Träger des Krankenhauses angestellte und mit der Leitung beauftragte Apotheker.

(2) Der Leiter der Krankenhausapotheke ist dafür verantwortlich, dass die Apotheke unter Beachtung der geltenden Vorschriften betrieben wird. Er hat insbesondere dafür zu sorgen, dass

1. die bestellten Arzneimittel und apothekenpflichtigen Medizinprodukte bedarfsgerecht bereitgestellt und Arzneimittel, die zur akuten medizinischen Versorgung besonders dringlich benötigt werden, unverzüglich zur Verfügung gestellt werden,

2. die im Krankenhaus lagernden Arzneimittel und apothekenpflichtigen Medizinprodukte regelmäßig überprüft und die Überprüfungen dokumentiert werden,

3. ein Apotheker der Apotheke

    a) das Personal des Krankenhauses im Hinblick auf eine sichere, zweckmäßige und wirtschaftliche Arzneimitteltherapie und Anwendung der Arzneimittel oder apothekenpflichtigen Medizinprodukte und

    b) soweit erforderlich, den Patienten im Hinblick auf eine sichere Arzneimittelanwendung, insbesondere in Zusammenhang mit seiner Entlassung aus dem Krankenhaus

    berät.

Der Leiter der Krankenhausapotheke ist Mitglied der Arzneimittelkommission des Krankenhauses.

Apothekenbetriebsordnung (ApBetrO)

(3) Der Leiter der Krankenhausapotheke kann nur von einem Apotheker vertreten werden. Dieser hat während der Dauer der Vertretung die Pflichten des Apothekenleiters.

(4) Die Vorschriften des § 2 Abs. 3 und 5 gelten entsprechend.

§ 28
Personal der Krankenhausapotheke

(1) Das für einen ordnungsgemäßen Betrieb der Krankenhausapotheke notwendige Personal, insbesondere auch das pharmazeutische Personal, muss in ausreichender Zahl vorhanden sein. Der Personalbedarf ergibt sich aus Art und Umfang einer medizinisch zweckmäßigen und ausreichenden Versorgung des Krankenhauses mit Arzneimitteln und apothekenpflichtigen Medizinprodukten unter Berücksichtigung von Größe, Art und Leistungsstruktur des Krankenhauses. Satz 2 gilt entsprechend, soweit die Krankenhausapotheke auch andere Krankenhäuser versorgt.

(2) Für den Einsatz des Apothekenpersonals ist der Leiter der Krankenhausapotheke verantwortlich.

(3) Die Vorschriften des § 3 Absatz 1, 5 und 6 gelten entsprechend.

§ 29
Räume und Einrichtung der Krankenhausapotheke

(1) Die für einen ordnungsgemäßen Betrieb der Krankenhausapotheke notwendigen Räume müssen vorhanden sein. Dabei sind Art, Beschaffenheit, Größe und Zahl der Räume sowie die Einrichtung der Krankenhausapotheke an den Maßstäben des § 28 Abs. 1 Satz 2 auszurichten.

(2) Die Krankenhausapotheke soll mindestens aus einer Offizin, zwei Laboratorien, einem Geschäftsraum und einem Nebenraum bestehen und muss über ausreichenden Lagerraum verfügen; in einem Laboratorium muss sich ein Abzug mit Absaugvorrichtungen befinden. Eine Lagerung unterhalb einer Temperatur von 25 Grad Celsius muss möglich sein. Die Grundfläche dieser Betriebsräume muss insgesamt mindestens 200 m^2 betragen. Die Regelungen des § 4 Absatz 1 Satz 1, 2 Nummer 1 bis 4, Satz 3, Absatz 2 Satz 4, Absatz 2b, 2c, 2d, 4 Satz 3 und Absatz 6 gelten entsprechend.

(3) Art und Anzahl der Geräte zur Herstellung, Prüfung und Bestimmung von Ausgangsstoffen und Arzneimitteln sowie Art und Anzahl der Prüfmittel haben sich an Größe, Art und Leistungsstruktur des Krankenhauses auszurichten. Die Vorschriften des § 4 Abs. 7 und 8 finden Anwendung.

Apothekenbetriebsordnung (ApBetrO)

§ 30
Vorratshaltung in der Krankenhausapotheke

Die zur Sicherstellung einer ordnungsgemäßen Versorgung der Patienten des Krankenhauses notwendigen Arzneimittel und apothekenpflichtige Medizinprodukte müssen in ausreichender Menge vorrätig gehalten werden, die mindestens dem durchschnittlichen Bedarf für zwei Wochen entsprechen muss. Diese Arzneimittel und apothekenpflichtige Medizinprodukte sind aufzulisten.

§ 31
Abgabe in der Krankenhausapotheke

(1) Arzneimittel und apothekenpflichtige Medizinprodukte dürfen an Stationen oder andere Teileinheiten des Krankenhauses nur auf Grund einer Verschreibung im Einzelfall oder auf Grund einer schriftlichen Anforderung abgegeben werden. Dies gilt für Verschreibungen oder Anforderungen in elektronischer Form entsprechend.

(2) Bei der Abgabe an Stationen und andere Teileinheiten des Krankenhauses sind die Arzneimittel und apothekenpflichtige Medizinprodukte vor dem Zugriff Unbefugter zu schützen. Sie sind in einem geeigneten, verschlossenen Behälter abzugeben, auf dem die Apotheke und der Empfänger anzugeben sind.

Teilmengen von Fertigarzneimitteln, die an Patienten im Zusammenhang mit einer vor- oder nachstationären Behandlung oder einer ambulanten Operation zur Anwendung außerhalb des Krankenhauses ausgehändigt werden sollen, sind nach Maßgabe des § 14 Abs. 1 Satz 2 zu kennzeichnen und mit einer Packungsbeilage zu versehen.

(3) Arzneimittel aus zur Abgabe an den Verbraucher bestimmten Packungen dürfen nur dann ohne äußere Umhüllung abgegeben werden, wenn auf dem Behältnis die Bezeichnung des Arzneimittels, die Chargenbezeichnung und, soweit für das Arzneimittel vorgeschrieben, das Verfallsdatum sowie Aufbewahrungshinweise angegeben sind und die Packungsbeilage hinzugefügt wird.

(4) Die Vorschriften des § 17 Absatz 1, 1a, 4, 5, 6 Satz 1 Nummer 1 bis 3 sowie Satz 2 und 3 und Absatz 6a bis 6c gelten entsprechend.

§ 32
Überprüfung der Arzneimittelvorräte und der apothekenpflichtigen Medizinprodukte auf den Stationen

(1) Die Verpflichtung des Leiters der Krankenhausapotheke oder eines von ihm beauftragten Apothekers der Apotheke zur Überprüfung der Arzneimittelvorräte nach § 14 Abs. 6 des Gesetzes über das Apothekenwesen erstreckt sich auf alle auf den Stationen und in anderen Teileinheiten des Krankenhauses vorrätig gehaltenen Arzneimittel; die Überprüfung der Arzneimittelvorräte muss mindestens halbjährlich erfolgen. Satz 1 gilt entsprechend für apothekenpflichtige Medizinprodukte.

Apothekenbetriebsordnung (ApBetrO)

(2) Der überprüfende Apotheker und das ihn unterstützende Apothekenpersonal sind befugt, die Räume zu betreten, die der Arzneimittelversorgung dienen. Die Krankenhausleitung und das übrige Krankenhauspersonal haben die Durchführung der Überprüfung zu unterstützen.

(3) Der Leiter der Krankenhausapotheke oder der von ihm beauftragte Apotheker der Apotheke hat über jede Überprüfung ein Protokoll in vierfacher Ausfertigung anzufertigen. Das Protokoll muss mindestens enthalten

1. das Datum der Überprüfung,

2. die Bezeichnung der Station oder der anderen Teileinheit des Krankenhauses,

3. den Namen des Apothekers und der anderen an der Überprüfung beteiligten Personen,

4. die Art und den Umfang der Überprüfung, insbesondere bezüglich

   a) der allgemeinen Lagerungs- und Aufbewahrungsbedingungen,

   b) der Lagerung und Aufbewahrung der Arzneimittel und Medizinprodukte nach den anerkannten pharmazeutischen Regeln,

   c) der Beschaffenheit einschließlich der Kennzeichnung der Arzneimittel und Medizinprodukte,

   d) der Verfalldaten,

5. die festgestellten Mängel,

6. die zur Beseitigung der Mängel veranlassten Maßnahmen,

7. den zur Beseitigung der Mängel gesetzten Termin,

8. Angaben über die Beseitigung früher festgestellter Mängel,

9. die Unterschrift mit Datum des für die Überprüfung verantwortlichen Apothekers.

Eine Ausfertigung des Protokolls ist der Krankenhausleitung spätestens vier Wochen, bei schwerwiegenden Mängeln unmittelbar nach Durchführung der Überprüfung zuzuleiten, jeweils eine weitere ist dem Arzt sowie der Pflegedienstleitung auszuhändigen, die für die Arzneimittelversorgung der Station oder der anderen Teileinheit des Krankenhauses zuständig ist, und die vierte ist in der Apotheke aufzubewahren.

§ 33
Dienstbereitschaft der Krankenhausapotheke

Eine die ordnungsgemäße Arzneimittelversorgung des Krankenhauses gewährleistende Dienstbereitschaft ist durch den Inhaber der Erlaubnis sicherzustellen. Dies schließt auch ein, dass Beratung durch einen Apotheker der Apotheke gewährleistet ist.

Vierter Abschnitt
Sondervorschriften

§ 34
Patientenindividuelles Stellen oder Verblistern von Arzneimitteln

(1) Im Qualitätsmanagementsystem nach § 2a sind insbesondere folgende Festlegungen zu treffen:

1. zur Auswahl der Arzneimittel, die für ein Stellen oder eine Neuverblisterung grundsätzlich in Frage kommen oder die nicht für das Stellen oder die Neuverblisterung geeignet sind,

2. zur Entscheidung, welche Arzneimittel für eine gleichzeitige Einnahme gegebenenfalls nicht in demselben Einzelbehältnis aufbewahrt oder im selben Einzelblister verblistert werden können,

3. zur Entscheidung, in welchen Ausnahmefällen einer schriftlichen ärztlichen Anforderung über eine vor dem Stellen oder Verblistern vorzunehmende Teilung von Tabletten, soweit ansonsten die Versorgung nicht gesichert werden kann und bei nachgewiesener Validierung der Stabilität ihrer Qualität über den Haltbarkeitszeitraum des Blisters oder des wiederverwendbaren Behältnisses gegebenenfalls gefolgt werden kann, obwohl das nachträgliche Verändern des Fertigarzneimittels grundsätzlich verhindert werden sollte,

4. zur Zwischenlagerung und Kennzeichnung der entblisterten Arzneimittel,

5. zu den technischen und organisatorischen Maßnahmen, um die Qualität der entblisterten Arzneimittel zu erhalten und um insbesondere Kreuzkontaminationen und Verwechslungen zu vermeiden, einschließlich der Überprüfung ihrer Wirksamkeit,

6. zur Kalibrierung, Qualifizierung, Wartung und Reinigung der Blisterautomaten, soweit verwendet, oder sonstiger kritischer Ausrüstungsgegenstände oder Geräte,

7. zu den primären Verpackungsmaterialien und ihren Qualitätsprüfungen,

8. zu den Herstellungsanweisungen und den Herstellungsprotokollen gemäß § 7,

9. zum Hygieneplan sowie

10. zum hygienischen Verhalten des Personals am Arbeitsplatz und zur Art der Schutzkleidung für die Arzneimittelherstellung, einschließlich der Art und Weise und der Häufigkeit der Umkleidevorgänge.

(2) Das Personal muss für die Tätigkeiten ausreichend qualifiziert sein und regelmäßig geschult werden; die Schulungsmaßnahmen sind zu dokumentieren. Das hinsichtlich § 3 Absatz 2 Satz 1 erforderliche Personal ergibt sich aus dem Umfang der Herstellung.

Apothekenbetriebsordnung (ApBetrO)

(3) Das patientenindividuelle Stellen oder Verblistern ist abweichend von § 4 Absatz 2b in einem separaten Raum vorzunehmen, der ausschließlich diesem Zweck dienen darf. Der Raum muss von angemessener Größe sein, um die einzelnen Arbeitsgänge in spezifisch zugeordneten Bereichen durchführen zu können. Seine Wände und Oberflächen sowie der Fußboden müssen leicht zu reinigen sein, damit das umgebungsbedingte Kontaminationsrisiko für die Arzneimittel minimal ist. Der Zugang und das Einbringen der Materialien sollen zumindest bei der maschinellen Verblisterung über einen Zwischenraum (Schleuse) zur Aufrechterhaltung einer im Herstellungsraum geeigneten Raumqualität erfolgen. § 4a ist entsprechend anzuwenden. Von Satz 1 und Satz 4 kann abgewichen werden, wenn das Stellen oder das manuell vorgenommene Verblistern von Arzneimitteln im Ausnahmefall für einen einzelnen Patienten vorgenommen werden soll.

(4) Aus der Kennzeichnung des neu verpackten Arzneimittels müssen folgende Angaben hervorgehen:

1. der Name des Patienten,

2. die enthaltenen Arzneimittel und ihre Chargenbezeichnungen,

3. das Verfalldatum des neu zusammengestellten Arzneimittels und seine Chargenbezeichnung,

4. die Einnahmehinweise,

5. eventuelle Lagerungshinweise sowie

6. die abgebende Apotheke und, soweit unterschiedlich, des Herstellers.

Dem neu verpackten Arzneimittel sind die Packungsbeilagen der enthaltenen Fertigarzneimittel gemäß § 11 Absatz 7 des Arzneimittelgesetzes beizufügen.

§ 35
Herstellung von Arzneimitteln zur parenteralen Anwendung

(1) Im Qualitätsmanagementsystem nach § 2a sind insbesondere Festlegungen zu treffen

1. zu den einzusetzenden Arzneimitteln sowie den primären Verpackungsmaterialien und ihren Qualitätsprüfungen,

2. zu den technischen und zu den organisatorischen Maßnahmen, um Kontaminationen, Kreuzkontaminationen und Verwechslungen zu vermeiden, einschließlich der Überprüfung ihrer Wirksamkeit,

3. zur Kalibrierung, Qualifizierung, Wartung und Reinigung der Ausrüstungen und des Herstellungsraums,

4. zur Validierung der die Produktqualität beeinflussenden Prozesse, Methoden und Systeme und zur Revalidierung; bei aseptischen Herstellungsprozessen am Ende jedes Arbeitstages unter Einbeziehung des betroffenen Herstellungspersonals,

Apothekenbetriebsordnung (ApBetrO)

5. zu den kritischen Ausrüstungsgegenständen oder Geräten,
6. zu den Herstellungsanweisungen und Herstellungsprotokollen gemäß § 7 oder § 8,
7. zu einem eventuellen Transport der hergestellten Arzneimittel,
8. zu den Hygienemaßnahmen sowie
9. zum hygienischen Verhalten des Personals am Arbeitsplatz und zur Art der Schutzkleidung für die Arzneimittelherstellung, einschließlich der Art und Weise und der Häufigkeit der Umkleidevorgänge.

(2) Das Personal muss für die Tätigkeiten ausreichend qualifiziert sein und regelmäßig geschult werden; die Schulungsmaßnahmen sind zu dokumentieren. Das nach § 3 Absatz 2 Satz 1 erforderliche Personal ergibt sich aus Art und Umfang der Herstellung.

(3) Die Herstellung parenteraler Arzneimittel ist in einem separaten Raum vorzunehmen, der nicht für andere Tätigkeiten genutzt werden darf, soweit es sich nicht um die Herstellung von anderen sterilen Zubereitungen gemäß Arzneibuch handelt. Der Zugang zu diesem Raum sowie das Einbringen von Materialien müssen über einen Zwischenraum (Schleuse) erfolgen, der für die Aufrechterhaltung der im Herstellungsraum erforderlichen Reinraumklassen geeignet ist. Der Raum muss ausschließlich dem Zweck der Herstellung parenteraler Arzneimittel dienen, von angemessener Größe sein, um die einzelnen Arbeitsgänge in spezifisch zugeordneten Bereichen durchführen zu können, und die Belüftung muss über Filter angemessener Wirksamkeit erfolgen. Seine Wände und Oberflächen sowie der Fußboden müssen leicht zu reinigen sein, damit das umgebungsbedingte Kontaminationsrisiko für die Arzneimittel minimal ist. In dem Raum dürfen sich zum Zeitpunkt der Herstellung nur Mitarbeiter aufhalten, die dort entsprechende Tätigkeiten ausüben; ihre Schutzkleidung ist den Tätigkeiten anzupassen und mindestens arbeitstäglich zu wechseln. § 4a ist entsprechend anzuwenden.

(4) Soweit die Arzneimittel keinem Sterilisationsverfahren im Endbehältnis unterzogen werden und sie nicht im geschlossenen System hergestellt werden, ist während der Zubereitung und Abfüllung

1. in der lokalen Zone für die Arbeitsgänge ein Luftreinheitsgrad für Keimzahl und Partikelzahl entsprechend Klasse A der Definition des EG-GMP-Leitfadens, Anhang 1, der vom Bundesministerium im Bundesanzeiger in der jeweils aktuellen Fassung bekannt gemacht wird, einzuhalten und
2. eine geeignete Umgebung erforderlich, die in Bezug auf Partikel- und Keimzahl
   a) mindestens der Klasse B des Anhangs des Leitfadens entspricht
   b) oder abweichend von Klasse B mindestens der Klasse C des Anhangs des Leitfadens entspricht, wenn die Arzneimittelqualität durch das

Apothekenbetriebsordnung (ApBetrO)

angewendete Verfahren nachweislich gewährleistet wird und durch entsprechende Validierung des Verfahrens belegt ist,

c) oder bei Einsatz eines Isolators der Klasse D des Anhangs des Leitfadens entspricht.

Für die Zubereitung von Arzneimitteln, die nicht im geschlossenen System hergestellt, aber einem Sterilisationsverfahren im Endbehältnis unterzogen werden, ist abweichend von Satz 1 Nummer 2 Buchstabe a eine Umgebung erforderlich, die in Bezug auf Partikel- und Keimzahl mindestens der Klasse D des Anhangs des Leitfadens entspricht; für die Abfüllung dieser Arzneimittel ist ein Luftreinheitsgrad der Klasse C einzuhalten.

(5) Die Reinraumbedingungen sind durch geeignete Kontrollen der Luft, kritischer Oberflächen und des Personals anhand von Partikel- und Keimzahlbestimmungen während der Herstellung in offenen Systemen zu überprüfen. Von dem für das Freigabeverfahren verantwortlichen Apotheker sind dafür entsprechende Warn- und Aktionsgrenzen festzulegen.

(6) Auf die Herstellung der parenteralen Arzneimittel sind die §§ 6 bis 8 anzuwenden. Die Plausibilitätsprüfung der ärztlichen Verordnung muss insbesondere auch patientenindividuelle Faktoren sowie die Regeldosierung und die daraus möglicherweise resultierende individuelle Dosis beinhalten. Die Herstellungsanweisung muss auch eine Kontrolle der Berechnungen, der Einwaagen und der einzusetzenden Ausgangsstoffe durch eine zweite Person oder durch validierte elektronische Verfahren sowie eine Dichtigkeitsprüfung des befüllten Behältnisses vorsehen.

Fünfter Abschnitt
Ordnungswidrigkeiten, Übergangs- und Schlussbestimmungen

§ 36
Ordnungswidrigkeiten

Ordnungswidrig im Sinne des § 25 Abs. 2 des Gesetzes über das Apothekenwesen handelt, wer vorsätzlich oder fahrlässig

1. entgegen § 3 Abs. 5 Satz 1 in Verbindung mit Satz 2 pharmazeutische Tätigkeiten ausführt,

1a. entgegen § 17 Absatz 1a Satz 1 ein Arzneimittel aushändigt,

1b. entgegen § 17 Abs. 2b ein dort genanntes Arzneimittel im Wege des Versandes in den Verkehr bringt,

2. als Apothekenleiter

a) einer Vorschrift des § 2 Abs. 5 oder 6 Satz 1, 2 oder 3 über die Vertretung des Apothekenleiters zuwiderhandelt,

Apothekenbetriebsordnung (ApBetrO)

b) entgegen § 2a Absatz 1 Satz 1 ein Qualitätsmanagementsystem nicht betreibt,

c) entgegen § 3 Abs. 5 Satz 1 in Verbindung mit § 2 Abs. 2 Satz 2 und 3 oder § 3 Abs. 5 Satz 2 pharmazeutische Tätigkeiten ausführen lässt,

d) entgegen § 3 Abs. 5 Satz 3 in Verbindung mit § 2 Abs. 2 Satz 2 und 3 pharmazeutische Tätigkeiten nicht beaufsichtigt oder nicht durch einen Apotheker beaufsichtigen lässt,

e) entgegen § 15 Absatz 1 Satz 2 ein dort genanntes Arzneimittel nicht vorrätig hält,

f) entgegen § 15 Absatz 2 nicht sicherstellt, dass ein dort genanntes Arzneimittel vorrätig gehalten wird oder kurzfristig beschafft werden kann,

g) entgegen § 17 Absatz 1a Satz 1 Arzneimittel außerhalb der Apothekenbetriebsräume oder entgegen § 17 Abs. 3 apothekenpflichtige Arzneimittel im Wege der Selbstbedienung in den Verkehr bringt,

h) entgegen § 17 Abs. 7 in Verbindung mit § 31 Abs. 1 Satz 1 oder Abs. 3, jeweils auch in Verbindung mit § 2 Abs. 2 Satz 2 und 3, Arzneimittel abgibt oder abgeben lässt,

i) entgegen § 17 Abs. 7 in Verbindung mit § 32 Abs. 1 und mit § 2 Abs. 2 Satz 2 und 3 auf den Stationen oder in anderen Teileinheiten des Krankenhauses vorrätig gehaltene Arzneimittel nicht, nicht vollständig oder nicht rechtzeitig überprüft oder durch einen Apotheker überprüfen lässt oder entgegen § 17 Abs. 7 in Verbindung mit § 32 Abs. 3 und mit § 2 Abs. 2 Satz 2 das vorgeschriebene Protokoll nicht, nicht richtig oder nicht vollständig anfertigt, nicht der Krankenhausleitung zuleitet, nicht dem zuständigen Arzt aushändigt oder nicht aufbewahrt oder diese Maßnahmen nicht durch einen Apotheker ausführen lässt,

j) entgegen § 21 nicht dafür sorgt, dass die dort genannten Maßnahmen bei Arzneimittelrisiken oder nicht verkehrsfähigen Arzneimitteln getroffen werden,

k) entgegen § 23 Abs. 1 die Apotheke nicht dienstbereit hält,

l) entgegen § 23 Abs. 5 in Verbindung mit § 2 Abs. 2 Satz 2 und 3 an sichtbarer Stelle einen gut lesbaren Hinweis auf die nächstgelegenen dienstbereiten Apotheken nicht anbringt oder nicht anbringen lässt,

m) entgegen § 24 Abs. 1 Satz 1 eine Rezeptsammelstelle ohne die erforderliche Erlaubnis unterhält,

3. als Apothekenleiter oder Angehöriger des pharmazeutischen Personals

a) (weggefallen)

b) entgegen § 7 Abs. 1 Satz 1 Arzneimittel nicht entsprechend der Verschreibung herstellt oder entgegen § 7 Abs. 1 Satz 2 bei der Herstel-

Apothekenbetriebsordnung (ApBetrO)

lung andere als in der Verschreibung genannte Bestandteile ohne Zustimmung des Verschreibenden verwendet,

c) (weggefallen)

d) entgegen § 14 Abs. 1 Arzneimittel ohne die vorgeschriebene Kennzeichnung abgibt,

e) entgegen § 16 Absatz 1 Satz 1 oder Satz 2 ein Arzneimittel, einen Ausgangsstoff oder ein Medizinprodukt nicht, nicht richtig oder nicht in der vorgeschriebenen Weise lagert,

f) (weggefallen)

g) (weggefallen)

h) entgegen § 18 Abs. 1 Satz 1 bei dem Verbringen von Arzneimitteln die vorgeschriebenen Angaben nicht aufzeichnet,

i) entgegen § 19 Abs. 1 Satz 1 die dort vorgeschriebenen Nachweise nicht führt oder entgegen § 19 Abs. 2 Satz 1 die dort genannten Arzneimittel abgibt, ohne dass eine Verschreibung in zweifacher Ausfertigung vorliegt,

j) Aufzeichnungen, Bescheinigungen oder Nachweise nicht entsprechend § 22 Abs. 1 Satz 1 aufbewahrt oder entgegen § 22 Abs. 1 Satz 2 oder 3 Aufzeichnungen, Bescheinigungen oder Nachweise unkenntlich macht oder Veränderungen vornimmt,

k) entgegen § 22 Abs. 4 Satz 1 eine Aufzeichnung nicht oder nicht mindestens dreißig Jahre aufbewahrt und nicht oder nicht mindestens fünfzehn Jahre speichert oder

4. als Leiter einer Krankenhausapotheke

a) entgegen § 26 Abs. 2 in Verbindung mit § 21 nicht dafür sorgt, dass die dort genannten Maßnahmen bei Arzneimittelrisiken oder nicht verkehrsfähigen Arzneimitteln getroffen werden,

b) entgegen § 28 Abs. 3 in Verbindung mit § 3 Abs. 5 Satz 1 und mit § 27 Abs. 2 Satz 1 pharmazeutische Tätigkeiten ausführen lässt,

c) entgegen § 28 Abs. 3 in Verbindung mit § 3 Abs. 5 Satz 3 und mit § 27 Abs. 2 Satz 1 pharmazeutische Tätigkeiten nicht beaufsichtigt oder nicht durch einen Apotheker beaufsichtigen lässt,

d) entgegen § 31 Abs. 1 Satz 1, Abs. 3 oder 4 in Verbindung mit § 17 Abs. 5 Satz 1, jeweils in Verbindung mit § 27 Abs. 2 Satz 1, Arzneimittel abgibt oder abgeben lässt oder

e) entgegen § 32 Abs. 1 in Verbindung mit § 27 Abs. 2 Satz 1 auf den Stationen oder in anderen Teileinheiten des Krankenhauses vorrätig gehaltene Arzneimittel nicht, nicht vollständig oder nicht rechtzeitig überprüft oder durch einen Apotheker überprüfen lässt oder entgegen § 32 Abs. 3 in Verbindung mit § 27 Abs. 2 Satz 1 das vorgeschriebene

Protokoll nicht, nicht richtig oder nicht vollständig anfertigt, nicht der Krankenhausleitung zuleitet, nicht dem zuständigen Arzt aushändigt oder nicht aufbewahrt oder diese Maßnahmen nicht durch einen Apotheker ausführen lässt.

§ 37
Übergangsvorschriften

(1) Auf Apotheken, für die vor dem 11. Juni 2012 eine Erlaubnis nach § 1 Absatz 2, auch in Verbindung mit § 2 Absatz 4, des Apothekengesetzes erteilt worden ist, sind die §§ 2a, 4 Absatz 1 Satz 2 Nummer 1 Buchstabe a, § 34 Absatz 3 Satz 1 und 4 sowie § 35 Absatz 3 Satz 2 erst ab dem 1. Juni 2014 anzuwenden; bis zu diesem Zeitpunkt müssen die Räume jedoch weiterhin den bis zum 11. Juni 2012 geltenden Vorschriften entsprechen.

(2) Auf Apotheken, für die vor dem 11. Juni 2012 eine Erlaubnis nach § 1 Absatz 2, auch in Verbindung mit § 2 Absatz 4, des Apothekengesetzes erteilt worden ist, ist § 35 Absatz 5 ab dem 1. Juni 2013 anzuwenden; bis zu diesem Zeitpunkt müssen die Reinraumanforderungen nachweislich mindestens den Anforderungen der Klasse A für die lokale Zone und der Klasse C für den Umgebungsbereich entsprechen.

Arzneimittelhandelsverordnung (AM-HandelsV)

Verordnung über den Großhandel und die Arzneimittelvermittlung (Arzneimittelhandelsverordnung – AM-HandelsV)

vom 10. November 1987 (BGBl. I S. 2370),

zuletzt geändert durch Artikel 2 des Gesetzes vom 7. August 2013 (BGBl. I S. 3108)

§ 1
Anwendungsbereich

Diese Verordnung findet Anwendung auf Betriebe und Einrichtungen, soweit sie Großhandel mit Arzneimitteln betreiben, soweit nicht nach § 1 Abs. 2 der Arzneimittel- und Wirkstoffherstellerverordnung vom 3. November 2006 (BGBl. I S. 2523) deren Vorschriften Anwendung finden. Die Verordnung findet auch Anwendung auf Arzneimittelvermittler im Sinne von § 4 Absatz 22a des Arzneimittelgesetzes, soweit diese Verordnung dies bestimmt.

§ 1a
Qualitätssicherungssystem

Betriebe und Einrichtungen müssen die EU-Leitlinien für die Gute Vertriebspraxis von Arzneimitteln einhalten und hierfür ein funktionierendes Qualitätssicherungssystem entsprechend Art und Umfang der durchgeführten Tätigkeiten betreiben, das die aktive Beteiligung der Geschäftsführung vorsieht. Das Qualitätssicherungssystem muss insbesondere gewährleisten, dass Arzneimittel nur von hierfür berechtigten Betrieben und Einrichtungen bezogen und nur an solche geliefert werden, die Qualität der Arzneimittel auch während Lagerung und Transport nicht nachteilig beeinflusst wird, Verwechslungen vermieden werden und ein ausreichendes System der Rückverfolgung einschließlich der Durchführung eines Rückrufs besteht. Die nach § 2 Abs. 1 bestellte verantwortliche Person muss insbesondere dafür Sorge tragen, dass Bezug und Auslieferung der Arzneimittel gemäß den §§ 4a und 6 erfolgen und die schriftlichen Verfahrensbeschreibungen in regelmäßigen Abständen geprüft, erforderlichenfalls an den Stand von Wissenschaft und Technik angepasst und befolgt werden.

§ 2
Personal

(1) Wer einen Arzneimittelgroßhandel betreibt, hat für jede Betriebsstätte mindestens eine Person zu bestellen, die für den ordnungsgemäßen Betrieb, insbesondere für die Einhaltung der Vorschriften der §§ 1a, 4 bis 7c dieser Verordnung verantwortlich ist.

(2) Personal muss mit ausreichender fachlicher Qualifikation und in ausreichender Zahl vorhanden sein, um die Einhaltung der Vorschriften dieser Ver-

Arzneimittelhandelsverordnung (AM-HandelsV)

ordnung zu ermöglichen. Es darf nur entsprechend seiner Ausbildung und seinen Kenntnissen beschäftigt werden und ist über die beim Umgang mit Arzneimitteln gebotene Sorgfalt regelmäßig zu unterweisen.

§ 3
Beschaffenheit, Größe und Einrichtung der Betriebsräume

(1) Die Betriebsräume müssen nach Art, Größe, Zahl, Lage, Zustand und Einrichtung einen ordnungsgemäßen Betrieb des Großhandels mit Arzneimitteln gewährleisten.

(2) Die Betriebsräume müssen geeignete klimatische Verhältnisse aufweisen und sind durch geeignete Maßnahmen vor dem Zutritt Unbefugter zu schützen.

(3) Die verwendeten Geräte sollen leicht zu reinigen sein und müssen instand gehalten werden.

(4) Betriebsräume und deren Einrichtungen müssen regelmäßig gereinigt werden. Soweit in Betriebsräumen Arzneimittel umgefüllt, abgepackt oder gekennzeichnet werden, soll nach einem schriftlichen Hygieneplan verfahren werden, in dem insbesondere Folgendes festgelegt ist:

1. die Häufigkeit der Maßnahmen,

2. die durchzuführenden Reinigungsverfahren und die zu verwendenden Geräte und Hilfsmittel,

3. die mit der Aufsicht betrauten Personen.

§ 4
Umfüllen, Abpacken und Kennzeichnen von Arzneimitteln

(1) Es dürfen nur solche Arzneimittel zum Zwecke der Abgabe umgefüllt oder abgepackt werden, deren erforderliche Qualität festgestellt ist.

(2) Durch räumliche oder zeitliche Trennung der einzelnen Arbeitsvorgänge oder durch andere geeignete technische oder organisatorische Maßnahmen ist Vorsorge zu treffen, dass eine gegenseitige nachteilige Beeinflussung der Arzneimittel sowie Verwechslungen vermieden werden.

(3) Arzneimittel dürfen nur in Behältnisse umgefüllt oder abgepackt werden, die gewährleisten, dass die Qualität nicht mehr als unvermeidbar beeinträchtigt wird.

(4) Arzneimittel, die zur Anwendung bei Menschen bestimmt und keine Fertigarzneimittel sind, dürfen nur in den Verkehr gebracht werden, wenn ihre Behältnisse und, soweit verwendet, die äußeren Umhüllungen nach § 10 Abs. 1 Nr. 1, 2, 4, 8 und 9 des Arzneimittelgesetzes in gut lesbarer Schrift, in deutscher Sprache und auf dauerhafte Weise gekennzeichnet sind. Zur Anwendung bei Tieren bestimmte Arzneimittel, die keine Fertigarzneimittel sind, dürfen nur in den Verkehr gebracht werden, wenn die Behältnisse und,

Arzneimittelhandelsverordnung (AM-HandelsV)

soweit verwendet, die äußeren Umhüllungen mit den Angaben nach den §§ 10 und 11 des Arzneimittelgesetzes versehen sind.

§ 4a
Bezug und Rücknahme von Arzneimitteln

(1) Arzneimittel dürfen nur von zur Abgabe von Arzneimitteln berechtigten Betrieben erworben werden.

(2) Die Lieferungen sind bei jeder Annahme daraufhin zu überprüfen, ob

1. die Behältnisse unbeschädigt sind,
2. die Lieferung mit der Bestellung übereinstimmt,
3. der Lieferant unter Angabe der ausstellenden Behörde und des Ausstellungsdatums bestätigt hat, dass er über die notwendige Erlaubnis verfügt,
4. der Arzneimittelvermittler, soweit er in Anspruch genommen wird, die notwendige Anzeige für die Registrierung vorgenommen hat, und
5. die bei bestimmten Arzneimitteln nach § 10 Absatz 1c des Arzneimittelgesetzes vorgesehenen Sicherheitsmerkmale die Echtheit des Arzneimittels belegen.

(3) Soweit die Arzneimittel von einem Betrieb mit einer Erlaubnis nach § 52a des Arzneimittelgesetzes oder über einen Arzneimittelvermittler bezogen werden, hat sich der Empfänger von deren Einhaltung der Guten Vertriebspraxis zu überzeugen.

(4) Arzneimittel können aus Betrieben und Einrichtungen, die über eine Erlaubnis nach § 52a des Arzneimittelgesetzes oder nach dem Apothekengesetz verfügen oder die sonst zur Abgabe an den Verbraucher berechtigt sind, zurückgenommen werden.

§ 5
Lagerung

(1) Arzneimittel sind so zu lagern, dass ihre Qualität nicht nachteilig beeinflusst wird und Verwechslungen vermieden werden. Die für bestimmte Arzneimittel erforderliche Lagertemperatur ist durch Kühleinrichtungen oder sonstige Maßnahmen sicherzustellen. Lagerungshinweise sind zu beachten.

(2) Die Vorratsbehältnisse müssen so beschaffen sein, dass die Qualität des Inhalts nicht beeinträchtigt wird. Sie müssen mit deutlichen Aufschriften versehen sein, die den Inhalt eindeutig bezeichnen. Soweit Bezeichnungen durch Rechtsverordnung nach § 10 Abs. 6 Nr. 1 des Arzneimittelgesetzes vorgeschrieben sind, sind diese zu verwenden. Der Inhalt ist durch zusätzliche Angaben zu kennzeichnen, soweit dies zur Vermeidung von Verwechslungen erforderlich ist. Sätze 2 bis 4 gelten nicht für Vorratsbehältnisse, in denen ordnungsgemäß gekennzeichnete Fertigarzneimittel gelagert werden.

Arzneimittelhandelsverordnung (AM-HandelsV)

(3) Gefälschte Arzneimittel, die im Vertriebsnetz festgestellt werden, sowie andere nicht verkehrsfähige Arzneimittel sind bis zur Entscheidung über das weitere Vorgehen getrennt von verkehrsfähigen Arzneimitteln und gesichert aufzubewahren, um Verwechslungen zu vermeiden und einen unbefugten Zugriff zu verhindern. Sie müssen eindeutig als nicht zum Verkauf bestimmte Arzneimittel gekennzeichnet werden. Über das Auftreten von Arzneimittelfälschungen ist die zuständige Behörde und der jeweilige Zulassungsinhaber unverzüglich zu informieren.

(4) Arzneimittel, die nicht verkehrsfähig sind, sind zu vernichten oder, soweit eine Rückgabe an den Lieferanten vorgesehen ist, zurückzugeben.

§ 6
Auslieferung

(1) Soweit durch Rechtsvorschrift nichts anderes zugelassen ist, dürfen Lieferungen von Arzneimitteln nur an Betriebe und Einrichtungen erfolgen, die über eine Erlaubnis nach § 13 oder nach § 52a des Arzneimittelgesetzes oder eine Erlaubnis nach Artikel 40 oder eine Genehmigung nach Artikel 77 der Richtlinie 2001/83/EG oder eine Erlaubnis nach Artikel 44 oder eine Genehmigung nach Artikel 65 der Richtlinie 2001/82/EG verfügen oder die zur Abgabe an den Endverbraucher befugt sind. Liefern Großhändler Arzneimittel, die zur Anwendung bei Menschen bestimmt sind, an Personen mit Sitz außerhalb der Europäischen Union oder eines anderen Vertragsstaates des Abkommens über den Europäischen Wirtschaftsraum, haben sie sich zu vergewissern, dass die Empfänger nach den anwendbaren Rechts- und Verwaltungsvorschriften ihres Staates befugt sind, Arzneimittel zum Großhandel oder zur Abgabe an die Öffentlichkeit zu erhalten.

(2) Den Lieferungen sind ausreichende Unterlagen beizufügen, aus denen insbesondere das Datum der Auslieferung, die Bezeichnung und Menge des Arzneimittels sowie Name und Anschrift des Lieferanten und des Empfängers hervorgehen. Im Falle der Lieferung an andere Betriebe und Einrichtungen, die über eine Erlaubnis nach § 52a des Arzneimittelgesetzes verfügen, muss zusätzlich die Chargenbezeichnung des jeweiligen Arzneimittels angegeben werden. Darüber hinaus muss unter Angabe der ausstellenden Behörde und des Ausstellungsdatums bestätigt werden, dass der Lieferant über eine Erlaubnis gemäß § 52a des Arzneimittelgesetzes verfügt. Die Verpflichtung zur zusätzlichen Angabe der Chargenbezeichnung gilt auch

1. bei der Abgabe von Arzneimitteln an pharmazeutische Unternehmer, Krankenhausapotheken und krankenhausversorgende Apotheken für die Zwecke der Belieferung von Krankenhäusern,

2. im Falle der Abgabe von Blutzubereitungen, Sera aus menschlichem Blut und Zubereitungen aus anderen Stoffen menschlicher Herkunft sowie gentechnisch hergestellten Blutbestandteilen, die fehlende Blutbestandteile

ersetzen, auch bei Lieferung an Betriebe und Einrichtungen zur Abgabe an den Endverbraucher,

3. bei Abgabe von zur Anwendung bei Tieren bestimmten Arzneimitteln sowie

4. im Falle der Abgabe von Arzneimitteln, die Sicherheitsmerkmale im Sinne von § 10 Absatz 1c des Arzneimittelgesetzes tragen müssen.

(3) Während des Transportes der Arzneimittel ist bis zur Übergabe in den Verantwortungsbereich des Empfängers dafür Sorge zu tragen, dass kein Unbefugter Zugriff zu den Arzneimitteln hat und die Qualität der Arzneimittel nicht beeinträchtigt wird.

§ 7
Dokumentation

(1) Über jeden Bezug und jede Abgabe von Arzneimitteln sind Aufzeichnungen in Form von Einkaufs-/Verkaufsrechungen, in rechnergestützter Form oder in jeder sonstigen Form zu führen, die die Angaben nach § 6 Abs. 2 enthalten.

(1a) (weggefallen)

(2) Aufzeichnungen sind ferner zu führen über das Umfüllen und das Abpacken von Arzneimitteln sowie über die Rücknahme, Rückgabe oder das Vernichten von Arzneimitteln, die nicht in den Verkehr gebracht werden dürfen; dabei sind Angaben über den Zeitpunkt sowie über Art und Menge der Arzneimittel zu machen. Die Aufzeichnungen sind von der nach § 2 Abs. 1 bestellten oder einer von ihr beauftragten Person mit Namenszeichen zu versehen.

(3) Die Aufzeichnungen nach den Absätzen 1 und 2 sowie die Nachweise nach § 47 Abs. 1 b des Arzneimittelgesetzes sind mindestens fünf Jahre nach der letzten Eintragung aufzubewahren. Bei Blutzubereitungen, Sera aus menschlichem Blut und Zubereitungen aus anderen Stoffen menschlicher Herkunft sowie gentechnisch hergestellten Blutbestandteilen, die fehlende Blutbestandteile ersetzen, sind die Aufzeichnungen nach Absatz 1 mindestens dreißig Jahre aufzubewahren oder zu speichern. Sie sind zu vernichten oder zu löschen, wenn die Aufbewahrung oder Speicherung nicht mehr erforderlich ist. Werden die Aufzeichnungen länger als 30 Jahre aufbewahrt oder gespeichert, sind sie zu anonymisieren. Der ursprüngliche Inhalt einer Eintragung darf weder mittels Durchstreichens noch auf andere Weise unleserlich gemacht werden. Es dürfen keine Veränderungen vorgenommen werden, die nicht erkennen lassen, ob sie bei der ursprünglichen Eintragung oder erst später gemacht worden sind.

(4) Bei der Aufbewahrung der Aufzeichnungen auf Datenträgern muss insbesondere sichergestellt sein, dass die Daten während der Dauer der Aufbewahrungsfrist verfügbar sind und innerhalb einer angemessenen Frist lesbar gemacht werden können.

Arzneimittelhandelsverordnung (AM-HandelsV)

§ 7a
Rückrufplan, Rückrufe von Arzneimitteln

(1) Wer einen Arzneimittelgroßhandel betreibt, muss einen Rückrufplan bereithalten, der die Durchführung jedes Rückrufes eines Arzneimittels gewährleistet, der nach Angaben der zuständigen Behörden oder des pharmazeutischen Unternehmers erfolgt.

(2) Der Rückrufplan und die hierzu erforderlichen organisatorischen Abläufe müssen schriftlich festgelegt sein. Über die Durchführung von Rückrufen müssen Aufzeichnungen geführt werden. § 7 Abs. 3 gilt entsprechend.

§ 7b
Rücknahme von Arzneimitteln

(1) Nimmt der Betreiber eines Arzneimittelgroßhandels gelieferte Arzneimittel vom Empfänger zurück, so sind diese bis zu einer Entscheidung über ihre weitere Verwendung getrennt von den zur Abgabe bestimmten Beständen zu lagern.

(2) Handelt es sich bei den zurückgenommenen Arzneimitteln nach Angaben des Zurückgebenden um nicht verkehrsfähige Arzneimittel oder macht er keine Angaben zur Verkehrsfähigkeit, so sind diese als nicht verkehrsfähig kenntlich zu machen, abzusondern und der Vernichtung zuzuführen. Soweit eine Rückgabe an den pharmazeutischen Unternehmer angeordnet oder mit diesem vereinbart wurde, sind sie nach entsprechender Kennzeichnung zurückzugeben.

(3) Handelt es sich bei den zurückgenommenen Arzneimitteln nach Angaben des Zurückgebenden um verkehrsfähige Arzneimittel, so sind sie vor der Entscheidung über ihre weitere Verwendung einer Prüfung zu unterziehen. Die Arzneimittel dürfen nur in die zum Verkauf bestimmten Bestände wieder aufgenommen werden, wenn

1. der Zurückgebende durch Geschäftsunterlagen wie Lieferscheine oder Rechnungen belegt, dass er sie vom Arzneimittelgroßhandel bezogen hat,

2. der Zurückgebende schriftlich bestätigt, dass sie seit der Lieferung ordnungsgemäß gelagert und gehandhabt wurden, insbesondere seinen Verantwortungsbereich nicht verlassen haben,

3. sie sich in den Originalbehältnissen und in ordnungsgemäßem Zustand befinden,

4. sie eine vertretbare Haltbarkeitsdauer haben,

5. keine Angaben des pharmazeutischen Unternehmers oder der zuständigen Behörde über das Fehlen der Verkehrsfähigkeit vorliegen,

6. keine sonstigen Anhaltspunkte für eine fehlende Verkehrsfähigkeit bestehen. Dabei sind die Art des Arzneimittels, die erforderlichen Lagerungs-

Arzneimittelhandelsverordnung (AM-HandelsV)

bedingungen und der seit der Auslieferung verstrichene Zeitraum zu berücksichtigen. Dies gilt insbesondere für Arzneimittel mit besonderen Anforderungen an die Lagerungsbedingungen.

(4) Die Prüfung und Entscheidung nach Absatz 3 muss durch dafür besonders eingewiesenes Personal erfolgen. Die Prüfanweisung und die organisatorischen Abläufe sind schriftlich festzulegen.

§ 7c
Selbstinspektion

(1) Um die Beachtung der Vorschriften dieser Verordnung sicherzustellen, müssen regelmäßig Selbstinspektionen durchgeführt werden. Über die Selbstinspektionen und anschließend ergriffene Maßnahmen müssen Aufzeichnungen geführt und aufbewahrt werden.

(2) Die nach § 2 Abs. 1 bestellte Person hat sich zu vergewissern, dass Arzneimittel nur von Lieferanten bezogen werden, die für den Handel mit Arzneimitteln befugt sind.

§ 8
Dienstbereitschaft in Krisenzeiten

Die zuständige Behörde kann die Dienstbereitschaft für Arzneimittelgroßhandelsbetriebe anordnen, wenn und solange die notwendige Belieferung der Apotheken und tierärztlichen Hausapotheken mit Arzneimitteln sonst ernstlich gefährdet wäre. Die Anordnung ist zu befristen; sie kann verlängert werden.

§ 9
Anforderungen an Arzneimittelvermittler

(1) Die §§ 1a und 7a gelten entsprechend. § 7 Absatz 1, 3 und Absatz 4 gilt entsprechend mit der Maßgabe, dass die Aufzeichnungen über die getätigten Handelsvorgänge zu führen sind.

(2) Der Arzneimittelvermittler hat sich davon zu überzeugen, dass die zulassungs- oder genehmigungspflichtigen Arzneimittel, mit denen er handelt, über eine Zulassung für das Inverkehrbringen im Geltungsbereich des Gesetzes oder Genehmigung nach der Verordnung (EG) Nr. 726/2004 verfügen.

(3) Über jeden Verdacht einer Arzneimittelfälschung sind die zuständige Behörde und der jeweilige Zulassungsinhaber unverzüglich zu informieren.

Arzneimittelhandelsverordnung (AM-HandelsV)

§ 10
Ordnungswidrigkeiten

Ordnungswidrig im Sinne des § 97 Abs. 2 Nr. 31 des Arzneimittelgesetzes handelt, wer vorsätzlich oder fahrlässig

1. als Betreiber eines Arzneimittelgroßhandels

   a) entgegen § 2 Abs. 1 eine verantwortliche Person nicht bestellt oder

   b) (weggefallen);

2. als nach § 2 Abs. 1 bestellte Person

   a) entgegen § 4 Abs. 1 oder 3 Arzneimittel umfüllt oder abpackt,

   b) entgegen § 4a Absatz 1 ein Arzneimittel bezieht,

   c) entgegen § 5 Abs. 1 Arzneimittel nicht in der vorgeschriebenen Weise lagert,

   d) entgegen § 5 Abs. 3 Satz 1 Arzneimittel nicht in der vorgeschriebenen Weise aufbewahrt,

   e) entgegen § 5 Abs. 3 Satz 2 Arzneimittel nicht kennzeichnet,

   f) entgegen § 5 Abs. 3 Satz 3 die zuständige Behörde nicht oder nicht rechtzeitig informiert,

   g) entgegen § 6 Abs. 2 den Lieferungen keine Unterlagen oder Unterlagen mit nicht richtigen oder nicht vollständigen Angaben beifügt,

   h) entgegen § 7 Abs. 1 oder Abs. 2 Satz 1 Aufzeichnungen nicht, nicht richtig oder nicht vollständig führt,

   i) Aufzeichnungen oder Nachweise nicht entsprechend § 7 Abs. 3 Satz 1 oder 2, auch in Verbindung mit § 7a Abs. 2 Satz 3, aufbewahrt oder

   j) entgegen § 7 Abs. 3 Satz 5 oder 6, jeweils auch in Verbindung mit § 7a Abs. 2 Satz 3 Aufzeichnungen oder Nachweise unleserlich macht oder Veränderungen vornimmt oder

3. als Arzneimittelvermittler

   a) entgegen § 7 Absatz 1, auch in Verbindung mit § 9 Absatz 1 Satz 2, oder Absatz 2 Satz 1 eine Aufzeichnung nicht, nicht richtig, nicht vollständig oder nicht in der vorgeschriebenen Weise führt,

   b) entgegen § 7 Absatz 3 Satz 1, auch in Verbindung mit § 9 Absatz 1 Satz 2, eine Aufzeichnung nicht oder nicht mindestens fünf Jahre aufbewahrt,

   c) entgegen § 7 Absatz 3 Satz 5 oder 6, auch in Verbindung mit § 9 Absatz 1 Satz 2, eine Aufzeichnung unleserlich macht oder eine Veränderung vornimmt oder

   d) entgegen § 9 Absatz 3 die zuständige Behörde nicht oder nicht rechtzeitig informiert.

Arzneimittelhandelsverordnung (AM-HandelsV)

Satz 1 gilt entsprechend für Erlaubnisse als Pharmazieingenieur, Apothekenassistent, Pharmazeutischer Assistent oder Apothekenfacharbeiter, die vor dem Wirksamwerden des Beitritts nach den Vorschriften der Deutschen Demokratischen Republik erteilt worden sind oder nach Wirksamwerden des Beitritts in dem in Artikel 3 des Einigungsvertrages genannten Gebiet erteilt werden.

§ 11
Übergangsbestimmungen

(1) Arzneimittel, die vor dem Inkrafttreten dieser Verordnung nicht den Vorschriften dieser Verordnung entsprechend umgefüllt, abgepackt oder gekennzeichnet wurden, dürfen noch bis zum 31. Dezember 1988 in den Verkehr gebracht werden.

(2) Betriebsräume und Einrichtungen müssen spätestens am 31. Dezember 1988 den Vorschriften dieser Verordnung entsprechen. Die zuständige Behörde kann darüber hinaus befristete Ausnahmen zulassen, wenn ein wichtiger Grund vorliegt.

(3) Wer bei Inkrafttreten dieser Verordnung einen Großhandel mit Arzneimitteln im Sinne des § 9 Abs. 1 betreibt, dem gilt die amtliche Anerkennung im Sinne des § 9 vorläufig als erteilt. Die vorläufige amtliche Anerkennung erlischt,

1. wenn nicht bis zum 30. Juni 1988 die Erteilung einer endgültigen amtlichen Anerkennung beantragt wird,

2. im Falle rechtzeitiger Antragstellung mit Eintritt der Unanfechtbarkeit der Entscheidung über den Antrag.

(4) Arzneimittel, die in dem in Artikel 3 des Einigungsvertrages genannten Gebiet nicht den Vorschriften dieser Verordnung entsprechend umgefüllt, abgepackt oder gekennzeichnet werden, dürfen dort noch bis zum 31. Dezember 1991 in den Verkehr gebracht werden.

(5) Betriebsräume und Einrichtungen in dem in Artikel 3 des Einigungsvertrages genannten Gebiet müssen spätestens am 31. Dezember 1992 den Vorschriften dieser Verordnung entsprechen. Die zuständige Behörde kann darüber hinaus befristete Ausnahmen zulassen, wenn ein wichtiger Grund vorliegt.

(6) Wer bei Wirksamwerden des Beitritts in dem in Artikel 3 des Einigungsvertrages genannten Gebiet einen Großhandel mit Arzneimitteln im Sinne des § 9 Abs. 1 betreibt, dem gilt die amtliche Anerkennung im Sinne des § 9 vorläufig als erteilt. Die vorläufige amtliche Anerkennung erlischt, wenn nicht bis zum 30. Juni 1991 die Erteilung einer endgültigen amtlichen Anerkennung beantragt wird und, im Falle rechtzeitiger Antragstellung, mit Eintritt der Unanfechtbarkeit der Entscheidung über den Antrag.

§ 12
(weggefallen)

§ 13
Inkrafttreten

Diese Verordnung tritt am 1. Januar 1988 in Kraft. Gleichzeitig tritt § 3 der Verordnung über Nachweispflichten für Arzneimittel, die zur Anwendung bei Tieren bestimmt sind, vom 2. Januar 1978 (BGBl. I S. 26), zuletzt geändert durch Artikel 2 der Verordnung vom 3. Mai 1985 (BGBl. I S. 746), außer Kraft.

Arzneimittel- und Wirkstoffherstellungsverordnung (AMWHV)

Verordnung über die Anwendung der Guten Herstellungspraxis bei der Herstellung von Arzneimitteln und Wirkstoffen und über die Anwendung der Guten fachlichen Praxis bei der Herstellung von Produkten menschlicher Herkunft (Arzneimittel- und Wirkstoffherstellungsverordnung – AMWHV[1])

(BGBl. I S. 2523)[2]

zuletzt geändert durch Artikel 3 der Verordnung vom 11. Februar 2013 (BGBl. I S. 188)

---

[1] Diese Verordnung dient zur Umsetzung der
- Richtlinie 91/412/EWG der Kommission vom 23. Juli 1991 zur Festlegung der Grundsätze und Leitlinien der Guten Herstellungspraxis für Tierarzneimittel (ABl. EG Nr. L 228 S. 70),
- Richtlinie 2001/20/EG des Europäischen Parlaments und des Rates vom 4. April 2001 zur Angleichung der Rechts- und Verwaltungsvorschriften der Mitgliedstaaten über die Anwendung der guten klinischen Praxis bei der Durchführung von klinischen Prüfungen mit Humanarzneimitteln (ABl. EG Nr. L 121 S. 34),
- Richtlinie 2001/82/EG des Europäischen Parlaments und des Rates vom 6. November 2001 zur Schaffung eines Gemeinschaftskodexes für Tierarzneimittel (ABl. EG Nr. L 311 S. 1), geändert durch die Richtlinie 2004/28/EG des Europäischen Parlaments und des Rates vom 31. März 2004 (ABl. EU Nr. L 136 S. 58),
- Richtlinie 2001/83/EG des Europäischen Parlaments und des Rates vom 6. November 2001 zur Schaffung eines Gemeinschaftskodexes für Humanarzneimittel (ABl. EG Nr. L 311 S. 67), zuletzt geändert durch die Richtlinie 2004/27/EG des Europäischen Parlaments und des Rates vom 31. März 2004 (ABl. EU Nr. L 136 S. 34),
- Richtlinie 2003/94/EG der Kommission vom 8. Oktober 2003 zur Festlegung der Grundsätze und Leitlinien der Guten Herstellungspraxis für Humanarzneimittel und für zur Anwendung beim Menschen bestimmte Prüfpräparate (ABl. EU Nr. L 262 S. 22),
- Richtlinie 2004/33/EG der Kommission vom 22. März 2004 zur Durchführung der Richtlinie 2002/98/EG des Europäischen Parlaments und des Rates hinsichtlich bestimmter technischer Anforderungen für Blut und Blutbestandteile (ABl. EU Nr. L 91 S. 25),
- Richtlinie 2004/23/EG des Europäischen Parlaments und des Rates vom 31. März 2004 zur Festlegung von Qualitäts- und Sicherheitsstandards für die Spende, Beschaffung, Testung, Verarbeitung, Konservierung, Lagerung und Verteilung von menschlichen Geweben und Zellen (ABl. EU Nr. L 102 S. 48),
- Richtlinie 2005/61/EG der Kommission vom 30. September 2005 zur Durchführung der Richtlinie 2002/98/EG des Europäischen Parlaments und des Rates in Bezug auf die Anforderungen an die Rückverfolgbarkeit und die Meldung ernster Zwischenfälle und ernster unerwünschter Reaktionen (ABl. EU Nr. L 256 S. 32),
- Richtlinie 2005/62/EG der Kommission vom 30. September 2005 zur Durchführung der Richtlinie 2002/98/EG des Europäischen Parlaments und des Rates in Bezug auf gemeinschaftliche Standards und Spezifikationen für ein Qualitätssystem für Blutspendeeinrichtungen (ABl. EU Nr. L 256 S. 41),
- Richtlinie 90/167/EWG des Rates vom 28. März 1990 zur Festlegung der Bedingungen für die Herstellung, das Inverkehrbringen und die Verwendung von Fütterungsarzneimitteln in der Gemeinschaft (ABl. EG Nr. L 92 S. 42).

[2] Anmerkung des Herausgebers: Artikel 1 der Verordnung zur Ablösung der Betriebsverordnung für pharmazeutische Unternehmer vom 3. November 2006 (BGBl. I S. 2423), in Kraft getreten am 10. November 2006.

Inhaltsübersicht

Seite

Abschnitt 1
Anwendungsbereich und Begriffsbestimmungen

§ 1	Anwendungsbereich	334
§ 2	Begriffsbestimmungen	335

Abschnitt 2
Allgemeine Anforderungen

§ 3	Qualitätsmanagementsystem, Gute Herstellungspraxis und gute fachliche Praxis	338
§ 4	Personal	338
§ 5	Betriebsräume und Ausrüstungen	339
§ 6	Hygienemaßnahmen	340
§ 7	Lagerung und Transport	340
§ 8	Tierhaltung	341
§ 9	Tätigkeiten im Auftrag	342
§ 10	Allgemeine Dokumentation	342
§ 11	Selbstinspektionen und Lieferantenqualifizierung	343

Abschnitt 3
Arzneimittel, Blutprodukte und andere Blutbestandteile sowie Produkte menschlicher Herkunft

§ 12	Personal in leitender und in verantwortlicher Stellung	344
§ 13	Herstellung	345
§ 14	Prüfung	346
§ 15	Kennzeichnung	347
§ 16	Freigabe zum Inverkehrbringen	349
§ 17	Inverkehrbringen und Einfuhr	350
§ 18	Rückstellmuster	352
§ 19	Beanstandungen und Rückruf	353
§ 20	Aufbewahrung der Dokumentation	354

Abschnitt 4
Wirkstoffe nicht menschlicher Herkunft

§ 21	Organisationsstruktur	355
§ 22	Herstellung	356
§ 23	Prüfung	357
§ 24	Kennzeichnung	358
§ 25	Freigabe zum Inverkehrbringen	359
§ 26	Inverkehrbringen und Einfuhr	360
§ 27	Rückstellmuster	360
§ 28	Beanstandungen und Rückruf	360
§ 29	Aufbewahrung der Dokumentation	361

Arzneimittel- und Wirkstoffherstellungsverordnung (AMWHV)

Seite

Abschnitt 5
Sondervorschriften

§ 30	Ergänzende Regelungen für Fütterungsarzneimittel	362
§ 31	Ergänzende Regelungen für Blutspendeeinrichtungen	363

Abschnitt 5a
Sondervorschriften für Entnahme- und Gewebeeinrichtungen sowie für Gewebespenderlabore

§ 32	Ergänzende allgemeine Anforderungen	368
§ 33	Feststellung der Spendereignung und für die Gewinnung erforderliche Laboruntersuchungen	370
§ 34	Gewinnung von Gewebe durch die Entnahmeeinrichtung	371
§ 35	Transport zur Be- oder Verarbeitung und Entgegennahme in der Gewebeeinrichtung	374
§ 36	Be- oder Verarbeitung und Lagerung durch die Gewebeeinrichtung	375
§ 37	Prüfung von Gewebe und Gewebezubereitungen	377
§ 38	Freigabe durch die Gewebeeinrichtung	378
§ 39	Inverkehrbringen, Einfuhr und Transport durch die Gewebeeinrichtung	378
§ 40	Meldung schwerwiegender unerwünschter Reaktionen und schwerwiegender Zwischenfälle und Rückruf	379
§ 41	Aufbewahrung der Dokumentation	381

Abschnitt 6
Ordnungswidrigkeiten

§ 42	Ordnungswidrigkeiten	382

Abschnitt 7
Schlussvorschriften

§ 43	Übergangsregelung	382

Arzneimittel- und Wirkstoffherstellungsverordnung (AMWHV)

Abschnitt 1
Anwendungsbereich und Begriffsbestimmungen

§ 1
Anwendungsbereich

(1) Diese Verordnung findet Anwendung auf Betriebe und Einrichtungen, die

1. Arzneimittel,

2. Wirkstoffe, die zur Herstellung von Arzneimitteln bestimmt sind und die menschlicher oder tierischer oder mikrobieller Herkunft sind oder die auf gentechnischem Wege hergestellt werden,

2a. Gewebe im Sinne von § 1a Nr. 4 des Transplantationsgesetzes in der Fassung der Bekanntmachung vom 4. September 2007 (BGBl. I S. 2206),

3. zur Arzneimittelherstellung bestimmte Stoffe menschlicher Herkunft,

4. andere als die in Nummer 2 genannten Wirkstoffe, die zur Herstellung von Arzneimitteln bestimmt sind, oder

5. andere als die in Nummer 3 genannten und zur Herstellung von Arzneimitteln zur Anwendung bei Menschen bestimmte Stoffe, soweit sie die nach den Regelungen einer angemessenen guten Herstellungspraxis entsprechend den Leitlinien der Europäischen Kommission nach Artikel 47 Absatz 5 der Richtlinie 2001/83/EG des Europäischen Parlaments und des Rates vom 6. November 2001 zur Schaffung eines Gemeinschaftskodexes für Humanarzneimittel (ABl. L 311 vom 28.11.2001, S. 67), die zuletzt durch die Richtlinie 2011/62/EU (ABl. L 174 vom 1.7.2011, S. 74) geändert worden ist, herzustellen sind (Hilfsstoffe),

gewerbsmäßig herstellen, prüfen, lagern, in den Verkehr bringen, in den oder aus dem Geltungsbereich des Arzneimittelgesetzes verbringen, einführen oder ausführen. Sie findet auch Anwendung auf Personen, die diese Tätigkeiten berufsmäßig ausüben.

(1a) Auf Entnahme- und Gewebeeinrichtungen sowie Gewebespenderlabore findet Abschnitt 3 dieser Verordnung keine Anwendung.

(2) Die Verordnung ist auch anzuwenden auf

1. Apotheken, den Einzelhandel mit Arzneimitteln außerhalb von Apotheken, Personen, die Ärzte sind oder sonst zur Ausübung der Heilkunde bei Menschen befugt sind, Zahnärzte, Tierärzte, tierärztliche Hausapotheken und Arzneimittelgroßhandelsbetriebe, soweit sie einer Erlaubnis nach § 13 oder § 72 Abs. 1 des Arzneimittelgesetzes bedürfen, und

2. pharmazeutische Unternehmer nach § 4 Abs. 18 des Arzneimittelgesetzes,

3. Betriebe und Einrichtungen oder Personen, die mit Wirkstoffen zur Herstellung von Arzneimitteln, die zur Anwendung beim Menschen bestimmt sind, handeln.

Arzneimittel- und Wirkstoffherstellungsverordnung (AMWHV)

(3) Die Anforderungen dieser Verordnung gelten nicht für

1. Stoffe gemäß Homöopathischem Arzneibuch, die zur Herstellung von Homöopathischen Zubereitungen als Ausgangsstoffe eingesetzt werden,
2. Wirkstoffe, die Stoffe im Sinne des § 3 Nummer 1, 2 oder 3 des Arzneimittelgesetzes sind oder enthalten, soweit sie nicht den Anforderungen des EG-GMP-Leitfadens unterliegen,
3. bis 5. (weggefallen)
6. Wirkstoffe für Ektoparasitika zur Anwendung an Tieren sowie
7. Wirkstoffe für Arzneimittel, die ausschließlich zur Anwendung bei Heimtieren nach § 60 des Arzneimittelgesetzes bestimmt sind und für den Verkehr außerhalb der Apotheken zugelassen sind.

Im Falle des Satzes 1 ist durch die Einhaltung vergleichbarer Standards und Verfahren sicherzustellen, dass die Qualität der Herstellung und Prüfung gleichwertig zu den in den Abschnitten 2 bis 4 festgelegten Anforderungen ist.

(4) Die Verordnung findet keine Anwendung auf Betriebe und Einrichtungen, die einer Erlaubnis nach § 72 Abs. 2 des Arzneimittelgesetzes bedürfen. Die Verordnung gilt nicht für Personen und Einrichtungen, die Arzneimittel sammeln.

(5) Diese Verordnung findet keine Anwendung auf Wirkstoffe, Hilfsstoffe und Zwischenprodukte, die ausschließlich zum Zwecke des Verbringens in Länder, die nicht Mitgliedstaaten der Europäischen Union oder andere Vertragsstaaten des Abkommens über den Europäischen Wirtschaftsraum sind, bestimmt sind und unter zollamtlicher Überwachung und ohne Herstellungsschritte im Sinne des Artikels 46a Abs. 1 der Richtlinie 2001/83/EG oder des Artikels 50a Abs. 1 der Richtlinie 2001/82/EG des Europäischen Parlaments und des Rates vom 6. November 2001 zur Schaffung eines Gemeinschaftskodexes für Tierarzneimittel (ABl. EG Nr. L 311 S. 1), geändert durch die Richtlinie 2004/28/EG des Europäischen Parlaments und des Rates vom 31. März 2004 (ABl. EU Nr. L 136 S. 58), durch den Geltungsbereich der Verordnung befördert werden oder in ein Zolllagerverfahren oder eine Freizone des Kontrolltyps I oder II übergeführt werden (Transit).

§ 2
Begriffsbestimmungen

Im Sinne dieser Verordnung

1. sind Produkte menschlicher Herkunft für die Arzneimittelherstellung bestimmte Wirkstoffe im Sinne von § 4 Abs. 19 des Arzneimittelgesetzes, die menschlicher Herkunft sind, oder Stoffe im Sinne von § 3 Nr. 3 des Arzneimittelgesetzes, die menschlicher Herkunft sind, in bearbeitetem oder unbearbeitetem Zustand, ausgenommen Blutprodukte im Sinne von

Arzneimittel- und Wirkstoffherstellungsverordnung (AMWHV)

§ 2 Nr. 3 des Transfusionsgesetzes in der Fassung der Bekanntmachung vom 28. August 2007 (BGBl. I S. 2169) und andere Blutbestandteile,

2. ist Hilfsstoff jeder Bestandteil eines Arzneimittels, mit Ausnahme des Wirkstoffs oder des Verpackungsmaterials,

3. ist der EG-GMP Leitfaden (BAnz. S. 6887) der Leitfaden für die Gute Herstellungspraxis für Arzneimittel und Prüfpräparate einschließlich seiner Anhänge, mit dem die Europäische Kommission die ausführlichen Leitlinien nach Artikel 47 der Richtlinie 2001/83/EG und nach Artikel 51 der Richtlinie 2001/82/EG veröffentlicht hat und der zur Auslegung der Grundsätze und Leitlinien der Guten Herstellungspraxis gemäß Artikel 3 Abs. 2 der Richtlinie 2003/94/EG der Kommission vom 8. Oktober 2003 zur Festlegung der Grundsätze und Leitlinien der Guten Herstellungspraxis für Humanarzneimittel und für zur Anwendung beim Menschen bestimmte Prüfpräparate (ABl. EU Nr. L 262 S. 22) und gemäß Artikel 3 der Richtlinie 91/412/EWG der Kommission vom 23. Juli 1991 zur Festlegung der Grundsätze und Leitlinien der Guten Herstellungspraxis für Tierarzneimittel (ABl. EG Nr. L 228 S. 70) dient; das Bundesministerium für Gesundheit macht die jeweils aktuelle Fassung des Leitfadens in deutscher Sprache im Bundesanzeiger bekannt,

4. ist Qualitätsmanagementsystem (QM-System) ein System, das die Qualitätssicherung, die Gute Herstellungspraxis oder die Gute fachliche Praxis einschließlich der Qualitätskontrolle und der periodischen Produktqualitätsüberprüfungen beinhaltet,

5. sind Spezifikationen Festlegungen und Anforderungen, denen Ausgangsstoffe oder Zwischenprodukte für die Arzneimittel- oder Wirkstoffherstellung, Wirkstoffe, Arzneimittel oder Gewebe entsprechen müssen; sie dienen als Grundlage der Qualitätsbewertung,

6. sind Inprozesskontrollen während der Herstellung vorgenommene Überprüfungen zur Überwachung und erforderlichenfalls Anpassung des Prozesses und zur Sicherstellung, dass das Produkt seiner Spezifikation entspricht,

7. sind Prüfpräparate Arzneimittel im Sinne von § 3 Abs. 3 der GCP-Verordnung vom 9. August 2004 (BGBl. I S. 2081), die durch die Verordnung vom 15. März 2006 (BGBl. I S. 542) geändert wurde,

8. ist Leitung der Herstellung oder Leitung der Qualitätskontrolle der Leiter oder die Leiterin der Herstellung oder der Qualitätskontrolle im Sinne von § 14 Abs. 1 Nr. 2 des Arzneimittelgesetzes,

9. ist Blutspendeeinrichtung eine Einrichtung im Sinne von § 2 Nr. 2 des Transfusionsgesetzes, die Blut oder Blutbestandteile entnimmt, testet, verarbeitet, kennzeichnet, verpackt, freigibt, lagert, im Sinne von § 4 Abs. 17 des Arzneimittelgesetzes in den Verkehr bringt, einführt, ausführt

Arzneimittel- und Wirkstoffherstellungsverordnung (AMWHV)

oder in den oder aus dem Geltungsbereich des Arzneimittelgesetzes verbringt,

10. ist Gewebeeinrichtung eine Einrichtung, die die in § 20c Abs. 1 oder § 72b Abs. 1 des Arzneimittelgesetzes aufgeführten Tätigkeiten ausübt oder die Gewebe oder Gewebezubereitungen aus Mitgliedstaaten der Europäischen Union oder anderer Vertragsstaaten des Abkommens über den Europäischen Wirtschaftsraum in den oder aus dem Geltungsbereich des Arzneimittelgesetzes verbringt oder ausführt; sofern die Gewebeeinrichtung auch Gewebe gewinnt, ist sie auch eine Entnahmeeinrichtung im Sinne von Nummer 11; sofern die Gewebeeinrichtung auch die für die Gewinnung erforderlichen Laboruntersuchungen durchführt, ist sie auch ein Gewebespenderlabor im Sinne von Nummer 13,

11. ist Entnahmeeinrichtung eine Einrichtung, die zur Verwendung bei Menschen bestimmte Gewebe im Sinne von § 1a Nr. 4 des Transplantationsgesetzes gewinnt, einschließlich aller Maßnahmen, die dazu bestimmt sind, das Gewebe in einem be- oder verarbeitungsfähigen Zustand zu erhalten, eindeutig zu identifizieren und zu transportieren,

12. ist spendende Person eine Person, der eine Spende im Sinne von § 2 Nr. 1 des Transfusionsgesetzes oder der eine Gewebespende entnommen wird.

13. ist Gewebespenderlabor ein Labor, das die für die Gewebegewinnung erforderlichen Laboruntersuchungen durchführt,

14. sind Arbeitsplatzbeschreibungen schriftliche Festlegungen über die spezifischen Aufgaben, Zuständigkeiten und Verantwortlichkeiten, die den einzelnen Mitarbeitern oder Mitarbeiterinnen eines Betriebs oder einer Einrichtung von ihren jeweiligen Leitungen zugewiesen wurden,

15. ist Standardarbeitsanweisung (SOP) eine schriftliche Anweisung zur Beschreibung der einzelnen Schritte wiederkehrender Arbeitsgänge (Standardarbeitsverfahren), einschließlich der zu verwendenden Materialien und Methoden,

16. ist Validierung das Erbringen eines dokumentierten Nachweises, der mit hoher Sicherheit belegt, dass durch einen spezifischen Prozess oder ein Standardarbeitsverfahren ein Produkt hergestellt wird, das den vorher festgelegten Spezifikationen und Qualitätsmerkmalen entspricht,

17. ist Qualifizierung das Erbringen eines dokumentierten Nachweises, der mit hoher Sicherheit belegt, dass ein spezifischer Ausrüstungsgegenstand oder eine spezifische Umgebungsbedingung für die Herstellung eines Produktes, das den vorher festgelegten Spezifikationen und Qualitätsmerkmalen entspricht, geeignet ist,

18. sind kritische Herstellungs- oder Prüfverfahren Verfahren, die einen signifikanten Einfluss auf die Qualität oder Sicherheit der Produkte haben

Arzneimittel- und Wirkstoffherstellungsverordnung (AMWHV)

können, und kritische Zusatzstoffe Materialien, die einen solchen Einfluss haben können,

19. sind kritische Ausrüstungsgegenstände oder Geräte solche, die mit den Produkten in Berührung kommen oder einen anderen Einfluss auf die Qualität oder Sicherheit der Produkte haben können.

Abschnitt 2
Allgemeine Anforderungen

§ 3
Qualitätsmanagementsystem, gute Herstellungspraxis und gute fachliche Praxis

(1) Die Betriebe und Einrichtungen müssen ein funktionierendes Qualitätsmanagementsystem (QM-System) entsprechend Art und Umfang der durchgeführten Tätigkeiten betreiben. Das QM-System muss in den Fällen nach Absatz 2 die Gute Herstellungspraxis und in den Fällen nach Absatz 3 die gute fachliche Praxis beinhalten und die aktive Beteiligung der Leitung der Betriebe und Einrichtungen und des Personals der einzelnen betroffenen Bereiche vorsehen. Alle Bereiche, die mit der Erstellung, Pflege und Durchführung des QM-Systems befasst sind, sind angemessen mit kompetentem Personal sowie mit geeigneten und ausreichenden Räumlichkeiten und Ausrüstungen auszustatten. Das QM-System muss vollständig dokumentiert sein und auf seine Funktionstüchtigkeit kontrolliert werden.

(2) Zur Auslegung der Grundsätze der Guten Herstellungspraxis gilt für Arzneimittel, Blutprodukte im Sinne von § 2 Nr. 3 des Transfusionsgesetzes und andere Blutbestandteile sowie für Produkte menschlicher Herkunft der Teil I des EG-GMP Leitfadens. Zur Auslegung der Grundsätze der Guten Herstellungspraxis und der Guten Vertriebspraxis gilt für Wirkstoffe der Teil II des EG-GMP-Leitfadens. Zur Auslegung der Grundsätze und zur Risikobewertung einer angemessenen guten Herstellungspraxis für Hilfsstoffe sind die hierzu von der Europäischen Kommission nach Artikel 47 Absatz 5 der Richtlinie 2001/83/EG erlassenen Leitlinien zu beachten. Das Bundesministerium für Gesundheit macht die jeweils aktuelle Fassung der Leitlinien im Bundesanzeiger bekannt.

(3) Absatz 2 findet keine Anwendung auf Entnahme- und Gewebeeinrichtungen sowie Gewebespenderlabore, die ihre Tätigkeiten nach den Standards der guten fachlichen Praxis ausüben.

§ 4
Personal

(1) Die Betriebe und Einrichtungen müssen über sachkundiges und angemessen qualifiziertes Personal in ausreichender Zahl verfügen. Das Personal darf

nur entsprechend seiner Ausbildung und seinen Kenntnissen eingesetzt werden und ist über die bei den jeweiligen Tätigkeiten gebotene Sorgfalt nachweislich zu Anfang und danach fortlaufend zu unterweisen. Die Unterweisung muss sich insbesondere auf die Theorie und Anwendung des Qualitätssicherungskonzepts und der Guten Herstellungspraxis oder in den Fällen des § 3 Abs. 3 der Guten fachlichen Praxis sowie auf Besonderheiten der Produktgruppe erstrecken, die hergestellt, geprüft oder gelagert wird. Der Erfolg der Unterweisung ist zu prüfen.

(2) Die Aufgaben der Mitarbeiter in leitender oder verantwortlicher Stellung, die für die Einhaltung der Guten Herstellungspraxis in den Fällen des § 3 Abs. 2 oder in den Fällen des § 3 Abs. 3 der Guten fachlichen Praxis zuständig sind, müssen in Arbeitsplatzbeschreibungen festgelegt werden. Zwischen den Verantwortungsbereichen des Personals dürfen keine Lücken oder unbegründete Überlappungen bestehen. Die hierarchischen Beziehungen sind in einem Organisationsschema zu beschreiben. Organisationsschemata und Arbeitsplatzbeschreibungen sind nach betriebsinternen Verfahren zu genehmigen. Den in Satz 1 genannten Mitarbeitern sind ausreichende Befugnisse einzuräumen, damit sie ihrer Verantwortung nachkommen können.

§ 5
Betriebsräume und Ausrüstungen

(1) Die Betriebsräume müssen nach Art, Größe, Zahl und Ausrüstung für die beabsichtigten Zwecke geeignet sein und so ausgestaltet und genutzt werden, dass das Risiko von Fehlern auf das kleinstmögliche Maß eingeschränkt und jeder die Qualität des Produkts beeinträchtigende Effekt vermieden wird. Die Betriebsräume sollen so angeordnet sein, dass die Produktion in logisch aufeinander folgenden Schritten erfolgen kann, entsprechend der Reihenfolge der Arbeitsgänge und, soweit für die Produktqualität erforderlich, der Reinheitsklassen der Räume.

(2) Soweit die Betriebsräume und ihre Ausrüstungen für Herstellungsvorgänge bei Produkten der Abschnitte 3 und 5 verwendet werden, die für die Produktqualität von entscheidender Bedeutung sind, müssen sie auf ihre Eignung überprüft werden (Qualifizierung).

(3) Die Betriebsräume müssen sich in einem ordnungsgemäßen baulichen Zustand befinden. Sie müssen ausreichend beleuchtet sein und geeignete klimatische Verhältnisse aufweisen. Die Betriebsräume sind durch geeignete Maßnahmen vor dem Zutritt Unbefugter zu schützen.

(4) Die Betriebsräume und ihre Ausrüstungen müssen gründlich zu reinigen sein und instand gehalten werden, um Verunreinigungen und Kreuzkontaminationen sowie jeden die Qualität des Produkts beeinträchtigenden Effekt zu vermeiden. Vor jedem Verarbeitungsvorgang ist sicherzustellen, dass der Arbeitsbereich und die Ausrüstung sauber und frei von allen für die geplanten

Arbeitsgänge nicht benötigten Ausgangsstoffen, Produkten, Produktrückständen, Unterlagen und sonstigen Materialien sind.

§ 6
Hygienemaßnahmen

(1) Betriebsräume und ihre Ausrüstungen müssen regelmäßig gereinigt und, soweit erforderlich, desinfiziert oder sterilisiert werden. Es soll nach einem schriftlichen Hygieneplan verfahren werden, in dem insbesondere

1. die Häufigkeit der Maßnahmen,

2. die durchzuführenden Reinigungs-, Desinfektions- oder Sterilisationsverfahren und die zu verwendenden Geräte und Hilfsmittel,

3. sofern zutreffend, die Art und Weise der Probenahme für die Überprüfung der Effektivität der Maßnahmen und

4. die mit der Aufsicht betrauten Personen

festgelegt sind. Die Wirksamkeit von Reinigungs- und Sterilisationsverfahren ist zu validieren, soweit es das Herstellungsverfahren oder das Produkt erfordert.

(2) Unbeschadet des Hygieneplans nach Absatz 1 müssen schriftliche Hygieneprogramme vorhanden sein, die den durchzuführenden Tätigkeiten angepasst sind. Sie sollen insbesondere Vorschriften zur Gesundheit, über hygienisches Verhalten und zur Schutzkleidung des Personals enthalten.

(3) Soweit zur Herstellung und Prüfung von Produkten, auf die sich diese Verordnung bezieht, Tiere verwendet werden, müssen bei ihrer Haltung die hygienischen Erfordernisse beachtet werden.

§ 7
Lagerung und Transport

(1) Ausgangsstoffe, Zwischen- und Endprodukte sowie Rückstellmuster sind so zu lagern, dass ihre Qualität nicht nachteilig beeinflusst wird und Verwechslungen vermieden werden. Kritische Parameter der Lagerung und des Transports müssen kontrolliert und aufgezeichnet werden, um die Übereinstimmung mit den Anforderungen zu bestätigen. Satz 1 gilt entsprechend für Behältnisse, äußere Umhüllungen, Kennzeichnungsmaterial und, soweit verwendet, auch für Packungsbeilagen. Besondere Vorsichtsmaßnahmen sind bei bedruckten Verpackungs- und Kennzeichnungsmaterialien einzuhalten.

(2) Die Vorratsbehältnisse und die innerbetrieblichen Transportbehältnisse müssen so beschaffen sein, dass die Qualität des Inhalts nicht beeinträchtigt wird. Sie müssen mit deutlichen Aufschriften versehen sein, die den Inhalt eindeutig bezeichnen. Soweit Bezeichnungen durch Rechtsverordnung nach § 10 Abs. 6 Nr. 1 des Arzneimittelgesetzes vorgeschrieben sind, sind diese zu verwenden. Der Inhalt ist durch zusätzliche Angaben zu kennzeichnen,

Arzneimittel- und Wirkstoffherstellungsverordnung (AMWHV)

soweit dies zur Vermeidung von Verwechslungen erforderlich ist. Die Zugriffsberechtigung zu den Behältnissen nach Satz 1 ist durch entsprechende Maßnahmen auf dafür befugte Personen einzuschränken.

(3) Absatz 2 findet entsprechende Anwendung auf Behältnisse für die Auslieferung der Zwischen- oder Endprodukte. Sofern Produkte für die Weiterverarbeitung durch andere Betriebe außerhalb der Kontrolle des Herstellers versandt werden, sollen ihre Behältnisse so verschlossen sein, dass ein zwischenzeitig erfolgtes Öffnen festgestellt werden kann.

(4) Die für die Lagerung verantwortliche Person hat sich in regelmäßigen Abständen davon zu überzeugen, dass die Produkte und Materialien ordnungsgemäß gelagert werden.

(5) Die Verfahren für die Lagerung und den Transport sind schriftlich festzulegen. Soweit sie einen Einfluss auf die Qualität der Ausgangsstoffe und Zwischenprodukte für die Arzneimittelherstellung oder für die Arzneimittel haben können, ist die Geeignetheit der Verfahren nachzuweisen.

(6) Während des Transports bis zur Übergabe in den Verantwortungsbereich des Empfängers ist dafür Sorge zu tragen, dass kein Unbefugter Zugriff hat und die Qualität der Produkte nicht beeinträchtigt wird.

§ 8
Tierhaltung

(1) Der Gesundheitszustand von Tieren, die für die Herstellung oder Prüfung von Arzneimitteln oder Wirkstoffen gehalten werden, ist von einem Tierarzt fortlaufend zu kontrollieren.

(2) Soweit vor der Verwendung der Tiere eine Quarantäne erforderlich ist, sind sie in einem Quarantänestall unterzubringen und von einem Tierarzt zu überwachen. Die Quarantänezeit beträgt für Kleintiere mindestens zwei Wochen, für Rinder, Schweine, Schafe und Ziegen mindestens drei Wochen, für Einhufer sowie für andere Großtiere mindestens vier und für Affen mindestens sechs Wochen. Der Quarantänestall muss von den übrigen Ställen getrennt sein. Die mit der Pflege und Wartung der im Quarantänestall untergebrachten Tiere beauftragten Personen dürfen nicht ohne ausreichende Maßnahmen, insbesondere zur Verhinderung einer Übertragung möglicher Infektionen, in anderen Bereichen beschäftigt werden.

(3) Bei der Herstellung und Prüfung von Produkten, auf die diese Verordnung Anwendung findet, dürfen nur Tiere verwendet werden, die nach dem Ergebnis der tierärztlichen Untersuchung keine Anzeichen von übertragbaren Krankheiten aufweisen und nicht an Krankheiten leiden, die die Herstellung oder Prüfung nachteilig beeinflussen können.

(4) Betriebe und Einrichtungen, die Tiere gemäß Absatz 1 halten, haben über die Tiere nach Tierarten getrennte Aufzeichnungen zu führen, die mindestens Angaben enthalten über

Arzneimittel- und Wirkstoffherstellungsverordnung (AMWHV)

1. Herkunft und Datum des Erwerbs,
2. Rasse oder Stamm,
3. Anzahl,
4. Kennzeichnung,
5. Beginn und Ende der Quarantänezeit,
6. Ergebnis der tierärztlichen Untersuchungen,
7. Art, Datum und Dauer der Verwendung und
8. Verbleib der Tiere nach der Verwendung.

(5) Räume, in denen Tiere gehalten werden, müssen von anderen Bereichen abgetrennt sein und über einen eigenen Eingang sowie über eigene Belüftungsanlagen verfügen.

§ 9
Tätigkeiten im Auftrag

(1) Für jede Tätigkeit im Auftrag, insbesondere die Herstellung, Prüfung und das Inverkehrbringen oder jeden damit verbundenen Vorgang, der im Auftrag ausgeführt wird, muss ein schriftlicher Vertrag zwischen Auftraggeber und Auftragnehmer bestehen. In dem Vertrag müssen die Verantwortlichkeiten jeder Seite klar festgelegt und insbesondere die Einhaltung der Guten Herstellungspraxis in den Fällen des § 3 Abs. 2 oder der Guten fachlichen Praxis in den Fällen des § 3 Abs. 3 geregelt sein.

(2) Der Auftraggeber hat sich zu vergewissern, dass der Auftragnehmer die Tätigkeit entsprechend der vorgegebenen Anweisungen durchführt und über eine Erlaubnis verfügt, soweit diese nach den §§ 13 und 72 des Arzneimittelgesetzes erforderlich ist.

(3) Der Auftragnehmer darf keine ihm vom Auftraggeber vertraglich übertragene Arbeit ohne dessen schriftliche Genehmigung an Dritte weiter vergeben. Er muss im Falle einer Auftragsherstellung oder Auftragsprüfung die Grundsätze und Leitlinien der Guten Herstellungspraxis oder der Guten fachlichen Praxis und insbesondere die vorgegebenen Herstellungs- und Prüfanweisungen einhalten.

§ 10
Allgemeine Dokumentation

(1) Betriebe und Einrichtungen müssen ein Dokumentationssystem entsprechend der jeweils durchgeführten Tätigkeiten unterhalten. Die Gesamtheit der Unterlagen muss die Rückverfolgung des Werdegangs und des Inverkehrbringens jeder Charge sowie der im Verlauf der Entwicklung eines Prüfpräparats vorgenommenen Änderungen ermöglichen. Die Unterlagen müssen klar und deutlich, fehlerfrei und auf dem neuesten Stand sein. Der ursprüngliche Inhalt

Arzneimittel- und Wirkstoffherstellungsverordnung (AMWHV)

einer Eintragung darf nicht unleserlich gemacht werden. Es dürfen keine Veränderungen vorgenommen werden, die nicht erkennen lassen, ob sie bei der ursprünglichen Eintragung oder erst später gemacht worden sind. Die Unterlagen dürfen nur dafür autorisierten Personen zugänglich sein.

(2) Werden die Aufzeichnungen mit elektronischen, fotographischen oder anderen Datenverarbeitungssystemen gemacht, ist das System ausreichend zu validieren. Es muss mindestens sichergestellt sein, dass die Daten während der Dauer der Aufbewahrungsfrist verfügbar sind und innerhalb einer angemessenen Frist lesbar gemacht werden können. Die gespeicherten Daten müssen gegen Verlust und Beschädigung geschützt werden. Wird ein System zur automatischen Datenverarbeitung oder -übertragung eingesetzt, so genügt statt der eigenhändigen Unterschrift der jeweils verantwortlichen Personen deren Namenswiedergabe, wenn in geeigneter Weise sichergestellt ist, dass nur befugte Personen die Bestätigung über die ordnungsgemäße Ausführung der jeweiligen Tätigkeiten vornehmen können.

(3) Die Aufzeichnungen über das Inverkehrbringen sind so zu ordnen, dass sie den unverzüglichen Rückruf des jeweiligen Produkts ermöglichen.

§ 11
Selbstinspektionen und Lieferantenqualifizierung

(1) Um die Beachtung der Vorschriften dieser Verordnung sicherzustellen, müssen regelmäßig Selbstinspektionen nach einem im Voraus festgelegten Programm durchgeführt werden. Über die Selbstinspektionen und die anschließend ergriffenen Korrekturmaßnahmen müssen Aufzeichnungen geführt und aufbewahrt werden.

(2) Die Qualifizierung von Lieferanten für Ausgangsstoffe und primäre und sekundäre Verpackungsmaterialien, die zur Arzneimittelherstellung eingesetzt werden, ist im Rahmen des QM-Systems des verarbeitenden Betriebs nach schriftlich festgelegtem Verfahren durchzuführen.

(3) Das Verfahren nach Absatz 2 muss, soweit es sich um Wirkstoffe zur Arzneimittelherstellung handelt, zur Feststellung der ordnungsgemäßen Herstellung

1. die Durchführung von Überprüfungen des Herstellers vor Ort (Audits) durch hierzu ausreichend geschultes Personal des Arzneimittelherstellers vorsehen; anstelle eigener Audits kann der Arzneimittelhersteller auf geeignete Kenntnisse Dritter zurückgreifen, sofern die Anforderungen für die Durchführung der Audits denen des eigenen QM-Systems entsprechen, und

2. die Überprüfungen beinhalten, dass der Hersteller des Wirkstoffs zur Herstellung von Arzneimitteln zur Anwendung bei Menschen, sofern dieser seinen Sitz in einem Land, das Mitgliedstaat der Europäischen Union oder anderer Vertragsstaat des Abkommens über den Europäischen Wirtschaftsraum ist, bei der zuständigen Behörde registriert ist.

Arzneimittel- und Wirkstoffherstellungsverordnung (AMWHV)

Satz 1 Nummer 1 und 2 gilt auch für Importeure und Vertreiber, soweit es sich um Wirkstoffe zur Herstellung von Arzneimitteln, die zur Anwendung am Menschen bestimmt sind, handelt.

(4) Zur Sicherstellung der Geeignetheit der Hilfsstoffe für die Herstellung von Arzneimitteln, die zur Anwendung beim Menschen bestimmt sind, muss das Verfahren nach Absatz 2 eine formalisierte Risikobewertung durch den Arzneimittelhersteller vorsehen. Die Risikobewertung muss insbesondere die Nachprüfung der Einhaltung der Regelungen einer angemessenen guten Herstellungspraxis bei der Herstellung der Hilfsstoffe, deren Herkunft und die beabsichtigte Verwendung sowie etwaige Kenntnisse über Vorkommnisse der Vergangenheit beinhalten.

(5) Die Spezifikationen der Arzneimittel und Wirkstoffe sollen die betriebsintern akzeptierten Hersteller und Lieferanten wiedergeben.

(6) Die Absätze 2, 3 Nummer 1 und Absatz 5 gelten für andere kritische Ausgangsmaterialien für die Wirkstoffherstellung entsprechend.

Abschnitt 3
Arzneimittel, Blutprodukte und andere Blutbestandteile sowie Produkte menschlicher Herkunft

§ 12
Personal in leitender und in verantwortlicher Stellung

(1) Der Verantwortungsbereich der sachkundigen Person ist nach Maßgabe von § 19 des Arzneimittelgesetzes schriftlich festzulegen. Die Aufgaben der Leitung der Herstellung und der Leitung der Qualitätskontrolle sind ebenfalls schriftlich festzulegen. Zu den Aufgaben der Leitung der Herstellung gehören insbesondere

1. Sicherstellung, dass die Produkte vorschriftsmäßig hergestellt und gelagert werden,

2. Genehmigung der Herstellungsanweisung nach § 13 Abs. 1 und Sicherstellung, dass diese eingehalten wird,

3. Kontrolle der Wartung, der Räumlichkeiten und der Ausrüstung für die Herstellung,

4. Sicherstellung, dass die notwendigen Validierungen der Herstellungsverfahren durchgeführt werden, und

5. Sicherstellung der erforderlichen anfänglichen und fortlaufenden Schulung des Personals, das im Bereich der Herstellung tätig ist.

Zu den Aufgaben der Leitung der Qualitätskontrolle gehören insbesondere

1. Billigung oder Zurückweisung von Ausgangsstoffen, Verpackungsmaterial und Zwischenprodukten,

Arzneimittel- und Wirkstoffherstellungsverordnung (AMWHV)

2. Genehmigung von Spezifikationen, Anweisungen zur Probenahme und von Prüfanweisungen nach § 14 Abs. 1 sowie Sicherstellung, dass diese eingehalten werden,

3. Sicherstellung, dass alle erforderlichen Prüfungen durchgeführt wurden,

4. Zustimmung zur Beauftragung sowie Überwachung der Analysenlabors, die im Auftrag tätig werden,

5. Kontrolle der Wartung, der Räumlichkeiten und der Ausrüstung für die Durchführung der Prüfungen,

6. Sicherstellung, dass die notwendigen Validierungen der Prüfverfahren durchgeführt werden, und

7. Sicherstellung der erforderlichen anfänglichen und fortlaufenden Schulung des Personals, das im Bereich der Prüfung tätig ist.

Die Leitung der Herstellung und die Leitung der Qualitätskontrolle muss voneinander unabhängig sein.

(2) Soweit Fertigarzneimittel in den Verkehr gebracht werden, sind zusätzlich die Verantwortungsbereiche von Stufenplanbeauftragten nach Maßgabe des § 63a des Arzneimittelgesetzes und von Informationsbeauftragten nach Maßgabe des § 74a des Arzneimittelgesetzes festzulegen.

(3) Wer Arzneimittel oder Produkte menschlicher Herkunft herstellt oder einführt, ohne einer Erlaubnis nach § 13 oder § 72 des Arzneimittelgesetzes zu bedürfen, hat Personen festzulegen, die für die Herstellung einschließlich der Freigabe, für die Lagerung und für die Qualitätskontrolle verantwortlich sind.

§ 13
Herstellung

(1) Die Herstellungsvorgänge sind mit Ausnahme der Freigabe unter Verantwortung der Leitung der Herstellung nach vorher erstellten schriftlichen Anweisungen und Verfahrensbeschreibungen (Herstellungsanweisung) durchzuführen. Sie müssen in Übereinstimmung mit der Guten Herstellungspraxis sowie den anerkannten pharmazeutischen Regeln erfolgen.

(2) Bei Arzneimitteln, die zugelassen oder registriert sind, muss die Herstellungsanweisung den Zulassungs- oder Registrierungsunterlagen, bei Prüfpräparaten den Genehmigungsunterlagen für die klinische Prüfung, in der sie zur Anwendung kommen, entsprechen. Bei Blutstammzellzubereitungen, die nach § 21a des Arzneimittelgesetzes genehmigt worden sind, muss die Herstellungsanweisung den Genehmigungsunterlagen entsprechen.

(3) Zur Herstellung von Arzneimitteln sind nur Wirkstoffe und Hilfsstoffe im Sinne von § 2 Nummer 2 als Ausgangsstoffe zu verwenden, die gemäß der Guten Herstellungspraxis hergestellt wurden. Satz 1 gilt für die Herstellung von Prüfpräparaten entsprechend, wobei die Anforderungen an den Wirkstoff dem jeweiligen Entwicklungsstadium des Prüfpräparates anzupassen sind. Es

Arzneimittel- und Wirkstoffherstellungsverordnung (AMWHV)

dürfen nur Ausgangsstoffe und Arzneimittel verwendet werden, deren Qualität festgestellt und entsprechend kenntlich gemacht worden ist.

(3a) Soweit Fertigarzneimittel, die ein Sicherheitsmerkmal im Sinne von § 10 Absatz 1c des Arzneimittelgesetzes tragen, von einem anderen Hersteller umverpackt werden sollen, hat sich der Hersteller vor der teilweisen oder vollständigen Entfernung oder Überdeckung der Sicherheitsmerkmale von der Echtheit des Arzneimittels zu überzeugen. Die Sicherheitsmerkmale dürfen nur durch solche ersetzt werden, die in gleichwertiger Weise die Prüfung auf Echtheit und Unversehrtheit der äußeren Umhüllung erlauben. Dabei darf die Primärverpackung nicht geöffnet werden.

(4) Durch räumliche oder zeitliche Trennung der einzelnen Herstellungsvorgänge oder durch andere geeignete technische oder organisatorische Maßnahmen ist Vorsorge zu treffen, dass Kreuzkontaminationen und Verwechslungen vermieden werden. Bei der Herstellung von Prüfpräparaten sind darüber hinaus besondere Vorsichtsmaßnahmen während und nach der Verblindung im Sinne von § 3 Abs. 10 der GCP-Verordnung einzuhalten.

(5) Die zur Herstellung angewandten Verfahren sind nach dem jeweiligen Stand von Wissenschaft und Technik zu validieren. Kritische Phasen eines Herstellungsverfahrens müssen regelmäßig revalidiert werden. Abweichend von Satz 1 ist bei Prüfpräparaten der Herstellungsprozess als Ganzes zu validieren, soweit dies angezeigt ist, wobei der Produktentwicklungsphase Rechnung zu tragen ist; kritische Prozessschritte sind stets zu validieren. Alle Schritte für die Auslegung und die Entwicklung des Herstellungsprozesses für das Prüfpräparat sind vollständig zu dokumentieren.

(6) Es müssen angemessene und ausreichende Mittel für die Durchführung der Inprozesskontrollen zur Verfügung stehen.

(7) Die Herstellung jeder Charge ist gemäß der Herstellungsanweisung nach Absatz 1 durchzuführen und vollständig zu protokollieren (Herstellungsprotokoll). Alle Abweichungen im Prozess und von der Festlegung der Spezifikation sind zu dokumentieren und gründlich zu untersuchen. Soweit das Produkt nicht in Chargen hergestellt wird, gilt Satz 1 entsprechend.

(8) Im Herstellungsprotokoll ist von der Leitung der Herstellung mit Datum und Unterschrift zu bestätigen, dass die Charge entsprechend der Herstellungsanweisung hergestellt wurde.

§ 14
Prüfung

(1) Ausgangsstoffe und Endprodukte sowie erforderlichenfalls auch Zwischenprodukte sind unter Verantwortung der Leitung der Qualitätskontrolle nach vorher erstellten schriftlichen Anweisungen und Verfahrensbeschreibungen (Prüfanweisung) zu prüfen. Die Prüfung muss in Übereinstimmung mit der Guten Herstellungspraxis sowie den anerkannten pharmazeutischen Regeln erfolgen.

Arzneimittel- und Wirkstoffherstellungsverordnung (AMWHV)

Die Sätze 1 und 2 gelten entsprechend für Behältnisse, äußere Umhüllungen, Verpackungs- und Kennzeichnungsmaterialien sowie Packungsbeilagen.

(2) Bei Arzneimitteln, die zugelassen oder registriert sind, muss die Prüfanweisung den Zulassungs- oder Registrierungsunterlagen, bei Prüfpräparaten den Genehmigungsunterlagen für die klinische Prüfung, in der sie zur Anwendung kommen, entsprechen. Bei Blutstammzellzubereitungen, die nach § 21a des Arzneimittelgesetzes genehmigt worden sind, muss die Prüfanweisung den Genehmigungsunterlagen entsprechen.

(3) Die zur Prüfung angewandten Verfahren sind nach dem jeweiligen Stand von Wissenschaft und Technik zu validieren. Kritische Prüfverfahren müssen regelmäßig dahingehend bewertet werden, ob sie noch valide sind und erforderlichenfalls revalidiert werden.

(4) Die Prüfung ist gemäß der Prüfanweisung nach Absatz 1 durchzuführen und vollständig zu protokollieren (Prüfprotokoll). Alle Abweichungen im Prozess und von der Festlegung in der Spezifikation sind zu dokumentieren und gründlich zu untersuchen. Die Leitung der Qualitätskontrolle hat im Prüfprotokoll mit Datum und Unterschrift zu bestätigen, dass die Prüfung entsprechend der Prüfanweisung durchgeführt worden ist und das Produkt die erforderliche Qualität besitzt.

(5) Wurde die erforderliche Qualität festgestellt, sind die Produkte entsprechend kenntlich zu machen; bei zeitlicher Begrenzung der Haltbarkeit ist das Enddatum anzugeben.

(6) Ausgangsstoffe, Zwischen- und Endprodukte, die den Anforderungen an die Qualität nicht genügen, sind als solche kenntlich zu machen und abzusondern. Über die weiteren Maßnahmen ist von dazu befugtem Personal zu entscheiden. Die Maßnahmen sind zu dokumentieren.

§ 15
Kennzeichnung

(1) Arzneimittel, die zur Anwendung bei Menschen bestimmt und keine Fertigarzneimittel oder Prüfpräparate sind, dürfen im Geltungsbereich des Arzneimittelgesetzes nur in den Verkehr gebracht werden, wenn ihre Behältnisse und, soweit verwendet, die äußeren Umhüllungen nach § 10 Abs. 1 Nr. 1, 2, 4, 6 und 9 des Arzneimittelgesetzes in gut lesbarer Schrift, in deutscher Sprache und auf dauerhafte Weise gekennzeichnet sind.

(2) Fertigarzneimittel, die Arzneimittel im Sinne des § 2 Abs. 2 Nr. 1a, 2 oder 3 des Arzneimittelgesetzes sind, dürfen nur in den Verkehr gebracht werden, wenn ihre Behältnisse und, soweit verwendet, ihre äußeren Umhüllungen nach § 10 des Arzneimittelgesetzes gekennzeichnet sind. Die Angaben über die Darreichungsform, die Wirkstoffe und die Wartezeit können entfallen. Bei diesen Arzneimitteln sind auf dem Behältnis oder, soweit verwendet, auf der äußeren Umhüllung oder einer Packungsbeilage zusätzlich anzugeben

Arzneimittel- und Wirkstoffherstellungsverordnung (AMWHV)

1. die Anwendungsgebiete,
2. die Gegenanzeigen,
3. die Nebenwirkungen,
4. die Wechselwirkungen mit anderen Mitteln.

(3) Fertigarzneimittel, die Arzneimittel im Sinne des § 2 Abs. 2 Nr. 4 des Arzneimittelgesetzes sind, dürfen nur in den Verkehr gebracht werden, wenn ihre Behältnisse und, soweit verwendet, ihre äußeren Umhüllungen nach § 10 Abs. 1, 2, 6, 8 und 9 des Arzneimittelgesetzes gekennzeichnet sind. Die Angaben über die Darreichungsform können entfallen. Die Wirkstoffe sind bei Arzneimitteln im Sinne des § 2 Abs. 2 Nr. 4 des Arzneimittelgesetzes nach Art und Menge anzugeben, soweit sie für die Funktion des Arzneimittels charakteristisch sind. Besteht das Fertigarzneimittel aus mehreren Teilen, so sind auf dem Behältnis und, soweit verwendet, auf der äußeren Umhüllung die Chargenbezeichnungen der einzelnen Teile anzugeben. Ist die Angabe der Wirkstoffe nach Art und Menge auf dem Behältnis aus Platzmangel nicht möglich, so ist sie auf der äußeren Umhüllung oder, sofern auch dies aus Platzmangel nicht möglich ist, in einem dem Behältnis beigefügten Informationsblatt vorzunehmen.

(4) Bei Arzneimitteln, die der Zulassung oder Registrierung nicht bedürfen, entfällt die Angabe der Zulassungsnummer oder Registrierungsnummer.

(5) Produkte menschlicher Herkunft sind auf ihren Behältnissen und, soweit verwendet, ihren äußeren Umhüllungen in gut lesbarer Schrift in deutscher oder englischer Sprache und auf dauerhafte Weise mindestens wie folgt zu kennzeichnen:

1. Name oder Firma und Anschrift des Herstellers des Produkts und, soweit unterschiedlich, des Herstellers, der das Produkt abgefüllt, umgefüllt, umgepackt oder umgekennzeichnet hat,

2. Bezeichnung oder Identifizierungscode des Produkts, verbunden mit dem Hinweis „menschlicher Herkunft" und, soweit möglich und zutreffend, seines Reinheitsgrades, der Referenz zu einem Arzneibuch sowie die internationale Kurzbezeichnung der Weltgesundheitsorganisation,

3. soweit zutreffend, Inhalt nach Gewicht oder Rauminhalt; sind biologische Einheiten oder andere Angaben zur Wertigkeit wissenschaftlich gebräuchlich, so sind diese zu verwenden,

4. Chargenbezeichnung des Fertigprodukts oder, soweit das Produkt nicht in Chargen hergestellt wird, das Herstellungsdatum und, soweit zutreffend, zusätzlich auch des abgefüllten, umgefüllten, umgepackten oder umgekennzeichneten Produkts,

5. Verfalldatum oder Nachtestdatum und

6. besondere Transport- oder Lagerbedingungen, soweit für die Aufrechterhaltung der Qualität des Produkts erforderlich.

Arzneimittel- und Wirkstoffherstellungsverordnung (AMWHV)

In begründeten Fällen kann die zuständige Behörde Ausnahmen über die Kennzeichnung zulassen.

§ 16
Freigabe zum Inverkehrbringen

(1) Die Freigabe einer Charge zum Inverkehrbringen darf von der sachkundigen Person nach § 14 des Arzneimittelgesetzes, die mit dem Produkt und mit den für dessen Herstellung und Prüfung eingesetzten Verfahren vertraut ist, nur nach von ihr vorher erstellten schriftlichen Anweisungen und Verfahrensbeschreibungen nach Absatz 2 oder 3 Satz 2 vorgenommen werden.

(2) Die Freigabe darf nur erfolgen, wenn

1. das Herstellungsprotokoll und das Prüfprotokoll ordnungsgemäß unterzeichnet sind,

2. zusätzlich zu den analytischen Ergebnissen essenzielle Informationen wie die Herstellungsbedingungen und die Ergebnisse der Inprozesskontrollen berücksichtigt wurden,

3. die Überprüfung der Herstellungs- und Prüfunterlagen die Übereinstimmung der Produkte mit ihren Spezifikationen, einschließlich der Endverpackung, bestätigt hat und

4. bei zugelassenen oder registrierten Arzneimitteln die Übereinstimmung mit den Zulassungs- oder Registrierungsunterlagen und bei Prüfpräparaten die Übereinstimmung mit den Unterlagen für die Genehmigung für die klinische Prüfung, in der sie zur Anwendung kommen, vorliegt.

(3) Soweit verflüssigte medizinische Gase nach § 13 Abs. 3 des Arzneimittelgesetzes umgefüllt werden, ist abweichend von Absatz 2 nur das Lieferbehältnis des Tankfahrzeuges vor dem Inverkehrbringen freizugeben. Die Dokumentation zur Befüllung des Endbehältnisses ist der Leitung der Herstellung und der sachkundigen Person nachträglich unverzüglich vorzulegen und von diesen schriftlich zu bestätigen. Der in § 19 des Arzneimittelgesetzes definierte Verantwortungsbereich der sachkundigen Person bleibt unberührt.

(4) Sofern die Herstellung oder Qualitätskontrolle in mehreren Stufen, gegebenenfalls auch an unterschiedlichen Orten oder bei unterschiedlichen Herstellern ausgeführt wird oder die komplette Herstellung mit Ausnahme der Freigabe in anderen Betrieben und Einrichtungen erfolgt, kann die sachkundige Person nach § 14 des Arzneimittelgesetzes die von anderen sachkundigen Personen vorgenommenen Bestätigungen über die Teilherstellungsstufen oder Prüfungen innerhalb eines von ihr anerkannten Qualitätssystems zur Entscheidung über die Freigabe der Fertigproduktcharge heranziehen. Sie ist für die Freigabe zum Inverkehrbringen der Charge insgesamt persönlich verantwortlich. Satz 1 gilt entsprechend für Bestätigungen, die von sachkundigen Personen nach Artikel 48 der Richtlinie 2001/83/EG oder Artikel 52 der Richtlinie 2001/82/EG vorgelegt werden.

Arzneimittel- und Wirkstoffherstellungsverordnung (AMWHV)

(5) In den Fällen des Absatzes 4 hat sich die sachkundige Person nach § 14 des Arzneimittelgesetzes durch persönliche Kenntnisnahme oder durch Bestätigung anderer ausreichend sachkundiger und geeigneter Personen davon zu überzeugen, dass der Hersteller in der Lage ist, in Übereinstimmung mit der Guten Herstellungspraxis und entsprechend der Herstellungs- und Prüfanweisung herzustellen und zu prüfen. Die Herstellung muss in einem Land, das nicht Mitgliedstaat der Europäischen Union oder anderer Vertragsstaat des Abkommens über den Europäischen Wirtschaftsraum ist, nachweislich nach Standards erfolgen, die den von der Europäischen Union festgelegten Standards der Guten Herstellungspraxis zumindest gleichwertig sind. Der Hersteller muss für die Durchführung der jeweiligen Tätigkeit nach nationaler Regelung befugt sein.

(6) Die sachkundige Person nach § 14 des Arzneimittelgesetzes kann sich in Fällen kurzfristiger Verhinderung, insbesondere durch Krankheit oder Urlaub, nur von Personen vertreten lassen, die über die Sachkenntnis nach § 15 des Arzneimittelgesetzes verfügen.

(7) Der Inhaber einer Erlaubnis nach § 13 oder § 72 des Arzneimittelgesetzes hat der sachkundigen Person nach § 14 des Arzneimittelgesetzes die Durchführung ihrer Aufgabe zu ermöglichen und ihr insbesondere alle erforderlichen Mittel zur Verfügung zu stellen.

§ 17
Inverkehrbringen und Einfuhr

(1) Arzneimittel, Blutprodukte und andere Blutbestandteile sowie Produkte menschlicher Herkunft, die im Geltungsbereich des Arzneimittelgesetzes hergestellt und geprüft wurden, dürfen nur in den Verkehr gebracht werden, wenn sie gemäß § 16 freigegeben wurden. Soweit die Arzneimittel, Blutprodukte und anderen Blutbestandteile sowie Produkte menschlicher Herkunft in den Geltungsbereich des Arzneimittelgesetzes verbracht oder eingeführt wurden, darf die Freigabe nach § 16 zum Inverkehrbringen nur erfolgen, wenn die Herstellung in einem Betrieb durchgeführt wurde, der dafür nach dem jeweiligen nationalen Recht befugt ist, und die Prüfung nach § 14 im Geltungsbereich des Arzneimittelgesetzes durchgeführt wurde. Die Prüfung soll neben der vollständigen qualitativen und quantitativen Analyse, insbesondere der Wirkstoffe, auch alle sonstigen Überprüfungen erfassen, die erforderlich sind, um die jeweilige Produktqualität zu gewährleisten. Satz 2 gilt nicht für Prüfpräparate.

(2) Bei einem Verbringen aus einem Mitgliedstaat der Europäischen Union oder einem anderen Vertragsstaat des Abkommens über den Europäischen Wirtschaftsraum in den Geltungsbereich des Arzneimittelgesetzes kann von der Prüfung nach Absatz 1 abgesehen werden, wenn die Prüfung in dem Mitgliedstaat oder in dem anderen Vertragsstaat nach den dort geltenden Rechtsvorschriften durchgeführt und die von der sachkundigen Person unterzeichneten Kontrollberichte beigefügt wurden.

Arzneimittel- und Wirkstoffherstellungsverordnung (AMWHV)

(3) Bei einer Einfuhr aus Ländern, die nicht Mitgliedstaaten der Europäischen Union oder andere Vertragsstaaten des Abkommens über den Europäischen Wirtschaftsraum sind, kann von der Prüfung nach Absatz 1 abgesehen werden, wenn die Voraussetzungen nach § 72a Satz 1 Nr. 1 des Arzneimittelgesetzes, bei Blutprodukten, die keine Arzneimittel sind und bei Produkten menschlicher Herkunft auch nach § 72a Satz 1 Nr. 2 des Arzneimittelgesetzes erfüllt sind oder die Prüfung schon in einem anderen Mitgliedstaat der Europäischen Union durchgeführt wurde und entsprechende Kontrollberichte übermittelt wurden.

(4) Sofern Prüfpräparate, die in einem Land hergestellt wurden, das nicht Mitgliedstaat der Europäischen Union oder anderer Vertragsstaat des Abkommens über den Europäischen Wirtschaftsraum ist und für die eine Genehmigung für das Inverkehrbringen im Herkunftsland vorliegt, in einer klinischen Prüfung als Vergleichspräparate eingesetzt werden sollen, trägt die sachkundige Person nach § 14 des Arzneimittelgesetzes die Verantwortung dafür, dass jede Herstellungscharge allen erforderlichen Prüfungen unterzogen wurde, um die Qualität der Präparate gemäß den Genehmigungsunterlagen für die klinische Prüfung, in der sie zur Anwendung kommen, zu bestätigen. Satz 1 gilt auch dann, wenn der sachkundigen Person nach § 14 des Arzneimittelgesetzes keine Unterlagen erhältlich sind, die bestätigen, dass jede Produktionscharge nach Standards hergestellt wurde, die den von der Europäischen Union festgelegten Standards der Guten Herstellungspraxis mindestens gleichwertig sind.

(5) Die sachkundige Person nach § 14 des Arzneimittelgesetzes hat gemäß § 19 Satz 2 des Arzneimittelgesetzes in einem fortlaufenden Register oder einem hierfür vorgesehenen vergleichbaren Dokument für jede Arzneimittelcharge die Einhaltung der Vorschriften des Arzneimittelgesetzes und der vorliegenden Verordnung zu bescheinigen, bevor die Charge in den Verkehr gebracht wird. Sofern anschließend Chargen zurückgerufen werden, ist dies in dem Register oder einem vergleichbaren Dokument zu vermerken.

(6) Soweit durch Rechtsvorschrift nichts anderes zugelassen ist, dürfen Fertigarzneimittel nur an Betriebe und Einrichtungen geliefert werden, die über eine Erlaubnis nach § 13, § 52a oder § 72 des Arzneimittelgesetzes verfügen oder zur Abgabe an den Endverbraucher befugt sind oder an andere Einrichtungen oder Personen, die gemäß § 47 des Arzneimittelgesetzes Arzneimittel beziehen dürfen. Satz 1 gilt entsprechend für Betriebe, die im Besitz einer Erlaubnis nach Artikel 40 oder einer Genehmigung nach Artikel 77 der Richtlinie 2001/83/EG oder einer Erlaubnis nach Artikel 44 oder einer Genehmigung nach Artikel 65 der Richtlinie 2001/82/EG sind. Den Lieferungen sind ausreichende Unterlagen beizufügen, aus denen insbesondere das Datum der Auslieferung, die Bezeichnung und Menge des Arzneimittels sowie Name und Anschrift des Lieferanten und des Empfängers hervorgehen. Im Falle der Lieferung an Betriebe und Einrichtungen, die entsprechend Satz 1 oder Satz 2 über eine Erlaubnis oder eine Genehmigung verfügen, muss zusätzlich die Chargenbezeichnung des jeweiligen Arzneimittels angegeben werden. Darü-

Arzneimittel- und Wirkstoffherstellungsverordnung (AMWHV)

ber hinaus muss unter Angabe der ausstellenden Behörde und des Ausstellungsdatums bestätigt werden, dass der Lieferant über eine Erlaubnis nach § 13, § 52a oder § 72 des Arzneimittelgesetzes verfügt. Die Verpflichtung zur zusätzlichen Angabe der Chargenbezeichnung gilt auch

1. bei der Abgabe von Arzneimitteln an Krankenhausapotheken und krankenhausversorgende Apotheken für die Zwecke der Belieferung von Krankenhäusern,

2. im Falle von Blutzubereitungen, Sera aus menschlichem Blut und Zubereitungen aus anderen Stoffen menschlicher Herkunft sowie gentechnisch hergestellten Blutbestandteilen, die fehlende Blutbestandteile ersetzen, auch bei Lieferung an Betriebe und Einrichtungen zur Abgabe an den Endverbraucher,

3. bei Abgabe von zur Anwendung bei Tieren bestimmten verschreibungspflichtigen Arzneimitteln sowie

4. im Falle von Arzneimitteln die Sicherheitsmerkmale im Sinne von § 10 Absatz 1c des Arzneimittelgesetzes tragen müssen.

§ 18
Rückstellmuster

(1) Die für die Freigabe nach § 16 verantwortliche sachkundige Person nach § 14 des Arzneimittelgesetzes hat sicherzustellen, dass Rückstellmuster von jeder Charge eines Fertigarzneimittels in ausreichender Menge zum Zwecke einer gegebenenfalls erforderlichen analytischen Nachtestung und zum Nachweis der Kennzeichnung einschließlich der Packungsbeilage mindestens ein Jahr über den Ablauf des Verfalldatums hinaus aufbewahrt werden. Wenn der Betrieb, in dem die Freigabe erfolgt, nicht gleichzeitig der pharmazeutische Unternehmer ist, oder wenn mehr als ein Betrieb in die Herstellung einer Charge involviert ist, ist die Verantwortlichkeit für die Rückstellmusterlagerung im Sinne des § 9 vertraglich zu regeln. Für den Fall einer Schließung des Betriebs, in dem die Rückstellmusterlagerung erfolgt, hat der pharmazeutische Unternehmer Vorsorge zu treffen, dass die Rückstellmuster während des gesamten Aufbewahrungszeitraums nach Satz 1 vorgehalten werden. Sofern eine Charge in zwei oder mehreren Arbeitsgängen endgültig verpackt wird, ist grundsätzlich jeweils mindestens ein Rückstellmuster pro Verpackungsvorgang aufzubewahren. Bei parallel importierten oder parallel vertriebenen Arzneimitteln findet Satz 4 nur Anwendung, sofern deren Sekundärverpackung zum Zwecke der Änderung der Kennzeichnung oder der Packungsbeilage geöffnet wird. Bei Arzneimitteln, deren Herstellung für den Einzelfall oder in kleinen Mengen erfolgt oder deren Lagerung besondere Probleme bereitet, kann die zuständige Behörde Ausnahmen über die Muster und ihre Aufbewahrung zulassen.

(2) Die für die Freigabe nach § 16 verantwortliche sachkundige Person nach § 14 des Arzneimittelgesetzes hat sicherzustellen, dass Rückstellmuster von jeder Charge der für die Arzneimittelherstellung verwendeten Ausgangsstoffe mindes-

tens zwei Jahre nach Freigabe der unter Verwendung dieser Ausgangsstoffe hergestellten Arzneimittel aufbewahrt werden, es sei denn, in den Zulassungsunterlagen ist eine kürzere Haltbarkeit angegeben. Satz 1 gilt nicht für Lösungsmittel, Gase und Wasser. Absatz 1 Satz 6 findet entsprechende Anwendung.

(3) Abweichend von Absatz 1 hat die für die Freigabe nach § 16 verantwortliche sachkundige Person nach § 14 des Arzneimittelgesetzes sicherzustellen, dass von Prüfpräparaten sowie deren Kennzeichnungs- und bedruckte Verpackungsmaterialien ausreichende Muster jeder Herstellungscharge mindestens zwei Jahre nach Abschluss oder Abbruch der letzten klinischen Prüfung, bei der die betreffende Charge zur Anwendung kam, aufbewahrt werden. Soweit Angaben nach § 5 der GCP-Verordnung in Begleitdokumenten gemacht werden, sind auch die Muster dieser Begleitdokumente für jede Charge aufzubewahren.

(4) Die Aufbewahrung der Rückstellmuster eines Fertigarzneimittels nach Absatz 1 muss im Geltungsbereich des Arzneimittelgesetzes erfolgen. Von Satz 1 kann abgesehen werden, wenn die Rückstellmuster in einem Mitgliedstaat der Europäischen Union oder in einem anderen Vertragsstaat des Abkommens über den Europäischen Wirtschaftsraum gelagert werden.

§ 19
Beanstandungen und Rückruf

(1) Der oder die Stufenplanbeauftragte ist dafür verantwortlich, dass alle bekannt gewordenen Meldungen über Arzneimittelrisiken nach schriftlich festgelegtem Verfahren gesammelt sowie alle Beanstandungen systematisch aufgezeichnet werden. Dabei ist die sofortige Überprüfung der Meldungen unverzüglich zu veranlassen und daraufhin zu bewerten, ob ein Arzneimittelrisiko vorliegt, wie schwerwiegend es ist und welche Maßnahmen zur Risikoabwehr geboten sind. Die notwendigen Maßnahmen sind zu koordinieren und der sachkundigen Person nach § 14 des Arzneimittelgesetzes zur Kenntnis zu bringen, damit diese erforderlichenfalls die ihrerseits notwendigen Maßnahmen ergreifen kann, insbesondere, wenn es sich um ein Qualitätsproblem handeln könnte. Die Wirksamkeit der Verfahren ist regelmäßig zu überprüfen.

(2) Der oder die Stufenplanbeauftragte hat die zuständige Behörde über jeden Mangel, der zu einem Rückruf oder zu einer ungewöhnlichen Einschränkung des Vertriebs führen könnte, unverzüglich zu unterrichten und dabei auch mitzuteilen, in welche Staaten das Arzneimittel verbracht oder ausgeführt wurde. Darüber hinaus ist die Behörde auch über jeden Verdacht einer Arzneimittel- oder Wirkstofffälschung unverzüglich zu unterrichten; bei Arzneimitteln, die zur Anwendung bei Menschen bestimmt sind, ist auch der Inhaber der Zulassung zu unterrichten.

(3) Der oder die Stufenplanbeauftragte hat die nach dem Arzneimittelgesetz bestehenden Anzeigepflichten zu erfüllen, soweit sie Arzneimittelrisiken betreffen. Die Meldeverpflichtungen nach § 14 der GCP-Verordnung bleiben unberührt.

(4) Absatz 1 gilt für Prüfpräparate entsprechend. Der oder die Stufenplanbeauftragte ist dafür verantwortlich, dass in Zusammenarbeit mit dem Sponsor Beanstandungen systematisch aufgezeichnet, überprüft und wirkungsvolle systematische Vorkehrungen getroffen werden, damit eine weitere Anwendung der Prüfpräparate verhindert werden kann, sofern dies notwendig ist. Jeder Mangel, der zu einem Rückruf oder zu einer ungewöhnlichen Einschränkung des Vertriebs führen könnte, ist zu dokumentieren und zu untersuchen und die zuständige Behörde unverzüglich davon zu unterrichten und dabei auch mitzuteilen, an welche Prüfstellen innerhalb oder außerhalb des Geltungsbereiches des Arzneimittelgesetzes das Prüfpräparat ausgeliefert wurde. Sofern das Prüfpräparat ein zugelassenes Arzneimittel ist, muss der oder die Stufenplanbeauftragte in Zusammenarbeit mit dem Sponsor den Zulassungsinhaber über jeden Mangel informieren, der mit dem zugelassenen Arzneimittel in Verbindung stehen kann.

(5) Über den Inhalt der Meldungen, die Art der Überprüfung und die dabei gewonnenen Erkenntnisse, das Ergebnis der Bewertung, die koordinierten Maßnahmen und die Benachrichtigungen hat der oder die Stufenplanbeauftragte Aufzeichnungen zu führen.

(6) Der oder die Stufenplanbeauftragte soll von den Verkaufs- oder Vertriebseinheiten unabhängig sein und kann sich nur von Personen vertreten lassen, die über die Sachkenntnis nach § 63a Absatz 1 Satz 1 des Arzneimittelgesetzes verfügen und muss im Geltungsbereich des Arzneimittelgesetzes oder in einem anderen Mitgliedstaat der Europäischen Union ansässig sein.

(7) Soweit ein pharmazeutischer Unternehmer andere als die in § 63a Abs. 1 Satz 1 des Arzneimittelgesetzes genannten Produkte in den Verkehr bringt, hat er eine entsprechende Person mit der Wahrnehmung der Aufgaben des oder der Stufenplanbeauftragten zu beauftragen. Die entsprechend beauftragte Person ist für die Einhaltung der Verpflichtungen nach den Absätzen 1 bis 5 verantwortlich.

(8) Der pharmazeutische Unternehmer hat dafür zu sorgen, dass alle im Betrieb eingehenden Meldungen über Arzneimittelrisiken und Beanstandungen sowie Informationen für die Beurteilung des Nutzen-Risiko-Verhältnisses eines Arzneimittels unverzüglich dem oder der Stufenplanbeauftragten oder der nach Absatz 7 Satz 1 entsprechend beauftragten Person mitgeteilt werden.

§ 20
Aufbewahrung der Dokumentation

(1) Alle Aufzeichnungen über den Erwerb, die Herstellung einschließlich der Freigabe, die Prüfung, Lagerung, das Verbringen in den oder aus dem Geltungsbereich des Arzneimittelgesetzes, die Einfuhr oder die Ausfuhr, das Inverkehrbringen einschließlich der Auslieferung sowie Aufzeichnungen über die Tierhaltung und Aufzeichnungen der oder des Stufenplanbeauftragten oder der nach § 19 Abs. 7 Satz 1 entsprechend beauftragten Person sind voll-

ständig und mindestens bis ein Jahr nach Ablauf des Verfalldatums, jedoch nicht weniger als fünf Jahre aufzubewahren. Die Aufbewahrung muss in einem geeigneten Bereich der von der Erlaubnis nach § 13 oder § 72 des Arzneimittelgesetzes erfassten Räume erfolgen. Die Zugriffsberechtigung zu den Aufzeichnungen nach Satz 1 ist durch geeignete Maßnahmen auf dazu befugte Personen einzuschränken. Für den Fall einer Schließung des Hersteller- oder Prüfbetriebs, in dem die Aufbewahrung der Dokumentation nach Satz 1 erfolgt, hat der pharmazeutische Unternehmer Vorsorge zu treffen, dass die Dokumentation während der gesamten Aufbewahrungszeit vorgehalten wird.

(2) Abweichend von Absatz 1 sind bei Blutzubereitungen, Sera aus menschlichem Blut und gentechnisch hergestellten Plasmaproteinen zur Behandlung von Hämostasestörungen zum Zwecke der Rückverfolgbarkeit Aufzeichnungen mit Angaben

1. zur Identifizierung der Spendeeinrichtung,

2. zur Identifizierung der spendenden Person,

3. über die Bezeichnung des Arzneimittels,

4. zur Chargenbezeichnung,

5. zur Gewinnung der Spende (Jahr, Monat, Tag),

6. zum Datum der Abgabe und

7. über den Namen oder die Firma des Empfängers

in lesbarer Form in einem geeigneten Speichermedium mindestens 30 Jahre und die anderen Aufzeichnungen über die Spendenentnahme und die damit verbundenen Maßnahmen gemäß § 11 Abs. 1 des Transfusionsgesetzes mindestens 15 Jahre aufzubewahren oder zu speichern. Die Angaben müssen gelöscht werden, wenn die Aufbewahrung oder Speicherung nicht mehr erforderlich ist. Werden die Aufzeichnungen länger als 30 Jahre aufbewahrt oder gespeichert, sind sie zu anonymisieren.

(3) (aufgehoben)

(4) Absatz 1 gilt bei Prüfpräparaten mit der Maßgabe, dass die Unterlagen mindestens fünf Jahre nach Abschluss oder Abbruch der letzten klinischen Prüfung, bei der die betreffende Charge zur Anwendung kam, aufzubewahren sind.

Abschnitt 4
Wirkstoffe nicht menschlicher Herkunft

§ 21
Organisationsstruktur

(1) Das QM-System nach § 3 muss insbesondere die Organisationsstruktur sowie die Verfahren, Prozesse und alle Aktivitäten umfassen, die notwendig sind, um sicherzustellen, dass der Wirkstoff die vorgesehenen Spezifikationen

Arzneimittel- und Wirkstoffherstellungsverordnung (AMWHV)

für Qualität und Reinheit erfüllt. Es muss mindestens eine Qualitätssicherungseinheit aufweisen, die von der Produktion unabhängig ist. Die Qualitätssicherungseinheit muss in alle qualitätsbezogenen Angelegenheiten einbezogen werden.

(2) Soweit Wirkstoffe hergestellt oder eingeführt werden, die der Erlaubnispflicht nach § 13 oder § 72 des Arzneimittelgesetzes unterliegen, findet § 12 Abs. 1 Anwendung.

(3) Wer Wirkstoffe herstellt oder einführt, ohne einer Erlaubnis nach § 13 oder § 72 des Arzneimittelgesetzes zu bedürfen, hat die zur Freigabe von Zwischenprodukten und Wirkstoffen berechtigten Personen entsprechend festzulegen.

§ 22
Herstellung

(1) Die Herstellungsvorgänge einschließlich der Inprozesskontrollen sind nach vorher erstellten schriftlichen Anweisungen und Verfahrensbeschreibungen (Herstellungsanweisung) und in Übereinstimmung mit der Guten Herstellungspraxis durchzuführen.

(2) Bei der nach § 13 des Arzneimittelgesetzes erlaubnispflichtigen Wirkstoffherstellung ist die Leitung der Herstellung verantwortlich für die Genehmigung der Herstellungsanweisung, soweit nicht die Freigabe betroffen ist. In anderen Betrieben und Einrichtungen ist es die Qualitätssicherungseinheit.

(3) Es dürfen nur Ausgangs- oder Zwischenprodukte verwendet werden, deren Qualität festgestellt und entsprechend kenntlich gemacht worden ist.

(4) Durch räumliche oder zeitliche Trennung der einzelnen Herstellungsvorgänge oder durch andere geeignete technische oder organisatorische Maßnahmen ist Vorsorge zu treffen, dass Kreuzkontaminationen und Verwechslungen vermieden werden.

(5) Die zur Herstellung angewandten Verfahren sind, soweit diese kritisch für die Qualität oder Reinheit des Wirkstoffs sind, nach dem jeweiligen Stand von Wissenschaft und Technik zu validieren. Kritische Phasen eines Herstellungsverfahrens sind regelmäßig zu revalidieren.

(6) Die Herstellung jeder Charge einschließlich ihrer Verpackung ist gemäß der Herstellungsanweisung nach Absatz 1 durchzuführen und vollständig zu protokollieren (Herstellungsprotokoll). Alle Abweichungen im Prozess und von der Festlegung in der Spezifikation sind zu dokumentieren und zu bewerten; kritische Abweichungen sind zu untersuchen. Soweit der Wirkstoff nicht in Chargen hergestellt wird, gelten die Sätze 1 und 2 entsprechend.

(7) Im Herstellungsprotokoll ist in Betrieben und Einrichtungen, die der Erlaubnispflicht nach § 13 des Arzneimittelgesetzes unterliegen, von der Leitung der Herstellung mit Datum und Unterschrift zu bestätigen, dass die

Charge entsprechend der Herstellungsanweisung hergestellt wurde. In anderen Betrieben und Einrichtungen sind eine oder mehrere entsprechende Personen festzulegen, die für die Überprüfung der Protokolle auf Vollständigkeit und Richtigkeit verantwortlich sind.

§ 23
Prüfung

(1) Ausgangsstoffe, Zwischenprodukte und Wirkstoffe sind nach vorher erstellten schriftlichen Anweisungen und Verfahrensbeschreibungen (Prüfanweisung) und in Übereinstimmung mit der Guten Herstellungspraxis zu prüfen. Satz 1 gilt entsprechend für Behältnisse, Packmittel und Kennzeichnungsmaterial der Wirkstoffe.

(2) Bei Wirkstoffen, deren Herstellung einer Erlaubnis nach § 13 des Arzneimittelgesetzes bedarf, ist die Leitung der Qualitätskontrolle verantwortlich für die Genehmigung der Prüfanweisung. In anderen Betrieben und Einrichtungen ist es die Qualitätssicherungseinheit.

(3) Die für die Prüfung angewandten Verfahren sind nach dem jeweiligen Stand von Wissenschaft und Technik zu validieren, soweit sie nicht in einem Arzneibuch oder einem vergleichbaren Regelwerk aufgeführt sind. Kritische Prüfverfahren müssen regelmäßig dahingehend bewertet werden, ob sie noch valide sind und erforderlichenfalls revalidiert werden.

(4) Die Prüfung ist gemäß der Prüfanweisung nach Absatz 1 durchzuführen und vollständig zu protokollieren (Prüfprotokoll). Alle Abweichungen im Prozess und von der Festlegung in der Spezifikation sind zu dokumentieren und gründlich zu untersuchen.

(5) In Betrieben und Einrichtungen, die einer Erlaubnis nach § 13 des Arzneimittelgesetzes bedürfen, hat die Leitung der Qualitätskontrolle im Prüfprotokoll mit Datum und Unterschrift zu bestätigen, dass die Prüfung entsprechend der Prüfanweisung durchgeführt worden ist und das Produkt die erforderliche Qualität besitzt. In anderen Betrieben und Einrichtungen sind entsprechende Verantwortlichkeiten festzulegen.

(6) Wurde die erforderliche Qualität festgestellt, sind die Wirkstoffe entsprechend kenntlich zu machen; bei zeitlicher Begrenzung der Haltbarkeit ist das Enddatum anzugeben. Sofern angezeigt, kann anstelle des Verfalldatums auch ein Nachprüfdatum angegeben werden.

(7) Ausgangsstoffe, Zwischenprodukte und Wirkstoffe, die den Anforderungen an die Qualität nicht genügen, sind als solche kenntlich zu machen und abzusondern. Über die weiteren Maßnahmen ist von dazu befugtem Personal zu entscheiden. Die Maßnahmen sind zu dokumentieren.

Arzneimittel- und Wirkstoffherstellungsverordnung (AMWHV)

§ 24
Kennzeichnung

(1) Die Kennzeichnung der Zwischenprodukte und Wirkstoffe ist nach vorher erstellten schriftlichen Anweisungen und Verfahrensbeschreibungen und in Übereinstimmung mit der Guten Herstellungspraxis durchzuführen. Bei der nach § 13 des Arzneimittelgesetzes erlaubnispflichtigen Wirkstoffherstellung ist die Leitung der Herstellung verantwortlich für die Genehmigung der Anweisung und Verfahrensbeschreibung. In anderen Betrieben und Einrichtungen ist es die Qualitätssicherungseinheit.

(2) Zwischenprodukte und Wirkstoffe sind vor ihrem Inverkehrbringen auf ihren Behältnissen und, soweit verwendet, ihren äußeren Umhüllungen in gut lesbarer Schrift und auf dauerhafte Weise mindestens wie folgt zu kennzeichnen:

1. Name oder Firma und zusätzlich Anschrift des Herstellers,

2. Bezeichnung oder Identifizierungscode des Produkts, soweit möglich auch seines Reinheitsgrades; soweit zutreffend, Referenz zu einem Arzneibuch und – soweit vorhanden – internationale Kurzbezeichnung der Weltgesundheitsorganisation,

3. Inhalt nach Gewicht oder Rauminhalt; sind biologische Einheiten oder andere Angaben zur Wertigkeit wissenschaftlich gebräuchlich, so sind diese zu verwenden,

4. Chargenbezeichnung oder, soweit das Zwischenprodukt oder der Wirkstoff nicht in Chargen hergestellt wird, das Herstellungsdatum,

5. Verfalldatum oder Nachtestdatum,

6. besondere Transport- oder Lagerbedingungen, soweit für die Aufrechterhaltung der Qualität des Wirkstoffs oder Stoffs erforderlich,

7. bei gentechnologisch gewonnenen Wirkstoffen die Bezeichnung des bei der Herstellung verwendeten gentechnisch veränderten Mikroorganismus oder der Zelllinie und

8. bei Wirkstoffen mikrobieller Herkunft die Angabe, dass es sich um einen Wirkstoff mikrobieller Herkunft handelt und bei Wirkstoffen tierischer Herkunft die Bezeichnung der zur Herstellung verwendeten Tierspezies.

(3) Sofern das Zwischenprodukt oder der Wirkstoff nachträglich von einem anderen Betrieb als dem Originalhersteller umgefüllt, umverpackt, umgekennzeichnet oder freigegeben wurde, ist zusätzlich der Name oder die Firma und die Anschrift dieses Betriebs sowie die neue Chargenbezeichnung auf dem Behältnis und, soweit verwendet, der äußeren Umhüllung des Zwischenprodukts oder des Wirkstoffs anzugeben. Die Angaben sind in deutscher Sprache zu machen, sofern das Zwischenprodukt oder der Wirkstoff im Geltungsbereich des Arzneimittelgesetzes in den Verkehr gebracht wird. Weitere Angaben sind zulässig, soweit sie den deutschen Angaben nicht widersprechen.

Die Sätze 1 bis 3 finden keine Anwendung, sofern es sich um Tätigkeiten im Einzelfall handelt, die aufgrund einer nachweislichen Beschädigung des Originalbehältnisses oder seiner Verpackung erforderlich sind. Eine Tätigkeit im Sinne von Satz 4 gilt nicht als Herstellungsschritt. Der Vorgang ist zu dokumentieren und auf Verlangen der zuständigen Behörde vorzulegen.

§ 25
Freigabe zum Inverkehrbringen

(1) Die Freigabe zum Inverkehrbringen darf nur nach vorher erstellten schriftlichen Anweisungen und Verfahrensbeschreibungen nach Absatz 3 oder Absatz 4 Satz 1 von Personen vorgenommen werden, die mit den Produkten und mit den für deren Herstellung und Prüfung eingesetzten Verfahren vertraut sind.

(2) In Betrieben und Einrichtungen, die der Erlaubnispflicht nach § 13 oder § 72 des Arzneimittelgesetzes unterliegen, ist die sachkundige Person nach § 14 des Arzneimittelgesetzes verantwortlich für die Freigabe derjenigen Produkte, die die Erlaubnispflicht auslösen; § 16 Abs. 1 und 4 bis 7 findet entsprechende Anwendung. Im Übrigen ist für die Freigabe die Qualitätssicherungseinheit verantwortlich; die zur Freigabe berechtigten Personen sind schriftlich festzulegen.

(3) Die Freigabe nach Absatz 1 darf nur erfolgen, wenn das Herstellungsprotokoll und das Prüfprotokoll ordnungsgemäß unterzeichnet sind, zusätzlich zu den analytischen Ergebnissen essenzielle Informationen wie die Herstellungsbedingungen und die Ergebnisse der Inprozesskontrollen berücksichtigt wurden und die Überprüfung der Herstellungs- und Prüfunterlagen die Übereinstimmung der Produkte mit ihren Spezifikationen bestätigt hat.

(4) Bei Zwischenprodukten und Wirkstoffen, die ausschließlich umgefüllt, abgefüllt, abgepackt oder gekennzeichnet werden, darf die Freigabe nach Absatz 1 nur erfolgen, wenn

1. mindestens die Identität dieser Produkte festgestellt wurde und darüber ein ordnungsgemäß unterzeichnetes Prüfprotokoll vorliegt,

2. über das Umfüllen, Abfüllen, Abpacken und Kennzeichnen ein ordnungsgemäß unterzeichnetes Herstellungsprotokoll vorliegt,

3. alle erforderlichen qualitäts- oder zulassungsbezogenen Informationen vom Originalhersteller und, sofern zutreffend, weiterer Hersteller der Wirkstoffe oder Zwischenprodukte einschließlich der Analysenzertifikate vorliegen,

4. ausreichende Kenntnisse über den Originalhersteller und, sofern zutreffend, weiterer Hersteller und deren Qualitätsmanagementsystem vorliegen und

5. die Rückverfolgbarkeit bis zum Originalhersteller des Produkts gewährleistet wird.

Wenn die Zwischenprodukte oder Wirkstoffe in Primärbehältnisse anderen als des ursprünglichen Materials gefüllt oder gepackt werden, ist das vom Origi-

Arzneimittel- und Wirkstoffherstellungsverordnung (AMWHV)

nalhersteller vorgegebene Verfalldatum oder das Nachtestdatum anhand von zusätzlichen Stabilitätsdaten zu überprüfen und erforderlichenfalls entsprechend anzupassen. Bei Zwischenprodukten und Wirkstoffen, die ausschließlich freigegeben werden, darf die Freigabe nach Absatz 1 nur erfolgen, wenn die Anforderungen von Satz 1 Nr. 3 bis 5 erfüllt sind.

§ 26
Inverkehrbringen und Einfuhr

(1) Wirkstoffe oder Zwischenprodukte, die im Geltungsbereich des Arzneimittelgesetzes hergestellt und geprüft wurden oder die in den Geltungsbereich des Arzneimittelgesetzes verbracht oder eingeführt wurden, dürfen nur in den Verkehr gebracht werden, wenn sie gemäß § 25 freigegeben wurden. Die §§ 72 und 72a Abs. 1 und 2 des Arzneimittelgesetzes bleiben unberührt.

(2) Alle qualitäts- oder zulassungsbezogenen Informationen, einschließlich der Analysenzertifikate und des Namens oder der Firma und der Anschrift des Originalherstellers sind dem Empfänger des Wirkstoffs oder Zwischenprodukts mitzuteilen. Soweit wesentliche, insbesondere sicherheitsrelevante Informationen über den Wirkstoff oder die Zwischenprodukte vom Empfänger erhalten werden, sind diese an den Wirkstoff- oder Zwischenprodukthersteller unverzüglich weiterzuleiten.

§ 27
Rückstellmuster

(1) Von jeder Wirkstoffcharge sind ordnungsgemäß gekennzeichnete Muster in einem geeigneten Behältnis und in ausreichender Menge aufzubewahren. Satz 1 gilt auch in den Fällen des ausschließlichen Umfüllens, Abfüllens, Abpackens und Kennzeichnens. Bei Wirkstoffen, deren Herstellung für den Einzelfall oder in kleinen Mengen erfolgt oder deren Lagerung besondere Probleme bereitet, kann die zuständige Behörde Ausnahmen über die Muster und ihre Aufbewahrung zulassen.

(2) Soweit für den Wirkstoff ein Verfalldatum festgelegt worden ist, sind die Muster nach Absatz 1 mindestens ein Jahr über den Ablauf des Verfalldatums, aber mindestens drei Jahre über den vollständigen Vertrieb der Charge hinaus aufzubewahren.

(3) Von Wirkstoffen, für die anstelle des Verfalldatums ein Nachtestdatum festgelegt wurde, sind Muster gemäß Absatz 1 mindestens drei Jahre über den vollständigen Vertrieb der Charge hinaus aufzubewahren.

§ 28
Beanstandungen und Rückruf

(1) Alle qualitätsbezogenen Beanstandungen sind in Betrieben und Einrichtungen, die Wirkstoffe im Geltungsbereich des Arzneimittelgesetzes herstellen

oder in den Geltungsbereich des Gesetzes verbringen oder einführen, von der Qualitätssicherungseinheit nach schriftlich festgelegtem Verfahren zu dokumentieren, zu untersuchen und zu bewerten. Soweit erforderlich, ist auch der Originalhersteller über die Beanstandungen zu informieren.

(2) Sofern der Verdacht besteht, dass es sich um einen schwerwiegenden Mangel handelt, ist die Notwendigkeit eines Rückrufs nach schriftlich festgelegtem Verfahren zu prüfen. Die Voraussetzungen, unter denen ein Produktrückruf in Betracht zu ziehen ist, sowie das Rückrufverfahren selbst sind schriftlich festzulegen. Im Falle einer schwerwiegenden oder lebensbedrohlichen Situation sind die zuständige Behörde sowie die betroffenen Arzneimittelhersteller oder anderen Empfänger, an die der Wirkstoff geliefert wurde, unverzüglich zu informieren.

(3) Über den Inhalt der Meldungen, die Art der Überprüfung und die dabei gewonnenen Erkenntnisse, das Ergebnis der Bewertung, die Maßnahmen und die Benachrichtigungen sind Aufzeichnungen zu führen.

§ 29
Aufbewahrung der Dokumentation

(1) Alle Aufzeichnungen über den Erwerb, die Herstellung einschließlich der Freigabe, die Laborkontrollen, die Lagerung, das Verbringen in den oder aus dem Geltungsbereich des Arzneimittelgesetzes, die Einfuhr oder Ausfuhr und das Inverkehrbringen einschließlich der Auslieferung sowie über die Tierhaltung und die Aufzeichnungen nach § 28 sind vollständig und mindestens ein Jahr über den Ablauf des Verfalldatums hinaus, jedoch nicht weniger als fünf Jahre aufzubewahren.

(2) Abweichend von Absatz 1 sind die Aufzeichnungen bei Wirkstoffen, für die anstelle des Verfalldatums ein Nachtestdatum festgelegt wurde, mindestens drei Jahre über das vollständige Inverkehrbringen der Charge durch den Hersteller hinaus aufzubewahren.

(3) Zum Zwecke der Rückverfolgbarkeit der im Geltungsbereich des Arzneimittelgesetzes hergestellten oder in den oder aus dem Geltungsbereich des Gesetzes verbrachten oder der in den Geltungsbereich des Gesetzes eingeführten oder ausgeführten Wirkstoffe oder Zwischenprodukte sind zusätzlich zu allen Analysenzertifikaten, einschließlich derer des Originalherstellers, Unterlagen aufzubewahren, die mindestens Angaben aufweisen über:

1. die Bezeichnung des Wirkstoffs oder Zwischenprodukts, einschließlich der Chargenbezeichnung des Originalherstellers, und, soweit zutreffend, weiterer Hersteller,

2. den Namen oder die Firma und die Anschrift des Originalherstellers, und, soweit zutreffend, weiterer Hersteller,

3. den Transport und Vertrieb,

4. den Namen oder die Firma und die Anschrift der Empfänger.

Abschnitt 5
Sondervorschriften

§ 30
Ergänzende Regelungen für Fütterungsarzneimittel

(1) Zur Herstellung von Fütterungsarzneimitteln dürfen nur Mischfuttermittel verwendet werden, die den futtermittelrechtlichen Vorschriften entsprechen und kein Kokzidiostatikum enthalten.

(2) § 3 Abs. 2 ist mit der Maßgabe anzuwenden, dass die sich nach dem Stand der Wissenschaft ergebenden Besonderheiten von Fütterungsarzneimitteln zu berücksichtigen sind. Der Hersteller hat dafür Sorge zu tragen, dass das Fütterungsarzneimittel keine nach dem Stand der Technik vermeidbaren Kontaminationen mit pharmakologisch wirksamen Stoffen enthält und die Arzneimittel-Vormischung in vorgeschriebener Menge und in homogener und stabiler Verteilung enthält und ordnungsgemäß abgegeben wird. Die Beförderung darf nur dann in Tankwagen oder ähnlichen Behältnissen erfolgen, wenn diese geeignet sind und vor jeder erneuten Benutzung nach den allgemein anerkannten Regeln der Technik so gereinigt wurden, dass eine unerwünschte Beeinflussung oder Kontamination des Fütterungsarzneimittels vermieden wird. Werden Fütterungsarzneimittel in Tankwagen oder ähnlichen Behältnissen befördert, so genügt es, wenn die nach den §§ 10 und 11 des Arzneimittelgesetzes sowie die nach Absatz 4 erforderlichen Angaben in mitgeführten, für den Tierhalter bestimmten Begleitpapieren enthalten sind.

(3) § 14 findet auf Fütterungsarzneimittel mit der Maßgabe Anwendung, dass die Prüfung stichprobenweise durchgeführt werden kann. Dabei ist mindestens die Prüfung der Homogenität und die Prüfung auf Kontamination mit pharmakologisch wirksamen Stoffen durchzuführen. Von einer darüber hinausgehenden Prüfung kann abgesehen werden, wenn sich keine Anhaltspunkte ergeben haben, die Zweifel an der einwandfreien Beschaffenheit des Fütterungsarzneimittels begründen. Bei der zur Herstellung des Fütterungsarzneimittels verwendeten Arzneimittel-Vormischung darf von einer über die sensorische Prüfung hinausgehenden Prüfung abgesehen werden, wenn sich keine Anhaltspunkte ergeben haben, die Zweifel an der einwandfreien Beschaffenheit der Arzneimittel-Vormischung begründen. Hinsichtlich der Prüfung des verwendeten Mischfuttermittels gelten die futtermittelrechtlichen Vorschriften.

(4) Unbeschadet sonstiger Vorschriften über die Kennzeichnung dürfen Fütterungsarzneimittel nur in Verkehr gebracht werden, wenn sie durch das deutlich sichtbare Wort „Fütterungsarzneimittel" gekennzeichnet sowie mit der Angabe darüber versehen sind, zu welchem Prozentsatz sie den Futterbedarf zu decken bestimmt sind.

(5) Abweichend von § 16 kann in Fällen kurzfristiger Verhinderung anstelle der sachkundigen Person nach § 14 des Arzneimittelgesetzes eine beauftragte Person, die über ausreichende Ausbildung und Kenntnisse verfügt, Fütte-

Arzneimittel- und Wirkstoffherstellungsverordnung (AMWHV)

rungsarzneimittel vorläufig für das Inverkehrbringen freigeben. Diese vorläufige Freigabe ist nachträglich der sachkundigen Person, die auch in diesem Falle neben der beauftragten Person die Verantwortung für die Freigabe trägt, vorzulegen und von dieser schriftlich zu bestätigen. Die sachkundige Person hat unmittelbar im Anschluss an die Bestätigung den Eintrag nach § 17 Abs. 5 durchzuführen.

(6) Abweichend von § 18 Abs. 1 müssen Muster von jeder Charge mindestens sechs Monate über den Ablauf des Verfalldatums hinaus aufbewahrt werden. Sie sind in gut lesbarer Schrift und auf dauerhafte Weise mit dem Herstellungsdatum, der Bezeichnung der Arzneimittel-Vormischung sowie der Chargennummer zu kennzeichnen.

(7) Die für die Abgabe von Fütterungsarzneimitteln erforderliche tierärztliche Verschreibung muss in vier Ausfertigungen (Original und drei Durchschriften), die dem Muster der Anlage 1 der Verordnung über tierärztliche Hausapotheken in der Fassung der Bekanntmachung vom 27. März 1996 (BGBl. I S. 554), die zuletzt durch Artikel 2 der Verordnung vom 3. November 2006 (BGBl. I S. 2523) geändert worden ist, in der jeweils geltenden Fassung entsprechen, vorgelegt werden. Die Vorlage einer Fernkopie der Verschreibung ist zulässig, wobei das Original vom verschreibenden Tierarzt unverzüglich nachzureichen ist. Der Hersteller hat die Verschreibung vor der Abgabe des Fütterungsarzneimittels durch die von ihm einzutragenden Angaben zu ergänzen. Er hat die bei ihm verbleibenden Originale zeitlich geordnet ab dem Zeitpunkt der Abgabe des Fütterungsarzneimittels fünf Jahre aufzubewahren und der zuständigen Behörde auf Verlangen unverzüglich vorzulegen oder auszuhändigen.

(8) Abweichend von Absatz 7 darf das Fütterungsarzneimittel an einen Tierhalter mit Sitz in einem anderen Mitgliedstaat der Europäischen Union oder einem anderen Vertragsstaat des Abkommens über den Europäischen Wirtschaftsraum nur nach Vorlage einer tierärztlichen Verschreibung, die den Vorschriften des Bestimmungslandes entspricht, abgegeben werden. Sofern die Vorschriften des Bestimmungslandes dies vorsehen, ist dem Fütterungsarzneimittel eine Begleitbescheinigung in der vom Bestimmungsland geforderten Form beizugeben.

§ 31
Ergänzende Regelungen für Blutspendeeinrichtungen

(1) Das QM-System nach § 3 Abs. 1 muss nach Maßgabe der im Anhang der Richtlinie 2005/62/EG der Kommission vom 30. September 2005 zur Durchführung der Richtlinie 2002/98/EG des Europäischen Parlaments und des Rates in Bezug auf gemeinschaftliche Standards und Spezifikationen für ein Qualitätssystem für Blutspendeeinrichtungen (ABl. EU Nr. L 256 S. 41) aufgeführten Standards eingerichtet werden und insbesondere

1. gewährleisten, dass alle kritischen Arbeitsabläufe und die Standardarbeitsverfahren in geeigneten Standardarbeitsanweisungen festgelegt werden,

Arzneimittel- und Wirkstoffherstellungsverordnung (AMWHV)

2. ausreichende Verfahren zum Rückruf und zur Rückverfolgbarkeit nach Absatz 4 Satz 3 und bei Blutzubereitungen im Sinne der Richtlinie 2002/98/EG des Europäischen Parlaments und des Rates vom 27. Januar 2003 zur Festlegung von Qualitäts- und Sicherheitsstandards für die Gewinnung, Testung, Verarbeitung, Lagerung und Verteilung von menschlichem Blut und Blutbestandteilen und zur Änderung der Richtlinie 2001/83/EG (ABl. L 33 vom 8.2.2003, S. 30) sowie nach § 21a Absatz 1 Satz 3 des Arzneimittelgesetzes zur Meldung schwerwiegender Zwischenfälle, schwerwiegender unerwünschter Reaktionen und zu deren Verdachtsfällen beinhalten.

3. sicherstellen, dass verwendungsfähige Produkte oder für die Sicherheit der Produkte und das Rückverfolgungsverfahren relevante Unterlagen von einer Einrichtung, die ihre Tätigkeit beendet, an andere Einrichtungen, die über eine Erlaubnis im Sinne von § 13 des Arzneimittelgesetzes verfügen, übergeben werden,

4. durch eine mit der Qualitätssicherung beauftragte Person unterstützt werden, die insbesondere für die Genehmigung aller qualitätsbezogenen Unterlagen verantwortlich ist und in alle qualitätsbezogenen Fragen einbezogen werden soll, soweit nicht die Leitung der Herstellung oder die Leitung der Qualitätskontrolle zuständig ist, sowie

5. von der Leitung der Betriebe und Einrichtungen regelmäßig auf Effizienz überprüft und erforderlichenfalls angepasst werden.

Die mit der Qualitätssicherung beauftragte Person kann mit der sachkundigen Person nach § 14 des Arzneimittelgesetzes identisch sein, soweit diese nicht gleichzeitig Leitung der Herstellung ist. Soweit Blutprodukte oder andere Blutbestandteile aus Blutspendeeinrichtungen in Ländern bezogen werden, die nicht Mitgliedstaaten der Europäischen Union oder andere Vertragsstaaten über den Europäischen Wirtschaftsraum sind, muss sich die sachkundige Person nach § 14 des Arzneimittelgesetzes rückversichern, dass diese Blutspendeeinrichtungen über ein QM-System verfügen, das nach Standards eingerichtet ist, die den von der Europäischen Union festgelegten Standards zumindest gleichwertig sind.

(2) Abweichend von § 4 Abs. 2 Satz 1 sind in Blutspendeeinrichtungen Arbeitsplatzbeschreibungen für das gesamte Personal vorzuhalten, dessen Tätigkeiten Auswirkungen auf die Qualität der Blutzubereitungen haben können.

(3) Die allgemeinen Anforderungen an Betriebsräume und Ausrüstungen in § 5 sind auch auf zeitweilige oder bewegliche Einrichtungen, die sich außerhalb, aber unter der Kontrolle der Blutspendeeinrichtung befinden (mobiler Standort), anzuwenden. Die Besonderheiten der Betriebsräume, einschließlich mobiler Standorte, richten sich nach den jeweiligen Tätigkeiten. Insbesondere müssen

1. der Bereich für die Feststellung der Eignung und Tauglichkeit der spendenden Personen eine ausreichende Vertraulichkeit sicherstellen und von den Spendenverarbeitungsbereichen abgetrennt sein,

Arzneimittel- und Wirkstoffherstellungsverordnung (AMWHV)

2. der Spendenbereich die sichere Entnahme sowie eine gegebenenfalls erforderliche Behandlung der spendenden Person ermöglichen,

3. der Laborbereich vom Bereich für die Feststellung der Eignung und Tauglichkeit der spendenden Person sowie vom Bereich für die Spendenverarbeitung abgetrennt und nur Befugten zugänglich sein,

4. im Lagerbereich eine getrennte Lagerung von Produkten mit unterschiedlichem Status oder von Produkten, die nach besonderen Kriterien hergestellt wurden, sichergestellt und Vorkehrungen getroffen werden für den Fall des Versagens der Ausrüstung oder der Energieversorgung,

5. abgetrennte Bereiche für die Abfallentsorgung potenziell infektiöser Materialien vorhanden sein.

(4) Die Herstellungsanweisung nach § 13 Abs. 1 muss Einzelheiten aufweisen zur spendenden Person und zur Spende sowie der damit in Zusammenhang stehenden Dokumentation. Sie muss mindestens Festlegungen, die bei jeder Spende einzuhalten sind, enthalten über die

1. Information der potenziell spendenden oder spendenden Person oder von dieser zu erhaltenden Informationen nach Maßgabe von Anhang II der Richtlinie 2004/33/EG der Kommission vom 22. März 2004 zur Durchführung der Richtlinie 2002/98/EG des Europäischen Parlaments und des Rates hinsichtlich bestimmter technischer Anforderungen für Blut und Blutbestandteile (ABl. EU Nr. L 91 S. 25),

2. Art und Weise einer sicheren Identifizierung der spendenden Person bei der Feststellung ihrer Eignung und Tauglichkeit sowie vor der Proben- und Spendenentnahme,

3. Feststellung der Eignung und Tauglichkeit der spendenden Person nach Maßgabe der in Anhang III der Richtlinie 2004/33/EG festgelegten Eignungs- und Ausschlusskriterien,

4. Entnahme der Spenden und, soweit zutreffend, deren Weiterverarbeitung, einschließlich der Festlegung des Zeitraums bis zur Weiterverarbeitung,

5. Anforderungen an die Spenden-, Verarbeitungs- und Endproduktbehältnisse,

6. Kennzeichnung von Unterlagen und Behältnissen, einschließlich der spenderspezifischen Nummern oder Kennzeichnungscodes der Spender und

7. Bedingungen der Lagerung und des Transports der Blutzubereitungen oder anderen Blutbestandteile nach Maßgabe von Anhang IV der Richtlinie 2004/33/EG.

Unbeschadet des § 13 Abs. 7 muss das Herstellungsprotokoll eine vollständige Rückverfolgbarkeit sicherstellen zwischen spendender Person und Spende sowie daraus gewonnener Zwischenprodukte und Blutzubereitungen einschließlich der für die Gewinnung und Verarbeitung eingesetzten sterilen Einmalsysteme und deren Chargenbezeichnungen sowie der verwendeten Geräte und der aus der Probe erhaltenen Testergebnisse, unabhängig vom

Arzneimittel- und Wirkstoffherstellungsverordnung (AMWHV)

Verwendungszweck der Spenden. Der Spendenentnahme- und Verarbeitungsprozess ist angemessen mikrobiologisch zu überwachen. Für die Gewinnung von Eigenblutspenden findet darüber hinaus der allgemein anerkannte Stand der medizinischen Wissenschaft und Technik Anwendung.

(5) Die Prüfanweisung nach § 14 Abs. 1 muss den Besonderheiten der Blutspenden und Blutzubereitungen Rechnung tragen und insbesondere festlegen, dass

1. die Entnahme der Laborproben in geeigneten, mit spenderspezifischen Nummern oder Kennzeichnungscodes gekennzeichneten Behältnissen zum Zeitpunkt der Spende erfolgt, die Laborproben vor der Testung ordnungsgemäß gelagert werden und die Testung innerhalb eines vorgegebenen Zeitraums durchzuführen ist,

2. jeder Spender anlässlich jeder Spende nach dem Stand von Wissenschaft und Technik mindestens auf Hepatitis B, Hepatitis C und Humanes Immundefektvirus (HIV) zu testen ist,

3. zusätzlich die AB0-Gruppe, soweit es sich nicht um Plasma zur Fraktionierung handelt, und im Falle von Zubereitungen aus Erythrozyten die Rhesusformel oder im Falle von Zubereitungen aus Thrombozyten die Rh-D-Gruppe bei jeder Spende festzustellen ist,

4. bei blutgruppenserologischen Untersuchungen auch Verfahren zur Testung spezifischer Spendergruppen vorzusehen sind und

5. die Blutzubereitungen die Qualitätsanforderungen nach Maßgabe von Anhang V der Richtlinie 2004/33/EG erfüllen müssen.

Von den Spezifikationen abweichende Ergebnisse, insbesondere bei einem wiederholt reaktiven oder positiven Testergebnis nach Satz 1 Nummer 2 sind umgehend aufzuklären und entsprechende Maßnahmen zur Bestätigung der Ergebnisse und zum Ausschluss der Verwendung der betroffenen Produkte zu ergreifen. Für die Prüfung von Eigenblutspenden findet darüber hinaus der allgemein anerkannte Stand der medizinischen Wissenschaft und Technik Anwendung.

(6) Für die Prüfung der Spenden und der Spenderproben dürfen nur Laborreagenzien und andere Materialien von betriebsintern akzeptierten Lieferanten verwendet werden. Die Laborreagenzien müssen für ihre Zwecke geeignet sein und vor ihrer Verwendung von einer dafür qualifizierten Person freigegeben werden. Die Qualität der Prüfverfahren ist regelmäßig durch Teilnahme an einem formalen Leistungstestsystem zu überprüfen.

(7) Während aller Herstellungsstadien müssen aus der Kennzeichnung der jeweilige Status des Produkts und die Rückverfolgbarkeit zur spendenden Person eindeutig hervorgehen, soweit dies nicht durch andere Maßnahmen sichergestellt wird.

(8) Zubereitungen aus Frischplasma und aus Blutzellen müssen, soweit sie nach § 21 Abs. 2 Nr. 1a des Arzneimittelgesetzes nicht der Zulassung bedürfen,

Arzneimittel- und Wirkstoffherstellungsverordnung (AMWHV)

der Kennzeichnung nach § 10 Abs. 8 Satz 4 des Arzneimittelgesetzes entsprechen. Eigenblutspenden müssen eindeutig als solche gekennzeichnet werden.

(9) Vor der Freigabe nach § 16 sind die Produkte verwaltungsmäßig und physisch von freigegebenen Produkten getrennt zu lagern. Eigenblutspenden müssen getrennt gelagert werden. Produkte, die von den Spezifikationen abweichen, dürfen nicht freigegeben werden. Sofern ein Produkt aufgrund der Testergebnisse nicht freigegeben werden kann, ist sicherzustellen, dass alle aus der gleichen und, soweit zutreffend, aus früheren Spenden dieser spendenden Person erhaltenen Produkte identifiziert und abgesondert werden; die Maßnahmen sind zu dokumentieren. Satz 4 zweiter Halbsatz findet entsprechende Anwendung, wenn nachträgliche Kenntnisse über fehlerhafte, infektiöse oder potenziell infektiöse Produkte erhalten werden, die bereits in den Verkehr gebracht wurden.

(10) Abweichend von § 16 kann in Fällen kurzfristiger Verhinderung und wenn dies aus medizinischen Gründen dringend erforderlich ist, anstelle der sachkundigen Person nach § 14 des Arzneimittelgesetzes eine beauftragte Person, die über ausreichende Ausbildung und Kenntnisse verfügt, die Blutzubereitungen zur unmittelbaren Anwendung bei Menschen vorläufig für das Inverkehrbringen freigeben und den Eintrag nach § 17 Abs. 5 vornehmen. Diese vorläufige Freigabe und der vorläufige Eintrag nach § 17 Abs. 5 sind nachträglich der sachkundigen Person, die auch in diesem Falle neben der beauftragten Person die Verantwortung für die Freigabe trägt, vorzulegen und von dieser schriftlich zu bestätigen.

(11) § 18 findet auf Zubereitungen aus Blutzellen oder Frischplasma keine Anwendung. Die sachkundige Person nach § 14 des Arzneimittelgesetzes hat als Rückstellmuster Nachuntersuchungsproben der Spender in ausreichender Menge zum Zwecke einer gegebenenfalls erforderlichen analytischen Nachtestung aufzubewahren.

(12) Unbeschadet des § 19 ist der oder die Stufenplanbeauftragte dafür verantwortlich, dass alle Meldungen über schwerwiegende unerwünschte Reaktionen, die die Qualität und Sicherheit der Blutzubereitungen beeinflussen oder auf diese zurückgeführt werden können, nach schriftlich festgelegtem Verfahren gesammelt, bewertet und der zuständigen Bundesoberbehörde oder der zuständigen Behörde entsprechend § 63i Absatz 2 oder Absatz 3 des Arzneimittelgesetzes gemeldet werden. Satz 1 gilt auch für Verdachtsfälle solcher Reaktionen. Dabei muss

1. die Erstmeldung alle notwendigen Angaben enthalten, insbesondere zur Identifizierung der Blutspendeeinrichtung, der betroffenen spendenden Person und der Spende, zum Meldedatum und der Spende, zum Transfusionsdatum, zur Art der vermuteten Reaktion nach Maßgabe von Anhang II der Richtlinie 2005/61/EG der Kommission vom 30. September 2005 zur Durchführung der Richtlinie 2002/98/EG des Europäischen Parlaments und des Rates in Bezug auf die Anforderungen an die Rückverfolgbarkeit und die Meldung ernster Zwischenfälle und ernster unerwünschter Reaktionen

(ABl. EU Nr. L 256 S. 32); sie muss auch den Grad der Wahrscheinlichkeit für einen Zusammenhang zwischen Verabreichung der Blutzubereitung und der Empfängerreaktion (Zuordnungsstufe) angeben,

2. die Erstmeldung konkretisiert werden, sobald ausreichende Erkenntnisse dafür vorliegen; insbesondere ist anzugeben, ob die Erstmeldung und ihre Zuordnungsstufe hinsichtlich der Wahrscheinlichkeit für einen Zusammenhang zu bestätigen oder ob und gegebenenfalls in welcher Weise eine Änderung der ersten Einstufung zu vermelden ist; soweit bekannt, ist dabei auch der klinische Verlauf beim Empfänger anzugeben. Bei der Zuordnungsstufe soll insbesondere unterschieden werden, ob ein Zusammenhang ausgeschlossen, unwahrscheinlich, möglich, wahrscheinlich oder sicher ist oder nicht bewertet werden kann.

Die näheren Einzelheiten, insbesondere zu den technischen Spezifikationen und Formaten der Meldungen an die zuständige Bundesoberbehörde, können in einer Bekanntmachung der zuständigen Bundesoberbehörde geregelt werden.

(13) Absatz 12 Satz 1 bis 3 gilt entsprechend für schwerwiegende Zwischenfälle:

1. Die Erstmeldung muss alle notwendigen Angaben enthalten, insbesondere, ob es sich um Produktfehler, defekte Ausrüstung oder um menschliches Versagen handelt, und ob der Fehler bei der Gewinnung, Verarbeitung, Testung, Lagerung, dem Transport, dem Inverkehrbringen oder einer anderen Tätigkeit oder bei Materialien, die bei der Gewinnung, Testung oder Verarbeitung eingesetzt wurden, aufgetreten ist.

2. Die Erstmeldung ist zu konkretisieren, sobald ausreichende Erkenntnisse dafür vorliegen. Insbesondere ist die Hauptursache zu analysieren und über getroffene Korrekturmaßnahmen zu berichten.

Abschnitt 5a
Sondervorschriften für Entnahme- und Gewebeeinrichtungen sowie für Gewebespenderlabore

§ 32
Ergänzende allgemeine Anforderungen

(1) Das QM-System nach § 3 Abs. 1 muss für Gewebeeinrichtungen unter Verantwortung der verantwortlichen Person nach § 20c des Arzneimittelgesetzes insbesondere

1. gewährleisten, dass alle Arbeitsabläufe, die die Qualität und Sicherheit der Gewebe und Gewebezubereitungen berühren, sowie die Standardarbeitsverfahren in geeigneten Standardarbeitsanweisungen festgelegt, unter kontrollierten Bedingungen durchgeführt und dokumentiert werden,

Arzneimittel- und Wirkstoffherstellungsverordnung (AMWHV)

2. sicherstellen, dass die verwendete Ausrüstung, die Arbeitsumgebung sowie die Bedingungen für die Be- oder Verarbeitung sowie der Lagerung der Gewebe und Gewebezubereitungen geeignet sind und regelmäßig kontrolliert werden,

3. ausreichende Verfahren zur Aussonderung und zum Umgang mit verworfenen Gewebe oder Gewebezubereitungen und zur Abfallentsorgung beinhalten,

4. ausreichende Verfahren zur Rückverfolgbarkeit sowie zur unverzüglichen Meldung schwerwiegender Zwischenfälle, schwerwiegender unerwünschter Reaktionen und zu deren Verdachtsfällen beinhalten,

5. sicherstellen, dass verwendungsfähige Gewebe und Gewebezubereitungen oder für deren Sicherheit oder das Rückverfolgungsverfahren relevante Unterlagen von einer Einrichtung, die ihre Tätigkeit beendet, an andere Einrichtungen, die über eine Erlaubnis im Sinne von § 20c des Arzneimittelgesetzes verfügen, übergeben werden und

6. regelmäßig im Hinblick auf kontinuierliche und systematische Verbesserungen überprüft und erforderlichenfalls angepasst werden.

Wenn Gewebe oder Gewebezubereitungen aus Einrichtungen in Ländern bezogen werden, die nicht Mitgliedstaaten der Europäischen Union oder andere Vertragsstaaten über den Europäischen Wirtschaftsraum sind, muss sich die verantwortliche Person nach § 20c des Arzneimittelgesetzes rückversichern, dass diese Einrichtungen über ein Qualitätssystem verfügen, das nach Standards eingerichtet ist, die den von der Europäischen Union festgelegten Standards zumindest gleichwertig sind. Abweichend von § 3 Abs. 1 Satz 1 müssen Entnahmeeinrichtungen und Gewebespenderlabore über ein an ihre Tätigkeiten angepasstes System der Qualitätssicherung nach den Grundsätzen der guten fachlichen Praxis verfügen. Damit muss insbesondere die Einhaltung der unter den Nummern 1, 3 und 4 aufgeführten Anforderungen gewährleistet werden.

(2) Der Vertrag nach § 9 Abs. 1 einer Gewebeeinrichtung mit der Entnahmeeinrichtung muss insbesondere Einzelheiten über die Spenderauswahlkriterien und die Gewebeentnahme und mit dem Gewebespenderlabor und, soweit verwendet, anderen Laboren, die durchzuführenden Laboruntersuchungen und Prüfungen sowie die erforderliche Dokumentation nach dieser Verordnung und nach § 3 oder § 6 der TPG-Gewebeverordnung beinhalten. Satz 1 gilt entsprechend für die Verfahren zur unverzüglichen Meldung über Verdachtsfälle schwerwiegender unerwünschter Reaktionen und schwerwiegender Zwischenfälle. Die Verträge sind in der be- oder verarbeitenden Gewebeeinrichtung in einer vollständigen Liste zu führen und auf Verlangen der zuständigen Behörde vorzulegen.

(3) Unbeschadet des § 10 muss durch das Dokumentationssystem einer Gewebeeinrichtung mindestens sichergestellt werden, dass

Arzneimittel- und Wirkstoffherstellungsverordnung (AMWHV)

1. die sichere Identifizierung jeder Spende und jedes daraus hervorgegangenen Gewebes oder jeder daraus hervorgegangenen Gewebezubereitung in jeder Verarbeitungsphase möglich ist und alle Schritte nachvollziehbar sind,

2. für jede kritische Tätigkeit die entsprechenden Materialien und Ausrüstungen sowie das ausführende Personal identifiziert werden können,

3. die Gewebe oder Gewebezubereitungen nur dann für die Be- oder Verarbeitung weitergegeben oder zum Inverkehrbringen freigegeben werden, wenn sie allen Anforderungen in den jeweiligen Spezifikationen entsprochen haben,

4. die Aufzeichnungen zuverlässig sind und nur Unterlagen Verwendung finden, die von dafür autorisierten Personen genehmigt wurden, und die versehentliche Verwendung überholter Fassungen eines Dokuments durch geeignete Maßnahmen verhindert wird.

Das Dokumentationssystem muss von der verantwortlichen Person nach § 20c des Arzneimittelgesetzes regelmäßig auf Aktualität und Effizienz überprüft werden.

(4) Die Selbstinspektionen nach § 11 Abs. 1 sind in Gewebeeinrichtungen mindestens alle zwei Jahre von dafür geschulten und kompetenten Personen durchzuführen, § 11 Abs. 2 findet keine Anwendung.

§ 33
Feststellung der Spendereignung und für die Gewinnung erforderliche Laboruntersuchungen

(1) Die Feststellung der Spendereignung in der Entnahmeeinrichtung und die für die Gewinnung erforderlichen Laboruntersuchungen in dem Gewebespenderlabor sind nach vorher erstellten Standardarbeitsanweisungen in Übereinstimmung mit der guten fachlichen Praxis durchzuführen. Dabei sind insbesondere die Anforderungen nach den §§ 3 bis 6 der TPG-Gewebeverordnung zu beachten.

(2) Die Standardarbeitsanweisungen nach Absatz 1 müssen bei Gewebezubereitungen, die nach § 21a des Arzneimittelgesetzes genehmigt wurden, den Genehmigungsunterlagen entsprechen.

(3) Die für die Laboruntersuchungen angewandten Verfahren sind nach dem Stand von Wissenschaft und Technik zu validieren. Kritische Prüfverfahren müssen regelmäßig dahingehend bewertet werden, ob sie noch valide sind und erforderlichenfalls revalidiert werden. Die Qualität der in Satz 2 genannten Prüfverfahren ist durch regelmäßige Teilnahme an einem formalen Leistungstestsystem zu überprüfen. Für die Laboruntersuchung dürfen nur Reagenzien und andere Materialien von betriebsintern akzeptierten Lieferanten verwendet werden. Die Laborreagenzien müssen für ihre Zwecke geeignet sein und vor ihrer Verwendung von einer dafür qualifizierten Person freigegeben werden.

Arzneimittel- und Wirkstoffherstellungsverordnung (AMWHV)

(4) Die Laboruntersuchungen sind gemäß den Standardarbeitsanweisungen nach Absatz 1 (Prüfanweisung) durchzuführen und vollständig zu protokollieren (Prüfprotokoll). Die für die Laborergebnisse im Gewebespenderlabor verantwortliche Person hat im Prüfprotokoll mit Datum und Unterschrift zu bestätigen, dass die Laboruntersuchungen entsprechend der Prüfanweisung durchgeführt worden sind und die Prüfergebnisse richtig sind.

§ 34
Gewinnung von Gewebe durch die Entnahmeeinrichtung

(1) § 4 findet für Entnahmeeinrichtungen keine Anwendung. Das Personal, das das Gewebe entnimmt, muss vor der Ausführung dieser Tätigkeit erfolgreich eine Schulung nach vorgegebenem Programm absolviert haben, an dessen Erstellung ein klinisches Team, welches sich auf die zu entnehmenden Gewebe spezialisiert hat und im Falle des § 20b Abs. 2 des Arzneimittelgesetzes auch die jeweilige be- oder verarbeitende Gewebeeinrichtung oder der Inhaber einer Erlaubnis nach § 13 des Arzneimittelgesetzes beteiligt war. Die Schulung muss auch den Umgang mit den Medizinprodukten für die Gewebeentnahme beinhalten.

(2) Die §§ 5 und 6 finden für Entnahmeeinrichtungen mit der Maßgabe Anwendung, dass die Betriebsräume und Ausrüstungen sowie die Hygienemaßnahmen geeignet sein müssen, die Eigenschaften des Gewebes zu schützen, die für seine Verwendung erforderlich sind und das Risiko einer mikrobiellen Verunreinigung während der Entnahme minimieren:

1. Für die Gewebeentnahme sind sterile Medizinprodukte zu verwenden. Soweit Medizinprodukte erneut angewendet werden, muss deren Aufbereitung nach § 4 Abs. 2 der Medizinprodukte-Betreiberverordnung erfolgt sein.

2. Die Entnahme bei lebenden Spendern muss in einer Umgebung erfolgen, die dem Ausmaß und dem Gefährdungsgrad der Eingriffe angepasst ist. Die Räume gelten grundsätzlich als geeignet, wenn diese für eine vergleichbare medizinische Behandlung unter Einhaltung der dort üblichen Anforderungen einschließlich der Hygienemaßnahmen eingesetzt werden.

3. Die Spendeentnahme bei verstorbenen Spendern soll in sauberen Räumen erfolgen, in denen der Entnahmebereich mit sterilen Tüchern abgedeckt wird.

4. Sofern die Gewebeentnahme durch von der Entnahmeeinrichtung entsandtes Personal (mobile Teams) außerhalb der von der Erlaubnis nach § 20b des Arzneimittelgesetzes erfassten Räume erfolgen muss und die Möglichkeit der Entnahme durch mobile Teams grundsätzlich in der Erlaubnis vorgesehen ist, finden die Nummern 1 und 3 entsprechende Anwendung.

(3) Die Gewebeentnahme einschließlich aller Maßnahmen, die dazu bestimmt sind, das Gewebe in einem be- oder verarbeitungsfähigen Zustand zu erhalten, zu kennzeichnen und zu transportieren, ist nach vorher erstellter Stan-

Arzneimittel- und Wirkstoffherstellungsverordnung (AMWHV)

dardarbeitsanweisung (Entnahmeanweisung) unter Beachtung der Anforderungen des § 2 der TPG-Gewebeverordnung und in Übereinstimmung mit der guten fachlichen Praxis durchzuführen.

(4) Bei Gewebezubereitungen, die nach § 21a des Arzneimittelgesetzes genehmigt wurden, muss die Entnahmeanweisung nach Absatz 3 den Genehmigungsunterlagen entsprechen.

(5) Die Entnahmeanweisung nach Absatz 3 muss mindestens folgende Regelungen enthalten:

1. zur Überprüfung der Identität und Feststellung der Spendereignung,

2. zur Entnahme der Spenden und der Proben für die Laboruntersuchung sowie zum Umgang mit dem entnommenen Material, einschließlich

   a) der einzusetzenden Ausrüstung,

   b) des Verfahrens zur Entnahme und zur Verhinderung einer bakteriellen oder sonstigen Kontamination bei der Entnahme, sowie erforderlichenfalls weiterer Maßnahmen zur Minimierung von Kontaminationen der Gewebe,

   c) zur Angabe des Entnahmeortes, soweit dieser außerhalb der von der Erlaubnis erfassten Räume liegt, und dort erforderlichenfalls einzuhaltender Bedingungen, sowie bei verstorbenen Spendern zur Dokumentation des Zeitraums zwischen Eintritt des Todes und der Entnahme der Spende,

3. zu Anforderungen an die Spenden- und Probenbehältnisse sowie an die verwendeten Aufbewahrungs- und Transportlösungen und anderen Produkte und Materialien, die mit den Spenden in Berührung kommen und Auswirkungen auf ihre Qualität und Sicherheit haben können,

4. zur Kennzeichnung der Spenden und der Proben nach Absatz 6,

5. zu Bedingungen einer Zwischenlagerung der Spenden oder der Proben bis zu ihrem Transport zur Be- oder Verarbeitung oder zur Laboruntersuchung, die geeignet ist, deren Merkmale und biologischen Funktionen zu erhalten.

Das Entnahmeverfahren muss der spendenden Person und der Art der Spende angemessen sein, die für ihre Verwendung erforderlichen Eigenschaften der Gewebe bewahren sowie das Risiko einer mikrobiellen Verunreinigung der Spende minimieren.

(6) Die Gewebespenden sind zum Zeitpunkt ihrer Entnahme mindestens mit folgenden Angaben zu versehen:

1. Art der Spende und Spenderidentität oder, soweit zuerkannt, die von der Entnahmeeinrichtung für die spendende Person vergebene Zuordnungsnummer sowie Kennzeichnung des Spenders als Organspender, wenn bei dem Spender Organe zum Zwecke der Übertragung entnommen worden sind,

2. Tag und, sofern möglich, Uhrzeit der Entnahme,

3. Warnung vor einem möglichen Gefährdungspotenzial,

4. sofern vorhanden, Art der verwendeten Zusätze,

5. bei autologen Spenden der Hinweis „Nur zur autologen Verwendung" und bei gerichteten Spenden die Angaben zum Empfänger.

Sofern die Angaben nach Satz 1 Nr. 2 bis 5 nicht auf dem Behältnis gemacht werden können, sind sie in einem Begleitdokument aufzuführen, das dem Behältnis beigefügt wird. Aus der Kennzeichnung der Proben für die Laboruntersuchung müssen insbesondere die Zuordnung zur spendenden Person zweifelsfrei möglich sein und Angaben über Ort und Zeit der Probenahme hervorgehen.

(7) Die Gewebeentnahme und die Probenahme sind gemäß der Entnahmeanweisung nach Absatz 3 durchzuführen und unbeschadet der ärztlichen Dokumentationspflichten nach § 8d Abs. 2 des Transplantationsgesetzes vollständig aufzuzeichnen (Entnahmebericht). Der Entnahmebericht muss mindestens folgende Angaben enthalten:

1. Name und Anschrift der Gewebeeinrichtung, die das Gewebe erhalten soll;

2. Spenderidentität mit Angaben zu Familienname, Vorname, Geschlecht, Tag der Geburt und bei lebenden Spendern Anschrift oder, soweit zuerkannt, die von der Entnahmeeinrichtung für den Gewebespender vergebene Zuordnungsnummer sowie Kennzeichnung des Spenders als Organspender, wenn bei dem Spender Organe zum Zwecke der Übertragung entnommen worden sind;

3. Beschreibung und Kennzeichnungscode des entnommenen Gewebes;

4. Familienname, Vorname und Anschrift des für die Entnahme verantwortlichen Arztes;

5. Tag, Uhrzeit und Ort der Entnahme sowie die Art und Weise der Entnahme und einer eventuellen Zwischenlagerung;

6. bei verstorbenen Spendern Zeitpunkt des Todes, Beschreibung der Bedingungen, unter denen die Leiche aufbewahrt wird; sofern eine Kühlung durchgeführt wird, Zeitpunkt des Beginns und des Endes der Kühlung;

7. Identifizierung/Chargennummer der verwendeten Aufbewahrungs- und Transportlösungen.

Alle Abweichungen im Prozess und von der Festlegung der Spezifikation sind zu dokumentieren und gründlich zu untersuchen. Gegebenenfalls während der Entnahme aufgetretene Zwischenfälle sind einschließlich der daraufhin erfolgten Untersuchungen ebenfalls zu dokumentieren. Die für die Entnahme verantwortliche Person hat im Entnahmebericht mit Datum und Unterschrift zu bestätigen, dass die Entnahme entsprechend der Entnahmeanweisung durchgeführt worden ist und die Gewebe für die Aufbereitung, Be- oder Verarbeitung, Konservierung oder Aufbewahrung im Sinne des § 8d Abs. 1 Satz 2 Nr. 4 des Transplantationsgesetzes freigegeben sind. Der Entnahmebericht ist der Gewebeeinrichtung, die das entnommene Gewebe be- oder verarbeitet, zu übermitteln. Die Anforderungen an die Spenderakte gemäß § 5 der TPG-Gewebeverordnung bleiben unberührt.

§ 35
Transport zur Be- oder Verarbeitung und Entgegennahme in der Gewebeeinrichtung

(1) Der Transport ist nach vorher erstellter Standardarbeitsanweisung durchzuführen. Das Verfahren muss der Spende angemessen sein und die Eigenschaften der Gewebe schützen, die für ihre Verwendung erforderlich sind, sowie das Risiko einer mikrobiellen Verunreinigung der Spende minimieren. Es muss die Art des Transportbehältnisses und dessen Kennzeichnung nach Absatz 2, die Mitgabe eventueller Proben sowie des Entnahmeberichts nach § 34 Abs. 7 an die be- oder verarbeitende Gewebeeinrichtung festlegen.

(2) Unbeschadet des § 7 Abs. 3 sind die Behältnisse für den Transport des Gewebes zur Be- oder Verarbeitung mindestens mit folgenden Angaben zu versehen:

1. „Vorsicht" und „Gewebe und Zellen",

2. Anschriften und Telefonnummern der Entnahmeeinrichtung und der Gewebeeinrichtung, die die Gewebe oder Gewebezubereitungen zur Be- oder Verarbeitung erhalten soll, sowie die Namen der jeweiligen Ansprechpartner,

3. Datum und Uhrzeit des Transportbeginns, relevante Transport- und Lagerungsbedingungen,

4. Vorsichtsmaßnahmen und Hinweise für die Handhabung und die Verwendung.

(3) Die Entgegennahme in der Gewebeeinrichtung zur Be- oder Verarbeitung der Gewebe einschließlich der zugehörigen Unterlagen und Proben aus den Entnahmeeinrichtungen ist nach vorher erstellter Standardarbeitsanweisung durchzuführen. Das Verfahren muss insbesondere die Überprüfung der

1. Unversehrtheit der Verpackung,

2. Kennzeichnung,

3. Einhaltung der Transportbedingungen sowie

4. der mitgelieferten Dokumentation und, soweit zutreffend, mitgelieferter Proben

erfassen. Die Gewebe sind in Quarantäne zu halten, bis über ihre Verwendungsfähigkeit entschieden worden ist. Soweit sie den Anforderungen nicht entsprechen, sind sie zu verwerfen. Die Annahme oder Ablehnung entgegengenommener Gewebe ist zu dokumentieren.

Wurde das Gewebe einem Spender entnommen, bei dem auch Organe zum Zwecke der Übertragung entnommen worden sind, unterrichtet die Gewebeeinrichtung die Koordinierungsstelle nach § 11 Absatz 1 des Transplantationsgesetzes unverzüglich über die Spenderidentität nach § 34 Absatz 7 Satz 2 Nummer 2; dabei ist anzugeben, ob das entgegengenommene Gewebe angenommen oder abgelehnt worden ist.

§ 36
Be- oder Verarbeitung und Lagerung durch die Gewebeeinrichtung

(1) Unbeschadet des § 4 Abs. 1 muss das Personal unter Verantwortung der verantwortlichen Person nach § 20c des Arzneimittelgesetzes über den rechtlichen und ethischen Zusammenhang seiner Tätigkeit unterrichtet werden. Abweichend von § 4 Abs. 2 Satz 1 sind Arbeitsplatzbeschreibungen für das gesamte Personal vorzuhalten.

(2) Die Betriebsräume und Ausrüstungen nach § 5 und die Hygienemaßnahmen nach § 6 müssen geeignet sein, die Eigenschaften des Gewebes zu schützen, die für seine Verwendung erforderlich sind und das Risiko einer mikrobiellen Verunreinigung während der Be- oder Verarbeitung minimieren:

1. Soweit die Gewebe während ihrer Be- oder Verarbeitung der Umgebung ausgesetzt werden, muss dies in einer Umgebung mit festgelegter Luftqualität und Sauberkeit erfolgen. Die Wirksamkeit dieser Maßnahmen ist zu validieren und zu überwachen.

2. Sofern die Gewebe nach Nummer 1 keinem Inaktivierungs- oder Sterilisationsverfahren unterzogen werden, ist während der Be- oder Verarbeitung ein Luftreinheitsgrad für Keimzahl und Partikelzahl entsprechend Klasse A der Definition des EG-GMP Leitfadens, Anhang 1 (Bekanntmachung vom 12. März 2008, BAnz. S. 1217), mit einer für die Be- oder Verarbeitung des Gewebes geeigneten Hintergrundumgebung, die in Bezug auf Partikel- und Keimzahl mindestens der Klasse D des Anhangs 1 des Leitfadens entspricht, erforderlich. Von den Anforderungen an die Umgebung kann abgewichen werden, wenn

   a) ein validiertes Verfahren zur Inaktivierung der Keime oder zur Endsterilisation angewendet wird oder

   b) nachgewiesen wird, dass die Exposition gegenüber einer Umgebung der Klasse A schädliche Auswirkungen auf die erforderlichen Eigenschaften der Gewebe hat, oder

   c) nachgewiesen wird, dass mit der Art und Weise der Verwendung der Gewebe beim Empfänger oder bei der Empfängerin ein erheblich geringeres Risiko der Übertragung einer bakteriellen oder Pilzinfektion auf den Empfänger oder die Empfängerin einhergeht als bei der Gewebetransplantation, oder

   d) es technisch nicht möglich ist, das erforderliche Verfahren in einer Umgebung der Klasse A durchzuführen.

Arzneimittel- und Wirkstoffherstellungsverordnung (AMWHV)

Es ist nachzuweisen und zu dokumentieren, dass mit der gewählten Umgebung die erforderliche Qualität und Sicherheit des Gewebes oder der Gewebezubereitung erreicht wird, mindestens unter Berücksichtigung des Bestimmungszwecks, der Art der Verwendung und des Immunstatus des Empfängers oder der Empfängerin.

(3) Alle kritischen Ausrüstungen und Geräte sind nach vorher erstellten Standardarbeitsanweisungen, die auch Maßnahmen bei eventuellen Fehlfunktionen festlegen, zu qualifizieren sowie regelmäßigen Inspektionen zu unterziehen. Sie sind nach den Anweisungen des Herstellers vorbeugend zu warten. Ausrüstungen mit einer kritischen Messfunktion sind zu kalibrieren. Neue und reparierte Ausrüstungen sind bei der Installation zu testen und vor Gebrauch freizugeben. Die durchgeführten Tätigkeiten sind zu dokumentieren.

(4) Die Be- oder Verarbeitung, einschließlich eventueller Inaktivierungsmaßnahmen sowie der Kennzeichnung und Verpackung, ist nach einer vorher erstellten Standardarbeitsanweisung (Be- oder Verarbeitungsanweisung), die auch kritische Zusatzstoffe festlegt, in Übereinstimmung mit der guten fachlichen Praxis durchzuführen.

(5) Bei Gewebezubereitungen, die nach § 21a des Arzneimittelgesetzes genehmigt wurden, muss die Be- oder Verarbeitungsanweisung nach Absatz 4 den Genehmigungsunterlagen entsprechen.

(6) Die Be- oder Verarbeitungsverfahren sind regelmäßig zu bewerten, um sicherzustellen, dass sie weiterhin die angestrebten Ergebnisse erzielen. Kritische Be- oder Verarbeitungsverfahren einschließlich eventueller Inaktivierungsmaßnahmen sind nach dem jeweiligen Stand von Wissenschaft und Technik zu validieren und dürfen die Gewebe oder Gewebezubereitungen nicht klinisch unwirksam oder schädlich für die Empfänger werden lassen.

(7) Während aller Be- oder Verarbeitungsstufen muss aus der Kennzeichnung die Identifizierung und der jeweilige Status des Gewebes oder der Gewebezubereitung sowie die Rückverfolgbarkeit zur spendenden Person hervorgehen, soweit dies nicht durch andere Maßnahmen sichergestellt wird. Sofern es sich um eine autologe oder gerichtete Gewebezubereitung handelt, ist auch dies anzugeben. Gewebe oder Gewebezubereitungen von spendenden Personen, die auf Infektionen positiv getestet wurden oder deren Laboruntersuchungsergebnisse noch nicht verfügbar sind, sind entsprechend zu kennzeichnen.

(8) Unbeschadet der Anforderungen des § 10 Absatz 8b des Arzneimittelgesetzes müssen Gewebe und Gewebezubereitungen vor ihrem Inverkehrbringen mit folgenden Angaben und Informationen auf dem äußeren Behältnis und, soweit verwendet, auf den äußeren Umhüllungen oder in einem Begleitdokument versehen werden:

1. Beschreibung und, soweit erforderlich, Maße des Gewebes, Morphologie und funktionelle Daten,
2. Ergebnisse der für die Gewinnung erforderlichen Laboruntersuchungen,

Arzneimittel- und Wirkstoffherstellungsverordnung (AMWHV)

3. Datum der Abgabe,
4. Lagerungsempfehlungen,
5. Anleitung zum Öffnen des Behälters, der Verpackung und, soweit erforderlich, zur Handhabung,
6. Verfalldatum nach Öffnung oder nach der vorgegebenen Handhabung,
7. soweit zutreffend, Vorliegen potenziell schädlicher Rückstände.

Darüber hinaus ist für die Empfänger der Gewebe oder Gewebezubereitungen eine Anleitung zur Meldung schwerwiegender unerwünschter Reaktionen oder schwerwiegender Zwischenfälle entsprechend § 40 beizufügen.

(9) Die Be- oder Verarbeitung ist gemäß der Anweisung nach Absatz 4 durchzuführen und vollständig zu protokollieren (Be- oder Verarbeitungsprotokoll). Alle Abweichungen im Prozess und von der Festlegung der Spezifikation sind zu dokumentieren und gründlich zu untersuchen. Die für die Be- oder Verarbeitung verantwortliche Person hat im Protokoll mit Datum und Unterschrift zu bestätigen, dass die Be- oder Verarbeitung entsprechend der Anweisung durchgeführt worden ist. Das Be- oder Verarbeitungsprotokoll muss eine vollständige Rückverfolgbarkeit zwischen spendender Person und Spende sowie daraus gewonnener Zwischen- und Endprodukte einschließlich der dafür eingesetzten Materialien und deren Chargenbezeichnungen sowie der jeweiligen Testergebnisse sicherstellen, soweit diese Auswirkungen auf die Qualität und Sicherheit der Gewebe oder Gewebezubereitungen haben.

(10) Unbeschadet des § 7 muss die Lagerung nach vorher erstellter Standardarbeitsanweisung unter kontrollierten Bedingungen erfolgen und geeignet sein, die Qualität der Gewebe und Gewebezubereitungen aufrechtzuerhalten. Für jede Art der Lagerbedingungen ist die Höchstlagerdauer festzulegen. Vor der Freigabe nach § 38 sind die Gewebe und Gewebezubereitungen verwaltungsmäßig oder physisch in Quarantäne und von freigegebenen Geweben und Gewebezubereitungen getrennt zu lagern. Sofern Gewebe oder Gewebezubereitungen verworfen wurden, sind diese gesondert zu lagern, um Verwechslungen und Kreuzkontaminationen zu vermeiden.

§ 37
Prüfung von Gewebe und Gewebezubereitungen

(1) Die Prüfung auf Einhaltung der festgelegten Spezifikation ist nach vorher erstellter Standardarbeitsanweisung (Prüfanweisung) in Übereinstimmung mit der guten fachlichen Praxis durchzuführen. § 33 Abs. 3 gilt entsprechend.

(2) Bei Gewebezubereitungen, die nach § 21a des Arzneimittelgesetzes genehmigt wurden, muss die Prüfanweisung den Unterlagen über die Genehmigung entsprechen.

(3) Die Prüfung ist gemäß der Prüfanweisung nach Absatz 1 durchzuführen und vollständig zu protokollieren. Alle Abweichungen im Prozess und von den

Festlegungen der Spezifikation sind zu dokumentieren und gründlich zu untersuchen. Die für die Prüfung verantwortliche Person hat im Prüfprotokoll mit Datum und Unterschrift zu bestätigen, dass die Prüfung entsprechend der Prüfanweisung durchgeführt worden ist und die Ergebnisse richtig sind.

§ 38
Freigabe durch die Gewebeeinrichtung

(1) Die Freigabe von Gewebe oder Gewebezubereitungen darf nur von der verantwortlichen Person nach § 20c des Arzneimittelgesetzes und nur nach von ihr vorher genehmigter Standardarbeitsanweisung vorgenommen werden. Das Verfahren muss die versehentliche Freigabe der Gewebe oder Gewebezubereitungen verhindern, wenn die Voraussetzungen nach Absatz 2 nicht erfüllt sind.

(2) Die Freigabe darf nur erfolgen, wenn die Überprüfung aller dafür erforderlichen Unterlagen die Übereinstimmung der Gewebe oder Gewebezubereitungen mit ihren Spezifikationen, einschließlich der Endverpackung, bestätigt hat und bei Gewebezubereitungen, die der Genehmigungspflicht nach § 21a des Arzneimittelgesetzes unterliegen, die Übereinstimmung mit den Genehmigungsunterlagen vorliegt.

(3) Die verantwortliche Person nach § 20c des Arzneimittelgesetzes kann sich nur von Personen vertreten lassen, die über die Sachkenntnis nach § 20c Abs. 3 des Arzneimittelgesetzes verfügen. Aus den Aufzeichnungen muss klar hervorgehen, wer die Freigabe durchgeführt hat.

(4) Die verantwortliche Person nach § 20c des Arzneimittelgesetzes muss eine Risikobewertung für solche Gewebe und Gewebezubereitungen vornehmen, die nach ihrer Freigabe noch nicht ausgeliefert wurden und deren Verfalldatum noch nicht abgelaufen ist, wenn nachträgliche Erkenntnisse zu einer Änderung der Gewinnungs-, Be- oder Verarbeitungs- oder der Testverfahren oder der Spenderauswahlkriterien oder der Laboruntersuchungsverfahren mit dem Ziel einer Qualitätsverbesserung geführt haben. Die Gewebe und Gewebezubereitungen dürfen nur nach positivem Abschluss der Risikobewertung und schriftlicher Bestätigung der Freigabe ausgeliefert werden. Die Risikobewertung ist zu dokumentieren. Bereits ausgelieferte Gewebe und Gewebezubereitungen dürfen nur wieder in den Bestand zurückgenommen werden, wenn sie nach schriftlich festgelegtem Verfahren beurteilt und als übereinstimmend mit der Spezifikation eingestuft wurden.

§ 39
Inverkehrbringen, Einfuhr und Transport durch die Gewebeeinrichtung

(1) Gewebe und Gewebezubereitungen dürfen nur in den Verkehr gebracht werden, wenn sie gemäß § 38 freigegeben wurden.

(2) Bei einem Verbringen der Gewebezubereitungen aus einem Mitgliedstaat der Europäischen Union oder einem anderen Vertragsstaat des Abkommens

über den Europäischen Wirtschaftsraum in den Geltungsbereich des Arzneimittelgesetzes muss sich die verantwortliche Person nach § 20c des Arzneimittelgesetzes vor der Freigabe nach § 38 insbesondere rückversichern, dass die Voraussetzungen nach § 21a Abs. 9 des Arzneimittelgesetzes erfüllt sind.

(3) Bei einer Einfuhr von Gewebe oder Gewebezubereitungen aus Ländern, die nicht Mitgliedstaaten der Europäischen Union oder andere Vertragsstaaten des Abkommens über den Europäischen Wirtschaftsraum sind, muss sich die verantwortliche Person nach § 20c des Arzneimittelgesetzes vor der Freigabe nach § 38 insbesondere rückversichern, dass die Voraussetzungen nach § 72b Abs. 1 und 2 des Arzneimittelgesetzes erfüllt sind. § 32 Abs. 1 Satz 2 bleibt unberührt.

(4) Der Transport ist nach vorher festgelegter Standardarbeitsanweisung durchzuführen. Das Verfahren muss dem Gewebe oder der Gewebezubereitung angemessen sein und die Eigenschaften des Gewebes oder der Gewebezubereitung schützen, die für ihre Verwendung erforderlich sind sowie das Risiko einer mikrobiellen Verunreinigung des Gewebes oder der Gewebezubereitung minimieren.

(5) Unbeschadet des § 7 Abs. 3 sind die Transportbehältnisse mindestens mit folgenden Angaben zu versehen:

1. „Vorsicht" und „Gewebe und Zellen",

2. Kennung der Gewebeeinrichtung, die die Gewebe oder Gewebezubereitungen be- oder verarbeitet hat, sowie der Einrichtung, die die Gewebe oder Gewebezubereitungen erhalten soll, einschließlich ihrer Anschriften und Telefonnummern, sowie

3. relevante Transport- und Lagerungsbedingungen sowie erforderlichenfalls weitere Vorsichtsmaßnahmen und Hinweise für die Handhabung.

§ 40
Meldung schwerwiegender unerwünschter Reaktionen und schwerwiegender Zwischenfälle und Rückruf

(1) Unbeschadet des § 13c des Transplantationsgesetzes ist in Entnahmeeinrichtungen im Sinne des § 20b Abs. 1 des Arzneimittelgesetzes die dort in Satz 3 Nr. 1 genannte Person verantwortlich, dass die betroffenen Gewebeeinrichtungen nach vorher erstellter Standardarbeitsanweisung über alle bekannt gewordenen schwerwiegenden unerwünschten Reaktionen im Sinne von § 63i Absatz 7 des Arzneimittelgesetzes und entsprechende Verdachtsfälle, die die Qualität und Sicherheit der Gewebe oder Gewebezubereitungen beeinflussen oder auf diese zurückgeführt werden können, unverzüglich in Kenntnis gesetzt werden. Absatz 3 Satz 2 gilt entsprechend.

(2) Absatz 1 gilt entsprechend für Entnahmeeinrichtungen und für Gewebespenderlabore im Falle von schwerwiegenden Zwischenfällen im Sinne von § 63i Absatz 6 des Arzneimittelgesetzes und entsprechenden Verdachtsfällen,

Arzneimittel- und Wirkstoffherstellungsverordnung (AMWHV)

die im Zusammenhang mit der Gewinnung oder den für die Gewinnung erforderlichen Laboruntersuchungen aufgetreten sind. Absatz 3 Satz 2 gilt entsprechend.

(3) In Gewebeeinrichtungen ist die verantwortliche Person nach § 20c des Arzneimittelgesetzes dafür verantwortlich, dass alle bekannt gewordenen Meldungen über schwerwiegende unerwünschte Reaktionen nach Absatz 1 nach vorher erstellter Standardarbeitsanweisung gesammelt und bewertet werden. Die Meldungen sind der zuständigen Bundesoberbehörde oder der zuständigen Behörde entsprechend § 63i Absatz 2 oder 3 des Arzneimittelgesetzes und, soweit der Gewebespender auch Organspender ist, der Koordinierungsstelle nach § 11 des Transplantationsgesetzes unverzüglich zu übermitteln. Satz 1 gilt auch für Verdachtsfälle solcher Reaktionen. Dabei muss

1. die Erstmeldung alle notwendigen Angaben enthalten, insbesondere zur Identifizierung der Entnahme- und der Gewebeeinrichtung, des Gewebespenderlabors, der betroffenen spendenden Person und der Spende, zum Meldedatum sowie zum Datum der Spendengewinnung und der vermuteten Reaktion, zur Art der an der vermuteten Reaktion beteiligten Gewebe oder Gewebezubereitung und der vermuteten Reaktion sowie den Grad der Wahrscheinlichkeit für einen Zusammenhang zwischen Verabreichung des Gewebes oder der Gewebezubereitung und der Empfängerreaktion,

2. die Erstmeldung konkretisiert werden, sobald ausreichende Erkenntnisse dafür vorliegen; insbesondere ist anzugeben, ob die Erstmeldung zu bestätigen oder ob und gegebenenfalls in welcher Weise eine Änderung der ersten Einstufung zu vermelden ist; soweit bekannt, sind dabei auch der klinische Verlauf beim Empfänger oder bei der Empfängerin und eventuelle weitere Schlussfolgerungen anzugeben, einschließlich eventueller Korrekturmaßnahmen und Maßnahmen, die in Bezug auf andere betroffene, zur Verwendung beim Menschen ausgelieferte Gewebe und Gewebezubereitungen ergriffen wurden.

(4) Absatz 3 Satz 1 bis 3 findet auf schwerwiegende Zwischenfälle im Sinne von § 63i Absatz 6 des Arzneimittelgesetzes entsprechende Anwendung. Dabei muss:

1. die Erstmeldung alle notwendigen Angaben enthalten, insbesondere zur Identifizierung der Entnahme- und der Gewebeeinrichtung, des Gewebespenderlabors, der betroffenen Spende, zum Meldedatum und zum Datum des schwerwiegenden Zwischenfalls, ob es sich um Defekte bei dem Gewebe oder der Gewebezubereitung, defekte Ausrüstung oder um menschliches Versagen handelt, und ob der Fehler bei der Gewinnung, der für die Gewinnung erforderlichen Laboruntersuchung, dem Transport zur be- oder verarbeitenden Gewebeeinrichtung, der Be- oder Verarbeitung, der Testung, der Freigabe, der Lagerung, dem Transport, dem Inverkehrbringen oder einer anderen Tätigkeit aufgetreten ist,

2. die Erstmeldung konkretisiert werden, sobald ausreichende Erkenntnisse dafür vorliegen. Insbesondere ist die Hauptursache zu analysieren und über getroffene Korrekturmaßnahmen zu berichten.

(5) Die verantwortliche Person nach § 20c des Arzneimittelgesetzes ist dafür verantwortlich, dass Gewebe und Gewebezubereitungen, die von Meldungen nach den Absätzen 1 bis 4 betroffen sind oder betroffen sein könnten, identifiziert, ausgesondert und zurückgerufen werden können. Sie hat nach schriftlich festgelegtem Verfahren die Notwendigkeit eines Rückrufs zu bewerten und die nötigen Maßnahmen innerhalb vorher festgelegter Zeiträume zu koordinieren sowie die zuständige Behörde über jeden Rückruf unverzüglich zu unterrichten und dabei auch mitzuteilen, an welche Einrichtungen die Gewebe oder Gewebezubereitungen ausgeliefert wurden und welche Maßnahmen sie in Bezug auf andere möglicherweise betroffene Gewebe und Gewebezubereitungen ergriffen hat. Die Wirksamkeit der Verfahren ist regelmäßig zu überprüfen.

(6) Die näheren Einzelheiten, insbesondere zu den technischen Spezifikationen und Formaten der Meldungen nach den Absätzen 3 und 4 an die zuständige Bundesoberbehörde, können in einer Bekanntmachung der zuständigen Bundesoberbehörde geregelt werden.

(7) Über den Inhalt der Meldungen, die Art der Überprüfung und die dabei gewonnenen Erkenntnisse, das Ergebnis der Bewertung, die koordinierten Maßnahmen und die Benachrichtigungen sowie den Umgang mit zurückgegebenen Gewebe oder Gewebezubereitungen hat die verantwortliche Person nach § 20c des Arzneimittelgesetzes Aufzeichnungen zu führen. Satz 1 gilt für die Personen nach § 20b Abs. 1 Satz 3 Nr. 1 des Arzneimittelgesetzes entsprechend.

§ 41
Aufbewahrung der Dokumentation

(1) Für die Aufbewahrung von Aufzeichnungen über die Gewinnung, Laboruntersuchung, Be- oder Verarbeitung, Prüfung, Freigabe, Lagerung, das Verbringen in den oder aus dem Geltungsbereich des Arzneimittelgesetzes, die Einfuhr oder die Ausfuhr, das Inverkehrbringen einschließlich der Auslieferung und der endgültigen Bestimmung des Gewebes oder der Gewebezubereitung sowie von Aufzeichnungen der verantwortlichen Person nach § 20c des Arzneimittelgesetzes findet § 15 des Transplantationsgesetzes Anwendung.

(2) Die Aufbewahrung muss unbeschadet des § 14 des Transplantationsgesetzes in einem geeigneten Bereich der von der Genehmigung nach § 20b oder § 20c des Arzneimittelgesetzes erfassten Räume erfolgen. Die Zugriffsberechtigung zu den Aufzeichnungen nach Absatz 1 ist durch geeignete Maßnahmen auf dazu befugte Personen einzuschränken.

(3) Für den Fall einer Schließung der Entnahme- oder Gewebeeinrichtungen oder der Gewebespenderlabore, in denen die Aufbewahrung der Dokumentation nach Absatz 1 erfolgt, hat der pharmazeutische Unternehmer Vorsorge zu treffen, dass die Dokumentation während der gesamten Aufbewahrungszeit vorgehalten wird.

Arzneimittel- und Wirkstoffherstellungsverordnung (AMWHV)

Abschnitt 6
Ordnungswidrigkeiten

§ 42
Ordnungswidrigkeiten

Ordnungswidrig im Sinne des § 97 Abs. 2 Nr. 31 des Arzneimittelgesetzes handelt, wer vorsätzlich oder fahrlässig

1. entgegen § 13 Absatz 3a Sicherheitsmerkmale teilweise oder vollständig entfernt oder überdeckt, ohne sich vorher von der Echtheit des Arzneimittels zu überzeugen oder diese durch solche ersetzt, die nicht in gleichwertiger Weise die Prüfung auf Echtheit und Unversehrtheit der äußeren Umhüllung erlauben,

2. entgegen § 16 Abs. 1 oder § 25 Abs. 1 eine Charge oder einen Wirkstoff nicht menschlicher Herkunft zum Inverkehrbringen freigibt,

3. entgegen § 17 Abs. 1 Satz 1 oder § 26 Abs. 1 Satz 1 ein dort genanntes Produkt ohne vorherige Freigabe in den Verkehr bringt,

4. entgegen § 18 Abs. 1 Satz 1 oder Abs. 2 Satz 1 nicht sicherstellt, dass ein dort genanntes Rückstellmuster aufbewahrt wird,

5. entgegen § 18 Abs. 3 Satz 1 nicht sicherstellt, dass ein dort genanntes Muster aufbewahrt wird,

5a. entgegen § 19 Absatz 2 die zuständige Behörde oder den Zulassungsinhaber nicht oder nicht rechtzeitig informiert,

6. entgegen § 30 Abs. 1 ein Mischfuttermittel verwendet,

7. entgegen § 30 Abs. 4 ein Fütterungsarzneimittel in Verkehr bringt,

8. entgegen § 30 Abs. 7 Satz 3 eine Verschreibung nicht, nicht richtig, nicht vollständig oder nicht rechtzeitig ergänzt oder

9. entgegen § 30 Abs. 7 Satz 4 das Original nicht oder nicht mindestens fünf Jahre aufbewahrt oder nicht oder nicht rechtzeitig vorlegt und nicht oder nicht rechtzeitig aushändigt.

Abschnitt 7
Schlussvorschriften

§ 43
Übergangsregelung

Diese Verordnung findet keine Anwendung auf Wirkstoffe, die zum Zeitpunkt des Inkrafttretens dieser Verordnung im Geltungsbereich des Arzneimittelgesetzes gelagert oder aufgrund einer bestehenden vertraglichen Verpflichtung bezogen werden und die bis zum 9. November 2008 in Staaten außerhalb der Europäischen Union oder des Europäischen Wirtschaftsraums ausgeführt werden.